CBAC

Astudiaethau Crefyddol ar gyfer
UG a Safon Uwch

Meddylwyr Allweddol: Athroniaeth

RUTH MARX A REBECCA NEALE

HODDER Education

CBAC Astudiaethau Crefyddol ar gyfer UG a Safon Uwch – *Meddylwyr Allweddol: Athroniaeth*

Addasiad Cymraeg o *WJEC/Eduqas Religious Studies for A Level & AS – Key Thinkers: Philosophy* (a gyhoeddwyd yn 2024 gan Illuminate Publishing Limited). Cyhoeddwyd y llyfr Cymraeg hwn gan Illuminate Publishing Limited, argraffnod Hodder Education, an Hachette UK Company, Carmelite House, 50 Victoria Embankment, London EC4Y 0DZ.

Archebion: cysylltwch â Hachette UK Distribution, Hely Hutchinson Centre, Milton Road, Didcot, Oxfordshire, OX11 7HH. Ffôn: +44 (0)1235 827827. E-bost: education@hachette.co.uk. Mae'r llinellau ar agor rhwng 9.00 a 17.00 o ddydd Llun i ddydd Gwener. Gallwch hefyd archebu trwy wefan Hodder Education: www.hoddereducation.co.uk.

Cyhoeddwyd dan nawdd Cynllun Adnoddau Addysgu a Dysgu CBAC

© Ruth Marx a Rebecca Neale (Yr argraffiad Saesneg)

Mae'r awduron wedi datgan eu hawliau moesol i gael eu cydnabod yn awduron y gyfrol hon.

© CBAC 2025 (Yr argraffiad Cymraeg hwn)

Rhif argraff 10 9 8 7 6 5 4 3 2 1

Blwyddyn 2029 2028 2027 2026 2025

Cedwir pob hawl. Ni cheir ailargraffu, atgynhyrchu na defnyddio unrhyw ran o'r llyfr hwn ar unrhyw ffurf nac mewn unrhyw fodd electronig, mecanyddol neu arall, sy'n hysbys heddiw neu a ddyfeisir wedi hyn, gan gynnwys llungopïo a recordio, nac mewn unrhyw system storio ac adalw gwybodaeth, heb ganiatâd ysgrifenedig gan y cyhoeddwyr.

Data Catalogio Cyhoeddiadau y Llyfrgell Brydeinig

Mae cofnod catalog ar gyfer y llyfr hwn ar gael gan y Llyfrgell Brydeinig.

ISBN 9781036008307

Argraffwyd gan Cambrian

Polisi Hachette UK yw defnyddio papurau sy'n gynhyrchion naturiol, adnewyddadwy ac ailgylchadwy o goed a dyfwyd mewn coedwigoedd sydd wedi'u rheoli'n dda a ffynonellau rheoledig eraill. Disgwylir i'r prosesau torri coed a gweithgynhyrchu gydymffurfio â rheoliadau amgylcheddol y wlad y mae'r cynnyrch yn tarddu ohoni.

Gwnaed pob ymdrech i gysylltu â deiliaid hawlfraint y deunydd a atgynhyrchwyd yn y llyfr hwn. Mae'r awduron a'r cyhoeddwyr wedi cymryd llawer o ofal i sicrhau un ai bod caniatâd ffurfiol wedi ei roi ar gyfer defnyddio'r deunydd hawlfraint a atgynhyrchwyd, neu bod deunydd hawlfraint wedi'i ddefnyddio o dan ddarpariaeth canllawiau masnachu teg yn y DU – yn benodol, ei fod wedi'i ddefnyddio'n gynnil, at ddiben beirniadaeth ac adolygu yn unig, a'i fod wedi'i gydnabod yn gywir. Os cânt eu hysbysu, bydd y cyhoeddwyr yn falch o gywiro unrhyw wallau neu hepgoriadau ar y cyfle cyntaf.

Gosodiad y llyfr Cymraeg: Neil Sutton, Cambridge Design Consultants

Dyluniad a gosodiad gwreiddiol: DC Graphic Design Limited, Hextable, Caint

Ffotograff y clawr: © Antart/Shutterstock.com

Cynnwys

Sut i ddefnyddio'r llyfr hwn   4
1. Sant Thomas Aquinas   9
2. William Lane Craig   29
3. William Paley   35
4. F. R. Tennant   38
5. David Hume   43
6. Charles Darwin   60
7. Sant Anselm   64
8. René Descartes   72
9. Norman Malcolm   79
10. Gaunilo o Marmoutiers   86
11. Immanuel Kant   91
12. Epicurus   98
13. J. L. Mackie   101
14. William Rowe   105
15. Gregory S. Paul   109
16. John Hick ar Awstin ac Irenaeus   114
17. Sigmund Freud   132
18. Carl Jung   140
19. Richard Dawkins   148
20. Teresa o Avila   155
21. William James   161
22. Rudolf Otto   168
23. Caroline Franks Davis   174
24. R. F. Holland   183
25. Richard Swinburne   188
26. A. J. Ayer   205
27. Antony Flew   211
28. Richard Hare   217
29. Basil Mitchell   220
30. Ian Ramsey   224
31. John Herman Randall Jr   230
32. Paul Tillich   237
33. Ludwig Wittgenstein   245
Cydnabyddiaeth   253
Mynegai   254

Sut i ddefnyddio'r llyfr hwn

Mae'r llyfr hwn yn eich helpu chi i feistroli un o feysydd pwysicaf eich cwrs Astudiaethau Crefyddol mewn Athroniaeth: adnabod y Meddylwyr Allweddol. Cewch awgrymiadau a mewnwelediadau i gryfhau eich gwybodaeth a'ch gallu i werthuso pob meddyliwr – mae adran arweiniad ar yr arholiad hefyd, i'ch helpu chi i wneud eich gorau yn yr asesiad ar ddiwedd y flwyddyn.

Byddwch chi'n gallu gwthio'n ddwfn i bob maes o wybodaeth ysgolheigaidd y mae'r cwrs yn gofyn amdano – o ddeall y 'Syniadau Allweddol' i wybod y ffordd orau o feirniadu ymagwedd meddyliwr. Bydd hi'n hawdd hefyd i chi 'loywi' eich gwybodaeth am bob meddyliwr drwy ddarllen y pwyntiau allweddol a'r crynodebau ar ymyl y dudalen.

TROSOLWG

Mae'r adran hon yn crynhoi testun pob pennod.

MYND I FYD Y MEDDYLIWR

Bydd gwybod ychydig am fywyd a chyd-destun cymdeithasol meddyliwr yn eich helpu chi i ddeall ei safbwyntiau.

SYNIADAU ALLWEDDOL Y MEDDYLIWR

Popeth y mae angen i chi ei wybod am yr ysgolhaig mewn ychydig baragraffau – mae hyn yn wych ar gyfer eich sgiliau AA1 (gwybodaeth a dealltwriaeth).

DEALL SAFBWYNT Y MEDDYLIWR

Tyrchwch yn ddyfnach i ddeall SUT roedd yr ysgolhaig yn cyfiawnhau ei ymagwedd at athroniaeth – wrth wir ddeall ei safbwynt, gallwch chi ei werthuso a dod i farn drosoch chi eich hun. A dyna i chi AA2 (gwerthuso) i'r dim!

DARLLEN Y MEDDYLIWR EICH HUN

Byddwch chi'n dyfnhau eich sgiliau AA1 ac AA2 drwy ddarllen gwaith yr ysgolhaig drosoch chi eich hun – mae rhai nodiadau ar ymyl y dudalen hefyd i'ch helpu chi.

5

Sut mae Paley yn cael ei Feirniadu

Mae Paley yn gwneud naid anwythol. Cafodd llawer o'r beirniadaethau athronyddol ar ddadl ddylunio Paley eu cyhoeddi yng ngwaith Hume, *Dialogues Concerning Natural Religion*, 22 o flynyddoedd cyn dadl Paley. Er i Paley geisio ymateb i'r rhain, mae llawer o bobl yn dal i ystyried eu bod nhw'n llwyddiannus, yn enwedig y rhai sy'n herio'r cysyniad os oes dylunydd, mai Duw theistiaeth glasurol yw e. Mae hon yn naid anwythol gan fod Paley yn neidio o'r wybodaeth a gafwyd drwy arsylwi'r byd i dybiaethau am darddiad y byd. Gweler Pennod 5 am ragor o fanylion.

Damcaniaeth esblygiad. Mae damcaniaeth esblygiad Darwin, a gyhoeddwyd 57 o flynyddoedd ar ôl gwaith Paley, *Natural Theology*, yn aml yn cael ei hystyried fel y her fwyaf i ddadl Paley. Mae esblygiad yn cynnig esboniad gwyddonol am pam mae mecanweithiau cymhleth yn bodoli heb gyfeiriad at ddylunydd, o ganlyniad i ddetholiad naturiol. Ysgrifennodd Richard Dawkins, y biolegydd esblygiadol *The Blind Watchmaker* (1986) er mwyn dadlau *nad* cynnyrch dyluniad yw'r bydysawd, ond cynnyrch dethol naturiol, sy'n hollol ar hap.

Gwallau Cyffredin

Wnaeth Paley ddim cymharu'r byd ag oriawr. Er bod dadl Paley yn aml yn cael ei hystyried yn ddadl o gydweddiad, ni ddywedodd Paley fod y byd fel oriawr. Yn hytrach, y casgliad oedd yn debyg. Yn union fel yr ydyn ni'n gallu dod i gasgliad bod oriadurwr wrth weld oriawr, rydyn ni'n gallu dod i gasgliad bod dylunydd wrth weld y byd.

> **GWELLA EICH DEALLTWRIAETH**
> 1. Meddyliwch am dair enghraifft o'r byd naturiol y gallech chi eu defnyddio i ddangos 'dyluniad quo (fel) pwrpas' a 'dyluniad quo (fel) rheoleidd-dra'. Esboniwch nhw mewn paragraff i esbonio dadl Paley. Er enghraifft, gallech chi ddefnyddio'r gylchred ddŵr.
> 2. Darllenwch Bennod 5 am wrthwynebiadau Hume i ddadleuon teleolegol i'ch helpu chi i nodi gwendidau a heriau y mae'n bosibl eu cymhwyso at syniad Paley. Allwch chi feddwl am unrhyw ymatebion i'r rhain er mwyn amddiffyn dadl Paley? Pa un yw'r safbwynt cryfaf?

Arweiniad ar yr Arholiad AA1

Gallech chi gael cwestiwn am ddadl oriadurwr a dyluniad cymhleth Paley, naill ai gydag ysgolhaig arall o'r fanyleb neu ar ei ben ei hun, neu'n rhan o gwestiwn ehangach am ddadleuon teleolegol neu anwythol.

Wrth ysgrifennu am ddadl oriadurwr Paley, cofiwch gynnwys ei gasgliad, bod gan y byd ddylunydd felly, sef Duw.

Arweiniad ar yr Arholiad AA2

Gallai fod gofyn i chi werthuso syniadau fel effeithiolrwydd/natur berswadiol dadleuon teleolegol yn gyffredinol neu hefyd, yn yr unfed ganrif ar hugain, llwyddiant yr heriau i ddadleuon teleolegol, ac a yw esboniadau gwyddonol am y bydysawd yn drech na'r rhai athronyddol. Gallai dadl Paley fod yn un agwedd yn unig ac unrhyw ateb.

Wrth adolygu dadl Paley, gwnewch restr o bwyntiau bwled am y prif heriau (athronyddol a gwyddonol) a nodwch a yw Paley yn llwyddiannus wrth oresgyn yr heriau hyn, cryfderau a gwendidau dadl Paley, a'i natur anwythol.

Arweiniad ar yr Arholiad AA2

Ar gyfer thema 'dadleuon anwythol', mae nifer o osodiadau y gallai fod gofyn i chi eu gwerthuso lle byddai'n berthnasol i chi gyfeirio at Hume. Er enghraifft, y canlynol sy'n dod o'r fanyleb:
1. A yw'r dadleuon anwythol o blaid bodolaeth Duw yn berswadiol.
2. Effeithiolrwydd y ddadl gosmolegol/teleolegol o blaid bodolaeth Duw.
3. A yw'r dadleuon cosmolegol/teleolegol o blaid bodolaeth Duw yn berswadiol yn yr unfed ganrif ar hugain.
4. Effeithiolrwydd yr heriau i'r ddadl gosmolegol/teleolegol o blaid bodolaeth Duw.
5. A yw esboniadau gwyddonol yn fwy perswadiol nag esboniadau athronyddol ynghylch bodolaeth a bydysawd.
6. I ba raddau y mae amrywiol safbwyntiau crefyddol ar natur Duw yn dylanwadu ar ddadleuon dros fodolaeth Duw.

I ddechrau ystyried unrhyw gwestiwn AA2, byddwch chi eisiau sicrhau eich bod chi'n gallu pwyso a mesur cryfderau a gwendidau'r deunydd perthnasol a'r deunydd a ddewiswyd. Cofiwch wneud mwy na dim ond rhestru neu ddisgrifio syniadau Hume. Er enghraifft, o ran 5, byddai gwerthuso llwyddiant esboniadau athronyddol neu wyddonol yn golygu am ganolbwynt gwahanol i 4, cyfeirio at lwyddiant heriau Hume. Ar gyfer yr olaf, gallai dull mwy penodol at heriau Hume, wedi'u trafod ar wahân fesul dadl/pwynt, fod yn strategaeth dda. Fodd bynnag, i'r cyntaf, byddai heriau Hume yn cynnig gwerthusiad gwell ar gyfer esboniadau athronyddol neu wyddonol o'r bydysawd, pe bydden nhw'n cael eu trin yn thematig.

Ar gyfer 6, byddai cyfeirio at ddadleuon cosmolegol, teleolegol ac ontolegol yn berthnasol, ond yn enwedig o ran natur Duw a'r diffiniad o Dduw y mae'r dadleuon wedi'u seilio arnyn nhw. Gallai Hume fod yn berthnasol yn y gwerthusiad hwn, gan ei fod yn amau safbwyntiau crefyddol am natur Duw a tharddiad y syniadau hyn. Byddai Hume yn dadlau rhaid bod credoau traddodiadol am Dduw theistiaeth glasurol, fel sydd gan y crefyddau monotheistig ac Abrahamaidd, yn tarddu o brofiad o'r natur dynol, gan fod fflorc Hume yn dangos nad oes seiliau gwirioneddol dros wybodaeth o Dduw (gweler adran 'Syniadau Allweddol Hume'). Yn eu tro, mae'r rhain yn ffurfio sail dadleuon o blaid bodolaeth Duw, gan arwain at naid anwythol i ddadleuon *a posteriori* fel y dadleuon cosmolegol a theleolegol. Mae'r rhain yn dod at un casgliad yn unig yn hytrach nag at unrhyw un o'r casgliadau eraill tebygol neu bosibl. Felly mae'r syniadau o Dduw a oedd gan bobl o'r blaen yn cyfeirio'r dadleuon at gasgliadau â thuedd, sydd heb gyfiawnhad. Fodd bynnag, ar gyfer cwestiwn fel hwn, byddai'n bwysig cynnwys deunydd ehangach. Gweler yr arweiniad ar yr arholiad ym Mhennod 7 ar Anselm am fwy o wybodaeth am hyn.

Ar gyfer thema 'profiad crefyddol', gallech chi gael cwestiwn tebyg i'r enghreifftiau canlynol sydd wedi'u rhestru yn y fanyleb, lle byddai Hume yn berthnasol:
1. Pa mor ddigonol yw'r diffiniadau gwahanol o wyrthiau.
2. I ba raddau y gellir ystyried bod y diffiniadau gwahanol o wyrthiau yn gwrth-ddweud ei gilydd.
3. Effeithiolrwydd yr heriau i gredu mewn gwyrthiau.
4. I ba raddau y gellir derbyn bod ymatebion Swinburne i Hume yn ddilys.

SUT MAE'R MEDDYLIWR YN CAEL EI FEIRNIADU

Byddwch chi'n gallu gwerthuso ysgoleigion drwy wybod eu bod wedi cael eu beirniadu gan y rhai a ddatblygodd ymagweddau gwahanol at athroniaeth.

GWALLAU CYFFREDIN

Mae'r rhan hon yn seiliedig ar adroddiadau arholwyr yn ystod y blynyddoedd blaenorol. Mae awgrymiadau cadarn hefyd o ran cadw ar y trywydd cywir.

> **MEWNWELEDIAD**
> Roedd Ninian Smart yn athronydd o'r Alban a aroesodd wrth astudio crefyddau yn seciwlar, sef bod crefyddau'n cael eu hastudio o safbwynt anghrefyddol.

Esboniadau eraill am deimladau nwminaidd. Mae'n bosibl dadlau mai teimlad yn unig yw deallwriaeth Otto o'r nwminaidd a'i bod hi'n bosibl ei esbonio drwy ddulliau eraill. Mae'n hawdd esbonio'r teimlad rhyfedd bod rhywbeth yn eich dilyn yn nhywyllwch y goedwig drwy esblygiad: mae cadw llygad am yghlyfaethwyr sy'n cuddio yn llesol. Felly hefyd, efallai fod esboniadau esblygol am bob teimlad nwminaidd, a byddai biolegwyr esblygol fel Richard Dawkins (gweler Pennod 19) yn cytuno â hyn. Hefyd, mae'n bosibl bod esboniadau corfforol am y teimladau: er enghraifft, effeithiau epilepsi llabed yr arlais y mae V. S. Ramachandran a Michael Persinger wedi'u dangos.

> **MEWNWELEDIAD**
> Mae Dawkins yn biolegydd esblygol a fyddai'n dadlau bod achos corfforol i bob profiad crefyddol a'u bod yn un o olion ein hesblygiad.
> Mae'r niwrowyddonydd V. S. Ramachandran yn dadlau nad yw 'achos' niwrolegol profiad crefyddol yn profi nad Duw sydd yno. Efallai mai ffordd gan Dduw yw hon i'n galluogi ni i gysylltu ag ef.
> Mae Michael Persinger, yr athro seicoleg o America wedi cynnal profiadau crefyddol drwy ei arbrawf 'The God Helmet'.

Cyffredinoli pob profiad crefyddol o enghreifftiau Cristnogol. Mae rhai o feirniaid Otto yn dadlau ei fod wedi cymryd y syniad am brofiadau crefyddol sydd fwyaf addas i Gristnogaeth, ac wedi'i osod ar bob ffydd arall, drwy honni bod profiad nwminaidd wrth wraidd pob crefydd. Er efallai fod enghreifftiau yn y crefyddau Iddewig-Gristnogol, fel tystiodd Otto ei hun yn Moroco, dydy crefyddau eraill fel Bwdhaeth ddim yn pwysleisio ofn/r Dwyfol. Yn hytrach, mae Bwdhyddion yn profi teimladau o lonyddwch a thawelwch pan maen nhw'n cyrraedd yr Ymoleuo. Yn yr un modd, mae'n bosibl dweud hyn am brofiadau yn ystod myfyrdod yn nhraddodiadau Dharmig, er enghraifft, Hindwaeth, Bwdhaeth a Sikhiaeth.

Gwallau Cyffredin

Dydy Otto ddim yn disgwyl i bob crediniwr crefyddol gael profiad nwminaidd. Dydy e ddim yn dweud y bydd pob crediniwr crefyddol yn cyfarfod â 'Duw' neu'r Dwyfol. Yn hytrach, mae'n dadlau bod gan bob bod dynol y potensial i hyn, ond na fydd, o reidrwydd, yn gweld y potensial yn cael ei wireddu. Mae'n cydnabod y ffaith hon ar ddechrau ei lyfr *Das Heilige, (Synnad) a Sanctaidd (The Idea of the Holy)*.

Mae cyfieithiad Saesneg teitl llyfr Otto yn gamarweiniol. Mae'r teitl *The Idea of the Holy* rywfaint yn gamarweiniol oherwydd ei fod yn ysgrifennu, nid yn unig am syniad 'y Sanctaidd', ond hefyd am gyfarfod go iawn â rhyw hanfod gwrthrychol sy'n hollol wahanol i ni ein hunain. Oherwydd nad ydyn ni'n gallu mynegi hyn y tu allan i'n sgema (ein cynllun neu ein damcaniaeth) ai ddeallwriaeth ein hunain o'r byd, dydy hyn ddim yn golygu nad oes 'Duw' gwrthrychol yr ydyn ni'n cyfarfod ag ef.

Dydy Otto ddim yn golygu bod syniadau cymdeithasol a diwylliannol yn gallu esbonio profiadau crefyddol. Mae hyn yn gallu rhoi cyfrif am pam mae Mwslim yn llai tebygol o weld wyneb Iesu na Christion, a pham mae Cristion Catholig yn fwy tebygol nag Iddew o weld Mair mewn gweledigaeth. I Otto, nid beirniadaeth oedd hon, gan mai ein syniadau a'n sgema cymdeithasol a diwylliannol yn union sy'n ein helpu ni i brosesu'r cyfarfod â 'Duw' ac i wneud synnwyr ohono. Gan adeiladu ar syniadau Kant, roedd Otto yn credu mai fwy ein safbwynt ein hunain ar y byd yn unig y gallwn ni wneud synnwyr o gyfarfod o'r fath.

ARWEINIAD AR YR ARHOLIAD

Mae'r adran hon yn dangos pa feysydd mae cwestiynau yn seiliedig arnyn nhw, er mwyn i chi allu adolygu'n effeithiol. Mae llawer o awgrymiadau hefyd o ran sut dylech chi ymdrin â gwahanol fathau o gwestiynau.

Gwerthuso Aquinas Heddiw

Mewn arholiad, gallai fod gofyn i chi werthuso pa mor ddigonol neu lwyddiannus yw unrhyw un o syniadau Aquinas sydd wedi'u henwi yn y fanyleb. Gallwch chi dynnu ar yr adran hon i gael syniadau wrth i chi baratoi, ond nodwch na allwch chi roi sylw manwl i ddamcaniaethau Aquinas yma. Bydd gofyn i chi ddod i farn ar y safbwyntiau rydych chi'n eu cyflwyno, ond does dim angen i chi ddod i'r un casgliad â'r myfyrdod hwn.

Mae llawer o feddylwyr yn credu, er gwaethaf bydolwg Catholig canoloesol Aquinas a'i dybiaethau crefyddol sylfaenol o ganlyniad, iddo gael effaith enfawr ar syniadau athronyddol ac iddo wneud cyfraniad pwysig at ail-lunio athroniaeth y Gorllewin ac ymagwedd y Gorllewin at y gwyddorau naturiol. Fel cefnogwr brwd i'r dull *a posteriori* gan ddefnyddio profiad drwy'r synhwyrau arsylladwy a rhesymu casgliadol rhesymegol, yn enwedig o ran ei ddadleuon cosmolegol a theleolegol, mae Aquinas wedi cael y clod am ragfynegi'r chwyldro gwyddonol ac am fynnu cael tystiolaeth empirig ac anwirio. Mae hyn yn adlewyrchu ymwybyddiaeth mai dim ond damcaniaethau tebygol sydd gennym ar y gorau. Felly, gallai rhai pobl ddadlau bod dadleuon anwythol Aquinas o blaid bodolaeth Duw yn fwy perswadiol o ran natur na dadleuon diddwythol, gan eu bod yn gallu ein perswadio'n rhesymegol bod bodolaeth Duw o leiaf yn bosibl, os nad yn debygol. Mae hyn yn wahanol i ddadleuon ontolegol, y mae'n bosibl ystyried eu bod nhw'n methu'n llwyr os oes modd dangos bod y rhagosodiadau'n anghywir.

Yn ogystal, mae dadleuon Aquinas o blaid bodolaeth Duw yn dal i fod yn anhygoel o berthnasol, ac mae llawer o bobl yn ystyried eu bod yn gydnaws â chefnogaeth wyddonol fodern oherwydd eu defnydd *a posteriori* o dystiolaeth. Er enghraifft, mae'r dystiolaeth o blaid damcaniaeth y Glec Fawr yn cefnogi dadleuon cosmolegol Aquinas a'i un gydnaws â nhw. Mae'r tebygolrwydd mathemategol bod y bydysawd yn datblygu yn y fath fodd fel ei fod yn addas i fywyd ffynnu yn cefnogi dadl deleolegol Aquinas, ac yn gydnaws â hi. Mae'r ffaith bod dadleuon cosmolegol a theleolegol Aquinas wedi'u datblygu yn y cyfnod modern yn y dadleuon Kalam, Anthropig ac Esthetig yn awgrymu hefyd bod rhywbeth o werth ynddyn nhw yn y lle cyntaf.

Fodd bynnag, yn ôl safonau modern, byddai'n bosibl ystyried bod llawer o ddamcaniaethau Aquinas heb ddigon o dystiolaeth foddhaol oherwydd y naid anwythol y mae'n ei gwneud, wrth fynd o le gallai'r rhagosodiadau arwain yn rhesymol at y casgliad bod rhaid, felly, bod Duw theistiaeth glasurol yn bodoli. Er y gallai rhesymu athronyddol fynd rywfaint o'r ffordd tuag at wneud bodolaeth bod pwerus yn grynig rhesymegol, does dim tystiolaeth i ddweud ei fod yn dduwdod hollalluog, hollgariadus, hollwybodus yn benodol, sydd hefyd yn digwydd bod yn Dduw fel y mae Duw theistiaeth Cristnogol yn cael ei ddeall. Mae llawer o'r gwrthwynebiadau i ddadleuon cosmolegol a theleolegol sy'n cael eu codi gan ysgolheigion diweddarach fel David Hume yn cael eu hystyried yn gyffredinol yn rhai llwyddiannus, yn enwedig o ran sut mae problem drygioni yn gallu herio'r ddadl deleolegol mor effeithiol, o safbwynt rhesymegol a thystiolaethol hefyd.

Yn ogystal, o graffu'n fanylach, mae'n bosibl ystyried nad oes sail i ddibyniaeth Aquinas ar gysylltiad achosol rhwng Duw a'r byd fel egwyddor sylfaenol llawer o ddamcaniaethau, fel iaith grefyddol fel cydweddiad a'i syniadau am wyrthiau. Yn ei dro, mae hyn yn gwneud i lawer o'i syniadau fod yn simsan. Os ydyn ni'n gwerthfawrogi i ba raddau roedd Aquinas yn sicr mai Duw oedd creawdwr y byd, mae ei ddadleuon yn dechrau edrych yn fwy a mwy cylchol.

Ar ôl dweud hynny, mae Aquinas yn dal i fod yn un o'r athronwyr sgolastig mwyaf. Mae'n gyfrifol am gysoni athroniaeth Aristotle â syniadau Cristnogol, a buodd ei gred bod rheswm dynol yn gyffredin i *bawb* yn ddylanwad sylfaenol ar syniadau ar y pryd ynghylch pa wirioneddau yr oedd modd eu gwybod ac nad oedd modd eu gwybod, gan bwy, a sut.

GWERTHUSO'R MEDDYLIWR HEDDIW

Mae'r rhan hon yn cynnig dadleuon i chi eu defnyddio er mwyn gwerthuso. Mae hi yno ar gyfer y meddylwyr sy'n cael y sylw mwyaf yn y fanyleb.

AWGRYMIADAU A MEWNWELEDIADAU

Bydd y nodweddion hyn yn eich helpu chi i gadw ar y trywydd cywir ac yn rhoi mwy o ddyfnder i'ch dealltwriaeth.

HANFODOL!

Cofiwch yr hanfodion – mae'r cysyniadau allweddol wedi'u crynhoi i chi!

MEWNWELEDIAD
Honnodd Karl Barth (athronydd a ffydlwr o'r unfed ganrif ar hugain) fod dadleuon Anselm yn fyfyrdod ar natur Duw ac yn sôn am ei brofiad crefyddol, yn hytrach na bod yn brawf athronyddol.

Prawf neu gyfiawnhad dros ffydd. Cofiwch, efallai nad oedd Anselm wedi bwriadu ei ddadl ontolegol fel ffurf ar brawf dros fodolaeth Duw. Mae *Proslogion* wedi'i ysgrifennu ar ffurf myfyrdod personol neu weddi ac weithiau mae'n ymddangos fel petai wedi'i ysgrifennu at Dduw yn uniongyrchol. Mae'n aml yn cynnwys darnau sy'n dweud pethau fel 'i Ti, O, Arglwyddi, fy Nuw', felly efallai nad oedd byth i fod yn brawf athronyddol y mae'n bosibl ei werthuso fel hynny. Yn hytrach, efallai mai ei fwriad oedd cefnogi ffydd, felly mae'n ddefnyddiol os yw'n werthfawr i gredinwyr crefyddol wrth ddeall neu gyfiawnhau eu ffydd.

GWELLA EICH DEALLTWRIAETH
1. Gwnewch restr o bedwar peth yn y radd eithaf y mae'n rhaid iddyn nhw fodoli: er enghraifft, 'y bod dynol talaf' a'r 'adeilad talaf'. A yw'r gosodiadau hyn yn gallu diffinio pethau i fodolaeth, neu a ydyn nhw'n disgrifio pethau sy'n bodoli mewn gwirionedd yn barod? Allwch chi esbonio eich ateb? Sut mae hyn yn gysylltiedig â diffiniad Anselm o Dduw?
2. A oedd Anselm yn gywir i gredu bod pethau'n fwy mewn gwirionedd nag yn ein meddwl yn unig? Ystyriwch unrhyw un o'r enghreifftiau canlynol a nodwch a ydych chi'n meddwl mai'r fersiwn mwyaf yw'r un mewn gwirionedd neu yn y meddwl yn unig, a nodwch eich rhesymau pam:
   - yr anerchiad mwyaf barddonol, teimladwy ac ysbrydoledig
   - y diweddglo gorau i stori
   - y bwystfil mwyaf brawychus a ffyrnig
   - y partner perffaith
   - fersiwn yr anifeiliaid o ddigwyddiadau yn *Life of Pi*
   - Dydd Nadolig.

Sut gallai hyn herio dadl Anselm?

Arweiniad ar yr Arholiad AA1

Mewn cwestiynau rhan a) gallai fod gofyn i chi drafod dadleuon ontolegol Anselm mewn cwestiwn amlinellu (UG yn unig), esbonio neu archwilio, o ran dadleuon ontolegol/eu datblygiad/dadleuon diddwythol/dadleuon *a priori*. Fel ysgolheigion sydd wedi'u henwi yn y fanyleb, gallai enwau Anselm, Descartes a Malcolm fod yn y cwestiwn, neu gallai'r cwestiwn fod yn ehangach.

Sut bynnag, bydd angen i chi fynd ati'n ofalus i ddewis y deunydd a fyddai'n fwyaf addas i natur y cwestiwn. Er enghraifft, bydd cwestiwn sy'n gofyn i chi archwilio dadleuon ontolegol Anselm yn gofyn am lawer mwy o ddyfnder a manylder na chwestiwn sy'n gofyn i chi amlinellu'r datblygiadau ar ddadleuon ontolegol, lle gall cyfeiriad at Anselm fod yn rhan o'r ateb yn unig, a fyddai wedyn yn mynd ymlaen i drafod Descartes a Malcolm.

Sicrhewch eich bod chi'n deall y geiriau gorchymyn gwahanol a'r hyn maen nhw'n ei olygu.

Darllen Rowe eich Hun
Mae'r darn canlynol yn dod o *The Problem of Evil and Some Varieties of Atheism* (1979) ac mae'n esbonio enghraifft dioddefaint anifeiliaid Rowe.

Gadewch i ni dybio, mewn coedwig bellennig, fod mellten yn taro hen goeden, gan achosi tân coedwig. Yn y tân, mae carw ifanc yn cael ei ddal, yn cael ei losgi'n ofnadwy, ac yn gorwedd mewn artaith am nifer o ddiwrnodau cyn i farwolaeth leddfu ei ddioddefaint. Cyn belled ag y gallwn ni weld, mae dioddefaint dwys y carw ifanc yn ddibwrpas. Oherwydd dydy hi ddim yn ymddangos fel petai unrhyw ddaioni mwy … A allai bod hollalluog, hollwybodus fod wedi atal dioddefaint ymddangosiadol ddibwrpas y carw ifanc? Mae'r ateb yn amlwg, fel bydd hyd yn oed y theist yn mynnu. Gallai bod hollalluog, hollwybodus fod wedi llwyddo'n hawdd i atal y carw ifanc rhag cael ei losgi'n ofnadwy. Neu, o gofio'r llosgi, gallai fod wedi arbed y carw ifanc rhag y dioddefaint dwys, drwy ddod â'i fywyd i ben yn gyflym, yn hytrach na gadael i'r carw ifanc orwedd mewn artaith ofnadwy am nifer o ddiwrnodau. Gan fod modd atal dioddefaint dwys y carw ifanc, a gan ei fod yn ddibwrpas, cyn belled ag y gallwn ni weld nag yw hi'n ymddangos … bod yna rai enghreifftiau o ddioddefaint dwys y gallai bod hollalluog, hollwybodus fod wedi eu hatal heb golli rhyw ddaioni mwy, neu ganiatáu rhyw ddrygioni a oedd cynddrwg neu'n waeth[?]

Sut mae Rowe yn cael ei Feirniadu
Mae theistiaeth sgeptigol yn dadlau na allwn ni ddeall rhesymau Duw. Ymatebodd yr athronydd Daniel Howard-Snyder, wrth ysgrifennu am ddadl Rowe yn 1999, gyda beirniadaeth sy'n adeiladu ar safbwynt Aquinas ar broblem drygioni. Yn ôl Aquinas, allwn ni ddim gwybod meddwl Duw ac felly dydy unrhyw broblem drygioni ddim yn broblem mewn gwirionedd, oherwydd gan ein bod ni'n fodau dynol, allwn ni ddim amgyffred na deall Duw a natur Duw yn gywir yn y lle cyntaf. Yn ôl Howard-Snyder, 'mae'r syniad ei bod hi'n bosibl bod Duw wedi gadael i ddrygioni heb achos ddigwydd, yn absurd. Wedi'r cyfan, os yw Duw yn gallu cael yr hyn y mae ei eisiau heb adael i rywbeth erchyll ddigwydd, pam yn y byd byddai'n gadael iddo ddigwydd?

Dadl Howard-Snyder yw bod dadl Rowe yn seiliedig ar sut mae pethau'n ymddangos i ni yn unig. Mae ond yn ymddangos i ni fod dioddefaint fel yr enghreifftiau y mae Rowe yn eu defnyddio yn ddibwrpas ac yn ddiangen, gan nad ydyn ni'n gallu gweld y darlun llawn. Mae'r ffaith fod Duw yn gadael i'r fath ddrygioni a dioddefaint ddigwydd yn y pen draw yn golygu na all fod yn ddibwrpas nac yn ddiangen, gan fod hynny'n mynd yn groes i natur Duw. Fe fydd yna ddaioni mwy a rheswm y mae'n bosibl ei gyfiawnhau dros y fath ddrygioni a dioddefaint.

Mae'n bosibl mynegi beirniadaeth Howard-Snyder yn syml fel hyn:

Rhagosodiad 1: Os yw drygioni dibwrpas fel y mae Rowe yn ei ddisgrifio yn bodoli, yna dydy Duw ddim yn bodoli.

Rhagosodiad 2: Ond mae'r rhai sydd â ffydd yn dal i fod yn siŵr bod Duw o'r fath yn bodoli.

Casgliad: Felly, dydy drygioni dibwrpas fel y mae Rowe yn ei ddisgrifio ddim yn bodoli.

HANFODOL!
Theistiaeth sgeptigol yw'r safbwynt bod Duw yn bodoli, ond y dylai bodau dynol fod yn sgeptigol o'u gallu i ddeall rhesymau Duw dros unrhyw beth.

Wrth ddefnyddio'r term **drygioni heb achos**, mae Howard-Snyder yn golygu drygioni sydd heb bwrpas a heb reswm.

MEWNWELEDIAD
Mae adnodau o'r Beibl fel y canlynol yn cefnogi safbwynt theistiaeth sgeptigol: 'Pwy a adnabu feddwl yr Arglwydd?' (Rhufeiniaid 11:34).

GWELLA EICH DEALLTWRIAETH

Byddwch chi'n gwella eich sgiliau AA1 neu AA2 gyda'r tasgau ymarferol hyn – hefyd byddan nhw'n eich paratoi i ateb cwestiynau arholiad.

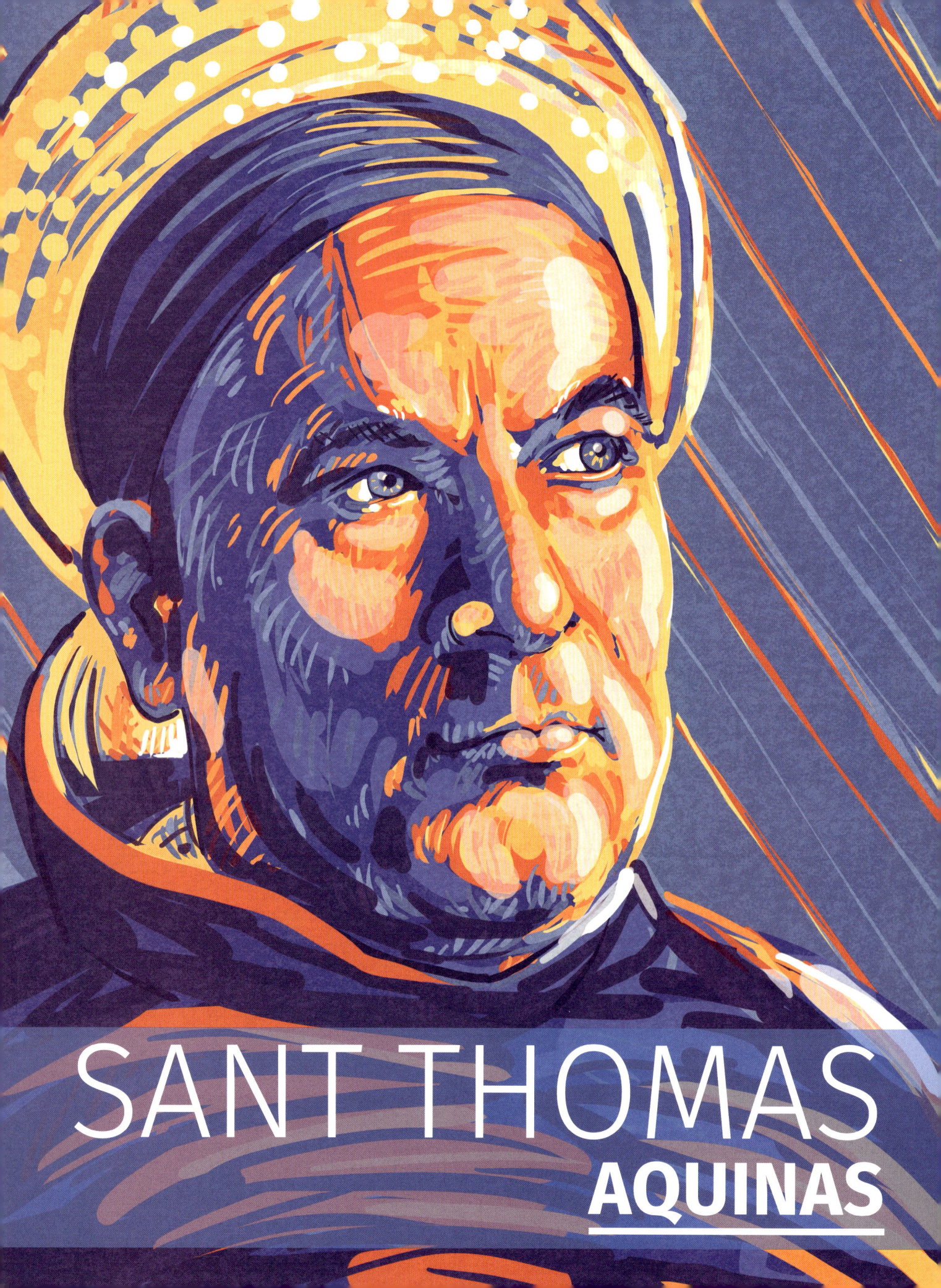

SANT THOMAS AQUINAS

1. SANT THOMAS AQUINAS

MYND I FYD AQUINAS

Trosolwg Roedd Thomas Aquinas (1225–74) yn offeiriad, yn athronydd ac yn sant Catholig yn y drydedd ganrif ar ddeg, yn ymwneud â chysoni gweithiau Aristotle â Christnogaeth. Roedd yn credu bod modd gwybod gwirioneddau mawr drwy'r rheswm a oedd ar gael i bob bod dynol, nid drwy ffydd yn unig.

Cafodd Thomas Aquinas ei eni i deulu aristocrataidd a'i addysgu yn abaty Benedictaidd Monte Cassino. Aeth yn erbyn dymuniadau ei deulu drwy ymuno ag urdd Gatholig Sant Dominic ar ôl gorffen astudio ym Mhrifysgol Naples. Herwgipiodd teulu Aquinas ef a'i garcharu mewn tŵr am dros flwyddyn tra oedden nhw'n ceisio ei berswadio fel arall ac yn ei demtio i dorri ei lwon. Fodd bynnag, ar ôl i butain roedden nhw wedi'i llogi fethu ei ddenu, rhoddon nhw'r gorau i'w berswadio a gadael iddo ddianc drwy'r ffenestr. Yna, dechreuodd astudio ymhellach o dan Albertus Magnus (Sant Albert Fawr), yr ysgolhaig Catholig mwyaf toreithiog ar y pryd. Tra oedd yn fyfyriwr, rhoddodd ei gyd-fyfyrwyr y llysenw 'ych mud' iddo, oherwydd ei fod yn fawr ac yn dawel, ond fe wnaeth Magnus sylw proffwydol, sef 'Rydyn ni'n galw'r bachgen hwn yn ych mud, ond un diwrnod bydd ei frefu yn atseinio drwy'r byd i gyd.' Ac atseinio wnaeth, yn wir.

Roedd Aquinas yn ysgrifennwr toreithiog o'r traddodiad sgolastig. Cynhyrchodd amcangyfrif o 8–11 miliwn o eiriau, bron ar bob pwnc athronyddol a diwinyddol y gallwch ei ddychmygu. Roedd y gwaith anorffenedig *Summa Theologica* (Crynodeb o Ddiwinyddiaeth) ei hun yn bum cyfrol, yn cwmpasu tair prif thema: bodolaeth Duw, pwrpas bywyd dyn a ffigur Crist. Mae gweithiau eraill Aquinas yn cynnwys *Summa Contra Gentiles* (Crynodeb o'r Ffydd Gatholig yn Erbyn yr Anghredinwyr) a sylwebaethau ar weithiau Aristotle, Boethius, Lombard ac ar yr Efengylau. Roedd Aquinas yn allweddol wrth gysoni ail-weithio syniadau Aristotle â gwirionedd y datguddiad Cristnogol. Ei ysgogiad oedd y gred bod yn *rhaid* i wirioneddau athronyddol a chrefyddol gyd-fynd â'i gilydd, gan fod y cysyniad o wirioneddau sy'n gwrth-ddweud ei gilydd yn abswrd. Llwyddodd ei brif gyfraniad – y gallai *unrhyw* fod dynol, nid Cristnogion yn unig, gael mynediad at wirioneddau penodol drwy athroniaeth (drwy rodd Duw o resymeg) – i ail-lunio athroniaeth Orllewinol. Ysgogodd Aquinas drafodaethau di-ri dros y canrifoedd wedyn, gan ddarparu fframwaith athronyddol y gallai gwybodaeth gydnabyddedig gael ei chasglu o nifer o ffynonellau, fel rheswm a datguddiad.

Fodd bynnag, rywbryd tua 1273 rhoddodd Aquinas y gorau'n sydyn i ysgrifennu, ar ôl cael profiad crefyddol dwfn, yn ôl y gred. Mae adroddiadau gan dystion yn dweud iddo godi i'r awyr (hofran yn llythrennol) pan oedd yn gweddïo'n fyfyriol cyn y profiad hwn. Wedyn, meddai Aquinas, 'Allaf i ddim gwneud rhagor. Mae'r fath bethau wedi'u datgelu i mi fel bod popeth rwyf wedi'i ysgrifennu nawr yn edrych fel gwellt.' Yn fuan wedyn, aeth yn sâl, a bu farw yn 1274. Cafodd ei ganoneiddio'n sant tua 50 mlynedd yn ddiweddarach.

Syniadau Allweddol Aquinas

GWELLA EICH DEALLTWRIAETH

Gwnewch yn siŵr eich bod chi'n deall sut roedd Aquinas yn credu bod modd gwybod y gwirionedd drwy reswm *a* datguddiad, fel eich bod chi'n gallu deall sail ei ddadleuon *a posteriori* ac anwythol.

HANFODOL!

A posteriori – mae'n cyfeirio at wybodaeth sydd wedi'i chael drwy resymu am yn ôl, o effaith yn ôl i'r achos.

A priori – mae'n cyfeirio at wybodaeth y mae'n bosibl ei gwybod drwy resymu rhesymegol ynghylch yr hyn sy'n hysbys yn barod cyn arsylwi neu gael profiadau.

Dadleuon **anwythol** – mae'r rhain yn cyfeirio at gasgliad posibl sy'n debygol ar y gorau, felly maen nhw'n anelu at berswadio ar sail resymegol yn hytrach na fel prawf rhesymegol.

MEWNWELEDIAD

Dydy mudiant yn y cyd-destun hwn ddim yn golygu mudiant yn unig, yn hytrach bod pethau'n mynd drwy gyflwr o newid.

HANFODOL!

Cyflwr potensialedd – cyflwr lle mae gan rywbeth y gallu i fod yn rhywbeth arall: er enghraifft, bloc o farmor.

Cyflwr gweithredoledd – cyflwr lle mae rhywbeth wedi'i wireddu'n llawn: er enghraifft, cerflun marmor.

Reductio ad absurdum – ffurf ar wrthddadl sy'n ceisio dangos natur chwerthinllyd ei gasgliad. Defnyddiodd Aquinas y dechneg hon i ddangos bod atchwel anfeidraidd yn afresymegol.

Atchwel anfeidraidd – mae'n cyfeirio at y syniad o gadwyn neu broses o ddigwyddiadau sy'n mynd yn ôl am byth heb ddechrau.

Dadleuon o Blaid Bodolaeth Duw

Yn *Summa Theologica*, mae Aquinas yn cyflwyno pum dull i ddangos bodolaeth Duw. Mae'r rhain yn drwm o dan ddylanwad athroniaeth Aristotle ac wedi'u gwreiddio mewn gwybodaeth *a posteriori*. Mae Aquinas yn dadlau bod yn rhaid i bawb dderbyn y wybodaeth hon, sef ffeithiau naturiol am y byd, neu wirioneddau arsylladwy, y gallwn ni resymu'n ôl at Dduw fel yr achos. Mae pum dull Aquinas yn **anwythol**, ac felly maen nhw'n gyfiawnhad rhesymegol, yn dadlau ar sail tebygolrwydd yn hytrach nag ar sail prawf rhesymegol.

Mae'r tri dull cyntaf yn manylu ar ddadleuon cosmolegol. Mae'r pedwerydd dull yn ddadl o foesoldeb nad yw ym manyleb CBAC, felly fydd hi ddim yn cael sylw yma. Mae'r pumed dull yn ddadl deleolegol.

Y Dull Cyntaf a'r Ail Ddull

Mae dull cyntaf ac ail ddull Aquinas yn ddadleuon 'achosol' ac mae eu strwythur yn debyg. Maen nhw'n dechrau drwy nodi nodweddion arsylladwy yn y bydysawd, yn gyntaf mudiant, ac yn ail achos. Mae'n amhosibl gwadu ein bod yn cael profiad o'r rhain. Wrth 'fudiant', mae Aquinas yn cyfeirio at athroniaeth Aristotle ynghylch sut mae pethau'n newid o un cyflwr i un arall, gan symud o **gyflwr potensialedd** i **gyflwr gweithredoledd**. Er enghraifft, mae gan bren y potensial i newid cyflwr a mynd yn boeth; mae gan fesen y potensial i newid cyflwr i fod yn dderwen. Dadl Aquinas yw bod yn rhaid cael rhywbeth allanol i esbonio'r mudiant hwn, a beth bynnag yw'r esboniad allanol, bod hwn ei hun yn cael ei weithredoli. Er enghraifft, mae angen i fod dynol (wedi'i weithredoli) roi'r pren ar dân er mwyn symud y pren o gyflwr potensial poeth i fod yn boeth go iawn. Mae angen derwen go iawn i gynhyrchu'r fesen a allai wedyn fod â'r potensial i fod yn dderwen go iawn yn y dyfodol.

Felly hefyd ar gyfer achos, mae Aquinas yn nodi sut mae popeth yn y bydysawd yn effaith achos blaenorol. Yn union fel na all cerflun marmor ei achosi ei hunan, ac mae angen esboniad allanol fel y cerflunydd arno, felly hefyd mae angen achos ar yr effeithiau yn y bydysawd sy'n allanol iddyn nhw eu hunain.

Mae Aquinas yn dadlau yn erbyn syniad Groeg yr Henfyd, sef y gallai'r bydysawd a'i nodweddion fod wedi bodoli erioed. Mae'n dangos bod hyn yn afresymegol drwy ddechneg athronyddol sy'n cael ei galw'n *reductio ad absurdum*. Mae Aquinas yn dangos y byddai **atchwel anfeidraidd** o fudiant ac achos yn hurt oherwydd, os nad oedd dim byd yn gyntaf i ddod â mudiant ac achos i fodolaeth, fyddai dim mudiant ac achos o gwbl. Felly, mae angen esboniad allanol ar y mudiant a'r achos rydyn ni'n eu profi yn y byd, rhywbeth y tu allan i'r gadwyn mudiant ac achos, rhywbeth 'heb ei ysgogi' a 'heb ei achosi' ei hun. Yr enw ar yr unig esboniad am y peth cyntaf heb ei ysgogi sy'n achosi mudiant ac achos cyntaf heb ei achosi yw 'Duw'.

Gallwn grynhoi'r ddau ddull hyn fel hyn:

Y dull cyntaf: mudiant	Yr ail ddull: achos
Rhagosodiad 1: Rydyn ni'n arsylwi pethau mewn mudiant (cyflwr o newid).	Rhagosodiad 1: Rydyn ni'n arsylwi cadwyn achos ac effaith yn y byd.
Rhagosodiad 2: Does dim byd yn ysgogi ei hun; mae angen ysgogydd allanol.	Rhagosodiad 2: Does dim byd yn achosi ei hun; mae angen achos allanol.
Rhagosodiad 3: Gallwn ni ddychmygu'r gadwyn hon yn mynd yn ôl mewn atchwel anfeidraidd.	Rhagosodiad 3: Gallwn ni ddychmygu'r gadwyn hon yn mynd yn ôl mewn atchwel anfeidraidd.
Rhagosodiad 4: Mae atchwel anfeidraidd yn afresymegol gan nad oes dim byd yn dod o ddim byd – *reductio ad absurdum*.	Rhagosodiad 4: Mae atchwel anfeidraidd yn afresymegol gan nad oes dim byd yn dod o ddim byd – *reductio ad absurdum*.
Casgliad: Mae'n rhaid bod 'ysgogydd cyntaf' (term Aristotle) sydd heb ei symud. Duw yw ein henw ni arno.	Casgliad: Mae'n rhaid bod achos cyntaf sydd heb gael ei achosi. Duw yw ein henw ni arno.

Y Trydydd Dull

Mae trydydd dull Aquinas yn gwahaniaethu oddi wrth y ddau ddull cyntaf, gan ei fod yn seiliedig ar *amodoldeb* y bydysawd. Mae'n dadlau bod y bydysawd yn ddibynnol ar rywbeth arall er mwyn bodoli, rhywbeth sydd ei hun yn *angenrheidiol*. Mae cysylltiad agos rhwng cysyniad amodoldeb a'r syniad o ddibyniaeth, sef bod pob peth amodol yn dibynnu ar rywbeth arall er mwyn bodoli, ond hefyd efallai na fyddai pethau amodol wedi dod i fodolaeth o gwbl, a hyd yn oed lle maen nhw'n gwneud hyn, mae ganddyn nhw farwoldeb a dydyn nhw ddim yn sefydlog.

Er enghraifft, ystyriwch flodyn haul penodol. Mae'r blodyn haul penodol hwn yn amodol (yn ddibynnol) ar gael y genhedlaeth flaenorol yn cynhyrchu'r hedyn a aeth ymlaen i dyfu'r blodyn hwn. Fodd bynnag, roedd angen yr amodau cywir ar yr hedyn hwnnw i dyfu hefyd: pridd, dŵr a heulwen. Pe bai unrhyw un o'r amodau hyn heb eu bodloni, fyddai'r blodyn haul penodol hwn ddim wedi bodoli. At hynny, os yw'r amodau'n newid a dydy ein blodyn haul ddim yn cael digon o heulwen neu ddŵr o hyd, bydd ein blodyn haul yn marw ac yn peidio â bodoli. Felly, dydy pethau amodol ddim yn barhaol (maen nhw'n farwol).

Dadl Aquinas yw mai pethau amodol yn unig sy'n rhan o'n bydysawd, pethau a allai, ar ryw bwynt, beidio â bodoli. Fodd bynnag, petai dim byd byth, fyddai dim byd yn bodoli: *ex nihilo nihil fit*. Eto i gyd, gallwn ni weld yn glir bod y pethau amodol sy'n rhan o'n byd *yn* bodoli. Felly, mae'n rhaid bod rhywbeth nad yw'n bodoli mewn ffordd amodol er mwyn dod â'r byd i fodolaeth. Mae'r rhywbeth hwn yn barhaol, mae pob peth amodol yn dibynnu arno ac yn cael ei gynnal ganddo. Mae Aquinas yn dod i'r casgliad ein bod ni'n galw'r bod hwn yn Dduw.

Mae'n bosibl crynhoi'r trydydd dull fel hyn:

Y TRYDYDD DULL: AMODOLDEB

Rhagosodiad 1: Mae popeth yn ein bydysawd yn amodol.

Rhagosodiad 2: Gallwn ni, felly, ddychmygu amser pan mae popeth yn peidio â bodoli a does dim byd.

Rhagosodiad 3: Mae hyn yn afresymegol oherwydd, petai cyfnod heb ddim byd, fyddai dim byd yn bodoli nawr, gan nad oes dim byd yn dod o ddim byd – *reductio ad absurdum*.

Casgliad 1: Felly, mae'n rhaid bod rhywbeth nad yw'n amodol, rhywbeth *angenrheidiol* y mae pethau amodol yn dibynnu arno.

Rhagosodiad 4: Er mwyn i rywbeth fod yn angenrheidiol, naill ai mae'n rhaid iddo fod yn achosi ei hun (heb fod yn ddibynnol ar unrhyw beth arall), neu os yw ei achos yn allanol iddo ei hun, mae'n rhaid ei fod yn sefydlog ac yn bendant.

Rhagosodiad 5: Gallwn ni ddychmygu bod gan bethau angenrheidiol achosion allanol iddyn nhw eu hunain, a bod eu bodolaeth yn sefydlog.

Rhagosodiad 6: Mae hyn yn afresymegol, oherwydd wedyn fyddai dim achos cyntaf o reidrwydd a fyddai dim byd yn bodoli nawr – *reductio ad absurdum*.

Casgliad 2: Mae'n rhaid bod bod angenrheidiol yn bodoli sydd wedi achosi ei hun, y mae ei fodolaeth yn barhaol, ac y mae pob peth amodol yn dibynnu arno ac yn cael eu cynnal ganddo. Duw yw ein henw ni arno.

HANFODOL!

Amodoldeb – ffurf ar fodolaeth sy'n dibynnu ar ffactorau eraill.

Angenrheidiol – yma mae'n golygu ffurf ar fodolaeth sy'n hollol annibynnol ar bopeth, ac yn ddibynnol ar ddim byd heblaw amdano ei hunan.

HANFODOL!

O'r bydysawd, arsylwodd Aquinas *ex nihilo nihil fit* – does dim byd yn dod o ddim byd – trwy hyn rhoddodd y rhesymu *a posteriori* dros pam mae'n *rhaid* bod rhywbeth i ddechrau popeth arall.

Y Pumed Dull

Mae pumed dull Aquinas ar gyfer bodolaeth Duw yn ddadl ddylunio, drwy **gydweddiad**. Mae Aquinas yn dweud ei bod hi'n ymddangos bod *telos* gan bethau yn y byd ac felly mae'n rhaid eu bod nhw wedi cael eu dylunio yn y fath fodd fel ei bod hi'n bosibl cyflawni hyn yn drefnus. Er enghraifft, *telos* y goeden afalau yw cynhyrchu afalau ac, os yw'r amodau'n iawn, mae ganddi'r potensial i wneud hynny. Mae persawr a lliw'r blodau yn y gwanwyn yn denu'r pryfed, sydd yn eu tro yn peillio'r blodau, ac felly'n cynhyrchu'r afalau.

Wedyn, mae Aquinas yn cymharu trefnau naturiol fel hyn yn y byd â gweithgarwch dynol: saethwr sy'n saethu saeth tuag at darged. Yn union fel y mae'r saethwr yn anelu'r saeth tuag at ei nod, felly mae'n rhaid bod rhywbeth deallus yn cyfarwyddo'r gorchmynion hyn yn y byd tuag at eu *telos*. Dydy coeden afalau ddim yn gallu cyfeirio'r peilliwr yn ymwybodol tuag at ei blodyn, a dydy targed ddim yn gallu cyfeirio saeth chwaith.

Mae'n bosibl crynhoi dadl dyluniad Aquinas fel hyn:

> **Y PUMED DULL: *TELOS***
>
> Rhagosodiad 1: Mae *telos* gan organebau byw sydd heb eu deallusrwydd eu hunain.
>
> Rhagosodiad 2: Dydy pethau o'r fath ddim yn gallu cyfeirio eu hunain; mae'n rhaid iddyn nhw gael eu cyfeirio tuag at y *telos* hwnnw gan rywbeth allanol sy'n ddeallus.
>
> Casgliad: Mae'n rhaid bod rhyw fod deallus allanol sy'n cyfeirio pob peth tuag at ei *delos*. Duw yw ein henw ni arno.

Iaith Grefyddol fel Cydweddiad

Oherwydd cred Aquinas bod Duw yn drosgynnol a bod ein meddyliau dynol meidraidd (cyfyngedig) ni yn methu dirnad natur Duw, roedd yn rhaid i Aquinas roi sylw i'r ffordd rydyn ni'n gallu siarad yn ystyrlon am Dduw.

Roedd Aquinas yn gwrthod y dull apoffatig (*via negativa*) a wnaed yn boblogaidd gan yr ysgolhaig Iddewig Maimonides yn y ddeuddegfed ganrif. Roedd yn credu bod siarad yn negyddol am Dduw ac ond dweud y pethau nad ydyn nhw'n nodweddion ar Dduw yn dod â chi'n nes at ddweud unrhyw beth am Dduw yn uniongyrchol. Fodd bynnag, er bod Aquinas yn ffafrio'r dull cataffatig (*via positiva*), roedd hefyd yn gwrthod dehongliadau traddodiadol **diamwys** ac **amwys** o iaith. Roedd yn dadlau bod iaith ddiamwys yn methu dangos y gwahaniaeth rhwng Duw a bod dynol, a'i bod mewn perygl o **ddynweddu** Duw. Byddai dweud 'Mae Duw yn dda' yn ddiamwys yr un peth â dweud bod person yn dda, felly mae hyn yn rhoi nodweddion dynol i Dduw ac yn ei gyfyngu iddyn nhw. Ond fyddai iaith amwys ddim o werth i ni o gwbl, gan y byddai'n awgrymu bod daioni Duw a daioni bod dynol yn hollol wahanol a fyddai dim sylfaen y gallen ni ei defnyddio i ddeall y gosodiad.

Felly, yn *Summa Theologica*, mae Aquinas yn cynnig ei ymagwedd gydweddiadol fel man canol rhwng y ddau ddull. Gallwn siarad yn ystyrlon am Dduw a dod yn nes at ddeall ei natur, ond dim ond os ydyn ni'n cydnabod bod ein hiaith yn gydweddiadol. Hynny yw, mae *rhywfaint* o debygrwydd y gallwn ei ddefnyddio i drafod a deall Duw yn ystyrlon, ond hefyd mae'n rhaid i ni gydnabod bod gwahaniaeth ac felly bod cyfyngiadau i unrhyw beth rydyn ni'n ei ddweud.

HANFODOL!

Cydweddiad – mae'n cyfeirio at y dull o esbonio rhywbeth anghyfarwydd drwy ei gymharu â rhywbeth sy'n gyfarwydd.

MEWNWELEDIAD

Mae Aquinas yn parhau i adeiladu ar syniadau Aristotle o'r pedwar achos a phopeth yn symud o gyflwr potensialedd i gyflwr gweithredoledd er mwyn cyflawni'r achos neu'r nod terfynol (*telos* mewn Groeg).

AWGRYM

Dylen ni ddeall dadl ddylunio Aquinas fel dyluniad *qua* (fel) rheoleidd-dra, gan ei fod yn cyfeirio at bopeth yn gweithio gyda'i gilydd mewn ffordd gynaliadwy a threfnus i gyrraedd nod terfynol.

HANFODOL!

Iaith **ddiamwys** – lle mae gan eiriau yr un ystyr yn union ym mhob cyd-destun, tra mae iaith **amwys** yn cyfeirio at eiriau sydd ag ystyron gwahanol mewn cyd-destunau gwahanol.

HANFODOL!

Dynweddu (anthropomorffaeth) – rhoi rhinweddau neu nodweddion dynol i rywbeth nad yw'n ddynol. Er enghraifft, mae 'llaw Duw' yn awgrymu bod gan Dduw law fel bodau dynol.

Mae Aquinas yn nodi dwy sylfaen i'n hiaith gydweddiadol am Dduw, a gallwn eu crynhoi fel hyn.

Cydweddiad priodoli	Cydweddiad cyfrannedd
• Er gwaetha'r gwahaniaeth rhwng Duw a bodau dynol, mae'n bosibl gweithio'n ôl o briodoleddau yn y creu i ddweud rhywbeth am natur Duw. • Rydyn ni'n gweld daioni mewn bodau dynol, y gallwn ei briodoli'n ôl i Dduw fel y *creawdwr a'r ffynhonnell*. • Er bydd ein daioni ni yn wahanol i ddaioni Duw, gan mai daioni Duw yw achos ein daioni ni, mae'n bosibl gweld rhywfaint o debygrwydd rhyngddyn nhw. • Mae Aquinas yn rhoi enghraifft troeth/wrin ych. Os yw'r troeth yn iach, gallwn ddod i'r casgliad bod yr ych yn iach, gan mai'r ych yw achos y troeth.	• Mae gan bethau rinweddau sy'n gymesur â'u natur. • Efallai fod gan greadigaethau Duw, gan gynnwys bodau dynol, rinweddau sydd i'w priodoli i Dduw, ond byddan nhw'n gymesur (yn addas) â'u statws o'i gymharu â statws Duw. • Bydd natur Duw yn ddiderfyn a thu hwnt i'n dealltwriaeth ni yn ôl ei natur berffaith a throsgynnol, ond fydd y natur ddynol ddim yn agos ato (e.e. daioni dynol). • Mae Aquinas yn defnyddio'r enghraifft o gryfder llew a chryfder Duw. Mae cryfder y llew yn gymesur â'r greadigaeth a bydd cryfder Duw yn llawer mwy.

Fodd bynnag, mae angen cynnwys rhybudd gyda'r adran hon. Dydy Aquinas *ddim* yn bwriadu dweud, drwy ddefnyddio cydweddiad, bod Duw yn debyg i'w greadigaeth. Yn hytrach, gan mai Duw yw *ffynhonnell y greadigaeth*, gallwn ni ddefnyddio tebygrwydd ein profiadau a'n harsylwadau o'r greadigaeth i ddod â ni'n nes at ddealltwriaeth *rannol* o natur Duw. Yn ei dro, mae hyn yn rhoi man cychwyn i ni er mwyn siarad yn ystyrlon am Dduw.

Datblygodd John Hick y syniad hwn ymhellach yn yr ugeinfed ganrif; mae'n rhoi enghraifft o ffyddlondeb ci o'i gymharu â ffyddlondeb bod dynol. Mae'r ffyddlondeb yn debyg o ran cysyniad, ond i raddau cyfrannol i'r goddrych.

Felly, mae'n bosibl deall ymagwedd Aquinas at iaith grefyddol fel ymagwedd wybyddol oherwydd, fel Cristion yn y drydedd ganrif ar ddeg, credai Aquinas fod iaith grefyddol yn disgrifio realiti. Sylfaen ymagwedd gydweddiadol Aquinas oedd realiti Duw fel creawdwr y byd. Roedd pobl yn dal i feddwl mai gwneud gosodiad ffeithiol am y byd oedd dweud 'mae Duw yn dda' yn gydweddiadol, gan ystyried cyfyngiadau cydweddiad o ran priodoliad a chyfrannedd yn unig.

At hynny, peidiwch â thybio bod Aquinas yn gwrthod y dull cataffatig dim ond oherwydd ei fod yn gwrthod iaith ddiamwys ac iaith amwys. Mae ei ymagwedd gydweddiadol *yn* gataffatig gan ei fod yn siarad am Dduw mewn ffordd gadarnhaol.

MEWNWELEDIAD

Mae Aquinas yn dibynnu ar wirionedd Genesis 1:26, 'Gwnawn ddyn ar ein delw, yn ôl ein llun ni', fel sail i'w ddadl dros iaith grefyddol fel un gydweddiadol.

AWGRYM

Gofalwch beidio ag awgrymu mai bod fel bodau eraill yn y greadigaeth yw Duw, dim ond yn fwy perffaith. Yn hytrach, mae *agweddau* ar natur Duw yn gallu bod fel agweddau yn y greadigaeth, ond nid Duw ei hunan.

AWGRYM

Diffiniwch ymagwedd Aquinas at iaith grefyddol fel rhywbeth gwybyddol, gan ei fod yn credu bod cydweddiad yn disgrifio realiti.

MEWNWELEDIAD

Edrychwch i weld sut datblygodd Ian Ramsey (Pennod 30) syniadau Aquinas o iaith grefyddol fel cydweddiad gan gyfeirio at oleddfwyr a datgeliadau.

> **HANFODOL!**
>
> Roedd Aquinas yn diffinio **gwyrth** fel 'yr hyn y mae iddo achos dwyfol, nid yr hyn y mae person dynol yn methu deall ei achos' (*Summa Contra Gentiles*).

> **HANFODOL!**
>
> **Realaeth** – y safbwynt bod gwirioneddau gwrthrychol. Mae Aquinas yn defnyddio'r term 'gwyrth' i gyfeirio at ddigwyddiadau gwirioneddol, nid safbwyntiau goddrychol.

> **HANFODOL!**
>
> **Gwrth-realaeth** – y safbwynt mai gwirioneddau goddrychol yn unig (y rhai sy'n seiliedig ar ddehongliadau neu safbwyntiau personol, nid ar ffeithiau gwrthrychol) y mae'n bosibl eu gwybod. Byddai gwyrth yn fater o safbwynt personol, yn hytrach na digwyddiad go iawn.

> **MEWNWELEDIAD**
>
> Roedd Aquinas yn credu, pan greodd Duw y byd a'r drefn naturiol, iddo gynnwys y potensial i wyrthiau ddigwydd yn y drefn honno.

Gwyrthiau

Yn unol â'i ffydd a'i ymagwedd wybyddol at iaith grefyddol, mae gan Aquinas safbwynt **realaidd** ynghylch gwyrthiau. Mae'n ychwanegu at ddiffiniad Awstin Sant o **wyrthiau**: nad yw gwyrthiau'n groes i natur ond yn groes i'n gwybodaeth ni o natur. Mae Aquinas yn egluro, er bod gwyrthiau'n mynd y tu hwnt i drefn arsylladwy arferol natur, nid yw'r digwyddiadau hyn yn wyrthiol oherwydd nad yw bodau dynol yn deall eu hachos. Maen nhw'n wyrthiol oherwydd eu tarddiad dwyfol.

Gallwn weld dylanwad Aristotle yma. Credai Aristotle ac yna Aquinas, fod natur bendant gan bopeth sy'n bodoli. O ganlyniad, roedd unrhyw ddigwyddiad a oedd yn wahanol i natur arsylladwy nodweddiadol pethau yn bendant yn ddigwyddiad go iawn, ac yn un roedd Duw yn unig yn gallu ei esbonio. Felly, mae Aquinas yn erbyn y safbwynt **gwrthrealaidd**, er enghraifft, lle gallai'r rhieni ystyried bod genedigaeth plentyn y maen nhw wedi dyheu amdano yn 'wyrth', gan fod genedigaeth plentyn o fewn natur nodweddiadol pethau.

Mae Awstin yn defnyddio enghraifft diffyg ar yr haul. Byddai'n hawdd i berson diaddysg feddwl mai gwyrth yw'r diffyg ar yr haul a byddai'n rhyfeddu at y digwyddiad. Ond fyddai seryddwr ddim yn rhyfeddu oherwydd ei fod yn deall bod hyn yn digwydd yn nodweddiadol, er nad yn aml, o fewn trefn naturiol pethau. I Aquinas, mae **gwyrthiau** yn ddigwyddiadau go iawn ond mae eu hesboniad yn ddirgelwch llwyr i bawb, beth bynnag yw eu gwybodaeth a'u dealltwriaeth o fyd Duw. Eto i gyd, gan mai Duw sy'n achosi'r digwyddiadau hyn, dydyn nhw ddim yn groes i gynllun Duw ar gyfer natur, ond maen nhw wedi'u hesbonio o fewn y cynllun hwnnw. Y cyfan mae'r ffaith nad yw bodau dynol yn gallu esbonio'r digwyddiadau hyn yn ei wneud yw tynnu mwy o sylw at y ddealltwriaeth gyfyngedig sydd gan fodau dynol o'r drefn a greodd Duw.

Gyda'r diffiniad hwn o wyrthiau mewn cof, mae Aquinas yn nodi ac yn esbonio tair gradd o wyrthiau, gan ddefnyddio enghreifftiau o'r Beibl i'w darlunio. Mae gwyrth yn rhywbeth wedi'i wneud gan Dduw:

- na allai natur byth ei wneud – amhosibilrwydd ffisegol: er enghraifft, 'Ac arhosodd yr haul yn llonydd, a safodd y lleuad, nes i'r genedl ddial ar ei gelynion' (Josua 10:13)
- y gallai natur ei wneud, ond nid yn y drefn honno – gallai natur esbonio bod rhywun yn fyw, ond nid ar ôl iddo farw: er enghraifft, atgyfodiad Lasarus (Ioan 11:38–44)
- y gallai natur ei wneud, ond a ddigwyddodd heb rymoedd arferol natur: er enghraifft, troi dŵr yn win (Ioan 2:1–11). Mae natur *yn gallu* troi dŵr yn win, ond nid yn syth, ac mae'n rhaid cael grawnwin, burum, siwgr ac amser hefyd.

Deall Safbwynt Aquinas

Mae'r argyhoeddiadau cyffredinol canlynol yn llywio safbwyntiau athronyddol Aquinas. Os ydych chi'n ymwybodol o'r rhain, bydd hynny'n eich helpu chi i esbonio a gwerthuso ei ymagwedd yn y meysydd rydyn ni wedi edrych arnyn nhw yn barod.

Mae'n bosibl defnyddio athroniaeth fel offeryn i wasanaethu diwinyddiaeth a'r Eglwys. Weithiau mae pobl yn camddeall ac yn meddwl bod Aquinas wedi 'cyfuno' athroniaeth Aristotle â Christnogaeth, gan awgrymu iddo gymryd y rhannau o waith Aristotle a oedd yn gydnaws â Christnogaeth ac iddo greu cyfuniad llyfn, gan anwybyddu'r gweddill. Ond mae hyn yn anghywir. Fel brawd Catholig Dominicaidd selog, roedd Aquinas yn derbyn dysgeidiaeth yr Eglwys yn rhywbeth absoliwt, a chredai fod dysgeidiaeth sanctaidd yn cynnwys y disgrifiad mwyaf cynhwysfawr o natur Duw. Ond, credai hefyd, os oedd hi'n cael ei deall yn gywir, nad oedd dysgeidiaeth Aristotle yn groes i ddysgeidiaeth Gristnogol, a'i bod hi'n bosibl dangos credoau Cristnogol yn rhesymegol drwy athroniaeth Aristotle. Yng ngeiriau enwog Aquinas, 'os gwelir unrhyw beth yng ngeiriau athronwyr sy'n groes i'r ffydd, nid athroniaeth yw hyn ond yn hytrach camddefnydd o athroniaeth, oherwydd bod rheswm yn methu'.

Er mwyn rhoi cyfrif am allu hollgyffredinol i resymu gwirioneddau sylfaenol am natur Duw, aeth Aquinas ati yn gydlynol i ddatblygu dysgeidiaeth Aristotle am wybodaeth wedi'i chael drwy brofiad drwy'r synhwyrau o'r byd ac am **hierarchaeth eneidiau**. Roedd Aquinas yn gwahaniaethu rhwng y wybodaeth rydyn ni'n ei chael drwy brofiad drwy'r synhwyrau o'r byd – gwybodaeth sy'n seiliedig ar weld, arogli, blasu, cyffwrdd, clywed, etc., rydyn ni'n ei rhannu ag organebau byw eraill (anifeiliaid) – a'r wybodaeth ddeallusol rydyn ni'n ei chynhyrchu drwy resymu sy'n mynd y tu hwnt i'n profiad drwy'r synhwyrau. Roedd yn credu bod ein holl wybodaeth ddeallusol o'r byd yn dod o'r gallu hwn i resymu (athroniaeth), a oedd yn unigryw i *bob* bod dynol oherwydd bod pob un wedi'i wneud *Imago Dei* (ar ddelw ac yn ôl llun Duw): 'Gwnawn ddyn ar ein delw, yn ôl ein llun ni' (Genesis 1:26).

Felly, gallai pob person ddeall gwirioneddau penodol am natur Duw, hyd yn oed heb wybodaeth o ddysgeidiaeth yr Eglwys a'r Ysgrythur. Roedd Aquinas yn gweld gwerth mawr yn hyn i'r Eglwys a'i chenhadaeth, a'r budd posibl i'r ffydd Gristnogol drwy gynnydd mewn athroniaeth, oherwydd gallai anghredinwyr ddeall dadleuon ar sail rheswm. Oherwydd hyn, roedd un o weithiau mwyaf adnabyddus Aquinas, *Summa Contra Gentiles*, hefyd â'r teitl *Llyfr am wirionedd y ffydd Gatholig yn erbyn camsyniadau'r anghredinwyr*.

Felly, wrth ddarllen gweithiau athronyddol Aquinas, cofiwch ei fod yn deall rhesymu athronyddol fel hyn yn *ffynhonnell* gwirionedd ysbrydol, yn hytrach nag yn fethodoleg ar wahân sy'n arwain at fath o wybodaeth ar wahân, fel y mae llawer o athronwyr atheïstaidd ac agnostig heddiw yn ei gredu. I Aquinas, fel yr oedd yn gyffredin yn y bydolwg canoloesol, 'athroniaeth oedd llawforwyn diwinyddiaeth' a doedd hi ddim yn rhagorach na hi neu ar wahân iddi. Roedd Aquinas yn deall bod pob gwyddoniaeth yn gwasanaethu diwinyddiaeth.

> **HANFODOL!**
>
> Mae **hierarchaeth eneidiau** Aristotle yn disgrifio'r enaid neu natur hanfodol pob organeb byw, ond bodau dynol yn unig sydd â meddylfryd rhesymegol a nhw sydd ar frig yr hierarchaeth.

SANT THOMAS AQUINAS

> **HANFODOL!**
>
> **Gwirionedd wedi'i ddatguddio'n oruwchnaturiol** – rhywbeth y mae'n amhosibl ei adnabod drwy ymdrechion dynol, dim ond drwy ddatguddiad uniongyrchol oddi wrth Dduw y mae'n bosibl ei adnabod: er enghraifft, cysyniad y Drindod Sanctaidd.

Duw fel achos, creawdwr, ffynhonnell a chynhaliwr y byd. Mae'n amhosibl gorbwysleisio pwysigrwydd yr egwyddor hon a'r bydolwg hwn i Aquinas. Mae'n sylfaen i bob agwedd ar ei waith. Wrth ysgrifennu yn null sgolastig y cyfnod, lle mae gwrthwynebiadau ynghylch syniad yn cael ymateb rhesymegol, ymatebodd Aquinas i'r gwrthwynebiad nad oedd hi'n bosibl dangos bodolaeth Duw, gan mai erthygl ffydd yn unig oedd hi, drwy ddweud nad oedd bodolaeth Duw yn **wirionedd wedi'i ddatguddio'n oruwchnaturiol**. Yn hytrach, roedd bodolaeth Duw yn ffaith yr oedd yn bosibl ei dangos *a posteriori*, y mae gwirioneddau wedi'u datguddio'n oruwchnaturiol yn eu rhagdybio.

O safbwynt Aquinas, y rheswm pam mae bodolaeth Duw mor amlwg yn y dull *a posteriori*, gan weithio'n ôl o dystiolaeth effaith i'w hachos, yw mai effaith Duw yw'r byd a phopeth o'n cwmpas, yn ôl ei natur. Felly, mae'n bosibl olrhain y dystiolaeth yn rhesymegol yn ôl i Dduw. Mae'r syniad hwn yn amlwg ym mhob agwedd ar ei waith, ond yn bennaf yn ei 'bum dull' i fodolaeth Duw a'i ymagwedd cydweddiadol at iaith grefyddol, fel sy'n cael ei drafod yn adran 'Syniadau Allweddol Aquinas' uchod. Os cofiwch chi hyn wrth ystyried syniadau Aquinas, byddwch chi'n gallu gweld y llinyn sy'n cysylltu ei athroniaeth â diwinyddiaeth. Ond hefyd, byddwch chi'n gallu tybio beth fyddai'n digwydd petai'r llinyn hwn yn dod yn rhydd? O fewn y cyd-destun Cristnogol canoloesol yn unig y mae'n bosibl deall gweithiau Aquinas. Roedd bodolaeth Duw yn cael ei hystyried yn ffaith ddi-ddadl a diymwad, gyda thystiolaeth ohoni ym mhob man yn y byd naturiol. Ble mae hyn yn gadael gwaith Aquinas heddiw, pan mae cyn lleied o sicrwydd?

> **AWGRYM**
>
> Ceisiwch wella eich gwerthuso drwy ddangos dealltwriaeth gyfannol o weithiau Aquinas a sut mae ei syniadau'n cysylltu â'i gilydd.

Ond, cofiwch beidio â thybio, dim ond oherwydd bod Aquinas yn derbyn mai Duw yw'r creawdwr, fel y mae dysgeidiaeth yr Eglwys ac Ysgrythur sanctaidd yn ei ddysgu, bod hyn yn golygu ei fod yn dehongli'r Beibl a'r Creu yn Genesis yn llythrennol. Roedd Aquinas yn dadlau, er bod y Beibl yn ffeithiol o ran gwirionedd crefyddol dyfnach, ei fod wedi cael ei ysgrifennu ag iaith drosiadol er mwyn disgrifio'r annisgrifiadwy i feddyliau dynol meidraidd (cyfyngedig), fel y mae ei ymagwedd at iaith grefyddol fel cydweddiad yn ei ddangos. Lle mae'r Beibl yn dweud, 'Yr Arglwydd yw fy mugail' (Salm 23), dydy Aquinas ddim yn credu bod hyn yn dweud mai bugail llythrennol yw Duw. Yn hytrach, mae'r cydweddiad hwn yn dangos sut dylai Duw gael ei ddeall fel bod gofalgar sy'n gwylio dros ei greadigaeth ac yn ei harwain, fel y mae bugail yn ei wneud gyda'i braidd. Felly, mae Aquinas yn honni mai drwy'r byd materol yn unig y gallwn ni *adnabod* Duw, gan mai dyna sut rydyn ni fel bodau meidraidd yn gallu deall unrhyw beth droson ni ein hunain. Rydyn ni'n dibynnu ar fyd natur a'r dystiolaeth o'n cwmpas ni i adnabod gwirioneddau. Yn ei dro, mae hyn yn rhoi'r seiliau i ffydd sy'n seiliedig ar resymu a meddwl rhesymegol.

Ar sail anwythol yn unig y mae'n bosibl adnabod Duw oherwydd cyfyngiadau'r meddwl dynol. Yn Rhan Un o *Summa Theologica*, mae Aquinas yn treulio ychydig o amser yn ymdrin â'r syniad y gall bodolaeth Duw fod yn hunanamlwg i fodau dynol ac, fel y mae Anselm yn ei gynnig, ein bod yn gallu adnabod Duw *a priori*, mewn ffordd **ddiddwythol**. Mae'n gwrthod y syniadau hwn hefyd (gweler Pennod 7 am ddadl *a priori* a diddwythol Sant Anselm o blaid bodolaeth Duw). Mae Aquinas yn esbonio y byddai'n bosibl, yn ddamcaniaethol, dangos y gwirionedd mewn dwy ffordd: *a priori*, sef dadlau o'r hyn sy'n hysbys cyn unrhyw dystiolaeth o effaith; neu *a posteriori*, sef dadlau o'r dystiolaeth o effaith yn ôl i'r achos. Yn ôl Aquinas, pan mae effaith yn fwy hysbys i ni na'r achos, mae'n rhaid i ni symud ymlaen yn ein gwybodaeth o'r dystiolaeth o effaith yn ôl i'r achos. Yn achos Duw, mae Aquinas yn anghytuno ag Anselm, a oedd yn honni bod pawb yn gallu adnabod a deall hanfod Duw. Credai Aquinas mai ar sail anwythol yn unig y mae'n bosibl dangos bodolaeth Duw (hynny yw, ar sail tebygolrwydd), a hynny drwy effeithiau Duw sy'n hysbys i ni: sef, drwy wybodaeth *a posteriori* o'r byd naturiol o'n cwmpas ni.

> **HANFODOL!**
>
> Mae dadl **ddiddwythol** yn ceisio rhoi prawf rhesymegol absoliwt, sydd 100 y cant yn sicr. Os yw'r rhagosodiad yn wir, yna mae'r casgliad yn dilyn o reidrwydd.

Ond, mae'n bosibl mai camarweiniol yw'r ffaith bod dulliau cosmolegol a theleolegol anwythol ac *a posteriori* Aquinas i brofi bodolaeth Duw mor amlwg yn y rhan fwyaf o gyrsiau Astudiaethau Crefyddol ac Athroniaeth Safon Uwch. Oherwydd, mewn gwirionedd, doedd yr agwedd hon ar waith Aquinas ddim yn ganolog i'w syniadau. Aeth Aquinas byth ati i 'brofi' bod Duw yn bodoli. Doedd e ddim yn dyheu am fod yn genhadwr chwaith er mwyn rhoi tröedigaeth i anghredinwyr yn bersonol. Credai na fyddai meddyliau'r rhai nad oedden nhw'n Gristnogion yn agored o reidrwydd i'r ddadl resymegol beth bynnag. Yn hytrach, ceisiodd Aquinas ddangos bodolaeth Duw fel cynnig rhesymegol, yn seiliedig ar y dystiolaeth yn y byd naturiol. Mae'n bosibl astudio'r dystiolaeth hon wedyn yn wyddonol drwy athroniaeth i ddangos gwirioneddau ysbrydol am natur Duw a'n byd. Dywedwyd bod yr ymagwedd hon yn dilyn paramedrau'r hyn y mae diwinyddion yn gallu ei ddweud sy'n hysbys am Dduw. Ar yr un pryd, mae'n cydnabod ac yn cynnal y dirgelwch a'r **pellter epistemig** rhwng bodau dynol a Duw.

> **HANFODOL!**
>
> **Pellter epistemig** – yr ymadrodd a fathodd John Hick i ddisgrifio'r bwlch rhwng gwybodaeth ddynol a Duw. Edrychwch ar Bennod 16 am ragor o fanylion am hyn.

BETH YW EICH BARN CHI?

Un ffordd o wella eich gallu i werthuso syniadau ysgolhaig yw bod yn ymwybodol o'ch syniadau a'ch ymatebion eich hun i'r safbwyntiau rydych chi'n eu darllen.

Ysgrifennwch y rhain mewn llyfr nodiadau ac ewch yn ôl atyn nhw ychydig cyn yr arholiad er mwyn gweld a yw eich safbwyntiau wedi newid.

Darllen Aquinas eich Hun

Mae'r darnau canlynol yn dod o *Summa Theologica* ac yn dangos rhai o ddadleuon Aquinas ynghylch bodolaeth Duw, iaith grefyddol a gwyrthiau.

Dadleuon Anwythol Aquinas o blaid Bodolaeth Duw

Ar y Dull Cyntaf

> **TASG**
>
> Darllenwch Aquinas eich hun yn y darnau isod. Bydd y nodiadau ar ymyl y dudalen yn eich helpu chi i ddeall ei syniadau.

Y dull cyntaf a mwyaf amlwg yw'r ddadl sy'n dod o fudiant. Mae'n sicr, ac yn amlwg i'n synhwyrau, bod rhai pethau yn y byd yn newid. Nawr mae beth bynnag sy'n newid yn cael ei ysgogi i newid gan rywbeth arall … Oherwydd nid yw newid yn ddim mwy na lleihau rhywbeth o botensialedd i weithredoledd. Ond does dim modd lleihau dim byd o botensialedd i weithredoledd, heblaw am gan rywbeth mewn cyflwr gweithredoledd … Mae'n amhosibl felly y byddai rhywbeth yn yr un modd ac yn yr un ffordd yn ysgogydd ac yn cael ei newid, h.y. y gallai ei newid ei hun. Felly, mae'n rhaid i beth bynnag sy'n newid gael ei ysgogi i newid gan rywbeth arall. Os yw'r peth sy'n ei ysgogi i newid yn cael ei ysgogi i newid ei hun, yna mae'n rhaid felly i rywbeth arall ysgogi hwnnw i newid, a hwnnw gan un arall wedyn. Ond all hyn ddim mynd ymlaen at anfeidredd, oherwydd wedyn fyddai dim un ysgogydd cyntaf, ac, o ganlyniad, dim ysgogydd arall. O weld bod ysgogwyr dilynol ond yn newid i'r graddau y mae'r ysgogydd cyntaf yn eu newid; fel y mae'r ffon yn symud oherwydd bod y llaw yn ei symud. Felly, mae'n angenrheidiol dod at ysgogydd cyntaf, sydd wedi'i newid gan ddim byd arall; ac mae pawb yn deall mai Duw yw hwn.

> Mae hyn yn cyfeirio at ei ddull *a posteriori* a'i gred sylfaenol y gallwn ni adnabod Duw drwy resymeg o ran ein profiad o'i greadigaeth.

> Felly, mae angen esboniad allanol sy'n newid pethau o un cyflwr i un arall.

> *Reductio ad absurdum* – *ex nihilo nihil fit*, does dim byd yn dod o ddim byd, felly os nad oedd dim byd yn wreiddiol, fyddai dim byd nawr.

> Mae'r ffaith bod rhywbeth, yn dangos rhaid bod ysgogydd cyntaf. Felly, mae'n rhaid bod yr ysgogydd disymud, Duw, yn bodoli.

SANT THOMAS AQUINAS

Ar yr Ail Ddull

Mae hyn yn cyfeirio at athroniaeth Aristotle a'r pedwar achos. Yr achos effeithlon i Aristotle oedd yr hyn oedd yn gyfrifol yn y pen draw am fod pethau'n newid cyflwr neu'n aros yn sefydlog.	Daw'r ail ddull o natur yr achos effeithiol. Yn y byd o synnwyr gwelwn ni fod trefn o achosion effeithiol. Nid ydym yn gwybod am unrhyw achos (ac, yn wir, nid yw'n bosibl) lle mae rhywbeth yn achos effeithiol iddo'i hun; oherwydd byddai'n gynharach na'i hun, sy'n amhosibl. Mewn achosion effeithiol, nid yw'n bosibl mynd ymlaen i anfeidredd, oherwydd ym mhob achos effeithiol sy'n dilyn yn eu trefn, y cyntaf yw achos yr achos rhyngol, a'r achos rhyngol yw achos yr achos eithaf, p'un ai bod yr achos rhyngol yn fwy nag un, neu'n un yn unig. Mae cymryd yr achos i ffwrdd yn cymryd yr effaith i ffwrdd. Felly, os nad oes unrhyw achos cyntaf ymysg achosion effeithiol, fydd dim achos eithaf, nac unrhyw achos rhyngol. Ond os, mewn achosion effeithiol, ei bod yn bosibl mynd ymlaen i anfeidredd, ni fydd achos effeithiol cyntaf, na chwaith effaith eithaf, nac unrhyw achosion effeithiol rhyngol; mae hyn oll yn amlwg yn anghywir. Felly mae angen cyfaddef achos effeithiol cyntaf, y mae pob un yn rhoi'r enw Duw iddo.
Mae Aquinas yn gwrthod cysyniad atchwel anfeidraidd.	
Reductio ad absurdum – *ex nihilo nihil fit*, does dim byd yn dod o ddim byd, felly os nad oedd dim byd yn wreiddiol, fyddai dim byd nawr.	
Mae'r ffaith bod rhywbeth, yn dangos rhaid bod achos cyntaf. Felly mae'n rhaid bod yr achos diachos, yr achos effeithlon, Duw, yn bodoli.	

Ar y Trydydd Dull

Mae Aquinas yn esbonio bod y byd yn cynnwys pethau amodol ac felly bydd amser pan nad oedden nhw'n bodoli a phan na fyddan nhw'n bodoli.	Daw'r trydydd dull o bosibilrwydd a rheidrwydd, ac mae'n mynd fel hyn. Mewn natur rydyn ni'n dod o hyd i bethau y mae'n bosibl iddyn nhw fod a pheidio â bod, gan y gwelwn iddyn nhw gael eu cynhyrchu, a llygru, ac felly mae modd iddyn nhw fod a pheidio â bod. Ond mae'n amhosibl i'r pethau hyn fodoli bob amser, oherwydd dydy'r peth y mae'n bosibl iddo beidio â bod ar ryw adeg ddim yn bodoli. Felly, os yw'n bosibl i bopeth beidio â bod, yna ar un adeg fyddai dim byd wedi gallu bodoli. Nawr hyd yn oed petai hyn yn wir, hyd yn oed nawr fyddai dim byd yn bodoli, oherwydd mae'r hyn nad yw'n bodoli ond yn dechrau bodoli drwy rywbeth sy'n bodoli yn barod. Felly, os oes modd i bob peth beidio â bodoli ar un adeg, byddai wedi bod yn amhosibl i unrhyw beth fod wedi dechrau bodoli; ac felly hyd yn oed nawr fyddai dim byd yn bodoli – sy'n absŵrd. Felly, nid yn unig y mae pob bod yn bosibl, ond mae'n rhaid bod rhywbeth yn bodoli y mae ei fodolaeth yn angenrheidiol. Ond mae rheidrwydd pob peth angenrheidiol naill ai wedi cael ei achosi gan un arall, neu beidio. Mae'n amhosibl mynd ymlaen i anfeidredd o ran pethau angenrheidiol yr achoswyd gan un arall, fel sydd wedi'i brofi'n barod gydag achosion effeithiol. Felly, ni allwn ond rhagdybio bodolaeth rhyw fod sy'n meddu ar ei reidrwydd ei hun, a heb ei dderbyn gan rywun arall, ond yn hytrach yn achosi eu rheidrwydd mewn eraill. Yr hwn y mae pob dyn yn siarad amdano fel Duw.
Reductio ad absurdum – mae Aquinas yn dangos bod cael peth amodol yn unig yn abswrd oherwydd byddai amser pan nad oedd dim byd yn bodoli, sy'n golygu na allai ddim byd fodoli nawr, sy'n amlwg yn anghywir.	
Angenrheidiol – yn yr ystyr bod rhaid i rywbeth fodoli a'i fod yn sefydlog, er gwaethaf popeth arall.	
Mae hyn yn cyfeirio at ail ddull Aquinas – y ddadl o achos.	
Mae Aquinas yn golygu na allwn ni beidio â meddwl am rywbeth sydd wedi achosi ei hunan, ffynhonnell ei fodolaeth ei hun, heb fod yn amodol ar unrhyw beth neu unrhyw ffactor. Dyma'r unig gasgliad rhesymegol ym meddwl Aquinas.	

Ar y Pumed Dull

Mae'r pumed dull yn dod o lywodraethiant y byd. Rydyn ni'n gweld bod pethau sydd heb ddeallusrwydd, fel cyrff naturiol, yn gweithredu i ddiben, ac mae hyn yn amlwg o'r ffaith eu bod yn gweithredu bob amser, neu bron bob amser, yn yr un ffordd, er mwyn cael y canlyniad gorau. Felly mae'n amlwg nad drwy lwc, ond drwy ddyluniad, maen nhw'n cyflawni eu diben. Nawr ni all rhywbeth sydd heb ddeallusrwydd symud tuag at ddiben, oni bai ei fod yn cael ei gyfeirio gan ryw fod sy'n meddu ar wybodaeth a deallusrwydd; fel y mae'r saeth yn cael ei chyfeirio gan y saethwr. Felly mae rhyw fod deallus yn bodoli sy'n cyfeirio pob peth naturiol at ei ddiben; ac rydyn ni'n galw'r bod hwn yn Dduw.

> < Fel y mae pethau'n ymddangos wedi'u rheoleiddio ac wedi'u cynnal yn drefnus.
>
> < Mae Aquinas yn cyfeirio at bethau fel y planedau a'r sêr, planhigion, coed a phrosesau naturiol.
>
> < I gyflawni'r *telos* (pwrpas) sydd gan bopeth.
>
> < Mae Aquinas yn caniatáu rhai gweithredoedd annisgwyl oherwydd ei fod yn credu bod Duw yn cynllunio i wyrthiau ddigwydd weithiau o fewn y drefn naturiol.
>
> < Mae Duw yn dda ac mae'r greadigaeth yn dda fel sy'n cael ei ddatguddio yn y Beibl, felly yn naturiol bydd creadigaeth Duw yn gweithredu er mwyn cael canlyniad da.
>
> Mae Aquinas yn gwrthod syniad Epicurus y gallai'r byd a'i gymhlethdod fod wedi dod i fodolaeth drwy hap a damwain (gweler Pennod 5 am ragor o fanylion am ddamcaniaeth Epicuraidd).
>
> < Gan adeiladu ar athroniaeth Aristotle a dadleuon cosmolegol Aquinas, mae angen esboniad allanol sy'n ei weithredu ei hunan. I Aquinas, y 'bod' hwn yw Duw.

Ar Iaith Grefyddol fel Cydweddiad

Yn y darn hwn, mae Aquinas yn esbonio sut gall bodau dynol siarad yn ystyrlon am Dduw a gwneud gosodiadau cadarnhaol am ei natur. Mae'n gwneud hynny drwy gydweddiad sydd wedi'i wreiddio yn y gred Gristnogol a'r ddysgeidiaeth sanctaidd, yn Genesis 1, mai Duw yw creawdwr a ffynhonnell pob peth.

Dydy'r naill enw ... neu'r llall ddim yn cael ei roi ar Dduw a chreaduriaid mewn ystyr amwys yn unig ... Oherwydd petai hi felly, mae'n dilyn na fyddai'n bosibl gwybod neu ddangos dim am Dduw o gwbl o greaduriaid; gan y byddai'r rhesymeg bob amser yn agored i dwyllresymeg amwysedd. Mae safbwynt fel hwn yn groes i'r athronwyr, a brofodd lawer o bethau am Dduw, a hefyd yn groes i'r hyn y mae'r Apostol yn ei ddweud.

... mae pob enw sy'n cael ei roi'n drosiadol ar Dduw, yn cael ei roi ar greaduriaid yn bennaf yn hytrach nag ar Dduw, oherwydd pan maen nhw'n cael eu dweud am Dduw, maen nhw ond yn golygu tebygrwydd i greaduriaid o'r fath ... felly mae enw 'llew' wedi'i roi ar Dduw yn golygu'n unig fod Duw yn dangos cryfder yn Ei waith, fel y mae llew yn ei ddangos yn ei waith ef.

Ond i enwau eraill nad ydyn nhw'n cael eu rhoi ar Dduw mewn ystyr trosiadol, byddai'r un rheol yn berthnasol petaen nhw'n cael eu llefaru am Dduw fel yr achos yn unig, fel y mae rhai wedi tybio. Oherwydd pan ddywedir, 'mae Duw yn dda,' wedyn byddai ond yn golygu 'Duw yw achos daioni'r creadur'; felly, byddai'r term da wedi'i roi ar Dduw yn cynnwys daioni'r creadur yn ei ystyr.

... Oherwydd mae'r geiriau, 'Mae Duw yn dda,' neu 'yn ddoeth,' yn dynodi nid yn unig mai Ef yw achos y doethineb neu'r daioni, ond bod y rhain yn bodoli ynddo Ef mewn ffordd fwy ragorol. Felly o ran beth yw ystyr yr enw, mae'r enwau hyn yn cael eu rhoi'n bennaf ar Dduw yn hytrach nag ar greaduriaid, oherwydd bod y perffeithrwydd hwn yn llifo oddi wrth Dduw at greaduriaid ...

> < Mae hyn yn cyfeirio at y gwall o ddefnyddio iaith amwys sy'n celu'r gwirionedd: er enghraifft, 'Mae chwe choes gan bob chwilen. Mae John Lennon yn chwilen. Mae chwe choes gan John Lennon.'
>
> < Athronwyr Groeg, fel Socrates, Platon ac Aristotle. Mae'r cyfeiriad hwn yn dangos safbwynt Aquinas bod rhesymu athronyddol yn gallu bod yn gyfrwng i ddangos gwirioneddau am Dduw.
>
> Cyfeiriad at San Paul lle mae'n dweud yn y Beibl, 'Yn wir, er pan greodd Duw y byd, y mae ei briodoleddau anweledig ef, ei dragwyddol allu a'i dduwdod, i'w gweld yn eglur gan y deall yn y pethau a greodd. Am hynny, y maent yn ddiesgus' (Rhufeiniaid 1:20).
>
> < Mae Aquinas yn esbonio ein bod ni ond yn gallu siarad yn ystyrlon am Dduw yn y traddodiad cataffatig ('*via positiva*'), os ydyn ni'n gallu cydnabod ein bod yn defnyddio trosiadau. Wrth hyn mae'n golygu cydweddiadau, lle rydyn ni'n adeiladu ar y nodweddion tebyg rhwng y creaduriaid sy'n greadigaeth Duw, a Duw ei hun. Mae'n rhaid i ni gydnabod mai dim ond i ryw fan y mae'r nodweddion tebyg yn gallu mynd â ni, oherwydd bod gan bob un ei wahaniaethau ei hun, fel yr esboniwyd yn ei enghraifft o'r llew.
>
> < Cydweddiad cyfranedd, sy'n adlewyrchu nid yn unig cred Aquinas ond cred mwyafrif helaeth gorllewin Ewrop ar y pryd, sef bod bodau dynol wedi'u gwneud ar lun a delw Duw (Genesis 1:26). Fodd bynnag, wrth ddelw Duw, dydy Aquinas ddim yn golygu tebygrwydd corfforol, ond un deallusol.
>
> < Cydweddiad cyfranedd. Mae Aquinas yn esbonio bod gennym rai o briodoleddau Duw fel ei greadigaeth, ond i raddau llai, fel sy'n addas i'n gymharu â'i statws ef, fel Duw theïstiaeth glasurol.
>
> < Mae Aquinas yn esbonio ei fod yn gweld rhinweddau fel daioni, doethineb, cyfiawnder, rhesymeg – ein rhinweddau, fel petai – yn berffeithrwydd sydd wedi'i briodoli i Dduw.

Ar Wyrthiau

Yn y darn hwn, mae Aquinas yn esbonio manylion yr hyn sydd yn wyrth a'r hyn nad yw'n wyrth, pam nad ydyn nhw'n groes i natur mewn ystyr absoliwt ac, o'r gwyrthiau sydd wedi digwydd, sut mae'n bosibl eu dosbarthu mewn hierarchaeth o dair rheng.

> Mae Aquinas yn credu bod natur a threfn nodweddiadol gan bob peth.

> Mae Aquinas yn esbonio na fyddai Duw yn achosi i wyrth ddigwydd a fyddai'n groes i'r greadigaeth neu'r natur y mae'n eu bwriadu ei hun. Yn wir, mae'n dweud na allai Duw wneud hynny. Byddai hynny'n afresymegol.

> Drwy achosion eilaidd, mae Aquinas yn golygu rhan o natur nad yw'n achos llawn neu gynradd digwyddiad o'r fath, gan mai ewyllys Duw fyddai hynny. Felly, potensial o fewn natur yw gwyrthiau, yn hytrach nag yn groes i natur. Mae hon yn drafodaeth bwysig i Aquinas a ddylech chi ddim ei hesgeuluso wrth drafod ei waith ar wyrthiau.

> Drwy gydol ei weithiau, mae Aquinas yn cyfeirio at Aristotle fel 'yr Athronydd'.

> Enghraifft sy'n bendant o'r cyfnod, sy'n esbonio tra gallai person diaddysg feddwl am ddiffyg ar yr haul fel gwyrth, oherwydd nad yw'n gwybod neu'n deall yr achos, byddai seryddwr yn ei ddeall, felly dydy hi ddim yn wyrth gan nad yw'r achos yn gudd i bawb. I Aquinas, fyddai dim un bod dynol yn gwybod neu'n deall gwyrth wirioneddol, gan fod yn rhaid i'r digwyddiad fod y tu hwnt i arsylwad dynol o'r drefn naturiol.

> Dyma esboniad o safbwynt realaidd Aquinas. Mae gwyrth yn ddigwyddiad allanol sydd heb achos hysbys, beth bynnag y mae pobl wahanol gyda'u gwybodaeth wahanol yn ei ddeall arni.

> Mae Aquinas yn dosbarthu ac yn trefnu gwyrthiau yn ôl faint mae'r drefn naturiol nodweddiadol yn cael ei dymchwel/gwyrdroi.

O bob achos mae trefn benodol i'w effeithiau, gan mai egwyddor yw pob achos ... Dydy Duw ddim yn gallu gwneud dim byd yn erbyn y drefn hon; oherwydd, petai Ef yn gwneud hynny, byddai Ef yn gweithredu yn erbyn Ei ragwybodaeth, neu Ei ewyllys, neu Ei ddaioni. Ond os ydyn ni'n ystyried trefn pethau sy'n dibynnu ar unrhyw achos eilaidd, felly mae Duw yn gallu gwneud rhywbeth y tu allan i drefn o'r fath; oherwydd nad yw Ef yn amodol ar drefn achosion eilaidd. Ond, i'r gwrthwyneb, mae'r drefn hon yn dibynnu arno Ef, gan ei bod yn deillio ohono Ef, nid drwy ryw anghenraid naturiol, ond drwy ddewis Ei ewyllys Ei hun ... Am hynny, mae Duw yn gallu gwneud rhywbeth y tu hwnt i'r drefn hon a greodd Ef, pan mae Ef yn dewis, er enghraifft drwy gynhyrchu effeithiau achosion eilaidd hebddyn nhw, neu drwy gynhyrchu effeithiau penodol nad yw achosion eilaidd yn ymestyn iddyn nhw.

... fel y mae'r Athronydd yn ei ddweud ar ddechrau ei Fetaffiseg ... Nawr, efallai bydd achos effaith amlwg yn hysbys i un, ond yn anhysbys i eraill. Am hynny, mae peth yn rhyfeddol i un dyn, a ddim o gwbl i eraill: fel y mae diffyg ar yr haul i wladwr, ond nid i seryddwr. Nawr mae gwyrth yn cael ei galw felly oherwydd ei bod yn llawn o ryfeddod; fel un sydd ag achos wedi'i guddio'n llwyr oddi wrth bawb: a Duw yw'r achos hwn.

... po fwyaf y rhagori ar rym natur, y mwyaf y wyrth. Nawr mae rhagori ar rym natur yn digwydd mewn tair ffordd: yn gyntaf, yn sylwedd y weithred, er enghraifft ... os yw'r haul yn mynd am yn ôl ... pethau na all natur eu gwneud o gwbl; a'r rhain sydd â'r radd uchaf ymysg gwyrthiau. Yn ail, mae rhywbeth yn rhagori ar rym natur, nid o ran y weithred, ond o ran sut mae'n cael ei wneud; fel codi o'r marw'n fyw ... oherwydd bod natur yn gallu rhoi bywyd, ond nid i'r marw; a'r rhain sydd â'r ail radd uchaf ymysg gwyrthiau. Yn drydydd, mae rhywbeth yn rhagori ar rym natur o ran y maint a'r drefn y mae'n cael ei wneud ... neu broses arferol natur ... megis pan mae'r aer yn cael ei gyddwyso'n sydyn yn law, drwy rym Dwyfol heb achos naturiol ... a'r rhain sydd â'r lle isaf o ran gwyrthiau.

HANFODOL!

Mae **naid anwythol** yn cyfeirio at y gwall mewn dadleuon anwythol: gan nad yw'r casgliad yn dilyn o reidrwydd o'r rhagosodiad, dydy'r casgliad ddim o reidrwydd wedi'i gyfiawnhau.

Sut mae Aquinas yn cael ei Feirniadu

Tybiaeth sylfaenol nad yw ei hun yn sicr. Fel y soniwyd yn barod, os ydyn ni'n craffu ar syniadau a gweithiau Aquinas, rydyn ni'n gweld ei gred sylfaenol mai Duw yw creawdwr, ffynhonnell a chynhaliwr y byd a'r drefn naturiol ynddo.

I Aquinas, nid tybiaeth yw hon ond gwirionedd sydd i'w weld hefyd drwy'r Ysgrythur a dysgeidiaeth yr Eglwys. O ran athroniaeth, mae'r gred hon o hyd yn dybiaeth y byddai'n bosibl ei beirniadu fel **naid anwythol** (*inductive leap*). Hynny yw, does ganddi ddim prawf arsylladwy, empirig neu brofiad penodol i gyfiawnhau'r casgliadau sy'n cael eu gwneud, yr oedd Aquinas, yn eironig, yn ei ffafrio cymaint.

O ddarllen y ddwy enghraifft, byddai'n rhesymol cytuno ym mhob amgylchiad penodol, ond beth mae'r cydweddiadau'n ei gynnig mewn gwirionedd o ran yr hyn y maen nhw'n cael ei gymharu ag ef? Dim llawer. Does dim un o'r ddau gydweddiad yn ddilys yn y cyd-destun hwn oherwydd ychydig iawn o gymariaethau, os o gwbl, y mae modd eu tynnu rhwng llawdriniaeth a'r cydweddiadau sy'n cael eu cyflwyno.

Gwnaeth Hume y pwynt hwn mewn perthynas â dadleuon o ran cynllun neu fyd wedi'i ddylunio. Fel y dywed Hume, mae cydweddiad ond cyn gryfed â'r tebygrwydd rhwng y ddau gysyniad sy'n cael eu cymharu. Os yw'r tebygrwydd yn wan, yna bydd y casgliad yn wan. O ran llwyddiant dadl ddylunio Aquinas, pa mor gryf yn eich barn chi yw'r cydweddiad rhwng saethwr yn saethu saeth at darged a rheoleidd-dra'r drefn naturiol yn y byd?

Yn yr un ffordd, mae'n bosibl beirniadu ymagwedd Aquinas at iaith grefyddol fel un gydweddiadol. Mae cryfder yr ymagwedd hon yn dibynnu ar y gymhariaeth, ac felly'r berthynas rhwng Duw a bodau dynol. Yn y rhan fwyaf o'i waith, mae Aquinas ei hun yn amddiffyn y safbwynt nad yw Duw yn hunan- neu'n uniongyrchol amlwg i fodau dynol oherwydd eu meddyliau meidraidd. Hefyd, mater yw pobl ac maen nhw o fewn gofod ac amser, tra oedd Aquinas yn credu bod Duw yn drosgynnol, y tu allan i ofod ac amser. A allai cymhariaeth lwyddiannus rhwng bodau dynol a'n profiadau ni yn y byd sydd wedi'i greu fyth fod yn ddigon cryf fel ein bod ni'n gallu siarad yn hyderus ac yn ystyrlon am natur Duw?

Gwallau Cyffredin

Peidiwch ag anghofio defnyddio termau allweddol. Un ffordd y gall myfyrwyr wella atebion yw defnyddio a diffinio termau allweddol perthnasol yn gywir. Ar gyfer Aquinas, mae'r rhain yn cynnwys termau fel *realydd*, *gwybyddolwr*, *rhesymu anwythol*, *a posteriori* a *bod angenrheidiol*, yn ogystal â'r termau i'r gwrthwyneb fel *gwrth-realydd*, *anwybyddolwr*, *diddwythol*, *a priori* ac *amodoldeb*. Drwy ddefnyddio termau fel hyn yn gywir a deall yr ymagwedd athronyddol gyffredinol neu'r cysyniad penodol y maen nhw'n cyfeirio ato, byddwch yn cryfhau eich atebion arholiad ar draws y fanyleb.

Peidiwch ag anghofio defnyddio enghreifftiau neu gyfeiriadau Beiblaidd. Defnyddiwch yr enghreifftiau i esbonio eich atebion, gan fod hyn yn dangos eich bod chi'n deall y syniadau. Gallech chi ddefnyddio enghreifftiau Aquinas, fel y canlynol:

- Y saethwr a'r saeth – mae angen i bethau sydd heb ddeallusrwydd gael eu cyfeirio gan rywbeth deallus.
- Yr ych a'i droeth – gallwch chi briodoli nodweddion i Dduw oherwydd perthynas achosol.
- Cryfder y llew a chryfder Duw – mae gan greaduriaid a Duw nodweddion tebyg trosiadol yn ôl eu statws.
- Nid gwyrth go iawn yw diffyg ar yr haul, er bod pobl ddiaddysg yn arswydo ac yn rhyfeddu at y digwyddiad.

Ychwanegwch eich enghraifft eich hun os ydych chi'n hyderus.

Hefyd, mae nifer o gyfeiriadau Beiblaidd allweddol a oedd yn llywio syniadau Aquinas, ac y gallwch chi eu defnyddio i esbonio ac i amddiffyn ei syniadau. Ceisiwch ddod yn gyfarwydd â'r rhain fel y gallwch chi eu mynegi yn eich geiriau eich hun. Er enghraifft:

- Genesis 1:26, 'Gwnawn ddyn ar ein delw, yn ôl ein llun ni', fel sail i gymharu, ac i gyfiawnhau bod athroniaeth a rheswm dynol yn ffynhonnell gwirionedd
- Rhufeiniaid 1:20, 'Yn wir, er pan greodd Duw y byd, y mae ei briodoleddau anweledig ef, ei dragwyddol allu a'i dduwdod, i'w gweld yn eglur gan y deall yn y pethau a greodd. Am hynny, y maent yn ddiesgus', i gyfiawnhau dull *a posteriori* at y gwirionedd

- **Cyfyngiadau ar ddealltwriaeth Aquinas o wyrthiau.** O ran gwyrthiau, mae dealltwriaeth Aquinas yn codi'r mater, os yw Duw yn gallu ac wedi ymyrryd yn y byd i gynhyrchu gwyrthiau i rai unigolion, pam nad yw wedi gwneud hynny i eraill? Yn ôl Maurice Wiles yn *God's Action in the World* (1986), fyddai Duw a oedd yn ymyrryd ar hap i helpu rhai unigolion ond nid eraill – er enghraifft, atgyfodiad Lasarus a'r iacháu gwyrthiol yn y Beibl – ddim yn haeddu cael ei addoli, a byddai'n bosibl ei wrthod ar sail foesol. Fyddai Duw na fyddai eisiau, neu na fyddai'n gallu, helpu pawb a oedd angen, ddim yn dduwdod traddodiadol, hollraslon (llawn cariad), hollalluog sy'n Dduw i Aquinas. Felly, dydy natur diffiniad Aquinas o wyrthiau, y mae'n dadlau sy'n cyfeirio at y Duw Cristnogol sydd â natur hollalluog a hollgariadus, ddim yn berswadiol o reidrwydd.

Oherwydd y pwyntiau uchod, mae'n bosibl beirniadu syniadau Aquinas am fod â rhagfarn afresymegol tuag at gasgliadau sy'n cyfeirio at fodolaeth Duw theïstiaeth glasurol ac yn benodol Duw Cristnogol syniadau a dysgeidiaeth sanctaidd Gatholig. Dydy ei athroniaeth, er ei bod hi'n cael ei chydnabod yn gyffredinol yn rhywbeth anferth ac ar y cyfan, cydlynol o fewn ei system gredoau, ddim o reidrwydd neu'n llwyddiannus yn perswadio pawb y gallwn ni gael gwybodaeth gywir o Dduw a'i natur o ganlyniad.

Er enghraifft, er ei fod yn Gristion, roedd Immanuel Kant yn ffyddiwr, sy'n golygu rhywun sy'n credu bod gwybodaeth o Dduw yn dod drwy ffydd neu ddatguddiad yn unig. Roedd Kant yn dadlau, oherwydd cyfyngiadau gwybodaeth ddynol, ei bod hi'n *amhosibl* i ni adnabod natur neu fodolaeth Duw drwy reswm neu ddadl o dystiolaeth. I Kant, roedd gwybodaeth o Dduw yn dod drwy ffydd a doedd hyn ddim yn rhywbeth yr oedd hi'n bosibl ei ddangos (gweler Pennod 11 am fwy o wybodaeth am hyn). Er enghraifft, er ei bod hi'n bosibl ystyried bod athroniaeth Aquinas yn llwyddo i ddadlau'r achos o blaid bodolaeth debygol bod angenrheidiol fel yr ysgogydd disymud, yr achos diachos cyntaf, dydy'r athroniaeth hon ddim yn dangos y gred Gristnogol yn natur Duw fel Trindodwr – Duw fel Trindod Sanctaidd o dad, mab ac ysbryd glân. Dydy athroniaeth Aquinas ddim yn dangos chwaith gwirionedd angenrheidiol Iesu fel yr ymgnawdoliad. A phetai angen rhagor o gyfiawnhad o'r feirniadaeth hon ar athroniaeth Aquinas, nododd Aquinas ei hun, ar ôl profiad uniongyrchol goruwchnaturiol crefyddol a datguddiad o Dduw, fod ei eiriau 'fel gwellt' ac na allai ysgrifennu rhagor.

Defnydd Aquinas o gydweddiad. Yn olaf, mewn llawer o syniadau a gweithiau Aquinas, mae'n defnyddio cydweddiad i esbonio ei bwynt. Fodd bynnag, mae llwyddiant neu fethiant cydweddiad yn dibynnu ar ba mor debyg yw'r ddau gysyniad sy'n cael eu cymharu. Yn ogystal, dydy cydweddiadau ddim yn niwtral a gallan nhw fod â thuedd.

Er mwyn dangos y pwyntiau hyn, ystyriwch y cydweddiadau canlynol fel modd o berswadio rhywun y naill ffordd neu'r llall i gael llawdriniaeth naill ai gydag ymgynghorydd profiadol neu gyda hyfforddai:

Cydweddiad A	Cydweddiad B
Meddyliwch am geir. Petai gennych chi ddewis i gael car newydd sbon gyda gwarant lawn, wedi'i wirio'n ddiweddar cyn gadael y ffatri, hwnnw fyddech chi'n ei ddewis, onid e, yn hytrach na hen gar clasurol, a fydd yn anochel wedi'i dreulio ac sydd angen gwaith a gofal yn rheolaidd?	Ystyriwch y sefyllfa lle byddech chi angen gwaith wedi'i wneud ar eich tŷ. Petai gennych chi'r dewis rhwng crefftwr sydd â record hir, rhestr o gleientiaid ac adolygiadau wedi'u gwirio, digon o brofiad blaenorol ac felly arbenigedd, oni fyddech chi'n ei ddewis ef yn hytrach na rhywun sy'n dechrau, neu grefftwr prentis, sydd heb record hir na hanes wedi'i wirio o brofiad neu adolygiadau gan gleientiaid?

Tybiaethau sylfaenol mewn dadleuon teleolegol. Yn debyg i'r uchod, hyd yn oed os ydyn ni'n cytuno ag Aquinas bod tystiolaeth o ddylunio ymddangosol yn y bydysawd, pa brawf arsylladwy sydd mai Duw theïstiaeth glasurol yw'r dylunydd? Dadleuodd Hume yn ei *Dialogues Concerning Natural Religion* (1779) y gallai dyluniad ymddangosol fod yn hynny yn union. Yn hytrach, gallai fod yn ganlyniad hap a damwain. Hefyd, mae Hume yn gwneud y gymhariaeth ag adeiladu llongau, lle byddai'n cymryd tîm o adeiladwyr llongau yn hytrach nag unigolyn i greu rhywbeth mor gymhleth. Mae'r dadleuon hyn yn dangos nad oes mwy o dystiolaeth o blaid Duw fel dylunydd nag sydd o blaid hap a damwain neu dîm o ddylunwyr. Mae Aquinas yn gwneud naid anwythol wrth dybio bod dylunydd, y mae'n rhaid mai Duw yw e, a does dim modd cyfiawnhau hynny.

Wrth ystyried y beirniadaethau uchod, mae Aquinas fel petai'n syrthio i fagl **rhesymeg gylchol** yn ei bum dull. Mae ei athroniaeth yn datblygu ar y sail bod Duw yn bodoli ac iddo greu'r byd. O ganlyniad, mae ei ddadleuon yn mynd ymlaen i ddod i'r casgliad, felly, mai Duw greodd, achosodd a ddyluniodd y byd ac felly ei fod yn bodoli.

Tybiaethau sylfaenol mewn iaith grefyddol fel cydweddiad a gwyrthiau. Mae'n bosibl beirniadu'r rhain fel hyn:

- Os ydyn ni'n cael gwared ar sail Duw fel creawdwr, y mae Aquinas yn dibynnu arni er mwyn gallu siarad yn ystyrlon am Dduw, mae ei ymagwedd at ddefnyddio iaith i siarad am Dduw mewn ffordd ystyrlon yn methu. Os nad Duw yw ffynhonnell y greadigaeth ac felly ffynhonnell ein nodweddion, dydy'r cysylltiad a'r tebygrwydd ddim yn dal ac felly allwn ni ddim symud o brofiad o'r rhain yn ôl at Dduw, heb ystyried unrhyw wahaniaeth mewn cyfrannedd.

- O ran gwyrthiau, os ydyn ni'n cael gwared ar y dybiaeth mai Duw a greodd y byd a'r drefn naturiol ynddo, does dim rhesymau o blaid Duw fel yr esboniad ac achos pob gwyrth. Byddai rasel Occam yn awgrymu'n syml, os yw digwyddiad yn ymddangos ei fod yn mynd yn groes i'r drefn naturiol, bod hyn oherwydd nad ydyn ni'n deall y drefn naturiol yn iawn.

Cyfyngiadau o ran casgliadau posibl athroniaeth am Dduw Cristnogaeth. Yn ogystal â phroblem tybiaethau sylfaenol Aquinas, mae'n ddibyniaeth ar sail achosol perthynas Duw â'r byd yn broblemus i lawer o syniadau Aquinas, gan na fyddai'n rhaid i berthynas o'r fath gael ei chyfyngu i rinweddau cadarnhaol a nodweddion Duw theïstiaeth glasurol. Mae'r enghreifftiau canlynol yn dangos:

- **Cyfyngiadau ar ddadleuon anwythol Aquinas.** Mae Aquinas yn defnyddio ffurfiau *a posteriori* ar wybodaeth i symud o drefnau naturiol a rheoleidd-dra sy'n amlwg yn y byd, yn ôl at Dduw, sydd yn ei dro yn cael ei ddeall fel bod digon pwerus a deallus i ddylunio nodweddion o'r fath, ac yn ddigon cariadus a da i ddymuno bod â'r ewyllys i'w dylunio nhw. Fodd bynnag, mae'n bosibl dweud yr un peth i'r gwrthwyneb – y **ddadl ddysteleolegol** yw'r enw ar hyn. Mae cysylltiad agos rhwng hyn a phroblem drygioni (gweler Penodau 12–16 am fwy o wybodaeth am hyn) a beirniadaeth David Hume am y ddadl ddylunio (gweler Pennod 5).

- **Cyfyngiadau ar iaith grefyddol fel cydweddiad.** Felly hefyd, mae Aquinas yn olrhain y nodweddion cadarnhaol sydd yn y greadigaeth yn ôl at Dduw, a thrwy gydweddiad priodoliad, mae'n dweud bod y daioni mewn bodau dynol yn gallu ein harwain i ddatgan yn hyderus bod Duw yn dda, ond mewn cyfran fwy. Fodd bynnag, mae'n bosibl cymhwyso'r rhesymeg hon at y gwrthwyneb o ran priodoleddau negyddol. Mae bodau dynol yn gallu dangos nodweddion fel dicter, casineb a chenfigen yr un mor aml â daioni, doethineb a chyfiawnder. A yw hi'n dilyn felly bod Duw, fel creawdwr a ffynhonnell ein priodoleddau hefyd yn ddig, yn llawn casineb ac eiddigedd, ond mewn cyfran fwy?

HANFODOL!

Rhesymeg gylchol – mae'n cyfeirio at y dwyllresymeg (rhesymeg anghywir) lle mae dadl yn dechrau gyda'i chasgliad.

HANFODOL!

Parodi yw'r **ddadl ddysteleolegol** o'r ddadl ddylunio. Mae'n dadlau, gan fod tystiolaeth o ddylunio gwael yn y byd, y byddai'r un mor hawdd dadlau, os oes Duw sy'n dylunio, rhaid bod Duw o'r fath yn ei dro yn faleisus.

Tynnodd David Hume, yr empirydd sgeptigol sylw at y broblem hon o anwytho ac at **fater achosiaeth**, gan ddadlau mai dim ond effeithiau achosion yn hytrach na'r achosion eu hunain rydyn ni'n eu profi byth. Felly, does gennym ni ddim sail i ddod i dybiaethau o brofiadau'r gorffennol, i'w cymhwyso at sefyllfaoedd gwahanol neu sefyllfaoedd yn y dyfodol a galw hynny'n wybodaeth. O ran tybiaeth Aquinas mai Duw yw creawdwr y byd, byddai Hume yn dadlau nad oes gan Aquinas unrhyw brofiad o greu'r byd ac felly dydy e ddim yn gallu tybio ei fod yn gwybod beth yw'r achos (gweler Pennod 5 am ragor o wybodaeth). Dyma rai enghreifftiau o ran sut mae hyn yn effeithio ar weithiau Aquinas ac yn eu tanseilio:

Tybiaethau sylfaenol mewn dadleuon cosmolegol. Mae'n bosibl amau'r rhain fel hyn:

- Mae Aquinas yn dadlau ar sail arsylwi nodweddion yn y byd, fel cyfres o fudiant, achos ac amodoldeb. Mae'n dod i'r casgliad bod rhaid bod rhywbeth allanol i'r gyfres yn bodoli er mwyn dechrau'r gyfres sy'n rhoi canlyniad y byd sy'n bodoli heddiw. Fodd bynnag, o ystyried mater achosiaeth Hume, rydyn ni ond wedi arsylwi erioed yr effeithiau o fewn y gyfres, felly wedyn allwn ni ddim cymhwyso'r profiad hwn at achos y gyfres, sydd y tu hwnt i'n profiad ni.

- Ar ba sail neu o ba brofiad mae Aquinas yn dadlau nad yw cyfres mudiant, achos ac amodoldeb yn gallu bodoli mewn atchwel anfeidraidd? Mae Hume yn dadlau bod atchwel anfeidraidd yn bosibl. Mae rhai syniadau gwyddonol o'r ugeinfed ganrif, fel Damcaniaeth Cyflwr Sefydlog, yn cefnogi'r syniad hwn. Roedd y ddamcaniaeth yn awgrymu bod y bydysawd yn dragwyddol ac yn creu mater drwy'r amser er mwyn cynnal yr un dwysedd wrth i'r bydysawd ehangu.

- Mae astudiaethau i ffiseg cwantwm hefyd wedi dangos bod rhai gronynnau isatomig yn gallu cyflawni inertia: hynny yw, symud eu hunain o un cyflwr i un arall, felly does dim rhaid cael achos neu ysgogydd allanol. Os nad oes rhaid i rai gronynnau gael achos, allwn ni ddim diystyru efallai nad oes rhaid i'r bydysawd gael achos i ddod ag ef i fodolaeth. Dim ond tybio mae Aquinas o'i safbwynt o ffydd mai Duw yw'r ysgogydd disymud, yr achos diachos a'r bod cyntaf angenrheidiol, ond efallai does dim angen un. Mae Hume yn dadlau bod Aquinas wedi gwneud **twyllresymeg cyfansoddiad** yma. Dydy'r hyn sy'n wir am ran ddim o reidrwydd yn wir am y cyfan.

- At hynny, mae Aquinas fel petai'n gwrth-ddweud ei resymeg ei hun drwy ddweud bod angen i bopeth yn y byd gael ei ysgogi neu ei achosi gan rywbeth allanol, neu ei fod yn dibynnu ar rywbeth allanol, heblaw am Dduw sydd, fel bod angenrheidiol, heb fod ag angen ysgogydd neu achos allanol. Ar ba dystiolaeth neu brofiad y mae Aquinas yn cyfiawnhau'r naid anwythol hon, yn hytrach na ffydd *a priori* mewn Duw, fel rhywbeth hollol wahanol i'r mater y mae'r byd wedi'i wneud ohono? Os yw atchwel anfeidraidd yn bosibl, fel y mae Hume yn ei ddadlau, yna does dim seiliau dros pam mae'n rhaid i fod angenrheidiol fodoli'n rhesymegol. Os yw bod fel Duw yn bodoli, os yw profiad yn dweud wrthon ni fod achos allanol i bopeth, yna byddai'n rhesymol gofyn beth achosodd Dduw cyn tybio bod Duw yn rhydd o'r norm.

- Hyd yn oed os ydyn ni'n cytuno â rhesymeg Aquinas yn ei dri dull cyntaf o blaid bodolaeth Duw, bod y mudiant, yr achos a'r amodoldeb rydyn ni'n eu gweld yn y byd yn methu bodoli heb rywbeth allanol, rhywbeth angenrheidiol i ddod â nhw i fodolaeth, pa dystiolaeth arsylladwy sydd mai Duw yw'r bod cyntaf disymud, diachos, angenrheidiol hwn, a Duw theïstiaeth glasurol? Byddai **rasel Occam** yn cefnogi'r syniad y gallai'r bydysawd ei hun fod yn fod angenrheidiol sydd wedi'i achosi ei hun. Does dim tystiolaeth nac angen i wneud y naid anwythol mai Duw yw'r bod hwn. Datblygodd yr ysgolhaig o'r ugeinfed ganrif, Bertrand Russell, y pwynt hwn mewn trafodaeth radio am ddadleuon cosmolegol yn 1948, gan ddadlau y gallai'r bydysawd fod yn ffaith ddireswm a dyna ddiwedd arni.

HANFODOL!

Mater achosiaeth – y broblem na allwn ni fod yn sicr yn ein gwybodaeth o achosion, oherwydd mai dim ond effeithiau rydyn ni'n eu profi byth ac rydyn ni'n dibynnu ar arferion, dyfalu a thebygolrwydd o ran tybio achos.

HANFODOL!

Twyllresymeg cyfansoddiad – ystyr hyn yw nad yw'r hyn sy'n wir am y rhannau o angenrheidrwydd yn wir am y cyfan. Mae dadleuon sy'n tybio fel hyn yn euog o'r math hwn o ffug resymeg.

HANFODOL!

Mae **rasel Occam** wedi'i phriodoli i William o Occam. Dyma ddeddf cynildeb: hynny yw, yr esboniad symlaf yw'r esboniad gorau yn aml.

- cyfeiriadau Beiblaidd amrywiol i gefnogi gwirioneddau wedi'u datgelu'n oruwchnaturiol, e.e. Iesu fel ymgnawdoliad Duw neu Duw fel Trindodwr
- enghreifftiau Beiblaidd o wyrthiau, fel Ioan 11: 38–44, atgyfodiad Lasarus.

Peidiwch â drysu rhwng cysyniad Aquinas o Dduw fel bod angenrheidiol a chysyniad Anselm. Er bod Anselm ac Aquinas yn defnyddio'r termau 'angenrheidiol' a 'bod' mewn perthynas â'u dadleuon o blaid bodolaeth Duw, maen nhw'n dod at y pwyntiau hyn o gyfeiriadau gwahanol ac felly mae eu hystyron ychydig yn wahanol. I Aquinas, mae'n rhaid bod Duw yn angenrheidiol oherwydd bod profiad a rhesymu'n cyfeirio at rywbeth sy'n bodoli nad yw byth yn dod i fodolaeth ac sydd byth yn peidio â bodoli. Felly mae'n rhaid ei fod yn dragwyddol ac yn sefydlog. Mae Anselm yn dod at Dduw fel y bod angenrheidiol oherwydd drwy ddiffiniad dydy Duw, fel y bod na ellir dychmygu dim byd mwy nag ef, ddim yn gallu bod yn amodol. I Anselm, mae'n amhosibl meddwl am Dduw yn peidio â bodoli heb ddod at osodiad sy'n gwrth-ddweud ei hun yn rhesymegol. Fodd bynnag, i Aquinas cysyniad atchwel anfeidraidd eitemau amodol sy'n afresymegol (does dim yn dod o ddim byd, *ex nihilo nihil fit*), felly mae'n rhaid bod bod angenrheidiol i ddechrau ac i gynnal popeth.

Peidiwch â gwastraffu amser. Peidiwch â gwastraffu amser gwerthfawr yn ysgrifennu am fywyd Aquinas, oherwydd ei syniadau a'i ddadleuon y mae angen i chi fod yn gyfarwydd â nhw, nid ei fywgraffiad. Fodd bynnag, mae'n ddefnyddiol gwybod ei fod yn Gristion canoloesol a oedd yn credu bod Duw theïstiaeth glasurol yn bodoli ac mai Duw oedd creawdwr y byd, a bod yr Ysgrythur sanctaidd yn datguddio'r gwirionedd llawn.

Nid gwerthuso yw disgrifio beirniadaethau. Cofiwch, yn rhan a) cwestiynau AA1, gallai fod gofyn i chi esbonio beirniadaethau, heriau neu wrthwynebiad i rywbeth. Felly, nid yw disgrifio beirniadaethau ar syniadau Aquinas yn unig yn dadansoddi a gwerthuso AA2. Mae dadansoddi yn dod o adnabod cryfderau a gwendidau yn syniadau Aquinas. Mae gwerthuso yn datblygu o'r dadansoddi hwn wrth i chi wedyn ystyried pa mor llwyddiannus neu aflwyddiannus yw'r rhain a'u pwyso a'u mesur i ddod i gasgliad wedi'i gyfiawnhau. Mae'n help, er enghraifft, i chi ystyried a yw'r syniadau neu'r agweddau gwahanol ar y syniadau yn gydlynol, yn gredadwy, yn berswadiol neu'n rhesymegol.

GWELLA EICH DEALLWTRIAETH

1. Gwnewch dabl ar gyfer pob un o'r syniadau sydd yn yr adran 'Syniadau Allweddol Aquinas', gyda thair colofn: disgrifiad, cryfderau a gwendidau. Llenwch bob tabl â nodiadau pwyntiau bwled a gwybodaeth ddefnyddiol, gan gynnwys enghreifftiau ac enwau ysgolheigion perthnasol.

2. Ysgrifennwch baragraff yn crynhoi pam mae pob un o'r syniadau yn yr adran 'Syniadau Allweddol Aquinas' naill ai'n llwyddiannus neu'n aflwyddiannus. Defnyddiwch y tablau a wnaethoch chi ar gyfer gweithgaredd 1 i'ch helpu chi i benderfynu ar ddadl a dod i gasgliad wedi'i gyfiawnhau. Ar ôl i chi ysgrifennu eich paragraffau, edrychwch yn ôl drostyn nhw i gyd a cheisiwch adnabod unrhyw batrymau. Ydych chi'n meddwl bod rhai o syniadau Aquinas yn gryfach na rhai eraill? A oes themâu neu resymau cyffredin o ran yr hyn rydych chi'n meddwl sy'n gryfderau neu'n wendidau? Bydd bod yn ymwybodol o'r rhain yn eich helpu chi i allu gwerthuso a chadarnhau eich safbwynt.

Arweiniad ar yr Arholiad AA1

Ar gyfer cwestiynau rhan a) gwybodaeth a dealltwriaeth AA1, gan fod Aquinas yn cwmpasu nifer o themâu yn y manylebau ar gyfer UG a Safon Uwch, gallai fod gofyn i chi amlinellu (UG yn unig), esbonio neu archwilio unrhyw un o'i syniadau, heriau i'w syniadau, neu'r thema a'r maes pwnc ehangach lle mae cyfeiriad at Aquinas ym manyleb CBAC. I'ch helpu chi i adolygu, gwnewch yn siŵr eich bod chi'n darllen yn drylwyr yr adrannau 'Syniadau Allweddol Aquinas', 'Deall Safbwynt Aquinas' a 'Sut mae Aquinas yn cael ei Feirniadu' yn y llyfr hwn, gan gynnwys dadleuon anwythol o blaid bodolaeth Duw, iaith grefyddol fel cydweddiad, a gwyrthiau. Byddai'r deunydd yn yr adrannau hyn yn cyfrannu at drafodaeth AA1 o'r canlynol:

- **Tri dull Aquinas.** Yn dibynnu ar sut mae'r cwestiwn penodol wedi'i eirio, efallai bydd angen i chi ganolbwyntio ar ehangder neu ddyfnder, neu gynnig cymysgedd o'r ddau. Ond, os ydych chi'n trafod un o syniadau Aquinas yn fanwl, sicrhewch eich bod chi'n cynnwys pob rhagosodiad wrth esbonio'r ddadl, a defnyddiwch enghreifftiau neu gyfeiriadau Beiblaidd lle gallwch chi. Os ydych chi'n trafod syniadau Aquinas yn gyffredinol, efallai y byddwch chi'n dymuno rhoi cyd-destun a dangos mewnwelediad i'w ymagwedd a'i arddull athronyddol ehangach: er enghraifft, ei system gredoau Gristnogol ganoloesol. Wrth ateb cwestiwn cyffredinol am natur dadleuon anwythol neu *a posteriori*, efallai y byddwch chi'n dymuno defnyddio syniadau Aquinas i ddangos sut mae rhesymeg anwythol (*inductive logic*) a gwybodaeth *a posteriori* o fudiant, achos ac amodoldeb yn cael sylw yn ei ddadleuon.

- **Pumed dull Aquinas.** Yn dibynnu ar ganolbwynt y cwestiwn, gallech chi gynnwys cysyniadau AA1 allweddol a fyddai'n dangos ehangder, fel y drefn naturiol arsylladwy, cyfarwyddyd gan fod deallus a defnydd Aquinas o gydweddiadau. I ddangos dyfnder, yn ogystal â'r uchod, efallai byddech chi'n dymuno cyfeirio at ymagwedd Aquinas, ei ddull athronyddol a'i dybiaeth Gristnogol sylfaenol mai Duw yw'r creawdwr. Wrth ymateb i gwestiwn eang am natur dadleuon anwythol neu *a posteriori*, efallai y byddwch chi'n dymuno trafod sut mae Aquinas yn gwrthod y syniad mai drwy hap a damwain yn llwyr y daeth y rheoleidd-dra rydyn ni'n ei brofi yn y byd naturiol er mwyn cyflawni *telos* pethau orau. Efallai gallwch chi esbonio ei fod yn ceisio dangos ei bod hi'n fwy rhesymegol dod i'r casgliad bod dylunydd.

- **Aquinas ar wyrthiau.** Yn dibynnu ar y cwestiwn, gallech chi gyfeirio yn eich ateb at ddealltwriaeth Aquinas o beth yw gwyrth, ei safbwynt realaidd wrth gredu bod gwyrthiau yn ddigwyddiadau go iawn sy'n wahanol i rai nodweddiadol, yn hytrach na safbwynt rhywun, ei ddull o drefnu gwyrthiau yn hierarchaidd gydag enghreifftiau Beiblaidd, a sut aeth ati i ddatblygu ei safbwynt oddi wrth Awstin er mwyn ystyried mater gwybodaeth gudd neu hysbys o achos digwyddiad o'r fath. Yn dibynnu ar y dyfnder sydd ei angen, efallai byddai'n fuddiol i chi gysylltu'n ôl at safbwynt Aquinas am Dduw fel creawdwr a chynhaliwr y byd, ac felly cred Aquinas bod Duw wedi cynllunio i wyrthiau ddigwydd yn rhan o'r drefn naturiol. Gan nad yw gwyrthiau o'r fath yn gallu bod yn ddigwyddiadau sy'n mynd yn groes i natur, maen nhw'n ymddangos felly yn unig i ni oherwydd nad ydyn ni'n deall darlun llawn y drefn naturiol. Mae'r safbwynt hwn yn galluogi Aquinas i gynnal ei ddealltwriaeth o Dduw fel rhywun digyfnewid oherwydd byddai deall gwyrth fel digwyddiad sy'n mynd yn groes i natur a gafodd ei chreu gan Dduw yn y lle cyntaf yn awgrymu bod Duw wedi newid ei gynlluniau. Mae hyn yn codi cwestiynau a phroblemau posibl ynghylch natur hollwybodus Duw.

- **Iaith grefyddol fel cydweddiad; priodoliad a chyfrannedd.** Yn yr achos hwn, yn dibynnu ar y cwestiwn a'r dyfnder neu'r ehangder sydd eu hangen, efallai byddech chi'n dymuno cynnwys cyd-destun ateb Aquinas i broblemau iaith grefyddol, sut roedd yn credu bod iaith grefyddol yn gallu bod yn ystyrlon mewn ffordd realaidd a gwybyddol drwy *via positiva*, a'r dybiaeth bod cysylltiad achosol rhwng y byd a Duw sy'n sail i syniadau Aquinas. Gwnewch yn siŵr eich bod chi'n gallu esbonio'n effeithiol y mathau gwahanol o gydweddiadau a sut maen nhw'n gweithio gan gyfeirio at enghreifftiau Aquinas. Yn dibynnu ar eiriad y cwestiwn, efallai byddwch chi eisiau cyfeirio at sut datblygodd Ian Ramsey syniadau Aquinas (gweler Pennod 30).

Arweiniad ar yr Arholiad AA2

Efallai bydd cwestiynau gwerthuso mewn arholiad (AA2) yn rhoi gosodiad unochrog i chi, am syniadau allweddol Aquinas fel y maen nhw yn y fanyleb, neu am thema/pwnc y mae ei syniadau allweddol yn berthnasol iddyn nhw.

- **Dadleuon Aquinas o blaid bodolaeth Duw.** Yn dibynnu ar y cwestiwn, efallai byddwch chi eisiau cyfeirio at gryfderau a gwendidau penodol y dadleuon gwahanol yn y cwestiwn yn ogystal â chryfderau a gwendidau ehangach dull anwythol ac *a posteriori* Aquinas, gan ddadansoddi llwyddiant ac effaith gyffredinol ei ddadl. Efallai byddwch chi eisiau pwyso a mesur llwyddiant y dadleuon hyn yng ngoleuni darganfyddiadau gwyddonol, neu feirniadaeth benodol, fel ei ddefnydd o gydweddiad. Hefyd, gallech chi gynnwys cymariaethau â dadleuon eraill gan ysgolheigion gwahanol yn yr un thema yn y fanyleb, a chyferbynnu eu cryfderau a'u gwendidau er mwyn dadansoddi i ba raddau mae Aquinas yn perswadio neu'n argyhoeddi, mewn cyd-destun. Gan gofio tybiaethau blaenorol Aquinas, bydd ei fan cychwyn a'i ymagwedd yn fuddiol wrth werthuso ei ddulliau o blaid bodolaeth Duw, yn enwedig wrth gyferbynnu â heriau neu syniadau gwahanol. Cofiwch, gallai fod yn berthnasol hefyd i gynnwys agwedd ar werthuso a dadansoddi anwythol ac *a posteriori* Aquinas fel gwrthddadl wrth ymateb i osodiad sy'n ymwneud â llwyddiant neu fethiant dadleuon diddwythol ac *a priori*. Yn olaf, gallech chi gyfeirio at ddadleuon Aquinas o blaid bodolaeth Duw wrth ymateb i gwestiwn ynghylch sut mae safbwyntiau crefyddol gwahanol ar natur Duw yn effeithio ar ddadleuon o blaid bodolaeth Duw, gan ei bod hi'n bosibl ystyried bod dadleuon Aquinas yn seiliedig ar ei gredoau Cristnogol ac o bosibl yn dangos rhesymeg gylchol o ganlyniad.

- **Aquinas ar wyrthiau.** Yn dibynnu ar y cwestiwn, gallai eich ateb gynnwys gwerthuso llwyddiant diffiniad Aquinas, o ran er bod ganddo safbwynt gwybyddol a realaidd am wyrthiau fel digwyddiadau go iawn, mae'n gwadu eu bod yn groes i ddeddfau natur, sydd fel petai'n gwrthdaro â'r ddealltwriaeth gyffredin o'r hyn yw gwyrth. At hynny, mae'n bosibl ystyried rhesymeg diffiniad Aquinas. A yw hi'n gydlynol a rhesymegol i Aquinas honni bod gwyrthiau'n ddigwyddiadau go iawn sy'n ymddangos yn groes i'r drefn naturiol i ni? Hynny yw, o ran nad ydyn nhw'n ddigwyddiadau nodweddiadol ac mae'r achos yn hollol gudd i ni, ac eto i gyd, ar yr un pryd, yn honni bod gwyrthiau o'r fath yn hollol bosibl yn unol â'r drefn naturiol, fel y mae Duw wedi'i chynllunio. Yn ôl safbwynt Aquinas, oni fyddai'n bosibl ystyried unrhyw ddigwyddiad anghyffredin yn wyrth, felly, ond bod bodau dynol ddim yn deall yr achos? Mae hyn yn codi materion pellach ynghylch pwynt Aquinas bod rhaid bod achos gwyrthiau'n gudd i ni er mwyn i ddigwyddiad gael ei ystyried yn wyrth go iawn. Yn yr unfed ganrif ar hugain, mae gennym ddealltwriaeth lawer mwy gwyddonol o ddigwyddiadau naturiol anghyffredin y gallai Aquinas fod wedi'u hystyried yn wyrth o'r blaen. A fyddai Aquinas ddim yn ystyried rhannu'r Môr Coch yn Exodus yn wyrth mwyach, oherwydd ein bod ni nawr yn deall am gyflymder y gwynt, llanwau, tswnamïau a ffactorau eraill sy'n gallu gwneud i ddŵr rannu a chodi dros dro? Hefyd gallech chi ystyried pa mor dderbyniol yw ei ddiffiniad i theïstiaid eraill, yn groes i atheïstiaid ac yng ngoleuni gwrthwynebiadau.

- **Iaith grefyddol fel cydweddiad; priodoliad a chyfrannedd.** Yn dibynnu ar y cwestiwn, efallai byddwch chi eisiau ystyried y problemau a nododd Aquinas wrth ddefnyddio *via negativa*, iaith ddiamwys ac iaith amwys i drafod Duw, a pha mor llwyddiannus yw ei ateb. O ran rhesymeg a dadl athronyddol Aquinas ei hun, yr elfennau perthnasol fyddai ei sylfaen yn y dybiaeth mai Duw greodd y byd a bod cysylltiad achosol i gyfiawnhau ymagwedd gydweddiadol, a pherthnasedd hyn i theïstiaid ac atheïstiaid heddiw. Fodd bynnag, gallai eich ymateb hefyd werthuso ei ateb yng ngoleuni problemau mwy modern iaith grefyddol, fel herio anwirio, a gwerthuso ei ymagwedd wybyddol a pha mor berswadiol yw hi, mewn cyd-destunau gwahanol.

Gwerthuso Aquinas Heddiw

Mewn arholiad, gallai fod gofyn i chi werthuso pa mor ddigonol neu lwyddiannus yw unrhyw un o syniadau Aquinas sydd wedi'u henwi yn y fanyleb. Gallwch chi dynnu ar yr adran hon i gael syniadau wrth i chi baratoi, ond nodwch na allwch chi roi sylw manwl i ddamcaniaethau Aquinas yma. Bydd gofyn i chi ddod i farn ar y safbwyntiau rydych chi'n eu cyflwyno, ond does dim angen i chi ddod i'r un casgliad â'r myfyrdod hwn.

Mae llawer o feddylwyr yn credu, er gwaethaf bydolwg Catholig canoloesol Aquinas a'i dybiaethau crefyddol sylfaenol o ganlyniad, iddo gael effaith enfawr ar syniadau athronyddol ac iddo wneud cyfraniad pwysig at ail-lunio athroniaeth y Gorllewin ac ymagwedd y Gorllewin at y gwyddorau naturiol. Fel cefnogwr brwd i'r dull *a posteriori* gan ddefnyddio profiad drwy'r synhwyrau arsylladwy a rhesymu casgliadol rhesymegol, yn enwedig o ran ei ddadleuon cosmolegol a theleolegol, mae Aquinas wedi cael y clod am ragfynegi'r chwyldro gwyddonol ac am fynnu cael tystiolaeth empirig ac anwirio. Mae hyn yn adlewyrchu ymwybyddiaeth mai dim ond damcaniaethau tebygol sydd gennym ar y gorau. Felly, gallai rhai pobl ddadlau bod dadleuon anwythol Aquinas o blaid bodolaeth Duw yn fwy perswadiol o ran natur na dadleuon diddwythol, gan eu bod yn gallu ein perswadio'n rhesymegol bod bodolaeth Duw o leiaf yn bosibl, os nad yn debygol. Mae hyn yn wahanol i ddadleuon ontolegol, y mae'n bosibl ystyried eu bod nhw'n methu'n llwyr os oes modd dangos bod y rhagosodiadau'n anghywir.

Yn ogystal, mae dadleuon Aquinas o blaid bodolaeth Duw yn dal i fod yn anhygoel o berthnasol, ac mae llawer o bobl yn ystyried eu bod yn gydnaws â chefnogaeth wyddonol fodern oherwydd eu defnydd *a posteriori* o dystiolaeth. Er enghraifft, mae'r dystiolaeth o blaid damcaniaeth y Glec Fawr yn cefnogi dadleuon cosmolegol Aquinas ac yn gydnaws â nhw. Mae'r tebygolrwydd mathemategol bod y bydysawd yn datblygu yn y fath fodd fel ei fod yn addas i fywyd ffynnu yn cefnogi dadl deleolegol Aquinas, ac yn gydnaws â hi. Mae'r ffaith bod dadleuon cosmolegol a theleolegol Aquinas wedi'u datblygu yn y cyfnod modern yn y dadleuon Kalam, Anthropig ac Esthetig yn awgrymu hefyd bod rhywbeth o werth ynddyn nhw yn y lle cyntaf.

Fodd bynnag, yn ôl safonau modern, byddai'n bosibl ystyried bod llawer o ddamcaniaethau Aquinas heb ddigon o dystiolaeth foddhaol oherwydd y naid anwythol y mae'n ei gwneud, wrth fynd o le gallai'r rhagosodiadau arwain yn rhesymol at y casgliad bod rhaid, felly, bod Duw theïstiaeth glasurol yn bodoli. Er y gallai rhesymu athronyddol fynd rywfaint o'r ffordd tuag at wneud bodolaeth bod pwerus yn gynnig rhesymegol, does dim tystiolaeth i ddweud ei fod yn dduwdod hollalluog, hollgariadus, hollwybodus yn benodol, sydd hefyd yn digwydd bod yn Dduw fel y mae Duw theïstiaeth Gristnogol yn cael ei ddeall. Mae llawer o'r gwrthwynebiadau i ddadleuon cosmolegol a theleolegol sy'n cael eu codi gan ysgolheigion diweddarach fel David Hume yn cael eu hystyried yn gyffredinol yn rhai llwyddiannus, yn enwedig o ran sut mae problem drygioni yn gallu herio'r ddadl deleolegol mor effeithiol, o safbwynt rhesymegol a thystiolaethol hefyd.

Yn ogystal, o graffu'n fanylach, mae'n bosibl ystyried nad oes sail i ddibyniaeth Aquinas ar gysylltiad achosol rhwng Duw a'r byd fel egwyddor sylfaenol llawer o ddamcaniaethau, fel iaith grefyddol fel cydweddiad a'i syniadau am wyrthiau. Yn ei dro, mae hyn yn gwneud i lawer o'i syniadau fod yn simsan. Os ydyn ni'n gwerthfawrogi i ba raddau roedd Aquinas yn sicr mai Duw oedd creawdwr y byd, mae ei ddadleuon yn dechrau edrych yn fwy a mwy cylchol.

Ar ôl dweud hynny, mae Aquinas yn dal i fod yn un o'r athronwyr sgolastig mwyaf. Mae'n gyfrifol am gysoni athroniaeth Aristotle â syniadau Cristnogol, a buodd ei gred bod rheswm dynol yn gyffredin i *bawb* yn ddylanwad sylfaenol ar syniadau ar y pryd ynghylch pa wirioneddau yr oedd modd eu gwybod ac nad oedd modd eu gwybod, gan bwy, a sut.

2. WILLIAM LANE CRAIG
MYND I FYD CRAIG

Trosolwg Mae William Lane Craig (ganwyd 1949) yn **apolegydd Cristnogol** ac yn athronydd o UDA. Mae'n enwog am gynnig dadl gosmolegol gyfoes. Adfywiodd a datblygodd Craig y ddadl **Kalam** Islamaidd, gan ysgrifennu o safbwynt Cristnogol.

Mae William Lane Craig yn athronydd o UDA a ddaeth yn efengylwr Cristnogol yn ei arddegau. Pan oedd yn ifanc, dangosodd allu mawr wrth ddadlau ar ôl ennill pencampwriaethau siarad cyhoeddus talaith Illinois. Astudiodd Craig Athroniaeth Crefydd a dadleuon cosmolegol o blaid bodolaeth Duw o dan oruchwyliaeth John Hick ym Mhrifysgol Birmingham, cyn mynd ymlaen i'r Almaen i astudio dadleuon hanesyddol dros atgyfodiad Iesu. O ran dadl gosmolegol Kalam, roedd Craig yn astudio yn ystod ail hanner yr ugeinfed ganrif, yn dilyn darganfyddiadau gwyddonol fel deddf perthynoledd Einstein, sifft goch Hubble, a phelydriad cefndir cosmig. Roedd pob un o'r rhain yn cynnig tystiolaeth o fydysawd sy'n ehangu, ac felly'n cefnogi'r syniad bod gan y bydysawd ddechreuad pendant iawn.

Mae damcaniaeth y Glec Fawr yn dangos bod dechreuad i'r bydysawd, pan ddechreuodd gofod ac amser. Fodd bynnag, does neb yn gwybod beth wnaeth i'r Glec Fawr ddigwydd, ond rhaid mai rhywbeth y tu allan i ofod ac amser oedd e.

Tan y cyfnod hwn o ddarganfyddiadau gwyddonol, prin iawn oedd y dystiolaeth bod dechreuad i'r bydysawd. Cyn hyn, roedd y rhan fwyaf o'r gymuned wyddonol wedi ffafrio cysyniad o fydysawd tragwyddol, diderfyn fel **damcaniaeth Cyflwr Sefydlog**. Fodd bynnag, i'r rhai oedd yn credu yn Nuw theïstiaeth glasurol (hollalluog, hollgariadus, hollwybodus a throsgynnol), roedd hi'n anodd cysoni cred mewn Duw y creawdwr hollalluog â bydysawd a oedd heb ddechreuad. Roedd hyn hefyd yn gwrth-ddweud yr hyn sydd mewn ysgrythur grefyddol: er enghraifft, mae Genesis yn dweud yn bendant i Dduw greu'r bydysawd drwy *creatio ex nihilo* (creu o ddim byd). Yn erbyn y cefndir hwn o dystiolaeth wyddonol newydd a diddordeb o'r newydd yn nechreuad y bydysawd yr atgyfododd Craig ddadleuon cosmolegol Islamaidd canoloesol gan rai tebyg i **Al-Ghazali**, a dal sylw'r Gorllewin.

Yn y degawdau wedyn, aeth Craig ati i drafod ei ddadleuon yn gyhoeddus â nifer o atheïstiaid adnabyddus, ac mae'n dal i ymwneud â dadleuon am fodolaeth Duw, gan ddatblygu ei ddadleuon gwreiddiol mewn llawer o ffyrdd.

AWGRYM

Mae'n amhosibl gwahanu meddylwyr oddi wrth eu hoes eu hunain. Nodwch rai o'r syniadau a'r digwyddiadau cymdeithasol yr oedd Craig yn byw drwyddyn nhw ac yr oedd yn ymateb iddyn nhw.

HANFODOL!

Apolegydd Cristnogol – rhywun sy'n amddiffyn gwirionedd Cristnogaeth a'r gred Gristnogol.

Mae **Kalam** yn derm Arabeg am 'leferydd' sy'n cyfeirio at y dull o addysgu a thrafod/dadlau. Mae'n debyg iawn i ddull sgolastigiaeth Gristnogol ganoloesol.

MEWNWELEDIAD

Tystiolaeth o fydysawd sy'n ehangu yw'r sail i ddamcaniaeth y Glec Fawr. Mae'n dadlau bod dechrau i'r bydysawd, tua 13.7 biliwn o flynyddoedd yn ôl.

HANFODOL!

Damcaniaeth Cyflwr Sefydlog – roedd hon yn cynnig bod y bydysawd yn dragwyddol, ac yn creu mater yn barhaus er mwyn sicrhau bod y dwysedd yn aros yr un fath er ei fod yn ehangu.

MEWNWELEDIAD

Roedd **Al-Ghazali** yn athronydd Islamaidd yn yr unfed ganrif ar ddeg a gynigiodd ddadl gosmolegol o blaid bodolaeth Duw, wedi'i gwreiddio yn y cysyniad o anfeidredd.

Syniadau Allweddol Craig

GWELLA EICH **DEALLTWRIAETH**

Gwnewch yn siŵr eich bod chi'n deall sut mae dadl Kalam Craig yn ei arwain at y casgliad mai creawdwr personol yw achos y bydysawd.

Y Ddadl Gosmolegol Kalam

Cafodd Craig ei ysbrydoli gan ysgrifeniadau Al-Ghazali, a oedd yn dadlau bod y syniad o fydysawd heb ddechreuad yn absŵrd. Yn ôl Al-Ghazali, rhaid bod dechreuad i'r bydysawd, a gan fod achos i bopeth sydd â dechreuad, mae achos i'r bydysawd hefyd. Bod trosgynnol oedd yr unig achos a allai arwain at y bydysawd. Felly, Duw oedd achos y bydysawd.

Datblygodd Craig y syniad hwn, gan ystyried tystiolaeth wyddonol fodern a gan ddefnyddio hiwmor. Dadl Craig oedd ei bod hi'n amhosibl i rywbeth ddod o ddim byd, a bod honni rhywbeth fel hyn yn 'waeth na hud a lledrith'. Aeth Craig yn ei flaen gyda'r cydweddiad hud a lledrith: 'Pan mae dewin yn tynnu cwningen allan o het, o leiaf mae'r dewin gyda chi, heb sôn am yr het!'

Mae Craig yn gwrthod y gwrthwynebiad modern bod rhai pethau yn dod o ddim byd mewn gwirionedd. Mae Craig yn dadlau bod hyn yn cyfeirio at ronynnau isatomig sy'n cael eu hachosi mewn gwirionedd gan rywbeth arall – proses dadfeilio cwantwm. Yn ôl Craig, mae hyn felly yn hollol amherthnasol i drafodaeth am achos y bydysawd, felly gallwn ni fwrw ymlaen yn hyderus gyda'r syniad y byddai bydysawd heb ddechreuad yn absŵrd.

Mae rhan gyntaf dadl Kalam Craig yn ddiddwythol, sy'n golygu hyn – os yw'r rhagosodiadau'n wir, mae'r casgliad yn dilyn o anghenraid. Fodd bynnag, mae dadl Craig, fel y mae'n cael ei chyflwyno yma, yn dal i fod â natur *a posteriori* oherwydd y cyfeiriad at dystiolaeth wyddonol. Mae'n bosibl mynegi ei ddadl ar ei ffurf symlaf fel hyn:

> Rhagosodiad 1: Mae'n rhaid bod achos i bopeth sydd â dechrau.
>
> Rhagosodiad 2: Roedd dechreuad i'r bydysawd.
>
> Casgliad 1: Mae'n rhaid bod achos i'r bydysawd.
>
> Casgliad 2: Gan nad oes unrhyw ddeddf wyddonol neu esboniad yn gallu rhoi cyfrif am achos y bydysawd, mae'n rhaid mai achos personol yw'r achos, sef Duw.

MEWNWELEDIAD

Mae 'mor amlwg yn reddfol fel fy mod prin yn credu y gallai unrhyw un gredu'n ddiffuant ei fod yn anghywir' (William Lane Craig, *Reasonable Faith: Christian Truth and Apologetics*, 1994, wrth drafod Duw fel achos y bydysawd).

Efallai fod dadl Craig fel y mae'n cael ei hamlinellu uchod yn edrych yn debyg i ail ddull Aquinas, ond mae Rhagosodiad 1 Craig yn osgoi'r fagl o nodi 'mae achos i *bopeth*'. Drwy egluro mai dim ond pethau sydd *â dechreuad* sydd ag achos, mae Craig yn apelio at ein sythwelediad rhesymegol, *a posteriori* wedi'i gadarnhau.

Gwrthod Anfeidreidd Gweithredol

Aeth Craig ati i amddiffyn ei Ragosodiad 2 bod dechreuad i'r bydysawd mewn dadl ddiddwythol arall ond *a priori* (rheswm drwy resymeg, cyn profiad) gan gyfeirio at sut roedd Al-Ghazali yn gwrthod bydysawd anfeidraidd. Dadl Al-Ghazali oedd, os oedd y bydysawd wedi bodoli erioed, y byddai nifer anfeidraidd o ddigwyddiadau'r gorffennol. Felly, fydden ni byth yn cyrraedd yr eiliad bresennol, sy'n absŵrd. Mae'r ffaith ein bod ni'n gwneud hynny yn gwrth-ddweud hyn. Felly, roedd hyn yn profi *a priori* na allai'r bydysawd fod yn anfeidraidd, ac felly, yn rhesymegol, rhaid bod iddo ddechreuad.

Eglurodd Craig y ddadl hon a dadlau:

> Rhagosodiad 1: Dydy **anfeidredd gweithredol** ddim yn gallu bodoli mewn gwirionedd gan fod y cysyniad yn anghydlynol.
>
> Rhagosodiad 2: Byddai cyfres anfeidrol o ddigwyddiadau amseryddol yn y gorffennol yn anfeidredd gweithredol.
>
> Casgliad: Felly, all y bydysawd ddim bod yn anfeidredd gweithredol. Rhaid bod iddo ddechrau ac achos, felly.

Esboniodd Craig hyn gydag enghraifft ddamcaniaethol o lyfrgell. Dychmygwch lyfrgell gyda nifer anfeidraidd o lyfrau. Mae'r llyfrgell hon yn cynnwys nifer anfeidraidd o lyfrau du a choch. Gyda'i gilydd, mae nifer anfeidraidd o lyfrau coch *a* du, sy'n wrthddywediad. Mae'n amhosibl bod yr un nifer o lyfrau coch *yn unig*, â'r nifer o lyfrau coch *a* du wedi'u cyfuno. Felly hefyd, petai nifer anfeidraidd o lyfrau, ond bod un yn cael ei fenthyg, byddai nifer anfeidraidd o lyfrau o hyd. Gallwn ni fynd yn ein blaenau: petai nifer anfeidraidd o lyfrau, ond ein bod ni'n ychwanegu nifer anfeidraidd o lyfrau at y casgliad, byddai nifer anfeidraidd o hyd a dim un yn ychwanegol. Mae'r enghreifftiau hyn yn dangos nad oes anfeidredd gweithredol mewn gwirionedd.

Ymatebodd Craig i feirniaid a oedd yn dadlau y gallai fod **anfeidredd potensial** yn bodoli, drwy ddadlau bod anfeidredd potensial dim ond yn dangos eto bod rhaid bod dechreuad i'r bydysawd. Mae anfeidredd potensial yn digwydd pan allai rhywbeth barhau am byth yn ddamcaniaethol: er enghraifft, dechrau cyfrif a chyfrif am byth. Gallen ni ychwanegu rhagor o rifau bob amser. Felly hefyd, gallwn ni ddychmygu'r bydysawd yn parhau am byth. Fodd bynnag, er mwyn cyrraedd unrhyw eiliad bresennol, a fyddai wedi bod yn ddyfodol eiliad yn ôl, mae'n rhaid bod dechreuad wedi bod i'r bydysawd. Fel arall, fydden ni byth wedi cyrraedd yr eiliad bresennol, oherwydd gydag anfeidredd gweithredol byddai cyfnod anfeidraidd o amser bob amser cyn cyrraedd eiliad bresennol. Felly dydy'r gorffennol ddim yn gallu bod yn anfeidraidd. Mae anfeidredd potensial dim ond yn bosibl pan mae'r gorffennol yn feidraidd.

Cysyniad o greawdwr personol

Wedyn, mae Craig yn ychwanegu elfen ychwanegol at ei ddadl Kalam, sy'n anwythol (gan ddadlau ar sail tebygolrwydd yn hytrach na phrawf rhesymegol). Mae'n rhaid mai achos personol yw achos y bydysawd – neu 'asiant personol' – sydd â hunanymwybyddiaeth ac ewyllys rydd: mewn geiriau eraill, Duw theïstiaeth glasurol. Dadl Craig yw, oherwydd bod y bydysawd a phopeth ynddo yn **amseryddol**, o fewn amser a dros dro, mae'n rhaid bod achos y bydysawd yn **drosgynnol**, y tu allan i ofod ac amser, oherwydd nad oes dim byd yn gallu dod o ddim byd. Mae'n rhaid bod rhywbeth wedi bod cyn a thu hwnt i'r mater amseryddol er mwyn dechrau creu'r mater amseryddol, sef ein bydysawd. Hefyd, mae'n rhaid bod achos trosgynnol y bydysawd yn **dragwyddol**, neu fel arall, gallwn ni holi beth achosodd yr achos, sy'n absŵrd. Felly, Duw yw achos trosgynnol a thragwyddol y bydysawd.

At hynny, gan fod rhaid bod achos y bydysawd y tu allan i ofod ac amser ac felly'n methu bod yn ffisegol neu'n ymwneud â mater, mae Craig yn dadlau rhaid mai cysyniad haniaethol neu feddwl trosgynnol yw e. Dydy cysyniadau haniaethol – er enghraifft, y rhif 7 – ddim yn gallu achosi dim byd. Hefyd does ganddyn nhw ddim o'r gallu i ddewis gweithredu, felly fydden nhw ddim yn gallu esbonio effaith amseryddol (yn ymwneud â mater, o fewn amser). Felly, mae'n rhaid mai achos y bydysawd yw dewis rhydd gan feddwl trosgynnol, personol: Duw.

■ **BETH** YW EICH **BARN** CHI?

Ysgrifennwch eich syniadau chi am ddadleuon Craig mewn llyfr nodiadau, ac ewch yn ôl atyn nhw ychydig cyn yr arholiad er mwyn gweld a yw eich safbwyntiau wedi newid.

HANFODOL!

Mae **anfeidredd gweithredol** yn gyfres anfeidrol neu'n atchwel o elfennau, ac mae Craig yn dadlau ei fod yn absŵrd.

HANFODOL!

Mae **anfeidredd potensial** yn rhywbeth sydd â dechrau y mae'n bosibl ychwanegu ato ac sy'n mynd ymlaen yn ddiderfyn.

HANFODOL!

Amseryddol – mae'n golygu o fewn amser, a dros dro.

Trosgynnol – mae'n golygu y tu allan i ofod ac amser.

Tragwyddol – mae'n golygu heb ddechrau na diwedd.

Darllen Craig eich Hun

Mae'r darn canlynol yn dod o *The Existence of God and the Beginning of the Universe* (1979), ac mae'n dangos pam mae'n rhaid mai creawdwr personol yw achos y bydysawd. Bydd y nodiadau ar ymyl y dudalen yn eich helpu chi i ddeall ei brif syniadau.

Mae 'Creawdwr personol' Craig yn cyfeirio at Dduw theïstiaeth glasurol – Duw personol, y mae Craig yn cymryd mai'r Duw Cristnogol yw e.	>
Mae Craig yn tynnu sylw at y mater cymhleth hwn sy'n gofyn am esboniad. Mae 'effaith amseryddol' yn cyfeirio at effaith sy'n ymwneud â mater o fewn gofod ac amser, fel creu'r bydysawd, y mae'n rhaid ei fod yn cael ei achosi gan rywbeth y tu allan i'r bydysawd sy'n bodoli heb ddiwedd. Os yw achos y bydysawd yn dragwyddol, pa esboniad sy'n gallu cael ei roi am pam mae effaith yr achos hwn yn amseryddol – hynny yw, dros dro – ac o fewn amser penodol?	>
Mae Craig yn cyfeirio at syniadau anghrefyddol ynghylch yr hyn a achosodd y Glec Fawr, fel grymoedd niwclear.	>
Dewis personol yw ateb Craig i pam creodd achos tragwyddol effaith amseryddol. Dydy esboniad mecanyddol sydd hefyd yn dragwyddol oherwydd ei fod y tu allan i ofod ac amser, fel grymoedd niwclear, ddim yn gallu esbonio pam cafodd y bydysawd ei greu mewn amser.	>

Credaf y gellir dadlau yn argyhoeddiadol mai achos y bydysawd yw Creawdwr personol. Sut arall gallai effaith amseryddol ddeillio o achos tragwyddol? Pe bai'r achos yn ddim mwy na set o amodau angenrheidiol a digonol sy'n bodoli ers tragwyddoldeb ac yn gweithredu'n fecanyddol, yna pam na fyddai'r effaith hefyd yn bodoli ers tragwyddoldeb? Er enghraifft, os achos dŵr yn rhewi yw bod y tymheredd o dan radd sero, yna pe bai'r tymheredd o dan radd sero ers tragwyddoldeb, yna byddai unrhyw ddŵr sy'n bresennol wedi'i rewi ers tragwyddoldeb. Mae'n ymddangos mai'r unig ffordd i gael achos tragwyddol ond effaith amseryddol fyddai os yw'r achos yn asiant personol sy'n rhydd i ddewis creu effaith mewn amser. Er enghraifft, gall dyn sy'n eistedd ers tragwyddoldeb ewyllysio sefyll; felly, gall effaith amseryddol ddeillio o asiant sy'n bodoli'n dragwyddol. Yn wir, gall yr asiant ewyllysio creu effaith amseryddol ers tragwyddoldeb, fel nad oes angen dychmygu unrhyw newid yn yr asiant. Felly, mae hyn yn dod â ni nid yn unig at achos cyntaf y bydysawd, ond at ei Greawdwr personol.

[…]

Mae Craig yn tynnu sylw at sut mae wedi tynnu ar ffynonellau gwybodaeth *a priori* ac *a posteriori*.	>
Mae Craig yn cyfeirio at ei ddefnydd o ddadl anwythol.	>
Mae Craig yn cyfeirio at wybodaeth *a priori* yma.	>
Oherwydd y dystiolaeth a'r profiad o'r byd y mae dadl gosmolegol Craig yn dibynnu arnyn nhw, mae'n ystyried bod ei ddadl yn gyffredinol yn gasgliadol yn hytrach nag yn ddiddwythol, fel sylfaen resymegol i ffydd yn hytrach na phrawf rhesymegol pendant.	>

I gloi, rydyn ni wedi gweld ar sail y ddadl athronyddol a'r cadarnhad gwyddonol hefyd, ei bod hi'n gredadwy bod gan y bydysawd ddechreuad. O gofio'r egwyddor amlwg sythweledol bod achos gan beth bynnag sy'n dechrau bodoli, rydyn ni wedi cael ein harwain i ddod i'r casgliad bod achos gan y bydysawd sy'n dechrau bodoli. Ar sail ein dadl ni, byddai'n rhaid i'r achos hwn fod yn ddiachos, yn dragwyddol, yn ddigyfnewid, yn ddiamser ac yn anfaterol. At hynny, byddai'n rhaid iddo fod yn asiant personol sy'n rhydd i ddewis creu effaith mewn amser. Felly, ar sail dadl gosmolegol Kalam, rwy'n dod i'r casgliad ei bod hi'n rhesymegol credu bod Duw yn bodoli.

Sut mae Craig yn cael ei Feirniadu

Nid Duw theïstiaeth glasurol o angenrheidrwydd. Hyd yn oed os ydyn ni'n derbyn pwyntiau Craig bod rhaid bod gan y bydysawd achos, dydy hynny ddim yn golygu o angenrheidrwydd bod Craig wedi profi bod yn rhaid mai'r achos yw Duw, sy'n hollgariadus, hollalluog a hollwybodus, etc. Roedd hi'n dal i fod yn bosibl mai o ganlyniad i hap a damwain y dechreuodd y bydysawd, heb unrhyw ddewis personol ymwybodol. Hyd yn oed os mai'r achos oedd asiant personol yn dewis creu'r byd, dydy hyn ddim yn profi mai duwdod gyda nodweddion theïstiaeth glasurol yw'r asiant. Mae'r agwedd ar ddadl Kalam Craig lle mae'n dadlau rhaid mai creawdwr personol yw'r achos, sef Duw, yn agwedd anwythol, ac felly mae'n gwneud 'naid anwythol'. Roedd yr empirydd sgeptigol David Hume yn dadlau bod dadleuon anwythol o blaid bodolaeth Duw yn wallus oherwydd na allwn ni fod yn sicr o'r canlyniad. Mae dadleuon anwythol yn gwneud neidiau neu dybiaethau ar sail profiadau'r gorffennol mewn cyd-destunau penodol iawn, a does gennym ni ddim rheswm dros honni gwybodaeth am gyd-destunau'r dyfodol neu rai anhysbys, fel creu'r byd.

Rasel Occam. Mae rasel Occam yn dweud mai'r egwyddor symlaf yw'r fwyaf tebygol. Mae dweud bod y bydysawd yn feidraidd, ond bod yr achos (Duw) yn anfeidraidd, yn gorgymhlethu pethau'n ddiangen. Yn ôl yr Athro Bertrand Russell, dylen ni gyfyngu ein chwilio am achos y bydysawd i'r bydysawd ei hun. Mae'n haws derbyn bod y bydysawd ei hun yn angenrheidiol, yn hytrach na gwneud y naid i fod angenrheidiol nad oes gennym ni dystiolaeth gadarn ar ei gyfer. At hynny, mae darganfyddiadau gwyddonol newydd yn cael eu gwneud drwy'r amser. Erbyn hyn, mae rhai gwyddonwyr yn cynnig y gallai ehangiad y Glec Fawr fod wedi'i ysgogi gan fydysawd blaenorol yn crebachu, ac y gallai'r broses hon fod yn atchwel anfeidraidd o gylchredau Clec Fawr a chyfangiadau. Felly, gallai'r bydysawd fod yn anfeidraidd mewn gwirionedd.

Twyllresymeg athronyddol. Mae'n bosibl dweud bod dadl Craig yn cyflawni'r gwrth-ddweud twyllresymeg athronyddol canlynol:

- Mae Craig yn gwadu realiti anfeidredd gweithredol, ond wedyn mae'n dibynnu ar anfeidredd gweithredol ar ffurf bodolaeth Duw.
- Mae Craig yn dadlau bod achos gan bopeth sydd â dechreuad oherwydd nad oes dim byd yn dod o ddim byd. Ond wedyn, mae'n mynd ati i gefnogi'r safbwynt bod Duw wedi creu'r byd o ddim byd.

Gwallau Cyffredin

Peidiwch ag anghofio bod Duw, i Craig, yn greawdwr personol. Weithiau, wrth esbonio syniadau Craig, dydy myfyrwyr ddim yn mynd yn bellach na sôn bod rhaid bod achos gan y bydysawd, neu maen nhw'n neidio'n syth i'r syniad rhaid mai Duw yw'r achos. Er mwyn dangos dealltwriaeth ddyfnach o syniadau Craig, cofiwch ddatblygu ei ddadl yn gywir a chynnwys ei gasgliad terfynol. Esboniwch pam mae'n rhaid mai creawdwr personol yw achos y bydysawd, un sydd â'r ewyllys rydd i ddewis achosi'r bydysawd. Mae enghraifft Craig o'r dyn sydd o hyd yn eistedd ac sy'n dewis sefyll dros dro, yn ddefnyddiol yma.

Peidiwch ag anghofio defnyddio enghreifftiau i esbonio pam nad yw anfeidredd gweithredol yn gallu bodoli mewn gwirionedd. Mae llawer o enghreifftiau i ddewis ohonyn nhw i esbonio hyn, fel enghraifft Craig o lyfrgell sydd yn yr adran 'Syniadau Allweddol Craig', Dadl Gwesty Hilbert neu ffurfiau hŷn fel paradocs Zeno, sy'n dangos nad yw anfeidredd gweithredol yn gallu croesi amser a gofod, felly mae'n amhosibl cyrraedd y cyrchfan neu'r eiliad bresennol/eiliad yn y dyfodol.

Peidiwch â manylu gormod. Does dim disgwyl i chi fanylu ar y dystiolaeth am ddamcaniaeth y Glec Fawr neu ar gysyniadau mwy cymhleth Craig fel anfeidredd potensial. Canolbwyntiwch ar sicrhau eich bod chi'n gallu dangos dealltwriaeth o sut mae dadl Kalam Craig yn cael ei chreu a sut mae'n wahanol i ddadleuon cosmolegol Aquinas.

GWELLA EICH DEALLTWRIAETH

1. Mae trefn dadleuon Craig yn bwysig. Ewch drwy'r adran 'Syniadau Allweddol Craig', gan rannu ei syniadau yn ôl y pwyntiau allweddol canlynol:
   - tystiolaeth wyddonol bod dechreuad gan y bydysawd
   - mae anfeidredd gweithredol yn anghydlynol ac yn amhosibl
   - mae angen dechreuad o hyd ar anfeidredd potensial
   - rhaid mai achos personol yw achos y bydysawd.

2. Ewch drwy'r nodiadau a wnaethoch chi ar gyfer gweithgaredd 1, gan nodi'r beirniadaethau posibl ar bob pwynt allweddol. Pa syniadau sy'n ymddangos fel rhai gwannaf Craig? Pa rai sy'n ymddangos fel y rhai cryfaf? Gallwch chi ddefnyddio adran 'Sut mae Craig yn cael ei Feirniadu' i'ch helpu chi.

CREU EICH CWESTIWN EICH HUN

Darllenwch y bennod hon a defnyddiwch eiriau gorchymyn fel 'esboniwch' neu 'archwiliwch' i greu eich cwestiynau AA1 eich hun. Ar gyfer cwestiwn AA2, gwnewch osodiad unochrog am lwyddiant dadleuon cosmolegol yn yr unfed ganrif ar hugain, neu wrth ymateb i heriau gwyddonol, rhowch y gosodiad rhwng dyfynodau, ac yna ysgrifennwch, 'Gwerthuswch y safbwynt hwn.'

Arweiniad ar yr Arholiad AA1

Yn dibynnu ar y cwestiwn, er mwyn rhoi hwb i'r dyfnder o ddealltwriaeth mewn ateb rhan a), gallech chi ddangos sut mae dadl Kalam yn ddatblygiad modern o ffurfiau cosmolegol hŷn, a sut mae'n symud o ddadl ddiddwythol i ddadl anwythol, gan gadw natur *a posteriori*. Efallai byddwch chi eisiau dangos sut mae'n wahanol i dri dull Aquinas o ran y ffordd athronyddol y mae'n gwrthod anfeidredd ac yn cyfiawnhau creawdwr personol, gan ddefnyddio tystiolaeth wyddonol fodern gydag enghreifftiau fel sifft goch a phelydriad cefndir cosmig.

O ran yr heriau i ddadleuon cosmolegol, efallai byddai'n fanteisiol eich bod chi'n gallu disgrifio sut mae syniadau amrywiol yn herio agweddau ar ddadl Kalam yn ogystal â ffurfiau hŷn. Er enghraifft, efallai bydd gwrthwynebiadau empirig Hume a'i feirniadaeth ar achosion yn dal i fod yn berthnasol i ddadl Craig, gan fod y ddadl yn mynd ymlaen i fod yn anwythol ac felly mae'n dal yn bosibl dweud ei fod yn gwneud naid anwythol, yn mynd o'r hysbys (mae dechrau i'r bydysawd/mae gan y bydysawd achos) i'r anhysbys (creawdwr personol yw'r achos).

Arweiniad ar yr Arholiad AA2

Wrth ateb cwestiynau gwerthuso rhan b) ar ddadl Kalam, cofiwch, er y bydd rhai heriau cyffredinol i ddadleuon cosmolegol yn berthnasol, mae beirniadaethau penodol ar syniadau Craig, a heriau ac ymatebion iddyn nhw, a byddai angen i chi gyfeirio at y rhain er mwyn cyrraedd y bandiau uwch yn y meini prawf marcio. Darllenwch dros y beirniadaethau ar ddadl Craig uchod, ac yn eich gwerslyfr ac mewn adnoddau eraill, er mwyn adolygu cryfderau a gwendidau penodol syniadau Craig a'r heriau uniongyrchol iddyn nhw. Hefyd, gallech chi ystyried cyd-destun yr unfed ganrif ar hugain a sut mae tystiolaeth wyddonol fodern fel damcaniaeth y Glec Fawr yn gallu cefnogi dadl Kalam.

Os ydych chi'n gwerthuso gosodiad mwy cyffredinol ynghylch dadleuon anwythol o blaid bodolaeth Duw, gallech chi baratoi drwy wneud tabl o'r holl ddadleuon anwythol gwahanol mewn un golofn, a'r heriau i ddadleuon anwythol mewn un arall, a nodi a ydych chi'n meddwl bod pob dadl yn llwyddiannus yng ngoleuni pob her.

3. WILLIAM PALEY
MYND I FYD PALEY

Trosolwg Roedd William Paley (1743–1805) yn offeiriad o Loegr. Roedd yn enwog yn ei ddydd am ei athroniaeth foesol a gwleidyddol, a'i waith er mwyn diddymu caethwasiaeth. Fodd bynnag, mae Paley yn cael ei gofio fwyaf heddiw am ei waith *Natural Theology*.

Roedd William Paley yn byw mewn cyfnod o newid mawr ym Mhrydain, gan gynnwys yr *Ymoleuo*, a oedd yn pwysleisio rheswm dros ofergoeliaeth, a'r *Chwyldro Diwydiannol*. Mae gweithiau Paley yn adlewyrchu'r darganfyddiadau gwyddonol newydd a dealltwriaeth o fecaneg. Maen nhw'n cwmpasu syniadau gwleidyddol a moesol blaengar yr oes, ond maen nhw o hyd yn seiliedig ar ei gredoau Cristnogol Anglicanaidd. Fel offeiriad Cristnogol, credai Paley yng ngwirionedd dysgeidiaethau Cristnogol a Duw theïstiaeth glasurol – hollwybodus, hollalluog, hollgariadus a throsgynnol. Credai fod astudio'r byd naturiol yn datguddio natur Duw. Deallai fod crefydd a gwyddoniaeth mewn cytgord, a cheisiodd ddangos hyn drwy ei waith *Natural Theology or Evidences of the Existence and Attributes of the Deity* (1802).

Syniadau Allweddol Paley
Y Ddadl Deleolegol

Yn ôl **dadl deleolegol** Paley, petaen ni'n darganfod carreg ar y llawr ac oriawr a gafodd ei gollwng yn anfwriadol wrth gerdded, bydden ni'n dod i gasgliadau gwahanol am sut cawson nhw eu ffurfio. Yn wahanol i garreg, mae oriawr yn cynnwys mecanweithiau manwl cymhleth er mwyn dweud faint o'r gloch yw hi. At hynny, mae mecanweithiau manwl yr oriawr yn cael eu rhoi at ei gilydd yn y drefn berffaith er mwyn gwneud yn siŵr bod popeth yn gweithio gyda'i gilydd i gyflawni ei phwrpas. Petai'r oriawr heb gael ei rhoi at ei gilydd yn yr union ffordd hon, fyddai hi ddim yn gallu dweud faint o'r gloch yw hi. Mae'r arsylwadau hyn yn ein harwain i ddod i'r casgliad bod yr oriawr yn gynnyrch dyluniad deallus gan oriadurwr yn hytrach na rhywbeth ar hap.

Wedyn, mae Paley yn cyfeirio at enghreifftiau o gymhlethdod, pwrpas a threfn ym myd natur. Er enghraifft, y llygad, sydd â'i fecanweithiau manwl yn gweithio gyda'i gilydd i gyflawni pwrpas gweld. Yn union fel y daethon ni i'r casgliad bod oriadurwr yn gweld cymhlethdod, trefn a phwrpas yr oriawr, felly gallwn ni ddod i'r casgliad bod dylunydd deallus yn gweld cymhlethdod a phwrpas yn y byd naturiol. Daw Paley i'r casgliad mai Duw Cristnogaeth yw'r dylunydd hwn.

HANFODOL!

Mae **Natural Theology** yn astudiaeth o'r byd naturiol fel dull o ddarganfod gwirioneddau am Dduw.

HANFODOL!

Roedd yr **Ymoleuo** yn fudiad diwylliannol a oedd yn flaenllaw yn y ddeunawfed ganrif, sy'n cael ei galw'n 'oes rheswm' weithiau.

Chwyldro Diwydiannol yw'r term am y cyfnod pan symudodd Prydain o gynhyrchu nwyddau â llaw i ddefnyddio peiriannau mecanyddol mawr.

HANFODOL!

Mae **dadleuon teleolegol** yn ddadleuon o fyd dylunio. Maen nhw'n edrych ar dystiolaeth yn y byd i awgrymu dyluniad ac felly dylunydd, a rhaid mai Duw yw hwnnw.

Deall Safbwynt Paley

▨ **GWELLA** EICH **DEALLTWRIAETH**

Gwnewch yn siŵr eich bod chi'n deall sut mae Paley yn defnyddio arsylwadau o'r byd naturiol i gyflwyno dadl anwythol i ddangos ei bod hi'n rhesymol credu mai Duw yw dylunydd y byd.

Mae dadl ddylunio Paley yn aml yn cael ei thorri i lawr yn ddwy ffurf:

- **Dyluniad** *qua* **(fel) pwrpas.** Duw, fel y dylunydd deallus, ddyluniodd y byd a phopeth ynddo nid yn unig â phwrpas, ond â'r gallu i gyflawni'r diben hwnnw: er enghraifft, y ffordd y mae rhannau gwahanol llygad yn gweithio gyda'i gilydd i alluogi gweld.
- **Dyluniad** *qua* **(fel) rheoleidd-dra.** Mae Paley yn nodi sut mae mecanweithiau cymhleth yn y byd naturiol hefyd yn gweithredu mewn trefn arbennig gyda symudiad penodol i gyflawni eu pwrpas. Er enghraifft, mae symudiad y planedau yng nghysawd yr Haul yn digwydd yn y fath fodd (gan alluogi dydd a nos a'r tymhorau) fel bod pethau byw ar y Ddaear yn gallu ffynnu.

Mae dadl ddylunio Paley yn anwythol, gan nad yw'r casgliad o reidrwydd yn dilyn o'r rhagosodiad. Mae Paley yn ceisio dangos ei bod hi'n rhesymol credu mai Duw yw'r dylunydd yn hytrach na chasgliadau posibl eraill, drwy ddefnyddio gwybodaeth *a posteriori*. Mae Paley yn defnyddio arsylwadau am bwrpas a rheoleidd-dra yn y byd fel tystiolaeth i gefnogi ei safbwynt.

▨ **HANFODOL!**

Qua yw'r gair Lladin am 'fel', 'drwy rinwedd' neu 'drwy'. Mae dyluniad fel rheoleidd-dra yn enghraifft.

■ **BETH** YW EICH **BARN** CHI?

Ysgrifennwch eich barn am ddadleuon Paley ac ewch yn ôl atyn nhw ychydig cyn yr arholiad er mwyn gweld a yw eich safbwyntiau wedi newid.

Darllen Paley eich Hun

Mae'r darn hwn yn dod o *Natural Theology* (1802) gan Paley, ac mae'n dangos ei safbwynt. Bydd y nodiadau ar ymyl y dudalen yn eich helpu chi i ddeall ei syniadau.

> Pwrpas dweud faint o'r gloch yw hi.
> Rhowch y rhain at ei gilydd yn y drefn sy'n ofynnol ar gyfer y swyddogaeth gywir, sef cyflawni pwrpas dweud faint o'r gloch yw hi.

Wrth i ni archwilio'r oriawr, rydyn ni'n gweld (yr hyn na allen ni ei weld yn y garreg) sef bod ei rhannau amrywiol wedi'u fframio a'u gosod at ei gilydd i bwrpas, e.e. maen nhw wedi'u ffurfio a'u haddasu er mwyn creu mudiant, a'r mudiant hwn wedi'i reoli er mwyn dangos yr awr o'r dydd.

[…]

> Yn y casgliad mae cydweddiad Paley. Nid yn yr oriawr ei hun, ond yn yr ystyr os yw rhywun yn gallu dod i gasgliad bod dylunydd wrth weld oriawr, mae rhywun hefyd yn gallu dod i gasgliad bod dylunydd wrth weld y byd.

mae'r casgliad … yn anochel, rhaid bod gan yr oriawr wneuthurwr: rhaid bod, ar ryw amser ac mewn rhyw le neu'i gilydd, grefftwr neu grefftwyr a'i ffurfiodd i'r diben rydyn ni'n ei weld … ac a ddyluniodd ei ddefnydd.

[…]

> Mae Paley yn ymateb i feirniadaeth Hume, oherwydd nad ydyn ni wedi cael profiad o greu'r bydysawd na allwn ni ddyfalu neu dybio bod dylunydd.
> Mae Paley yn ymateb i feirniadaeth Hume o broblem drygioni, fod dyluniad gwael yn awgrymu naill ai dylunydd maleisus neu ddim dylunydd.

Fyddai hi chwaith ddim … yn gwanhau'r casgliad, petaen ni erioed wedi gweld oriawr yn cael ei gwneud; nad oedden ni erioed wedi adnabod artist a allai wneud un …Fyddai hi chwaith … ddim yn annilysu ein casgliad, petai'r oriawr yn mynd o chwith weithiau … Does dim rhaid i beiriant fod yn berffaith, er mwyn dangos â pha ddyluniad y cafodd ei wneud.

Sut mae Paley yn cael ei Feirniadu

Mae Paley yn gwneud naid anwythol. Cafodd llawer o'r beirniadaethau athronyddol ar ddadl ddylunio Paley eu cyhoeddi yng ngwaith Hume, *Dialogues Concerning Natural Religion*, 22 o flynyddoedd cyn dadl Paley. Er i Paley geisio ymateb i'r rhain, mae llawer o bobl yn dal i ystyried eu bod nhw'n llwyddiannus, yn enwedig y rhai sy'n herio'r cysyniad os oes dylunydd, mai Duw theïstiaeth glasurol yw e. Mae hon yn naid anwythol gan fod Paley yn neidio o'r wybodaeth a gafwyd drwy arsylwi'r byd i dybiaethau am darddiad y byd. Gweler Pennod 5 am ragor o fanylion.

Damcaniaeth esblygiad. Mae damcaniaeth esblygiad Darwin, a gyhoeddwyd 57 o flynyddoedd ar ôl gwaith Paley, *Natural Theology*, yn aml yn cael ei hystyried fel yr her fwyaf i ddadl Paley. Mae esblygiad yn cynnig esboniad gwyddonol am pam mae mecanweithiau cymhleth yn bodoli heb gyfeiriad at ddylunydd, o ganlyniad i ddethol naturiol. Ysgrifennodd Richard Dawkins, y biolegydd esblygiadol *The Blind Watchmaker* (1986) er mwyn dadlau *nad* cynnyrch dyluniad yw'r bydysawd, ond cynnyrch dethol naturiol, sy'n hollol ar hap.

Gwallau Cyffredin

Wnaeth Paley ddim cymharu'r byd ag oriawr. Er bod dadl Paley yn aml yn cael ei hystyried yn ddadl o gydweddiad, ni ddywedodd Paley fod y byd fel oriawr. Yn hytrach, y casgliad oedd yn debyg. Yn union fel yr ydyn ni'n gallu dod i gasgliad bod oriadurwr wrth weld oriawr, rydyn ni'n gallu dod i gasgliad bod dylunydd wrth weld y byd.

GWELLA EICH DEALLTWRIAETH

1. Meddyliwch am dair enghraifft o'r byd naturiol y gallech chi eu defnyddio i ddangos 'dyluniad *qua* (fel) pwrpas' a 'dyluniad *qua* (fel) rheoleidd-dra'. Esboniwch nhw mewn paragraff i esbonio dadl Paley. Er enghraifft, gallech chi ddefnyddio'r gylchred ddŵr.
2. Darllenwch Bennod 5 am wrthwynebiadau Hume i ddadleuon teleolegol i'ch helpu chi i nodi gwendidau a heriau y mae'n bosibl eu cymhwyso at syniad Paley. Allwch chi feddwl am unrhyw ymatebion i'r rhain er mwyn amddiffyn dadl Paley? Pa un yw'r safbwynt cryfaf?

Arweiniad ar yr Arholiad AA1

Gallech chi gael cwestiwn am ddadl oriadurwr a dyluniad cymhleth Paley, naill ai gydag ysgolhaig arall o'r fanyleb neu ar ei ben ei hun, neu'n rhan o gwestiwn ehangach am ddadleuon teleolegol neu anwythol.

Wrth ysgrifennu am ddadl oriadurwr Paley, cofiwch gynnwys ei gasgliad, bod gan y byd ddylunydd felly, sef Duw.

Arweiniad ar yr Arholiad AA2

Gallai fod gofyn i chi werthuso syniadau fel effeithiolrwydd/natur berswadiol dadleuon teleolegol yn gyffredinol ond hefyd, yn yr unfed ganrif ar hugain, llwyddiant yr heriau i ddadleuon teleolegol, ac a yw esboniadau gwyddonol am y bydysawd yn drech na'r rhai athronyddol. Gallai dadl Paley fod yn un agwedd yn unig ar unrhyw ateb.

Wrth adolygu dadl Paley, gwnewch restr o bwyntiau bwled am y prif heriau (athronyddol a gwyddonol) a nodwch a yw Paley yn llwyddiannus wrth oresgyn yr heriau hyn, cryfderau a gwendidau dadl Paley, a'i natur anwythol.

4. F. R. TENNANT

MYND I FYD TENNANT

> **HANFODOL!**
>
> **Esblygiad theïstig** – y ddealltwriaeth bod Duw yn llywio proses esblygiad, gan weithredu drwy ddethol naturiol.

Trosolwg Efallai fod y gwyddonydd Frederick Robert Tennant (1866–1957) yn fwyaf enwog am ei ddamcaniaeth **esblygiad theïstig** a'i gyfraniadau at ddadleuon dylunio modern o blaid bodolaeth Duw.

Athro gwyddoniaeth oedd F. R. Tennant cyn clywed darlithiau Huxley yn 1889 am sut roedd esblygiad yn herio'r dystiolaeth o blaid Duw y creawdwr. Yna, dechreuodd ymddiddori mewn crefydd a hyfforddodd i fod yn glerigwr yn Eglwys Loegr.

Doedd Tennant ddim yn credu ei bod hi'n bosibl cyfiawnhau dadl dyluniad cymhleth Paley yng ngoleuni damcaniaeth esblygiad. Yn hytrach, roedd yn credu bod union natur esblygiad drwy ddethol naturiol, a oedd nid yn unig yn galluogi bywyd deallus i ffynnu ond hefyd yn ei gynnal, yn gofyn am esboniad a oedd yn mynd y tu hwnt i hap a damwain. Felly, roedd yn un o'r cyntaf i ddadlau o blaid esblygiad theïstig. Roedd yn ceisio cysoni credoau Cristnogol â gwyddoniaeth esblygol, a lleddfu'r gwrthdaro cynyddol rhwng crefydd a gwyddoniaeth a oedd wedi datblygu yn ystod y degawdau ar ôl cyhoeddi llyfr Darwin *On the Origin of Species* (1859).

Syniadau Allweddol Tennant

Egwyddor Anthropig

Er na ddefnyddiodd Tennant y term, datblygodd yr hyn sy'n cael ei adnabod nawr fel yr 'egwyddor **anthropig**'. Yn gyffredinol, mae ei ddadleuon yn cael eu dosbarthu fel hyn:

- Mae'n bosibl deall y bydysawd yn rhesymegol, felly mae'n rhesymegol dod i gasgliad bod dylunydd.
- Mae'n annhebygol y gallai'r bydysawd fod wedi'i gyflyru mor berffaith i allu cynnal bywyd drwy hap a damwain; mae'r casgliad bod dylunydd a fireiniodd yr amodau yn argyhoeddi mwy.
- Mae'r ffaith i esblygiad arwain at fywyd deallus gyda hunanymwybyddiaeth, ymwybyddiaeth a moesoldeb yn awgrymu bod rhywbeth mwy dwyfol na deddfau direswm natur yn unig yn ganllaw.

> **HANFODOL!**
>
> **Anthropig** – mae'n dod o'r gair Groeg *anthropos*, sy'n golygu dynol.

PARTH 'ELEN BENFELEN'

Rhy Boeth

Perffaith

Rhy Oer

Mae'r dystiolaeth a ddefnyddir i gefnogi dadl anthropig Tennant yn cynnwys 'parth Elen Benfelen'. Mae gwyddoniaeth wedi datgelu bod union leoliad y Ddaear yng nghysawd yr Haul yn golygu bod bywyd yn gallu goroesi – yn rhy agos i'r Haul a byddai'n rhy boeth, ac ymhellach oddi wrth yr Haul a byddai'n rhy oer. Mae lleoliad y Ddaear yn *berffaith* i fywyd oroesi.

Egwyddor Esthetig

Hefyd, dadleuodd Tennant fod y ffaith bod y byd yn hardd, a bod y ddynoliaeth yn gallu adnabod a gwerthfawrogi'r harddwch hwn, yn awgrymu bod dylunydd goleuedig. Ei 'egwyddor esthetig' yw'r enw ar hyn. Allai esblygiad ddim esbonio harddwch o'r fath neu allu'r ddynoliaeth i'w werthfawrogi oherwydd nad yw'r nodweddion hyn yn cyfrannu at oroesi. Felly, credai Tennant mai'r unig reswm rydyn ni'n gallu gwerthfawrogi'r harddwch a'r amodau perffaith yn y byd yw oherwydd iddo gael ei ddylunio *i ni* er mwyn ein plesio ni a bydden ni'n gallu adnabod hyn. I Tennant, yr unig esboniad oedd Duw cariadus a oedd eisiau i'w greadigaeth fwynhau byw yn ei fyd.

Deall Safbwynt Tennant

GWELLA EICH DEALLTWRIAETH

Gwnewch yn siŵr eich bod chi'n gwybod sut ymatebodd Tennant i her esblygiad a sut defnyddiodd wybodaeth wyddonol i ffurfio dwy ddadl deleolegol fodern o blaid bodolaeth Duw.

Doedd Tennant ddim yn bwriadu i'w ddadleuon fod yn brawf rhesymegol (diddwythol, *a priori*) ond yn ddadleuon tebygolrwydd. Mae dadleuon Tennant yn anwythol ac yn *a posteriori* o ran natur. Mae hyn yn golygu eu bod yn defnyddio tystiolaeth allanol i ddod i gasgliad sydd, ar y gorau, yn debygol. Felly, mae dadleuon Tennant yn cael eu cynnig fel rhesymau dros gred resymol, nid prawf pendant, fel sy'n cael eu hamlinellu isod:

> Rhagosodiad 1: Gallwn ni ddychmygu byd anhrefnus, lle na lwyddodd yr amodau i fod mor berffaith i fywyd neu mor brydferth ag y maen nhw wedi dod.
>
> Rhagosodiad 2: Fodd bynnag, nid felly mae'r byd. Mae prydferthwch diamheuol a'r amodau perffaith i fywyd oroesi. Mae trefn, ac mae addasiadau wedi digwydd sydd wedi bod o fudd i fywyd.
>
> Rhagosodiad 3: At hynny, mae bodau dynol yn gallu adnabod a gwerthfawrogi'r byd fel rhywbeth prydferth a buddiol i ni.
>
> Rhagosodiad 4: All ffactorau fel hyn ddim bod yn ganlyniad hap a damwain yn unig.
>
> Casgliad: Felly, mae'n hollol bosibl bod popeth sydd wedi digwydd wedi bod yn rhan o gynllun Duw cyfeillgar, er mwyn cynnal a bodloni bywyd deallus.

BETH YW EICH BARN CHI?

Ysgrifennwch eich syniadau chi am ddadleuon Tennant ac ewch yn ôl atyn nhw ychydig cyn yr arholiad er mwyn gweld a yw eich safbwyntiau wedi newid.

HANFODOL!

Esthetig – mae'n cyfeirio at werthfawrogi prydferthwch.

MEWNWELEDIAD

'Mae natur yn ddiystyr ac yn ddiwerth heb Dduw y tu ôl iddo a Dyn ar y blaen' (F. R. Tennant).

TASG

Darllenwch Tennant eich hun yn y darnau isod. Bydd y nodiadau ar ymyl y dudalen yn eich helpu chi i ddeall ei syniadau.

Darllen Tennant eich Hun

Mae'r darnau isod yn dod o waith Tennant *Philosophical Theology*, Cyfrol 2 (1930), ac maen nhw'n esbonio'r egwyddorion isod.

Anthropig

> Mae Tennant yn cyfeirio at ddamcaniaeth esblygiad a dethol naturiol.

Mae'n amhosibl gweld yn rhesymol bod y llu o addasiadau cydblethedig y mae'r byd wedi'i greu yn theatr bywyd, deallusrwydd, a moesoldeb, yn ganlyniad mecanwaith, neu o rym ffurfiannol dall, neu ddim byd ond deallusrwydd bwriadus.

Esthetig

> Yn ôl Tennant, po fwyaf y mae gwyddoniaeth yn ei ddatgelu am ein byd, mwyaf o brydferthwch rydyn ni'n ei weld.

> Wrth 'diangen' mae'n golygu bod heb unrhyw werth ymarferol o ran goroesi.

> Mae Tennant yn egluro nad yw ei ddadl yn ddiddwythol ond ei bod hi'n anwythol ei natur.

> Mae Tennant yn dadlau mai prydferthwch a'r gallu i werthfawrogi prydferthwch yw'r ffyrdd y mae Duw yn ei ddatgelu ei hun.

Nid rhannau yn unig o fyd natur sy'n brydferth; mae'n llawn prydferthwch – ar y raddfa delesgopig a microsgopig. Dydy ein gwybodaeth wyddonol ddim yn dod â ni gam yn nes at ddeall prydferthwch cerddoriaeth. O safbwynt eglurder, mae prydferthwch yn ymddangos yn ddiangen ac ychydig o werth goroesi sydd ganddo.

[…]

Mae'r ddadl esthetig dros theïstiaeth yn dod yn fwy perswadiol pan mae'n rhoi'r gorau i honni bod yna brawf ac yn apelio at debygolrwydd rhesymegol. Ac mae'n dod yn gryfach pan mae'n ystyried mai'r ffaith bwysicaf yw … fod byd natur mor llawn o brydferthwch … mae Duw yn ei ddangos ei hun mewn nifer o ffyrdd; ac mae rhai dynion yn mynd i mewn i'w Deml drwy'r Porth Prydferth.

Sut mae Tennant yn cael ei Feirniadu

Mae Tennant yn cael ei feirniadu am fod yn anthropoganolog (dyn-ganolog). Roedd syniadau Tennant yn rhoi bodau dynol yng nghanol popeth. Lle roedd Tennant yn dadlau bod amodau'r byd yn dystiolaeth o gynllun dylunydd ar gyfer bywyd deallus, mae beirniaid yn dweud mai'r ffordd arall oedd hi. Datblygodd deddfau natur oherwydd hap a damwain, ac yn ei dro, addasodd bywyd iddyn nhw. Esboniodd Douglas Adams, awdur *The Hitchhiker's Guide to the Galaxy* (1979), y pwynt hwn yn dda: 'Dychmygwch bwll dŵr yn deffro un bore ac yn meddwl, "Dyma fyd diddorol dw i ynddo – dyma dwll diddorol dw i ynddo – mae'n fy ffitio'n eithaf twt, on'd yw e? Mewn gwirionedd, mae'n fy ffitio'n rhyfeddol o dda, mae'n rhaid iddo gael ei wneud i fy nghael i ynddo!"'

SGILIAU GWERTHUSO

Gallwch roi mwy o ddyfnder i ateb i gwestiwn gwerthuso am ysgolhaig bob amser drwy ddangos ymwybyddiaeth o sut mae meddylwyr eraill wedi anghytuno â'i syniadau.

Gwyn y gwêl y frân ei chyw. Mae dadl esthetig Tennant yn tybio mai rhywbeth gwrthrychol yw harddwch. Fodd bynnag, mae dealltwriaeth fodern yn gweld bod harddwch yn ymateb goddrychol yn yr ymennydd i ysgogiadau allanol. At hynny, gallai gwerthfawrogi harddwch helpu'r ddynoliaeth i oroesi mewn gwirionedd: er enghraifft, os yw bodau dynol yn cael eu denu i leoliad hardd oherwydd ei fod yn dawel ac yn gynnes, ac mae ganddo blanhigion deiliog a dŵr clir. Efallai ein bod ni'n meddwl bod y pethau hyn yn hardd fel mecanwaith goroesi oherwydd byddai lleoliad fel hwn yn ymddangos yn ddiogel rhag ysglyfaethwyr, byddai dŵr glân i'w yfed, a digon o ddail, sy'n awgrymu y gallai digon o fwyd dyfu.

Gwallau Cyffredin

Gofalwch nad ydych chi'n dweud mai Tennant ddyfeisiodd yr egwyddor anthropig. 'Datblygu' y syniad wnaeth Tennant, ac yn ei dro mae wedi magu momentwm yn dilyn darganfyddiadau gwyddonol eraill.

Cofiwch roi enghreifftiau. Rhowch enghreifftiau manwl sy'n esbonio syniadau Tennant, fel parth Elen Benfelen a sut mae lleoliad y ddaear yn berffaith i fywyd ffynnu, er mwyn cefnogi'r egwyddor anthropig.

Cofiwch y cysylltiad rhwng harddwch a dyluniad. Wrth drafod y ddadl esthetig, cofiwch wneud y cysylltiad rhwng harddwch a dyluniad, ac esboniwch sut, i Tennant, roedd harddwch yn awgrymu bod y dylunydd yn ddeallus a goleuedig. Mae'n rhaid bod Duw wedi eisiau i fodau dynol fwynhau'r byd, felly creodd harddwch a rhoi'r gallu i fodau dynol ddirnad a gwerthfawrogi'r harddwch hwnnw.

GWELLA EICH DEALLTWRIAETH

1. Heriwch eich hun i weld faint gallwch chi ei ysgrifennu heb edrych ar nodiadau i esbonio dadleuon anthropig ac esthetig Tennant. Bydd hyn yn profi pa mor dda rydych chi'n deall y syniadau hyn ac yn gallu eu hesbonio.
2. Ysgrifennwch baragraff AA2, sy'n esbonio pa rai o ddadleuon Tennant sydd fwyaf llwyddiannus yn eich barn chi, a pham. Cofiwch gyfeirio at wrthwynebiadau, beirniadaethau, a sut mae agweddau ar syniadau Tennant (os oes rhai o gwbl) yn gallu ymateb yn llwyddiannus i'r rhain.

Arweiniad ar yr Arholiad AA1

Gallai fod cwestiwn am ddwy ddadl Tennant (anthropig ac esthetig) neu am un yn unig, felly byddwch yn barod i drafod y syniadau ar wahân, a rhoi enghreifftiau i esbonio. Fodd bynnag, gallai fod cwestiwn ehangach am ddadleuon teleolegol, lle byddai'n fanteisiol i chi gynnwys fersiynau modern. Wrth adolygu, gwnewch linell amser o'r dadleuon dylunio gwahanol a sylwch sut maen nhw wedi datblygu dros amser.

Arweiniad ar yr Arholiad AA2

Yn dibynnu ar y cwestiwn, gallai fod yn bwysig i chi ystyried cyd-destun yr unfed ganrif ar hugain, neu heriau gwyddonol i ddadleuon teleolegol. I'ch helpu chi i adolygu ar gyfer hyn, gwnewch nodiadau ar yr heriau athronyddol a gwyddonol i'r ddadl ddylunio, fel beirniadaeth David Hume, esblygiad a'r Glec Fawr, a nodwch a yw syniadau Tennant yn gallu goresgyn pob un o'r rhain.

DAVID
HUME

5. DAVID HUME
MYND I FYD HUME

Trosolwg Cafodd David Hume (1711–76) ei addysgu ym Mhrifysgol Caeredin yn ystod cyfnod pan oedd y ddinas wrth wraidd yr Ymoleuo Ewropeaidd. Mae Hume yn adnabyddus fel un o brif empirwyr Prydain, ac erbyn hyn mae'n cael ei gydnabod yn gyffredinol yn un o'r athronwyr mwyaf a fu erioed.

Ar yr adeg pan gafodd David Hume ei eni, tua dechrau'r Ymoleuo Ewropeaidd a'r Chwyldro Diwydiannol ym Mhrydain, roedd y prif bwnc mewn athroniaeth Ewropeaidd yn ymwneud â natur gwybodaeth. Ers gwaith Descartes *Discourse on the Method* (1637), roedd diddordeb o'r newydd ledled Ewrop mewn **rhesymoliaeth** – y cysyniad mai drwy reswm yn unig yr oedd modd adnabod gwirionedd, ac mai rhesymoliaeth ddynol oedd yr hyn oedd yn gwahanu bodau dynol oddi wrth anifeiliaid eraill.

Roedd hwn yn gyfnod o newid deallusol a chymdeithasol mawr ym Mhrydain, oherwydd darganfyddiadau, datblygiad dull gwyddonol newydd (gweler Pennod 8), mudo trefol torfol a chynnydd mawr o ran peirianneg. Yn ystod y cyfnod hwn y dechreuodd y mudiad **empirig**. Roedd meddylwyr mawr fel John Locke ac yn ddiweddarach George Berkeley yn dadlau yn erbyn rhesymoliaeth, gan honni mai drwy brofi a chanfod yn unig y mae'n bosibl cael gwybodaeth. Yn y cyd-destun hwn yr ymddangosodd Hume fel un o brif empirwyr Prydain. Rhoddodd ergyd i resymoliaeth a chreu gwaddol a fyddai'n llunio llawer o athroniaeth a dulliau gwyddonol y bedwaredd ganrif ar bymtheg a'r ugeinfed ganrif.

O'r adeg pan oedd yn ifanc iawn, roedd Hume wedi dangos addewid academaidd mawr; mae rhai adroddiadau'n dweud iddo ddechrau astudio ym Mhrifysgol Caeredin pan oedd yn ddeg oed. Er bod ei deulu eisiau iddo weithio yn eu busnes cyfreithiol, doedd Hume ddim eisiau dilyn y llwybr hwn ac aeth i weithio am gyfnod byr ym maes busnes, cyn ymrwymo i'r byd academaidd ac astudio. Fodd bynnag, ar ôl iddo ddioddef chwalfa nerfol yn ei ugeiniau cynnar oherwydd ei fod yn astudio cymaint, ar ôl cyfnod o ymadfer, treuliodd Hume amser yn Ffrainc yn ysgrifennu ei waith mawr cyntaf, gan gyhoeddi *A Treatise of Human Nature* yn 1739. Mae'n adnabyddus am 'gwympo'n farw-anedig o'r wasg' a methodd greu argraff, mae'n debyg oherwydd natur radical syniadau Hume a bod pobl yn amau ei fod yn atheist. Felly, ailysgrifennodd Hume y gwaith cyn iddo droi cefn ar athroniaeth yn y pen draw.

Wedyn, dechreuodd swydd fel llyfrgellydd yng Nghyfadran Caeredin (Edinburgh Faculty), lle byddai'n ysgrifennu *The History of England* (1754), sef llyfr a werthodd yn llwyddiannus iawn ac a ddaeth yn destun safonol y cyfnod. Felly, fel hanesydd ac nid fel athronydd y daeth Hume yn enwog yn ystod ei oes ei hun. Fodd bynnag, tua diwedd ei oes, dychwelodd at athroniaeth, ac ysgrifennodd ei weithiau mwyaf dadleuol yn gyfrinachol, gan gynnwys *Dialogues Concerning Natural Religion* (1779). Gadawodd gyfarwyddiadau mai dim ond ar ôl iddo farw y dylai hwn gael ei gyhoeddi, oherwydd ei fod yn poeni am ei safle cymdeithasol ac effaith bosibl rhagor o gyhuddiadau am fod yn atheist ar ei fywyd cymdeithasol a'i yrfa.

MEWNWELEDIAD

Fel empirydd, credai Hume mai drwy brofiad y synhwyrau yn unig yr oedd yn bosibl cael gwybodaeth gywir. Roedd yn gwrthwynebu rhesymoliaeth ac unrhyw gysyniad y gallai fod gan fodau dynol wybodaeth cyn cael profiadau.

HANFODOL!

Rhesymoliaeth yw'r egwyddor mai drwy reswm ac adfyfyrio rhesymegol yn unig y mae'n bosibl ennill gwybodaeth a gwirionedd.

Empiriaeth yw'r egwyddor mai drwy brofiad o'r byd allanol wedi'i gael drwy'r synhwyrau ac arsylwi'n uniongyrchol y mae'n bosibl ennill gwybodaeth a gwirionedd.

MEWNWELEDIAD

Treuliodd Hume ychydig o amser yn gweithio ac yn byw yn Ffrainc. Yn ystod y cyfnod hwn, gwnaeth enw iddo'i hun fel cymdeithaswr a gwesteiwr, a chafodd ei alw'n 'David da' neu *Le bon David*.

AWGRYM

Mae'n amhosibl gwahanu meddylwyr oddi wrth eu hoes eu hunain. Nodwch rai o'r materion, syniadau a'r digwyddiadau cymdeithasol yr oedd Hume yn byw drwyddyn nhw ac yr oedd yn ymateb iddyn nhw.

Syniadau Allweddol Hume

> **GWELLA EICH DEALLTWRIAETH**
>
> Gwnewch yn siŵr eich bod chi'n deall empiriaeth sgeptigol Hume, fel eich bod chi'n gallu deall sylfaen ei ddadleuon.

Mae'n bosibl iawn bod Hume wedi datblygu'r syniadau canlynol pan oedd yn ifanc iawn ac iddo eu cadw ar ryw ffurf drwy gydol ei fywyd. Fyddwn ni byth yn siŵr oherwydd, gan fod y safbwyntiau hynny'n radical a'r ffaith bod pobl yn amau ei fod yn atheist, roedd i ryw raddau'n cael ei sensro gan ei ffrindiau a'i gydwybod ei hun. Chafodd ei wrthwynebiad i ddadleuon traddodiadol o blaid bodolaeth Duw ddim o'i gyhoeddi tan ar ôl ei farwolaeth. Cafodd ei her i wyrthiau ei dal yn ôl i'w chyhoeddi'n ddiweddarach, oherwydd pryder dros ei safle cymdeithasol. Fodd bynnag, mae'n werth nodi, er efallai ein bod ni'n amau heddiw mai atheist oedd Hume oherwydd natur ei ddadleuon, na ddywedodd yn blwmp ac yn blaen ei fod yn atheist. Erbyn hyn, wrth ailddarllen Hume, mae llawer o bobl yn awgrymu bod ei safiad yn fwy agnostig. Hynny yw, ei fod yn agored i fodolaeth Duw ond ddim wedi'i argyhoeddi bod Duw yn bodoli. Yn y naill achos neu'r llall, fydd dim un ffordd o ddosbarthu Hume yn newid cynnwys ac effaith ei sylwadau allweddol, sy'n cael eu hesbonio isod.

Dadleuon Anwythol o Blaid Bodolaeth Duw

Yn *Dialogues Concerning Natural Religion* (1779), mae Hume yn trafod ac yn gwrthod dadleuon o blaid bodolaeth Duw, gan gynnwys y dadleuon teleolegol a chosmolegol, drwy safbwynt tri chymeriad ffuglennol:

- Philo, y mae pobl yn credu ei fod yn cynrychioli sgeptigaeth Hume
- Cleanthes, sy'n dadlau dros ddiwinyddiaeth naturiol a fersiwn o'r ddadl deleolegol
- Demea, sy'n amddiffyn y ddadl gosmolegol ac yn cefnogi ffyddiaeth (y gred y dylai ffydd fod yn annibynnol ar reswm).

Beirniadaethau ar Ddadleuon Teleolegol

Ar ôl i Cleanthes gyflwyno dadl ddylunio yn seiliedig ar gymharu'r bydysawd â pheiriant mawr a'i ddylunydd (yn debyg i ddadl oriadurwr ddiweddarach Paley), mae Philo yn ymateb gyda rhestr o wrthwynebiadau y mae'n bosibl eu crynhoi yn y themâu canlynol:

1. **Cydweddiad gwan**
    - Mae cryfder unrhyw gydweddiad yn dibynnu ar lefel y tebygrwydd rhwng y pethau sy'n cael eu cymharu. Mae'r gwahaniaeth rhwng peiriant a'r bydysawd yn rhy fawr. Felly, mae'r ddadl yn un o **anghydweddiad** yn hytrach na chydweddiad, ac felly mae'n methu bod yn berswadiol.
    - Mae'r bydysawd yn fwy fel eitem organig ac mae peiriant yn anorganig; mae'n rhaid gwrthod unrhyw debygrwydd sy'n cael ei dynnu rhwng y byd naturiol a lluniad artiffisial (hynny yw, rhywbeth nad yw'n digwydd yn naturiol). Byddai'n well cymharu'r bydysawd ag eitem organig fel llysieuyn.

2. **Naid anwythol**
    - Dim ond o ran ei rannau llai ac annibynnol rydyn ni'n gallu profi'r bydysawd. Felly mae dadleuon dylunio yn gwneud twyllresymeg cyfansoddiad. Dydy'r ffaith ei bod hi'n ymddangos bod dylunio mewn rhannau o'r bydysawd, ddim yn golygu bod y bydysawd ei hun wedi'i ddylunio.

> **AWGRYM**
>
> Roedd Hume yn byw cyn Paley a doedd e ddim yn ymateb i ddadl ddylunio Paley. Ond mae Paley yn mynd ymlaen i ddarllen gwaith Hume, *Dialogues*, ac mae'n ceisio ymateb i'w bwyntiau yn ei *Natural Theology* (1802).

> **HANFODOL!**
>
> **Anghydweddiad** – term a ddefnyddir i ddisgrifio pan mae cydweddiad wedi methu. Mae hon yn feirniadaeth y mae Hume yn ei gwneud ar unrhyw un a fyddai'n cymharu'r bydysawd organig ag eitem anorganig fel peiriant. Mae'n ymddangos bod Hume yn achub y blaen ar ddadleuon fel rhai Paley.

> **MEWNWELEDIAD**
>
> Mae William Paley yn cyflwyno dadl debyg enwog o blaid dylunio, ond mae'n defnyddio oriawr ac oriadurwr yn sail i gydweddiad â'r bydysawd (gweler Pennod 3).

- Does gennym ni ddim profiad o wneud bydysawd. Gan nad ydyn ni erioed wedi cael profiad o'n bydysawd yn cael ei ffurfio, allwn ni ddim bod â gwybodaeth am ei achos na'i ddyluniad. Efallai mai ar hap y byddai'r bydysawd wedi codi, ond does gennym ni ddim unrhyw sail i wybod, y naill ffordd neu'r llall.
- **Damcaniaeth Epicuraidd**. Mae Hume yn cyflwyno syniad sy'n dyddio'n ôl i Epicurus, gan ddweud, mewn cyfnod anfeidraidd o amser, y byddai'n rhaid bod gronynnau bydysawd anhrefnus yn dod at ei gilydd ar ryw bwynt fel eu bod yn ymddangos yn drefnus ac yn strwythuredig. Does dim gwahaniaeth pa mor annhebygol neu afresymol fyddai cysyniad o'r fath yn ymddangos, mewn cyfnod anfeidraidd o amser, mae'n siŵr o ddigwydd.

3 Nid Duw theïstiaeth glasurol o reidrwydd

- Hyd yn oed os oes gan y bydysawd ddylunydd, dydy'r dystiolaeth yn y bydysawd ddim yn awgrymu'r casgliad bod gan y dylunydd nodweddion theïstiaeth glasurol.
- Dydy effeithiau tebyg ddim yn awgrymu achosion tebyg. Os ydyn ni'n derbyn bod pethau cymhleth yn y byd yn ganlyniad dylunwyr deallus (bodau dynol) ac yna'n cymhwyso hynny at y bydysawd ei hun, yn y pen draw mae gennym ni ddylunydd sy'n debyg i ddylunwyr dynol, Duw wedi'i ddynweddu.
- Gallai'r dylunydd fod yn un cas oherwydd y dioddefaint ymddangosol rydyn ni'n ei weld ym myd natur. Does bosibl y byddai Duw cyfeillgar yn gwneud i'r byd fod mor greulon â hyn.
- Wedyn, mae Hume yn cymharu dylunydd y bydysawd ag adeiladwyr llongau. Mae'n nodi efallai mai dylunydd prentis hyd yn oed yw dylunydd y bydysawd, sydd wedi gadael cyfres o 'ddyluniadau sy'n draed moch' cyn dod at y bydysawd rydyn ni'n byw ynddo heddiw.
- Hefyd, gallai fod 'sawl duw' (mwy nag un). Gallai'r dylunydd fod yn rhan o dîm o ddylunwyr, fel yr ydyn ni'n ei weld yn achos y timau sy'n adeiladu campweithiau mawr fel llongau.
- Mae'n bosibl hyd yn oed bod y bydysawd yn awgrymu dylunydd sydd wedi symud ymlaen ers hynny a gadael ei greadigaeth i wneud fel y mae'n mynnu, fel y mae dylunwyr llongau a thai yn ei wneud. Dydy hyn i gyd ddim yn arwain at Dduw theïstiaeth glasurol.

Beirniadaethau ar Ddadleuon Cosmolegol

Yn *Dialogues*, mae'r cymeriad Demea yn amddiffyn dadl gosmolegol yn seiliedig ar amodoldeb a rheidrwydd, yn debyg iawn i 'drydydd dull' Aquinas (gweler Pennod 1). Mae Cleanthes a Philo yn ymateb gyda rhestr o wrthwynebiadau y mae'n bosibl eu crynhoi yn y themâu canlynol:

HANFODOL!

Damcaniaeth Epicuraidd yw'r ddamcaniaeth y byddai gronynnau'r bydysawd, mewn cyfnod anfeidraidd o amser, drwy hap a damwain yn dod i gael eu gosod yn drefnus a fyddai'n ymddangos yn strwythuredig.

AWGRYM

Mae dyfyniadau byr yn gallu bod yn fuddiol i'ch traethodau wrth feirniadu'r ddadl deleolegol. Ysgrifenna Hume, 'a oes bydoedd erioed wedi cael eu ffurfio o dan eich llygad …?'

MEWNWELEDIAD

Wnaeth y 'ddadl ddysteleolegol' – sydd hefyd yn cael ei galw'n ddadl o ddyluniad gwael – ddim ymddangos fel ymadrodd tan y bedwaredd ganrif ar bymtheg. Ond mae'n debyg i Hume achub y blaen ar y syniad wrth sôn fod byd wedi'i ddylunio'n wael yn awgrymu duwdod llai na pherffaith (nid Duw theïstiaeth glasurol).

> **MEWNWELEDIAD**
>
> Dywedodd David Hume, 'Beth bynnag rydyn ni'n ei ddychmygu yn rhywbeth sy'n bodoli, rydyn ni hefyd yn gallu ei ddychmygu yn rhywbeth nad yw'n bodoli. Does dim bod, felly, y mae ei ddiffyg bodolaeth yn awgrymu gwrthddywediad.' Gweler hefyd feirniadaeth Hume ar Anselm (trafodwyd ym Mhennod 7).

- **Bod angenrheidiol.** Mae Hume yn honni ei bod hi'n bosibl dychmygu nad yw unrhyw fod, unrhyw gysyniad, yn bodoli. Felly, does dim sail resymegol dros dybio rhaid cael bod angenrheidiol. Fodd bynnag, os oes rhaid i ni dybio bodolaeth bod angenrheidiol, pam nad y bydysawd ei hun? Mae hyn hefyd yn adlewyrchu egwyddor rasel Occam (gweler Pennod 1), sef derbyn mai'r ateb symlaf yw'r mwyaf tebygol. Mae'n symlach ac yn fwy egwyddorol i gadw'r chwilio am esboniad i'r bydysawd i'r bydysawd ei hun neu dderbyn nad oes achos, neu fel arall, mae perygl y byddwn ni'n derbyn syniad atchwel anfeidraidd neu gyfres o achosion. Mae hwn yn bwynt y mae Bertrand Russell yn ei godi'n ddiweddarach drwy gyhoeddi mai dim ond 'ffaith ddireswm' yw'r bydysawd (gweler tudalen 21).

- **Achosiaeth.** Mae naid anwythol. Gan nad oes gennym ni brofiad o wneud bydysawd, allwn ni ddim cael unrhyw wybodaeth am achos y bydysawd. Yn sicr, allen ni ddim gwybod mai Duw theïstiaeth glasurol fyddai'r achos. Hefyd, gallwn ni amau cysyniad achos ac effaith ei hun, gan nad ydyn ni'n arsylwi achosiaeth yn empirig; dim ond gweld ei heffeithiau rydyn ni. Fodd bynnag, drwy arferion ac 'arfer y meddwl' rydyn ni'n ffurfio syniad am ddeddf naturiol neu egwyddor nad oes gennym ni sail empirig iddi (dim tystiolaeth). Gweler yr adran 'Deall Safbwynt Hume' (yn dechrau ar dudalen 47) am fwy o wybodaeth am hyn.

- **Mae esboniad o rannau yn ddigonol.** Mae Hume, drwy gymeriad Cleanthes, yn rhoi enghraifft 20 darn arian. Mae esboniad o ble daeth pob darn arian unigol yn ddigon (un oddi wrth ffrind, un oddi wrth aelod o'r teulu ac ati). Ar ôl rhoi cyfrif am bob darn arian yn unigol, dydyn ni ddim yn dysgu dim byd ychwanegol o ofyn: ond o ble daeth y casgliad cyfan o ddarnau arian?

Syniadau Allweddol am Wyrthiau

Ym Mhennod 10 ei waith *Enquiry Concerning Human Understanding* (1748), mae Hume yn diffinio gwyrth fel cyfrwng goruwchnaturiol sy'n torri deddf natur. I egluro, y cyfan yw deddfau natur i Hume yw syniadau cyffredinol rydyn ni'n eu creu oherwydd arsylwadau'r gorffennol a'n 'harferion meddwl'. Felly, byddai gwyrth yn ddigwyddiad sy'n gwrth-ddweud neu'n mynd yn groes i'n profiad wedi'i ailadrodd o'r byd oherwydd cyfarwyddyd angel, diafol neu Dduw. Er gwaetha'r ddealltwriaeth hon o ddeddfau naturiol, sy'n awgrymu ei bod hi'n bosibl eu torri'n ddamcaniaethol, gan nad ydyn nhw'n wirioneddau sicr neu wrthrychol yn y lle cyntaf, mae Hume yn dadlau y bydd y dystiolaeth bob amser o blaid y ddeddf naturiol, felly fydd gennym ni byth sylfaen i dderbyn gwyrth ohoni.

Mae'n bosibl mynegi ei wrthwynebiad fel hyn:

- 'Mae dyn doeth yn addasu ei gred i'r dystiolaeth' (*Essay Concerning Human Understanding*, Pennod 10). Mae gennym ni fwy o dystiolaeth o blaid deddfau naturiol nag o blaid gwyrthiau. Byddai'n amhosibl cael digon o dyston neu dystiolaeth i fod yn drech na'r dystiolaeth o brofiad y gorffennol dros gynnal y ddeddf naturiol. Mae gwyrthiau'n fwy annhebygol o'r dechrau'n deg.

- Mae'n amhosibl ystyried tystiolaeth ac adroddiadau am wyrthiau yn dystiolaeth oherwydd eu bod nhw'n tueddu i ddod o 'genhedloedd anwybodus a barbaraidd' yn hytrach na'r rhai rhesymegol, gwyddonol ac addysgedig (sylwch mai'r cyd-destun yw safbwynt imperialaidd Prydeinig Hume yn y ddeunawfed ganrif). Hefyd, efallai na fydd y tystion yn onest, ac efallai y byddan nhw'n rhoi gwybod am ddigwyddiadau fel hyn i ennill arian neu i hyrwyddo achos. Mae'n debygol y dylai tyst 'dwyllo neu gael ei dwyllo'.

- Mae bodau dynol wedi'u gyrru gan angerdd a theimlad, a'u tuedd naturiol yw chwilio am bethau rhyfeddol a goruwchnaturiol. Maen nhw'n anghofio am reswm pan maen nhw'n gwneud hynny.

- Mae pob crefydd yn honni gwyrthiau ond maen nhw hefyd yn gwrth-ddweud ei gilydd, ac felly'n diddymu ei gilydd. Mae gwyrthiau Cristnogol yn dangos dwyfoldeb Iesu, mae gwyrthiau Mwslimaidd yn dangos dwyfoldeb Allah ac ati. Mae'n amhosibl bod pob un yn ddilys.

Mae'n werth nodi na chafodd safbwyntiau Hume ar wyrthiau eu cynnwys yn ei waith mawr cyntaf, *Treatise Concerning Human Nature*, ac er iddyn nhw gael eu cynnwys yn ei waith yn 1748 *Enquiry Concerning Human Understanding*, nid pob cyhoeddwr a benderfynodd gynnwys Pennod 10, a oedd yn ddadleuol, er mwyn osgoi codi gwrychyn pobl grefyddol yr oes hon. Yn aml, dim ond mewn fersiynau a gyhoeddwyd o 1776 ymlaen, ar ôl marwolaeth Hume, y mae'r bennod ar wyrthiau wedi'i chynnwys. Oherwydd bod pobl yn amau bod Hume yn atheist ac oherwydd iddo feirniadu athroniaeth theïstig yn ddadleuol, cafodd ei gau allan o rai swyddi academaidd ac agweddau ar gymdeithas yn ystod ei oes. Yn 1761, ymddangosodd pob un o'i weithiau ar yr *Index Librorum Prohibitorum*, rhestr o gyhoeddiadau heretic nad oedd hawl gan Gatholigion i'w darllen.

Deall Safbwynt Hume
Sgeptigaeth Hume

Er ei bod hi'n bosibl dadlau mai Hume yw'r empirydd Prydeinig enwocaf, mae hanes llawer hirach gan empiriaeth ac mae modd ei olrhain yn ôl i weithiau Aristotle ac o bosibl y tu hwnt. Mae athroniaeth Hume yn adeiladu ar syniadau'r Ymoleuo yn ei oes, ond dylen ni ddeall ei ddadleuon yng nghyd-destun ei sgeptigaeth empirig. Yn draddodiadol, mae empirwyr yn credu bod gwybodaeth yn deillio o brofiad. Ond, mae safbwynt Hume yn troi'n fwy eithafol wrth symud ymlaen at ddod i gasgliad anwythol (cymhwyso syniadau cyffredinol o un amgylchiad at un arall). Canlyniad hyn yw bod Hume yn gwrthod rhesymeg Aquinas ac yn defnyddio dadleuon anwythol, *a posteriori* o blaid bodolaeth Duw. Roedd Aquinas yn credu y gallwn ni edrych ar yr effeithiau (arsylwadau o'r bydysawd) ac yna mynd yn ôl a dod i gasgliad am yr achos (Duw) (gweler Pennod 1). Fodd bynnag, mae Hume yn ymosod ar y rhesymu hwn, gan ddweud nad oes gennym ni sail dros resymu *o* ein hargyhoeddiadau yn hytrach nag *iddyn nhw*. Datblygodd hyn a nawr mae'n cael ei alw'n broblem anwythol, neu naid anwythol.

Er mwyn esbonio, mae Hume yn cyfeirio at yr enghraifft ganlynol:

- Rydyn ni'n cael profiad o ddigwyddiad, fel yr haul yn codi.
- Mae'r profiad yn ailadrodd wrth i'r haul godi bob bore, ac rydyn ni'n arsylwi patrwm.
- Rydyn ni'n dod i gasgliad ac yn llunio barn y bydd hwn yn batrwm nad yw'n newid. Bydd yr haul yn codi yfory ac ar ôl hynny. Fodd bynnag, does dim cyfiawnhad i hyn.
- Dydy'r honiad hwn ddim yn gallu bod yn gywir drwy resymeg (gweler yr adran isod i gael mwy o fanylion am hyn), oherwydd ei bod hi'n bosibl dychmygu'r cysyniad i'r gwrthwyneb, sef na fydd yr haul yn codi. Dydy gwirionedd drwy resymeg ddim yn gallu cael ei ddychmygu fel arall, heb wrthddywediad neu baradocs, ac nid dyna sydd yma.
- Hefyd, dydy'r honiad ddim yn gallu bod yn wirionedd empirig oherwydd ei bod hi'n amhosibl arsylwi'r dyfodol.
- Felly, does dim sail i'r honiad a dim ond ein natur ddynol, ein harfer meddwl a'n harfer o wneud cyffredinoliadau o'n profiadau yn y gorffennol sy'n dweud wrthon ni ei fod yn debygol.

Rydyn ni wedi cael profiad o'r haul yn codi bob dydd, felly rydyn ni'n tybio bod patrwm sefydlog ac y bydd yn codi eto yfory. Fodd bynnag, does dim cyfiawnhad dros y dybiaeth hon gan nad oes gennym ni brofiad o yfory. Dim ond adnabod patrymau mae ein meddyliau ni a thybio eu bod nhw'n gywir.

MEWNWELEDIAD

Yn ddiweddarach, ehangodd Immanuel Kant (gweler Pennod 11) ar fforc Hume a galwodd berthnasoedd syniadau Hume yn 'wirioneddau dadansoddol', a'i faterion gwirionedd yn 'wirioneddau synthetig'.

HANFODOL!

Twyllresymeg – defnyddio dadleuon ffug, gan fwriadu twyllo.

Fforc Hume

Mae Hume yn categoreiddio gwybodaeth yn ddau fath:

- **Syniadau perthynol.** Mae'r rhain wedi'u datblygu o brofion casgliadol a dangosol John Locke. Gwirioneddau *a priori* yw'r rhain: hynny yw, gwybodaeth sy'n gywir drwy reswm oherwydd y berthynas rhwng y syniadau sy'n gysylltiedig, fel $2 + 2 = 4$. Mae'r math hwn o wybodaeth yn hunanamlwg ac yn angenrheidiol, gan y byddai ei gwadu'n golygu gwrth-ddweud.

- **Materion o ffaith.** Mae'r rhain yn wirioneddau empirig ac *a posteriori*: hynny yw, gwybodaeth nad yw'n hunanamlwg, ond lle mae'n rhaid cael profiad ei bod hi'n wir neu'n anwir er mwyn ei gwybod, fel *mae'r gath yn yr ardd*. Does dim gwrthddywediad rhesymegol ynghlwm wrth y syniad petaen ni'n derbyn neu'n gwadu'r wybodaeth, felly mae'n rhaid cael profiad ohoni er mwyn ei gwybod.

Mae Hume yn dadlau, yng ngoleuni'r dosbarthiadau hyn, y gallwn ni holi unrhyw honiad am wybodaeth, p'un a yw hi'n wybodaeth resymegol (syniadau perthynol) neu'n wirionedd empirig (mater o ffaith). Os nad yw unrhyw honiad am wybodaeth yn unrhyw un o'r categorïau hyn, mae hi'n ddiystyr a dyw hi ddim yn wybodaeth o gwbl. 'Taflwch ef i'r tân felly: gan na all gynnwys dim ond **twyllresymeg** a rhith' (*Enquiry Concerning Human Understanding*).

Yn ôl Karl Popper, yr athronydd a'r sylwebydd cymdeithasol Awstriaidd-Brydeinig, sy'n cael ei ystyried yn gyffredinol yn dad Anwirio, 'roedd Hume yn hollol gywir wrth nodi nad oes modd cyfiawnhau anwytho.' Hyd heddiw, mae problem anwytho yn aros ac mae'n cael ei hystyried yn un o'r heriau athronyddol dyfnaf y mae'n bosibl ei dychmygu. Llwyddodd Hume yn huawdl i amau un o'r ffyrdd mwyaf sylfaenol yr oedden ni'n deall i wybodaeth gael ei ffurfio. Aeth yn ei flaen i ysbrydoli syniadau athronyddol niferus yn ymwneud ag epistemoleg, iaith grefyddol, athroniaeth foesol, metaffiseg (cysyniadau haniaethol fel tarddiad y bydysawd) a dull gwyddonol. Mae'r athronydd Bertrand Russell yn enwog am ddweud, os nad oes modd datrys problem anwytho Hume, 'does dim gwahaniaeth deallusol rhwng callineb a gwallgofrwydd'.

O ran bodolaeth Duw, mae Hume yn ceisio dangos, yn union fel nad oes gennym ni sail i wybod y bydd yr haul yn codi yfory, felly does gennym ni ddim sail i wybod bod Duw yn bodoli. Dydyn ni ddim yn gallu gwybod *a priori* bod Duw yn bodoli drwy ddiffiniad, oherwydd nad ydyn ni'n gallu amgyffred nad yw'n bodoli heb wrth-ddweud, felly mae'n amhosibl bod hyn yn wirionedd rhesymegol. Hefyd, dydyn ni ddim yn gallu dod i gasgliad drwy brofiad bod Duw yn bodoli fel gwirionedd empirig. Mae hyn oherwydd bod ei wrthwynebiadau'n dangos bod esboniadau eraill posibl, a mwy tebygol, byddai modd dadlau, dros ddyluniad neu achos ymddangosol y bydysawd. Felly, dydy bodolaeth Duw ddim yn wirionedd empirig chwaith, dim ond yn un o nifer o esboniadau posibl. Nid gwybodaeth o gwbl yw'r honiad bod Duw yn bodoli, a dyw hi ddim yn bosibl ystyried bod unrhyw ddadl y mae Hume yn ei gwrthod yn ddadl lwyddiannus.

Felly, sut mae Hume yn rhoi cyfrif am y wybodaeth ymddangosiadol sydd gan gredinwyr crefyddol am Dduw a'i natur? Dydy Hume ddim yn gallu dod i'r casgliad bod y wybodaeth yn ddilys, oherwydd, i Hume, rhaid i bob gwybodaeth o'r naill fath neu'r llall ddeillio o argraffiadau, yn ganlyniad i brofiad yn y pen draw. Ers hynny, mae'r syniad hwn wedi cael ei alw'n 'egwyddor copïo' Hume, sy'n golygu bod pob syniad yn esblygu neu'n datblygu o brofiad cychwynnol. Allwn ni ddim amgyffred unrhyw beth nad ydyn ni wedi cael unrhyw argraff neu brofiad ohono. Mae Hume yn ystyried bod rhaid i ni seilio ein cysyniad o Dduw ar ryw syniad arall y mae gennym ni argraff a phrofiad ohono, sef ni ein hunain. Felly, mae'n dod i gasgliad sydd rhywbeth yn debyg i'r gwrthwyneb yn llwyr i egwyddorion priodoliad a chyfrannedd Aquinas. Mae'n cynnig syniad y byddai'n bosibl ei ystyried yn rhagflaenydd i syniadau Freud (gweler Pennod 17) a Feuerbach am dduwdod sy'n ymgorffori dyhead am ddymuniad dynol – Duw fel bod sydd â rhinweddau fel daioni, grym a deallusrwydd, gan ffurfio cysyniad cymhleth sy'n deillio yn y pen draw o adfyfyrio ar ein natur ddynol ni ein hunain.

Hume ar Achosiaeth

Cymhwysodd Hume yr un materion a nododd ym mhroblem anwytho at gysyniad achosiaeth. Yn ei dro, daeth hyn yn sail i wrthwynebiadau i ddadleuon o blaid bodolaeth Duw ac i bosibilrwydd bodolaeth gwyrthiau (gweler adran 'Syniadau Allweddol Hume' uchod).

Er enghraifft, efallai ein bod ni'n cael profiad o ddigwyddiad A (sydd wedi'i labelu'n 'achos') fel un sy'n rhagflaenu digwyddiad B (sydd wedi'i labelu'n 'effaith'). Ond, dydy hyn ddim yn dweud wrthon ni'n bendant mai digwyddiad A oedd achos digwyddiad B. Gallai fod esboniadau eraill nad ydyn ni'n eu deall. Dim ond digwyddiadau rydyn ni'n eu gweld. Er enghraifft, mae cath yn neidio ar fwrdd ac mae ei chynffon yn bwrw'r papur newydd sy'n cwympo i'r llawr. Fodd bynnag, dychmygwch fod y bwrdd y tu allan a bod hwrdd cryf o wynt a chwythodd y papur newydd i'r llawr, ar yr union eiliad gwnaeth gynffon y gath gyffwrdd ag ef. Dydy'r achosion gwahanol ddim yn gwneud i'r effaith ymddangos yn wahanol o gwbl.

Felly, mae Hume yn dadlau nad ydyn ni'n arsylwi achosiaeth mewn gwirionedd. Yn hytrach, rydyn ni'n arsylwi cydgysylltiad cyson o ddigwyddiadau. Lle mae'r rhain yn cael eu hailadrodd, rydyn ni'n dechrau datblygu teimlad o ddisgwyl eiddgar. Os yw'r digwyddiadau'n cael eu hailadrodd yn ddigon aml, bydd ein harferion a'n ffordd arferol o feddwl, ein natur ddynol yn wir, yn gwneud cyffredinoliadau yr ydyn ni'n gallu gwneud tybiaethau ohonyn nhw, er mwyn gwneud ein gwaith a byw ein bywydau. Deddfau natur yw ein henw ni ar y rhain. Fodd bynnag, allwn ni ddim *gwybod* byth. Felly, efallai nad yw unrhyw ddigwyddiad sy'n gallu bod yn annisgwyl o gofio profiadau'r gorffennol, i'r pwynt rydyn ni'n datgan mai gwyrth yw hi, yn wyrth. Mae'n bosibl mai dim ond cydgysylltiad o ddigwyddiadau mewn amgylchiadau penodol yw hyn, a ninnau heb gael profiad ohono o'r blaen. Felly hefyd yn y ddadl gosmolegol, allwn ni ddim tybio bod angen achos ar y bydysawd a rhaid mai Duw yw'r achos hwn. Mae cyfeiliornad achosiaeth, fel y mae Hume yn ei nodi, yn golygu nad oes gennym ni unrhyw sail i dybiaeth o'r fath.

Roedd syniadau Hume mor ddwfn fel y cawson nhw effaith barhaol ar athroniaeth. Ysbrydolon nhw Immanuel Kant i 'ddeffro o'i gwsg dogmataidd' ac i ailystyried y cysyniad o achos ac effaith yn ei *Critique of Pure Reason* (1781).

BETH YW EICH BARN CHI?

Ysgrifennwch eich syniadau chi am ddadleuon Hume ac ewch yn ôl atyn nhw ychydig cyn yr arholiad er mwyn gweld a yw eich safbwyntiau wedi newid.

Darllen Hume eich Hun

TASG

Darllenwch Hume eich hun yn y darnau isod. Bydd y nodiadau ar ymyl y dudalen yn eich helpu chi i ddeall ei syniadau.

Dadleuon Anwythol

Mae'r darn hwn yn dod o *Dialogues Concerning Natural Religion* (1779). Mae'r tri pharagraff cyntaf yn gwrthwynebu'r ddadl deleolegol, ac mae'r un olaf yn gwrthwynebu'r ddadl gosmolegol.

> Mae Hume yn tanseilio'r cysyniad mai'r dylunydd yw duw theïstiaeth glasurol. Fel bod perffaith – hollwybodus, hollalluog a chyfeillgar – fyddai dim angen iddo ddysgu a datblygu, neu ganiatáu dioddefaint unrhyw greaduriaid sy'n byw mewn byd sy'n llai na pherffaith.

Ond petai'r byd hwn byth yn gynhyrchiad mor berffaith, rhaid ei bod hi'n ansicr o hyd a yw'n gyfiawn i briodoli holl ragoriaethau'r gwaith i'r gweithiwr. Os ydyn ni'n gwneud arolwg o long, pa syniad dyrchafedig mae'n rhaid i ni ei ffurfio am ddyfeisgarwch y saer, a luniodd beiriant mor gymhleth, defnyddiol a hardd? A pha syndod mae'n rhaid i ni ei deimlo, o'i gael yn fecanig twp, a efelychodd bobl eraill, a chopïo celfyddyd a oedd, drwy olyniaeth hir o oesau, ar ôl arbrofion, gwallau, cywiriadau, ystyriaethau a dadleuon di-ri, wedi bod yn gwella'n raddol? Mae'n bosibl roedd hi'n draed moch mewn sawl byd, drwy gydol tragwyddoldeb, cyn i'r system hon gael ei dileu: llawer o lafur ofer: llawer o arbrofion diffrwyth: a daliodd gwelliant araf, ond parhaus i fynd drwy gydol oesoedd anfeidrol yn y gelfyddyd o wneud bydoedd …

[…]

> Mae Hume yn achub y blaen ar ymateb i'w her yma yn seiliedig ar rasel Occam, mai'r ateb symlaf yw'r mwyaf tebygol a digonol. Fodd bynnag, mae'n ymateb drwy egluro nad yw rasel Occam yn berthnasol yn yr achos penodol hwn, gan fod tim o ddylunwyr sy'n rhannu rhinweddau un dylunydd gwych yn symlach na dychmygu bod gan un dylunydd bob un o'r rhinweddau angenrheidiol.

Pa gysgod dadl … y gallwch chi ei gynhyrchu, o'ch damcaniaeth, i brofi undod y Duwdod? Mae nifer mawr o ddynion yn ymuno wrth adeiladu tŷ neu long, wrth fagu dinas, wrth lunio cymanwlad: pam na all nifer o dduwiau gyfuno wrth ddyfeisio a llunio byd? … Mae helaethu achosion, yn ddiangen, yn wir yn groes i athroniaeth gywir: ond dydy'r egwyddor hon ddim yn gymwys at yr achos presennol. Petai un duwdod wedi'i brofi'n flaenorol gan eich damcaniaeth, a oedd â phob priodoledd angenrheidiol i gynhyrchu'r bydysawd; fyddai dim angen, rwy'n cyfaddef (er na fyddai'n absŵrd) i dybio bod unrhyw dduwdod arall yn bodoli. Ond tra ei fod yn gwestiwn o hyd, pa un a yw'r priodoleddau hyn i gyd wedi'u huno mewn un goddrych, neu wedi'u gwasgaru rhwng nifer o fodau annibynnol: yn ôl pa ffenomenau ym myd natur y gallwn ni geisio dod i benderfyniad am y ddadl?

[...]

... Beth petawn i'n adfywio hen ddamcaniaeth Epicuraidd? Mae hon yn cael ei hystyried yn gyffredinol, ac yn gyfiawn yn fy marn i, fel y system fwyaf absŵrd sydd wedi'i chynnig eto. Eto i gyd, wn i ddim, gydag ychydig o newidiadau, a fyddai modd gwneud iddi ymddangos rywbeth yn debyg i debygolrwydd. Yn lle tybio bod mater yn anfeidraidd, fel y gwnaeth Epicurus, gadewch i ni dybio ei fod yn feidraidd. Mae nifer meidraidd o ronynnau ond yn gallu cael eu trawsosod yn feidraidd: a rhaid iddi ddigwydd, mewn cyfnod o dragwyddoldeb, fel bod rhaid trio pob trefn neu safle posibl nifer anfeidraidd o weithiau. Felly, mae'r byd hwn, gyda'i holl ddigwyddiadau, hyd yn oed y rhai lleiaf posibl, wedi cael ei gynhyrchu a'i ddinistrio o'r blaen, a bydd yn cael ei gynhyrchu a'i ddinistrio eto, heb unrhyw ffiniau a chyfyngiadau. Fydd neb, sydd â chysyniad o'r pwerau anfeidraidd, o'i gymharu â'r meidraidd, fyth yn gallu peidio â dadlau yn erbyn y diffiniad hwn.

> Dadl Hume yw, er gallai'r syniad hwn ymddangos yn annhebygol, nad yw hi'n bosibl diystyru'r ddamcaniaeth. O'n safbwynt ni, gallwn ni weld bod y syniad hwn yn rhagflaenu damcaniaeth esblygiad, oherwydd byddai'n bosibl esbonio cymhlethdod, trefn a strwythur drwy egwyddor naturiol ar hap fel addasiad drwy ddethol naturiol yn hytrach na dylunydd.

> Mae Hume yn golygu 'cyfnod anfeidraidd o amser'.

> Mae Hume yn golygu na fyddai unrhyw un â mewnwelediad yn 'cael trafferth gyda'r casgliad hwn'.

[...]

Does dim byd, y mae'n bosibl ei ddychmygu, yn awgrymu gwrthddywediad. Beth bynnag rydyn ni'n ei ddychmygu fel rhywbeth sy'n bodoli, rydyn ni hefyd yn gallu ei ddychmygu fel rhywbeth nad yw'n bodoli. Felly, does dim un bod y mae ei ddiffyg bodolaeth yn awgrymu gwrthddywediad. O ganlyniad, does dim bod y mae'n bosibl dangos ei fodolaeth ... Mae'n cael ei honni bod y Duwdod yn fod sy'n bodoli'n angenrheidiol; a cheisir esbonio angenrheidrwydd ei fodolaeth drwy ddatgan, petaen ni'n gwybod ei hanfod neu ei natur yn llawn, y bydden ni'n ei chanfod yn amhosibl iddo beidio â bodoli, fel petai dau lluosi dau ddim yn gwneud pedwar. Ond mae'n amlwg na all hyn ddigwydd byth, tra mae ein cyneddfau'n dal yr un peth ag y maen nhw ar hyn o bryd. Bydd yn dal i fod yn bosibl i ni, ar unrhyw adeg, ddychmygu diffyg bodolaeth yr hyn roedden ni'n arfer dychmygu ei fod yn bodoli; a does byth rheidrwydd chwaith ar y meddwl i dybio bod unrhyw wrthrych yn bodoli bob amser; yn yr un modd ag y mae rheidrwydd i ni ddychmygu bob amser bod dau lluosi dau yn gwneud pedwar. Felly, does gan y geiriau, bodolaeth angenrheidiol, ddim ystyr; neu, sef yr un peth, dim ystyr sy'n gyson.

> Wrth ymateb i'r ddadl gosmolegol yn seiliedig ar amodoldeb, a'r casgliad mae'n rhaid mai bod angenrheidiol yw'r achos cyntaf.

Ar Wyrthiau

Mae'r darn hwn yn dod o Bennod 10 yn *An Enquiry Concerning Human Understanding* (1748).

Felly, mae dyn doeth yn addasu ei gred i'r dystiolaeth ... Mae'n ystyried pa ochr sydd wedi'i chefnogi gan y nifer mwyaf o arbrofion: Mae'n tueddu at yr ochr honno, heb amheuaeth ac oedi ... Mae cant o enghreifftiau o arbrofion ar y naill ochr, a hanner cant ar y llall, yn rhoi disgwyliad amheus o unrhyw ddigwyddiad. Ond mae cant o arbrofion unffurf, gydag un yn unig sy'n gwrth-ddweud, yn rhesymegol creu sicrwydd digon cadarn.

[...]

> Mae Hume yn golygu profiad y gorffennol.

> Mae'n golygu 'arwain at'.

DAVID HUME

Gwyrth yw rhywbeth sy'n torri deddfau natur; ac oherwydd bod profiad cadarn a digyfnewid wedi sefydlu'r deddfau hyn, mae'r prawf yn erbyn gwyrth, o union natur y ffaith, yr un mor gyfiawn ag unrhyw ddadl o brofiad y gellir meddwl amdani. Pam mae'n fwy na thebygol, bod rhaid i bob dyn farw; nad yw plwm yn gallu ... aros yn hongian yn yr aer; bod tân yn llosgi pren, a'i fod yn cael ei ddiffodd gan ddŵr; oni bai, ein bod ni'n gweld bod y digwyddiadau hyn yn cytuno â deddfau natur, a bod angen torri'r deddfau hyn, neu mewn geiriau eraill, gwyrth i'w hatal nhw? Does dim byd yn cael ei ystyried yn wyrth, os yw'n digwydd o ddilyn trefn natur ... Pan mae unrhyw un yn dweud wrthyf iddo weld dyn marw yn codi'n fyw eto, rwy'n ystyried yn syth, a fyddai'n fwy tebygol, bod y person hwn naill ai'n twyllo neu'n cael ei dwyllo, neu fod y ffaith y mae'n sôn amdani wedi digwydd mewn gwirionedd. Rwy'n pwyso un wyrth yn erbyn y llall; ac yn ôl y rhagoriaeth, rwy'n ei ddarganfod, rwy'n cyhoeddi fy mhenderfyniad, ac yn gwrthod y wyrth fwyaf bob amser.

[…]

Y peth cyntaf y mae'n rhaid i ni ei ystyried felly yw llyfr, wedi'i gyflwyno i ni gan bobl farbaraidd ac anwybodus, wedi'i ysgrifennu mewn oes pan oedden nhw'n fwy barbaraidd byth, ac yn fwyaf tebygol ymhell ar ôl i'r ffeithiau y mae'n sôn amdanyn nhw, heb unrhyw dystiolaeth ar y pryd i'w gefnogi, ac yn ymdebygu i'r hanesion rhyfeddol hynny, y mae pob cenedl yn eu rhoi am ei tharddiad. Wrth ddarllen y llyfr hwn, rydyn ni'n gweld ei fod yn llawn o ryfeddodau a gwyrthiau. Mae'n sôn am gyflwr y byd ac am y natur ddynol sy'n hollol wahanol i'r presennol: Am ein cwymp o'r cyflwr hwnnw: Am oes dyn, wedi'i estyn i bron i fil o flynyddoedd: Am y byd yn cael ei ddinistrio gan ddilyw: Am ddewis mympwyol un bobl, fel hoff bobl y nefoedd; ac mai cydwladwyr yr awdur yw'r bobl hynny: Am eu rhyddhau o gaethiwed gan y rhyfeddodau mwyaf anhygoel y gellir eu dychmygu: Rwy'n dymuno i unrhyw un roi ei law ar ei galon, ac ar ôl ystyried yn ddifrifol, gyhoeddi a yw'n meddwl y byddai anwiredd llyfr o'r fath, wedi'i gefnogi gan dystiolaeth o'r fath, yn fwy rhyfeddol a gwyrthiol na'r holl wyrthiau y mae'n sôn amdanyn nhw; sydd, fodd bynnag, yn angenrheidiol i wneud iddo gael ei dderbyn, yn ôl y mesurau tebygolrwydd a nodwyd uchod.

Sut mae Hume yn cael ei Feirniadu

Yr Egwyddor Wirio. Yn anffodus i Hume, mae ei egwyddorion sylfaenol, sef empiriaeth sgeptigol, yn destun beirniadaeth yr Egwyddor Wirio o'r ugeinfed ganrif, a gafodd ei hysbrydoli gan ei syniadau ef ei hun. Maen nhw'n methu pasio meini prawf fforc Hume. Dydy sylfaen Hume – mai o brofiad yn unig y mae'n bosibl deillio gwybodaeth yn y pen draw – ddim ei hun yn cyfrif fel syniadau perthynol (gwirionedd dangosol/gwybodaeth ddadansoddol), neu fel mater o ffaith (gwirionedd empirig/gwybodaeth synthetig). Felly, mae unrhyw ddadleuon y mae Hume yn eu cynnig sy'n seiliedig ar yr egwyddorion hyn yn cael eu tanseilio, gan gynnwys ei ddadleuon yn erbyn dadleuon anwythol o blaid bodolaeth Duw. Petai Hume yn dilyn ei gyngor ei hun ar hyn, yna dylai ddilyn y gorchymyn 'Taflwch ef i'r tân felly'.

Mae Hume yn defnyddio enghreifftiau hawdd eu deall i esbonio pa mor debygol yw deddfau natur o gyferbynnu â natur hynod annhebygol gwyrthiau.

Drwy ddiffiniad, mae'n rhaid bod gwyrth yn rhywbeth sy'n mynd yn groes i ddeddfau cyffredin natur, felly all hi ddim bod yn ddigwyddiad bob dydd neu'n fater o annhebygolrwydd neu lwc wedi'i amseru'n dda.

Mae Hume yn cyfeirio at y Pentateuch (yr enw Cristnogol am y Torah).

Mae Hume yn cyfeirio at y storïau o'r Pentateuch, cwymp dyn (sy'n arwyddocaol i lawer o ddiwinyddiaeth Awstin Sant yn benodol), y dilyw, ac ecsodus yr Hebreaid o'r Aifft o dan y deg pla.

Beirniadu safbwynt Hume yn erbyn dadleuon anwythol. O ran gwrthwynebiad Hume i'r dadleuon cosmolegol a theleolegol, mae'n bosibl beirniadu'n fwy manwl, gan gynnwys y pwyntiau canlynol:

- Mae'n bosibl dadlau yn erbyn twyllresymeg cyfansoddiad Hume, gan nad oes twyllresymeg resymegol wirioneddol yn cael ei gwneud. Byddai llwyddiant neu fethiant y gwrthwynebiad hwn yn dibynnu ar gynnwys y ddadl. Weithiau mae'r hyn sy'n wir am y rhan *yn* wir am y cyfan: er enghraifft, mae cynhwysion teisen wedi'u pobi yn y ffwrn, felly mae'r deisen wedi'i phobi yn y ffwrn.

- Lle mae Hume yn dweud nad oes angen esboniad cyflawn o'r cyfan wrth wrthwynebu'r ddadl gosmolegol, byddai Gottfried Wilhelm Leibniz, yr athronydd o'r ail ganrif ar bymtheg, yn anghytuno drwy ei egwyddor rheswm digonol. Dadl Leibniz oedd ei bod hi'n amhosibl i esboniadau rhannol fod yn fwy na rhai rhannol byth, ond rhaid yn rhesymegol bod rheswm digonol sy'n rhoi cyfrif am bopeth.

- Wrth wrthwynebu'r ddadl deleolegol lle mae Hume yn dweud y gallai natur y byd awgrymu dylunydd sy'n faleisus, mae athronwyr niferus yn amddiffyn Duw graslon sydd, am resymau amrywiol, yn caniatáu dioddefaint er mwyn diben neu gynllun mwy (gweler Pennod 16 am atebion posibl i broblem drygioni).

Dydy gwrthwynebiad Hume i'r dadleuon anwythol uchod, er bod llawer yn ystyried eu bod nhw'n llwyddiannus, ddim o reidrwydd wedi profi bod y dadleuon yn methu. Mae'r dadleuon cosmolegol a theleolegol yn parhau hyd heddiw, ac mae fersiynau modern a thystiolaeth wyddonol sy'n gallu eu cefnogi nhw. At hynny, mae'n bosibl dadlau, gan mai dadleuon anwythol ydyn nhw, nad eu bwriad yw rhoi prawf o blaid bodolaeth Duw ynddyn nhw eu hunain, dim ond bod bodolaeth Duw yn rhesymol, neu'n debygol ar y gorau. Er bod Hume yn gallu dangos bod casgliadau posibl eraill, dydy hyn ynddo'i hun ddim yn tanseilio llwyddiant y dadleuon o ran eu natur eu hun.

Fodd bynnag, at ei gilydd, mae'n cael ei ystyried yn gyffredinol bod gwrthwynebiad Hume i'r ddadl deleolegol yn fwy llwyddiannus na'i wrthwynebiad i'r ddadl gosmolegol. Y prif reswm dros hyn yw bod Hume wedi cael ei feirniadu am gamfarnu'r ddealltwriaeth o fodolaeth Duw yn rhywbeth 'angenrheidiol', ac am gyfuno'r ddadl ontolegol a chosmolegol yn ei wrthwynebiad. Felly, mae'n cymysgu rhwng y ddwy ac efallai fod ei feirniadaeth yn llai manwl oherwydd hyn. Gallwn ni ddeall, pan ddywedir bod bodolaeth Duw yn angenrheidiol, bod hyn yn gallu cyfeirio nid yn unig at ddadl Aquinas (gweler Pennod 1) nad yw Duw yn gallu dechrau neu beidio â bodoli, ond hefyd, mewn ffordd wahanol, at ddadl Anselm (gweler Pennod 7) nad yw'n bosibl meddwl am Dduw fel rhywbeth nad yw'n bodoli. Fodd bynnag, mae Hume yn gwrthod cysyniad bodolaeth angenrheidiol i'r ddwy ddadl ag un ergyd, drwy ddadlau ei *bod* yn bosibl meddwl am Dduw fel rhywbeth nad yw'n bodoli. Felly dydy e ddim yn herio'n ddigonol sut mae Aquinas yn defnyddio'r term yn y ddadl gosmolegol.

Beirniadu safbwynt Hume yn erbyn gwyrthiau. Mae'n bosibl beirniadu syniadau Hume am wyrthiau ar sawl pwynt:

- Dywedodd Hume fod credu mewn gwyrthiau yn afresymol, gan nad oes byth ddigon o dystiolaeth i'w derbyn nhw. Fodd bynnag, mae'n anochel nad oes digon o dystiolaeth ar gyfer gwyrthiau, gan mai pwynt gwyrthiau yw eu bod nhw'n ddigwyddiadau untro ac nad ydyn nhw'n cael eu hailadrodd yn aml. At hynny, roedd Hume ei hun yn cyfaddef bod gwyrthiau'n annhebygol yn unig, nid yn amhosibl, ac fel y cyfryw, mae llawer yn ystyried nad yw'r her hon yn her o gwbl.

- Mae Hume yn dweud nad yw adroddiadau am wyrthiau gan dyston yn gredadwy, gan ei bod hi'n debygol bod y tystion wedi'u twyllo neu eu bod nhw'n twyllo'n fwriadol, nad ydyn nhw'n gwybod am yr esboniad naturiol, neu fod ganddyn nhw ragfarn o blaid derbyn adroddiadau am wyrthiau oherwydd eu bod nhw'n cael eu denu at bethau rhyfeddol. Mae Richard Swinburne yn codi ymateb penodol i hyn gyda'i egwyddorion tystiolaeth a hygoeledd (gweler Pennod 25), gan ddadlau ei bod hi mewn gwirionedd yn rhesymol derbyn adroddiadau gan dyston mewn sefyllfaoedd penodol.

- Mae Hume yn dadlau bod gwyrthiau o grefyddau gwahanol yn diddymu ei gilydd. Fodd bynnag, mae damcaniaethau amrywiol am luosogrwydd crefyddol ac ymagweddau anwybyddol yn dangos nad felly y mae hi o reidrwydd. Er enghraifft, moeswers y gerdd 'Y Deillion a'r Eliffant' yw bod profiad dynol yn gwahaniaethu ond bod nifer o wirioneddau'n bosibl, gan nad oes gan rywun safbwynt y cyfan byth, dim ond rhan. Hefyd, mae'n bosibl dadlau nad yw crefyddau o reidrwydd yn seiliedig ar wyrthiau yn digwydd, ond bod storïau am wyrthiau yn gallu helpu i hybu a lledaenu dysgeidiaethau a doethineb crefyddol. Dydy'r storïau hyn am wyrthiau, er eu bod nhw'n ddefnyddiol ac yn gofiadwy, ddim o reidrwydd yn ganolog i unrhyw grefydd.

- Beirniadaeth sy'n rhoi ergyd fawr i ddadl Hume yn erbyn gwyrthiau yw ei fod yn gwrth-ddweud ei safbwynt sgeptigol ei hun. Gwelon ni yn yr adran 'Deall Safbwynt Hume' fod Hume mor sgeptigol, fel ei fod yn dadlau mai dim ond cysyniadau wedi'u cyffredinoli, yn seiliedig ar arsylwadau'r gorffennol yw deddfau naturiol, ac felly dydyn nhw ddim yn gallu cyfrif fel gwybodaeth o'r hyn fydd yn digwydd yn y dyfodol. Allwn ni ddim *gwybod* y bydd yr haul yn codi yfory; dim ond rhagweld hyn rydyn ni'n gallu ei wneud. Felly, allwn ni ddim *gwybod* na fydd yr haul yn codi yfory. Eto i gyd, yn ei ddadl yn erbyn gwyrthiau, dydy Hume ddim yn caniatáu na allwn ni wybod na fydd person yn codi o'r meirw. Mae sgeptigaeth Hume yn caniatáu'r cyntaf, felly pam nad yw'n caniatáu'r olaf?

Cyhuddiad solipsiaeth. Un feirniadaeth olaf ar Hume yw bod ei safbwynt athronyddol cyffredinol, sef empiriaeth sgeptigol, yn gallu arwain at **solipsiaeth**. Byddai hyn yn tanseilio'r safbwynt empirig sydd ganddo ar y dechrau, a chanlyniad hyn fyddai'r senario lle na allwn ni dybio bod gennym ni wybodaeth am unrhyw beth o gwbl am y byd yr ydyn ni'n byw ynddo, y tu allan i'n meddyliau ein hunain. Drwy herio cysyniad achosiaeth a rhesymu anwythol – sy'n sail i'r rhan fwyaf o'r wybodaeth ddynol am y byd rydyn ni'n byw ynddo, ac o'n dealltwriaeth o sut mae'n gweithio a sut bydd yn parhau i weithio – mae Hume yn anfwriadol yn gwneud i ni amau'r holl wyddoniaeth a'r wybodaeth sydd wedi'u cael drwy brofiad.

Gwallau Cyffredin

Cofiwch ddefnyddio termau allweddol. Dylech ddefnyddio termau allweddol wrth ymyl syniadau Hume, fel y maen nhw wedi'u nodi yn y fanyleb. Er enghraifft, mae heriau Hume i ddadleuon cosmolegol a theleolegol yn dod o dan thema 'dadleuon anwythol'. Felly, dylai unrhyw ateb sy'n ymwneud â heriau Hume i'r dadleuon hyn gyfeirio at natur dadleuon anwythol, materion achosiaeth a her Hume i'r naid anwythol.

Felly hefyd, mae'r fanyleb yn cyfeirio at wrthwynebiad empirig Hume, felly mae dangos ymwybyddiaeth o empiriaeth Hume yn berthnasol. Yn y thema 'profiad crefyddol', mae'r fanyleb yn cyfeirio at sgeptigaeth Hume am wyrthiau. Felly, byddai'n fuddiol cael cyfeiriad at wreiddiau empirig y sgeptigaeth honno a'r diffyg cydlyniad yn amheuaeth Hume, sy'n sail i'w weithiau.

Peidiwch â chymysgu gwrthwynebiad Hume i'r ddadl ddylunio â'i wrthwynebiad i'r ddadl gosmolegol. Pan mae cwestiwn arholiad yn gofyn am heriau Hume i ddadleuon cosmolegol neu deleolegol, dylech chi sicrhau eich bod chi'n cyfeirio'n benodol at wrthwynebiad Hume i bob dadl: er enghraifft, cydweddiad gwan, hap a damwain a 'nid Duw theïstiaeth glasurol o reidrwydd' ar gyfer dadleuon teleolegol; a'r gwrthwynebiad i fod angenrheidiol, problemau achosiaeth ac esboniad o'r rhannau ar gyfer dadleuon cosmolegol. Gallwch chi gynnwys heriau mwy cyffredinol gan Hume ynghylch natur dadleuon anwythol os yw hyn yn berthnasol. Fodd bynnag, fyddwch chi ddim yn gallu ennill marciau yn y bandiau uwch os nad ydych chi'n gallu dangos gwybodaeth o'r gwrthwynebiad priodol i'r dadleuon gwahanol. Sicrhewch eich bod chi'n deall y

---

HANFODOL!

Solipsiaeth – safbwynt athronyddol sgeptigol eithafol, sy'n honni na allwn ni fod â gwybodaeth gywir o unrhyw beth heblaw amdanon ni ein hunain. Mae gwybodaeth o unrhyw beth y tu allan i ni ein hunain yn ansicr, gan nad oes modd ei gwybod yn uniongyrchol.

gwrthwynebiadau gwahanol fel y maen nhw wedi'u hesbonio yn yr adran 'Syniadau Allweddol Hume'. A nodwch, er bod damcaniaeth y Glec Fawr a damcaniaeth esblygiad yn heriau gwyddonol posibl i ddadleuon cosmolegol a theleolegol, doedden nhw ddim yn wybodaeth gyffredinol tan ar ôl oes Hume, felly fydden nhw ddim yn ennill marciau wrth ateb cwestiwn am heriau Hume yn benodol.

Dydy rhestru gwrthwynebiadau Hume yn unig ddim yn AA1 neu AA2 da.
Weithiau, at ddibenion adolygu, mae myfyrwyr yn y pen draw yn dysgu rhestr hir o wrthwynebiadau Hume i ddadleuon neu syniadau amrywiol, ac yn lleihau'r cysyniadau cymhleth hyn yn bwyntiau bwled neu hyd yn oed yn ymadroddion cofiadwy. Beth bynnag yw'r cwestiwn, peidiwch â rhestru syniadau Hume (am wyrthiau, dadleuon teleolegol neu gosmolegol) yn unig ar gyfer naill ai cwestiynau AA1 neu AA2. Mae'n llawer gwell i chi ddethol pa wrthwynebiadau rydych chi'n eu cynnwys, a dangos eich bod chi'n ymgysylltu â'r syniadau ac yn eu deall a sut maen nhw'n cyd-fynd â bydolwg Hume ac â'r pwnc ar lefel ddyfnach. Mae syniadau Hume wedi'u trafod fesul thema yn y bennod hon, i'ch helpu chi i wneud synnwyr o'r cysylltiadau rhwng pwyntiau a syniadau sylfaenol. Mae gwerthuso AA2, yn enwedig, yn gofyn am ddadansoddi beirniadol. Mae hyn yn golygu dangos eich bod wedi pwyso a mesur syniadau Hume yn erbyn rhai eraill, a'ch bod yn dod i farn yn seiliedig ar eu cryfderau a'u gwendidau, pa mor gydlynol, perswadiol neu resymegol yw'r syniadau. Er enghraifft, os bydd cwestiwn AA2 yn gofyn am werthuso'r diffiniadau o wyrthiau, byddai angen i chi ddadansoddi pa mor llwyddiannus yw diffiniad Hume o'i gyferbynnu â rhai eraill, gan esbonio unrhyw wendidau a chryfderau.

GWELLA EICH DEALLTWRIAETH

1. Gwnewch eich taflen adolygu eich hun ar gyfer y termau allweddol sy'n cael eu cysylltu â Hume a'i syniadau. Diffiniwch nhw yn eich geiriau eich hun. Fel her ychwanegol, mewn lliw gwahanol, ychwanegwch ysgolheigion a dadleuon cysylltiedig. Defnyddiwch y termau allweddol canlynol: empiriaeth, rhesymoliaeth, anwythol, *a posteriori*, twyllresymeg cyfansoddiad, naid anwythol, anghydweddiad, damcaniaeth Epicuraidd, Duw theïstiaeth glasurol, angenrheidiol, amodol, achosiaeth, dadansoddol, synthetig, realaidd.

2. Lluniwch dabl â dwy golofn. Yn y golofn gyntaf, rhestrwch resymau Hume dros wrthwynebu'r dadleuon teleolegol, cosmolegol, *a priori* ac anwythol, a gwyrthiau. Yn yr ail golofn, ysgrifennwch a ydych chi'n gweld bod pob gwrthwynebiad gan Hume yn llwyddiant neu'n fethiant (a nodwch pam yn fyr). Edrychwch dros y tabl wedyn a nodwch unrhyw batrymau. A ydych chi'n meddwl bod Hume yn fwy llwyddiannus mewn rhai meysydd testun nag eraill? Ystyriwch pam gallai hyn fod.

CREU EICH CWESTIWN EICH HUN

Darllenwch y bennod hon a defnyddiwch eiriau gorchymyn fel 'esboniwch' neu 'archwiliwch' o ran diffiniad Hume o wyrthiau neu ei her iddyn nhw, a'i heriau i ddadleuon anwythol/ *a posteriori*/teleolegol/cosmolegol i greu eich cwestiynau AA1 eich hun. Ar gyfer cwestiwn AA2, gwnewch osodiad unochrog am lwyddiant dadleuon anwythol/diddwythol/ cosmolegol/teleolegol neu am lwyddiant dadleuon yn erbyn gwyrthiau. Rhowch y gosodiad rhwng dyfynodau ac yna ysgrifennwch yr ymadrodd, 'Gwerthuswch y safbwynt hwn.'

Arweiniad ar yr Arholiad AA1

Ar gyfer cwestiwn rhan a) gwybodaeth AA1, gallech chi gael amrywiaeth o gwestiynau amlinellu (UG yn unig), esbonio, archwilio, neu yn achos gwyrthiau, cwestiwn cymharu gan gyfeirio at Hume.

Ar gyfer thema 'dadleuon anwythol', sicrhewch eich bod chi'n gallu cyfeirio at heriau penodol Hume i'r dadleuon cosmolegol a theleolegol a cheisiwch beidio â chymysgu rhwng y dadleuon hyn. Mae pob un o brif wrthwynebiadau Hume i ddadleuon cosmolegol a theleolegol i'w cael yn *Dialogues Concerning Natural Religion*, ac maen nhw wedi'u crynhoi yn yr adran 'Syniadau Allweddol Hume' uchod. Wrth adolygu, sicrhewch eich bod chi'n deall pa wrthwynebiad sy'n herio pa ddadl ac, yn ddelfrydol, pa agwedd benodol ar y ddadl. Nodwch fod gwrthwynebiadau Hume yn dod cyn dadl oriadurwr Paley, damcaniaeth esblygiad, damcaniaeth y Glec Fawr, a'r fersiynau modern o'r dadleuon teleolegol a chosmolegol.

Yn dibynnu ar y cwestiwn, gallai fod yn fuddiol hefyd i chi gyfeirio at heriau Hume yn ychwanegol at ddeunydd perthnasol arall – yn benodol, gwrthwynebiad Hume i natur dadleuon anwythol a phroblem symud o brofiad y gorffennol o ddigwyddiadau i senarios gwahanol neu rai'r dyfodol. Hefyd, gallech chi gyfeirio at ei wrthwynebiad i resymeg anwythol dadleuon cosmolegol a theleolegol fel enghreifftiau penodol, fel problem achosiaeth mewn dadleuon cosmolegol, a phroblem gwneud naid anwythol i Dduw theïstiaeth glasurol mewn dadleuon teleolegol. Fodd bynnag, yn dibynnu ar ehangder y cwestiwn, efallai mai un agwedd yn unig ar yr ateb yw Hume. Felly, wrth adolygu, dylech chi wneud cynlluniau ar gyfer amrywiaeth o gwestiynau posibl, a sicrhewch eich bod chi'n gallu dethol y deunydd perthnasol i'r cwestiynau gwahanol yn effeithiol.

Ar gyfer thema 'profiad crefyddol', petaech chi'n cyfeirio at ddiffiniad Hume o wyrthiau, efallai byddwch chi eisiau dadansoddi ei ddiffiniad ac egluro ei ddealltwriaeth o ddeddfau naturiol, a'r hyn roedd yn ei olygu wrth dorri/dramgwyddo ac wrth ewyllys cyfrwng goruwchnaturiol. Gallech gynnwys enghreifftiau. Yn dibynnu ar y cwestiwn ac os oedd yn ehangach, efallai byddwch chi eisiau cynnwys diffiniadau eraill o wyrthiau, a nodi pethau tebyg a gwahanol, fel realydd neu wrth-realydd. Wrth adolygu, sicrhewch eich bod chi'n deall diffiniadau'r ysgolheigion gwahanol fel y maen nhw'n cael eu henwi ar fanyleb CBAC a'ch bod yn gallu defnyddio enghreifftiau i egluro'r safbwyntiau.

Yn dibynnu ar y dyfnder sydd ei angen ar gyfer y cwestiwn, efallai byddwch chi eisiau esbonio'n fanwl ddadl bedair rhan Hume yn erbyn posibilrwydd gwyrthiau, gan gyfeirio at enghreifftiau. Gallai cynnwys ei gefndir empirig a sgeptigol fod yn fanteisiol, fel rhesymau dros ffafrio pwysau tystiolaeth deddfau naturiol a phrofiadau'r gorffennol yn hytrach na thystiolaeth gan dystion. Os ydych chi'n cyfeirio at y pethau sy'n gwrth-ddweud gwyrthiau mewn crefyddau eraill, byddai enghreifftiau penodol yn ddefnyddiol. Ar gyfer cwestiwn lle gallech chi gyferbynnu safbwynt Hume â safbwynt Swinburne, byddai'n ddefnyddiol i chi anelu at roi'r un sylw i'r ddau ysgolhaig. Yn ogystal â thrafod safbwyntiau'r ddau ysgolhaig, gallech chi wella dyfnder eich ateb drwy ddisgrifio pethau tebyg/gwahanol yn rhan o gwestiwn cyferbynnu.

Arweiniad ar yr Arholiad AA2

Ar gyfer thema 'dadleuon anwythol', mae nifer o osodiadau y gallai fod gofyn i chi eu gwerthuso lle byddai'n berthnasol i chi gyfeirio at Hume. Er enghraifft, y canlynol sy'n dod o'r fanyleb:

1. A yw'r dadleuon anwythol o blaid bodolaeth Duw yn berswadiol.

2. Effeithiolrwydd y ddadl gosmolegol/teleolegol o blaid bodolaeth Duw.

3. A yw'r dadleuon cosmolegol/teleolegol o blaid bodolaeth Duw yn berswadiol yn yr unfed ganrif ar hugain.

4. Effeithiolrwydd yr heriau i'r ddadl gosmolegol/teleolegol o blaid bodolaeth Duw.

5. A yw esboniadau gwyddonol yn fwy perswadiol nag esboniadau athronyddol ynghylch bodolaeth y bydysawd.

6. I ba raddau y mae amrywiol safbwyntiau crefyddol ar natur Duw yn dylanwadu ar ddadleuon dros fodolaeth Duw.

I ddechrau ystyried unrhyw gwestiwn AA2, byddwch chi eisiau sicrhau eich bod chi'n gallu pwyso a mesur cryfderau a gwendidau'r deunydd perthnasol a'r deunydd a ddewiswyd. Cofiwch wneud mwy na dim ond rhestru neu ddisgrifio syniadau Hume. Er enghraifft, o ran 5, byddai gwerthuso llwyddiant esboniadau athronyddol neu wyddonol yn gofyn am ganolbwynt gwahanol i 4, cyfeirio at lwyddiant heriau Hume. Ar gyfer yr olaf, gallai dull mwy penodol at heriau Hume, wedi'u trafod ar wahân fesul dadl/pwynt, fod yn strategaeth dda. Fodd bynnag, i'r cyntaf, byddai heriau Hume yn cynnig gwerthusiad gwell ar gyfer esboniadau athronyddol neu wyddonol o'r bydysawd, pe bydden nhw'n cael eu trin yn thematig.

Ar gyfer 6, byddai cyfeiriad at ddadleuon cosmolegol, teleolegol ac ontolegol yn berthnasol, ond yn enwedig o ran natur Duw a'r diffiniad o Dduw y mae'r dadleuon wedi'u seilio arnyn nhw. Gallai Hume fod yn berthnasol yn y gwerthusiad hwn, gan ei fod yn amau safbwyntiau crefyddol am natur Duw a tharddiad y syniadau hyn. Byddai Hume yn dadlau rhaid bod credoau traddodiadol am Dduw theïstiaeth glasurol, fel sydd gan y crefyddau monotheïstig ac Abrahamaidd, yn tarddu o brofiad o'r natur ddynol, gan fod fforc Hume yn dangos nad oes seiliau gwirioneddol dros wybodaeth o Dduw (gweler adran 'Syniadau Allweddol Hume'). Yn eu tro, mae'r rhain yn ffurfio sail dadleuon o blaid bodolaeth Duw, gan arwain at naid anwythol i ddadleuon *a posteriori* fel y dadleuon cosmolegol a theleolegol. Mae'r rhain yn dod at un casgliad yn unig yn hytrach nag at unrhyw un o'r casgliadau eraill tebygol neu bosibl. Felly mae'r syniadau o Dduw a oedd gan bobl o'r blaen yn cyfeirio'r dadleuon at gasgliadau â thuedd, sydd heb gyfiawnhad. Fodd bynnag, ar gyfer cwestiwn fel hwn, byddai'n bwysig cynnwys deunydd ehangach. Gweler yr arweiniad ar yr arholiad ym Mhennod 7 ar Anselm am fwy o wybodaeth am hyn.

Ar gyfer thema 'profiad crefyddol', gallech chi gael cwestiwn tebyg i'r enghreifftiau canlynol sydd wedi'u rhestru yn y fanyleb, lle byddai Hume yn berthnasol:

1. Pa mor ddigonol yw'r diffiniadau gwahanol o wyrthiau.

2. I ba raddau y gellir ystyried bod y diffiniadau gwahanol o wyrthiau yn gwrth-ddweud ei gilydd.

3. Effeithiolrwydd yr heriau i gredu mewn gwyrthiau.

4. I ba raddau y gellir derbyn bod ymatebion Swinburne i Hume yn ddilys.

> **AWGRYM**
>
> I helpu gyda'ch adolygu, dylech ymarfer gwneud cynlluniau traethodau AA2 ar gyfer themâu'r cwestiynau uchod. Defnyddiwch werslyfr a chanllaw adolygu Illuminate i wneud yn siŵr eich bod chi'n dewis deunydd perthnasol ehangach ar gyfer pob cwestiwn.

O ran unrhyw drafodaeth am wyrthiau, gallai fod yn fuddiol cynnwys cryfderau a gwendidau'r diffiniadau realaidd a gwrth-realaidd gwahanol o wyrthiau. O ran gwerthuso diffiniad Hume, byddai'n berthnasol cynnwys mater gwyrth fel tramgwyddo deddf naturiol, sydd yn ei dro yn gwrth-ddweud ei ddealltwriaeth sgeptigol ei hun o ddeddfau naturiol a'r ffaith nad ydyn nhw'n sefydlog. Mae gwerthuso fel hyn yn cysylltu â ffocws fel 3, gan mai rhan o her Hume i wyrthiau yw bod y dystiolaeth bob amser o blaid y ddeddf naturiol, ond dydy hyn ddim yn dangos bod gwyrthiau'n amhosibl. Yn ôl empiriaeth sgeptigol Hume ei hun, does gennym ni ddim rheswm dros dybio y bydd y ddeddf naturiol yn dal yn y dyfodol. Felly, pa mor effeithiol all ei her fod mewn gwirionedd pan fyddai ei ddealltwriaeth ei hun yn rhesymegol yn caniatáu i wyrthiau ddigwydd? At hynny, mae'n bosibl ystyried bod her Hume i natur tystion ac adroddiadau am wyrthiau yn rhagfarnllyd, yn elitaidd ac yn amhosibl ei chyfiawnhau yn gyffredinol. Mae ymateb Swinburne ac egwyddorion tystiolaeth a hygoeledd yn wrthddadl gref ac yn cynnig cyfle am werthusiad hynod berthnasol – gallai fod yn sail i ganolbwynt cwestiwn ynddo'i hun, fel 4. I barhau ag enghraifft canolbwynt cwestiwn fel 3, byddai hefyd yn werth cynnwys pa mor berthnasol gall her Hume i wyrthiau fod, os oes gan rywun ddiffiniad gwahanol o wyrthiau, fel R. F. Holland. Os nad yw gwyrth yn torri deddf naturiol yn y lle cyntaf, a yw gweddill her Hume yn chwalu?

Gwerthuso Hume Heddiw

Mewn arholiad, gallai fod gofyn i chi werthuso pa mor ddigonol/llwyddiannus yw unrhyw un o syniadau Hume fel y maen nhw wedi'u nodi yn y fanyleb. Gallwch chi dynnu ar yr adran hon i gael syniadau wrth i chi baratoi, ond nodwch na allwch chi roi sylw manwl i safbwynt Hume yma. Bydd gofyn i chi ddod i farn ar y safbwyntiau rydych chi'n eu cyflwyno, ond does dim angen i chi ddod i'r un casgliadau â'r adfyfyrio hwn.

Pa un a ydych chi'n cytuno â chasgliadau Hume ai peidio, does dim dwywaith ei fod yn un o'r athronwyr mwyaf a fu erioed, ac iddo adael gwaddol a luniodd nid yn unig nifer o feysydd athroniaeth ond hefyd dulliau gwyddonol – yn benodol, ei broblem anwytho a sgeptigaeth am achosiaeth.

O ran dadleuon anwythol o blaid bodolaeth Duw, mae'n bosibl rhoi clod i Hume am wthio'r ddadl mewn metaffiseg yn ei blaen, am ragweld dadleuon dylunio cydweddiadol, a hyd yn oed damcaniaeth esblygiad a'r Glec Fawr wrth iddo adfywio damcaniaeth Epicuraidd. Aeth Paley yn ei flaen i geisio ateb gwrthwynebiad Hume i ddadleuon dylunio, ond roedd yn rhaid iddo gydnabod nad oedd ei ddadl ef ei hun am yr oriadurwr o reidrwydd yn profi bodolaeth y Duw Cristnogol yn benodol, dim ond ei bod yn dangos bod cred Gristnogol yn rhesymol. Felly roedd Hume yn hollol gywir wrth nodi nad oedd dadleuon dylunio o reidrwydd yn cyfeirio at Dduw theïstiaeth glasurol, a bod dadleuon cydweddiad dim ond mor gryf â'r cyffelybiaethau a oedd yn cael eu tynnu rhyngddyn nhw. Fodd bynnag, gan fod y ddadl deleolegol yn un anwythol yn y lle cyntaf, dydy gwrthwynebiad Hume i naid anwythol ddim o reidrwydd yn ddilys. Nid bwriad dadleuon anwythol yw profi dim byd; yn hytrach, maen nhw'n ddadleuon dros yr hyn sy'n bosibl, yn rhesymol, neu'n debygol ar y gorau. Dydy gwrthwynebiad Hume i'r ddadl deleolegol ddim yn dangos ei bod hi'n amhosibl i Dduw theïstiaeth glasurol fod yn ddylunydd y byd, dim ond bod dewisiadau eraill sy'n llawn mor debygol i Hume. Felly, mae lle o hyd i berswadio beth bynnag, drwy natur y ddadl.

At hynny, byddai'n bosibl dadlau bod athroniaeth Hume, yn enwedig ei egwyddorion mwy sgeptigol, yn mynd yn anghydlynol ac absẃrd. Er enghraifft, byddai sgeptigaeth o achosiaeth, petaen ni i gyd yn dilyn rhesymeg Hume, yn ein gadael heb unrhyw gysyniad o ddeddfau naturiol eglur neu ddisgwyliadau ar gyfer sut mae'r byd yn gweithio. Yn ei dro, byddai hyn yn tanseilio sylfaen y dull gwyddonol rydyn ni'n ei ddeall heddiw, sef ailadrodd arbrofion tan i ni arsylwi patrwm, a nodi deddf naturiol y gallwn ni ei phrofi er mwyn gwirio ac anwirio. Mae Elizabeth Anscombe yn dadlau yn erbyn Hume ein bod ni'n aml yn arsylwi achosiaeth. Felly, mae gennym ni resymau wedi'u gwreiddio mewn profiad, ar gyfer gwybodaeth sy'n ymwneud â deddfau naturiol achos ac effaith. O ganlyniad, gallwn ni gymhwyso'r rhain at y dyfodol ac at ddadleuon fel y ddadl gosmolegol.

O ran diffiniad Hume o wyrthiau a'i wrthwynebiad iddyn nhw, er ei fod yn sefyll gyda'r traddodiad crefyddol wrth dderbyn y cysyniad realaidd o wyrth fel digwyddiad gwirioneddol sy'n torri deddf naturiol, mae'n dod yn amlwg ei fod yn colli hygrededd. Mae'n ymddangos, er gwaethaf pwyslais Hume ar dystiolaeth empirig, ei fod mor amharod i dderbyn tystiolaeth bosibl o wyrth – a allai, yn ôl ei egwyddor sgeptigol ei hun, ddigwydd unrhyw eiliad yn ddamcaniaethol, oherwydd anallu dynol i wybod pethau am y dyfodol, neu sefyllfaoedd gwahanol i'r rhai a brofwyd yn y gorffennol – fel ei bod hi'n well ganddo ddod i farn ysgubol am adroddiadau tystion, heb dystiolaeth ac ar ba sail? Efallai fod egwyddorion Swinburne o hygoeledd a thystiolaeth mewn gwirionedd yn fwy cyson ag egwyddorion empirig sgeptigol Hume nag y byddai wedi eisiau cyfaddef.

6. CHARLES DARWIN

MYND I FYD DARWIN

Trosolwg Roedd Charles Darwin (1809–82) yn naturiaethwr, ac arweiniodd ei astudiaethau i fyd natur a bioleg at ddamcaniaeth esblygiad. Newidiodd y darganfyddiad chwyldroadol hwn y ffordd rydyn ni'n deall tarddiad rhywogaethau am byth, a thaniodd ddadl rhwng meddylwyr crefyddol a gwyddonol.

> **HANFODOL!**
>
> **Dethol naturiol** yw'r mecanwaith y mae esblygiad yn digwydd drwyddo. Mae nodweddion sy'n rhoi mantais goroesi i rywogaeth yn cael eu hetifeddu gan epil, a dros amser mae hyn yn gallu arwain at newidiadau arwyddocaol.

Roedd Charles Darwin yn byw yn y byd ar ôl yr Ymoleuo, pan oedd pobl yn credu ei bod hi'n bosibl gwella'r ddynoliaeth drwy ddarganfyddiadau gwyddonol newydd a meddylfryd rhesymegol. Wrth astudio diwinyddiaeth ym Mhrifysgol Caergrawnt, darllenodd Darwin waith William Paley, *Natural Theology* (1802) a datblygu angerdd dros astudiaethau natur fel modd o ddeall rhagor am y byd a'i ddeddfau naturiol. Roedd hwn yn gyfnod prysur o ran darganfod ac astudio ffosiliau, a daeth Darwin ei hun yn gasglwr angerddol. Yn y pen draw, o ganlyniad i'w gasgliad a'i astudiaethau dramor, datblygodd ei ddamcaniaeth esblygiad drwy **ddethol naturiol**.

Syniadau Allweddol Darwin

On the Origin of Species

Yn 1859, cyhoeddodd Darwin *On the Origin of Species*. Cyflwynodd y gwaith y ddamcaniaeth bod yr amrywiaeth a'r cymhlethdod rydyn ni'n eu gweld ym myd natur yn ganlyniad i rywogaethau'n esblygu dros genedlaethau drwy broses o ddethol naturiol. Dadl Darwin oedd, drwy oroesiad y cryfaf (*survival of the fittest*), mai dim ond yr unigolion hynny oedd â nodweddion mwyaf cymwys i'r amgylchedd oedd yn gallu atgenhedlu ac felly drosglwyddo nodweddion dymunol. Dros gyfnod hir iawn o amser, hyn oedd yn gyfrifol am gymhlethdod, newid a hyd yn oed rhywogaethau hollol newydd a oedd yn gymwys i oroesi mewn amgylcheddau gwahanol.

Pan deithiodd i Ynysoedd Galápagos, astudiodd Darwin y rhywogaethau gwahanol o bincod a oedd i'w cael ar yr ynysoedd amrywiol. Arsylwodd fod y gwahaniaethau rhwng y pincod yn adlewyrchu'r amgylcheddau gwahanol ar bob ynys. Roedd eu pigau, yn enwedig, yn golygu bod pob rhywogaeth yn hollol gymwys i'r bwyd a oedd ar gael ar bob ynys. Yn y pen draw, llwyddodd tystiolaeth fel hyn i argyhoeddi Darwin i gyhoeddi ei ddamcaniaeth.

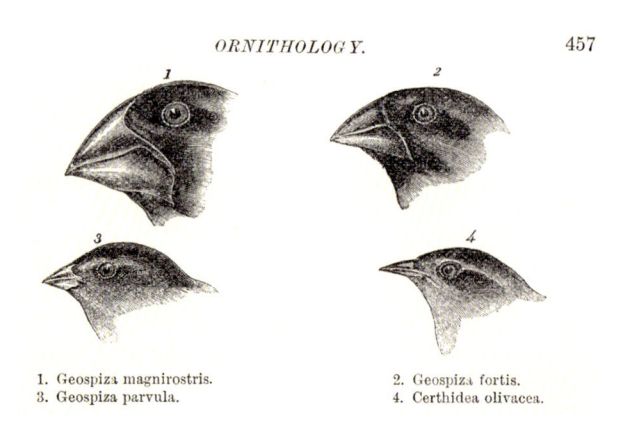

ORNITHOLOGY.   457

1. Geospiza magnirostris.
2. Geospiza fortis.
3. Geospiza parvula.
4. Certhidea olivacea.

O'i ganfyddiadau am y gwahaniaethau rhwng unigolion mewn un rhywogaeth, aeth Darwin ati i ddatblygu cysyniad coeden bywyd. Mae hon yn esbonio sut mae pob rhywogaeth ar y ddaear yn perthyn i'w gilydd a sut maen nhw wedi esblygu dros amser o hynafiad cyffredin. Mae'r syniad hwn yn esbonio hefyd sut roedd perthynas agos neu bellach rhwng rhywogaethau. Er enghraifft, primatiaid yw bodau dynol a mwncïod, ac felly maen nhw'n deillio o'r un 'gangen' o goeden bywyd.

Deall Safbwynt Darwin

GWELLA EICH **DEALLTWRIAETH**

Gwnewch yn siŵr eich bod chi'n gwybod pam mae damcaniaeth esblygiad Darwin yn her i ddadleuon teleolegol.

Wrth i Darwin gyhoeddi ei ddamcaniaeth esblygiad, nid ei fwriad oedd herio diwinyddiaeth naturiol a chrefydd yn llwyr. Ond roedd yn cyfrannu at safbwynt a oedd yn bodoli'n barod, un a oedd yn herio dehongliad llythrennol o Genesis gan ddefnyddio tystiolaeth o ffosiliau diflanedig. Roedd llawer o wyddonwyr eisoes yn ystyried y greadigaeth fel proses a ddatblygodd yn araf yn hytrach nag un digwyddiad. Er bod Darwin yn gweld dethol naturiol fel dadl i ddisodli dadl Paley, doedd e ddim yn diystyru rôl creawdwr a oedd wrthi'n llywio popeth a Duw **cymwynasgar**. Fodd bynnag, yn y blynyddoedd dilynol, taniodd damcaniaeth Darwin drafod a dadlau rhwng meddylwyr crefyddol a gwyddonol, fel Thomas Huxley a Samuel Wilberforce, esgob Rhydychen, yn 1860. Defnyddiodd Huxley ddamcaniaeth Darwin fel modd i herio awdurdod y clerigwyr yn Lloegr ar y pryd.

Darllen Darwin eich Hun

Mae'r darn hwn wedi'i godi o hunangofiant Darwin (sy'n aml yn cael ei gyhoeddi fel atodiad i *On the Origin of Species*). Bydd y nodiadau ar ymyl y dudalen yn eich helpu chi i ddeall ei syniadau.

> Er na feddyliais i lawer am fodolaeth **duwdod personol** tan gyfnod llawer yn ddiweddarach o'm bywyd, byddaf yn rhoi'r casgliadau bras y gyrrwyd fi iddyn nhw yma. **Mae hen ddadl dyluniad ym myd natur, fel y mae Paley yn ei chyflwyno ... yn** methu, gan fod deddf dethol naturiol bellach wedi cael ei darganfod. Allwn ni ddim dadlau bellach, er enghraifft, **bod deallus wnaeth colfach hardd cragen ddwygragennog**, fel dyn yn gwneud colfach drws. Mae'n ymddangos nad oes mwy o ddyluniad yn amrywiaeth bodau organig ac yng ngweithred dethol naturiol, nag sydd yn y cyfeiriad y mae'r gwynt yn chwythu. Mae popeth ym myd natur yn ganlyniad i **ddeddfau sefydlog** ... Ond a diystyru'r addasiadau prydferth diddiwedd rydyn ni'n eu gweld ym mhob man, mae'n bosibl gofyn sut gallwn **roi cyfrif am y ffordd gyffredinol gymwynasgar y mae'r byd wedi'i drefnu?**

Sut mae Darwin yn cael ei Feirniadu

Mae rhai grwpiau crefyddol yn dal i wrthwynebu damcaniaeth esblygiad hyd heddiw. Mae creadaethwyr, neo-greadaethwyr a'r rhai sy'n dadlau o blaid dyluniad deallus yn dadlau ei bod hi'n bosibl herio damcaniaeth esblygiad am nifer o resymau, gan gynnwys y canlynol.

Diffyg tystiolaeth. Mae creadaethwyr yn dadlau nad yw esblygiad ei hun wedi cael ei arsylwi'n empirig, a bod bylchau mawr yn y cofnodion ffosiliau. Felly, does dim modd rhoi cyfrif am newidiadau arwyddocaol mewn rhywogaethau. Mae hyn yn tanseilio'r ddamcaniaeth, oherwydd gallai fod esboniadau eraill.

HANFODOL!

Cymwynasgar – caredig, hael, ac yn arwain at ddaioni. Mae'n disgrifio ffurf lai ar ddaioni na 'hollraslon'.

AWGRYM

Cofiwch, er nad oedd Darwin yn credu yn y Duw Cristnogol am y rhan fwyaf o'i fywyd fel oedolyn, doedd e *ddim* yn atheist llwyr. Mae ei lythyrau'n dangos ei fod yn credu ei bod hi'n debygol bod achos cyntaf dwyfol yn ymwneud â'r greadigaeth.

< Wrth 'duwdod personol', mae Darwin yn cyfeirio at Dduw sy'n ymyrryd ac sy'n ymateb i weddi, fel y Duw Cristnogol.

< Mae Darwin yn cyfeirio'n benodol at ddadl deleolegol Paley o ddyluniad cymhleth.

< Fel y gwnaeth Paley ddefnydd o gydweddiad, felly hefyd Darwin. Fodd bynnag, mae'n dadlau, dydy hi ddim yn bosibl cyfiawnhau'r rhesymeg hon bellach.

< Yng nghyfnod Darwin, doedd dim modd canfod patrwm yn ymddygiad y gwynt i roi'r argraff o 'ddyluniad'.

< Wrth 'ddeddfau sefydlog', mae Darwin yn cyfeirio at ddethol naturiol.

< Roedd Darwin yn meddwl tybed beth oedd yn gyfrifol am drefniant buddiol cyffredinol pethau yn y byd, ac roedd hyn yn gadael lle i gredu mewn Duw cyfeillgar sy'n ein tywys.

> **MEWNWELEDIAD**
>
> Beirniadodd F. R. Tennant esblygiad (gweler Pennod 4), gan ddadlau nad yw dethol naturiol yn gallu rhoi cyfrif am y prydferthwch yn y byd neu'r gallu dynol i werthfawrogi prydferthwch o'r fath.

> **MEWNWELEDIAD**
>
> Mae llawer o enwadau Cristnogol yn derbyn damcaniaeth esblygiad ar y cyd â chred mewn Duw y creawdwr, a ddechreuodd y broses ac sy'n ei llywio.

> **SGILIAU GWERTHUSO**
>
> Gallwch roi mwy o ddyfnder i ateb i gwestiwn gwerthuso am ysgolhaig bob amser drwy ddangos ymwybyddiaeth o sut mae meddylwyr eraill wedi cymryd safbwyntiau gwahanol.

Cymhlethdod amhosibl ei leihau. Dyma'r ddadl na allai rhai organebau a systemau biolegol weithredu ar lefel symlach, felly allen nhw ddim fod wedi esblygu o systemau llai cymhleth dros amser. Un enghraifft y mae'r rhai sy'n cefnogi cymhlethdod amhosibl ei leihau yn cyfeirio ati yw'r rhaeadr tolchennu gwaed. Mae hon yn swyddogaeth gymhleth mewn rhywogaethau fertebratiaid sy'n gwneud i waed geulo. Yn 1996, dywedodd Michael Behe fod enghreifftiau o gymhlethdod amhosibl ei leihau yn y byd hwn yn dangos bod esblygiad drwy ddethol naturiol yn unig yn amhosibl.

Gwallau Cyffredin

Nid atheist oedd Darwin. Nid bwriad damcaniaeth esblygiad Darwin oedd herio bodolaeth Duw yn uniongyrchol. Mae'r ddamcaniaeth wedi'i defnyddio ar ôl hynny i herio dadleuon dylunio, ond mae llwyddiant yr her hon yn dibynnu ar ddehongliadau crefyddol gwahanol: er enghraifft, dealltwriaeth lythrennol neu drosiadol o Genesis.

GWELLA EICH DEALLTWRIAETH

1. Esboniwch mewn paragraff sut mae damcaniaeth wyddonol esblygiad yn herio dadleuon teleolegol o blaid bodolaeth Duw. I wella eich ateb, defnyddiwch enghreifftiau a geirfa allweddol, gan gynnwys dethol naturiol, addasiad, nodweddion, amgylchedd, goroesi ac atgenhedlu.
2. Nodwch gryfderau esblygiad fel esboniad am y cymhlethdod, y drefn a'r pwrpas rydyn ni'n eu gweld yn y byd o'n cwmpas ni. Yna nodwch gryfderau'r ddadl deleolegol. Pa ochr sydd fwyaf perswadiol? Allwch chi ddadlau yn erbyn unrhyw rai o'r cryfderau hyn o gwbl? Bydd hyn yn helpu chi gyda'ch gwerthusiad AA2.

Arweiniad ar yr Arholiad AA1

Gallai fod gofyn i chi amlinellu (UG yn unig), esbonio neu archwilio heriau i ddadleuon teleolegol, a allai gynnwys damcaniaeth esblygiad Darwin. Wrth adolygu hyn, gallai fod yn ddefnyddiol i chi nodi, wrth ymyl pwyntiau allweddol damcaniaeth Darwin, sut maen nhw'n gallu herio agweddau ar y ddadl ddylunio. Er enghraifft:

- Addasiadau i rywogaethau dros amser – yma does dim rhaid cael Duw fel dylunydd mecanweithiau cymhleth.
- Dethol naturiol – mae hyn yn golygu bod dim rôl i Dduw y creawdwr, gan ei bod hi'n bosibl esbonio hyn drwy hap a damwain a'r amgylchedd.

Arweiniad ar yr Arholiad AA2

Gallai fod gofyn i chi werthuso llwyddiant y dadleuon teleolegol neu'r heriau i ddadleuon dylunio. Wrth gyfeirio at ddamcaniaeth esblygiad, cofiwch ddau bwynt allweddol:

- Nid gwerthuso yw cyfeirio'n unig at ddamcaniaeth esblygiad. Rydych chi'n gwerthuso wrth bwyso a mesur cryfderau a gwendidau syniadau.
- Er efallai fod esblygiad yn herio dadl oriadurwr Paley yn benodol, dydy e ddim o reidrwydd yn mynd yn groes i gasgliad dadleuon dylunio: bod Duw yn bodoli.

SANT ANSELM

7. SANT ANSELM
MYND I FYD ANSELM

Trosolwg Mynach Benedictaidd oedd Sant Anselm (1033–1109) a ddaeth yn archesgob Caergaint. Er nad oedd yn cael ei gydnabod felly yn ei oes ei hun, heddiw mae'n cael y clod am ddechrau'r ddadl ontolegol ac mae'n cael ei ystyried yn dad sgolastigiaeth.

Ganwyd a magwyd Sant Anselm yn Aosta, yr Eidal, lle dywedir iddo gael gweledigaeth o Dduw ar gopa mynydd Becca di Nona yn yr Alpau ger ei gartref, pan oedd yn blentyn. Roedd Anselm eisiau mynd yn fynach, ond roedd ei dad yn gwrthod gadael iddo. Fodd bynnag, daliodd ffydd Anselm, ac yn ei ugeiniau cynnar, gadawodd i astudio a hyfforddi ym mynachlog Bec. Tra oedd yn Bec, ffynnodd Anselm, ac aeth ymlaen i fod yn fynach ac yn abad mynachlog cyn dod yn archesgob Caergaint yn Lloegr.

Fel ysgolhaig, roedd Anselm yn drwm o dan ddylanwad rhesymoliaeth Platon a rhesymeg Aristotle. Daeth ar draws eu syniadau drwy weithiau Awstin Sant a Boethius yn enwedig. Fodd bynnag, yn debyg i lawer o'i gyfoedion o'r cyfnod hwn, doedd e ddim yn credu y dylai ffydd gael ei seilio ar feddwl wedi'i resymu neu resymeg yn unig. Yn ystod y cyfnod hwn, roedd athronwyr canoloesol yn tueddu i fod yn fynachod Cristnogol o urddau amrywiol a oedd yn trafod materion diwinyddol. Roedd gan lawer ohonyn nhw ddiddordeb mewn pa mor bell y gallai rheswm dynol fynd i ddangos yr hyn roedden nhw'n ei gredu oedd yn wir, fel y cafodd ei ddatguddio yn yr Ysgrythur a datguddiad Duw.

Doedd Anselm ddim yn gwahaniaethu rhwng rheswm a datguddiad fel ffynonellau gwahanol o'r gwirionedd, fel y gwnaeth ysgolheigion diweddarach fel Aquinas (gweler Pennod 1); yn hytrach, cyfunodd y ddau. Roedd yn dadlau ei bod hi'n bosibl deall egwyddorion ffydd Gristnogol yn rhesymegol, ond bod rhaid cael ffydd ar gyfer y ddealltwriaeth resymegol honno: 'os nad ydw i'n credu, fyddaf i ddim yn deall'. Roedd ffydd yn rhagflaenu rheswm.

Yn ystod ei oes, ysgrifennodd Anselm lawer o weithiau ar bynciau'n amrywio o'r Drindod a'r Ymgnawdoliad i wirionedd, rhesymeg ac ewyllys rydd. Fodd bynnag, mae'n fwyaf adnabyddus am ei brawf unigryw o fodolaeth Duw, a gafodd ei alw'n ddadl ontolegol.

Syniadau Allweddol Anselm

GWELLA EICH DEALLTWRIAETH

Gwnewch yn siŵr eich bod chi'n gwybod pam mae Anselm yn credu y gallwn ni wybod bod Duw yn bodoli *a priori*.

Yn y rhagymadrodd i *Proslogion* (sy'n golygu 'Disgwrs'), ysgrifennodd Anselm ei fod yn ceisio dangos bodolaeth Duw a phopeth roedd yn ei ddeall am natur Duw mewn un ddadl fer. Mae'n disgrifio sut roedd yn methu cael gafael ar y cysyniad am gyfnod, ond i'r cysyniad ddod iddo un noson ar ôl gweddïo. Ystyriodd enwi'r gwaith hwn yn 'Faith Seeking Understanding', cyn penderfynu ar *Proslogion*.

HANFODOL!

Mae gwybodaeth yn deillio o reswm. Felly, mae'n rhaid i wybodaeth grefyddol gael ei gwreiddio mewn meddylfryd rhesymegol a dadleuon dilys.

MEWNWELEDIAD

Cyhoeddodd yr Eglwys Gatholig fod Anselm yn *Doctor Magnificus* (Doctor Gwych) oherwydd ei gyfraniadau at syniadau a sgolastigiaeth Gristnogol.

MEWNWELEDIAD

Nid Anselm ond Kant (gweler Pennod 11) a fathodd y term 'dadl ontolegol', yn 1781. Mae ontoleg yn cyfeirio at natur 'bodoli'.

Roedd *Proslogion* (a ysgrifennwyd yn 1077–78) yn cynnwys 26 o benodau am fodolaeth a natur Duw. Mae'r ail a'r drydedd bennod, sy'n cael eu galw'n Proslogion 2 a 3, yn cynnwys ei ddadleuon ontolegol, y byddwn ni'n canolbwyntio arnyn nhw yma.

Dadl Ontolegol Gyntaf Anselm

Roedd Anselm eisiau cyflwyno dadl a oedd yn dibynnu ar ddim byd arall heblaw amdani hi ei hun am ei thystiolaeth, felly mae ei ddadl yn *a priori* ac mae'n dibynnu ar resymeg ddiddwythol ynghylch y diffiniad o Dduw. Felly mae'n ddadansoddol ac yn ceisio profi rhaid bod Duw yn bodoli drwy ddiffiniad. Mae'n bosibl mynegi ei ddadl gyntaf, sydd yn Proslogion 2, fel hyn:

> Rhagosodiad 1: Gallwn ni feddwl am fod 'na ellir dychmygu dim byd mwy nag ef', sef Duw.
>
> Rhagosodiad 2: Mae hyd yn oed y ffŵl (atheist) yn deall mai Duw yw'r bod hwn.
>
> Rhagosodiad 3: Mae'r ffŵl yn dweud bod y bod mwyaf y gellir ei ddychmygu yn bodoli'n unig *in intellectu* (yn y meddwl).
>
> Rhagosodiad 4: Ond mae'n well bodoli *in re* (mewn gwirionedd) nag yn y meddwl yn unig.
>
> Casgliad 1: Felly gallwn ni feddwl am fod sy'n bodoli mewn gwirionedd yn ogystal â'r meddwl, ond felly byddai'r bod hwn yn fwy na Duw (*reductio ad absurdum*).
>
> Casgliad 2: Mae hyn yn gwrth-ddweud y diffiniad o Dduw (Rhagosodiad 1), felly dydy Duw ddim yn gallu bodoli yn y meddwl yn unig.
>
> Casgliad 3: Felly mae'n rhaid bod y bod mwyaf y gellir ei ddychmygu, sef Duw, yn bodoli mewn gwirionedd *ac* yn y meddwl.
>
> (Casgliad 4: Mae'r ffŵl wir yn ffŵl i wadu bodolaeth y bod mwyaf y gellir ei ddychmygu, y mae'n rhaid ei fod yn bodoli drwy ddiffiniad.)

Er bod dadl ontolegol gyntaf Anselm yn cael ei chrynhoi weithiau heb yr elfennau sy'n ymwneud â'r ffŵl, mae'r ffŵl wedi'i gynnwys yma (yn Casgliad 4) oherwydd nid yn unig roedd Anselm yn ceisio profi bodolaeth Duw drwy ddiffiniad, ond hefyd, mai'r ffŵl sy'n euog o abswrdedd. Mae Anselm yn gwneud hyn drwy gyflwyno dwy senario yn y bôn: un lle mae'r bod mwyaf y gellir ei ddychmygu yn bodoli yn y meddwl yn unig, ac un arall lle mae'r bod mwyaf y gellir ei ddychmygu yn bodoli go iawn hefyd. Mae'n datgan mai'r ffŵl sy'n euog o abswrdedd oherwydd, iddo ef, y senario gyda'r bod mwyaf y gellir ei ddychmygu yw'r un lle mae bod o'r fath yn bodloni mewn gwirionedd, gan mai honno fyddai'r rhinwedd fwyaf. Eto i gyd, mae'r ffŵl yn dal i ddod i'r casgliad bod rhywbeth y mae mor amlwg bod yn rhaid iddo fodoli, ddim yn bodoli.

AWGRYM

Mae'r Beibl yn datgan mai ffŵl yw'r anghrediniwr, ond heb esbonio pam. Mae Anselm yn defnyddio rhesymeg i ddeall pam mae hyn.

MEWNWELEDIAD

Salm 14:1 a 53:1: 'Dywed yr ynfyd yn ei galon, "Nid oes Duw".'

Ail Ddadl Ontolegol Anselm

Daeth gwrthwynebiad cyflym i ddadl gyntaf Anselm oddi wrth Gaunilo, mynach arall o'r unfed ganrif ar ddeg, a oedd yn byw yn Marmoutiers. Roedd Anselm yn falch o gael y gwrthwynebiad gan ei fod yn rhoi cyfle iddo ymateb a dangos gwirionedd ei ddadl ymhellach. Felly, aeth ati i gynnwys hyn yn yr atodiad i *Proslogion*, ac ychwanegu ei *Responsio* (ymateb). Tynnodd Anselm ar ail fersiwn ei ddadl ontolegol i nodi bod Gaunilo wedi gwneud camsyniad marwol yn ei wrthwynebiad, a'i fod wedi camddeall natur unigryw Duw. Mae ail ddadl ontolegol Anselm yn ymddangos yn Proslogion 3, ac yn canolbwyntio ar estyniad i'w ddiffiniad o Dduw, fel yr hyn 'nad yw'n bosibl synio nad yw'n bodoli'.

Mae'n bosibl mynegi ail ddadl Anselm fel hyn:

> Rhagosodiad 1: Gallwn ni feddwl am fod 'na ellir dychmygu dim byd mwy nag ef', sef Duw.
>
> Rhagosodiad 2: Mae bod na allwn ddychmygu nad yw'n bodoli, yn fwy na bod y gallwn ddychmygu nad yw'n bodoli.
>
> Rhagosodiad 3: Os ydyn ni'n deall nad yw'r bod mwyaf y gellir ei ddychmygu (Duw) yn bodoli mewn gwirionedd, yna nid y bod hwn (Duw) yw'r bod mwyaf y gellir ei ddychmygu (*reductio ad absurdum*).
>
> Casgliad 1: Byddai bod sy'n bodoli go iawn yn fwy, ond mae hyn yn gwrth-ddweud y diffiniad o Dduw (Rhagosodiad 1).
>
> Casgliad 2: Felly, os Duw yw'r bod mwyaf y gellir ei ddychmygu, ac mae'r cysyniad hwn yn bodoli *in intellectu* (yn y meddwl), yna mae'n rhaid bod Duw yn bodoli *in re* (mewn gwirionedd).
>
> Rhagosodiad 4: Mae'n amlwg bod y cysyniad o Dduw yn bodoli yn y meddwl.
>
> Casgliad 3: Felly mae'n amlwg bod rhaid i Dduw fodoli mewn gwirionedd a bod ei ddiffyg bodolaeth yn gysyniad absẃrd ac anghydlynol.

MEWNWELEDIAD

Gweler Pennod 10 am wrthwynebiad 'Ynys Goll' Gaunilo i ddadl ontolegol gyntaf Anselm.

MEWNWELEDIAD

Dywedodd Anselm fod Rhagosodiad 3 yn arwain at 'wrthddywediad anghyson'.

Deall Safbwynt Anselm

Mae dadl *gyntaf* Anselm yn canolbwyntio ar ddwy elfen allweddol:

- Rhagosodiad 1: ei ddiffiniad o Dduw fel y peth 'na ellir dychmygu dim byd mwy nag ef'. Wrth hyn, mae'n golygu mai Duw yw'r peth mwyaf rhagorol a pherffaith y gallai unrhyw un ei ddychmygu, ac felly byddai'n amhosibl dychmygu dim byd mwy. Er nad yw hwn yn ddiffiniad Beiblaidd manwl gywir o Dduw, mae'n cael ei gefnogi gan yr Ysgrythur, y datguddiad Cristnogol a'r ddealltwriaeth arferol o Dduw theïstiaeth glasurol (hollalluog, cyfeillgar a throsgynnol).

AWGRYM

Mae'n bosibl defnyddio'r Ysgrythur i gefnogi dealltwriaeth Anselm o Dduw, fel Salm 147:5, 'Mawr yw ein Harglwydd ni, a chryf o nerth; y mae ei ddoethineb yn ddifesur'.

- Rhagosodiad 4: Mae Anselm yn credu ei bod hi'n well bodoli mewn gwirionedd yn hytrach nag yn y meddwl yn unig. I esbonio hyn, mae'n defnyddio cydweddiad peintiwr. Gall rhywun feddwl am baentiad yn y meddwl, ond oni bai bod y paentiad yn bodoli go iawn, fyddai e'n ddim byd o werth, ac yn sicr fyddech chi ddim yn galw rhywun yn beintiwr oni bai ei fod wedi peintio rhywbeth go iawn. Felly, i Anselm, bodoli go iawn yw'r rhinwedd fwyaf. O'r safbwynt hwn, gallwn ni ddeall hyder Anselm wrth ddatgan bod yr anghrediniwr yn ffŵl.

Defnyddiodd Anselm gydweddiad peintiwr i esbonio ei ddamcaniaeth. Byddai person yn cael ei alw'n baentiwr dim ond petai'n cynhyrchu paentiadau go iawn. Mae'n bosibl cyffwrdd â phaentiad ac mae gwerth iddo. Does dim gwerth i syniad o baentiad yn y meddwl yn unig a dydy e ddim yn gwneud rhywun yn artist go iawn.

O ran Rhagosodiad 1 Anselm, mae pobl wedi trafod a yw ei ddadl ontolegol gyntaf yn ddim mwy na chwarae ar eiriau, neu'n athrylith pur. Er enghraifft, mae **graddau eithaf** yn ansoddeiriau neu'n adferfau sy'n disgrifio rhywbeth i radd uchaf ansawdd benodol, er enghraifft, y milwr dewraf, y llew mwyaf ffyrnig neu'r adeilad talaf. Drwy ddiffiniad, mae'n rhaid i'r rhain fodoli mewn gwirionedd. Ar unrhyw un adeg, o'r holl adeiladau yn y byd, un *fydd* y talaf. Ond, efallai nad yr un adeilad fydd e bob amser (wrth ysgrifennu hyn, yr adeilad talaf yn y byd yw'r Burj Khalifa yn Dubai, ond yn 1923, adeilad Woolworth yn Ninas Efrog Newydd oedd e). Felly, er bydd y bod mwyaf posibl *yn* bodoli, mae dadlau mawr o hyd ynghylch y cwestiwn ai Duw yw'r bod hwnnw.

Yn draddodiadol, roedd ail ddadl Anselm yn cael ei deall fel un a oedd yn ymhelaethu ar y pwyntiau a wnaeth yn ei ddadl gyntaf. Fodd bynnag, yn yr ugeinfed ganrif, dechreuodd ysgolheigion fel Charles Hartshorne, Norman Malcolm ac Alvin Plantinga ddadlau bod Anselm yn gwneud pwynt gwahanol iawn: nid yn unig rhaid bod Duw yn bodoli drwy ddiffiniad, ond drwy ddiffiniad, rhaid bod Duw yn bodoli *o reidrwydd*. Y term technegol am fodolaeth angenrheidiol yw **asëyddiaeth**.

Mae'n ymddangos, felly, fod Anselm, yn Proslogion 3 ac wrth ymateb i Gaunilo, yn gwahaniaethu rhwng dau fath o fodolaeth: bodolaeth amodol a bodolaeth angenrheidiol. Rydyn ni wedi edrych ar y cysyniadau hyn yn barod ym Mhennod 1 gydag Aquinas, ond maen nhw'n berthnasol yma o ran eu goblygiadau i'r hyn y mae'n bosibl ei synio neu'r hyn y mae'n bosibl meddwl amdano. Dywed Anselm mai bodolaeth amodol yn unig sy'n bosibl ar ynys Gaunilo (gweler Pennod 10). Mae pob agwedd ar yr ynys yn dibynnu ar ffactorau eraill er mwyn bodoli. Mae'r coed yn dibynnu ar ba hadau a wreiddiodd ac a dyfodd; mae'r math o draeth neu arfordir yn dibynnu ar y lleoliad daearyddol a'r dirwedd. Mae bodolaeth yr ynys hyd yn oed yn dibynnu ar lefel y môr. Mae'n hawdd dychmygu'r ynys hon, er ei bod hi'n wych, fel un nad yw'n bodoli, neu nad yw'n bodoli ar ei ffurf orau, am nifer mawr o resymau. Fodd bynnag, mae gan Dduw fodolaeth angenrheidiol. Dydy Duw ddim yn dibynnu ar unrhyw beth arall er mwyn bodoli. Fyddai unrhyw newid yn y bydysawd ddim yn effeithio ar fodolaeth Duw, fel arall byddai hyn yn gwrth-ddweud ein dealltwriaeth hanfodol o Dduw. Felly, mae'n amhosibl meddwl am Dduw fel rhywbeth nad yw'n bodoli, yn wahanol i bethau amodol.

> **HANFODOL!**
>
> Mae **gradd eithaf** yn ffordd o ddisgrifio rhywbeth i'r radd neu'r nodwedd uchaf: er enghraifft, 'y dewraf'.

> **MEWNWELEDIAD**
>
> Mae Schopenhauer yn enwog am alw'r ddadl ontolegol yn 'dric â'r dwylo'. Mae'r rhan fwyaf o bobl yn cytuno â'r ddadl, ond mae'n anodd iawn nodi'n union pam.

> **HANFODOL!**
>
> **Asëyddiaeth** – ffurf unigryw ar fodolaeth sy'n perthyn i fod sydd wedi'i achosi ei hun ac sy'n ei gynnal ei hun, sy'n methu *peidio* â bodoli.

BETH YW EICH BARN CHI?

Ysgrifennwch eich syniadau chi am ddadleuon Anselm, ac ewch yn ôl atyn nhw ychydig cyn yr arholiad er mwyn gweld a yw eich safbwyntiau wedi newid.

TASG

Darllenwch Anselm eich hun yn y darn isod. Bydd y nodiadau ar ymyl y dudalen yn eich helpu chi i ddeall ei syniadau.

Darllen Anselm eich Hun

Mae'r darn canlynol yn dod o *Proslogion*, ac mae'n dangos sut roedd Anselm yn mynegi ei syniadau. Erbyn hyn, mae'r gwaith yn cael ei gydnabod yn ffurf ar fyfyrdod neu weddi.

> Mae Anselm yn ceisio dadl *a priori*, nad yw'n gofyn am unrhyw dystiolaeth heblaw am ei rhesymeg ddiddwythol ei hun.

Dechreuais holi fy hun a fyddai'n bosibl dod o hyd i un ddadl na fyddai angen unrhyw beth arall i'w phrofi heblaw'r ddadl ei hun; a byddai hi ei hun yn ddigon i ddangos bod Duw yn bodoli mewn gwirionedd ...

> Mae Anselm yn targedu'r ffŵl o Salm 14:1 a 53:1 yn y Beibl. Heddiw, mae pobl yn deall bod Anselm yn ceisio deall, drwy reswm, pam roedd y Beibl yn dweud bod yr atheist yn ffŵl. Mae Anselm yn credu ei fod yn dangos yma pa mor absŵrd yw rhesymeg yr atheist.

Mae Duw mewn gwirionedd, er bod y ffŵl wedi dweud yn ei galon, does dim Duw ... Mae hyd yn oed y ffŵl wedi'i argyhoeddi bod rhywbeth yn bodoli yn y ddealltwriaeth, o leiaf, na ellir dychmygu dim byd mwy nag ef. Oherwydd, pan mae'n clywed am hyn, mae'n ei ddeall. Ac mae beth bynnag y mae wedi'i ddeall, yn bodoli yn y ddealltwriaeth ... Felly, os mai yn y ddealltwriaeth yn unig y mae'r hyn na ellir dychmygu dim byd mwy nag ef yn bodoli, mae'r bod ei hun, na ellir dychmygu dim byd mwy nag ef, yn un y gellir dychmygu un mwy nag ef. Ond yn amlwg mae hyn yn amhosibl. Felly ... mae bod yn bodoli, na ellir dychmygu dim byd mwy nag ef, ac mae'n bodoli yn y ddealltwriaeth ac mewn gwirionedd.

> Dyma *reductio ad absurdum*.

> Mae geiriad Anselm yn awgrymu ei fod yn cyfeirio ei waith at Dduw ei hun, felly mae pobl yn ei ddeall heddiw fel ffurf ar weddi neu fyfyrdod.
>
> Mae gan bopeth heblaw am Dduw fodolaeth amodol ac mae'n bosibl ystyried eu hanfodolaeth.

Mae'n amhosibl dychmygu nad yw Duw yn bodoli ... Nid Duw yw'r hyn na ellir dychmygu nad yw'n bodoli ... Felly, mewn gwirionedd, rwyt ti yn bodoli, O Arglwydd, fy Nuw, na ellir dychmygu nad wyt ti'n bodoli; ac yn gywir. Oherwydd, petai meddwl yn gallu dychmygu bod gwell na ti, byddai'r creadur yn codi uwchben y Creawdwr; ac mae hyn yn absŵrd dros ben. Ac, yn wir, beth bynnag arall sydd, heblaw amdanat ti dy hunan, gellir dychmygu nad yw'n bodoli. I ti'n unig, felly, mae'n addas i fodoli'n fwy gwirioneddol na phob bod arall ... Pam, felly, mae'r ffŵl wedi dweud yn ei galon, does dim Duw, gan fod hyn mor amlwg, i feddwl rhesymegol, dy fod yn bodoli yn y radd eithaf un? Pam, heblaw am ei fod yn ddi-glem ac yn ffŵl?

> Mae defnydd Anselm o reswm wedi dod ag ef i'r un casgliad â'r un a ddatguddiwyd yn yr Ysgrythur: ffŵl yw'r atheist. Mae hyn yn cadarnhau cred Anselm bod rhesymoliaeth, o'i gwthio, yn gallu cefnogi'r gwirioneddi yn ôl datguddiad Duw.
>
> Gwreiddiau beirniadaeth sy'n gweld mai chwarae ar eiriau yw'r ddadl hon. Mae disgrifio rhywbeth i'r radd eithaf, yn yr achos hwn 'y mwyaf', yn defnyddio ansoddair. Bydd X mwyaf bob amser (beth bynnag yw X ...), ond oes rhaid o angenrhaid mai Duw yw'r bod mwyaf mewn gwirionedd?

Sut mae Anselm yn cael ei Feirniadu

Rhesymeg. Gaunilo oedd y cyntaf i feirniadu dadl ontolegol Anselm. I gael rhagor o wybodaeth am y pwnc hwn ac am Gaunilo, gweler Pennod 10. Mae beirniadaethau eraill yn cael sylw isod. Dydy'r fanyleb ddim yn sôn am y beirniadaethau hyn, ond byddan nhw'n rhoi rhagor o fewnwelediad i chi i safbwyntiau gwahanol ac yn eich helpu chi i ddatblygu eich safbwynt eich hun.

Natur *a priori*. Yn y drydedd ganrif ar ddeg, roedd gan Sant Thomas Aquinas safbwynt gwrthwynebus i ddadl *a priori* Anselm, er gwaethaf ei gred ei hun yn Nuw, am ddau brif reswm:

- Allen ni byth ddeall natur Duw yn llwyr oherwydd ein meddyliau cyfyngedig a meidraidd ni. Felly, allai natur Duw a bodolaeth Duw fyth fod yn hunanamlwg i fodau dynol, dim ond i Dduw.
- Yn amlwg, mae gan bobl ddiffiniadau gwahanol o Dduw, yn wahanol i un Anselm, sef 'bod na ellir dychmygu dim byd mwy nag ef'. Dydy anghredinwyr, er enghraifft, ddim drwy ddiffiniad yn deall bod Duw yn bodoli mewn gwirionedd, tra oedd Anselm yn deall hynny.

O ganlyniad, roedd Aquinas yn credu mai'r unig ffordd yr oedden ni'n gallu cael gwybodaeth o Dduw oedd drwy ddatguddiad a rhesymu *a posteriori*, a rhesymeg anwythol (gweler Pennod 1), rhywbeth mwy diriaethol a thystiolaethol na rhesymu diddwythol dynol yn unig. Dyna'r rheswm am bum dull Aquinas, a oedd *a posteriori*, yn ei waith mawr *Summa Theologica*. Roedd Aquinas mor ddylanwadol yn ystod ei oes ac wedi hynny fel bod y rhan fwyaf o athronwyr a diwinyddion Cristnogol wedi gwrthod dadl Anselm hefyd. Anghofiwyd amdani tan i René Descartes ei hadfywio yn yr ail ganrif ar bymtheg (gweler Pennod 8).

Bodolaeth angenrheidiol. Roedd David Hume yn empirydd yn y ddeunawfed ganrif. Ystyr hyn yw ei fod yn credu bod gwybodaeth yn deillio o brofiad. Mae fwyaf adnabyddus heddiw am ddatblygu fforc Hume, dull o adnabod natur gwybodaeth (gweler Pennod 5). Roedd Hume yn rhesymu nad oedd bodolaeth Duw yn wybodaeth wedi'i chael drwy ddadansoddi'r diffiniad yn unig. Roedd gwybodaeth yn wirioneddol *a priori* yn unig petai unrhyw beth i'r gwrthwyneb yn wrthddywediad rhesymegol. Er enghraifft, mae 2 + 2 = 2 yn gwrth-ddweud 2 + 2 = 4, ac mae triongl sydd â phedair ochr yn gwrth-ddweud y diffiniad o driongl, sy'n dweud mai tair ochr sydd ganddo. Fodd bynnag, dadl Hume oedd, beth bynnag y gallwn ni ei ddychmygu fel rhywbeth sy'n bodoli, gallwn ni hefyd ei ddychmygu fel rhywbeth nad yw'n bodoli, heb wrth-ddweud, ac mae hyn yn cynnwys Duw. Felly, dydy Duw *ddim* yn gallu bodoli *o reidrwydd*, oherwydd ein bod yn gallu dychmygu byd lle nad yw Duw yn bodoli. Felly mae'n amhosibl gwybod bod Duw yn bodoli *a priori* ac mae'r ddadl yn methu.

Rhesymeg gylchol. Fel yr rydyn ni wedi'i weld, roedd athronwyr canoloesol yn tueddu i ymwneud yn bennaf â materion diwinyddol, ac roedd athroniaeth yn offeryn i'w ddefnyddio i gadarnhau casgliadau yr oedden nhw yn eu credu'n barod. Mae'n bosibl beirniadu dadl ontolegol Anselm, yn enwedig, am ddefnyddio rhesymeg gylchol, gan mai ei fan cychwyn yn union yw'r diffiniad o Dduw, sydd, yn ôl Anselm, yn cynnwys yr union fodolaeth y mae'n mynd ati i ddod i gasgliad amdani. Tystiolaeth o'r ddadl ynddi ei hun yw union honiad y ddadl, ac fel y nododd yr athronydd Bertrand Russell, 'nid athroniaeth yw canfod dadleuon sy'n cael eu rhoi ymlaen llaw'.

Beirniadaethau ehangach. Fyddai pawb ddim yn cytuno bod pethau'n fwy mewn gwirionedd. Yn ôl yr athronydd Rhufeinig Seneca, 'rydyn ni'n dioddef yn fwy aml yn ein dychymyg nag mewn gwirionedd'. Dydy ein hofnau mwyaf, ar ôl i ni eu hwynebu, ddim yn ymddangos mor fawr ag yr oedden ni wedi'i ddychmygu. Ond a yw hyn yn wir am y cadarnhaol hefyd? Pa mor aml mae'r syniad am rywbeth gwych yr ydyn ni wedi bod yn edrych ymlaen ato yn profi'n fwy na'r profiad mewn gwirionedd (er enghraifft, Dydd Nadolig)? Os yw Anselm yn anghywir i dybio yn ei ddadl gyntaf (Rhagosodiad 4) ei bod hi'n well bodoli go iawn nag yn y meddwl yn unig, yna mae gweddill ei ddadl yn methu.

Gwallau Cyffredin

Cofiwch gynnwys pob cam. Wrth ysgrifennu ateb AA1 ac esbonio dadleuon ontolegol Anselm, cofiwch gynnwys pob cam neu ragosodiad yn y ddadl. Mae'r casgliad i fod i ddilyn yn rhesymegol o'r rhagosodiadau, felly os oes unrhyw rai ar goll, fydd hi ddim yn bosibl cyfiawnhau'r casgliad. Er enghraifft, gyda dadl gyntaf Anselm, mae angen i chi gynnwys y rhagosodiad ei bod hi'n well bodoli go iawn nag yn y meddwl yn unig, ac yn yr ail, mae angen i chi gynnwys bod cael bodolaeth angenrheidiol yn well na chael bodolaeth amodol. Felly, drwy ddiffiniad, mae'n rhaid bod y bod mwyaf y gellir ei ddychmygu yn bodoli'n angenrheidiol, fel arall, dydy'r casgliad ddim yn gallu dilyn yn rhesymegol.

Sylwebaeth a dadansoddiad. Wrth ysgrifennu ateb AA2 a chyfeirio at gryfderau neu wendidau dadleuon Anselm, peidiwch â'u rhestru neu eu disgrifio'n unig heb ddadansoddi neu roi sylwebaeth werthusol, gan mai sgìl AA1 fyddai eu disgrifio nhw'n unig. Mae angen i chi roi sylwadau am sut maen nhw'n berswadiol/llwyddiannus/anghydlynol/gwan, a phwyso a mesur y pwyntiau hyn i ddangos dadansoddi a gwerthuso.

> **MEWNWELEDIAD**
>
> 'Beth bynnag rydyn ni'n ei ddychmygu yn rhywbeth sy'n bodoli, rydyn ni hefyd yn gallu ei ddychmygu yn rhywbeth nad yw'n bodoli. Does dim bod, felly, mae ei ddiffyg bodolaeth yn awgrymu gwrthddywediad' (Hume, *Dialogues Concerning Natural Religion*, 1779).

MEWNWELEDIAD

Honnodd Karl Barth (athronydd a ffyddiwr o'r unfed ganrif ar hugain) fod dadleuon Anselm yn fyfyrdod ar natur Duw ac yn sôn am ei brofiad crefyddol, yn hytrach na bod yn brawf athronyddol.

Prawf neu gyfiawnhad dros ffydd. Cofiwch, efallai nad oedd Anselm wedi bwriadu ei ddadl ontolegol fel ffurf ar brawf dros fodolaeth Duw. Mae *Proslogion* wedi'i ysgrifennu ar ffurf myfyrdod personol neu weddi ac weithiau mae'n ymddangos fel petai wedi'i ysgrifennu at Dduw yn uniongyrchol. Mae'n aml yn cynnwys darnau sy'n dweud pethau fel 'i Ti, O Arglwydd, fy Nuw', felly efallai nad oedd byth i fod yn brawf athronyddol y mae'n bosibl ei werthuso fel hynny. Yn hytrach, efallai mai ei fwriad oedd cefnogi ffydd, felly mae'n ddefnyddiol os yw'n werthfawr i gredinwyr crefyddol wrth ddeall neu gyfiawnhau eu ffydd.

GWELLA EICH DEALLTWRIAETH

1. Gwnewch restr o bedwar peth yn y radd eithaf y mae'n rhaid iddyn nhw fodoli: er enghraifft, 'y bod dynol talaf' a'r 'adeilad talaf'. A yw'r gosodiadau hyn yn gallu diffinio pethau i fodolaeth, neu a ydyn nhw'n disgrifio pethau sy'n bodoli mewn gwirionedd yn barod? Allwch chi esbonio eich ateb? Sut mae hyn yn gysylltiedig â diffiniad Anselm o Dduw?

2. A oedd Anselm yn gywir i gredu bod pethau'n fwy mewn gwirionedd nag yn ein meddwl yn unig? Ystyriwch unrhyw un o'r enghreifftiau canlynol a nodwch a ydych chi'n meddwl mai'r fersiwn mwyaf yw'r un mewn gwirionedd neu yn y meddwl yn unig, a nodwch eich rhesymau pam:
   - yr anerchiad mwyaf barddonol, teimladwy ac ysbrydoledig
   - y diweddglo gorau i stori
   - y bwystfil mwyaf brawychus a ffyrnig
   - y partner perffaith
   - fersiwn yr anifeiliaid o ddigwyddiadau yn *Life of Pi*
   - Dydd Nadolig.

   Sut gallai hyn herio dadl Anselm?

Arweiniad ar yr Arholiad AA1

Mewn cwestiynau rhan a) gallai fod gofyn i chi drafod dadleuon ontolegol Anselm mewn cwestiwn amlinellu (UG yn unig), esbonio neu archwilio, o ran dadleuon ontolegol/eu datblygiad/dadleuon diddwythol/dadleuon *a priori*. Fel ysgolheigion sydd wedi'u henwi yn y fanyleb, gallai enwau Anselm, Descartes a Malcolm fod yn y cwestiwn, neu gallai'r cwestiwn fod yn ehangach.

Sut bynnag, bydd angen i chi fynd ati'n ofalus i ddewis y deunydd a fyddai'n fwyaf addas i natur y cwestiwn. Er enghraifft, bydd cwestiwn sy'n gofyn i chi archwilio dadleuon ontolegol Anselm yn gofyn am lawer mwy o ddyfnder a manylder na chwestiwn sy'n gofyn i chi amlinellu'r datblygiadau ar ddadleuon ontolegol, lle gall cyfeiriad at Anselm fod yn rhan o'r ateb yn unig, a fyddai wedyn yn mynd ymlaen i drafod Descartes a Malcolm.

Sicrhewch eich bod chi'n deall y geiriau gorchymyn gwahanol a'r hyn maen nhw'n ei olygu.

Arweiniad ar yr Arholiad AA2

Mewn cwestiynau rhan b), gallai fod gofyn i chi werthuso gwahanol fathau o osodiadau unochrog. Er enghraifft, y canlynol sy'n dod o'r fanyleb:

1. I ba raddau y mae dadleuon '*a priori*' dros fodolaeth Duw yn berswadiol.

2. I ba raddau y mae amrywiol safbwyntiau crefyddol ar natur Duw yn dylanwadu ar ddadleuon dros fodolaeth Duw.

3. Effeithiolrwydd y ddadl ontolegol dros fodolaeth Duw.

4. A yw'r ddadl ontolegol yn fwy perswadiol na'r dadleuon cosmolegol/teleolegol dros fodolaeth Duw.

5. Effeithiolrwydd yr heriau i'r ddadl ontolegol dros fodolaeth Duw.

6. I ba raddau y mae gwrthwynebiadau i'r ddadl ontolegol yn berswadiol.

Yn achos rhywbeth fel 3, byddai'n well i chi bwysleisio cryfderau neu wendidau dadleuon ontolegol penodol neu eu heriau (er enghraifft, gwrthwynebiad Gaunilo), o ran pa mor llwyddiannus yw'r dadleuon.

Yn achos 1, 4 a 5, fodd bynnag, gallai fod yn well i chi gysylltu'n ôl â natur *a priori* neu ddiddwythol y ddadl a sicrhau mai dyma ganolbwynt eich gwerthuso: er enghraifft, gwrthwynebiad Aquinas a Hume bod modd gwybod am fodolaeth Duw *a priori*, a'r materion a godwyd gan Gaunilo o ran rhesymeg dadl Anselm.

Ar gyfer 4, rhan yn unig o'r ateb fyddai cyfeirio at ddadleuon ontolegol oherwydd byddai angen i chi gyferbynnu cryfderau a gwendidau'r rheini â dadleuon cosmolegol/teleolegol/*a posteriori*/anwythol. I helpu gyda'ch adolygu, gwnewch dabl lle rydych chi'n cymharu agweddau gwahanol y dadleuon hyn a natur y dadleuon, gan nodi eu cryfderau a'u gwendidau.

Gyda 2, bydd cyfeirio at ddadleuon cosmolegol, teleolegol ac ontolegol yn berthnasol, ond yn enwedig yn ymwneud â natur a diffiniad Duw y mae'r dadleuon wedi'u seilio arnyn nhw – yn yr achos hwn, Duw Anselm fel 'yr hyn na ellir dychmygu dim byd mwy nag ef', sy'n cynnwys bodolaeth angenrheidiol. Er mwyn adolygu ar gyfer y math hwn o bwyslais mewn cwestiwn, gwnewch nodyn yn gyntaf o rinweddau Duw y mae'r dadleuon cosmolegol, teleolegol ac ontolegol yn eu hawgrymu neu'n gofyn amdanyn nhw (er enghraifft, trosgynoldeb, hollalluogrwydd a hollwybodaeth). Yna, gwnewch nodyn o'r pethau tebyg sydd gan grefyddau gwahanol yn eu dealltwriaeth o ran sut un yw Duw, a chymharwch hyn â Duw theïstiaeth glasurol. Nawr ychwanegwch safbwyntiau eraill ar natur Duw, fel dëistiaeth neu ddiwinyddiaeth broses, neu gysyniadau o Dduw cyfyngedig, lle gall materion rhesymegol gyfyngu ar Dduw mewn rhyw ffordd. Yna dychwelwch at y dadleuon a natur Duw y maen nhw'n eu hawgrymu. Allwch chi weld unrhyw fan lle byddai safbwynt gwahanol ar Dduw yn effeithio ar y ddadl?

8. RENÉ DESCARTES
MYND I FYD DESCARTES

Trosolwg Roedd René Descartes (1596–1650) yn fathemategydd, yn wyddonydd ac yn athronydd a oedd yn adnabyddus am ei sgeptigaeth fethodolegol, a roddodd gynfas glân i athroniaeth fodern y Gorllewin. Drwy ei ddull rhesymolaidd fel sail i wybodaeth, cyflwynodd Descartes ddadl ontolegol o blaid bodolaeth Duw.

MEWNWELEDIAD

Mae Descartes yn cael ei ystyried yn gyffredinol fel tad athroniaeth fodern.

Cafodd René Descartes ei eni i deulu cyfoethog yn Ffrainc, a chafodd ei addysgu yn y dull sgolastig o dan y Jeswitiaid (urdd Gatholig ddeallusol, yr oedd ei ddilynwyr yn gweld addysg ac addysgu yn rhan o'u cenhadaeth). Yn ystod ei blentyndod, roedd Descartes yn sâl ac roedd rhaid iddo dreulio llawer o'i amser yn gorwedd yn y gwely. Yma, datblygodd arfer i fyfyrio a chadwodd at yr arfer hon am y rhan fwyaf o'i oes. Oherwydd cyfoeth y teulu, doedd byth angen i Descartes ennill incwm, felly ar ôl gorffen astudio, gwirfoddolodd i fynd i'r lluoedd arfog a threuliodd lawer o flynyddoedd yn teithio. Yn ei gofiant, mae'n sôn bod Descartes wedi cael profiad o gyfres o weledigaethau a breuddwydion a effeithiodd yn ddwfn arno tra oedd yn yr Almaen gyda'r lluoedd arfog. Mewn un weledigaeth, gwelodd y bydysawd fel darlun mathemategol. Cafodd ei argyhoeddi felly ei bod hi'n bosibl deall y bydysawd drwy egwyddor fathemategol. Daeth Descartes i gredu mai arwydd oedd y gweledigaethau hyn y dylai chwilio am y gwirionedd drwy reswm. Fodd bynnag, aeth llawer o flynyddoedd heibio cyn iddo droi ei sylw'n llawn at sefydlu ei athroniaeth fawr. Mewn gwirionedd, cyn hyn, daeth Descartes yn ffigur blaenllaw ym myd mathemateg.

MEWNWELEDIAD

Ceisiodd Descartes ddod â sicrwydd mathemateg i athroniaeth, heb gyfeirio at unrhyw awdurdod crefyddol, fel oedd wedi bod yn digwydd mewn oesau blaenorol.

AWGRYM

Mae'n amhosibl gwahanu meddylwyr oddi wrth eu hoes eu hunain. Nodwch rai o'r materion, syniadau a'r digwyddiadau cymdeithasol yr oedd Descartes yn byw drwyddyn nhw ac yr oedd yn ymateb iddyn nhw.

Ysgrifennodd hefyd ar nifer mawr o bynciau a gadawodd ei gyfraniadau at wyddoniaeth ac athroniaeth waddol parhaol. Ond roedd rhaid iddo fod yn ofalus ynghylch yr hyn roedd yn ei gyhoeddi oherwydd bod yr Eglwys Gatholig yn tra-arglwyddiaethu ar y pryd. Gallai ysgolheigion wedi'u cyhuddo o heresi gael eu dedfrydu i arestiad tŷ neu i'w llosgi wrth y stanc. Mewn gwirionedd, yn ystod oes Descartes, cafodd Galileo ei gondemnio fel heretic am gyhoeddi tystiolaeth o blaid system Copernicus (sy'n dweud bod y Ddaear yn troi o amgylch yr Haul). Felly, roedd Descartes yn llawn werthfawrogi goblygiadau posibl ei syniadau ei hun a'r cyhuddiadau posibl o atheïstiaeth neu heresi a allai gael eu gwneud yn ei erbyn. Er mwyn sicrhau na fyddai'n mynd yn rhy bell y tu hwnt i'r hyn y byddai'r Eglwys yn ei oddef, byddai Descartes yn trafod ei syniadau a'i ddrafftiau cyntaf â Marin Mersenne, ei ffrind oes a oedd wedi'i urddo'n offeiriad Catholig. Fodd bynnag, doedd hyn hyd yn oed ddim yn ddigon i atal yr Eglwys Gatholig rhag gosod gweithiau Descartes ar yr *Index Librorum Prohibitorum*, ei rhestr o lyfrau wedi'u gwahardd. Cafodd Descartes ei orfodi i chwilio am loches yn yr Iseldiroedd, gwlad a oedd yn adnabyddus am ei rhyddid deallusol a'i rhyddid meddwl.

Syniadau Allweddol Descartes

GWELLA EICH DEALLTWRIAETH

Gwnewch yn siŵr eich bod chi'n deall sut roedd Descartes yn diffinio Duw a pham mae'n meddwl felly bod Duw yn bodoli o reidrwydd.

Mae Descartes yn cael ei ystyried yn Dad ar Athroniaeth Fodern, gan ei fod yn un o'r meddylwyr cyntaf i roi'r gorau i syniadau Ysgolheigaidd Aristotle. Felly, gwrthododd y dull canoloesol o adeiladu ar dybiaethau ansicr am y byd. Yn hytrach, ceisiodd ailsefydlu sylfaen i wybodaeth y gallen ni fod yn sicr ohoni, ac oddi yma i adeiladu gam wrth gam yr hyn yr oedd yn bosibl ei wybod am y byd.

Mae llawer o syniadau athronyddol allweddol Descartes wedi'u cyflwyno yn ei *Meditations on First Philosophy* (1641). Cyn ei gyhoeddi, anfonodd y gwaith i gael ei feirniadu, fel ei fod yn gallu cynnwys gwrthwynebiadau ac ymatebion wrth ymyl ei syniadau cychwynnol. Isod, mae crynodeb o rai o'i syniadau allweddol sydd ym manyleb CBAC.

Gwybodaeth

O ganlyniad i'w brofiadau mewn mathemateg a'i adfyfyrio boreol, roedd Descartes wedi dod i sylweddoli bod llawer o wybodaeth gyfredol yr oes yn seiliedig ar systemau credu ansicr. Defnyddiodd drosiad adeilad sigledig, wedi'i adeiladu ar sylfeini gwan. Wrth chwilio am wybodaeth sicr, gadarn, ceisiodd Descartes chwalu'r adeilad sigledig a'i sylfeini gwan a dechrau o'r dechrau. Roedd eisiau codi adeilad cryf, fesul bricsen, ar sylfeini cadarn. I wneud hyn, datblygodd ddull o amau, sydd weithiau'n cael ei alw'n 'sgeptigaeth fethodolegol' neu 'amheuaeth hyperbolig'. Yn y bôn, ffurf eithafol ar amheuaeth oedd hon, lle roedd yn amau pob cred a gwybodaeth ymddangosol o'r byd, gan geisio nodi'r hyn yr oedd yn bosibl ei wybod yn sicr ac yn **ddiamau**.

Dechreuodd Descartes drwy amau gwybodaeth empirig a phrofiad drwy'r synhwyrau. Nododd fod y synhwyrau'n gallu twyllo – roedd ef ei hun wedi gweld gweledigaethau a rhithau mewn blynyddoedd blaenorol. Sut, felly, gallen ni fod yn sicr nad oedden ni'n breuddwydio nawr? Wrth freuddwydio, rydyn ni'n aml yn credu ein bod ni yn y man lle rydyn ni'n ymddangos a'n bod ni'n gwneud beth bynnag rydyn ni'n ei wneud yn y freuddwyd, eto i gyd, nid felly y mae. Pe gallai'r holl brofiad sydd gennym ni yn y byd fod yn freuddwyd, byddai gennym ni le i amau. Felly dydy gwybodaeth o'r fath ddim yn sicr a all hi ddim bod yn sylfaen i syniadau pellach.

Mae Descartes yn mynd yn ei flaen i gyflwyno'i syniad sgeptigol mwyaf radical, ac yn archwilio'r cysyniad y gallai diafol drwg fod wedi llunio pob agwedd ar realiti a phob profiad drwy'r synhwyrau, gan gynnwys lliw, blas, siâp a sain. Gallai pob profiad allanol fod yn fagl i dwyllo rhywun i gredu bod y byd allanol yr oedd yn ei brofi yn wir.

Fodd bynnag, dyma pryd gwnaeth Descartes ddarganfod y sicrwydd cyntaf: nad oedd yn gallu amau ei fodolaeth ei hun. Mae hyn oherwydd ei osodiad enwog *cogito, ergo sum* – Rwy'n meddwl, felly rwy'n bod. Oherwydd ei fod yn gallu amau yn y lle cyntaf, gallai fod yn sicr ei fod yn bodoli. Roedd yn gwybod bod hyn yn wir, dim ond wrth feddwl. Dydy gwirionedd y sicrwydd hwn ddim yn dibynnu ar unrhyw dystiolaeth heblaw amdano ei hun. Felly, mae'n **syniad cynhenid**.

MEWNWELEDIAD

Nid Descartes oedd y cyntaf i nodi'r syniad 'Rwy'n meddwl, felly rwy'n bod'. Yn ôl Aristotle, yn *Nicomachean Ethics*, 'bod yn ymwybodol ein bod ni'n meddwl, yw bod yn ymwybodol ein bod ni'n bodoli'.

> **HANFODOL!**
>
> **Gwybodaeth ddiamheuol** – gwybodaeth y mae'n amhosibl ei hamau.

MEWNWELEDIAD

Efallai fod syniad Descartes am y diafol drwg yn swnio'n annhebygol, ond mae wedi ysbrydoli fersiynau modern rydych chi efallai'n fwy cyfarwydd â nhw, gan gynnwys y senario 'ymennydd mewn tanc', a ffilmiau fel *The Matrix* a *Free Guy*.

> **HANFODOL!**
>
> **Syniadau cynhenid** – cysyniadau sydd yn y meddwl cyn cael profiadau.

Duw fel Syniad Cynhenid

Ar ôl nodi bod gwybodaeth *a priori* (gwirionedd hysbys), syniadau cynhenid, y gallai fod yn sicr ohonyn nhw, ceisiodd Descartes nodi beth arall allai fod yn hysbys yn ôl ei amheuaeth fethodolegol newydd. Dadleuodd bod rhaid i wybodaeth sicr fod yr un mor eglur a gwahanol i wybodaeth a allai gael ei hamau, fel y wybodaeth sy'n deillio o'r synhwyrau. Mae'n rhaid iddi hefyd fod yn wir ac wedi'i deall drwy reswm, fel mathemateg, geometreg a rhesymeg. Felly, daeth Descartes yn rhesymolwr.

Fodd bynnag, roedd problem y byd allanol yno o hyd, a sut gallen ni fod yn sicr o unrhyw beth y tu allan i'r meddwl, gan gynnwys profiad drwy'r synhwyrau. Daeth Descartes o hyd i'r ateb yng nghrefydd ei fagwraeth, y ffydd Gatholig. Gallai Duw fod yn warantwr dros sicrwydd gwybodaeth o ran y byd allanol, ond byddai angen i Descartes brofi bod Duw yn bodoli *a priori* (i sicrwydd) yn gyntaf. Felly, lluniodd Descartes ei brofion o blaid bodolaeth Duw. Mae'r cyntaf, sy'n ymwneud â Duw fel syniad cynhenid, weithiau yn cael ei galw'n ddadl 'y nod masnach':

> Rhagosodiad 1: Yn fy meddwl mae gen i'r syniad o Dduw fel bod anfeidrol a pherffaith.
>
> Rhagosodiad 2: Ond fel bod dynol, rwy'n feidrol ac yn amherffaith.
>
> Rhagosodiad 3: Allaf i ddim bod yn achos y syniad o Dduw, gan fod yn rhaid i achos unrhyw beth fod o leiaf mor berffaith â'i effaith.
>
> Casgliad 1: Felly, bod perffaith ac anfeidrol yn unig sy'n gallu bod yn achos fy syniad o Dduw.
>
> Casgliad 2: Rhaid bod Duw yn bodoli.

Mewn geiriau eraill, mae'r cysyniad o Dduw yn syniad cynhenid, wedi'i argraffu ym meddyliau bodau dynol, yn debyg iawn i nod masnach.

Prawf Ontolegol

Ar ôl sefydlu'r cysyniad o Dduw fel syniad cynhenid a phrawf o fodolaeth Duw, aeth Descartes ati i gyflwyno ei brawf ontolegol ei hun o fodolaeth Duw. Mae'n bosibl ei grynhoi fel hyn:

> Rhagosodiad 1: Mae Duw yn fod hollol berffaith.
>
> Rhagosodiad 2: Byddai bod hollol berffaith yn meddu ar bob perffeithrwydd.
>
> Rhagosodiad 3: Mae bodolaeth yn berffeithrwydd (ynghyd â hollalluogrwydd, hollwybodaeth a hollraslonrwydd).
>
> Casgliad: Mae Duw, y bod hollol berffaith, yn bodoli o reidrwydd.

Fel Anselm, mae Descartes yn dibynnu ar ei ddiffiniad o Dduw, gan wneud ei ddadl yn un ddadansoddol. Fel bod hollol berffaith, mae'n rhaid i Dduw fod yn berffaith ym mhob ffordd. Datblygodd Descartes yr hyn a oedd wedi'i dybio yn nadl Anselm: bod bodolaeth yn hanfod, neu'n briodwedd gynhenid, o berffeithrwydd – yn draethiad goddrych, mewn geiriau eraill. Felly, mae'r gosodiad 'mae Duw yn bodoli' yn wir drwy ddiffiniad, *a priori*, fel y byddai dweud nad yw Duw yn bodoli yn gwrth-ddweud yr hunan ac yn abswrd, gan ddangos felly bod bodolaeth Duw yn angenrheidiol – yn wirionedd rhesymegol.

Er mwyn esbonio hyn, mae Descartes yn defnyddio'r ddwy enghraifft ganlynol:

- Mae cysyniad triongl yn cynnwys y tair ochr a'r tair ongl fewnol sy'n gwneud cyfanswm o 180 gradd.
- Mae cysyniad ucheldiroedd (mynyddoedd) yn cynnwys yr iseldiroedd (llethrau'r dyffryn).

MEWNWELEDIAD

Mae Descartes yn diffinio Duw fel 'bod hollol berffaith', a oedd â phob perffeithrwydd, gan gynnwys perffeithrwydd bodolaeth.

AWGRYM

Soniodd Descartes ddim o gwbl am ddadl Anselm, felly wyddon ni ddim a oedd yn ymwybodol o'r prawf cynharach.

MEWNWELEDIAD

I Descartes, roedd hi'n amhosibl gwahanu bodolaeth oddi wrth hanfod Duw, na chwaith oddi wrth unrhyw briodoleddau neu nodweddion perffaith eraill, fel hollalluogrwydd, hollwybodaeth a hollraslonrwydd.

BETH YW EICH BARN CHI?

Ysgrifennwch eich syniadau chi am ddadleuon Descartes ac ewch yn ôl atyn nhw ychydig cyn yr arholiad er mwyn gweld a yw eich safbwyntiau wedi newid.

Darllen Descartes eich Hun

Mae'r darn canlynol yn dod o *Meditations on First Philosophy* (1641), ac mae'n egluro rhesymeg ddiddwythol Descartes. Bydd y nodiadau ar ymyl y dudalen yn eich helpu chi i ddeall ei syniadau.

Mae'r cwestiwn 'Beth yw hanfod trionglau?' yn gofyn beth sydd ei angen er mwyn i rywbeth gael ei ddisgrifio fel triongl. Mae ateb hyn yn dal i adael cwestiwn bodolaeth yn agored, sy'n gofyn a oes unrhyw drionglau. Gallaf gredu'n hawdd yn achos Duw, hefyd, ei bod hi'n bosibl gwahanu bodolaeth oddi wrth hanfod … fel bod modd meddwl am Dduw fel un nad yw'n bodoli. Ond o ystyried yn fwy gofalus, mae'n dod yn hollol amlwg, yn union fel na all bod ag onglau mewnol sy'n hafal i 180° gael eu gwahanu oddi wrth syniad neu hanfod triongl, ac yn union fel na all y syniad o ucheldiroedd gael ei wahanu oddi wrth y syniad o iseldiroedd, felly na all bodolaeth gael ei gwahanu oddi wrth hanfod Duw. Yn union fel y mae'n gwrth-ddweud ei hunan i feddwl am ucheldiroedd mewn byd lle nad oes iseldiroedd, felly mae'n gwrth-ddweud ei hunan i feddwl am Dduw fel un nad yw'n bodoli – hynny yw, ystyried bod hollol berffaith fel un sydd heb un perffeithrwydd, sef perffeithrwydd bodolaeth.

Dyma wrthwynebiad posibl:

… Allaf i ddim meddwl am Dduw heblaw am fel un sy'n bodoli, yn union fel na allaf feddwl am afon heb lan. O'r ffaith olaf, serch hynny, yn sicr dydy hi ddim yn dilyn bod unrhyw afonydd yn y byd. Felly, pam dylai hi ddilyn o'r ffaith gyntaf bod Duw yn bodoli? Dydy sut mae pethau mewn gwirionedd ddim yn cael eu setlo gan fy meddwl; … felly rwy'n gallu cysylltu bodolaeth â Duw yn fy meddwl hyd yn oed os nad yw Duw yn bodoli. Mae hyn yn ymwneud â ffug resymu …

Rwy'n cytuno nad oes rhaid i mi feddwl am Dduw o gwbl; ond pryd bynnag rwy'n dewis meddwl amdano, gan ddod â syniad y bod cyntaf a'r goruchaf allan o storfa fy meddwl, rhaid i mi briodoli pob perffeithrwydd iddo … Mae'r anghenraid hwn yn fy meddwl yn gwarantu, pan rwy'n sylweddoli'n ddiweddarach mai perffeithrwydd yw bodolaeth, fy mod i'n gywir wrth ddod i'r casgliad felly bod y bod cyntaf a goruchaf yn bodoli. Felly hefyd, does dim rhaid i mi ddychmygu triongl hyd yn oed; ond pryd bynnag rwy'n dymuno ystyried ffigur sydd ag ochrau syth a thair ongl, rhaid i mi briodoli priodweddau iddo sy'n golygu bod ei dair ongl yn cyfateb i ddim mwy na 180 gradd …

Pa ddull profi bynnag rwy'n ei ddefnyddio … rwy'n dod yn ôl bob amser i'r ffaith bod dim byd yn fy argyhoeddi'n llwyr heblaw am yr hyn rwy'n ei ganfod yn fyw ac yn eglur … Mae'r bod goruchaf yn bodoli; mae Duw, yr unig fod y mae ei hanfod yn cynnwys bodolaeth, yn bodoli; beth sy'n fwy hunanamlwg na hynny?

Nodiadau ymyl:

Mae Descartes yn ystyried efallai nad yw bodolaeth yn ansawdd gynhenid o gysyniad Duw, neu'n 'draethiad' fel y cafodd ei enwi'n ddiweddarach, ond mae'n mynd ati i wrthod hyn am y rhesymau sy'n cael eu hamlinellu isod.

Mae cyfeiriad Descartes yma at yr hyn sy'n cael ei gyfieithu fel ucheldiroedd ac iseldiroedd wedi cael ei gyfieithu'n aml o'r blaen fel mynyddoedd a dyffrynnoedd. Fodd bynnag, mae darlleniadau mwy diweddar wedi awgrymu yn hytrach bod Ffrangeg gwreiddiol Descartes yn cyfeirio at odrefryniau neu lethrau isaf mynydd uwch. Felly, mae'n gwneud yr hunan wrthddywediad y mae'n ei nodi yn fwy diriaethol.

Mae Descartes yn diffinio rhywbeth y mae Hume yn ei alw'n ddiweddarach yn 'syniadau perthynol': gwirionedd rhesymegol sy'n amlwg, oherwydd bod ei wadu yn arwain at hunan wrthddywediad. Fodd bynnag, yn wahanol i Hume, mae Descartes yn credu bod y gwireddau hyn yn wybodaeth gynhenid, yn hysbys cyn cael profiadau.

Mae Descartes fel petai'n achub y blaen ar y feirniadaeth a wnaeth Kant yn ddiweddarach, sef, os ydych chi'n derbyn cysyniad triongl, yna rydych chi'n derbyn hefyd bod y cysyniad yn cynnwys tair ochr – er, yn union fel y gallwch chi wrthod bodolaeth triongl a'i dair ochr, gallwch chi hefyd wrthod bodolaeth Duw a'r fodolaeth sydd ynddi. Mae Descartes yn dadlau mai ffug resymeg yw hyn.

Dywedwyd bod Descartes wedi dod yn beryglus o agos at solipsiaeth (bod yn hunanganolog) oherwydd ei sgeptigaeth fethodolegol a'i gred na allwn ni fod yn sicr am unrhyw wybodaeth sy'n deillio o brofiad y synhwyrau. Fodd bynnag, yn *Meditations*, daeth Descartes o hyd i seiliau rhesymolaidd dros wybodaeth yr oedd yn credu ei bod hi'n sicrwydd, gan osgoi solipsiaeth, felly.

Sut mae Descartes yn cael ei Feirniadu

Daeth beirniadaeth fawr ar ddadl ontolegol Descartes gan Immanuel Kant. I gael gwybod rhagor am Kant a'i syniadau, gweler Pennod 11. Mae beirniadaethau eraill yn cael eu trafod isod (er nad ydyn nhw'n cael eu henwi'n uniongyrchol ym manyleb CBAC), a byddan nhw'n rhoi rhagor o werthuso a mewnwelediad i chi i wahanol safbwyntiau, i'ch helpu chi i ddatblygu eich safbwynt eich hun.

Dydy dadl ontolegol Descartes ddim yn gyflawn. Roedd Gottfried Wilhelm Leibniz yn dadlau bod dadl Descartes o blaid bodolaeth Duw yn methu oherwydd nad oedd wedi cymryd y camau angenrheidiol i ddangos bod ei gysyniad, o Dduw fel bod perffaith ac anfeidraidd, yn gydlynol. Mae'n bosibl nad yw rhai o'r nodweddion perffaith y mae Descartes yn eu nodi – hollraslonrwydd, hollalluogrwydd, hollwybodaeth, bodolaeth – yn cyd-fynd â'i gilydd. Er enghraifft, hollraslonrwydd, hollalluogrwydd a bodolaeth yn arwain at broblem drygioni, neu hollwybodaeth, hollraslonrwydd a bodolaeth yn arwain at broblem ewyllys rydd ddynol a barn gyfiawn. Felly, cynigiodd Leibniz ei ddadl ontolegol ei hun, gan esbonio bod rhaid i bob un o nodweddion perffaith Duw gynnwys ei hun ac nad yw'n gallu cael ei ddiffinio drwy negyddu (gwrth-ddweud) unrhyw beth arall.

Cylch Cartesaidd. Mae Antoine Arnauld, athronydd arall o Ffrainc, yn enwog am wrthwynebu'r natur gylchol ymddangosol yn rhesymeg *Meditations* Descartes. Mae Descartes yn dadlau y gallwn ni ddibynnu ar ein syniadau eglur ac amlwg am y byd oherwydd bod Duw yn gwarantu nad ydyn ni'n cael ein twyllo (gweler 'Syniadau Allweddol Descartes' uchod). Fodd bynnag, ei brawf am hyn yw bod Duw yn bodoli oherwydd bod Duw yn syniad cynhenid, eglur ac amlwg y mae'n rhaid ei fod yn bodoli drwy ddiffiniad. Mae Arnauld yn cyfeirio at y rhesymu cylchol sef, er mwyn dangos bod Duw yn bodoli (fel syniad cynhenid, eglur ac amlwg), bod Descartes yn tybio bod Duw yn bodoli (fel gwarantwr syniadau cynhenid, eglur ac amlwg). Cylch Cartesaidd oedd yr enw ar hyn.

Dydy'r cysyniad a'r diffiniad o Dduw ddim yn gynhenid. Mae'n bosibl herio prawf nod masnach a phrawf ontolegol Descartes. Fel y nodwyd ym Mhennod 5 ar Hume, mae empirwyr yn credu bod *pob* syniad yn tarddu yn y pen draw o ryw ffurf ar brofiad drwy'r synhwyrau. Mae'n bosibl esbonio cysyniad Descartes o Dduw fel bod hollol berffaith ac anfeidraidd fel cysyniad sy'n tarddu o brofiad dynol o rinweddau a nodweddion cymharol mewn pobl. Rydyn ni'n gallu deillio hollalluogrwydd o brofiad o bobl bwerus fel brenhinoedd, hollwybodaeth o brofiad o weithiau ysgolheigaidd mawr, a hollraslonrwydd o brofiad o'r gweithredoedd mawr o gariad, caredigrwydd a dewrder y mae pobl yn gallu eu dangos. Wedi ein tanio gan ddyhead a dychymyg, rydyn ni wedyn yn gallu mynd ati i feddwl am syniadau sy'n fwy na'r achos. Er enghraifft, o brofiad o'n bodolaeth feidraidd, rydyn ni'n gallu dychmygu bod sy'n anfeidraidd. O brofiadau o'n rhinweddau cymharol, rydyn ni'n gallu eu dychmygu nhw i raddau mwy mewn bod mwy perffaith. Felly, os yw ein cysyniad a'n diffiniad o Dduw yn deillio o brofiad, yna dydyn nhw *ddim* yn gynhenid neu'n *a priori*. Os yw dadleuon Descartes wedyn yn dibynnu ar brofiad *a posteriori*, dydyn nhw ddim yn gweithio fel profion *a priori* o Dduw.

Gwallau Cyffredin

Cofiwch ddefnyddio enghreifftiau. Cofiwch ddefnyddio enghreifftiau i esbonio syniadau Descartes a'r hyn y mae'n ei olygu. Mae Descartes yn cyfeirio at lawer o enghreifftiau, gan gynnwys y canlynol:

- Mae hanfod triongl yn cynnwys priodwedd gynhenid y tair ochr a'r tair ongl fewnol, sy'n gwneud cyfanswm o 180 gradd.

- Drwy ddiffiniad, mae cysyniad yr ucheldir yn cynnwys cysyniad anwahanadwy yr iseldir (damcaniaeth 'mae'n rhaid i'r hyn sy'n mynd i fyny ddod i lawr').

- Mae'n amhosibl gwahanu cysyniad afon oddi wrth gysyniad glannau'r afon y mae hi'n llifo rhyngddyn nhw.

Cofiwch fod cysyniad Descartes o Dduw yn syniad cynhenid. Mae gan Descartes ddwy ddadl *a priori* dros fodolaeth Duw, a'r ddadl ontolegol yw ei ail ddadl. Wrth archwilio profion Descartes o blaid bodolaeth Duw, mae'n werth sicrhau eich bod chi'n deall ei ddadl nod masnach a pham roedd yn credu bod Duw fel bod hollol berffaith ac anfeidraidd, sy'n fod angenrheidiol, yn syniad cynhenid. Mae'n allweddol i'w fan cychwyn yn ei brawf ontolegol, gan mai'n rhaid mai Duw ei hun yw tarddiad y cysyniad hwn o Dduw.

SGILIAU GWERTHUSO

Gallwch roi mwy o ddyfnder i ateb i gwestiwn gwerthuso am ysgolhaig bob amser drwy ddangos ymwybyddiaeth o sut mae meddylwyr eraill wedi cymryd safbwyntiau gwahanol.

MEWNWELEDIAD

Mae'r anghydlyniad rhwng natur a phriodoleddau Duw wedi bod yn ganolbwynt mewn athroniaeth crefydd, oherwydd bod cysyniad anghydlynol yn arwain at baradocs, sy'n methu bodoli'n rhesymegol.

AWGRYM

I gael rhagor o drafodaeth am broblem drygioni, gweler Penodau 12–16.

Does gan Anselm a Descartes ddim yr un ymagwedd na'r un ddadl. Mae'n bwysig deall, er i Anselm a Descartes ddod i'r un casgliad, sef rhaid bod Duw yn bodoli'n angenrheidiol, fod ganddyn nhw fannau cychwyn gwahanol iawn. Roedd dadleuon Descartes yn codi o'i amheuaeth fethodolegol a'i ymagwedd resymolaidd, yn wahanol i Anselm, a oedd yn dod, yn ei eiriau ei hun, o ymagwedd 'ffydd sy'n ceisio dealltwriaeth'. Gweler adran 'Syniadau Allweddol Descartes' i gael rhagor o wybodaeth am ymagwedd wreiddiol Descartes at wybodaeth.

GWELLA EICH DEALLTWRIAETH

1. Mae trefn dadleuon Descartes yr un mor bwysig â'i ddull, gan ei fod yn credu mai dim ond fesul un cam sicr ar y tro y mae'n bosibl adeiladu gwybodaeth. Ewch drwy syniadau Descartes o'r bennod hon, gan eu rhannu yn ôl y pwyntiau allweddol canlynol. Sicrhewch eich bod chi'n deall sut mae pob syniad yn dilyn o'r un blaenorol:

   - amheuaeth fethodolegol
   - gwrthod empiriaeth
   - *cogito, ergo sum*
   - Duw fel syniad cynhenid
   - ei ddadl ontolegol.

2. Ewch drwy eich nodiadau ar gyfer y dasg uchod, gan nodi'r feirniadaeth bosibl ar gyfer pob pwynt allweddol. Pa syniadau sy'n ymddangos fel rhai gwannaf Descartes? Gallwch chi ddefnyddio syniadau o Benodau 5 ac 11, ar Hume a Kant, yn ogystal â'r bennod hon.

Arweiniad ar yr Arholiad AA1

Ar gyfer cwestiwn gwybodaeth a dealltwriaeth, efallai byddai gofyn i chi amlinellu (UG yn unig), esbonio neu archwilio unrhyw agwedd ar gynnwys y fanyleb, gan gynnwys datblygiad dadleuon ontolegol. Wrth ystyried datblygiad dadleuon ontolegol, bydd hi'n bwysig dangos sut roedd ymagwedd Descartes yn wahanol i un Anselm, a'i fod wedi ymdrin â'r cysyniad o fodolaeth fel priodwedd perffeithrwydd, a oedd yn cael ei thybio yn nadl Anselm. Hefyd, gallai fod yn werth cynnwys sut datblygodd Malcolm y ddadl o ymagwedd Descartes (gweler Pennod 9). Fodd bynnag, gallech chi gael cwestiwn am yr heriau i ddadleuon ontolegol. Os felly, byddai'n ddefnyddiol cyfeirio at agweddau dethol ar ddadl Descartes, ond dim ond cyn belled â'u cysylltu â heriau penodol, fel rhai Kant.

Arweiniad ar yr Arholiad AA2

Byddai cyfeirio at ddadleuon Descartes yn berthnasol mewn cwestiwn gwerthuso sy'n ymwneud â llwyddiant/effeithiolrwydd/natur berswadiol dadleuon ontolegol, dadleuon *a priori* neu'r heriau iddyn nhw, yn enwedig yn ymwneud ag amheuaeth fethodolegol ac ymagwedd resymolaidd Descartes. Gallai fod gofyn i chi werthuso pa un ai'r ddadl gosmolegol neu'r ddadl deleolegol yw'r fwyaf perswadiol. Byddai Descartes yn berthnasol yma oherwydd iddo wrthod dadleuon *a posteriori*, oherwydd ei fod yn rhesymolwr ac yn amau gwybodaeth a oedd yn deillio o brofiad. Yn olaf, gallai cwestiwn ofyn i chi werthuso i ba raddau y mae amrywiol safbwyntiau crefyddol ar natur Duw yn dylanwadu ar ddadleuon o blaid bodolaeth Duw. Byddai'n bosibl gwerthuso diffiniad Descartes o Dduw, ei natur gydlynol a'i ddadleuon *a priori* dilynol wrth ochr syniadau gwahanol.

9. NORMAN MALCOLM

MYND I FYD MALCOLM

Trosolwg Roedd Norman Malcolm (1911–90) yn athronydd o UDA a astudiodd ym mhrifysgolion Harvard a Chaergrawnt, o dan Wittgenstein. Mae Malcolm yn adnabyddus am adfywio dadl ontolegol Anselm, ac roedd yn allweddol wrth sicrhau bod gan Brifysgol Cornell un o'r adrannau Athroniaeth mwyaf blaenllaw yn UDA.

Roedd Norman Malcolm yn Anglican ymroddedig. Wrth astudio ym mhrifysgolion Harvard a Chaergrawnt, fe wnaeth gyfarfod â Ludwig Wittgenstein a daeth yn ffrind oes iddo. Hefyd, daeth Malcolm o dan ddylanwad yr athronydd G. E. Moore. Datblygodd ddiddordeb ac arbenigedd mewn athroniaeth ddadansoddol, a oedd yn ymwneud â natur cysyniadau meddyliol a gwybodaeth. Cyfrannodd Malcolm at seicoleg athronyddol, a oedd yn ymwneud â sut mae cysyniadau ac iaith athronyddol yn cael eu defnyddio mewn bywyd arferol.

Roedd diddordebau athronyddol Malcolm yn amlwg wedi dod o dan ddylanwad Wittgenstein a Moore. Hefyd, o gofio ei ddiddordeb mewn cysyniadau meddyliol, dydy hi ddim yn syndod iddo gael ei gysylltu yn y pen draw â'r ddadl ontolegol, sy'n dadlau dros fodolaeth Duw drwy ddiffiniad. Fodd bynnag, gan mai hwn oedd y tro cyntaf iddo archwilio athroniaeth crefydd Gristnogol yn benodol, cafodd Malcolm ei feirniadu am ei ddehongliad o Anselm.

Beth bynnag oedd barn pobl am ddadl ontolegol Malcolm, cytunir ei fod yn ffigur pwysig a dylanwadol a gyfrannodd yn fawr at fethodoleg athronyddol, yn enwedig yn ymwneud ag iaith.

Syniadau Allweddol Malcolm

GWELLA EICH DEALLTWRIAETH

Gwnewch yn siŵr eich bod chi'n deall ymateb Malcolm i Immanuel Kant a pham mae Malcolm yn credu bod rhaid bod Duw yn bodoli'n angenrheidiol.

Yn ystod yr 1960au mae'n ymddangos i adfywiad fod o ran trafod dadleuon ontolegol Anselm, ac a oedd ei ddadl yn Proslogion 2 yn gynhenid gysylltiedig â'r ddadl yn Proslogion 3 neu'n wahanol iddi (gweler Pennod 7 i gael rhagor o wybodaeth am ddadleuon Anselm). Cafodd y drafodaeth hon ei thanio gan ddiddordeb o'r newydd mewn iaith ac athroniaeth ddadansoddol, wedi'i gyrru gan sylw Charles Hartshorne a Norman Malcolm yn enwedig.

Bodolaeth yn Draethiad

Esboniodd Malcolm mewn erthygl a gyhoeddwyd yn 1960 ei fod yn derbyn beirniadaeth enwog Kant (gweler Pennod 11) nad **traethiad** yw bodolaeth, ond ei fod yn gwrthod dadl ontolegol gyntaf Anselm yn Proslogion 2 a dadl Descartes yn *Meditations* (1641) am fethu datrys y mater hwn. Fodd bynnag, nododd Malcolm fod Kant yn methu dangos nad yw **bodolaeth angenrheidiol** yn draethiad. Felly, aeth ati i gytuno ag ail ddadl ontolegol Anselm ac i'w hail-lunio, fel y cafodd ei chyflwyno yn Proslogion 3, sef bod Duw yn bodoli o reidrwydd.

AWGRYM

Mae'n amhosibl gwahanu meddylwyr oddi wrth eu hoes eu hunain. Ystyriwch rai o'r materion, syniadau a mudiadau cymdeithasol a oedd yn digwydd yn ystod oes Malcolm a sut gallen nhw fod wedi effeithio ar ei syniadau.

HANFODOL!

Traethiad – ansawdd cynhenid rhywbeth. Er enghraifft, mae traethiadau triongl yn cynnwys tair ochr, tri fertig, a thair ongl fewnol sy'n gwneud cyfanswm o 180 gradd.

Yn y cyd-destun hwn, **bodolaeth angenrheidiol** yw lle mae rhywbeth yn bodoli'n angenrheidiol. Mae'n amhosibl dychmygu ei fod yn peidio â bodoli, gan y byddai hynny'n arwain wedyn at hunan wrthddywediad, a byddai hynny'n absŵrd.

Roedd Malcolm yn dadlau nad yw dweud 'mae Duw yn bodoli' ac 'mae Duw yn bodoli o reidrwydd' yr un fath. Tra nododd pobl fel Kant a Bertrand Russell nad yw gosodiadau fel 'mae Duw yn bodoli' yn dweud dim byd wrthon ni am gysyniad Duw, mae dweud 'mae Duw yn bodoli o reidrwydd' yn gwneud hynny. I Malcolm, mae dweud bod natur bodolaeth Duw yn angenrheidiol yn dweud rhagor am y cysyniad ac yn cyfrannu rhywbeth at ein dealltwriaeth ohono.

Hefyd dywedodd Malcolm fod Kant wedi gwneud camsyniad, wrth dderbyn bod y cysyniad o Dduw fel y bod mwyaf posibl yn cynnwys y syniad y byddai'r bod hwn yn bodoli'n angenrheidiol. Ond daeth i'r casgliad mai'r cyfan y mae hyn yn cyfeirio ato yw, *os* yw Duw yn bodoli, ei fod yn bodoli'n angenrheidiol. Dadl Kant oedd y gallwn ni wrthod y cysyniad o Dduw ynghyd ag unrhyw ddealltwriaeth o fodolaeth angenrheidiol Duw. Fodd bynnag, dadl Malcolm oedd bod hwn yn gamsyniad mewn rhesymeg, gan fod Kant wedyn yn gweld bod 'Duw yn bodoli o reidrwydd' yn gydnaws â'r posibilrwydd 'dydy Duw ddim yn bodoli', sy'n wrthddywediad. Felly, aeth Malcolm ymlaen i honni bod 'Duw yn bodoli o reidrwydd' *yn* rhywbeth y mae'n bosibl ei wybod drwy reswm, yn hytrach na phrofiad, fel yr oedd Kant wedi dod i'r casgliad. Yn y bôn, mae Malcolm yn dadlau nad yw pob ffurf ar fodolaeth yn golygu'r un peth, ac y bydd cysyniad o rywbeth â bodolaeth angenrheidiol yn wahanol i'r cysyniad o rywbeth â **bodolaeth amodol**. Roedd hyn yn diddymu beth yr oedd Kant yn ei dybio: ei bod hi'n bosibl i Dduw, fel cysyniad sy'n cynnwys bodolaeth angenrheidiol, i beidio â bodoli.

HANFODOL!

Bodolaeth amodol – lle mae bodolaeth rhywbeth yn dibynnu ar ffactorau eraill i ddod â hi i fodolaeth ac i'w chynnal. Mae'n hawdd dychmygu nad yw pethau amodol yn bodoli.

HANFODOL!

Dadansoddol – terminoleg Kant am syniadau perthynol Hume: gosodiad y mae'n bosibl gwybod ei fod yn wir drwy resymeg sy'n ymwneud â'i ddiffiniad, *a priori*. I gyferbynnu, 'synthetig' yw terminoleg Kant am fater o ffeithiau Hume: gosodiad y mae'n bosibl gwybod ei fod yn wir neu'n anwir drwy brofiad, *a posteriori*.

MEWNWELEDIAD

Roedd Malcolm yn cytuno â Kant nad yw bodolaeth amodol yn draethiad, ond roedd yn dadlau bod bodolaeth angenrheidiol *yn* draethiad.

Defnyddiodd yr enghraifft 'mae gan sgwâr bedair ochr' fel gwirionedd angenrheidiol rhesymegol a dadlau bod 'Duw yn bodoli o reidrwydd' yn wir yn yr un modd.

Ar ôl cadarnhau bod bodolaeth angenrheidiol yn draethiad ac felly'n rhan o'r cysyniad **dadansoddol** o Dduw, cytunodd Malcolm â Proslogion 3 Anselm a dadlau ei fod yn llwyddiannus wrth osgoi beirniadaeth Kant. Derbyniodd Malcolm ddiffiniad Anselm o Dduw fel 'yr hyn na ellir dychmygu dim byd mwy nag ef'. Ond roedd yn deall bod hyn yn golygu bod a allai gael ei ddisgrifio fel bod diderfyn. Felly, daeth Malcolm i'r casgliad bod Duw yn 'fod diderfyn' ac, o ganlyniad, un a fyddai'n haeddu cael ei addoli, petai'n bodoli mewn gwirionedd. Mae'n bosibl crynhoi'r ddadl fel hyn:

> Rhagosodiad 1: Mae'n rhaid deall bod bod diderfyn yn ddiderfyn o ran bodolaeth yn ogystal ag unrhyw rinweddau eraill.
>
> Rhagosodiad 2: Byddai bod diderfyn yn gyfyngedig petai bod fel hwn yn dibynnu ar unrhyw beth arall er mwyn bodoli (amodol).
>
> Casgliad 1: Felly mae'n rhaid deall bod diderfyn fel un sydd â bodolaeth angenrheidiol.
>
> Casgliad 2: Felly mae bodolaeth Duw naill ai'n angenrheidiol neu'n amhosibl.

MEWNWELEDIAD

Mae Malcolm yn deall bod bodolaeth angenrheidiol yn un o briodoleddau Duw, yn yr un ffordd ag y mae hollalluogrwydd a hollwybodaeth yn cael eu deall yn draddodiadol fel priodoleddau angenrheidiol Duw.

diderfyn *ans* heb ddiwedd, heb derfyn, di-ben-draw; annherfynol, diddarfod, diddiwedd, penagored **boundless, endless, infinite**

Tri Modd Bodolaeth

Ar ôl cytuno mewn egwyddor ag ail ffurf Anselm ar y ddadl ontolegol, aeth Malcolm ymlaen i'w hail-lunio gan ddefnyddio **rhesymeg foddol**. Nododd Malcolm dri modd bodolaeth gwahanol, a dadlau bod rhaid disgrifio natur bodolaeth Duw yn nhermau un modd yn unig.

> **HANFODOL!**
>
> **Rhesymeg foddol** – system o resymeg ffurfiol fathemategol sy'n ymwneud â moddau bodolaeth gwahanol.

TRI MODD BODOLAETH MALCOLM

- **Bodolaeth angenrheidiol**: ni all unrhyw fod sydd â phriodweddau Duw gael ei ystyried yn rhesymegol yn un nad yw'n bodoli.
- **Bodolaeth amodol**: mae'n rhesymegol bosibl y gallai bod sydd â phriodweddau Duw fodoli, ond hefyd gallai beidio â bodoli.
- **Bodolaeth amhosibl** (weithiau, yr enw ar hyn yw bodolaeth ffug angenrheidiol): ni all unrhyw fod sydd â phriodweddau Duw fodoli'n rhesymegol.

Yn ôl Malcolm, mae'r gosodiad 'mae Duw yn bodoli', wrth ei archwilio drwy ei ddadl foddol, yn dweud wrthon ni felly fod 'Duw yn bodoli'n angenrheidiol'.

Mae'n bosibl crynhoi dadl Malcolm fel hyn:

> Rhagosodiad 1: Gallwn ni ddeall y cysyniad o Dduw fel rhywbeth sy'n cyfeirio at 'fod diderfyn'.
>
> Rhagosodiad 2: Os nad oes bod fel hyn yn bodoli, ni all y bod hwn ddechrau bodoli wedyn ar ryw bwynt.
>
> Rhagosodiad 3: Er mwyn dechrau bodoli mae angen achos (amodol) neu hap a damwain (posibl yn unig), ac mae hyn yn gyfyngiad sy'n anghyson â bod diderfyn.
>
> Casgliad 1: Felly mae bodolaeth Duw naill ai'n amhosibl neu'n angenrheidiol.
>
> Rhagosodiad 4: Dydy profi bodolaeth Duw ddim yn amhosibl: yr unig ffordd y gallai fod yn amhosibl fyddai petai'n absẃrd neu'n baradocsaidd, a dydy e ddim.
>
> Casgliad 2: Felly mae Duw yn bodoli o reidrwydd.

I esbonio, gallwn ni ddadansoddi dadl Malcolm yn fanylach. Os ydyn ni'n derbyn bod Duw, drwy ddiffiniad, yn wirioneddol ddiderfyn, yna does dim byd yn gallu achosi Duw i fodoli neu achosi Duw i beidio â bodoli. Felly, mae anfodolaeth Duw yn annirnadwy (yn amhosibl ei ddychmygu), gan y byddai'n absẃrd. Felly, *os* yw Duw yn bodoli, mae Duw yn bodoli o reidrwydd. Os nad yw Duw yn bodoli, byddai ei fodolaeth yn amhosibl, gan nad oes dim byd a allai achosi Duw i fodoli heb gyfyngu ar ei natur ddiderfyn, sy'n wrthddywediad ac yn absẃrd. Felly, *ni* all bodolaeth Duw fod yn amhosibl. Felly, drwy brawf gwrthddywediad rhesymegol, rhaid bod Duw yn bodoli'n angenrheidiol, fel y dangoswyd gan resymu rhesymegol.

Gyda'i ddatganiad yma, mae'n ymddangos bod Malcolm wedi troi'r cysyniad traddodiadol o faich y prawf ar ei ben. Yn hytrach na bod rhaid i'r thëist brofi bodolaeth Duw, mae dadl Malcolm nawr yn gofyn i'r atheist brofi bod bodolaeth Duw yn amhosibl, yn hytrach nag yn annhebygol yn unig. Os yw bodolaeth Duw yn dal i fod yn bosibl, pa mor annhebygol bynnag yw hynny, yna mae dadl ontolegol foddol Malcolm yn dangos wedyn bod rhaid bod Duw yn bodoli o reidrwydd.

> **AWGRYM**
>
> Defnyddiodd Malcolm yr un dechneg *reductio ad absurdum* ag Anselm, neu brawf drwy wrthddywediad, fel y mae'n ei alw. Mae fwy o wybodaeth am hyn ym Mhenodau 1 a 7.

BETH YW EICH BARN CHI?

Ysgrifennwch eich barn am ddadleuon Malcolm ac ewch yn ôl atyn nhw ychydig cyn yr arholiad er mwyn gweld a yw eich safbwyntiau wedi newid.

Darllen Malcolm eich Hun

TASG

Darllenwch Malcolm eich hun yn y darn isod. Bydd y nodiadau ar ymyl y dudalen yn eich helpu chi i ddeall ei syniadau.

Mae'r darn canlynol yn dod o erthygl Malcolm 'Anselm's Ontological Arguments' (1960), ac mae'n esbonio sut mae'n datblygu ac yn ail-lunio Proslogion 3 Anselm.

Mae Malcolm yn derbyn diffiniad Anselm, ond mae'n ei ail-lunio fel 'bod diderfyn'.	Gadewch i mi grynhoi'r prawf. Os nad yw Duw, y bod mwyaf y gellir meddwl amdano, yn bodoli, yna ni all Ef ddod i fodolaeth. Oherwydd pe bai Ef wedi dod i fodolaeth, byddai naill ai wedi cael ei achosi i ddod i fodolaeth neu byddai wedi digwydd dod i fodolaeth, ac yn y naill achos a'r llall byddai Ef yn fod cyfyngedig, ac yn ein syniad ni ohono nid dyna ydyw. Gan na all Ef ddod i fodolaeth, os nad yw'n bodoli mae ei fodolaeth Ef yn amhosibl. Os yw'n bodoli ni all Ef fod wedi dod i fodolaeth (am y rhesymau a roddwyd), ac ni all beidio â bodoli, gan na allai dim achosi iddo Ef beidio â bodoli ac ni ellir ond digwydd ei fod Ef yn peidio â bodoli. Felly os yw Duw yn bodoli mae ei fodolaeth Ef yn angenrheidiol. Felly mae bodolaeth Duw naill ai'n amhosibl neu'n angenrheidiol. Gall y cyntaf fod yn wir dim ond os yw'r cysyniad o gael bod o'r fath yn anghyson â'i hun neu mewn rhyw ffordd yn rhesymegol abswrd. Gan dybio nad felly y mae hi, mae'n dilyn ei fod Ef yn bodoli o reidrwydd.'
Byddai hyn yn gwneud i fodolaeth Duw fod yn amodol.	
Byddai hyn yn gwneud i fodolaeth Duw fod yn bosibl yn unig ac yn ddibynnol ar ryw ffactor arall, a fyddai hefyd yn gwneud i'w fodolaeth fod yn amodol.	
Mae Malcolm yn defnyddio prawf gwrthddywediad, i ddangos mai gwrthddywediad rhesymegol fyddai canlyniad y dull hwn o ymholi, felly mae'n rhaid ei wrthod.	
Gwneud hyn yn wirionedd drwy resymeg, dadansoddol yn nhermau Kant, neu'n syniadau perthynol yn ôl fforc Hume.	

Sut mae Malcolm yn cael ei Feirniadu

SGILIAU GWERTHUSO

Gallwch roi mwy o ddyfnder i ateb i gwestiwn gwerthuso am ysgolhaig bob amser drwy ddangos ymwybyddiaeth o sut mae meddylwyr eraill wedi cymryd safbwyntiau gwahanol.

Mae ei ddadl yn agored i barodi (cael ei dynwared). Yn union fel yr oedd dadl ontolegol Anselm yn agored i barodi gan Gaunilo gyda'i wrthwynebiad 'Ynys Goll' (gweler Pennod 10), dydy dadl Malcolm ddim yn osgoi gwawd o'r fath chwaith. Beth am gymryd dadl Malcolm ond yn lle Duw, gosod rhyw gysyniad arall y mae bodolaeth angenrheidiol yn hanfodol iddo: er enghraifft, Atlantis sy'n bodoli'n angenrheidiol. Os yw'n bosibl i'r Atlantis hwn sy'n bodoli'n angenrheidiol fodoli, byddai'n wrthddywediad ac yn abswrd petai hyn yn cael ei ystyried yn amhosibl. Yna, mae'n rhaid bod yr Atlantis hwn sy'n bodoli'n angenrheidiol **yn** bodoli o reidrwydd. Eto i gyd, dydy hyn ddim yn wir. Unwaith eto, rydyn ni'n ein cael ein hunain gyda'r feirniadaeth wreiddiol sy'n dychwelyd drwy'r amser: *allwn ni ddim diffinio rhywbeth i fodolaeth, beth bynnag yw'r cysyniad neu'r math o fodolaeth sy'n rhan o'r cysyniad.* Mae'r amddiffyniad yr un fath o hyd hefyd: mae rhywbeth am Dduw sy'n unigryw, sy'n golygu bod y rhesymeg yn gweithio ar gyfer Duw ond nid ar gyfer cysyniadau eraill.

Nid Duw theïstiaeth glasurol o angenrheidrwydd. Mae dadl foddol Malcolm (gweler 'Syniadau Allweddol Malcolm' uchod), sef bod Duw yn bodoli o reidrwydd, yn dibynnu ar y syniad nad yw bodolaeth Duw yn amhosibl (Rhagosodiad 4 yn y ddadl am dri modd bodolaeth). Cefnogodd Malcolm hyn gyda dwy ddamcaniaeth:

- bod bodolaeth Duw fel rhywbeth amhosibl yn gwrth-ddweud y diffiniad o Dduw, ac
- mai'r unig ffordd y gallai bodolaeth Duw fod yn amhosibl yw petai'r cysyniad o Dduw ynddo'i hun yn anghydlynol, yn abswrd neu'n baradocsaidd, ac mae Malcolm yn honni nad yw.

Fodd bynnag, fel yr ydyn ni wedi'i weld mewn mannau eraill yn y llyfr hwn, mae llawer o bryderon ynghylch cydlyniad nodweddion traddodiadol Duw theïstiaeth glasurol, a dydy Malcolm ddim yn ymdrin â'r pryderon hyn yn ei ddadl. Yn ôl Alvin Plantinga, athronydd o UDA (ac un arall sy'n credu yn y ddadl ontolegol foddol), doedd dadl Malcolm ddim yn mynd yn ddigon pell i ddangos bod Duw theïstiaeth glasurol (hynny yw, Duw sy'n hollgariadus, hollalluog a hollwybodus) yn bodoli yn y byd go iawn. Daeth i'r casgliad mai'r cyfan roedd Malcolm wedi'i brofi oedd bodolaeth angenrheidiol y bod mwyaf posibl. Wedyn aeth Plantinga ymlaen i ail-lunio dadl Malcolm â'i fersiwn ei hun y gallwch chi ddarllen amdani ar-lein os oes gennych ddiddordeb.

MEWNWELEDIAD

'Yn 1960 … gollyngodd Norman Malcolm ei daranfollt' – disgrifiad Plantinga o gyhoeddi dadl ontolegol Malcolm.

Mae dealltwriaeth Malcolm o 'angenrheidiol' yn newid oddi mewn i'w ddadl.
Beirniadwyd Malcolm am ymddangos fel petai'n newid sut mae'n defnyddio 'angenrheidiol' o fewn ei ddadl, sy'n gwneud i'w resymeg fod yn annilys. Yn y ddadl am fodolaeth yn draethiad, gallwn weld, pan mae Malcolm yn cyfeirio at 'fodolaeth angenrheidiol', ei fod yn ei olygu fel traethiad, priodwedd neu rinwedd gynhenid (rhan angenrheidiol o rywbeth). Mae hyn yn ychwanegu at y ddealltwriaeth o'r cysyniad a'i hanfod – rhywbeth sy'n gallu 'bod ynddo' neu 'yn eisiau'. Fodd bynnag, drwy ei gasgliad yn y ddadl am dri modd bodolaeth, mae Malcolm yn sôn am fodolaeth angenrheidiol nid fel traethiad, ond fel gwirionedd angenrheidiol neu resymegol. Dydy'r ddau beth hyn ddim yr un peth. Rydyn ni'n dychwelyd at feirniadaeth wreiddiol Kant: rydyn ni'n gallu derbyn *os* yw Duw yn bodoli, fod ganddo draethiad bodolaeth angenrheidiol, ond dydy hyn ddim yn golygu'n awtomatig bod bodolaeth Duw yn wirionedd rhesymegol. Rydyn ni'n dal i allu deall y cysyniad neu'r diffiniad o Dduw a hefyd gwrthod y gwirionedd angenrheidiol am fodolaeth Duw yn y byd go iawn.

Gwallau Cyffredin

Peidiwch â gwastraffu amser yn disgrifio dadl Anselm. Mae'n hawdd iawn gwneud y gwall hwn, o gofio pa mor dda mae myfyrwyr yn tueddu i wybod dadl Anselm o gymharu â ffurfiau moddol modern fel y rhain. Fodd bynnag, os yw rhan a) cwestiwn AA1 wedi enwi dadl ontolegol Malcolm, yna gwybodaeth a dealltwriaeth o'r ddadl hon y mae angen i chi eu dangos. Byddai'n berthnasol i chi roi sylw am wreiddiau dadl Malcolm, o ran iddo wrthod Proslogion 2 Anselm a'i fod yn credu nad oedd Proslogion 3 yn cynnig math hollol wahanol o ddadl, a oedd dal yn ddilys er gwaethaf beirniadaeth Kant nad oedd bodolaeth yn draethiad. Fodd bynnag, yn sicr fyddai dim angen i chi ddisgrifio dwy ddadl Anselm yn llawn. Byddai'n fwy perthnasol, ar gyfer cwestiwn sy'n canolbwyntio ar Malcolm, i chi esbonio rhesymeg Malcolm a sut mae'n symud o gytuno nad yw bodolaeth amodol yn draethiad, ac felly'n gwrthod Proslogion 2, i gredu bod bodolaeth angenrheidiol yn draethiad, ac felly'n cytuno â Proslogion 3, ond gan ail-lunio ei ddadl gan ddefnyddio rhesymeg foddol a symleiddio'r diffiniad o Dduw i 'bod diderfyn'. Yna, disgrifiwch sut mae Malcolm yn defnyddio prawf gwrthddywediad i ddiystyru moddau posibl ac amhosibl bodolaeth, gan ddod i'w gasgliad rhaid bod Duw yn bodoli'n angenrheidiol, drwy ddiffiniad.

Cofiwch yr elfen foddol. Yn rhy aml, pan mae Malcolm yn cael ei enwi mewn cwestiwn AA1, mae'n cael ei adael tan y diwedd ac mae'n cael sylw mewn ychydig o frawddegau byr yn unig, neu baragraff os yw'n lwcus. Wrth adolygu, sicrhewch eich bod chi'n mynd dros yr adran 'Syniadau Allweddol Malcolm', a'ch bod yn gallu esbonio'r agwedd foddol ar ei ddadl yn ogystal â'i honiad bod bodolaeth angenrheidiol yn draethiad. Rhan hanfodol o gasgliad Malcolm yw ei ymgais i ddangos bod y cysyniad bod bodolaeth Duw yn amhosibl yn gwrth-ddweud ei hunan. Mae'n agored i feirniadaeth o gofio'r materion sy'n ymwneud â chydlyniad y cysyniad o Dduw (gweler 'Sut mae Malcolm yn cael ei Feirniadu' uchod), felly byddech chi'n colli cyfle wrth beidio â sôn am hyn mewn cwestiwn AA2.

Peidiwch ag anghofio'r cyd-destun: mae Malcolm yn ymateb i feirniadaeth Kant.
Mae'n gallu bod yn hawdd cymysgu rhwng dadleuon ontolegol ysgolheigion gwahanol a pha fersiynau roedd beirniadaethau gwahanol wedi'u hanelu atyn nhw. Wrth adolygu, sicrhewch eich bod chi'n deall trefn gronolegol pob dadl a pha feirniadaeth (os o gwbl) yr oedden nhw'n ymateb iddi. Roedd Malcolm yn ymateb i feirniadaeth Kant, a oedd wedi'i chodi gan athronydd arall, Bertrand Russell, yn ystod oes Malcolm ei hun. Fodd bynnag, aeth Malcolm yn ôl ac adfywio dadleuon Anselm yng ngoleuni'r beirniadaethau yr oedd Kant wedi'u gwneud wrth ymateb i ddadl Descartes. Hefyd, mae Malcolm yn dangos mewnwelediad i fforc Hume (gweler Pennod 5). Mae'n bosibl gweld ei ddadl fel ymgais i osod bodolaeth Duw fel syniadau perthynol a gwirionedd rhesymegol o fewn fforc Hume. Eto i gyd, dydy e ddim yn dweud hynny'n benodol. Cofiwch, fuodd dim un athronydd yn byw ac yn ysgrifennu heb neb arall o'i gwmpas. Maen nhw i gyd wedi dod o dan ddylanwad yr hyn a ddaeth o'r blaen a'r hyn a oedd yn digwydd yn ystod eu hoes.

> **MEWNWELEDIAD**
>
> Cofiwch fod gan bob un o'r ysgolheigion ym manyleb CBAC a oedd yn cynnig dadleuon ontolegol, ffydd ym modolaeth Duw cyn llunio eu dadleuon.

GWELLA EICH DEALLTWRIAETH

1. Gwnewch linell amser sy'n dangos datblygiad y dadleuon ontolegol y mae manyleb CBAC yn cyfeirio atyn nhw. Sicrhewch eich bod chi'n cynnwys yr heriau i ddadleuon ontolegol hefyd, fel y gallwch chi weld sut datblygwyd y syniadau a sut ymatebwyd iddyn nhw dros amser. Fel her ychwanegol, labelwch yr ysgolheigion a'u cyd-destunau: rhesymolwr, empirydd, sgolastigiaeth ganoloesol, yr Ymoleuo, amheuaeth fethodolegol, etc.

2. Mae Malcolm yn mynd ymhellach na dod i'r casgliad syml bod rhaid bod Duw yn bodoli o reidrwydd, gan honni mai'r bod diderfyn hwn yw'r Duw Cristnogol (hollalluog, hollgariadus a hollwybodus) ac un sy'n haeddu cael ei addoli. Gwnewch restr ac esboniwch unrhyw faterion cydnawsedd neu broblemau gyda chydlyniad nodweddion Cristnogol traddodiadol Duw, fel problem drygioni a phroblem ewyllys rydd. Os yw cysyniad y Duw Cristnogol yn broblemus neu'n anghydlynol yn rhesymegol, a yw hyn yn achosi problemau i ddadl Malcolm? Bydd gallu dadansoddi'r gwahanol gamau gan gynnwys casgliad dadl Malcolm yn gwella eich gwerthusiad AA2.

Arweiniad ar yr Arholiad AA1

Ar gyfer cwestiynau rhan a), efallai byddai gofyn i chi amlinellu (UG yn unig), esbonio neu archwilio unrhyw agwedd ar gynnwys y fanyleb. Mae cwestiwn amlinellu yn gofyn am ateb mwy eang na chwestiwn archwilio, a fyddai'n gofyn am ragor o ddyfnder. Felly mae angen i chi ddethol y deunydd rydych chi'n dewis ei gynnwys, yn dibynnu ar y cwestiwn. Er enghraifft, byddai cwestiwn sy'n gofyn i chi archwilio unrhyw beth sy'n ymwneud â dadl ontolegol Malcolm yn gofyn am ragor o fanylion am ei ddull dadansoddol a'i ddefnydd o resymeg foddol. I gyferbynnu, byddai cwestiwn ehangach yn gofyn i chi amlinellu agweddau'n ymwneud â dadleuon ontolegol. Yn yr achos olaf, byddai'n fwy perthnasol i chi roi sylw i'r dulliau, y mannau cychwyn, y diffiniadau gwahanol o Dduw ac enghreifftiau o'r ysgolheigion gwahanol sydd wedi'u henwi.

Hefyd, mae'r fanyleb yn ei gwneud hi'n eglur y gallech chi gael cwestiwn am ddatblygiad dadleuon ontolegol. Os ydyn ni'n trafod Malcolm, byddai'n werth esbonio sut roedd Malcolm yn cytuno â beirniadaeth Kant nad oedd bodolaeth yn draethiad, ond ei fod yn credu bod Kant wedi methu dangos nad oedd bodolaeth angenrheidiol yn draethiad. Felly, er ei fod yn gwrthod dadl Proslogion 2 Anselm, adfywiodd Malcolm ddadl Proslogion 3 Anselm a'i hail-lunio ar ei ffurf foddol ei hun. Daeth i'r casgliad bod bodolaeth angenrheidiol yn draethiad Duw ac felly bod Duw yn bodoli o reidrwydd. Byddai'n fanteisiol i chi sicrhau eich bod chi'n esbonio rhesymeg Malcolm o ran y tri modd bodolaeth gwahanol y mae'n eu nodi, a pham na all bodolaeth Duw fod yn amhosibl, felly mae'n rhaid bod Duw yn bodoli'n angenrheidiol.

Arweiniad ar yr Arholiad AA2

Ar gyfer cwestiynau rhan b), gallai cyfeirio at ddadl Malcolm fod yn berthnasol mewn cwestiwn gwerthuso sy'n ymwneud â dadleuon ontolegol, dadleuon *a priori* neu'r heriau iddyn nhw. Yn benodol, gallech chi werthuso pa mor llwyddiannus yw ymateb Malcolm i Kant: er nad yw bodolaeth amodol yn draethiad, mae bodolaeth angenrheidiol yn draethiad. Hefyd, gallai fod yn fuddiol pwyso a mesur a yw dadl foddol Malcolm yn gallu goresgyn y feirniadaeth, heb ystyried y moddau, nad yw rhywun yn gallu diffinio rhywbeth i fodolaeth. Yn ogystal, gallai fod yn werth ystyried bod pob un o gefnogwyr y ddadl ontolegol, gan gynnwys Malcolm, yn dechrau gyda ffydd Gristnogol. Felly, a fydd hi byth yn bosibl gwahanu eu dadleuon oddi wrth dybiaeth sylfaenol bod Duw yn bodoli yn y lle cyntaf, sy'n cyfeirio at resymeg gylchol?

I gloi, mae'r fanyleb yn ei gwneud hi'n eglur y gallai fod cwestiwn ynghylch i ba raddau y mae amrywiol safbwyntiau crefyddol ar natur Duw yn dylanwadu ar ddadleuon o blaid bodolaeth Duw. Gallwch chi werthuso diffiniad Malcolm o Dduw ac a yw'n gydlynol ac yn cyfeirio'n llwyddiannus at Dduw theïstiaeth glasurol wrth ymyl safbwyntiau eraill.

10. GAUNILO O MARMOUTIERS

MYND I FYD GAUNILO

Trosolwg Mynach Benedictaidd o Ffrainc yn yr unfed ganrif ar ddeg oedd Gaunilo o Marmoutiers ac roedd yn gyfoeswr â Sant Anselm. Does dim llawer o wybodaeth am Gaunilo y tu hwnt i'w barodi enwog a dylanwadol 'Yr Ynys Goll', a luniodd i ymateb i ddadl ontolegol Anselm.

Roedd Gaunilo yn byw mewn cyfnod yn dilyn yr Oesoedd Canol cynnar, yn ystod y mudiad sgolastig canoloesol uchel, pan oedd gweithiau Platon ac Aristotle yn cael eu hailddarganfod a'u hastudio. Roedd Platon yn cynnig cyfiawnhad dros y ddadl resymegol o blaid bodolaeth Duw ac enaid anfarwol. O ganlyniad, roedd syniadau Platon yn sylfaen i lawer o athroniaeth ganoloesol y cyfnod. Rydyn ni'n gwybod am Gaunilo oherwydd iddo ymuno â'r ddadl ynghylch y pryder athronyddol hwn. Roedd yn empirydd ac yn anghytuno bod modd adnabod Duw drwy feddylfryd rhesymegol. Mewn ymateb cynnar i ddadl ontolegol gyntaf Anselm (Proslogion 2), cyflwynodd ei barodi am yr Ynys Goll.

Syniadau Allweddol Gaunilo

■ **GWELLA** EICH **DEALLTWRIAETH**

Gwnewch yn siŵr eich bod chi'n deall sut mae Gaunilo yn defnyddio cydweddiad i herio rhesymeg dadl ontolegol gyntaf Anselm.

Parodi Gaunilo am yr Ynys Goll

Y tu allan i *Proslogion*, does dim llawer o sôn am Gaunilo, er ein bod yn gallu gweld nad parodi'r Ynys Goll oedd unig ymateb Gaunilo. Ysgrifennodd draethawd gyda'r teitl *Liber Pro Insipiente* (Ar Ran y Ffŵl) o safbwynt anghredinwr, y 'ffŵl sy'n dweud nad oes Duw'. Mae'r adran olaf yn canmol gweddill y *Proslogion* ac mae wedi'i ysgrifennu o safbwynt ffydd Gaunilo ei hun.

■ **MEWNWELEDIAD**

Mae teitl traethawd Gaunilo, 'Ar Ran y Ffŵl', yn cyfeirio at y ffaith i Anselm gyfeirio ei ddadl ontolegol at y ffŵl o Salmau 14 a 53, sy'n gwadu bodolaeth Duw.

Mae'n bosibl crynhoi dadl Ynys Goll Gaunilo fel hyn:

> Rhagosodiad 1: Mae ynys goll yn bodoli na ellir dychmygu dim byd gwell na hi. Hi yw'r ynys orau posibl.
>
> Rhagosodiad 2: Mae'r ynys orau posibl yn bodoli yn y meddwl, ond nid go iawn (*reductio ad absurdum*).
>
> Rhagosodiad 3: Mae bodolaeth mewn gwirionedd yn fwy na bodolaeth yn y meddwl yn unig.
>
> Casgliad: Felly, mae'n rhaid bod yr ynys goll, orau posibl hon yn bodoli mewn gwirionedd.

Defnyddiodd Gaunilo y parodi hwn i ddangos pa mor abswrd oedd rhesymeg Anselm. Drwy roi 'yr ynys orau posibl' yn lle'r term 'Duw', mae defnyddio *reductio ad absurdum* yn dangos bod gwadu bodolaeth yr ynys yn abswrdedd rhesymegol. Os yw hi'n bosibl defnyddio'r ddadl i ddiffinio unrhyw beth i fodolaeth, sy'n amlwg yn abswrd, rhaid bod y ddadl yn wallus.

Deall Safbwynt Gaunilo

Doedd Gaunilo ddim yn gwrthwynebu casgliad Anselm bod rhaid bod Duw yn bodoli mewn gwirionedd, gan fod Gaunilo yn Gristion ac yn credu yn Nuw. Fodd bynnag, fel empirydd, roedd Gaunilo yn gwrthwynebu defnyddio gwybodaeth *a priori* a rhesymeg ddiddwythol i geisio profi bodolaeth Duw. Drwy dynnu sylw at y ffaith bod dadl Anselm fel petai'n diffinio rhywbeth i fodolaeth, y mae pob tystiolaeth yn gallu ei wrthbrofi, llwyddodd Gaunilo i ddangos bod y rhesymeg yn wallus. Felly, mae'r ddadl gyfan yn annilys fel prawf o fodolaeth Duw. Bwriad ymateb Gaunilo oedd dangos y canlynol:

> Rhagosodiad 1: Petai dadl Anselm yn gadarn, gallai brofi bodolaeth pethau eraill sydd y gorau y gellir eu dychmygu.
>
> Rhagosodiad 2: Fodd bynnag, roedd dadl Anselm yn methu profi bodolaeth yr ynys orau posibl y gellir ei dychmygu.
>
> Casgliad: Felly, dydy dadl Anselm ddim yn gadarn.

Ysgrifennodd Gaunilo y byddai angen tystiolaeth o ynys fel hon arnon ni – 'ffaith real a diymwad' bod yr ynys orau posibl hon yn bodoli. Dydy disgrifio rhywbeth gan ddefnyddio'r radd eithaf (y mwyaf o ran maint neu ansawdd) ddim yn profi ei fod yn bodoli.

BETH YW EICH BARN CHI?

Ysgrifennwch eich syniadau chi am ddadleuon Gaunilo ac ewch yn ôl atyn nhw ychydig cyn yr arholiad er mwyn gweld a yw eich safbwyntiau wedi newid.

TASG

Darllenwch Gaunilo eich hun yn y darn isod. Bydd y nodiadau ar ymyl y dudalen yn eich helpu chi i ddeall ei syniadau.

Darllen Gaunilo eich Hun

Mae'r darn hwn o ymateb Gaunilo a gyhoeddwyd yn yr atodiad i *Proslogion* Anselm.

... maen nhw'n dweud bod ynys yn rhywle yn y cefnfor ... yr ynys goll. Ac maen nhw'n dweud bod gan yr ynys hon gyfoeth difesur o bob math o gyfoeth a danteithion, yn fwy toreithiog na'r sôn am yr Ynysoedd Dedwydd (Islands of the Blest) ... mae'n fwy rhagorol na'r holl wledydd eraill i gyd.

Pe bai rhywun yn dweud wrthyf fod ynys o'r fath, byddwn yn hawdd yn deall ei eiriau, gan nad oes unrhyw anhawster ynddyn nhw. Ond pe bai'r person hwnnw'n mynd ymlaen i ddweud, fel pe bai drwy gasgliad rhesymegol: 'Allwch chi ddim amau bod yr ynys hon sy'n fwy rhagorol na phob gwlad yn bodoli yn rhywle ... oherwydd ei bod yn fwy gwych peidio â bod yn y ddealltwriaeth yn unig, ond bodoli yn y ddealltwriaeth ac mewn gwirionedd, felly mae'n rhaid bod yr ynys yn bodoli. Oherwydd os nad yw'n bodoli, bydd unrhyw dir sy'n bodoli mewn gwirionedd yn fwy gwych na hi; ac felly ni fydd yr ynys, y credwch chi'n barod ei bod yn fwy gwych, yn fwy gwych.'

Pe bai dyn yn ceisio profi i mi drwy resymu o'r fath fod yr ynys hon yn bodoli mewn gwirionedd, ac na ddylid amau ei bodolaeth bellach, naill ai byddwn i'n credu ei fod yn tynnu coes, neu nid wyf yn gwybod pwy ddylwn i ystyried yw'r ffŵl mwyaf: fi, gan gymryd y byddwn i'n caniatáu'r prawf hwn; neu ef, pe bai'n meddwl ei fod wedi profi bodolaeth yr ynys hon ag unrhyw sicrwydd.

> Mae Gaunilo yn defnyddio'r un dechneg *reductio ad absurdum* ag Anselm i ddangos pa mor afresymol yw'r ddadl.

> Gan barhau â chyfeiriad Anselm at 'y ffŵl', mae Gaunilo yn amddiffyn y ffŵl ac yn dweud y byddai'n fwy ffôl cael eich twyllo gan y rhesymeg wallus hon, neu hyd yn oed bod yn gymaint o ffŵl fel eich bod chi'n credu bod y rhesymeg hon yn llwyddiannus yn y lle cyntaf.

Sut mae Gaunilo yn cael ei Feirniadu

Anghydweddiad. Mae Anselm yn ymateb, gan ddadlau bod **anghydweddiad** rhwng Duw ac ynys Gaunilo. Mae'n amhosibl eu cymharu. Mae hyn oherwydd bod ynysoedd yn amodol, yn dibynnu ar nifer o ffactorau daearyddol am eu bodolaeth. Dydy sut maen nhw'n cael eu diffinio ar un pwynt mewn amser ddim yn gallu profi eu bod yn bodoli mewn gwirionedd. I gyferbynnu, mae bodolaeth Duw yn angenrheidiol – mae Duw yn unigryw ac yn annhebyg i bethau amodol. Felly, mae rhesymeg dadl Anselm yn ddilys ar gyfer bodolaeth Duw, gan ei bod yn anghenraid rhesymegol ac yn hunanamlwg. Ond, mae'r rhesymeg yn annilys ar gyfer pethau amodol fel ynysoedd.

All ynysoedd ddim bod ag uchafsymiau cynhenid. Mae Alvin Plantinga, yr athronydd o'r ugeinfed ganrif, yn datblygu ymateb Anselm drwy nodi bod ynysoedd yn gallu newid. Dydy eu nodweddion ddim yn sefydlog; gallwn ni ychwanegu at y cysyniad bob amser – er enghraifft, mwy o dywod euraidd neu fywyd gwyllt. Os yw hi'n bosibl gwella'r ynys orau posibl, yna nid hi oedd yr ynys orau posibl yn y lle cyntaf. Does dim uchafsymiau cynhenid gan ynysoedd. Felly, mae cysyniad yr ynys fwyaf rhagorol, orau posibl yn anghydlynol ac mae'n amhosibl ei ddychmygu go iawn, yn wahanol i'r cysyniad o Dduw, sydd, fel bod angenrheidiol, ag uchafswm cynhenid ac mae'n bosibl ei ddychmygu go iawn.

SGILIAU GWERTHUSO

Gallwch roi mwy o ddyfnder i ateb i gwestiwn gwerthuso am ysgolhaig bob amser drwy ddangos ymwybyddiaeth o sut mae meddylwyr eraill wedi cymryd safbwyntiau gwahanol.

HANFODOL!

Anghydweddiad – term a ddefnyddir i ddisgrifio pan mae cydweddiad wedi methu. Mae'n feirniadaeth sy'n aml yn cael ei gwneud yn erbyn Gaunilo.

Gwallau Cyffredin

Diffyg manylder a dyfnder. Cofiwch ddefnyddio terminoleg allweddol. Dylech hefyd osgoi disgrifio dadl Gaunilo yn unig, yn hytrach na dangos *sut* mae'n herio dadl Anselm. Ceisiwch fod yn eglur, wrth i Gaunilo wrthod dadl Anselm i brofi bod Duw yn bodoli *a priori*, defnyddiodd yr un dechneg *reductio ad absurdum* gyda *chydweddiad* yr Ynys Goll i ddangos bod *rhesymeg* Anselm yn methu. Allwn ni ddim *diffinio* rhywbeth i fodolaeth. Mae angen i'r pwyslais fod ar resymeg Gaunilo, sydd hefyd *a priori*.

GWELLA EICH DEALLTWRIAETH

1. I'ch helpu chi i ddeall parodi Gaunilo, crëwch eich parodi eich hun. Dewiswch unrhyw beth, fel y bar siocled gorau posibl neu'r gitâr orau posibl. Ewch drwy gamau gwrthwynebiad Gaunilo, ond rhowch eich enghraifft yn lle 'ynys' (gweler 'Deall Safbwynt Gaunilo' uchod). Byddwch chi'n dal i ddod at yr un casgliad; mae'n rhaid bod y rhesymeg yn wallus oherwydd, yn anffodus, dydy eich 'X' gorau posibl ddim yn bodoli mewn gwirionedd.

2. Gwnewch restr o rinweddau Duw theïstiaeth glasurol ac ystyriwch a fyddai hi'n bosibl gwella pob un o'r rhinweddau hyn. Ystyriwch rai o broblemau rhinweddau Duw a'r cyfyngiadau posibl arnyn nhw (gweler Pennod 13 hefyd). A yw hi'n bosibl i Dduw fod yn fwy cariadus neu'n fwy pwerus? Os felly, mae beirniadaeth Plantinga yn methu. Ysgrifennwch eich ymateb i'r gweithgaredd hwn ac a ydych chi'n meddwl bod beirniadaeth Plantinga yn llwyddiannus ai peidio, a pham.

Arweiniad ar yr Arholiad AA1

Mewn cwestiynau rhan a), efallai bydd angen trafodaeth yn ymwneud â heriau i'r ddadl ontolegol, ac efallai bydd Gaunilo yn cael ei enwi. Wrth esbonio gwrthwynebiad Gaunilo, byddai'n bwysig manylu ar sut heriodd Gaunilo resymeg dadl Anselm, yn hytrach na disgrifio hyn yn unig.

Arweiniad ar yr Arholiad AA2

Byddai Gaunilo yn berthnasol mewn cwestiynau rhan b) sy'n ymwneud â dadleuon ontolegol, dadleuon *a priori* a dadleuon diddwythol, a heriau i ddadleuon ontolegol. Fodd bynnag, mae'n bwysig cofio nad yw esbonio heriau i ddadleuon ontolegol yr un peth â gwerthuso'r heriau. O ran Gaunilo, byddai angen pwyso a mesur dadleuon yn erbyn (fel rhai Plantinga ac Anselm) wrth ochr gwrthwynebiad Gaunilo, ac ystyried eu cryfderau, eu gwendidau a'u natur berswadiol.

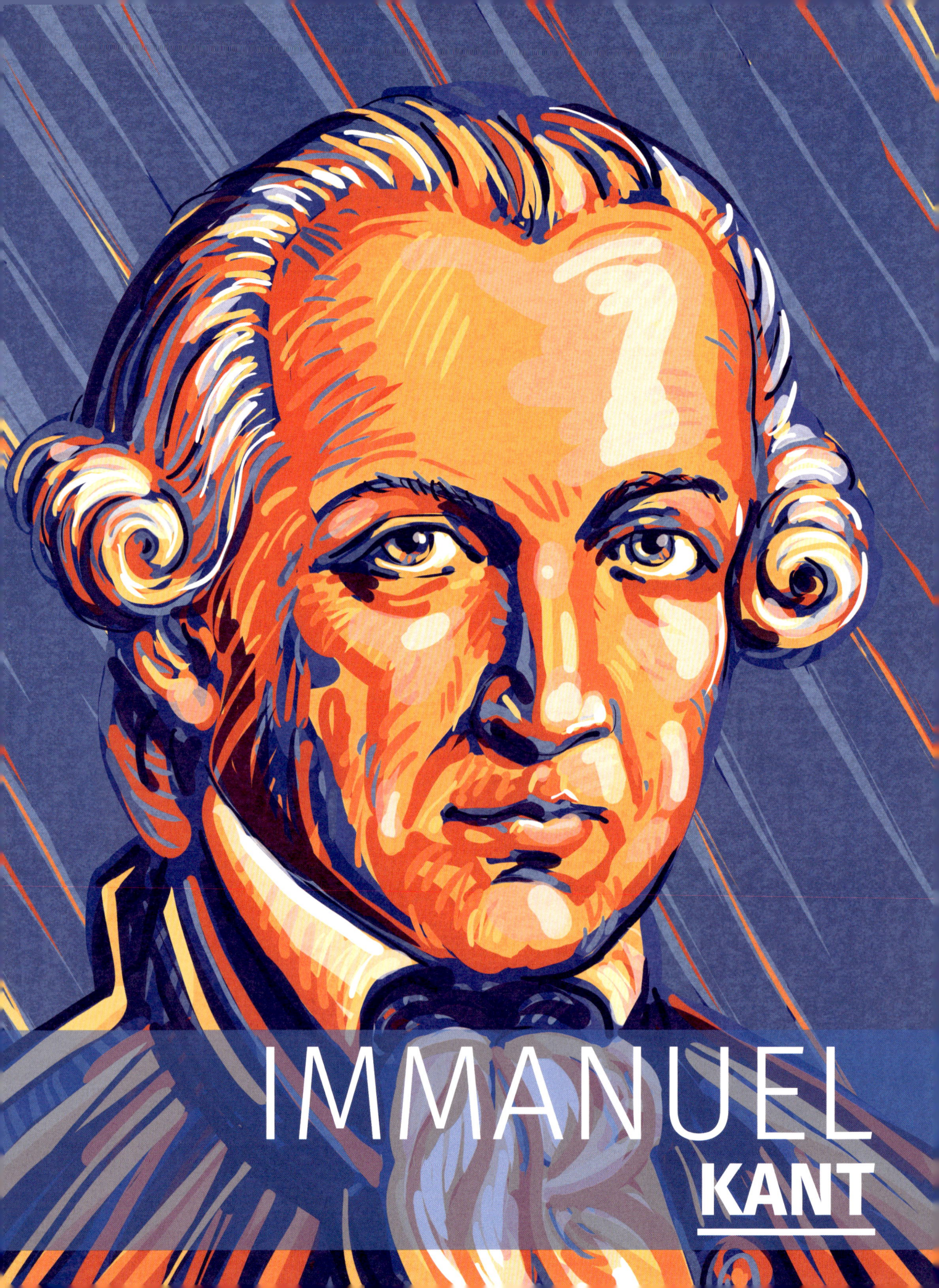

IMMANUEL
KANT

11. IMMANUEL KANT
MYND I FYD KANT

Trosolwg Roedd Immanuel Kant (1724–1804) yn athronydd o'r Almaen ac mae'n cael ei ystyried yn gyffredinol fel yr olaf o feddylwyr mawr yr Ymoleuo. Ysgrifennodd Kant ar bron bob agwedd ar athroniaeth, ond mae'n arbennig o adnabyddus am ei syniadau am ddelfrydiaeth a'i synthesis o ddamcaniaethau gwybodaeth rhesymolaidd ac empirig.

Yn wahanol i lawer o athronwyr ei gyfnod, ganwyd Immanuel Kant i deulu cymharol dlawd ym Mhrwsia (Kaliningrad, Rwsia, erbyn hyn). Fodd bynnag, aeth ymlaen i astudio ac yna addysgu yn y brifysgol leol am fwyafrif helaeth ei yrfa, heb deithio byth ymhell o adref. Roedd diddordebau academaidd Kant yn eang dros ben. Roedd yn darlithio ar bynciau a oedd yn amrywio o fathemateg ac athroniaeth i anthropoleg a daearyddiaeth. Daeth yn enwog fel athronydd yn ystod ei flynyddoedd diwethaf, ar ôl cael ei ysbrydoli'n fawr drwy ailddarllen gwaith yr empirydd David Hume.

Datblygodd Kant sgeptigaeth ar gyfer cyfyngiadau rhesymoliaeth, fel yr hyn roedd Descartes wedi'i gynnig o ran gwybodaeth o'r byd allanol. Roedd hefyd yn ymwybodol o'r problemau yn ymwneud â gwybodaeth o ganlyniad i naid anwythol ac achosiaeth, fel yr oedd sgeptigaeth Hume yn ei fynegi (gweler Pennod 5). O ganlyniad, treuliodd Kant fwy na degawd yn ceisio datrys y cyfyng-gyngor ynghylch gwybodaeth. Arweiniodd hyn at ei syniad mwyaf gwreiddiol a ddaeth yn sail i lawer o ddadleuon athronyddol eraill – ei 'Chwyldro Copernicaidd'. Yn union fel yr oedd Copernicus wedi newid safbwynt drwy brofi bod y Ddaear yn troi o gwmpas yr Haul yn hytrach na'r ffordd arall, felly ceisiodd Kant brofi y byddai atebion athronyddol yn dod i'r golwg drwy'r dull o ddefnyddio cyneddfau meddyliol (y meddwl) o ran profiad drwy'r synhwyrau (canfod drwy ddefnyddio'r synhwyrau) yn hytrach na thrwy brofiad uniongyrchol. Roedd hyn o ganlyniad i'w ddamcaniaeth idealaeth drosgynnol, a oedd yn dweud mai'r unig ffordd o brofi'r realiti allanol (y *noumena*) oedd drwy brofiad drwy'r synhwyrau. Wedyn roedd ein meddyliau ni'n trefnu'r profiad ac yn ei brosesu (y **ffenomenau**). Felly, doedden ni byth yn profi neu yn deall y byd yn union fel yr oedd, heb hidlydd ein meddwl. Roedd y syniad hwn yn sail i bob agwedd ar weithiau diweddaraf Kant (sef ei gyfnod beirniadol, fel y mae'n cael ei alw) a gadawodd waddol parhaol a ddylanwadodd ar athroniaeth Orllewinol fodern am y canrifoedd dilynol.

> **HANFODOL!**
>
> **Noumena** yw'r realiti eithaf, na allwn ni ei gyrchu'n uniongyrchol.
>
> **Ffenomenau** yw ein profiad ni o'r byd, sy'n dod o brosesu profiad drwy'r synhwyrau yn feddyliol.

Syniadau Allweddol Kant

MEWNWELEDIAD

Rhoddodd Kant ganmoliaeth i Hume am ei fod wedi ei ddeffro o 'gwsg dogmataidd' a'i ysbrydoli i amau egwyddorion sefydledig crefydd a gwybodaeth.

GWELLA EICH DEALLTWRIAETH

Gwnewch yn siŵr eich bod chi'n deall pam mae Kant yn credu mai honiad synthetig yw bodolaeth unrhyw beth ac na all fod yn draethiad.

Ar ôl i Kant ddeffro o'i 'gwsg dogmataidd', dechreuodd ar yr hyn sy'n cael ei alw'n 'gyfnod beirniadol' Kant pan ysgrifennodd ei weithiau mwyaf. Yn y bôn, cyfunodd ddulliau empiriaeth a rhesymoliaeth drwy ddadlau bod gwybodaeth yn deillio o brofiadau a hefyd syniadau. At ddibenion manyleb CBAC, fodd bynnag, rydyn ni'n ymwneud yn bennaf â *Critique of Pure Reason* (1781) gan Kant, lle mynegodd ei wrthwynebiadau i ddadleuon ontolegol.

Gwnaeth Kant sawl gwrthwynebiad, ond mae'n bosibl eu deall, yn fras, yn y ddwy ffordd a esbonir isod. Fodd bynnag, cyn trafod y gwrthwynebiadau hyn, mae angen atgoffa ein hunain o sut roedd Kant yn diffinio'r cysyniadau allweddol perthnasol. Ysbrydolwyd Kant gan sut roedd gwybodaeth wedi'i gategoreiddio yn fforc Hume (gweler Pennod 4), ac mae'n categoreiddio *ffynhonnell* gwybodaeth naill ai fel:

- *a priori* – yn annibynnol ar argraffiadau drwy'r synhwyrau a phrofiad, neu
- *a posteriori* – yn deillio o brofiad drwy'r synhwyrau, yn empirig.

Aeth Kant ymlaen i gategoreiddio *ffurf* gwybodaeth fel naill ai:

- dadansoddol – mae'r traethiad (priodwedd) yn gynhenid, h.y. wedi'i gynnwys yn barod yng nghysyniad y testun, neu
- synthetig – dydy'r traethiad (priodwedd) ddim wedi'i gynnwys yng nghysyniad y testun, felly drwy brofiad yn unig y mae'n bosibl ei ffurfio.

HANFODOL!

Synthetig *a priori* yw terminoleg Kant am sut mae'n categoreiddio gwybodaeth *a priori* fel 'dyn dibriod yw hen lanc', sy'n cael ei ffurfio drwy ein profiad o'r term 'hen lanc' a'r hyn y mae'n berthnasol iddo yn y byd allanol.

Aeth Kant ymlaen i wrthwynebu'r ddealltwriaeth draddodiadol bod gwybodaeth *a priori* yn gysylltiedig â ffurf ddadansoddol (canolbwynt rhesymoliaeth), tra bod gwybodaeth *a posteriori* yn gysylltiedig â ffurf synthetig (canolbwynt empiriaeth). Yn hytrach, dadleuodd nad y rhain oedd unig ddulliau gwybodaeth, a bod yna wybodaeth yr oedd yn bosibl ei gwybod, mewn gwirionedd, yn **synthetig *a priori***, hynny yw, gallai fod yna gysyniadau rydyn ni, drwy brofiad, yn dysgu eu bod nhw'n rhai absoliwt a hollgyffredinol. Roedd modd dangos gwirionedd hyn drwy brawf gwrthddywediad. Mae'r rhain yn cynnwys gwybodaeth fathemategol. Mae Kant yn rhoi enghraifft $7 + 5 = 12$. Nid yn y cysyniad y mae gwirionedd honiad o'r fath, felly dydy'r wybodaeth hon ddim yn gallu bod yn ddadansoddol ei ffurf. Mae gwirionedd yr honiad yn ein profiad ni o'r cysyniadau a'r adio.

Drwy gyflwyno trydedd fodd gwybodaeth bosibl, mae Kant yn mynd ymlaen i amau'r hyn yr oedd athronwyr wedi dadlau o'r blaen y gallwn ni ei wybod, gan gynnwys bod Duw yn bodoli drwy ddiffiniad.

Dydy 'Mae Duw yn Bodoli' Ddim yn Ddadansoddol

MEWNWELEDIAD

Gweler y penodau ar Anselm (Pennod 7), Descartes (Pennod 8) a Gaunilo (Pennod 10) i gael mwy o fanylion am eu cyfraniadau neu eu gwrthwynebiadau i'r ddadl ontolegol.

Mae'n amlwg bod Kant yn ymateb i ddadl ontolegol Descartes. Dechreuodd drwy dderbyn dros dro ragosodiad Descartes, sef bod cysyniad Duw fel bod hollol berffaith yn cynnwys priodwedd bodolaeth. Fodd bynnag, lle roedd Descartes yn dadlau y byddai gwrthod bodolaeth Duw, drwy ddiffiniad, yn creu gwrthddywediad rhesymegol, felly rhaid bod Duw yn bodoli'n angenrheidiol, mae Kant yn egluro y bydd hyn ddim ond yn wir *os* yw rhywun yn derbyn bod Duw yn bodoli mewn gwirionedd yn y lle cyntaf. Os ydyn ni'n gwrthod bodolaeth Duw, rydyn ni hefyd yn gwrthod priodwedd bodolaeth, felly does dim gwrthddywediad rhesymegol. Mae Kant yn defnyddio enghraifft triongl Descartes ac yn dadlau, er na allwn ni dderbyn y triongl a gwrthod ei briodwedd o dair ongl heb arwain at wrthddywediad rhesymegol, gallwn ni wrthod y triongl a'i briodweddau hefyd.

Felly, y casgliad mwyaf y gallwn ni ddod iddo, os ydyn ni'n derbyn dadl Descartes, yw *os* yw Duw yn bodoli, yna mae Duw yn bodoli'n angenrheidiol. Mae Kant yn dadlau na allwn ni symud ymlaen o gysyniadau a diffiniadau i realiti (gosodiadau dadansoddol), sydd fel petai'n adlewyrchu hanfod gwrthwynebiad Gaunilo i ddadl ontolegol Anselm: allwn ni ddim diffinio rhywbeth i fodolaeth. I Kant, mae'r honiad bod 'Duw yn bodoli' neu fod unrhyw beth o gwbl yn bodoli, o ran hynny, felly yn osodiad synthetig, ac yn un a fyddai'n gofyn am rywfaint o dystiolaeth er mwyn derbyn y cysyniad *a priori* yn llawn.

Dydy Bodolaeth Ddim yn Draethiad

Mae Kant wedyn yn mynd ymlaen i gwestiynu rhagosodiad Descartes, sef bod y cysyniad neu'r diffiniad o Dduw yn cynnwys bodolaeth fel priodwedd gynhenid. Mae Kant yn dadlau bod bodolaeth 'yn amlwg ddim yn draethiad go iawn' (hynny yw, priodwedd neu ansawdd sy'n gynhenid neu'n hanfodol mewn testun). Dadl Kant yw bod traethiadau yn briodweddau sy'n ychwanegu at ein dealltwriaeth o'r cysyniad. Er enghraifft, mae 'corn' yn draethiad i uncorn, ac mae 'hirgrwn' yn draethiad i bêl rygbi. Mae Kant yn dadlau nad yw ychwanegu 'mae'n bodoli' yn newid ein dealltwriaeth o'r cysyniad mewn unrhyw ffordd. Yn hytrach, rydyn ni ddim ond yn golygu ei bod hi'n bosibl dilysu'r syniad hwn yn y byd go iawn. Mae Kant yn esbonio hyn gydag enghraifft o 100 o ddarnau aur. Gallwn ni ychwanegu at ein dealltwriaeth o gysyniad y darnau aur hyn gyda thraethiadau go iawn: er enghraifft, maen nhw'n grwn o ran siâp ac yn lliw aur. Fodd bynnag, dydy dweud 'maen nhw'n bodoli' ddim yn newid neu'n ychwanegu at ein dealltwriaeth o'r cysyniad mewn unrhyw ffordd. Mae hyn ddim ond yn dweud bod modd dilysu bod y darnau aur yn bodoli yn y byd go iawn.

Mae'n bosibl mynd â'r syniad hwn ymhellach, gyda pharadocs i ddangos sut nad yw bodolaeth yn draethiad gwirioneddol. Ystyriwch y canlynol:

- Mae yna gôt sydd yn goch.
- Mae yna gôt sydd ddim yn goch.

Cymharwch hyn â:

- Mae yna Dduw sydd yn bodoli.
- Mae yna Dduw sydd ddim yn bodoli.

Mae'r pâr cyntaf o osodiadau yn gwneud synnwyr oherwydd bod 'coch' yn draethiad y mae rhywbeth yn gallu bod gydag ef neu fod hebddo. Fodd bynnag, nid yw'r ail bâr yn gwneud synnwyr oherwydd bod y gwrthwyneb i 'yn bodoli' yn creu paradocs lle dywedir bod yna Dduw, ond hefyd nad yw'r Duw hwn yn bodoli. Mae'n bosibl bod heb draethiadau go iawn, a does dim paradocs neu wrthddywediad yn codi.

BETH YW EICH BARN CHI?

Ysgrifennwch eich syniadau chi am ddadleuon Kant ac ewch yn ôl atyn nhw ychydig cyn yr arholiad er mwyn gweld a yw eich safbwyntiau wedi newid.

MEWNWELEDIAD

Credai Kant y byddai pob dadl o blaid bodolaeth Duw yn methu oherwydd bod unrhyw brofion yn perthyn i fyd *noumena*, ac na allwn ni ei gyrchu oherwydd mai byd ffenomenau yn unig rydyn ni'n gallu ei brofi.

MEWNWELEDIAD

Roedd yr athronydd Bertrand Russell yn cefnogi safbwynt Kant. Yn ôl Russell, pan rydyn ni'n dweud bod rhywbeth yn bodoli, rydyn ni'n honni bod modd dangos enghraifft ohono: hynny yw, bod enghreifftiau go iawn ohono yn y byd.

Darllen Kant eich Hun

Mae'r darn canlynol yn dod o waith Kant, *Critique of Pure Reason* (1781), ac mae'n esbonio ei brif wrthwynebiadau i ddadl ontolegol Descartes. Bydd y nodiadau ar ymyl y dudalen yn eich helpu chi i ddeall ei syniadau.

Mae Kant yn golygu nad yw athronwyr wedi cymryd amser i archwilio'n llawn a yw bodolaeth bod o'r fath yn gallu cael ei phrofi'n rhesymegol.	Mae'n amlwg o'r hyn sydd wedi cael ei ddweud mai syniad yn unig yw'r cysyniad o fod hollol angenrheidiol, a dydy ei realiti gwrthrychol ddim wedi cael ei brofi o bell ffordd …
Mae Kant yn deall y pwynt dadansoddol sef, drwy ddiffiniad, na ellir meddwl am y cysyniad o fod o'r fath fel un sydd ddim yn bodoli.	Mae athronwyr bob amser wedi sôn am rhyw fod hollol angenrheidiol. Serch hynny, maen nhw wedi gwrthod mynd i'r drafferth o ddychmygu a yw … hi'n bosibl dangos ei fodolaeth mewn gwirionedd. Mae diffiniad geiriol o'r cysyniad yn sicr yn ddigon hawdd: mae'n rhywbeth y mae ei anfodolaeth yn amhosibl. Ond a yw'r diffiniad hwn
Ystyr 'ystyried' (*cogitate*) yw meddwl yn ddwfn, adfyfyrio neu fyfyrio. Gallai fod yn gyfeiriad cynnil at *Meditations on First Philosophy* gan Descartes.	yn rhoi unrhyw oleuni ar yr amodau sy'n ei gwneud hi'n amhosibl i ystyried (*cogitate*) anfodolaeth rhywbeth? … mae gan driongl dair ongl – y dywedwyd, sy'n hollol
Cyfeiriad penodol at enghraifft Descartes o driongl a sut mae ei hanfod yn cynnwys tair ongl fewnol sy'n gwneud cyfanswm o 180 gradd.	angenrheidiol … Dydy'r cynnig uchod ddim yn dweud bod tair ongl yn bodoli'n angenrheidiol, ond, ar yr amod bod triongl yn bodoli, mae'n rhaid bod tair ongl yn bodoli'n angenrheidiol – ynddo. Ac felly mae'r rheidrwydd rhesymegol hwn wedi bod yn ffynhonnell y rhithdybiau mwyaf. Ar ôl ffurfio cysyniad *a priori* o beth, y cafodd cynnwys y peth ei wneud i groesawu bodolaeth, roedden ni'n credu ein bod yn ddiogel wrth ddod i'r casgliad … bod bodolaeth yn perthyn yn angenrheidiol i wrthrych y cysyniad …
Drwy 'dileu', mae Kant yn golygu gwadu neu wrthod – peidio ag ystyried y traethiad yn ei feddwl o gwbl.	Rwy'n dileu y traethiad wrth feddwl, ac yn cadw'r goddrych, a gwrthddywediad yw'r canlyniad; ac felly rwy'n dweud bod y cyntaf yn perthyn yn angenrheidiol i'r olaf. Ond … mae rhagdybio bodolaeth triongl, a gwrthod ei dair ongl, yn gwrth-ddweud ei
Cyfeiriad arall at ddadl Descartes yma. Er na allwch chi wrthod traethiad ei dair ongl os ydych chi'n derbyn cysyniad y triongl, does dim gwrthddywediad wrth wrthod y cysyniad a'i draethiadau.	hunan. Ond mae tybio anfodolaeth y triongl a'r onglau yn hollol dderbyniol. Ac felly y mae hi gyda'r cysyniad o rhyw fod hollol angenrheidiol. O ddileu ei fodolaeth wrth feddwl, rydych chi'n dileu'r peth ei hun gyda'i holl draethiadau. Sut, felly, gall fod yna unrhyw le i wrthddywediad? …
	Mae'n amlwg nad yw bod yn draethiad go iawn … Mae'r cynnig, bod Duw yn hollalluog, yn cynnwys dau gysyniad, sydd â gwrthrych neu gynnwys penodol. Dydy'r gair 'mae' ddim yn draethiad ychwanegol – y cyfan y mae hyn yn ei wneud yw dangos perthynas y traethiad â'r goddrych. Nawr, os ydw i'n cymryd y goddrych (Duw) gyda'i holl draethiadau (mae hollalluogrwydd yn un), ac yn dweud: Mae Duw, neu, Mae Duw yn bodoli, dydw i ddim yn ychwanegu unrhyw draethiad newydd at gysyniad Duw. Y cyfan rwy'n ei wneud yw rhagdybio neu gadarnhau bodolaeth y goddrych gyda'i
Mae Kant yn defnyddio enghraifft arian i esbonio oherwydd nad yw bodolaeth yn ychwanegu dim byd at gysyniad. Felly, ni all fod yn un o nodweddion cywir y cysyniad. Yn nhermau Duw, mae'n derbyn hollalluogrwydd fel traethiad oherwydd ei fod yn ychwanegu rhywfaint o ddealltwriaeth. Ond mae'n gwrthod bodolaeth oherwydd nad yw'n gwneud hyn.	holl draethiadau – rwy'n rhagdybio'r gwrthrych mewn perthynas â'm cysyniad. Mae cynnwys y ddau yr un peth; a does dim ychwanegiad at y cysyniad … Felly, dydy'r real ddim yn cynnwys mwy na'r posibl. Dydy can doler go iawn ddim yn cynnwys mwy na chan doler posibl.

IMMANUEL KANT

Sut mae Kant yn cael ei Feirniadu

Fe wnaeth Norman Malcolm, yr athronydd o'r unfed ganrif ar hugain (gweler Pennod 9) wrthod beirniadaeth Kant ar ddadleuon ontolegol ar ddau gyfrif:

- Honnodd Malcolm fod bodolaeth angenrheidiol *yn* draethiad.
- Dadleuodd fod Kant yn anghywir i honni bod 'mae Duw yn bodoli' yn synthetig.

Bydd y beirniadaethau hyn a'r rhai eraill sydd wedi'u nodi isod yn eich helpu chi i wneud gwerthusiad o wrthwynebiadau Kant.

Mae bodolaeth yn draethiad. Dadleuodd yr athronydd Stephen T. Davis hefyd fod Kant yn anghywir wrth honni nad yw bodolaeth yn draethiad. Dadl Davis oedd bod bodolaeth yn gallu bod yn briodwedd sy'n ychwanegu at gysyniad, a defnyddiodd enghraifft Kant ei hun i esbonio hyn. Roedd Kant yn dweud nad oedd bodolaeth yn ychwanegu at y cysyniad o'r 100 o ddarnau aur o gwbl. Ond, nododd Davis fod y darnau aur yn bodoli ac o ganlyniad, bod ganddyn nhw 'bŵer prynu'. Maen nhw'n gallu arwain felly at weithredu uniongyrchol a chyfnewid yn y byd go iawn. Felly, mae gwahaniaethau perthnasol rhwng cysyniadau sydd â thraethiad bodolaeth a'r rhai sydd hebddo. Dydy hi ddim yn broblem nad yw'r ymateb hwn i Kant ddim yn dangos bod yn rhaid i'r cysyniad o Dduw gynnwys traethiad, oherwydd bod modd dadlau bod Davis wedi llwyddo i ddangos bod bodolaeth yn gallu bod yn draethiad mewn rhai achosion. Felly mae'n bosibl herio gwrthwynebiad Kant.

Bodolaeth Duw fel honiad synthetig. Roedd athronydd arall, Willard Van Orman Quine, yn gwrthwynebu llawer o ddadleuon Kant, gan gynnwys ei heriau i ddadleuon ontolegol, ar y sail bod Kant yn derbyn profiad wrth ffurfio gwybodaeth. Ar ba sail roedd Kant yn cyfiawnhau ei honiad bod gwybodaeth yn ymwneud â bodolaeth yn synthetig ac felly'n real? Yma, mae'n bosibl amau athroniaeth ehangach sylfaenol Kant (sy'n cael ei galw'n ddelfrydiaeth). Dadl Kant oedd ein bod ni'n caffael gwybodaeth am y byd drwy brofiad trwy'r synhwyrau, o'r enw ffenomenau. Wedyn, rydyn ni'n defnyddio rheswm (ein meddwl) i wneud synnwyr o'r ffenomenau hyn. O dan a thu ôl i'r ffenomenau, fodd bynnag, mae'r '*noumena*', nad ydyn ni byth yn gallu cael profiad uniongyrchol ohonyn nhw. Felly, mae rôl profiad yn bwysig iawn yn athroniaeth Kant, a dyma pam roedd ef yn credu bod bodolaeth Duw yn honiad synthetig. Ond pa brawf oedd gan Kant er mwyn rhoi'r fath arwyddocâd i brofiad wrth ffurfio gwybodaeth? Os yw Quine yn gywir a bod modd amau rôl profiad, ar ba sail y mae Kant yn gallu dadlau mai trwy brofiad yn unig y mae'n bosibl gwybod honiadau am fodolaeth?

Mae athroniaeth Kant yn anghydlynol. Yn ei *Critique of Pure Reason*, mae Kant yn gwrthod dadleuon *a priori* o blaid bodolaeth Duw, gan ei fod yn credu mai honiad synthetig yw bodolaeth yn hytrach na honiad rhesymegol. Fodd bynnag, yn ei athroniaeth foesol, sy'n aml yn cael ei galw'n foeseg Kantaidd, dadl Kant oedd bod Duw yn un o'r cynosodiadau angenrheidiol, rhywbeth rydyn ni'n tybio ei fod yn wir fel sail i resymu. Mae'n rhaid derbyn y 'rhywbeth' hwn fel sail resymegol i'r ddeddf foesol, sydd wedyn yn gallu cael ei gwybod *a priori*. Ond ar ba sail y mae Kant yn gwrthod honiadau ontolegol fod modd gwybod bodolaeth Duw yn rhesymegol, ond mae'n dadlau bod modd gwybod y ddeddf foesol yn rhesymegol oherwydd bodolaeth Duw? Mae'n ymddangos bod Kant yn defnyddio'r union resymeg y mae'n ei gwrthod mewn dadleuon ontolegol i gyfiawnhau ei athroniaeth foesol. Os oes modd dangos bod athroniaeth Kant yn ei chyfanrwydd yn anghydlynol, yna mae'n bosibl amau dilysrwydd ei heriau i ddadleuon ontolegol.

Gwallau Cyffredin

Cadwch wrthwynebiadau Kant ar wahân i'w gilydd. Os bydd cwestiwn penodol am heriau Kant i ddadleuon ontolegol, yna dylech chi fanylu mwy ar ei wrthwynebiadau gwahanol. Yng ngwrthwynebiad cyntaf Kant, fe wnaeth dderbyn, i ddechrau, ragosodiad Descartes bod y cysyniad o Dduw yn cynnwys bodolaeth, er mwyn gwrthod wedyn y cysyniad ac unrhyw briodweddau. Mae hyn yn wahanol iawn i ail wrthwynebiad Kant, lle dywedodd yn blwmp ac yn blaen nad yw bodolaeth yn rhywbeth sy'n gallu cael ei gynnwys ym mhriodwedd cysyniad. Os gallwch chi ddangos eich bod chi'n deall yn llawn y gwahaniaeth rhwng gwrthwynebiadau Kant a sut maen nhw'n gweithio, byddwch chi'n gallu dangos y wybodaeth a'r ddealltwriaeth sydd eu hangen ar gyfer y bandiau uchaf.

Cofiwch ddefnyddio enghreifftiau. Wrth drafod syniadau Kant, eglurwch gyda'r enghreifftiau a ddefnyddiodd Kant a'ch rhai chi eich hun, er mwyn dangos eich gwybodaeth a'ch dealltwriaeth yn well. Defnyddiodd Kant enghraifft Descartes, sef triongl a'i dair ochr i ddangos, er na allwch chi wrthod cysyniad y triongl heb yr onglau, y gallwch chi wrthod y triongl ynghyd â'i dair ongl. Felly hefyd, defnyddiodd Kant enghraifft y 100 o ddarnau aur i ddangos sut mae'r cysyniad o 100 o ddarnau aur yn y meddwl ac mewn bywyd go iawn ddim yn newid os ydyn ni'n ychwanegu bodolaeth. Mae enghreifftiau yn gallu helpu hefyd wrth i chi werthuso, er enghraifft, pan mae Davis yn cyfeirio at 'bŵer prynu' 100 o ddarnau aur sy'n bodoli go iawn o'u cymharu â 100 o ddarnau aur sydd ddim yn bodoli.

Peidiwch â meddwl bod Kant yn credu bod modd profi bodolaeth Duw go iawn yn synthetig. Roedd Kant yn dadlau mai honiad synthetig oedd bodolaeth Duw, oherwydd ei fod yn credu bod gwybodaeth o'r byd yn gorfod deillio o brofiadau drwy'r synhwyrau (ffenomenau) y mae'r meddwl yn eu trefnu'n ddiweddarach drwy reswm. Credai Kant mai yn synthetig yn unig yr oedd modd gwybod bodolaeth unrhyw beth, yn gyffredinol. Credai fod ffydd (credu yn Nuw) yn annibynnol ar reswm, ac na allwn ni byth wybod yn uniongyrchol y realiti allanol y tu allan i'n meddyliau, gan na allwn ni gyrchu'r *noumena* yn uniongyrchol.

GWELLA EICH DEALLTWRIAETH

1. Rhannwch dudalen yn ddwy golofn. Darllenwch drwy 'Syniadau Allweddol Kant' a gwnewch nodiadau yn y golofn ar y chwith am bob beirniadaeth sydd ganddo ar ddadleuon ontolegol. Yn y golofn ar y dde, nodwch pa rannau o ddadleuon ontolegol gwahanol y mae'n bosibl cymhwyso beirniadaeth Kant atyn nhw. Ychwanegwch fanylion ynghylch sut gallai rhywun amddiffyn unrhyw agweddau ar y dadleuon ontolegol sy'n cael eu herio.

2. Ysgrifennwch baragraff i grynhoi'r hyn yr oedd Kant yn ei olygu wrth 'dydy bodolaeth ddim yn draethiad go iawn'. Yna, ysgrifennwch un cyfiawnhad o'i safbwynt ac un gwrthwynebiad iddo. Yn olaf, dewch i gasgliad eich o ran pa un yw'r safbwynt cryfaf – y cyfiawnhad neu'r feirniadaeth – a pham. Bydd hyn yn eich helpu chi i ateb cwestiwn AA2 ar y maes hwn.

CREU EICH CWESTIWN EICH HUN

Darllenwch y bennod hon a defnyddiwch eiriau gorchymyn fel 'esboniwch' neu 'archwiliwch' i greu eich cwestiynau AA1 eich hun. Ar gyfer cwestiwn AA2, gwnewch osodiad unochrog am lwyddiant dadleuon ontolegol neu'r heriau iddyn nhw, rhowch y gosodiad hwn rhwng dyfynodau, ac yna ysgrifennwch, 'Gwerthuswch y safbwynt hwn.'

Arweiniad ar yr Arholiad AA1

Efallai y bydd gofyn i chi amlinellu (UG yn unig), esbonio neu archwilio unrhyw agwedd ar y fanyleb. Mae cwestiwn amlinellu yn gofyn am ateb mwy eang na chwestiwn archwilio, a fyddai'n gofyn am fwy o ddyfnder. Er enghraifft, byddai cwestiwn archwilio sy'n ymwneud â heriau Kant i'r ddadl ontolegol yn gofyn am fwy o fanylion am ei feirniadaethau gwahanol, i gyferbynnu â chwestiwn amlinellu ehangach sy'n ymwneud â heriau mwy cyffredinol i ddadleuon ontolegol. Yn yr achos olaf, byddai'n fwy cryno i roi sylw i'w wrthwynebiad i ddadleuon *a priori* a dadansoddol mewn ffordd fwy thematig, ymysg heriau eraill.

Gallech chi gael cwestiwn am ddatblygiad dadleuon ontolegol. Yma, byddai'n berthnasol cyfeirio at Kant yn unig mewn perthynas â sut datblygodd Malcolm y ddadl ontolegol o Descartes ac Anselm wrth ymateb i feirniadaethau Kant, gan ei fod yn credu bod Kant wedi methu dangos nad oedd bodolaeth angenrheidiol yn draethiad. Fodd bynnag, bydd angen i chi ddethol y deunydd sy'n berthnasol i'r cwestiwn penodol sy'n cael ei ofyn.

Arweiniad ar yr Arholiad AA2

Byddai cyfeirio at heriau Kant i'r ddadl ontolegol yn berthnasol mewn cwestiwn gwerthuso sy'n ymwneud â dadleuon ontolegol, dadleuon *a priori* neu ddiddwythol, neu'r heriau iddyn nhw. Yn dibynnu ar y cwestiwn, gallech chi werthuso pa mor llwyddiannus yw beirniadaethau Kant ar ddadl Descartes a goblygiadau ehangach y beirniadaethau hyn i ddadleuon *a priori* a diddwythol. Gallech chi bwyso a mesur y llwyddiannau hyn yn erbyn ymateb Malcolm i Kant ac a yw Malcolm yn llwyddo i osgoi'r beirniadaethau hyn gyda'i ddadl foddol ai peidio. Hefyd, a oedd Malcolm yn gywir i ddweud bod Kant wedi gwneud gwall wrth ddweud y gallai wrthod y cysyniad o Dduw ynghyd â'r syniad bod y cysyniad yn cynnwys bodolaeth angenrheidiol? A fethodd Kant ddangos nad yw bodolaeth angenrheidiol yn draethiad? Ac a oedd Kant yn llwyddiannus wrth ddweud bod 'mae Duw yn bodoli' yn osodiad dadansoddol yn hytrach nag yn osodiad synthetig fel yr oedd Malcolm yn ei ddadlau?

Hefyd, ystyriwch fod Kant yn aml yn cael ei ystyried yn rhywun nad oedd yn credu ei bod hi'n bosibl dangos bodolaeth Duw drwy ddadl resymegol o gwbl, ac na ddylid gwneud hynny. Pa ragfarn allai hynny ei rhoi i'w safbwyntiau ar ddadleuon ontolegol?

12. EPICURUS

MYND I FYD EPICURUS

Trosolwg Roedd Epicurus (341–270ccc) yn athronydd yn yr Hen Roeg acef oedd sylfaenydd Epicuriaeth. Does dim llawer o'i waith ar ôl, heblaw am gyfeiriadau ato yng ngweithiau pobl eraill. Mae ffurf gynharaf 'problem drygioni' wedi'i phriodoli iddo ef.

■ **MEWNWELEDIAD**

Rydyn ni'n gwybod bod Epicurus wedi bod yn ysgrifennwr toreithiog. Fodd bynnag, yn anffodus, dim ond ychydig iawn o'i waith a oroesodd oherwydd i'w destunau gael eu colli ac oherwydd bod y Cristnogion, a ddaeth wedyn, yn erbyn ei syniadau - syniadau a oedd yn cael eu gweld, yn aml, fel atheïstiaeth go amlwg.

■ **AWGRYM**

Mae'n amhosibl gwahanu meddylwyr oddi wrth eu hoes. Fel rhywun o'r Hen Roeg, roedd Epicurus yn byw mewn cyfnod cyn Cristnogaeth, ac nid oedd yn ysgrifennu am Dduw theïstiaeth glasurol.

HANFODOL!

Mae dadl Epicurus ar ffurf **trilema**, sy'n golygu dewis anodd rhwng tri opsiwn, gyda phob un ohonyn nhw'n annerbyniol yn yr achos hwn.

Epicurus oedd sylfaenydd y mudiad athronyddol seciwlar (anghrefyddol) o'r enw Epicuriaeth. Fel empirydd, roedd Epicurus yn fateroliaethwr atomig ac roedd yn deall y byd drwy fodel hollol fecanistig. Credai fod popeth yn y byd – gan gynnwys yr enaid dynol – wedi'i wneud o ronynnau bach o'r enw atomau. O ganlyniad, doedd Epicurus ddim yn credu yn anfarwoldeb yr enaid neu mewn unrhyw ffurf ar fywyd ar ôl marwolaeth, neu fod y duwiau'n gallu ymyrryd ym materion dynol mewn unrhyw ffordd. Felly, i Epicurus, roedd credoau crefyddol yn amherthnasol ac yn ddiangen. Yn hytrach, roedd ei athroniaeth yn canolbwyntio ar sut dylai bodau dynol fyw a chael hapusrwydd yn eu bywydau.

Syniadau Allweddol Epicurus

■ **GWELLA** EICH **DEALLTWRIAETH**

Gwnewch yn siŵr eich bod chi'n deall sut mae'n bosibl defnyddio tri chwestiwn Epicurus i herio bodolaeth Duw theïstiaeth glasurol.

Problem Glasurol Drygioni

Yn ei *Dialogues Concerning Natural Religion* (1779), mae David Hume yn priodoli ffurf gynharaf a ffurf glasurol problem drygioni i Epicurus. Fodd bynnag, does dim cofnod ohono'n amlwg yn yr ychydig sydd ar ôl o ysgrifeniadau Epicurus. Hefyd, mae Hume yn dibynnu ar ysgrifeniadau'r apolegydd Cristnogol Lactantius (ysgolhaig Cristnogol o'r drydedd ganrif) am y priodoliad hwn.

Mae problem drygioni Epicurus yn aml yn cael ei galw'n 'baradocs Epicurus' ac aeth Hume ati i'w chrynhoi fel **trilema** rhesymegol fel hyn:

Dydy hen gwestiynau Epicurus ddim wedi'u hateb eto.

1. A yw ef (Duw) yn fodlon atal drygioni, ond nid yw'n gallu? Yna, mae'n analluog.
2. A yw'n gallu, ond nid yw'n fodlon? Yna, mae'n faleisus.
3. A yw'n gallu ac yn fodlon? O ble daw drygioni, felly?

Fel y soniwyd yn barod, mae Hume yn defnyddio dadl Epicurus i greu dadl resymegol ddiddwythol ac *a priori* yn erbyn bodolaeth Duw theïstiaeth glasurol gyda'r nodweddion cysylltiedig, sef hollalluogrwydd a hollraslonrwydd (natur hollgariadus). Dydy Hume ddim yn dweud beth yw'r casgliad, ond drwy ddiddwytho, rydyn ni'n dod at y canlynol: felly dydy Duw ddim yn gallu bodoli gyda'r rhinweddau sydd wedi cael eu tybio.

Deall Safbwynt Epicurus

Yr hyn rydyn ni yn ei wybod o ysgrifeniadau Epicurus yw ei fod wedi dweud bod duwiau yn bodoli, ond mewn agwedd wahanol ar y cosmos, mewn cyflwr tragwyddol o dawelwch, a'u bod yn gwybod dim amdanon ni a'n dioddefaint. Yn y cyd-destun hwn, byddai'n bosibl deall ei ddadl fel un sy'n herio ofergoeledd a chredoau crefyddol ei oes, sef bod y duwiau yn ymyrryd yn y byd, y dylen ni eu seboni drwy eu haddoli, ac ofni eu dicter.

Hyd yn oed yn ystod oes Epicurus, roedd beirniaid yn amau didwylledd ei safbwynt ar natur y duwiau. Roedd llawer yn gweld ei fod yn cuddio ei atheïstiaeth y tu ôl iddo. Er enghraifft, o gofio ei ymagwedd fateroliaethol at y byd, byddai'r cysyniad o unrhyw fodau anfarwol yn anghydlynol. Felly, efallai fod dehongliad mwy llythrennol o'i broblem drygioni yn gywir.

Yr hyn sy'n eglur, fodd bynnag, yw bod Hume yn defnyddio dadl Epicurus, nid i ddadlau'n blwmp ac yn blaen nad yw Duw yn bodoli, ond fod tystiolaeth er mwyn herio'r ddadl ddylunio. Wedyn, mae Hume yn dod i'r casgliad ei bod hi'n bosibl cefnogi cred mewn Duw'r dylunydd, ond nid mewn Duw hollgariadus theïstiaeth glasurol.

Darllen Epicurus eich Hun

Mae'r darn canlynol yn dod o waith Lactantius, *On the Anger of God*, ac yn esbonio problem drygioni fel y mae wedi'i phriodoli i Epicurus. Bydd y nodiadau ar ymyl y dudalen yn eich helpu chi i ddeall ei syniadau.

> Mae Duw, y mae ef yn dweud, naill ai'n dymuno cael gwared ar ddrygioni, ac mae'n methu; neu mae Ef yn gallu, ac yn anfodlon; neu mae Ef yn anfodlon ac hefyd yn methu, neu mae Ef yn fodlon ac hefyd yn gallu. Os yw Ef yn fodlon ac yn methu, mae Ef yn wan, a dydy hynny ddim yn unol â chymeriad Duw; os yw Ef yn gallu ac yn anfodlon, mae Ef yn eiddigeddus, sydd eto'n groes i Dduw; os yw Ef yn anfodlon ac hefyd yn methu, mae Ef yn eiddigeddus ac yn wan, ac felly nid Duw yw Ef; os yw'n fodlon ac yn gallu, sef yr unig rai sy'n addas i Dduw, o ble wedyn y mae drygioni'n dod? Neu pam nad yw Ef yn cael gwared arno?

Sut mae Epicurus yn cael ei Feirniadu

Fel paradocs rhesymegol (gosodiad sy'n gwrth-ddweud ei hunan) sy'n dibynnu ar resymu diddwythol, mae'n bosibl ystyried bod dadl Epicurus yn rhy syml, ac yn hawdd ei gwrthod. Er enghraifft, ystyriwch dri chwestiwn Epicurus.

A yw Duw'n fodlon atal drygioni, ond nid yw'n gallu? Yna mae'n analluog, yn ôl *On the Anger of God* gan Lactantius. Dydy hyn ddim o reidrwydd yn wir, oherwydd efallai nad yw hi'n rhesymegol bosibl i ddaioni fodoli heb ddrygioni. Felly, er bod Duw'n methu atal drygioni, does dim angen i hyn gyfyngu ar ei hollalluogrwydd. Mae Richard Swinburne yn dadlau y dylen ni ddeall hollalluogrwydd Duw fel rhywbeth sydd wedi'i gyfyngu gan yr hyn sy'n bosibl yn rhesymegol.

A yw Duw'n gallu, ond nid yw'n fodlon? Yna, mae'n faleisus. Dydy hyn ddim o reidrwydd yn wir, oherwydd efallai fod gan Dduw resymau da dros ganiatáu drygioni. Er enghraifft, mae Sant Irenaeus a John Hick (gweler Pennod 16) wedi cyflwyno dadleuon sy'n amddiffyn Duw.

MEWNWELEDIAD

Mae problem resymegol drygioni yn *a priori*, oherwydd ei bod yn defnyddio rheswm yn hytrach na thystiolaeth, ac mae'n *ddiddwythol* oherwydd bod y canlyniad yn dilyn yn rhesymegol o'r rhagosodiadau.

MEWNWELEDIAD

Weithiau, mae pobl yn tybio bod dadl Epicurus, o leiaf fel mae Hume yn ei chyflwyno, yn ddadl yn erbyn bodolaeth Duw (neu dduwiau), ond dydy hyn ddim o reidrwydd yn wir.

Wrth 'ef', mae Lactantius yn golygu Epicurus. Ond cofiwch, Lactantius sy'n cymhwyso dadl Epicurus at Dduw theïstiaeth glasurol.

Wrth 'gwan', mae Lactantius yn golygu heb rym, felly ddim yn hollalluog.

Wrth 'eiddigeddus', mae Lactantius yn golygu peidio â dymuno daioni i eraill, felly ddim yn hollgariadus.

SGILIAU GWERTHUSO

Gallwch chi roi mwy o ddyfnder i ateb i gwestiwn gwerthuso am ysgolhaig bob amser drwy ddangos ymwybyddiaeth o sut mae meddylwyr eraill wedi cymryd safbwyntiau gwahanol.

A yw Duw'n gallu ac yn fodlon? O ble daw drygioni, felly? Mae'n bosibl gwrthod hyn mewn llawer o ffyrdd gwahanol. Er enghraifft, mewn Bwdhaeth Mahayana, mae dioddefaint yn cael ei ystyried yn rhith, ac yn *In the Defence of God* gan Awstin Sant, mae'n dadlau nad rhywbeth go iawn yw drygioni ond diffyg daioni.

Fel dadl ddiddwythol, os yw'n bosibl gwrthod unrhyw un o gwestiynau Epicurus (y mae Hume yn eu cyflwyno fel rhagosodiadau), yna mae'r casgliad yn methu.

Gwallau Cyffredin

Peidiwch â drysu rhwng Epicurus a J. L. Mackie (gweler Pennod 13). Fe wnaeth Mackie ddatblygu problem glasurol drygioni Epicurus, a phwysleisio ei natur ddiddwythol ac *a priori* o ddisgrifiad Hume ohoni. Fodd bynnag, mae pobl yn deall bod ffurf Epicurus yn bennaf yn herio'r gred grefyddol bod Duw/duwiau wedi'u cymell i ymyrryd yn y byd, a'u bod yn ddigon pwerus i wneud hynny. Mae disgrifiad Hume o ddadl Epicurus yn nodi maint y dioddefaint y mae bodau dynol yn ei brofi, nid yn unig dan ddwylo ein gilydd (drygioni moesol) ond hefyd dan ddwylo'r dylunydd tybiedig (drygioni naturiol). Felly, mae problem glasurol drygioni yn cael ei chyflwyno fel dadl yn erbyn dadleuon dylunio o blaid bodolaeth Duw.

GWELLA EICH DEALLTWRIAETH

1. Ysgrifennwch eich esboniad eich hun o ffurf glasurol Epicurus ar broblem drygioni. Sicrhewch eich bod yn diffinio'r termau allweddol ac yn rhoi'r cyd-destun ar gyfer sut cymhwysodd Hume ei ddadl yn ddiweddarach at Dduw theïstiaeth glasurol.
2. Lluniwch dabl â thair colofn. Yn y golofn gyntaf, nodwch tri chwestiwn trilema Epicurus. Yn y golofn ganol, nodwch atebion posibl i bob un o'r cwestiynau hyn. Yn y golofn olaf, ysgrifennwch eich barn chi. A yw hi'n bosibl amddiffyn Epicurus neu a yw'r atebion yn fwy perswadiol?

Arweiniad ar yr Arholiad AA1

Mewn cwestiwn rhan a) gallai fod gofyn i chi ysgrifennu am broblem drygioni, naill ai'n gyffredinol neu'n benodol o ran ffurf glasurol Epicurus ar y broblem. Yn dibynnu ar y dyfnder sydd ei angen ar gyfer y cwestiwn, gallai fod yn fuddiol sôn am drilema Epicurus fel y mae Hume yn ei gyflwyno, a sut mae goblygiadau pob un o'i gwestiynau, o'u derbyn, yn arwain at y casgliad rhesymegol nad yw hi'n bosibl i dduw sydd â rhinweddau hollalluogrwydd a hollraslonrwydd fodoli i ymyrryd yn y byd.

Arweiniad ar yr Arholiad AA2

Mewn cwestiwn gwerthuso rhan b) sy'n ymwneud â ffurf glasurol problem drygioni, gallai fod yn fanteisiol ymateb yn thematig, gan bwyso a mesur pa mor llwyddiannus y mae'r ymatebion a'r theodiciaethau (dadleuon i amddiffyn Duw) yn gallu gwrthod tri chwestiwn Epicurus. Yn ei dro, byddai hyn yn tanseilio natur ddiddwythol a rhesymegol y ddadl. Hefyd, mae'n werth cofio, gan fod y ddadl yn *a priori* ac yn ymwneud â deall nodweddion Duw a'r paradocs ymddangosiadol y mae hyn yn ei greu, nad yw problem drygioni yn broblem os nad yw rhywun yn credu yn Nuw.

13. J. L. MACKIE
MYND I FYD MACKIE

Trosolwg Roedd John Leslie Mackie (1917–81) yn athronydd o Awstralia a astudiodd yng Ngholeg Oriel, Rhydychen, cyn dod yn athro ei hun. Mae Mackie yn adnabyddus am gyfrannu at foeseg ac athroniaeth crefydd, ac am amddiffyn atheïstiaeth yn gadarn.

Ar ôl graddio o Goleg Oriel, gwasanaethodd J. L. Mackie ym Myddin Prydain yn ystod yr Ail Ryfel Byd. Ar ôl dod yn ôl, dychwelodd i'r byd academaidd gydag atheïstiaeth amlwg a ddaeth yn eglur ym mhob agwedd ar ei athroniaeth. Erbyn 1955, roedd Mackie wedi dod yn athro prifysgol, ac ar ôl rhai blynyddoedd yn Seland Newydd ac Awstralia, ymgartrefodd yn y DU, lle arhosodd tan iddo farw. Yn ogystal â'i gyfraniad ar bynciau athronyddol fel problem drygioni, mae Mackie yn arbennig o adnabyddus am ei sgeptigaeth foesol ac am wrthod unrhyw werthoedd moesol gwrthrychol.

Syniadau Allweddol Mackie

GWELLA EICH DEALLTWRIAETH

Gwnewch yn siŵr eich bod chi'n deall sut mae Mackie yn defnyddio'r triawd anghyson i ddangos bod credu yn Nuw theïstiaeth glasurol yn afresymegol.

Problem Drygioni

Mewn erthygl a ysgrifennodd yn 1955, fe wnaeth Mackie ail-lunio trilema problem drygioni Epicurus (gweler Pennod 12) fel 'y triawd anghyson', a'i dangos fel hyn:

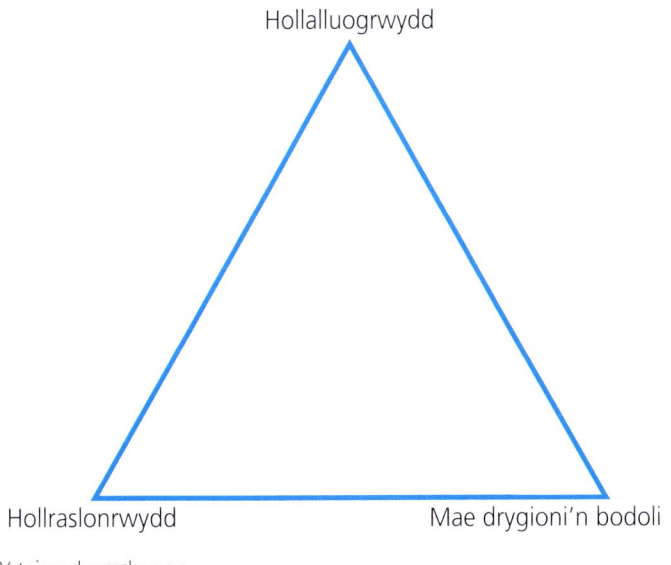

Hollalluogrwydd

Hollraslonrwydd — Mae drygioni'n bodoli

Y triawd anghyson

Mae pob cornel o'r triongl yn gwneud gosodiad, ac roedd Mackie yn dadlau nad oedd hi'n bosibl credu bod pob un ohonyn nhw'n wir. Fel arall, gwrthddywediad rhesymegol fyddai'r canlyniad.

- Mae Duw yn hollalluog.
- Mae Duw yn hollol dda (hollgariadus).
- Mae drygioni'n bodoli.

Petai Duw yn hollalluog, ac wrth hynny roedd Mackie'n golygu bod ganddo'r pŵer i wneud unrhyw beth o gwbl, gallai Duw fod wedi creu'r byd heb ddrygioni ynddo. Petai Duw yn hollol dda, fe fyddai eisiau atal drygioni. Eto i gyd, mae'n amhosibl gwadu bod yna ddrygioni mewn gwirionedd. Felly, dydy Duw ddim yn gallu bod yn hollalluog ac yn hollgariadus. Mae'r triawd yn anghyson.

MEWNWELEDIAD

Mae dadl Mackie yn ddiddwythol ac *a priori*, oherwydd bod ei gasgliad yn dilyn yn rhesymegol o'i ragosodiadau, gan ddefnyddio rhesymeg ynglŷn â'r syniadau'n unig.

Deall Safbwynt Mackie

Er mwyn osgoi ei broblem drygioni, esboniodd Mackie fod yn rhaid ystyried bod un o osodiadau'r triawd yn anghywir a chael gwared arno. Yn wahanol i Epicurus a David Hume, aeth Mackie ati wedyn i archwilio'r ffyrdd posibl o amddiffyn Duw theïstiaeth glasurol ac i ymateb iddyn nhw. Fodd bynnag, daeth i'r casgliad bod yr 'atebion ffug' hyn i gyd yn annilys, oherwydd yn y pen draw, dim ond *ymddangos* fel eu bod yn gwrthbrofi'r broblem y maen nhw. Mewn gwirionedd, maen nhw *yn* cael gwared ar un o bwyntiau'r triawd. Er enghraifft:

Amddiffyniad: mae diben mwy a mwy cariadus i ddrygioni.

Ymateb Mackie: os yw drygioni'n achos angenrheidiol er mwyn cael effaith gariadus – er enghraifft, cyfle i ddatblygu cymeriad moesol – yna Duw fel y creawdwr hollalluog a greodd y drefn achosol hon a dydy e ddim yn hollol dda. Neu, mae Duw wedi'i gyfyngu gan drefn achosol wedi'i rhagordeinio a dydy e ddim yn gallu ei newid hi, felly dydy ef ddim yn hollalluog.

AWGRYM

I gael mwy o fanylion am y ffyrdd o amddiffyn Duw, gweler Pennod 16.

HANFODOL!

Twyllresymeg dilema ffug yw lle mae dau opsiwn yn unig yn cael eu cyflwyno, ond mewn gwirionedd, mae o leiaf un arall sydd heb gael sylw.

MEWNWELEDIAD

Yr enw ar y dull sy'n ystyried bod ewyllys rydd ddynol yn gydnaws â Duw sydd â gwybodaeth ddwyfol o'r dyfodol (hollwybodus) yw 'Cydnawsiaeth ddiwinyddol'.

Ac eto:

Amddiffyniad: dydy drygioni ddim yn cael ei achosi gan Dduw ond gan ewyllys rydd ddynol, sy'n fwy cariadus na byd heb ewyllys rydd.

Ymateb Mackie: twyllresymeg dilema ffug yw hyn. Mae llawer o unigolion, oherwydd eu cymeriad, a roddwyd gan Dduw, yn gwneud dewisiadau da ar lawer o achlysuron, felly pam na allai Duw, gyda'i hollalluogrwydd, sicrhau bod gan bob bod dynol y gallu i wneud dewisiadau da yn rhydd drwy'r amser?

Mae Mackie'n cloi, drwy dynnu sylw at yr holl ffyrdd o amddiffyn Duw sy'n datgelu anghysondeb hollalluogrwydd. Hynny yw, mae hollalluogrwydd Duw yn mynd yn afresymegol, gan fod Duw, yn y pen draw, yn cael ei gyfyngu wrth greu rhywbeth nad yw'n gallu ei reoli wedyn:

- Mae Duw yn creu bodau dynol ond yn rhoi ewyllys rydd iddyn nhw, fel nad oes ganddo bŵer drostyn nhw mwyach.
- Mae Duw yn creu'r byd gyda deddfau rhesymeg a natur y mae ef, wedyn, yn rhwym iddyn nhw.

BETH YW EICH BARN CHI?

Ysgrifennwch eich syniadau chi am ddadleuon Mackie ac ewch yn ôl atyn nhw ychydig cyn yr arholiad er mwyn gweld a yw eich safbwyntiau wedi newid.

Darllen Mackie eich Hun

Mae'r darn canlynol yn dod o erthygl Mackie, 'Evil and Omnipotence' (1955).

> **TASG**
>
> Darllenwch Mackie eich hun yn y darn isod. Bydd y nodiadau ar ymyl y dudalen yn eich helpu chi i ddeall ei syniadau.

Yma mae'n bosibl dangos, nid bod credoau crefyddol heb gefnogaeth resymegol, ond eu bod nhw'n hollol afresymegol … rhaid bod y diwinydd … bellach yn barod i gredu, nid yn unig yr hyn y mae'n amhosibl ei brofi, ond yr hyn sy'n gallu cael ei wrthbrofi o gredoau eraill sydd ganddo hefyd …

Mae problem drygioni … yn broblem ddim ond i rywun sy'n credu bod yna Dduw yn bodoli sydd yn hollalluog ac yn hollol dda hefyd. Ac mae'n broblem resymegol … nid yn broblem wyddonol a allai gael ei datrys drwy arsylwadau pellach …

Ar ei ffurf symlaf, dyma'r broblem: Mae Duw yn hollalluog; Mae Duw yn hollol dda; ac eto i gyd, mae drygioni'n bodoli. Mae'n ymddangos fel petai rhyw wrthddywediad rhwng y tri gosodiad hyn, yn y fath fodd petai unrhyw ddau ohonyn nhw'n wir, byddai'r trydydd yn anwir …

Mae'n amlwg ei bod hi'n bosibl datrys hyn … os yw rhywun yn rhoi'r gorau i o leiaf un o'r gosodiadau. Os ydych chi'n barod i ddweud nad yw Duw yn hollol dda, neu ddim yn hollol hollalluog, neu nad yw drygioni'n bodoli … neu bod yna gyfyngiadau i'r hyn y gall peth hollalluog ei wneud, yna fydd problem drygioni ddim yn codi i chi …

O'r atebion a gynigiwyd i broblem drygioni yr ydyn ni wedi edrych arnyn nhw, does dim un wedi gwrthsefyll beirniadaeth.

Nodiadau ymyl:

< Felly, mae dadl Mackie yn *a priori* ac yn ddiddwythol, gan ei bod yn ymwneud yn unig â rhesymu o'r pwyntiau a nodwyd.

< Mae problem drygioni Mackie yn broblem *yn unig* i grediniwr sy'n amddiffyn hollalluogrwydd a hollraslonrwydd Duw.

< Diddwythol ac *a priori*. Mae dadl Mackie yn ceisio dangos ei bod hi nid yn unig yn annhebygol bod Duw hollalluog a hollgariadus yn bodoli, ond ei bod hi'n rhesymegol amhosibl.

< Gallwch chi weld sut mae hyn wedi'i ddatblygu o drilema Epicurus fel mae Hume yn ei gyflwyno.

< Yr unig ffordd i ddatrys y broblem yw cael gwared ag un o bwyntiau'r triawd.

< Mae Mackie yn edrych ar lawer o atebion posibl, ac mae sylw i rai ohonyn nhw yn y bennod hon. Cewch ddarllen mwy yn erthygl Mackie ei hun, sydd ar gael am ddim ar-lein.

Sut mae Mackie yn cael ei Feirniadu

SGILIAU GWERTHUSO

Gallwch chi roi mwy o ddyfnder i ateb i gwestiwn gwerthuso am ysgolhaig bob amser, drwy ddangos ymwybyddiaeth o sut mae meddylwyr eraill wedi cymryd safbwyntiau gwahanol.

Dydy hollalluogrwydd ddim yn ddiderfyn. Mae theïstiaid wedi deall ers amser nad yw hollalluogrwydd Duw yn golygu'r gallu i wneud yr hyn sy'n amhosibl yn rhesymegol, gan nad yw'r fath beth yn bodoli mewn gwirionedd. Roedd Aquinas, er enghraifft, yn deall bod hollalluogrwydd Duw yn golygu y gallai Duw wneud unrhyw beth, felly unrhyw beth posibl, sydd wedi'i gyfyngu i'r hyn sy'n bosibl yn rhesymegol. Os nad yw hi'n bosibl yn rhesymegol i Dduw atal drygioni, am ba reswm bynnag, yna mae triawd Mackie yn methu.

Mae'n amhosibl pennu ewyllys rydd. Roedd yr athronydd o America, Alvin Plantinga yn dadlau bod Mackie yn anghywir pan honnodd y gallai Duw fod wedi creu bodau dynol a oedd yn dewis daioni dros ddrygioni ar bob cyfle. Dywedodd Plantinga y byddai hyn yn amhosibl yn rhesymegol oherwydd, os oedd Duw yn pennu cymeriad ac felly'n pennu gweithredoedd moesol bodau dynol, yna o ganlyniad, fyddai dim ewyllys rydd wirioneddol ganddyn nhw.

Gwallau Cyffredin

Peidiwch â chymysgu rhwng 'drygioni' a 'hollwybodaeth' yn nhriawd Mackie.
Weithiau mae myfyrwyr yn esbonio triawd Mackie yn anghywir, gan labelu'r tri phwynt fel hollalluogrwydd, hollraslonrwydd a 'hollwybodaeth' yn hytrach na 'drygioni'. Fodd bynnag, mae hyn yn broblemus, gan nad yw hi'n bosibl dangos anghysondeb y triawd yn llwyddiannus, na chwaith esbonio'r ateb, sef cael gwared ar un pwynt. Doedd dim angen i Mackie gynnwys hollwybodaeth fel pwynt ar wahân, gan fod y cysyniad o ragwybodaeth ddwyfol yn dybiedig yng nghysyniad hollalluogrwydd.

CRYFHAU EICH GAFAEL

1. Ysgrifennwch esboniad o ddatblygiad Mackie o broblem drygioni. Dylech chi fod yn gallu esbonio *pam* mai dim ond dau o'r tri phwynt yn y triawd sy'n gallu sefyll. I wella eich dyfnder AA1, esboniwch sut mae Mackie yn gwrthod rhai o'r atebion posibl i'r broblem.

2. I wella eich gwerthuso AA2, ar gyfer pob rhan o driawd Mackie, nodwch atebion a ffyrdd posibl o amddiffyn Duw hollalluog a hollgariadus. Pa safbwyntiau sydd gryfaf, a pham? Gallwch chi ddefnyddio cod lliwiau neu ddefnyddio tic a chroes er mwyn nodi'n weledol pa ochr sydd â'r ddadl fwyaf llwyddiannus, yn eich barn chi.

CREU EICH CWESTIWN EICH HUN

Darllenwch y bennod hon a defnyddiwch eiriau gorchymyn fel 'esboniwch' neu 'archwiliwch' i greu eich cwestiynau AA1 eich hun. Ar gyfer cwestiwn AA2, gwnewch osodiad unochrog am lwyddiant neu fethiant y datblygiad modern ar broblem drygioni, rhowch y gosodiad hwn rhwng dyfynodau, ac yna ysgrifennwch, 'Gwerthuswch y safbwynt hwn.'

Arweiniad ar yr Arholiad AA1

Mewn cwestiwn rhan a) gallai fod gofyn i chi ysgrifennu am broblem drygioni, naill ai'n gyffredinol neu'n benodol, gan gyfeirio at Mackie a'i ddatblygiad modern ar y broblem. Yn dibynnu ar y dyfnder sydd ei angen ar gyfer y cwestiwn, gallai fod yn fanteisiol disgrifio sut mae Mackie yn archwilio ac yn gwrthod atebion posibl i'r broblem, yn ogystal ag esbonio sut mae ei driawd anghyson yn gweithio ac yn herio nodweddion Duw theïstiaeth glasurol.

Arweiniad ar yr Arholiad AA2

Gan ddibynnu ar y cwestiwn, gallai fod o fudd i chi ymdrin â chwestiwn gwerthuso am broblem drygioni yn thematig, gan bwyso a mesur sut mae ymatebion a theodiciaethau (ffyrdd o amddiffyn Duw) gwahanol yn gallu datrys datblygiad modern Mackie ar broblem drygioni. Yn ei dro, gallai hyn danseilio natur ddiddwythol a rhesymegol y ddadl.

14. WILLIAM ROWE

MYND I FYD ROWE

Trosolwg Roedd William Rowe (1931–2015) yn athronydd Americanaidd ac yn athro ym Mhrifysgol Purdue, UDA. Mae Rowe yn fwyaf enwog am lunio problem dystiolaethol drygioni ac am waith ar ddiwinyddiaeth ac athroniaeth Paul Tillich.

Pan oedd yn ddyn ifanc, roedd William Rowe yn Gristion efengylaidd ffwndamentalaidd. Fodd bynnag, wrth astudio cafodd brofiad o dröedigaeth raddol i atheïstiaeth. Oherwydd hyn, edrychodd ar broblem drygioni. Mae Rowe yn cael ei gydnabod am fathu'r term 'atheist cyfeillgar', sef yr hyn oedd ef ei hun, yn ei farn ef. Ystyr hyn yw person sy'n derbyn bod gan rai theïstiaid sail resymegol dros gredu yn Nuw, hyd yn oed os nad ydyn nhw wedi'u hargyhoeddi eu hunain. Felly mae'n adnabyddus am ysgrifennu i gefnogi rhai dadleuon theïstig, er ei fod yn anghytuno â'r casgliadau.

Syniadau Allweddol Rowe

GWELLA EICH DEALLTWRIAETH

Gwnewch yn siŵr eich bod chi'n deall sut mae dioddefaint dwys yn dystiolaeth ei bod hi'n *debygol* nad yw Duw theïstiaeth glasurol yn bodoli.

Dioddefaint Dwys Bodau Dynol ac Anifeiliaid

Gwrthododd Rowe broblem resymegol drygioni gan ei fod yn cydnabod bod rhesymau dros herio'r rhagosodiad, ac felly ei bod hi'n methu fel dadl ddiddwythol (gweler Penodau 12 ac 13). Roedd Rowe o'r farn ei bod hi'n bosibl bod gan Dduw gyfiawnhad dros ganiatáu *rhywfaint* o ddrygioni er mwyn cael daioni mwy, er y byddai drygioni yn dal i fod yn **ddrygioni cynhenid** gan ei fod yn dal yn ddrwg ynddo'i hun. Fodd bynnag, roedd e'n dadlau os ydyn ni'n edrych ar y byd, fod yna dystiolaeth o ddrygioni dibwrpas a diangen, fel dioddefaint dwys bodau dynol ac anifeiliaid sy'n 'digwydd yn ddyddiol, a bod digonedd ohono, sy'n awgrymu felly ei bod hi'n *debygol* nad yw Duw theïstiaeth glasurol yn bodoli.

MEWNWELEDIAD

Fel dadl dystiolaethol, unig dystiolaeth Rowe yw awgrymu ei bod hi'n *debygol* nad oes Duw hollalluog a hollgariadus yn bodoli.

> **HANFODOL!**
>
> Wrth ddefnyddio'r term **drygioni cynhenid**, roedd Rowe yn golygu drygioni y mae'n bosibl ei gyfiawnhau oherwydd ei fod yn arwain at ddaioni mwy, ond fel drygioni mae'n dal i achosi dioddefaint ac felly mae'n gynhenid wael ac yn wael ynddo'i hun.

Defnyddiodd Rowe enghreifftiau i esbonio ei ddadl dystiolaethol, gan gynnwys y canlynol:

- **Dioddefaint dynol.** Mae merch bum mlwydd oed yn cael ei churo'n ddifrifol a'i thagu i farwolaeth gan gariad ei mam. Does bosibl y byddai marwolaeth gyflym y ferch fach yn unig wedi cyflawni pa bynnag ddaioni a allai fod wedi digwydd o ganlyniad i'r drygioni hwn.

- **Dioddefaint anifeiliaid.** Mae carw ifanc, sydd wedi'i ddal mewn tân coedwig, yn cael ei losgi'n ofnadwy ac yn gorwedd mewn artaith am ddyddiau cyn marw. Does bosibl y byddai unrhyw ddaioni a allai fod wedi bod o ganlyniad i farwolaeth y carw ifanc, wedi dal i ddigwydd petai'r carw ifanc wedi marw'n gyflym, yn hytrach na dioddef am gyfnod hir.

Deall Safbwynt Rowe

Elfen allweddol o ddadl Rowe yw bod dwyster dioddefaint dynol ac anifeiliaid o'r fath, fel y soniwyd yn yr enghreifftiau uchod, yn ymddangos yn **ddibwrpas**, gan nad yw'n arwain at unrhyw ddaioni mwy, ac mae'n **ddiangen**, gan y byddai wedi bod yn bosibl cyflawni unrhyw ddaioni mwy gyda dioddefaint llai dwys. Sicrhewch eich bod chi'n deall y gwahaniaeth yma a'ch bod chi'n gallu esbonio'r syniadau hyn.

Mae'n bosibl crynhoi dadl Rowe fel hyn:

> Rhagosodiad 1: Mae drygioni dibwrpas yn groes i rinweddau Duw hollgariadus a hollalluog.
>
> Rhagosodiad 2: Mae drygioni dibwrpas yn bodoli yn ein byd ac mae tystiolaeth ohono bob dydd.
>
> Casgliad: Felly, mae tystiolaeth yn awgrymu bod Duw hollgariadus, hollalluog yn wrthddywediad ac nad yw'n bodoli.

HANFODOL!

Wrth ddefnyddio'r term **dioddefaint dibwrpas**, roedd Rowe yn golygu'r hyn sydd ddim yn ymddangos fel petai'n arwain at unrhyw ddaioni mwy.

Wrth ddefnyddio'r term **dioddefaint diangen**, roedd Rowe yn golygu'r hyn a allai fod wedi cyflawni'r un lefel o ddaioni mwy, petai wedi'i gyfyngu i raddau llai.

BETH YW EICH BARN CHI?

Ysgrifennwch eich syniadau chi am ddadleuon Rowe ac ewch yn ôl atyn nhw ychydig cyn yr arholiad er mwyn gweld a yw eich safbwyntiau wedi newid.

Darllen Rowe eich Hun

Mae'r darn canlynol yn dod o *The Problem of Evil and Some Varieties of Atheism* (1979) ac mae'n esbonio enghraifft dioddefaint anifeiliaid Rowe.

Gadewch i ni dybio, mewn coedwig bellennig, fod mellten yn taro hen goeden, gan achosi tân coedwig. Yn y tân, mae carw ifanc yn cael ei ddal, yn cael ei losgi'n ofnadwy, ac yn gorwedd mewn artaith am nifer o ddiwrnodau cyn i farwolaeth leddfu ei ddioddefaint. Cyn belled ag y gallwn ni weld, mae dioddefaint dwys y carw ifanc yn ddibwrpas. Oherwydd dydy hi ddim yn ymddangos fel petai unrhyw ddaioni mwy … A allai bod hollalluog, hollwybodus fod wedi atal dioddefaint ymddangosiadol ddibwrpas y carw ifanc? Mae'r ateb yn amlwg, fel bydd hyd yn oed y thëist yn mynnu. Gallai bod hollalluog, hollwybodus fod wedi llwyddo'n hawdd i atal y carw ifanc rhag cael ei losgi'n ofnadwy. Neu, o gofio'r llosgi, gallai fod wedi arbed y carw ifanc rhag y dioddefaint dwys, drwy ddod â'i fywyd i ben yn gyflym, yn hytrach na gadael i'r carw ifanc orwedd mewn artaith ofnadwy am nifer o ddiwrnodau. Gan fod modd atal dioddefaint dwys y carw ifanc, a gan ei fod yn ddibwrpas, cyn belled ag y gallwn ni weld nag yw hi'n ymddangos … bod yna rai enghreifftiau o ddioddefaint dwys y gallai bod hollalluog, hollwybodus fod wedi eu hatal heb golli rhyw ddaioni mwy, neu ganiatáu rhyw ddrygioni a oedd cynddrwg neu'n waeth[?]

> Byddai Duw hollgariadus eisiau lleihau dioddefaint i'r lleiafswm absoliwt sydd ei angen ar gyfer unrhyw ddaioni mwy.

> Mae Rowe yn cydnabod mai dyma ein safbwynt, ond mae ein safbwynt yn cyfrif pan mae'n ymwneud â'n credoau ni ein hunain.

> Mae Rowe fel 'atheist cyfeillgar' yn trin credoau crefyddol fel rhai rhesymegol.

> Cyfeiriad at y syniad y gallai'r byd hwn fod y byd gorau posibl gyda'r amodau optimwm.

Sut mae Rowe yn cael ei Feirniadu

Mae theïstiaeth sgeptigol yn dadlau na allwn ni ddeall rhesymau Duw. Ymatebodd yr athronydd Daniel Howard-Snyder, wrth ysgrifennu am ddadl Rowe yn 1999, gyda beirniadaeth sy'n adeiladu ar safbwynt Aquinas ar broblem drygioni. Yn ôl Aquinas, allwn ni ddim gwybod meddwl Duw ac felly dydy unrhyw broblem drygioni ddim yn broblem mewn gwirionedd, oherwydd gan ein bod ni'n fodau dynol, allwn ni ddim amgyffred na deall Duw a natur Duw yn gywir yn y lle cyntaf. Yn ôl Howard-Snyder, 'mae'r syniad ei bod hi'n bosibl bod Duw yn gadael i **ddrygioni heb achos** ddigwydd, yn absŵrd. Wedi'r cyfan, os yw Duw yn gallu cael yr hyn y mae ei eisiau heb adael i rywbeth erchyll ddigwydd, pam yn y byd byddai'n gadael iddo ddigwydd?

Dadl Howard-Snyder yw bod dadl Rowe yn seiliedig ar sut mae pethau'n ymddangos i ni yn unig. Mae ond yn ymddangos i ni fod dioddefaint fel yr enghreifftiau y mae Rowe yn eu defnyddio yn ddibwrpas ac yn ddiangen, gan nad ydyn ni'n gallu gweld y darlun llawn. Mae'r ffaith bod Duw yn gadael i'r fath ddrygioni a dioddefaint ddigwydd yn y pen draw yn golygu na all fod yn ddibwrpas nac yn ddiangen, gan fod hynny'n mynd yn groes i natur Duw. Fe fydd yna ddaioni mwy a rheswm y mae'n bosibl ei gyfiawnhau dros y fath ddrygioni a dioddefaint.

Mae'n bosibl mynegi beirniadaeth Howard-Snyder yn syml fel hyn:

> Rhagosodiad 1: Os yw drygioni dibwrpas fel y mae Rowe yn ei ddisgrifio yn bodoli, yna dydy Duw ddim yn bodoli.
>
> Rhagosodiad 2: Ond mae'r rhai sydd â ffydd yn dal i fod yn siŵr bod Duw o'r fath yn bodoli.
>
> Casgliad: Felly, dydy drygioni dibwrpas fel y mae Rowe yn ei ddisgrifio ddim yn bodoli.

HANFODOL!

Theïstiaeth sgeptigol yw'r safbwynt bod Duw yn bodoli, ond y dylai bodau dynol fod yn sgeptigol o'u gallu i ddeall rhesymau Duw dros unrhyw beth.

Wrth ddefnyddio'r term **drygioni heb achos**, mae Howard-Snyder yn golygu drygioni sydd heb bwrpas a heb reswm.

MEWNWELEDIAD

Mae adnodau o'r Beibl fel y canlynol yn cefnogi safbwynt theïstiaeth sgeptigol: 'Pwy a adnabu feddwl yr Arglwydd?' (Rhufeiniaid 11:34).

Gwallau Cyffredin

Peidiwch â disgrifio dioddefaint y carw ifanc yn unig. Weithiau, mae ymgeiswyr sy'n trafod Rowe yn disgrifio marwolaeth y carw ifanc yn unig ac yn mynd ymlaen i ddweud bod hyn yn dangos nad yw Duw yn gallu bodoli. Fodd bynnag, ar gyfer cwestiynau AA1, dylech chi esbonio pwyntiau allweddol yn nadl Rowe, er enghraifft sut mae'n derbyn dioddefaint cynhenid er mwyn cael daioni mwy, a dioddefaint dibwrpas a diangen. Hefyd, mae atebion cryfach yn cymhwyso'r materion sy'n codi o'r enghreifftiau, at natur Duw ac maen nhw'n gallu esbonio sut mae dadl Rowe yn herio bodolaeth Duw theïstiaeth glasurol.

CRYFHAU EICH GAFAEL

1. Ysgrifennwch y termau allweddol ar gyfer y maes testun hwn, ynghyd â diffiniadau yn eich geiriau eich hun. Dylech chi gynnwys y canlynol: tystiolaethol, anwythol, *a posteriori*, drygioni cynhenid, dioddefaint dynol, dioddefaint anifeiliaid, dioddefaint dibwrpas, dioddefaint diangen.

2. Gwnewch restr o resymau pam mae syniadau Rowe yn berswadiol ac yn llwyddiannus. Yna, gwnewch restr o resymau pam nad yw syniadau Rowe yn llwyddiannus. Darllenwch dros eich rhestri a nodwch pa un sydd â'r achos cryfaf a pham. Bydd hyn yn eich helpu chi gyda'ch gwerthusiad AA2.

Arweiniad ar yr Arholiad AA1

Mewn cwestiwn rhan a) gallai fod gofyn i chi amlinellu problem drygioni yn gyffredinol o ran datblygiadau modern ar y broblem, neu am ddadl Rowe yn benodol. Byddai'n fuddiol esbonio natur dadl dystiolaethol Rowe a sut mae'n dadlau o blaid y tebygolrwydd nad yw Duw yn bodoli, yn hytrach na'i fod yn brawf ohono. Yn dibynnu ar y dyfnder sydd ei angen ar gyfer y cwestiwn, gallai fod o fudd hefyd i chi esbonio'r syniadau allweddol yn nadl Rowe a sut mae'r rhain yn herio bodolaeth Duw theïstiaeth glasurol.

Arweiniad ar yr Arholiad AA2

Gallai Rowe fod yn berthnasol mewn amrywiaeth o gwestiynau gwerthuso rhan b) sy'n ymwneud â phroblem drygioni fel her i gredu yn Nuw theïstiaeth glasurol. Gallai fod yn fanteisiol i chi bwyso a mesur llwyddiant Rowe yn erbyn beirniadaeth, er enghraifft, fel dadl dystiolaethol dydy hi ddim yn cynnig unrhyw brawf mewn gwirionedd. Yn ogystal, efallai fod beirniadaeth Aquinas a Howard-Snyde o ochr theïstiaeth sgeptigol yn llwyddiannus iawn. Yn olaf, pwy sydd i farnu pryd mae drygioni a dioddefaint yn fwy na'r maint y mae'n bosibl ei gyfiawnhau er mwyn y daioni mwy sy'n digwydd?

15. GREGORY S. PAUL

MYND I FYD PAUL

Trosolwg Mae Gregory S. Paul (ganwyd 1954) yn ymchwilydd llawrydd ac yn balaeontolegydd. Ym myd athroniaeth, mae'n adnabyddus am ei ddadl ystadegol sy'n herio bodolaeth Duw cariadus.

Does gan Gregory S. Paul ddim cymwysterau ffurfiol mewn athroniaeth. Fodd bynnag, mae ei ddadl yn unigryw ac mae hi wedi cyfrannu'n arwyddocaol at drafodaethau modern ynghylch problem drygioni a bodolaeth duwdod hollgariadus.

Arweiniodd dealltwriaeth Paul o esblygiad dynol iddo gwestiynu pam roedd dioddefaint bodau dynol ifanc diniwed wedi'i esgeuluso cymaint. Teimlodd fod yn rhaid iddo dynnu sylw at y ffaith hon, ac fe wnaeth gyfiawnhau ei bwyslais ar dystiolaeth ystadegol:

> Mae ystadegau'n bwysig, i'r graddau nad yw'n bosibl asesu natur foesol rheolwr yn llawn heb fesur canlyniadau ei reolaeth yn feintiol. Mae'r ffaith nad oes dadansoddiad ystadegol modern wedi'i wneud o deyrnasiad Duw dros y Ddaear yn ddiffyg mawr i'r … ddadl sydd wedi atal casgliadau pendant.
>
> (Paul, 'Theodicy's Problem: A Statistical Look at the Holocaust of the Children and the Implications of Natural Evil for the Free Will and Best of All Worlds Hypothesis', 2007)

Syniadau Allweddol Paul
Dioddefaint y Diniwed a Marwolaethau Cynamserol

Yn ôl Paul, mae marwolaethau nifer mawr iawn o blant, dros 10,000 o genedlaethau o fodau dynol (tua 300,000 o flynyddoedd), a marwolaethau cynamserol cenedliadau na ddaethon nhw byth i gael eu geni, yn herio bodolaeth Duw hollgariadus. Mae'n defnyddio tystiolaeth ystadegol i gefnogi ei ddadl:

> Rhagosodiad 1: Mae dros 50 biliwn o blant wedi marw o ddrygioni naturiol cyn cyrraedd aeddfedrwydd.
>
> Rhagosodiad 2: Mae tua 300 biliwn o genedliadau dynol wedi marw cyn cael eu geni.
>
> Casgliad 1: Allai maint y niwed i blant dynol byth fod yn waeth heb niweidio cyfleoedd goroesi'r hil ddynol yn barhaol.
>
> Rhagosodiad 3: Mae'r holl farwolaethau cynamserol hyn yn farwolaethau bodau dynol ifanc diniwed, na chawson nhw'r cyfle i ddatblygu ewyllys rydd erioed.
>
> Rhagosodiad 4: Fyddai Duw hollalluog a hollgariadus ddim yn caniatáu dioddefaint o'r fath.
>
> Casgliad 2: Mae'r fath ddioddefaint yn bodoli, felly'n amlwg dydy Duw theïstiaeth glasurol ddim yn bodoli.

MEWNWELEDIAD

Dydy dadl Paul ddim wedi'i chyfyngu i gyfnod penodol o amser. Mae ei dystiolaeth ystadegol yn cwmpasu 10,000 o genedlaethau o *Homo sapiens*.

MEWNWELEDIAD

Fel dadl ystadegol, mae Paul ddim ond yn rhoi tystiolaeth i *awgrymu* nad oes Duw hollalluog a hollgariadus yn bodoli.

MEWNWELEDIAD

Mae Paul yn cyfeirio at *Homo sapiens* yn unig. Dydy e ddim yn cynnwys ystadegau'n ymwneud â marwolaethau diniwed y rhywogaethau dynol eraill. Felly, byddai'r ystadegau hyd yn oed yn fwy o ystyried yr holl rywogaethau dynol eraill.

Deall Safbwynt Paul

Mae dadleuon Paul yn ymateb i ddwy ffordd draddodiadol o amddiffyn Duw.

Amddiffyniad Ewyllys Rydd

Mae hwn yn ddatblygiad o theodiciaeth Sant Irenaeus (gweler Pennod 16), sy'n aml yn cael ei briodoli i'r athronydd Alvin Plantinga. Mae amddiffyniad ewyllys rydd yn dadlau bod gan Dduw gyfiawnhad dros adael i ddrygioni ddigwydd oherwydd bod hyn yn sicrhau bod bodau dynol yn gallu gweithredu gydag 'ewyllys rydd arwyddocaol foesol'. Mae bodau dynol yn hollol rydd i wneud dewisiadau moesol, sy'n llawer mwy gwerthfawr na byd o fodau dynol fel robotau, sydd bob amser yn gweithredu fel y maen nhw'n cael eu rhaglennu.

Fodd bynnag, mae dadl Paul yn tynnu sylw at y ffaith bod tua 350 biliwn o fodau dynol wedi marw cyn cyrraedd oedran i ddatblygu ewyllys rydd. Mae eu dioddefaint, wedi'u wrthbwyso yn erbyn y 50 biliwn a lwyddodd i ddod yn oedolion i brofi ewyllys rydd, yn anghyfiawn.

Rhagdybiaeth y Byd Gorau Posibl

Mae 'rhagdybiaeth y byd gorau posibl' wedi'i phriodoli i'r athronydd o'r ail ganrif ar bymtheg, Gottfried Wilhelm Leibniz. Mae e'n dadlau bod gan Dduw gyfiawnhad dros adael i ddrygioni ddigwydd oherwydd mai'r byd presennol yw'r gorau posibl a allai fod wedi cael ei greu.

Fodd bynnag, mae Paul yn dadlau na fyddai'r hil ddynol wedi gallu goroesi petai mwy na hyn o farwolaethau cynamserol wedi bod. At hyn, mae'r ffaith bod bodau dynol, yn y ganrif ddiwethaf yn enwedig, wedi gallu gwella cyfradd goroesi plant yn ddramatig yn awgrymu bod dewis wedi bod erioed i gael byd gwell posibl. Does gan Dduw ddim cyfiawnhad dros adael i'n hynafiaid ddioddef cymaint yn fwy nag y rydyn ni'n ei wneud heddiw.

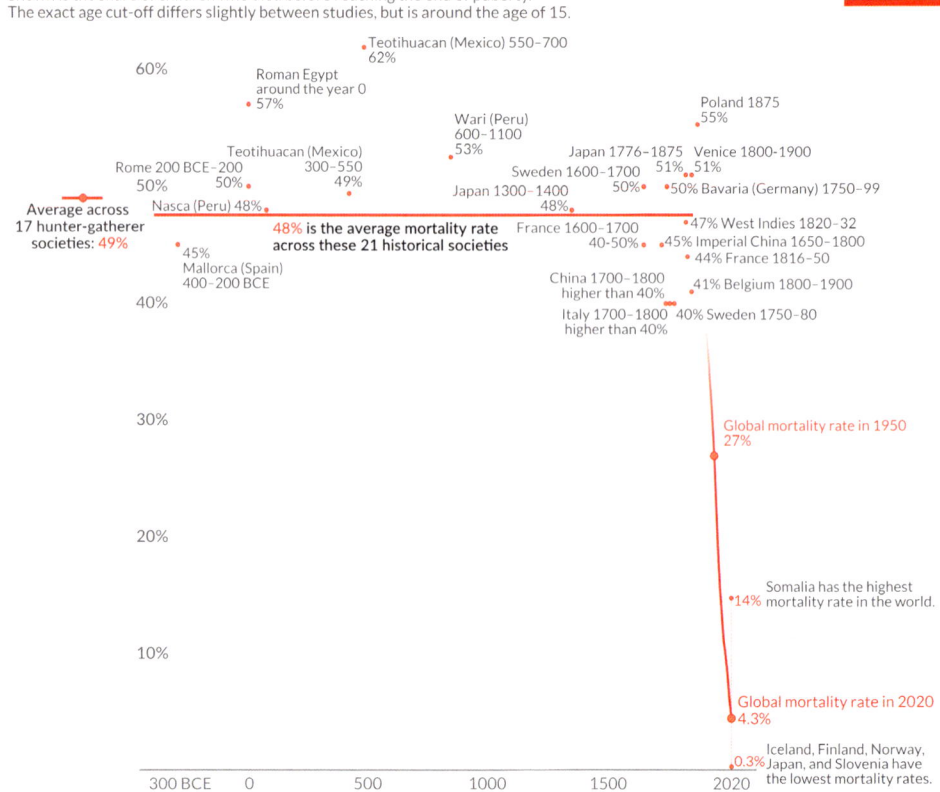

The long-run history of child mortality

Shown is the share of children who died before reaching the end of puberty. The exact age cut-off differs slightly between studies, but is around the age of 15.

Our World in Data

- Teotihuacan (Mexico) 550–700: 62%
- Roman Egypt around the year 0: 57%
- Poland 1875: 55%
- Wari (Peru) 600–1100: 53%
- Japan 1776–1875: 51%
- Venice 1800–1900: 51%
- Rome 200 BCE–200: 50%
- Teotihuacan (Mexico) 300–550: 49%
- Sweden 1600–1700: 50%
- Bavaria (Germany) 1750–99: 50%
- Average across 17 hunter-gatherer societies: 49%
- Nasca (Peru): 48%
- Japan 1300–1400: 48%
- **48% is the average mortality rate across these 21 historical societies**
- France 1600–1700: 40–50%
- West Indies 1820–32: 47%
- Imperial China 1650–1800: 45%
- Mallorca (Spain) 400–200 BCE: 45%
- France 1816–50: 44%
- China 1700–1800 higher than 40%
- Belgium 1800–1900: 41%
- Italy 1700–1800 higher than 40%
- Sweden 1750–80: 40%
- Global mortality rate in 1950: 27%
- Somalia has the highest mortality rate in the world: 14%
- Global mortality rate in 2020: 4.3%
- Iceland, Finland, Norway, Japan, and Slovenia have the lowest mortality rates: 0.3%

Data sources: Volk and Atkinson (2013), Human Mortality Database, and UN IGME
This is a visualization from OurWorldinData.org, the online publication for research and data to make progress against the world's largest problems.
Licensed under CC-BY by the author Max Roser.

GREGORY S PAUL

Darllen Paul eich Hun

Mae'r darn canlynol yn dod o erthygl Paul, 'Theodicy's Problem: A Statistical Look at the Holocaust of the Children and the Implications of Natural Evil for the Free Will and Best of All Worlds Hypothesis', (2007). Bydd y nodiadau ar ymyl y dudalen yn eich helpu chi i ddeall ei syniadau.

Mae Holocost y Plant mor fawr o ran maint a dyfnder fel ei fod yn creu cymaint o broblemau amhosibl eu goresgyn i'r ewyllys rydd Gristnogol glasurol a'r damcaniaethau 'y gorau o ddau fyd', fel eu bod nhw'n cael eu hanwirio. Os yw creawdwr Cristnogol y bydysawd helaeth hwn yn bodoli, yna mae wedi caniatáu i'r anaeddfed fyw mewn cynefin sydd mor rhyfedd o fach a chreulon fel ei fod yn berygl bywyd … Mae'n amlwg yn amhosibl honni'n gywir bod y PSCI yn rhoi ewyllys rydd i fodau dynol pan nad yw cyfran fawr neu'r brif gyfran o fodau dynol byth yn dod yn ddigon hen i wneud penderfyniadau aeddfed. Dydy hi chwaith ddim yn bosibl honni bod y PSCI wedi cynhyrchu'r cynefin gorau pan mae bodau dynol wedi bod yn fwy parod na'r creawdwr i amddiffyn bron pob plentyn rhag clefyd difrifol a marwolaeth heb ymddangos fel petai'n diraddio'n ddifrifol allu bodau dynol i ddod yn drigolion addas paradwys … Oherwydd bod y PSCI yn llawer mwy creulon ac esgeulus na'i greadigaethau amherffaith, all y creawdwr ddim bod yn berffaith … Oherwydd bod yr anawsterau sy'n deillio o Holocost y Plant mor niferus ac anhydrin, mae'n dilyn bod y ddamcaniaeth Gristnogol o Dduw perffaith gyda chynllun perffaith yn cael ei llethu cymaint gan y byd go iawn fel ei bod yn cael ei hanwirio.

> Terminoleg Paul am y cyfanswm bras o 350 biliwn o fodau dynol ifanc a fu farw ac na chawson nhw eu geni.

> Mae Paul yn cyfeirio'n benodol at sut mae Cristnogion yn amddiffyn yn erbyn problem resymegol drygioni.

> Mae Paul yn cyfeirio at Dduw fel 'y deallusrwydd creu goruwchnaturiol pwerus arfaethedig' ('the proposed powerful supernatural creator intelligence') neu'r 'PSCI'.

> Mae hyn yn herio'r amddiffyniad ewyllys rydd.

> Mae hyn yn herio rhagdybiaeth y byd gorau posibl.

Sut mae Paul yn cael ei Feirniadu

Duw trosgynnol. Mae'n bosibl codi pwynt theïstiaeth sgeptigol yma (gweler Pennod 14). Mae Duw theïstiaeth glasurol nid yn unig yn hollgariadus ac yn hollalluog, ond hefyd yn drosgynnol (yn bodoli y tu allan i ofod ac amser). Felly mae'n hollol gredadwy bod Duw trosgynnol a hollol dda, a oedd yn poeni am ddatblygiad a goroesiad tymor hir yr hil ddynol, wedi dylunio'r byd gyda system fewnol i atal gorfridio a chynnydd yn y boblogaeth, ac atal drygioni anochel a fyddai'n ganlyniad i hyn. Dydy'r safbwynt llawn sydd gan Dduw ddim gyda ni. Felly, allwn ni ddim dweud bod yr ystadegau a gymerwyd o gipolwg ar hanes dynol yn gwrthbwyso'r daioni mwy nad ydyn ni'n ei ddeall.

Argyfyngau modern. Mae drygioni modern o ganlyniad i gynnydd yn y boblogaeth ddynol, fel argyfyngau amgylcheddol, difodiant rhywogaethau, llygredd, prinder adnoddau, rhyfel ac anghyfiawnder cymdeithasol, i gyd yn dystiolaeth bod gan Dduw, yn ei ddoethineb anfeidraidd a'i natur hollgariadus, gyfiawnhad dros ganiatáu system naturiol i gadw niferoedd y boblogaeth i lawr i lefel a oedd yn sicrhau'r byd gorau posibl, lle roedd y greadigaeth i gyd yn ffynnu ac yn blodeuo.

Gwallau Cyffredin

Does gan hyn ddim i'w wneud â diffyg bodolaeth Duw. Wrth drafod Paul neu unrhyw un o broblemau drygioni a'r ymatebion iddyn nhw, cofiwch nad mater o brofi nad yw Duw yn bodoli yw hyn. Mae problem drygioni yn ymwneud ag a yw'r cysyniad o Dduw yn gydlynol. Os nad yw Duw yn gysyniad cydlynol, yna all Duw o'r fath ddim bodoli. Felly, wrth drafod dadl Paul, sicrhewch eich bod chi'n gwneud y cysylltiad o'i dystiolaeth ystadegol i'r pwynt bod hyn yn herio natur hollgariadus Duw.

SGILIAU GWERTHUSO

Gallwch chi roi mwy o ddyfnder i ateb i gwestiwn gwerthuso am ysgolhaig bob amser drwy ddangos ymwybyddiaeth o sut mae meddylwyr eraill wedi cymryd safbwyntiau gwahanol.

MEWNWELEDIAD

Dydy Paul ddim yn dadlau yn erbyn bodolaeth unrhyw Dduw, ond yn erbyn bodolaeth Duw hollgariadus.

CRYFHAU EICH GAFAEL

1. Yn eich geiriau eich hun, disgrifiwch ddadl ystadegol Paul a sut mae'n herio bodolaeth Duw. Defnyddiwch enghreifftiau o genedliadau dynol wnaeth ddim llwyddo i oroesi tan eu genedigaeth, a nifer y plant a fu farw cyn dod yn oedolion. Bydd hyn yn eich helpu chi i ddatblygu eich sgiliau AA1.

2. Amlinellwch amddiffyniad ewyllys rydd a rhagdybiaeth y byd gorau posibl. Yna, amlinellwch dystiolaeth a rhesymu Paul wrth wrthod y dadleuon amddiffyn hyn. Pa ddadl yw'r gryfaf ym mhob achos yn eich barn chi, a pham? Bydd hyn yn helpu wrth wneud gwerthusiad AA2 o ddadl Paul.

CREU EICH CWESTIWN EICH HUN

Darllenwch y bennod hon a defnyddiwch eiriau gorchymyn fel 'esboniwch' neu 'archwiliwch' i greu eich cwestiynau AA1 eich hun. Ar gyfer cwestiwn AA2, gwnewch osodiad unochrog am i ba raddau y mae ffurfiau modern ar broblem drygioni yn llwyddiannus wrth brofi nad yw Duw yn bodoli. Rhowch y gosodiad rhwng dyfynodau ac yna ysgrifennwch yr ymadrodd, 'Gwerthuswch y safbwynt hwn.'

AWGRYM

Mae'r llyfr hwn yn canolbwyntio'n unig ar yr ysgolheigion sydd ym manyleb CBAC. Defnyddiwch werslyfr a chanllaw adolygu Illuminate fel rhan o'ch proses adolygu lawn.

Arweiniad ar yr Arholiad AA1

Byddai Paul yn berthnasol mewn cwestiwn rhan a) am broblem drygioni. Os ydych chi'n trafod Paul, byddai'n fuddiol esbonio natur dadl ystadegol Paul fel problem dystiolaethol o ddrygioni. Yn dibynnu ar y dyfnder sydd ei angen ar gyfer y cwestiwn, gallai fod yn ddefnyddiol hefyd i drafod sut, i Paul, y mae nifer y marwolaethau cynamserol yn herio'r amddiffyniad ewyllys rydd a rhagdybiaeth y byd gorau posibl, gan gyfeirio at y casgliad nad yw Duw hollgariadus yn bodoli.

Arweiniad ar yr Arholiad AA2

Gan ddibynnu ar y cwestiwn, os ydych chi'n cyfeirio at Paul mewn cwestiwn gwerthuso rhan b), byddai'n fanteisiol pwyso a mesur llwyddiant Paul wrth iddo wrthod yr amddiffyniad ewyllys rydd a bodolaeth Duw hollgariadus yn erbyn y ffyrdd o amddiffyn Duw a gwendidau yn ei ddadl. Er enghraifft, mae ei ddadl yn dystiolaethol (yn seiliedig ar dystiolaeth), sy'n golygu nad yw hi'n brawf go iawn. At hynny, sut gallwn ni wybod meddwl Duw? Mae'n bosibl mai'r byd hwn yw'r byd gorau posibl a bod marwolaethau cynamserol wedi cyflawni pwrpas nad ydyn ni'n ei ddeall.

JOHN
HICK

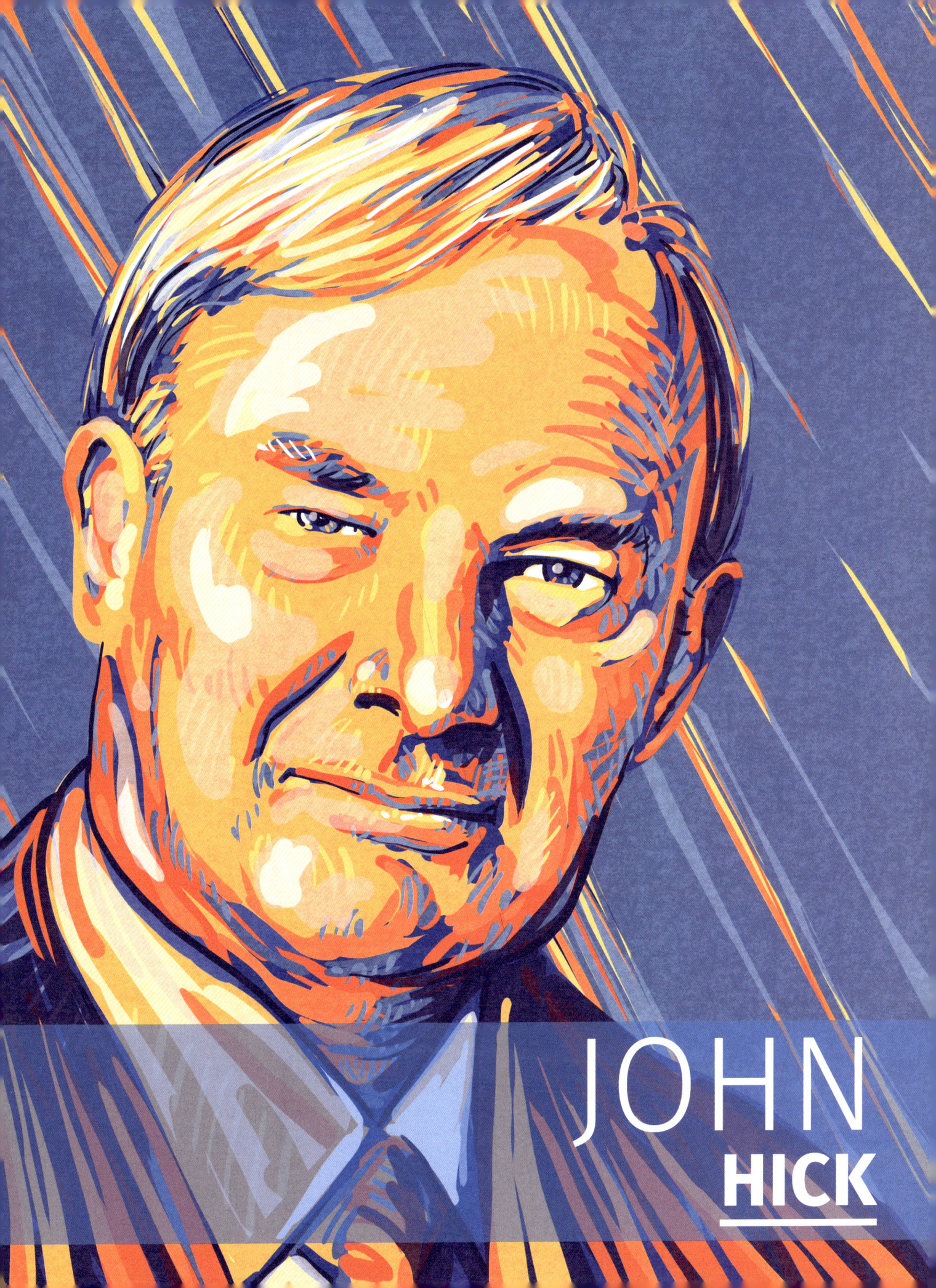

16. JOHN HICK AR AWSTIN AC IRENAEUS

MYND I FYD HICK, AWSTIN AC IRENAEUS

> **HANFODOL!**
>
> Ystyr **theodiciaeth** yw 'er mwyn amddiffyn Duw'. Dyma'r enw sy'n cael ei roi i ddadleuon sy'n amddiffyn nodweddion a bodolaeth Duw theïstiaeth glasurol yn erbyn her problem drygioni.

Trosolwg Mae John Hick, Awstin Sant a Sant Irenaeus yn aml yn cael eu hystyried yn amddiffynwyr mawr Duw. Mae Hick wedi bod yn allweddol i'n dealltwriaeth ni o **theodiciaethau** ar sail un Awstin ac Irenaeus (amddiffyn nodweddion Duw), ar ôl crynhoi eu syniadau yn ddadleuon cydlynol yn *Evil and the God of Love*.

Byd Hick

Mae rhai pobl yn ystyried mai John Hick (1922–2012) yw athronydd mwyaf yr ugeinfed ganrif. Ar ôl gwasanaethu yn yr Ail Ryfel Byd, aeth ati i gwblhau ei astudiaethau ym mhrifysgolion Rhydychen a Chaeredin. Ar ôl mynychu ysgol y Crynwyr yn blentyn, treuliodd Hick y rhan fwyaf o'i fywyd fel oedolyn yn Gristion efengylaidd, cyn datblygu safbwynt plwralydd crefyddol ar ôl ei brofiad o sawl ffydd arall wrth ddysgu yn Birmingham. Yn y pen draw, daeth Hick yn Grynwr yn y blynyddoedd cyn iddo farw.

Mae athroniaeth Hick wedi bod yn ddylanwadol mewn llawer o feysydd, gan gynnwys moeseg a pherthynolaeth foesol, plwraliaeth grefyddol, problem drygioni, natur ffydd ac epistemoleg grefyddol (damcaniaeth gwybodaeth). O ran problem drygioni, mae Hick yn cael ei gydnabod am grynhoi athrawiaethau Awstin Sant a'u llunio nhw'n theodiciaeth gydlynol yn ei lyfr *Evil and the God of Love* (1966). Yn y testun hwn, mae Hick yn mynd ati i anghytuno ag Awstin. Yn hytrach, mae'n cefnogi syniadau Sant Irenaeus, y mae ef yn eu llunio fel theodiciaeth Irenaeus. Mae'n eu datblygu gyda'i syniadau ei hun wrth ymateb i broblem drygioni, a gododd Mackie (gweler Pennod 13) yn ystod y ddegawd cyn hynny.

Byd Awstin

Mae Awstin Sant o Hippo (354–430CC) yn cael ei ystyried yn gyffredinol fel y cyntaf o'r athronwyr Cristnogol mawr. Roedd yn un o dadau pwysicaf yr Eglwys fore (meddylwyr Cristnogol blaenllaw o'r ganrif gyntaf hyd at yr wythfed ganrif a gyfrannodd at ddatblygiad sylfeini athrawiaethol yr Eglwys Gatholig). Aeth ati i gael effaith ddofn ar syniadau Cristnogol ac athroniaeth ganoloesol.

Pan oedd yn ddyn ifanc, roedd gan Awstin ffordd o fyw hedonistaidd, roedd yn gwrthod Cristnogaeth ac yn dilyn pleserau'r cnawd. Fodd bynnag, pan oedd yn 33 oed, cafodd dröedigaeth i Gristnogaeth. Mae campau rhywiol ei ieuenctid wedi'u disgrifio yn ei *Confessions*, ond mae themâu pwysig euogrwydd ac edifeirwch yn amlwg iawn.

Wedi'i ddylanwadu gan weithiau athronyddol Platon yn arbennig, ceisiodd Awstin gysoni athroniaeth y Groegiaid â dysgeidiaeth yr Eglwys. Bu Awstin yn ymwneud yn enwedig â'r potensial yr oedd athroniaeth yn ei gynnig i wneud synnwyr o'r byd ac i roi cyfiawnhad rhesymegol dros gredoau Cristnogol yr oedd yn credu eu bod yn gywir.

Yn ystod oes Awstin, daeth Cristnogaeth yn grefydd swyddogol yr Ymerodraeth Rufeinig (o 380OG). Bu llawer o Gristnogion, gan gynnwys Awstin, yn ymroi i weithio er mwyn lledaenu neges Cristnogaeth. Dyma pryd ysgrifennodd Awstin ei weithiau mwyaf dylanwadol. Fodd bynnag, roedd yr Ymerodraeth Rufeinig wedi dechrau ar gyfnod o ddirywiad, ac fe chwalodd yn llwyr yng ngorllewin Ewrop yn ystod y bumed ganrif, gan adael gwactod grym. Cododd Eglwys Rhufain i lenwi'r gwactod hwn, a dod yn brif awdurdod yng ngorllewin Ewrop am y 1,200 o flynyddoedd nesaf.

Byd Irenaeus

Roedd Sant Irenaeus o Lyons (130–202CC) yn esgob Cristnogol cynnar, yn wreiddiol o Asia Leiaf (Twrci heddiw). Mae'n debyg i Irenaeus glywed pregethau'r merthyr Cristnogol cynnar Polycarp, esgob Smyrna, pan oedd ddim ond yn blentyn. Gan y dywedir bod Polycarp wedi adnabod Sant Ioan yr Efengylydd pan oedd yn iau, mae hyn yn gosod Irenaeus dair gradd a thair cenhedlaeth yn unig oddi wrth Apostolion Iesu.

Roedd Irenaeus yn byw mewn cyfnod cythryblus, pan oedd Cristnogaeth yn cynnwys llawer o sectau a charfanau gwahanol. Roedd y sectau hyn, er eu bod nhw'n anghytuno ymysg ei gilydd, hefyd yn wynebu erledigaeth o bryd i'w gilydd gan yr Ymerodraeth Rufeinig. Ar ddiwedd yr ail ganrif, adroddodd yr hanesydd Tertullian fod y Rhufeiniaid wedi beio'r Cristnogion am bob trychineb a chlefyd. Roedden nhw'n credu bod tuedd Cristnogion i droi eu cefn ar dduwiau eu tadau a'r ffaith eu bod nhw'n gwrthod talu gwrogaeth i dduwiau Rhufain wedi dod â dial a dicter y duwiau. Roedd dioddefaint Cristnogion ar ffurf erledigaeth a merthyrdod yn cael ei gwestiynu'n eang, ac mae'n bosibl dweud bod hyn wedi llunio safbwyntiau Irenaeus o ran drygioni.

Mae Irenaeus yn fwyaf adnabyddus heddiw am ei destun *Against Heresies*, ac mae'n cael ei anrhydeddu gan lawer o enwadau Cristnogol, nid yn unig am ei wasanaethau i'r Eglwys fel cenhadwr a ledaenodd Gristnogaeth, ond hefyd fel cyfryngwr rhwng carfanau Cristnogol gwahanol.

MEWNWELEDIAD

Bu bron i Irenaeus gael ei garcharu a'i ferthyru, ond yn ffodus, doedd e ddim yn Lyons pan oedd y Cristnogion yn cael eu herlid. Pan ddychwelodd Irenaeus, daeth yn esgob Lyons gan fod yr esgob blaenorol wedi cael ei ladd.

Syniadau Allweddol Theodiciaethau sy'n Seiliedig ar un Awstin

GWELLA EICH DEALLTWRIAETH

Gwnewch yn siŵr eich bod chi'n deall sut arweiniodd safbwyntiau Awstin ar y creu iddo ddadlau na allai Duw fod wedi creu drygioni.

Drygioni fel Amddifadrwydd

Roedd Cristnogion cynnar yn poeni lawn cymaint â phobl heddiw ynghylch pam roedd Duw hollalluog a hollgariadus yn gadael i ddrygioni ddigwydd. Credai Awstin, wedi'i ysbrydoli gan syniadau Platon, yn ogystal â'i ddehongliad hanesyddol o Genesis, na allai Duw gael ei ystyried yn greawdwr drygioni, oherwydd nad oedd drygioni yn beth ynddo'i hun, ond yn hytrach, mai absenoldeb neu ddiffyg rhywbeth oedd drygioni.

MEWNWELEDIAD

Roedd Platon wedi dadlau o'r blaen nad oedd drygioni yn beth ynddo'i hun, ond yn absenoldeb peth, yn ei *Gorgias* (tua 400CCC).

Yn union fel y mae'r tywyllwch yn amddifadrwydd o oleuni, ac mae dioddefaint dyn dall oherwydd amddifadrwydd golwg, credai Awstin mai amddifadrwydd daioni oedd drygioni, *privatio boni*. Allai Duw ddim bod yn greawdwr neu'n ffynhonnell drygioni oherwydd bod y Beibl yn dysgu bod Duw yn Dda, a bod y byd fel y creodd Duw ef yn berffaith: 'Gwelodd Duw y cwbl a wnaeth, ac yr oedd yn dda iawn' (Genesis 1:31).

> **MEWNWELEDIAD**
>
> 'Oherwydd does dim natur gadarnhaol gan ddrygioni; ond mae colli daioni wedi cael yr enw drygioni' (*City of God* gan Awstin, Llyfr XI, Pennod 9).

Roedd Awstin yn credu bod drygioni naturiol a moesol yn y byd oherwydd y llygredd a ddaeth o ganlyniad i'r angylion ac Adda ac Efa yn troi oddi wrth Dduw. Mae tynged Adda ac Efa wedi bod yn destun llawer o weithiau celf crefyddol dros y canrifoedd.

> **MEWNWELEDIAD**
>
> Ni ddylai'r syniad o bresenoldeb semenol gael ei ddiystyru, heb rywfaint o ystyriaeth. O safbwynt Awstin, cafodd llygredd natur y ddynoliaeth ei etifeddu a'i drosglwyddo i lawr o hynafiad i ddisgynnydd, yn debyg iawn i'n dealltwriaeth fodern ni o enynnau.

> **MEWNWELEDIAD**
>
> 'Mae pob drygioni naill ai'n bechod neu'n gosb am bechod' (Awstin).

Felly, mae Awstin yn rhoi cyfrif am ddrygioni, neu ddiffyg daioni, fel rhywbeth a ddigwyddodd *ar ôl* i Dduw greu'r byd mewn cyflwr perffaith, wrth i angylion a bodau dynol gamddefnyddio eu hewyllys rydd a throi'n fwriadol oddi wrth Dduw. Yn rhan o'r drefn greëdig, a oedd yn amrywiol, roedd angylion a bodau dynol yn gyfnewidiol (yn gallu newid a chael eu llygru), felly roedd ganddyn nhw'r gallu i droi oddi wrth Dduw, sy'n ddigyfnewid (yn methu newid a chael ei lygru). Roedd y troi i ffwrdd hwn yn ddewis moesol bwriadol, ac yn ganlyniad ewyllys rydd absoliwt. Felly, y troi i ffwrdd a arweiniodd at ddiffyg daioni yn y byd – drygioni – a achosodd wedyn i'r cytgord yn y drefn greëdig fod yn anghytbwys. Yn y pen draw, arweiniodd hyn at ddrygioni moesol a drygioni naturiol (gweler isod am fwy o wybodaeth am hyn).

Presenoldeb Semenol

Yn ôl dehongliad alegorïaidd Awstin o Genesis, daeth y drygioni cyntaf yn y byd o gwymp yr angylion, oherwydd eu bod wedi troi oddi wrth Dduw. Yna, mae Satan, pennaeth yr angylion syrthiedig, yn cymryd ffurf sarff ac yn temtio Adda ac Efa i droi oddi wrth Dduw drwy anufuddhau i gyfarwyddiadau Duw. Mae Adda ac Efa yn gwneud dewis rhydd i fwyta'r ffrwyth gwaharddedig o goeden gwybodaeth dda a drwg, yn union fel yr oedd yr angylion wedi'i wneud. Achoson nhw ddiffyg daioni ynddyn nhw eu hunain a chyfrannu ymhellach at yr anghydbwysedd a'r llygredd yn y drefn greëdig. Y 'pechod gwreiddiol' oedd enw Awstin ar y weithred hon.

> **MEWNWELEDIAD**
>
> Sylwch fod theodiciaeth Awstin yn seiliedig ar ddehongliad hanesyddol ac alegorïaidd o Genesis. Does dim sôn yn y Beibl am gwymp yr angylion a'r syniad mai Satan yw'r sarff – dehongliadau Awstin oedd rhain.

Roedd Adda ac Efa wedi gwneud dewis rhydd i bechu, felly cawson nhw eu dal yn gyfrifol am eu gweithred a'i ganlyniadau. Ar ben hynny, oherwydd bod Awstin yn credu bod pob bod dynol yn ddisgynyddion i Adda ac Efa, roedd yn deall bod y ddynoliaeth i gyd yn 'semenol bresennol' yn Adda adeg y pechod gwreiddiol. Felly, trosglwyddodd pechod Adda ac Efa ddrygioni i'r ddynoliaeth gyfan a llygru'r natur ddynol. O ganlyniad, credai Awstin mai canlyniad hollol haeddiannol a chyfiawn pechod dynol a natur ddrwg y ddynoliaeth oedd yr holl ddrygioni a'r dioddefaint sydd yn y byd.

Gwahaniaethodd Awstin rhwng dau fath o ddrygioni:

- **Drygioni moesol.** Dyma ganlyniad ewyllys rydd ddynol a natur lygredig, ddrwg. Mae'r ddynoliaeth yn wynebu drygioni moesol oherwydd ei phechod gwreiddiol ei hun, ac mae bodau dynol yn dal i wneud dewisiadau anghywir, gan arwain at fwy o ddioddefaint.

- **Drygioni naturiol.** Dyma ganlyniad angylion a bodau dynol yn llygru'r drefn greëdig naturiol drwy droi oddi wrth Dduw. Cafodd Adda ac Efa eu taflu allan o Eden yn union fel y cafodd yr angylion syrthiedig eu taflu allan o'r nefoedd. Mae Genesis 3 yn disgrifio sut, fel cosb gyfiawn am eu pechod gwreiddiol, roedd y tir y cafodd Adda ac Efa ei alltudio iddo wedi'i felltithio. Byddai'n rhaid i fodau dynol weithio'n galed a llafurio i dyfu digon o fwyd, a byddai gelyniaeth rhwng rhywogaethau gwahanol. Byddai bodau dynol hefyd yn profi poen, dioddefaint a marwolaeth.

Felix culpa (y Camgymeriad Hapus)

Gallai rhywun feddwl tybed pam y byddai Duw hollol dda, a fyddai, o fod yn hollwybodus, yn gwybod y byddai drygioni'n dod i'r byd drwy ei greadigaeth, yn dal ati i barhau gyda'r greadigaeth fel hyn. Mae Awstin yn esbonio bod yr ateb yn syml: oherwydd bod 'Duw o'r farn ei bod hi'n well dod â daioni o ddrygioni na pheidio â gadael i unrhyw ddrygioni fodoli.' Mae safbwynt Duw yn wahanol i'n safbwynt ni. Mae Awstin yn defnyddio'r enghreifftiau canlynol i egluro'r safbwynt.

- Dydy'r lliw du ar ei ben ei hun ddim yn cael ei ystyried yn hardd, ond yng nghyd-destun paentiad, mae'r lliw du yn bwrpasol ac yn cyfrannu at harddwch a daioni'r paentiad yn ei gyfanrwydd. Os ydyn ni'n byw ein bywyd yn y düwch, dydyn ni ddim yn gwerthfawrogi bod ei angen ar gyfer y darlun mwy.

- Dydy tawelwch ar ei ben ei hun ddim yn hynod, ond mae seibiannau ac eiliadau o dawelwch wedi'u cynllunio'n ofalus a'u hamseru'n dda mewn darn o gerddoriaeth yn bwrpasol ac yn cyfrannu at harddwch y darn. Petaen ni'n byw ein bywyd cyfan mewn tawelwch, fydden ni ddim yn gwerthfawrogi bod ei angen ar gyfer yr alaw i gyd.

Felly, dewisodd Duw greu angylion a bodau dynol, er ei fod yn gwybod y canlyniadau, oherwydd o'i safbwynt anfeidraidd ef, roedd o'r farn mai dyma oedd y daioni mwy. Yr enw a gafodd ei roi ar y cysyniad hwn oedd y camgymeriad hapus, *felix culpa*, gan mai'r canlyniad iddo oedd achubiaeth y ddynoliaeth (cael ei hachub oddi wrth bechod) drwy aberth Iesu Grist.

I Awstin, roedd hyn yn cadarnhau bod natur Duw yn hollgariadus. Uffern oedd y gosb gyfiawn dros natur ddrwg a chyflwr pechod y ddynoliaeth. Fodd bynnag, drwy ras Duw (cariad a thrugaredd anhaeddiannol), byddai rhai o'r rheini a wnaeth ddewis rhydd i ddilyn Iesu yn cael eu hachub ac yn cael lle yn y nefoedd.

Deall Safbwynt sy'n Seiliedig ar un Awstin

Mae gan theodiciaeth Awstin lawer o dybiaethau sylfaenol, gan gynnwys y rhai canlynol, a fydd yn eich helpu chi i ddeall a gwerthuso ei syniadau.

Mae'n amhosibl mai Duw sy'n creu drygioni oherwydd bod y Beibl yn dweud wrthon ni fod y greadigaeth 'yn dda iawn'. Mae Awstin yn dehongli'r Beibl yn llythrennol yn yr ystyr hanesyddol, a hefyd yn alegorïaidd. O Genesis, mae Awstin yn dehongli'r greadigaeth fel *creatio ex nihilo* (creadigaeth allan o ddim byd). Dydy mater creëdig ddim yn dragwyddol. Gweithred greadigol gan Dduw a ddaeth ag ef i fodolaeth a threfn. Felly mae'r greadigaeth yn gallu newid: er ei bod hi'n berffaith pan greodd Duw hi, doedd hi ddim yn sefydlog a gallai lithro i anhrefn a llygredd.

Mae gan Dduw gyfiawnhad dros adael i ddrygioni ddigwydd drwy'r camgymeriad hapus, *felix culpa*. Dywedwyd bod theodiciaeth Awstin yn **enaid-ffurfiol** ar ddau gyfrif:

- Oherwydd ewyllys rydd ddynol, penderfynodd Adda ac Efa droi oddi wrth Dduw. Mae cenedlaethau dilynol o fodau dynol hefyd yn cael penderfynu drostyn nhw eu hunain sut i weithredu ac a ddylen nhw dderbyn Iesu. Felly, drwy ewyllys rydd a chyfrifoldeb moesol dros eu dewisiadau, mae bodau dynol yn cael penderfynu eu tynged dragwyddol drostyn nhw eu hunain.

- Drwy hollwybodaeth Duw, roedd Duw yn gwybod beth fyddai pob unigolyn drwy ei ewyllys rydd yn dewis ei wneud. Penderfynodd eu creu beth bynnag, a phenderfynodd ar eu ffawd dragwyddol wrth iddyn nhw gael eu creu. Mae hyn yn cael ei alw'n rhagordeiniad. Roedd Awstin yn credu bod hyn yn hollol gyfiawn, ac roedd *felix culpa*, sef y dewis bod rhai yn cael iachawdwriaeth, yn brawf o natur gariadus a thosturiol Duw.

MEWNWELEDIAD

Credai Awstin fod bodau dynol mor sylfaenol ddrwg fel na allen nhw achub eu hunain rhag pechod, er gwaethaf eu gweithredoedd da neu eu ffydd. Drwy ras Duw yn unig yr oedd hi'n bosibl achub bodau dynol.

HANFODOL!

Mae theodiciaethau sy'n seiliedig ar un Awstin yn cael eu galw'n **enaid-ffurfiol** oherwydd bod eneidiau ewyllys rydd wedi *penderfynu* pechu a dod â drygioni i mewn i'r byd, a bod Duw drwy ei hollalluogrwydd a'i ragwybodaeth ddwyfol wedi *penderfynu* ffawd dragwyddol pob enaid adeg y Creu.

Felly, mae theodiciaethau sy'n seiliedig ar un Awstin yn gweld 'problem drygioni' nid fel problem, ond fel mater o safbwynt. Er bod drygioni'n ymddangos i fodau dynol yn real, oherwydd dioddefaint o ddydd i ddydd, i Dduw does dim realiti drygioni. Dim ond diffyg daioni sydd mewn rhai agweddau, o ganlyniad i natur newidiol y greadigaeth. Swyddogaeth hyn yw chwyddo daioni'r greadigaeth yn ei chyfanrwydd.

I Awstin, mae hollalluogrwydd Duw wedi'i gyfiawnhau oherwydd ei fod yn gallu creu byd perffaith a oedd 'yn dda iawn'. Mae hollraslonrwydd Duw wedi'i gyfiawnhau hefyd, gan nad ef a greodd ddrygioni. Ar ôl gadael i'r greadigaeth fodoli gydag ewyllys rydd a'r drygioni a gododd o ganlyniad drwy bechod, rhoddodd gyfle i achubiaeth. Mae hollwybodaeth Duw wedi'i chyfiawnhau hefyd, oherwydd wrth fwrw ymlaen â'r creu, roedd eisoes yn gwybod popeth a fyddai'n digwydd ac yn gwybod mai dim ond gogoneddu'r daioni mwy y byddai llygredd y greadigaeth yn ei wneud.

Syniadau Allweddol Theodiciaethau sy'n Seiliedig ar un Irenaeus

GWELLA EICH DEALLTWRIAETH

Gwnewch yn siŵr eich bod chi'n deall sut mae gan Dduw gyfiawnhad wrth greu drygioni er mwyn ateb diben mwy.

Datblygodd theodiciaethau sy'n seiliedig ar un Irenaeus o ysgrifeniadau Sant Irenaeus. Ceisiodd esbonio pam roedd Duw yn gadael i ddrygioni a dioddefaint ddigwydd yn y byd fel gweithred fwriadol er daioni mwy. Mae ei syniadau yn seiliedig ar ei ddehongliad ef o Genesis 1:26: 'Dywedodd Duw, "Gwnawn ddyn ar ein delw, yn ôl ein llun ni"'.

Datblygiad Dynol

Credai Irenaeus, pan wnaeth Duw fodau dynol, ei fod wedi eu gwneud ar ei ddelw ef (*imago Dei* – delw Duw). Doedden nhw ddim yn berffaith ac roedd angen iddyn nhw dyfu yn ôl llun Duw. Golyga hyn fod gan fodau dynol ewyllys rydd, oherwydd mae bod ar ddelw Duw yn golygu bod yn asiantau moesol sy'n gallu gwneud dewisiadau rhydd, a bod yn foesol gyfrifol am y dewisiadau hyn. Er mwyn tyfu yn ôl llun Duw, mae angen i fodau dynol aeddfedu a datblygu. Mae bodau dynol yn symud o fod â rhinweddau *potensial* Duw i *wireddu* rhinweddau Duw. Mae'r datblygiad moesol hwn yn dod drwy oresgyn trafferthion a chaledi. Felly, mae drygioni yn ffaith angenrheidiol o'r greadigaeth er mwyn galluogi datblygiad moesol dynol.

Dadl Irenaeus oedd, heb ddrygioni, na fydden ni'n gallu gwerthfawrogi daioni. Mae da, felly, yn safbwynt ansoddol ac mae'n bosibl ei ddeall wrth gymharu. Mae'n rhaid i ni brofi pethau nad ydyn nhw cystal er mwyn gwerthfawrogi'n llawn pa mor dda y mae pethau eraill. Mae'n defnyddio nifer o enghreifftiau i ddangos hyn:

- Fydden ni ddim yn gwerthfawrogi golwg oni bai ein bod ni'n deall beth yw ystyr bod yn ddall.
- Fydden ni ddim yn gwerthfawrogi iechyd da oni bai ein bod ni'n deall beth yw bod yn sâl.
- Fydden ni ddim yn gwerthfawrogi'r goleuni oni bai ein bod ni'n cael profiad o'r tywyllwch.
- Fydden ni ddim yn gwerthfawrogi bywyd oni bai ein bod ni'n gwybod am farwolaeth.

Roedd yn rhaid i fodau dynol ddysgu goresgyn anawsterau a gwrthod temtasiynau i wneud drygioni, er mwyn tyfu. Credai Irenaeus mai'r unig ffordd y byddai daioni yn y ddynoliaeth, fel rhinweddau dyfalbarhad, amynedd a dewrder, yn gallu datblygu oedd petai bodau dynol yn cael y cyfleoedd yn y lle cyntaf. Allwch chi ddim bod yn ddewr os nad oes sefyllfa lle mae ofn yn gyntaf. Allwch chi ddim datblygu amynedd oni bai eich bod chi'n cael profiad o rwystredigaeth yn gyntaf. Mae daioni yn datblygu wrth ymateb i adfyd. Felly, credai Irenaeus bod Adda ac Efa wedi cael eu taflu allan o Ardd Eden gan eu bod yn anaeddfed a bod angen iddyn nhw ddatblygu'n foesol.

Dadl Irenaeus oedd bod ein profiadau o ddrygioni a dioddefaint yn ein helpu i'n mowldio a'n llunio ar lun Duw.

Mae Irenaeus yn defnyddio cydweddiad crefftwr i esbonio sut mae Duw yn defnyddio'r drygioni yn y byd i fowldio ac i lunio'r ddynoliaeth i fod yn berffaith.

Aeth Irenaeus ymlaen i ddweud mai Iesu Grist oedd yr unig fod dynol a oedd yn wirioneddol yn ôl llun Duw. Felly, drwy astudio bywyd Iesu a cheisio byw cystal ag Iesu, gallai rhywun dyfu digon i gyflawni ei botensial i fod yn ôl llun Duw.

Cyfiawnhad eschatolegol

Pam na wnaeth Duw fodau dynol yn berffaith o'r dechrau? Mae Irenaeus yn esbonio, yn union fel nad yw baban newydd anedig yn barod eto i ymdopi â bwyd llwy, dydy'r ddynoliaeth ddim eto'n gallu bod yn berffaith ac yn ôl llun Duw. Mae goddef a goresgyn dioddefaint yn rhoi'r cyfle i'r ddynoliaeth dyfu yn ôl llun Duw, ond fydd bodau dynol ddim yn gallu gwireddu'r potensial hwn yn llawn tan ar ôl iddyn nhw farw. Yr enw ar hyn yw **cyfiawnhad eschatolegol** dros ddioddefaint.

Ysgrifennodd Irenaeus fod y rhai a wrthododd Dduw, drwy droi o hyd oddi wrth ddaioni at ddrygioni, yn methu datblygu cymeriadau moesol yn y bywyd hwn a bydden nhw'n cael eu cosbi mewn bywyd ar ôl marwolaeth. Fodd bynnag, byddai Duw, yn ei gariad a'i drugaredd, yn gadael i'r unigolion hyn barhau i dyfu yn ôl ei lun mewn bywyd ar ôl marwolaeth, a gallan nhw hefyd ddatblygu'n foesol a dod i wireddu eu potensial a chael mynd i'r nefoedd.

Mae Duw, yn ei natur hollol dda a hollgariadus, yn rhoi cyfrif am yr hyn sy'n ymddangos fel anghydraddoldeb i ni, o ran y graddau y mae rhai bodau dynol yn dioddef o'u cymharu ag eraill. Drwy fod y broses datblygiad moesol yn parhau mewn bywyd ar ôl marwolaeth, mae'r rhai nad ydyn nhw'n cael digon o ddioddefaint yn y bywyd hwn neu sy'n gwrthod y cyfleoedd i ddatblygu, yn gallu parhau i wneud hynny ar ôl marwolaeth.

Ar ben hynny, mae bodau dynol yn gallu cael cysur o wybod, p'un a ydyn ni'n gallu gweld a deall y daioni a'r datblygiad sy'n dod o ddioddefaint ai peidio, dylen ni ymddiried bod angen hyn, a'i fod yn dod â'r ddynoliaeth yn agosach at Dduw yn y pen draw.

Daioni Eilaidd Hick

Roedd Hick yn cytuno ag Irenaeus fod Duw wedi gwneud y ddynoliaeth yn 'anorffenedig'. Mae Hick yn cysoni syniadau Irenaeus â gwyddoniaeth fodern. Mae'n disgrifio bodau dynol fel uchafbwynt esblygiad, a oedd yn broses hir wedi'i llywio gan Dduw, gan arwain at ddatblygiad (gan gynnwys datblygiad moesol) y ddynoliaeth.

Dywedodd Hick mai nod, *telos*, bodau dynol oedd cael perthynas bersonol â Duw, ond yr unig ffordd o gyflawni hyn oedd drwy ewyllys rydd ac wrth ymateb i brofiad o ddaioni a drygioni yn y byd. Mae'n defnyddio'r derminoleg o waith Mackie i ddisgrifio profiadau'r ddynoliaeth a'r datblygiad posibl y gallwn ni ei wneud yn y byd hwn:

> **HANFODOL!**
>
> Ystyr **cyfiawnhad eschatolegol** yw 'wedi'i gyfiawnhau ar ôl marwolaeth'. Yn yr achos hwn, bydd cael cymod â Duw yn y nefoedd yn cyfiawnhau'r dioddefaint er mwyn cyrraedd y nod hwn.

[Diagram: Drygioni cynradd (gwyrdd) → Drygioni eilaidd a Daioni eilaidd; Drygioni cynradd (coch) → Drygioni eilaidd a Daioni eilaidd]

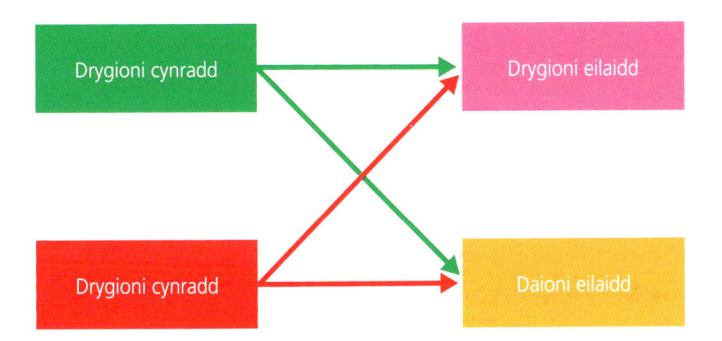

Y berthynas rhwng daioni a drygioni cynradd ac eilaidd

Mae digwyddiadau cynradd yn gallu bod yn dda neu'n ddrwg. Dyma'r profiadau neu'r cyfleoedd sydd gennym mewn bywyd, y gallwn ni ymateb iddyn nhw wedyn â'n hewyllys rydd. Mae ein hymatebion yn gallu bod yn ddaioni eilaidd neu'n ddrygioni eilaidd. Pan fyddwn ni'n gwneud dewis rhydd i ymateb â daioni, mae'n ddaioni eilaidd oherwydd gallwn ni dyfu'n foesol a datblygu'r rhinweddau y mae Irenaeus yn cyfeirio atyn nhw. Er enghraifft, wrth wynebu drygioni cynradd fel trychineb naturiol, gallwn ni ymateb â'r daioni eilaidd o ddatblygu tosturi, elusengarwch a charedigrwydd. Fodd bynnag, oherwydd ein bod ni'n foesol rydd, gallwn ni hefyd ddewis ymateb â drygioni eilaidd, gan ddatblygu priodweddau negyddol fel chwerwder neu hunanoldeb.

Mae Hick yn cyfaddef, er ei bod hi'n amlwg mai Duw sy'n gyfrifol am ddrygioni cynradd yn y byd, fod hyn oherwydd ei gariad perffaith at y daioni mwy, ac er mwyn datblygiad rhydd cymeriad moesol. Mae Hick yn disgrifio bodau dynol fel rhai sy'n tyfu'n 'blant i Dduw', drwy fod â'r rhyddid i ddysgu a datblygu eu cymeriad moesol eu hunain. Mae hyn yn llawer mwy gwerthfawr nag unrhyw rinweddau a chymeriad moesol a allai fod wedi cael eu rhoi ynddyn nhw yn y dechrau, fel petaen nhw'n robotau wedi'u rhaglennu o flaen llaw.

■ MEWNWELEDIAD

Dywedodd Hick mai nid paradwys o anifeiliaid anwes oedd y byd hwn, ond un lle mae gan fodau dynol ewyllys rydd wirioneddol i ddod yn blant i Dduw.

Deall Safbwynt sy'n Seiliedig ar un Irenaeus

Dadl Hick oedd bod y ddwy egwyddor ganlynol yn ganolog i lwyddiant theodiciaethau sy'n seiliedig ar un Irenaeus. Bydd deall y syniadau hyn a gallu eu gwerthuso yn eich helpu chi yn eich atebion arholiad.

Pellter epistemig. Mae Hick yn datblygu rôl ffydd a dewis moesol rhydd yn syniadau Irenaeus ac yn dadlau, er mwyn cadw ewyllys rydd, fod yn rhaid i Dduw greu bodau dynol ar bellter epistemig oddi wrtho ei hun. Mae hyn yn golygu nad yw bodau dynol yn gallu bod yn sicr o fodolaeth Duw ac nad ydyn nhw'n teimlo ei bresenoldeb agos yn uniongyrchol. Mae'r pellter hwn yn sicrhau bod bodau dynol yn gallu gweithredu'n hollol rydd. Petai bodau dynol yn ymwybodol bod Duw yn goruchwylio pob symudiad, bydden nhw'n ufuddhau ac yn gwneud y dewisiadau cywir, nid oherwydd ewyllys rydd wirioneddol a moesol werthfawr, ond oherwydd ufudd-dod. Does dim gwerth datblygiadol i hyn.

Er mwyn cadw'r pellter epistemig, ac felly ewyllys rydd wirioneddol, datblygodd Hick bwynt Irenaeus fod yn rhaid i Dduw wneud y byd yn ôl system ragweladwy. I Hick, roedd hyn hefyd yn golygu cyfyngu ar ymyriadau uniongyrchol a fyddai'n ei ddatguddio, fel gwyrthiau. Rydyn ni'n cael profiad o ddrygioni naturiol sydd wedi'i ddosbarthu'n anghyfartal, nid oherwydd ei fod wedi'i ddylunio'n faleisus, ond oherwydd bod y byd yn gweithredu yn ôl system ragweladwy deddfau naturiol, a gafodd eu creu i gynnig cyfleoedd i ddaioni a drygioni cynradd.

■ MEWNWELEDIAD

Chwiliwch am Ddameg y Brenin a'r Ferch Werinol gan Kierkegaard. Ysgrifennwch grynodeb byr yn esbonio sut mae'n bosibl ei defnyddio i esbonio pellter epistemig Hick.

HANFODOL!

Pellter epistemig – nid pellter amser neu bellter gofod ond pellter o ran gwybodaeth. Mae'n cyfeirio at y bwlch rhwng gwybodaeth ddynol a Duw.

Cyfiawnhad eschatolegol. Mae Hick yn cytuno â chyfiawnhad eschatolegol Irenaeus ac yn ei ddatblygu, gan esbonio ei safbwynt hollgyffredinol – rhywun sy'n credu y bydd pob enaid, yn y pen draw, yn cael mynediad i'r nefoedd, beth bynnag y gwnaeth yn ystod ei fywyd. Gyda safbwynt modern, mae Hick yn cydnabod bod llawer o fodau dynol sy'n cyflawni drygioni ac yn achosi dioddefaint i eraill, yn aml yn ddioddefwyr eu hunain. Felly mae'n amhosibl eu dal yn gwbl gyfrifol am eu gweithredoedd. Mae'n amlwg hefyd bod dioddefaint wedi'i ddosbarthu'n anghyfartal, ac nad yw pob dioddefaint yn arwain at bob bod dynol yn datblygu'n foesol yn ystod ei oes. Mae rhai yn marw'n gynamserol tra bod eraill yn byw eu bywydau ac yn troi oddi wrth ddaioni. Felly, gan fod Duw yn hollol gyfiawn ac yn hollgariadus, rhaid i'r datblygiad moesol barhau mewn bywyd ar ôl marwolaeth ac mae nefoedd yn agored i *bawb* yn y pen draw. Yn dilyn hyn, disgrifiodd Hick theodiciaethau sy'n seiliedig ar un Irenaeus fel rhai **enaid-ffurfiol**, gan adlewyrchu'r gred mai pwrpas drygioni yw gwneud enaid rhywun yn barod at y nefoedd.

MEWNWELEDIAD

Disgrifiodd Hick theodiciaethau sy'n seiliedig ar un Irenaeus fel rhai sy'n creu eneidiau gan gyfeirio at y bardd John Keats, a ddisgrifiodd y byd hwn fel un sy'n fwy o 'ddyffryn creu eneidiau' na dyffryn dagrau.

Mae Hick yn amddiffyn y safbwynt hwn drwy ddadlau mai daioni eithaf yn unig, fel cymod i bawb â Duw yn y nefoedd a allai gyfiawnhau maint y dioddefaint yn y byd hwn. Ar ben hynny, gan fod Duw yn hollgariadus, fyddai ef byth yn caniatáu dioddefaint tragwyddol rhywun yn uffern pan allai, yn hytrach, gynnig mwy o gyfle ar gyfer twf. I Hick, byddai dychmygu y gallai un o greadigaethau Duw wrthod daioni i'r fath raddau fel ei fod yn ei wahanu ei hun oddi wrth Dduw yn dragwyddol, yn tanseilio pŵer Duw.

Felly, mae theodiciaethau sy'n seiliedig ar un Irenaeus yn dod i'r casgliad:

- Mae'n bosibl cyfiawnhau hollraslonrwydd Duw oherwydd mai rhywbeth cariadus yw gadael i fodau dynol ddatblygu'n foesol gydag ewyllys rydd wirioneddol er mwyn cael lle yn y nefoedd. Allwch chi ddim cael daioni mwy heb ddaioni llai hefyd.
- Mae'n bosibl cyfiawnhau hollalluogrwydd Duw oherwydd bod Duw yn gallu creu byd i fod yn 'ddyffryn creu eneidiau', gyda digon o gyfleoedd yn ystod bywyd a marwolaeth fel bod pawb yn gallu uno â Duw yn y nefoedd yn y pen draw.
- Mae'n bosibl esbonio drygioni naturiol fel rhan o'r pellter epistemig ac fel daioni cynradd y mae daioni eilaidd yn gallu dod ohono.
- Mae'n bosibl esbonio drygioni moesol fel canlyniad i ewyllys rydd ddynol. Yn ei dro, gall hyn fod yn gyfle i ysgogi daioni eilaidd mewn pobl eraill.

BETH YW EICH BARN CHI?

Ysgrifennwch eich syniadau chi am ddadleuon Awstin ac ewch yn ôl atyn nhw ychydig cyn yr arholiad er mwyn gweld a yw eich safbwyntiau wedi newid.

Darllen Hick ar Awstin eich Hun

Mae'r darn canlynol yn dod o waith Hick, *Evil and the God of Love* (1966) ac mae'n esbonio rhai rhannau allweddol o theodiciaeth Awstin. Bydd y nodiadau ar ymyl y dudalen yn eich helpu chi i ddeall ei syniadau.

> Diffyg daioni, *privatio boni*.

> Mae'n fwy cariadus i Dduw roi ewyllys rydd i fodau dynol, a chaniatáu'r drygioni dilynol y mae ewyllys rydd yn gallu ei achosi, na pheidio â chaniatáu drygioni a pheidio, felly â chaniatáu ewyllys rydd yn y lle cyntaf.

> Mae Awstin yn cyfeirio at Genesis 3, lle gwnaeth Adda ac Efa anufuddhau i Dduw. 'Cwymp dyn' yw term Awstin am hyn, a dyma sylfaen 'Athrawiaeth y Cwymp' yn yr Eglwys Gatholig.

> Wrth 'cyfnewidiol dda', mae Awstin yn golygu bod bodau dynol yn dda ond eu bod nhw'n gallu newid, neu droi oddi wrth Dduw, ac mae'n disgrifio hwn fel y 'Daioni sy'n anghyfnewidiol', sef daioni i'r eithaf, nad yw'n gallu newid neu fynd yn llai da.

> I Awstin, nid gweithred benodol Adda ac Efa oedd yn bechadurus, ond y ffaith bod ganddyn nhw yr ewyllys yn eu calonnau i droi oddi wrth Dduw ac anufuddhau yn y lle cyntaf.
> Credai Awstin, o ganlyniad i'r presenoldeb semenol, fod pob bod dynol yn llwgr ac yn gynhenid ddrwg, a bod ganddo ewyllys gynhenid i droi oddi wrth Dduw, dim ots pa mor ffyddlon a da yr oedd yn ystod ei fywyd. Felly, roedd gan Dduw gyfiawnhad dros ganiatáu i ganlyniad naturiol eu natur bechadurus barhau.

> Credai Awstin nad oedd bodau dynol yn haeddu iachawdwriaeth ac na allen nhw ei chael ar sail eu teilyngdod eu hunain beth bynnag. Drwy ras Duw yn unig y byddai'n bosibl cael iachawdwriaeth.

> Dyma sylfaen yr amddiffyniad ewyllys rydd clasurol. Mae'n fwy cariadus i ganiatáu drygioni er lles y daioni y mae ewyllys rydd fel hyn yn arwain ato, na pheidio â chael ewyllys rydd a'r drygioni sy'n dilyn yn y lle cyntaf.
> Wrth amddiffyn yr honiad na fyddai Duw cariadus wedi creu'r byd petai'n gwybod am y drygioni a fyddai'n dod i mewn iddo, dadl Awstin oedd bod Duw yn gwybod y byddai'r ddynoliaeth yn pechu mewn gwirionedd, ond, yn ei ddoethineb anfeidrol, yr oedd yn gwybod hefyd y byddai'r cyfle i wneud daioni yn codi.

Yn gyntaf, mae Awstin yn gofyn, beth yw drygioni? Sy'n golygu, beth yw e, yn fetaffisegol? … Dydy drygioni ddim yn endid ynddo'i hun ond yn hytrach yn amddifadrwydd daioni … Nesaf, mae Awstin yn gofyn, O ble mae drygioni'n dod? Ei ateb i'r cwestiwn hwn yw'r hyn sy'n cael ei alw'n amddiffyniad ewyllys rydd. Mae hyn yn esbonio, iddo ef, ddrygioni moesol pechod, ac yn deillio o hynny, dioddefaint dynol ar ei ffurfiau amryfal – poen corfforol, ofn, pryder, etc.

[…]

Mae Awstin yn priodoli pob drygioni, moesol a naturiol, yn uniongyrchol neu'n anuniongyrchol i ddewisiadau anghywir bodau rhesymegol rhydd. 'Felly, ewyllys ddrwg [*improba voluntas*] yw achos pob drygioni'. Eto, 'achos drygioni yw enciliad ewyllys bod, sydd yn gyfnewidiol dda oddi wrth y Daioni sy'n anghyfnewidiol.' … Dyma felly yw craidd theodiciaeth Awstin … Mae'r pechod gwreiddiol, sy'n gwneud angylion a dynion yn ddrwg ac sy'n dod â'r cosbau drygioni pellach o boen a thrallod arnyn nhw … yn droi bwriadol gan yr hunan o ran dyhead oddi wrth y daioni mwyaf, sef Duw ei Hun, at ryw ddaioni llai. 'Oherwydd pan mae'r ewyllys yn rhoi'r gorau i'r hyn sydd uwchlaw iddo, ac yn troi at yr hyn sy'n is, mae'n mynd yn ddrwg – nid oherwydd mai at ddrygioni y mae'n troi, ond oherwydd bod y troi ei hun yn ddrygionus. Dyma'r hyn ddigwyddodd … yng nghwymp cynoesol dyn, a dyma natur barhaus pechod dyn heddiw.

[…]

Roedd pechod Adda ar yr un pryd yn bechod ei ddisgynyddion i gyd, a oedd yn 'semenol bresennol' yn lwynau Adda. Felly mae'r ddynoliaeth gyfan o'i genedigaeth mewn cyflwr o euogrwydd a chondemnio, a byddai cyfiawnhad perffaith i anfon yr hil ddynol gyfan i boenedigaethau tragwyddol uffern.

[…]

Mewn brawddeg sydd wedi dod yn un o'r rhai allweddol yn holl lenyddiaeth y theodiciaeth, medd Awstin, 'Barnodd Duw ei bod hi'n well dod â daioni o ddrygioni, yn hytrach na pheidio â chaniatáu i unrhyw ddrygioni fodoli.' Eto, 'Oherwydd fyddai Duw byth wedi creu unrhyw … ddyn, yr oedd yn gwybod o flaen llaw y byddai'n ddrwg, oni bai ei fod wedi gwybod hefyd at ba ddibenion er lles daioni y gallai ei droi …'

Darllen Irenaeus eich Hun

Mae'r darn canlynol yn dod o *Against Heresies*, ac mae'n esbonio llawer o syniadau Irenaeus. Bydd y nodiadau ar ymyl y dudalen yn eich helpu chi i ddeall ei syniadau.

Oherwydd, pan gafodd cryfder ei wneud yn berffaith mewn gwendid … dangosodd garedigrwydd a phŵer trosgynnol Duw. Oherwydd, wrth iddo Ef ganiatáu'n amyneddgar i Jona gael ei lyncu gan y morfil, nid fel y byddai'n cael ei lyncu ac yn darfod yn llwyr, ond, ar ôl cael ei daflu allan eto, fel y gallai fod yn fwy darostyngedig i Dduw, ac y gallai ei ogoneddu Ef yn fwy, Duw a oedd wedi gwneud iddo gael ei achub mewn ffordd mor annisgwyl, ac fel y gallai ddod â'r Ninifiaid i edifarhau'n barhaol, er mwyn iddyn nhw gael troëdigaeth at yr Arglwydd, a fyddai'n eu hachub rhag marwolaeth.

[…]

Gwnaeth Duw ddyn yn [asiant] rhydd o'r dechrau, yn meddu ar ei rym ei hun, fel y mae ar ei enaid ei hun, i ufuddhau i … Dduw o'i wirfodd, ac nid drwy orfodaeth gan Dduw. Oherwydd nid oes gorfodaeth gan Dduw, ond mae ewyllys dda [tuag aton ni] yn bresennol gydag Ef drwy'r adeg.

[…]

Y caletaf yr ydyn ni'n ymdrechu, y mwyaf gwerthfawr yw hynny; y mwyaf gwerthfawr yw rhywbeth, y mwyaf y dylen ni ei werthfawrogi … fyddai'r gallu i weld, ddim yn ymddangos mor ddymunol, oni bai ein bod ni wedi gwybod cymaint o golled fyddai hi i fod heb olwg; ac mae iechyd, hefyd, yn dod yn fwy cymeradwy drwy adnabod afiechyd; goleuni, hefyd, drwy ei gyferbynnu â thywyllwch; a bywyd â marwolaeth. Yn union felly y mae'r deyrnas nefol yn anrhydeddus i'r rhai sydd wedi adnabod yr un ddaearol. Ond yn gymesur â sut mae'n fwy anrhydeddus, y mwyaf rydyn ni'n ei gwerthfawrogi; ac os ydyn ni wedi'i gwerthfawrogi'n fwy, byddwn ni'n fwy gogoneddus ym mhresenoldeb Duw.

[…]

Os, fodd bynnag, mae unrhyw un yn dweud, Beth sy'n dilyn? Oni allai Duw fod wedi arddangos dyn fel bod perffaith o'r dechrau? Boed iddo wybod bod … rhaid i bethau sydd wedi'u creu fod yn israddol iddo Ef a'u creodd nhw … maen nhw'n brin o fod yn berffaith … felly maen nhw'n blentynnaidd; felly maen nhw'n anghyfarwydd â disgyblaeth berffaith, ac yn ddiymarfer ynddi. Oherwydd fel y mae mam yn sicr yn gallu rhoi bwyd cryf i'w baban [ond dydy hi ddim yn gwneud hynny], gan nad yw'r plentyn yn gallu cael maeth mwy sylweddol eto; felly hefyd y gallai Duw ei Hun fod wedi gwneud dyn yn berffaith o'r dechrau, ond allai dyn ddim derbyn [y perffeithrwydd] hwn, gan mai dim ond baban ydoedd o hyd.

Mae Irenaeus yn defnyddio llyfr Jona yn yr Hen Destament i esbonio bod Duw wedi defnyddio'r dioddefaint a roddodd i Jona er mwyn achosi'r daioni mwy, i Jona ac i'r Niniﬁaid hefyd. Cyn hyn, roedd Jona wedi anufuddhau i Dduw ac wedi dangos llwfrdra drwy geisio dianc oddi wrth Dduw a'r dasg yr oedd wedi'i chael. Fodd bynnag, ar ôl i Dduw anfon y morfil i lyncu Jona am dri diwrnod, derbyniodd Jona Dduw a'i dasg, ac aeth y Niniﬁaid ati i wrando ar Jona. Roedd hyn o fudd iddyn nhw, gan i Jona ddod â Duw iddyn nhw.

Dylanwadodd y syniad hwn ar bellter epistemig Hick. Er mwyn i'r ddynoliaeth gael rhyddid gwirioneddol o ran sut mae hi'n ymateb i Dduw, mae'n rhaid i fodolaeth Duw fod yn ansicr.

Dyma'r rheswm dros safbwynt enaid-ffurﬁol Hick. Po galetaf yr heriau, po fwyaf o ddrygioni rydyn ni'n ei wynebu a'i oresgyn, y mwyaf rydyn ni'n datblygu'n foesol a'r cynharaf y gallwn ni gael undod â Duw yn y nefoedd. Bydd yn rhaid i'r rhai nad ydyn nhw'n datblygu cymaint yn y bywyd hwn fynd drwy'r broses mewn bywyd ar ôl marwolaeth.

Yn ôl Irenaeus, mae daioni yn cael ei ddeall yn gymharol. Byddwn ni ddim ond yn gwir ddeall daioni'r nefoedd, ac felly'n barod amdano, os ydyn ni wedi deall y daioni llai ac wedi proﬁ cyﬂeoedd i dyfu'n foesol.

Mae Irenaeus yn achub y blaen ar y cwestiwn, pam na allai Duw fod wedi creu bodau dynol yn berffaith yn barod, gyda datblygiad moesol wedi'i wireddu'n barod? Ymateb Irenaeus yw, gan mai Duw yw'r gorau oll ac mae'n berffaith, byddai unrhyw greadigaeth yn israddol, ac felly, dydy bodau dynol ddim wedi'u gwneud yn barod i ymdrin â pherffeithrwydd. Fel pob creadigaeth fyw, mae'n rhaid iddyn nhw dyfu.

JOHN HICK

> Mae Irenaeus yn pwysleisio bod goresgyn trallod a thrybini yn fanteisiol i'r enaid. Canlyniad hyn, yn y pen draw, yw bod gyda Duw yn y nefoedd, felly mae hollraslonrwydd Duw wedi'i gyfiawnhau.

[…]

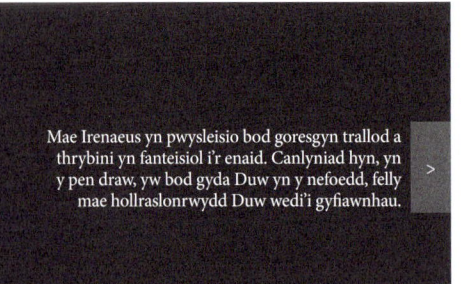

ond mae dyn yn gwneud cynnydd o ddydd i ddydd, ac yn codi tuag at y perffaith … Nawr roedd angen i ddyn gael ei greu yn y lle cyntaf; ac ar ôl cael ei greu, dylai gael tyfiant; ac ar ôl cael tyfiant, dylai gael ei gryfhau; ac ar ôl cael ei gryfhau, dylai amlhau; ac ar ôl amlhau, dylai wella [o glefyd pechod]; ac ar ôl gwella, dylai gael ei ogoneddu; ac ar ôl cael ei ogoneddu, dylai weld ei Arglwydd.

Sut mae Theodiciaethau sy'n Seiliedig ar un Awstin yn cael eu Beirniadu

Mae llawer o feirniadu wedi bod ar theodiciaethau sy'n seiliedig ar un Awstin, dyma rai o'r themâu.

Problemau Rhesymegol

- Dadl Friedrich Schleiermacher oedd na allai creadigaeth hollol berffaith fod wedi cael ei llygru – byddai hyn yn anghydlynol. Os yw rhywbeth yn hollol berffaith, fydd e ddim yn llygru. Os yw rhywbeth yn gallu llygru, dydy e ddim yn berffaith.

- Mae modd ystyried ei bod hi'n amhosibl amddiffyn hollalluogrwydd Duw oherwydd, petai Duw wedi creu angylion a bodau dynol yn berffaith, byddai'r cymeriad moesol ganddyn nhw i sicrhau, hyd yn oed gydag ewyllys rydd, na fydden nhw byth yn dewis troi oddi wrth Dduw. Fel y dadleuodd Mackie yn ddiweddarach (gweler Pennod 13), os yw Duw yn gallu creu bodau dynol gyda'r cymeriad moesol yn rhydd i ddewis daioni dros ddrygioni ar bob cyfle, gallai fod wedi creu bodau dynol gyda'r fath gymeriad fel eu bod nhw'n dewis daioni dros ddrygioni *bob amser*. Eto i gyd, wnaeth e ddim creu bodau dynol gyda chymeriad o'r fath. Mae hyn yn awgrymu na allai wneud hynny, ac felly dydy e ddim yn hollalluog.

- Mae modd ystyried ei bod hi'n amhosibl amddiffyn hollraslonrwydd Duw oherwydd bod maint enfawr y drygioni a'r dioddefaint yn gwrthbwyso'r daioni mwy, fel y mae Awstin yn ei nodi – bod nifer bach o fodau dynol yn gallu cael eu hachub a chael iachawdwriaeth. Hefyd, mae'r ffaith bod Duw wedi creu uffern yn rhan o'r greadigaeth, a dal ati o hyd gyda'r creu, er iddo wybod y byddai'r mwyafrif helaeth o fodau dynol wedi'u rhagordeinio i fynd i uffern, yn awgrymu nad yw'n hollgariadus.

- Ystyriodd Pelagius, un o gyfoeswyr Awstin, y syniad y gallai'r ddynoliaeth gael ei chosbi am bechodau rhywun arall fel un anghyfiawn a heb fod yn gyson â natur hollol dda Duw.

- Mae hollwybodaeth Duw yn golygu bod ganddo ragwybodaeth am gwymp angylion a'r ddynoliaeth, ond aeth ati i greu er gwaethaf popeth. Yn yr achos hwn, *mae gan Dduw rôl wrth greu drygioni*, oherwydd ei fod wedi gadael iddo ddigwydd gan wybod yn iawn y byddai'n gwneud. Mae Hick yn cymharu hyn â gwneuthurwr a fyddai'n cael ei ddal yn gyfrifol petai'n dod i'r amlwg wedyn, ei fod yn gwybod ei fod wedi cynhyrchu cynnyrch diffygiol. Naill ai mae Duw yn gyfrifol am ddrygioni, gan fod ganddo ragwybodaeth ohono a'i fod wedi dal ati, neu dydy e ddim yn hollwybodus, gan nad oedd yn gwybod y byddai'n digwydd.

- Felly, mae'n bosibl ystyried bod yr agwedd enaid-ffurfiol ar theodiciaeth Awstin yn anghydlynol ac yn anghyfiawn. Os yw Duw yn hollwybodus ac yn gwybod o flaen llaw beth bydd bodau dynol yn ei wneud, yna sut gall bodau dynol fod ag ewyllys rydd wirioneddol? Os yw eu dewisiadau'n sefydlog oherwydd bod Duw yn gwybod yn barod beth byddan nhw'n ei wneud, yna all y dewisiadau hynny ddim bod yn wirioneddol rydd. Yn yr achos hwnnw, mae rhagordeiniad yn anghyfiawn, gan nad oes gan fodau dynol unrhyw reolaeth dros y man y mae Duw wedi'i ordeinio iddyn nhw.

Problemau Tystiolaethol
- Mae problemau tystiolaethol drygioni (gweler Penodau 14 ac 15 ar Rowe a Paul hefyd) yn tynnu sylw at faint anghymesur ac anghyfartal dioddefaint yn y byd. Mae hyn yn awgrymu bod drygioni'n ffaith wirioneddol ac nid yn ddiffyg daioni'n unig.

- Mae tystiolaeth yn awgrymu bod drygioni naturiol fel trychinebau, clefydau, anifeiliaid cigysol a phlanhigion gwenwynig, i gyd wedi dod filiynau neu biliynau o flynyddoedd cyn y rhywogaeth ddynol. Felly, allai drygioni naturiol ddim bod wedi cael ei achosi gan lygredd y greadigaeth o ganlyniad i gwymp dyn.

- Mae tystiolaeth wyddonol, fel damcaniaeth y Glec Fawr, yn cefnogi'r syniad bod y bydysawd yn 13.8 biliwn o flynyddoedd oed a'i fod wedi datblygu wrth ehangu'n sydyn o'r hynodyn a oedd yn cynnwys pob mater, a dyma pryd dechreuodd gofod ac amser. Does dim tystiolaeth o fyd Cyn y Cwymp, heb farwolaeth, clefyd neu ddioddefaint. Mae pob tystiolaeth yn cefnogi damcaniaeth esblygiad, sy'n dadlau bod pob bywyd ar y ddaear wedi esblygu drwy ddethol naturiol, oherwydd marwolaeth a chlefydau. Mae tystiolaeth wyddonol o'r fath yn herio unrhyw ddilysrwydd hanesyddol sydd gan yr adroddiadau yn Genesis y mae theodiciaethau sy'n seiliedig ar un Awstin yn seiliedig arnyn nhw.

- Mae tystiolaeth anthropolegol wedi nodi bod amrywiaeth o rywogaethau dynol hynafol eraill wedi bod, a dim ond un ohonyn nhw yw *Homo sapiens*. Felly mae hyn yn gwrthbrofi cred Awstin bod pob bod dynol yn deillio o'r bodau dynol cyntaf sy'n cael eu disgrifio yn Genesis, sef Adda ac Efa, ac yn semenol bresennol ynddyn nhw. Felly, fyddai dim modd cyfiawnhau bod canlyniad y pechod gwreiddiol yn effeithio ar y ddynoliaeth i gyd.

- Mae tystiolaeth ddaearegol yn cefnogi'r safbwynt bod y byd yn anhrefn i ddechrau, a dim ond ar ôl cyfnod hir o addasu a newid y daeth yn addas i fywyd fyw arno. Mae hyn yn tanseilio'r syniad o fyd perffaith sy'n cael ei lygru'n sydyn.

Sut mae Theodiciaethau sy'n Seiliedig ar un Irenaeus yn cael eu Beirniadu
Anwyddonol
- Mae damcaniaeth esblygiad yn disgrifio sut esblygodd y rhywogaeth ddynol o brimatiaid, a esblygodd yn eu tro o anifeiliaid eraill dros gyfnod hir iawn o amser. Pryd yn union cafodd bodau dynol eu gwneud ar ddelw Duw? Ac a gafodd pob rhywogaeth ddynol ei gwneud ar ddelw Duw, neu dim ond *Homo sapiens*? Mae modd dweud bod y theodiciaeth fel y mae ar hyn o bryd yn annilys, gan nad yw hi'n gwneud synnwyr wrth ymyl dealltwriaeth wyddonol o'r byd.

Iachawdwriaeth hollgyffredinol
- Mae'r syniad y bydd pawb yn mynd i mewn i'r nefoedd yn gwrth-ddweud dysgeidiaeth Gristnogol draddodiadol. Felly, mae llawer o Gristnogion yn gwrthod y theodiciaeth sy'n dibynnu ar y gred hon. Mae disgrifiadau eglur o farn, nefoedd ac uffern i gyd yn y Beibl.

- Dydy hi ddim yn ymddangos yn gyfiawn y bydd y rhai sy'n achosi dioddefaint mawr hefyd yn datblygu'n foesol ac yn tyfu yn ôl llun Duw, ac yn cael eu derbyn yn y nefoedd wrth ochr eu dioddefwyr. Beth fyddai'r cymhelliant dros wneud dewisiadau moesol a datblygu yn y bywyd hwn, petai pawb yn cael iachawdwriaeth yn y pen draw beth bynnag? Byddai modd dweud bod iachawdwriaeth hollgyffredinol yn tanseilio holl ddysgeidiaeth y Beibl ac Iesu.

- Hefyd, mae'n bosibl dweud bod iachawdwriaeth hollgyffredinol yn tanseilio ewyllys rydd wirioneddol. Os bydd pawb yn y pen draw yn tyfu yn ôl llun Duw, beth bynnag yw eu dewisiadau moesol, mae'n awgrymu bod yr ewyllys rydd i wrthod Duw a datblygiad moesol yn gyfyngedig.

Drygioni fel Offeryn

- Mae drygioni fel modd o greu eneidiau yn gwrth-ddweud dysgeidiaeth Gristnogol am iachawdwriaeth. Mae'n rhoi iachawdwriaeth yn nwylo'r ddynoliaeth a'i dewisiadau, yn hytrach nag yn nwylo Duw a'r iawn drwy Iesu.

- Mae problem dystiolaethol drygioni yn codi'r cwestiwn am ddioddefaint enfawr. Fyddai dim un wobr neu ddaioni mwy byth yn gallu cyfiawnhau maint y dioddefaint y mae rhai yn ei brofi, yn enwedig o gofio bod dioddefaint wedi'i ddosbarthu'n anghyfartal, ac y bydd pawb yn cael iachawdwriaeth yn y pen draw beth bynnag.

- Mae'n bosibl galw theodiciaethau sy'n seiliedig ar un Irenaeus fel rhai sy'n 'torri eneidiau' yn hytrach na 'chreu eneidiau'. Mae'r syniad hwn wedi'i gefnogi gan ddealltwriaeth wyddonol fodern o drawma a'i effeithiau ar yr ymennydd. Dydy goroesi digwyddiad trawmatig ddim yn ein gwneud ni'n gryfach mewn gwirionedd, ond mae'n newid sut mae ein hymennydd a'n corff yn gweithredu. Mae goroesi trawma yn gallu achosi problemau gydol oes i'r rhai sydd wedi mynd drwy brofiadau niweidiol, yn enwedig pan maen nhw'n ifanc.

- Mae digon o dystiolaeth nad yw dioddefaint wedi'i ddosbarthu'n gyfartal. Felly, mae'n ymddangos yn anghyfiawn bod Duw cariadus yn mowldio ac yn profi rhai pobl yn fwy nag eraill. Mae'n amlygu dilema: a yw rhywfaint o ddioddefaint yn ddibwrpas a thu hwnt i'r hyn sydd ei angen, a fyddai'n gwrth-ddweud bod yna Dduw cariadus. Neu, a yw'r cam-ddosbarthu yn fwriadol, sydd yn herio'r cysyniad o Dduw cariadus hyd yn oed yn fwy. Mae hwn wedi dod yn bwnc llosg. Yn *Is God a White Racist? A Preamble to Black Theology* (1973), ysgrifenna William Jones fod drygioni a dioddefaint, ar y cyfan, wedi cael eu cyfyngu i grŵp ethnig lleiafrifol penodol, sy'n codi cwestiwn ynghylch hiliaeth ddwyfol.

- Mae'n bosibl dadlau nad yw pellter epistemig yn rhoi cyfrif llwyddiannus am ddioddefaint dibwrpas o ganlyniad i ddrygioni naturiol. Er enghraifft, pa gyfle am ddaioni eilaidd a gafodd dinasyddion Pompeii wrth i Vesuvius echdorri'n sydyn? Doedd dim cyfle am ymateb elusengar gan eraill wrth i'r ddinas gael ei gorchuddio gan fater folcanig mor gyflym, a dim llawer o gyfle i rinweddau fel dewrder i ddatblygu oherwydd y nwyon gwenwynig a gafodd eu rhyddhau, gan ladd y dinasyddion mewn cyfnod o amser cymharol fyr.

- Mae modd amau pam mae anifeiliaid yn dioddef os, yn unol â dysgeidiaeth Gristnogol, nad oes ganddyn nhw eneidiau sy'n gallu datblygu'n foesol. Mae ymateb Hick bod dioddefaint anifeiliaid yn gallu bod yn gyfle i ddatblygu daioni eilaidd mewn bodau dynol, yn ymddangos yn anghyfiawn, yn enwedig o gofio sut mae llawer o anifeiliaid yn dioddef ac yn marw heb i fodau dynol fod yn ymwybodol o hyn – er enghraifft, mewn trychinebau naturiol.

Gwallau Cyffredin

Theodiciaethau sy'n seiliedig ar un Awstin

Peidiwch â diystyru syniadau Awstin oherwydd ei ddehongliad hanesyddol o Genesis. Fel arall, byddwch chi'n cyfyngu ar ddyfnder y wybodaeth a'r ddealltwriaeth o theodiciaethau sy'n seiliedig ar un Awstin y gallech chi eu dangos. Mae syniadau Awstin yn seiliedig ar system gymhleth o ddysgeidiaeth Feiblaidd, dehongliad alegorïaidd, ac ymresymu athronyddol Platonaidd. Nododd Awstin rywbeth a gafodd ei alw'n ddiweddarach yn amddiffyniad ewyllys rydd clasurol, a dylanwadu ar yr Eglwys am fileniwm gyda'i syniadau. Mae llawer o'r farn ei fod yn llwyddo i amddiffyn bodolaeth a natur Duw yn llwyddiannus yng ngoleuni problem drygioni. Dylai theodiciaeth Awstin gael ei deall yn y cyd-destun y cafodd hi ei hysgrifennu, ond nodwch fod modd ystyried bod rhai agweddau yn gyson â dealltwriaeth wyddonol heddiw: er enghraifft, presenoldeb semenol a genynnau, DNA Adda cromosom Y ac Efa fitrocondriaidd. Does dim rhaid i chi gytuno â theodiciaethau sy'n seiliedig ar un Awstin o gwbl, ond byddwch yn ofalus wrth feirniadu a dangoswch ymwybyddiaeth o lwyddiant a gwerth ei syniadau i Gristnogaeth.

Theodiciaethau sy'n seiliedig ar un Irenaeus

Peidiwch ag anghofio rôl ewyllys rydd mewn theodiciaethau sy'n seiliedig ar un Irenaeus. Mae'n hawdd ysgrifennu gormod am y pwynt bod Duw wedi creu byd amherffaith gyda drygioni naturiol ynddo yn fwriadol, ac anghofio mai ewyllys rydd ddynol sy'n gyfrifol am ddrygioni moesol mewn gwirionedd. Felly mae theodiciaethau sy'n seiliedig ar un Awstin *ac* Irenaeus yn cynnwys amddiffyniad ewyllys rydd. Yn achos datblygiad Hick o syniadau Irenaeus, mae ewyllys rydd ddynol yn allweddol fel y modd y mae bodau dynol yn gallu datblygu daioni neu ddrygioni eilaidd. Felly, y ddynoliaeth sy'n gyfrifol am lawer o'r drygioni gwaethaf yn y byd, fel caethwasiaeth a'r Holocost, ond hefyd ein datblygiad neu ddiffyg datblygiad moesol ein hunain. Dydy Duw ddim yn gallu ymyrryd oherwydd pellter epistemig ac oherwydd bod angen cynnal ein hewyllys rydd wirioneddol. I Hick, felly, mae cydlyniad theodiciaethau sy'n seiliedig ar un Irenaeus yn dibynnu ar bellter epistemig ac ewyllys rydd ddynol.

CRYFHAU EICH GAFAEL

1. Gwnewch gyfres o fapiau meddwl gyda'r canlynol yn y canol: drygioni moesol, drygioni naturiol, hollalluogrwydd Duw, hollraslonrwydd Duw. Rhannwch y gwagle o gwmpas pob pennawd yn ddau. Ar un ochr, nodwch sut mae theodiciaethau sy'n seiliedig ar un Awstin yn gallu esbonio neu amddiffyn pob pennawd. Ar yr ochr arall, gwnewch yr un peth ar gyfer theodiciaethau sy'n seiliedig ar un Irenaeus. Bydd hyn yn helpu i sicrhau eich bod yn gallu addasu eich gwybodaeth o'r theodiciaethau i'r gwahanol fathau o gwestiynau a allai godi.

2. Gan ddefnyddio lliw gwahanol, ychwanegwch at y mapiau meddwl o weithgaredd 1. Ar gyfer pob pennawd, nodwch y cryfderau, y gwrthddadleuon a'r beirniadaethau perthnasol. Yna, gwnewch benderfyniad: a yw'r theodiciaethau'n llwyddo i esbonio neu amddiffyn y penawdau hyn yng ngoleuni gwrthwynebiadau? Ar ddarn o bapur ar wahân, esboniwch eich safbwynt. Bydd hyn yn eich helpu i ddatblygu eich sgiliau dadansoddi a gwerthuso ar gyfer cwestiynau AA2.

CREU EICH CWESTIWN EICH HUN

Darllenwch y bennod hon a defnyddiwch eiriau gorchymyn fel 'esboniwch' neu 'archwiliwch' i greu eich cwestiynau AA1 eich hun. Ar gyfer cwestiwn AA2, gwnewch osodiad unochrog am lwyddiant theodiciaethau sy'n seiliedig ar un Irenaeus neu Awstin, rhowch y gosodiad hwn rhwng dyfynodau, ac yna ysgrifennwch, 'Gwerthuswch y safbwynt hwn.'

Arweiniad ar yr Arholiad ar gyfer Theodiciaethau sy'n seiliedig ar un Awstin AA1

Wrth ateb cwestiwn gwybodaeth a dealltwriaeth rhan a), mae'n bwysig teilwra eich gwybodaeth i'r union gwestiwn sy'n cael ei ofyn. Wrth adolygu, darllenwch yn ôl dros yr adrannau 'Syniadau Allweddol' a 'Deall Safbwynt' yn y bennod hon, a sicrhewch eich bod yn gallu esbonio *sut* mae theodiciaethau sy'n seiliedig ar un Awstin yn gallu ymateb i broblem drygioni, ceisiwch amddiffyn nodweddion Duw theïstiaeth glasurol, a cheisiwch esbonio a chyfiawnhau drygioni naturiol a moesol, a'r gwrthwynebiadau a'r heriau cyffredinol iddyn nhw. Yn dibynnu ar y dyfnder sydd ei angen ar gyfer y cwestiwn, gallai fod yn ddefnyddiol i chi ddefnyddio enghreifftiau i egluro eich pwyntiau.

Arweiniad ar yr Arholiad ar gyfer Theodiciaethau sy'n seiliedig ar un Awstin AA2

Bydd materion i'w dadansoddi a'u gwerthuso yn seiliedig ar unrhyw agwedd ar y fanyleb, a allai gynnwys:

1. A yw theodiciaethau sy'n seiliedig ar un Awstin yn berthnasol yn yr unfed ganrif ar hugain.

2. I ba raddau y mae theodiciaeth Awstin yn llwyddo i amddiffyn Duw theïstiaeth glasurol.

Ar gyfer rhif 1, byddai'n bwysig cysylltu eich gwerthusiad â chyd-destun y cwestiwn, sef yr unfed ganrif ar hugain. Peidiwch â gwneud dim ond gwerthuso theodiciaethau sy'n seiliedig ar un Awstin yn gyffredinol. Gallai fod yn werth chweil i chi ddarllen yn ôl dros yr adran 'Sut mae Theodiciaethau sy'n Seiliedig ar un Awstin yn cael eu Beirniadu' a nodi'r beirniadaethau sy'n berthnasol i'r unfed ganrif ar hugain, fel tystiolaeth wyddonol, ddaearyddol ac anthropolegol, a defnyddio enghreifftiau o ddioddefaint enfawr sydd wedi digwydd mewn hanes diweddar. Fodd bynnag, mae'n werth cofio hefyd fod y materion rhesymegol o ran theodiciaethau sy'n seiliedig ar un Awstin yn ddiamser ac felly gallen nhw fod yn berthnasol, ond mae hyn yn dibynnu ar ba mor dda maen nhw'n cyfeirio at yr unfed ganrif ar hugain, yn eich barn chi. Mae llwyddiant materion rhesymegol yn dibynnu ar y credoau sydd am Dduw a'r greadigaeth. Er enghraifft, mae llawer o gredinwyr yr unfed ganrif ar hugain, fel Swinburne, yn credu bod hollalluogrwydd Duw *yn* gyfyngedig i'r hyn sy'n bosibl yn rhesymegol, felly mae'n tanseilio'r feirniadaeth y dylai Duw hollalluog fod wedi gallu creu bodau dynol sydd â'r cymeriad i wneud daioni bob amser.

Gyda rhif 2, cofiwch ar gyfer cwestiwn AA2 *na* ddylech chi esbonio'r theodiciaeth neu sut mae'n gweithio. Yn hytrach, gallai fod yn fuddiol ymdrin â chwestiwn fel hwn yn thematig, gan ddadansoddi a gwerthuso pa mor llwyddiannus y mae theodiciaethau sy'n seiliedig ar un Awstin yn ceisio amddiffyn pob nodwedd ar Dduw theïstiaeth glasurol yng ngoleuni drygioni a dioddefaint, yn eu tro. Gallai fod yn ddefnyddiol darllen dros Bennod 13, sy'n cyfeirio at driawd anghyson Mackie, gan nodi sut gall theodiciaethau sy'n seiliedig ar un Awstin oresgyn ei her o bosibl a chyfiawnhau pob un o briodweddau Duw, a pham gall y rhain fod yn llwyddiannus neu beidio. Gallai cryfderau neu wendidau mwy cyffredinol sy'n perthyn i theodiciaethau sy'n seiliedig ar un Awstin fod yn berthnasol hefyd os gallwch chi eu cysylltu â phwynt ynghylch amddiffyn nodwedd ar Dduw. Er enghraifft, dydy presenoldeb semenol a chosbi bodau dynol am bechodau eu hynafiaid ddim o angenrheidrwydd yn gyson â'r cysyniad o Dduw fel bod hollgariadus.

Arweiniad ar yr Arholiad ar gyfer Theodiciaethau sy'n seiliedig ar un Irenaeus AA1

Wrth ateb cwestiwn gwybodaeth a dealltwriaeth rhan a), mae'n bwysig teilwra eich gwybodaeth i'r union gwestiwn sy'n cael ei ofyn. Wrth adolygu, darllenwch yn ôl dros yr adrannau 'Syniadau Allweddol' a 'Deall Safbwynt' yn y bennod hon, a sicrhewch eich bod yn gallu esbonio *sut* mae theodiciaethau sy'n seiliedig ar un Irenaeus yn gallu ymateb i broblem drygioni, ceisiwch amddiffyn nodweddion Duw theïstiaeth glasurol, ceisiwch esbonio a chyfiawnhau drygioni naturiol a moesol, a'r gwrthwynebiadau a'r heriau cyffredinol iddyn nhw. Yn dibynnu ar y dyfnder sydd ei angen ar gyfer y cwestiwn, byddai'n ddefnyddiol i chi ddefnyddio enghreifftiau i egluro eich pwyntiau.

Arweiniad ar yr Arholiad ar gyfer Theodiciaethau sy'n seiliedig ar un Irenaeus AA2

Bydd materion i'w dadansoddi a'u gwerthuso yn seiliedig ar unrhyw agwedd ar y fanyleb, a allai gynnwys:

1. A yw theodiciaethau sy'n seiliedig ar un Irenaeus yn gredadwy yn yr unfed ganrif ar hugain.

2. I ba raddau y mae theodiciaeth Irenaeus yn llwyddo i amddiffyn Duw theïstiaeth glasurol.

Ar gyfer rhif 1, mae'n bwysig cysylltu eich gwerthusiad â chyd-destun y cwestiwn, sef yr unfed ganrif ar hugain, yn hytrach na gwerthuso theodiciaethau sy'n seiliedig ar un Irenaeus yn gyffredinol. Gallai fod yn werth chweil i chi ddarllen yn ôl dros yr adran 'Sut mae Theodiciaethau sy'n Seiliedig ar un Irenaeus yn cael eu Beirniadu' a gwneud nodyn o'r beirniadaethau sy'n berthnasol i'r unfed ganrif ar hugain, fel damcaniaeth esblygiad, anghyfiawnder dioddefaint anghyfartal sydd â chymhellion hiliol o bosibl, y dystiolaeth am natur ddibwrpas dioddefaint anifeiliaid, a'r dystiolaeth bod trawma yn 'torri eneidiau' yn hytrach nag yn 'creu eneidiau'. Ystyriwch a ydych chi'n meddwl y gall theodiciaethau sy'n seiliedig ar un Irenaeus oresgyn pob un o'r rhain yn llwyddiannus ai peidio, a pham. Fodd bynnag, gan fod llawer o Gristnogion yn yr unfed ganrif ar hugain yn cadw at y dysgeidiaethau traddodiadol hefyd, gallai fod yn berthnasol hefyd i chi gyfeirio at y ffyrdd y mae theodiciaethau sy'n seiliedig ar un Irenaeus yn gwahaniaethu oddi wrth ddysgeidiaeth draddodiadol, fel tanseilio rôl gras Duw a'r iawn drwy Iesu Grist. Gallai fod yn werth dadlau bod theodiciaethau eraill yn fwy credadwy yn yr unfed ganrif ar hugain.

Gyda rhif 2, cofiwch ar gyfer cwestiwn AA2 *na* ddylech chi esbonio'r theodiciaeth neu sut mae'n gweithio, gan mai gwybodaeth a dealltwriaeth AA1 y byddai hynny'n eu dangos, a byddai'n gwastraffu amser gwerthfawr. Yn hytrach, dylech chi ganolbwyntio ar ddangos sgiliau gwerthuso a dadansoddi. Er enghraifft, gallai fod yn fuddiol ymdrin â chwestiwn fel hwn yn thematig, gan bwyso a mesur pa mor llwyddiannus yw theodiciaethau sy'n seiliedig ar un Irenaeus wrth geisio amddiffyn pob nodwedd ar Dduw theïstiaeth glasurol yng ngoleuni drygioni a dioddefaint, yn eu tro. Gallai fod yn ddefnyddiol darllen dros Bennod 13, sy'n cyfeirio at driawd anghyson Mackie, gan nodi sut gall theodiciaethau sy'n seiliedig ar un Irenaeus oresgyn ei her, o bosibl, a chyfiawnhau pob un o briodweddau Duw, a pham gall y rhain fod yn llwyddiannus neu beidio. Gallai cryfderau neu wendidau mwy cyffredinol sy'n perthyn i theodiciaethau sy'n seiliedig ar un Irenaeus fod yn berthnasol hefyd, os gallwch chi eu cysylltu â phwynt ynghylch amddiffyn nodwedd ar Dduw. Er enghraifft, mae'n bosibl i iachawdwriaeth hollgyffredinol wrth-ddweud y cysyniad o Dduw hollgariadus, gan nad yw'n ymddangos yn arbennig o gyfiawn i ddioddefwyr os yw'r bobl a ddewisodd wneud niwed iddyn nhw, yn cael yr un iachawdwriaeth â nhw, yn y pen draw.

JOHN HICK

Gwerthuso Hick, Awstin ac Irenaeus Heddiw

Mewn arholiad, gallai fod gofyn i chi werthuso pa mor ddigonol/llwyddiannus yw ymatebion crefyddol i broblem drygioni'n gyffredinol, neu theodiciaethau sy'n seiliedig ar un Awstin ac Irenaeus a'u syniadau'n benodol, fel y nodwyd ym manyleb CBAC. Gallwch chi dynnu ar yr adran hon i gael syniadau wrth i chi baratoi, ond nodwch na allwch chi roi sylw manwl i'r dadleuon hyn. Bydd gofyn i chi ddod i farn ar y safbwyntiau rydych chi'n eu cyflwyno, ond does dim angen i chi ddod i'r un casgliadau â'r adfyfyrio hwn.

Er efallai eich bod chi'n anghytuno â theodiciaethau sy'n seiliedig ar un Awstin heddiw oherwydd diffyg tystiolaeth wyddonol a materion yn ymwneud ag annilysrwydd, mae'n ffaith eu bod nhw'n cael eu hystyried yn llwyddiannus ac yn ddylanwadol iawn yn yr Eglwys ac mewn syniadau Cristnogol am dros fileniwm. Os oes gan grediniwr yr un credoau am natur Duw a'r ddynoliaeth ag oedd gan Awstin, yna mae theodiciaethau sy'n seiliedig ar un Awstin yn gwneud i broblem resymegol drygioni fod yn ddiwerth, maen nhw'n esbonio drygioni moesol a naturiol yn y byd, ac yn amddiffyn nodweddion Duw hollol dda a phwerus. Fodd bynnag, mae bod â'r credoau sydd eu hangen i wneud y theodiciaeth hon yn llwyddiannus yn yr unfed ganrif ar hugain yn gofyn llawer, ac mae llawer o gredinwyr heddiw yn teimlo bod y theodiciaeth yn methu. Er bod llawer yn ystyried bod amddiffyniad ewyllys rydd ar y cyfan yn amddiffyniad credadwy i ddrygioni moesol, mae dibyniaeth Awstin ar Genesis i roi cyfrif am ddrygioni naturiol yn codi problemau sy'n amhosibl eu goresgyn, yn enwedig nawr gan fod gennym ni dystiolaeth i wrth-ddweud unrhyw gywirdeb hanesyddol, a dadansoddiad testunol o destunau'r Beibl i amau dibynadwyedd unrhyw berthnasedd alegorïaidd. Yn ogystal, mae syniadau'r gymdeithas a syniadau Cristnogol yn gyffredinol wedi symud i ffwrdd o besimistiaeth fel un Awstin ynghylch y ddynoliaeth a rhagordeiniad. Yn hytrach, maen nhw'n coleddu mwy o syniadau creu eneidiau na rhai torri eneidiau. Felly, mae diddordeb o'r newydd mewn mwy o theodiciaethau sy'n seiliedig ar un Irenaeus yn y degawdau diweddar.

O ran theodiciaethau sy'n seiliedig ar un Irenaeus, mae rhai pobl yn ystyried eu bod nhw'n fwy llwyddiannus na theodiciaethau sy'n seiliedig ar un Awstin wrth ymateb i broblem drygioni, esbonio drygioni moesol a naturiol, ac amddiffyn Duw theïstiaeth glasurol. Mae'r safbwynt creu eneidiau yn tystio i safbwynt Cristnogol mwy optimistaidd. Mae'n ceisio deall diben dioddefaint a pha mor gyffredin ydyw mewn ffordd sy'n gallu grymuso ac ysbrydoli bodau dynol i wneud yn fawr o gyfleoedd, i fod yn gydnerth, ac i ddatblygu eu hunain fel bod ganddyn nhw y cymeriad moesol gorau posibl. Fodd bynnag, mae darganfyddiadau gwyddonol diweddar yn ymwneud â maint difodiant rhywogaethau, dioddefaint anifeiliaid ac anghyfiawnderau moesol enfawr sydd wedi'u dosbarthu'n hynod o anghyfartal, fel caethwasiaeth a hil-laddiad, yn codi cwestiynau a all y fath ddrygioni a dioddefaint fyth fod yn werth y daioni mwy, ac a oes gan Dduw gyfiawnhad dros ganiatáu'r profiad hwn. Mae'r ffaith bod theodiciaethau sy'n seiliedig ar un Irenaeus yn dal Duw yn uniongyrchol gyfrifol am ddrygioni naturiol yn golygu, i rai, nad yw'r syniadau hyn yn gallu cael eu hystyried yn theodiciaeth o gwbl, gan mai pwynt theodiciaeth fyddai amddiffyn Duw yn erbyn y cyhuddiad o beidio â bod yn hollgariadus. Mae'n bosibl cynnig her bellach i esboniad drygioni naturiol fel nodwedd sy'n ofynnol i gynnal pellter epistemig ac i roi cyfleoedd am ddaioni eilaidd, gyda thystiolaeth trychinebau naturiol a achosodd ddioddefaint torfol i rywogaethau a oedd yn bodoli cyn bodau dynol, fel y digwyddiad difodiant a'r dinosoriaid. Doedd bodau dynol ddim yn bodoli y pryd hwnnw, felly at ba bwrpas y dioddefodd yr anifeiliaid hyn?

Mae'n ymddangos bod problemau rhesymegol a thystiolaethol drygioni yn dal i fod yn dipyn o her i theodiciaethau sy'n seiliedig ar rai Awstin ac Irenaeus, fel y cyflwynodd Hick nhw. Mae llwyddiant y theodiciaethau hyn yn dal i fod yn oddrychol ac yn dibynnu'n llwyr ar gredoau crefyddol a'r ddealltwriaeth o'r greadigaeth, Duw a'r ddynoliaeth sydd gan gredinwyr. O ran yr atheist, fel y dywedodd Mackie, dim problem.

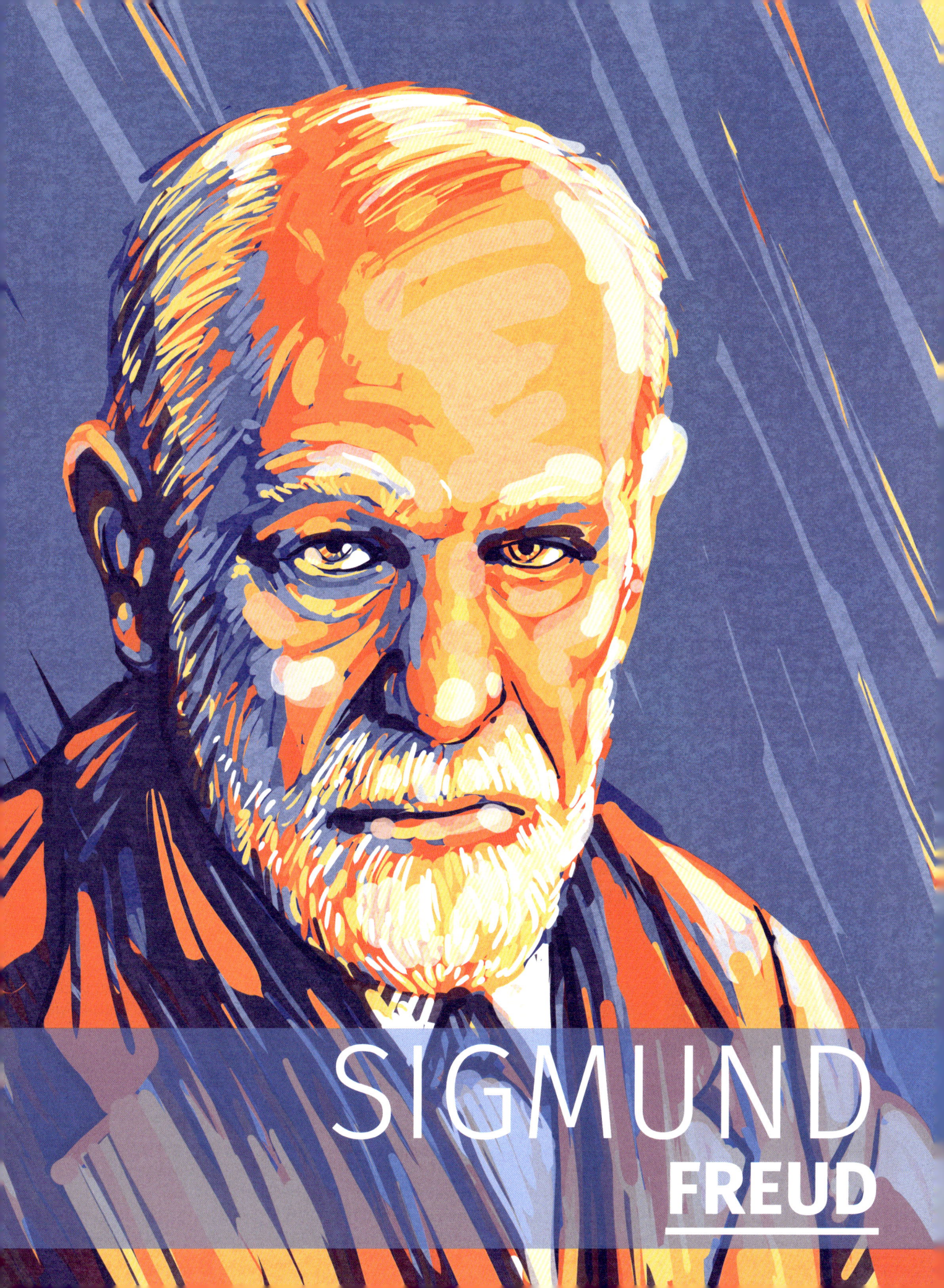

SIGMUND FREUD

17. SIGMUND FREUD
MYND I FYD FREUD

Trosolwg Sigmund Freud (1856–1939) oedd sylfaenydd seicdreiddio. Gweddnewidiodd sut roedd pobl yn gweld sut roedd y meddwl dynol yn gweithio. Ym maes athroniaeth, datblygodd nifer o ddamcaniaethau ynghylch sut mae crefydd a Duw wedi'u dylunio gan ddyn, ac yn ddull o gael peth rheolaeth dros y bydysawd, yn ogystal â'n gwrthdaro mewnol ein hunain.

Roedd Sigmund Freud yn ysgrifennu yn Wien, dinas gosmopolitan a oedd, ar y pryd, wedi ffynnu fel prifddinas Ymerodraeth Awstria a Hwngari. Roedd yn ymwybodol iawn o'r datblygiadau mewn syniadau gwyddonol a ddaeth o ddamcaniaeth esblygiad Darwin. Hefyd, roedd wedi cyfieithu gweithiau athronwyr a moesegwyr fel John Stuart Mill. Roedd llawer o feddylwyr arwyddocaol yr oes yn byw yn Wien ar ddechrau'r ugeinfed ganrif, ac roedden nhw ar fin gwneud darganfyddiadau mawr am y ddynoliaeth a'r byd naturiol, felly roedd y ddinas yn bair i syniadau newydd.

Ar ddiwedd y bedwaredd ganrif ar bymtheg, roedd cyfoeth Wien yn lleihau. Gwelodd Freud ei dad ei hun yn mynd o sefyllfa gyfoethog a dylanwadol i un dlawd. Ymgiliodd cymdeithas Wien i godau llym o ran ymddygiad cymdeithasol, yn enwedig ynghylch agweddau tuag at ryw a rhywioldeb. Roedd llawer o bobl yn teimlo bod eu cyfoedion a'u teulu yn eu beirniadu ynghylch yr hyn yr oedd Freud yn ei weld yn ddyheadau rhywiol naturiol a wnaeth achosi pobl i adwthio (*repress*) eu meddyliau, eu teimladau a'u hatgofion 'cywilyddus'.

Gwelodd Freud dystiolaeth gyda'i gleifion bod cred grefyddol yn gallu, ar y naill law, gyfrannu at wneud iddyn nhw deimlo bod eu hatgofion a'u meddyliau yn gywilyddus, gan nad oedd y grefydd yn eu caniatáu nhw. Roedd hyn yn golygu bod credinwyr yn adwthio ac yn cuddio'r meddyliau hyn yn eu hisymwybod. Ar y llaw arall, roedd crefydd yn cynnig ateb i'r teimladau negyddol hyn, gan ei bod yn cynnig dulliau i helpu pobl i ymdrin ag euogrwydd a dod o hyd i faddeuant gan 'Dduw'. Ym marn Freud, roedd y mecanweithiau crefyddol hyn mewn gwirionedd yn galluogi'r cleifion i faddau iddyn nhw eu hunain. Felly, crefydd oedd achos y teimladau euog, negyddol hyn, a hefyd yr ateb iddyn nhw.

Er bod damcaniaethau Freud am y meddwl wedi cael eu gwrthbrofi a'u beirniadu wrth i seicdreiddio ddatblygu, mae llawer o'i syniadau ynghylch yr angen dynol am grefydd a ffigur fel Duw, yn dal i fod yn ddylanwadol. Does dim modd gwadu bod credu yn Nuw yn rhoi cysur i bobl ac yn ffordd o ymdrin â'u dyheadau mewn ffordd sy'n gymdeithasol dderbyniol. Fodd bynnag, yr hyn sydd yn ddadleuol yw ai ni sydd wedi creu'r syniad hwn o Dduw ein hunain, neu a yw Duw yn realiti allanol, gwrthrychol sydd yn bodoli y tu hwnt i'n meddyliau.

> **MEWNWELEDIAD**
>
> Gwelodd Freud, drwy siarad am atgofion, dyheadau ac ofnau, fod iechyd meddwl ei gleifion yn gwella.

Syniadau Allweddol Freud

GWELLA EICH **DEALLTWRIAETH**

Gwnewch yn siŵr eich bod chi'n gwybod beth mae Freud yn ei olygu wrth alw crefydd yn 'rhith' a sut mae hyn yn cysylltu â chyflawni dymuniadau.

Y Meddwl Tridarn

Dywedodd Freud fod tair elfen benodol o'r meddwl sydd gyda'i gilydd yn creu ein personoliaethau: yr Id, yr Ego a'r Uwch-Ego. Dydy'r syniad hwn ddim yn annhebyg i ddealltwriaeth Platon o'r enaid, gyda'r gyrrwr cerbyd yn llywio dau geffyl. Rhaid i'r Ego reoli ysfeydd yr Id a disgwyliadau'r Uwch-Ego i'n harwain ni'n llwyddiannus drwy fywyd. Mae'r Id yn cynrychioli ein chwantau a'n dyheadau mwyaf sylfaenol a naturiol. Mae hyn i'w weld fwyaf amlwg mewn babanod sy'n sgrechian yn ddiamynedd am yr hyn maen nhw ei eisiau heb ystyried pobl eraill. Mae'r Uwch-Ego yn rhoi'r pryder am yr hyn sy'n iawn yn ein cymdeithas; mae hwn wedi mewnoli gwobrau a chosbau sydd wedi'u rhoi i ni (gan ein rhieni yn bennaf) wrth i ni dyfu. Fel y mae Freud yn ei esbonio, 'Lle mae'r Id, dyna lle bydd yr Ego'. Mae gan yr Ego, felly, waith caled, sef cydbwyso anghenion yr Id â disgwyliadau'r Uwch-Ego. I Freud, mae'r gydwybod yn rhan o'r broses hon, a dyma lle mae'r syniad o Dduw, fel ffigur tadol dyrchafedig, yn ffitio – mae'n ein gwylio ni ac yn barnu pob un o'n meddyliau a'n gweithredoedd.

Crefydd fel Cynnyrch y Meddwl Dynol

Mae safbwynt Freud o'r meddwl dynol yn aml yn cael ei ddarlunio ar ffurf mynydd iâ. Mae'n bosibl gweld copa'r mynydd iâ uwchben y dŵr, ond mae mwyafrif y mynydd iâ o dan y dŵr. Yn yr un modd, mae gan y meddwl dynol rai elfennau rydyn ni'n ymwybodol ohonyn nhw, yn gallu meddwl amdanyn nhw ac yn eu gwybod, ond mae'r rhan fwyaf o'r meddwl yn gudd ac yn anhysbys.

Mae'r meddwl ymwybodol fel copa'r mynydd iâ, yn cynrychioli ein meddyliau a'n hymwybyddiaeth uniongyrchol. Mae'r meddwl anymwybodol, ar y llaw arall, fel y rhan o'r mynydd iâ sydd o dan y dŵr. Mae'n cynnwys dyheadau, atgofion ac emosiynau cudd sy'n dylanwadu ar ein hymddygiad heb i ni fod yn ymwybodol ohonyn nhw. Rydyn ni'n gwthio, neu'n adwthio'r meddyliau, y teimladau a'r atgofion rydyn ni'n cywilyddio fwyaf amdanyn nhw, i'n meddwl anymwybodol. Er nad ydyn ni'n ymwybodol ohonyn nhw mwyach, maen nhw'n dal i ddylanwadu'n fawr arnon ni.

MEWNWELEDIAD

I Freud, mae crefydd yn symptom o frwydr rhwng ceisio rheoli ein dyheadau ac ymdrin â'r euogrwydd sy'n dod o fod â nhw. Nid 'salwch' ynddo ei hun yw hyn, ond symptom o'r salwch cyffredinol (niwrosis) am yr euogrwydd a'r cywilydd rydyn ni'n eu teimlo.

Mae crefydd yn chwarae rôl yn yr hyn rydyn ni'n ystyried eu bod nhw'n atgofion, meddyliau a dyheadau derbyniol, ac felly yn yr hyn sydd wedi'i adwthio i mewn i'r meddwl anymwybodol. Dydy crefydd a'r syniad o Dduw ddim yn real ond wedi'u dychmygu, ac maen nhw'n cael eu defnyddio fel offeryn y meddwl i gyflawni rhai swyddogaethau i ni. Ym marn Freud, mae crefydd yn fecanwaith rydyn ni wedi'i greu i'n galluogi ni i farnu beth sy'n dderbyniol ac yn annerbyniol yn y gymdeithas. Mae holl ddefodau crefydd yn gallu ein helpu i ymdopi ag effeithiau ein hemosiynau cywilyddus, sydd wedi'u hadwthio.

MEWNWELEDIAD

Roedd yr hen athronydd Platon yn dweud bod tair rhan i'r enaid: rheswm, chwantau a *thumos* ('natur ysbrydol').

MEWNWELEDIAD

Mae straen meddyliol a niwrosis yn deillio o'r gwrthdaro yn ein meddyliau rhwng yr hyn rydyn ni ei eisiau (yr Id) a'r hyn rydyn ni'n credu bod y gymdeithas yn ei ddisgwyl gennym ni (yr Uwch-Ego).

Mae'n rhaid i'r Ego reoli'r safbwyntiau gwrthwynebus hyn. Weithiau, mae'n gallu cael ei lethu gan y frwydr rhyngddyn nhw.

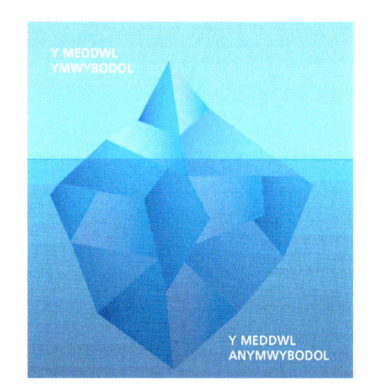

133

FREUD

MEWNWELEDIAD

I Freud, er bod gan grefydd a'r syniad o Dduw ddylanwad mawr ar ein meddyliau, dydyn nhw ddim yn realiti allanol neu wrthrychol. Yn hyn o beth, roedd Freud yn gwahaniaethu oddi wrth ei gyfoeswr, Carl Jung (gweler Pennod 18).

MEWNWELEDIAD

Yn ôl Freud, dydy rhithiau ddim o reidrwydd yn anghywir. Yr hyn sy'n bwysig yw bod pobl wir eisiau iddyn nhw fod yn wir. Felly, dydy gwirionedd neu anwiredd y gred ddim yn bwysig, a dweud y gwir.

Crefydd fel Cyflawni Dymuniadau

Mae'n bosibl crynhoi safbwynt Freud ar grefydd yn ei honiad mai 'dim ond rhith sy'n deillio o ddymuniadau dynol' yw hi. Mae Freud yn dadlau mai dim ond rhywbeth rydyn ni'n dyheu iddo fod yn wir yw crefydd, fel dymuniad – rydyn ni'n dyheu cymaint, mewn gwirionedd, fel ein bod ni'n anghofio am resymoledd a meddwl beirniadol. Fodd bynnag, dydy galw rhywbeth yn rhith ddim yn golygu nad yw e byth yn gallu bod yn wir; mae'n golygu'n unig ein bod ni'n wirioneddol eisiau iddo fod yn wir. Er enghraifft, efallai bydd llawer o bobl yn breuddwydio am fynd i'r gofod, neu am ennill y loteri. Er efallai na fydd hyn yn digwydd i'r mwyafrif o bobl, fe fydd yn digwydd i rai.

Mae crefydd yn ymateb yn erbyn ein teimladau o ddiymadferthedd. Rydyn ni'n ofni marwolaeth ac elfennau natur yn ogystal â'n diffyg rheolaeth ni ein hunain ar ein meddwl anymwybodol. Mae gan Dduw hollalluog y pŵer i reoli'r pethau hynny rydyn ni'n ofni na allwn ni eu rheoli, ac felly mae'n ein helpu ni yn erbyn teimladau o ddiymadferthedd. Mae Duw yn cyflawni ein dymuniad am gael rhyw drefn, rheolaeth a synnwyr yn y bydysawd.

Hefyd, mae crefydd yn gallu cyflawni dymuniadau i ni mewn ffyrdd eraill. Er enghraifft, mae gan fodau dynol gwestiynau eithaf y mae crefydd yn gallu eu hateb. Beth sy'n digwydd pan fyddwn ni'n marw? Beth yw pwrpas bywyd yn y lle cyntaf? Sut gallwn ni reoli'r gwrthdaro rhwng yr hyn rydyn ni ei eisiau a'r hyn rydyn ni'n meddwl y dylen ni ei gael? Drwy geisio ateb y cwestiynau hyn, mae crefydd yn ein cysuro, yn debyg iawn i sut y bydd rhiant yn cysuro plentyn. Yn ôl Freud: 'Byddai'n dda iawn petai yna Dduw a greodd y byd ac a oedd yn rhagluniaeth gyfeillgar, a phetai yna drefn foesol yn y bydysawd a bywyd ar ôl marwolaeth.'

MEWNWELEDIAD

Er bod Freud yn gweld mai rhith oedd crefydd, roedd ef hefyd yn cydnabod bod gan grefydd swyddogaeth i'r gymdeithas o ran gwarchod y gwan rhag y cryf: er enghraifft, gyda rheolau fel 'Na ladd'.

Roedd Freud yn credu bod crefydd yn cadw credinwyr mewn cyflwr meddwl plentynnaidd.

Deall Safbwynt Freud

Y Llu Gwreiddiol

Yn 1913, cyhoeddodd Freud ei lyfr cyntaf, *Totem and Taboo*, a oedd yn archwilio tarddiad crefydd drwy astudiaethau anthropolegol o ddiwylliannau a oedd yn arfer ffurfiau hynafol ar grefydd a Thotemiaeth. Mewn arferion crefyddol Totemyddol, mae anifail y Totem yn cael ei addoli a'i ofni; mae'n bŵer sy'n rheoli bywydau'r gymuned. Credai Freud fod yr eilunaddoli hwn yn adleisio'r edmygedd a'r ofn yr oedd primatiaid yn eu teimlo tuag at yr alffa-wryw yn eu haid. Gan adeiladu ar ddamcaniaeth Darwin am y **llu gwreiddiol**, dyma oedd damcaniaeth Freud – yn union fel y mae'n rhaid i wrywod ifanc teulu o brimatiaid mawr ladd eu tad er mwyn cael mynediad rhywiol at fenywod y grŵp, efallai fod bodau dynol cynnar wedi ymddwyn yn debyg o fewn llu gwreiddiol.

Mewn crefydd Totemyddol, cofnodir yn aml fod dilynwyr yn lladd ac yn bwyta'r anifail roedden nhw'n ei addoli, er mwyn bwyta'r pŵer y maen nhw'n ei gredu sydd gan yr anifail dros eu bywydau. Awgrym Freud yw bod yr euogrwydd o'r weithred hon yn cael ei gario ymlaen i genedlaethau'r dyfodol. I Freud, mae defod Gristnogol Yr Ewcharist yn adlais o'r weithred ofnadwy hon gan y llu gwreiddiol – drwy fwyta corff Crist yn symbolaidd, mae credinwyr yn gallu cael mynediad at y pŵer sydd gan Dduw drostyn nhw.

MEWNWELEDIAD

'Mae olion oesau eu tarddiad yn rhan annatod o athrawiaethau ... crefydd(au)' (Freud yn *Moses and Monotheism*, 1938).

Cymhleth Oedipws

Mewn gweithiau diweddarach, fel *The Future of an Illusion* (1927), mae Freud yn cysylltu crefydd â'i ddamcaniaeth enwocaf, cymhleth Oedipws. Ffigur ym mytholeg Groeg yw Oedipws a wnaeth ladd ei dad a phriodi ei fam. Mae Freud yn defnyddio astudiaeth achos un o'i gleifion ('Hans Bach') i gefnogi ei ddamcaniaeth bod gan blant gwryw ddyhead gwaharddedig a llosgachol am eu mamau. Mae hyn yn arwain at atalnwyd y dymuniadau hynny, ymdeimlad o euogrwydd a chystadleuaeth â thad y teulu. Mae'n cysylltu hyn yn ôl â damcaniaeth y llu gwreiddiol.

Hefyd, mae Freud yn cynnig damcaniaeth gyfatebol i blant benywaidd – cymhleth Electra – lle mae gan ferched ddyhead am eu tadau ac yn gwrthdaro â'u mamau. Er mwyn cael llwyddiant genynnol cymuned, mae'n rhaid i losgach fod yn dabŵ mawr. Mewn gwirionedd, mewn rhai cymdeithasau a astudiodd Freud, dyma'r unig dabŵ, a oedd yn angenrheidiol i sicrhau parhad y gymuned.

Crefydd fel Niwrosis Cyffredinol

I Freud, dydyn ni ddim yn ymwybodol ein bod ni erioed wedi cael teimladau fel cymhleth Oedipws neu Electra neu wedi meddwl amdanyn nhw. Ond mae crefydd yn ymddangos fel ffordd i ni ymdrin â'r olion diangen hyn yn ein seice a'u rheoli. Yn ôl Freud, symptom y clefyd yw crefydd, yn hytrach na'r achos neu'r clefyd ei hun. Pan rydyn ni'n teimlo'n ddiymadferth wrth wynebu grymoedd naturiol sydd fel petaen nhw'n rheoli ein bywydau, mae'n gysur credu bod yna Dduw hollalluog, hollgariadus a fydd yn ein hamddiffyn ac yn gofalu amdanon ni. Yn yr un modd, rydyn ni'n ddiymadferth wrth wynebu cynnwrf mewnol sy'n cael ei achosi gan y dyheadau sydd gennym ni, ond rydyn ni'n gwybod na ddylen nhw fod gennym ni. Mae crefydd yn ymddangos eto fel ffordd o reoli'r dyheadau hyn ac i helpu ni, i'n glanhau ni o'r 'pechod' hwn.

BETH YW EICH BARN CHI?

Ysgrifennwch eich syniadau chi am ddadleuon Freud ac ewch yn ôl atyn nhw ychydig cyn yr arholiad er mwyn gweld a yw eich safbwyntiau wedi newid.

HANFODOL!

Y **llu gwreiddiol** oedd cam cynharaf diwylliant dynol, lle roedd un gwryw hŷn yn cael mynd at y benywod i gyd. Wedyn roedd yn cael ei lofruddio a'i fwyta gan ei feibion, y gwrywod ifanc, er mwyn iddyn nhw gael mynd at y benywod.

AWGRYM

Cofiwch bod Freud wedi adeiladu ar ddamcaniaeth esblygiad Darwin, er mwyn datblygu ei ddamcaniaeth crefydd. Yn benodol, Darwin oedd y person cyntaf i gynnig damcaniaeth y llu gwreiddiol.

MEWNWELEDIAD

Roedd 'Hans Bach', claf Freud, yn fachgen bach a oedd wedi dechrau ofni ceffylau. Dehonglodd Freud yr ofn hwn fel arwydd o wrthdaro seicolegol heb ei ddatrys a oedd yn gysylltiedig â'i gymhleth Oedipws, a'i ddyheadau anymwybodol.

MEWNWELEDIAD

Roedd Freud yn deall mai niwrosis cyffredinol oedd crefydd. Mae'n debyg i niwrosis unigol, sy'n afiechyd meddwl, ond yn rhywbeth sy'n cael ei ystyried ar draws diwylliannau a chyfnodau gwahanol, fel symptom o'n hanallu i ymdopi â'r euogrwydd a'r teimladau sy'n gysylltiedig â chymhleth Oedipws.

TASG

Darllenwch Freud eich hun yn y darn isod. Bydd y nodiadau ar ymyl y dudalen yn eich helpu chi i ddeall ei safbwyntiau.

Darllen Freud eich Hun

Yn y darn hwn o *The Future of an Illusion* (1927), mae Freud yn esbonio sut mae crefydd yn cyflawni ein dymuniadau i gael ein diogelu a'n cysuro mewn byd nad oes gennym ni lawer o reolaeth drosto.

> Term sy'n cael ei ddefnyddio pam mae rhywun yn caru ac yn casáu'r un gwrthrych, ar yr un pryd.
>
> Mae Freud yn gweld mai un gwraidd sydd i bob crefydd, gan fod y dynoliaeth i gyd yn deillio o'r llu gwreiddiol. Felly, mae gan bob ffurf ar grefydd batrymau tebyg yn ymwneud ag euogrwydd a chael gwared arno.
>
> Astudiaeth anthropomorffig crefyddau Totemyddol lle gwelodd Freud anifail y Totem yn cael ei ladd a'i fwyta'n seremonïol fel y ffurf gynharaf ar grefydd.
>
> Yn union fel y mae plentyn yn disgwyl i'w rieni ei amddiffyn, felly mae crefydd yn cadw bodau dynol mewn cyflwr plentynnaidd wrth iddyn nhw ddisgwyl i 'Dduw' eu hachub nhw rhag perygl.
>
> Ennill ffafr Duw neu dduwiau drwy wneud rhywbeth sy'n eu plesio nhw.
>
> Roedd Freud yn credu bod crefydd yn cadw credinwyr mewn cyflwr plentynnaidd ac roedd yn gobeithio am fyd lle byddai'r ddynoliaeth yn symud ymlaen y tu hwnt i fod angen y 'rhith' hwn.

Yn y swyddogaeth hon [amddiffyn] mae'r fam yn cael ei disodli'n fuan gan y tad cryfach, sy'n cadw'r safle hwnnw am weddill plentyndod. Ond mae agwedd y plentyn at ei dad wedi'i lliwio â deuoliaeth ryfedd. Mae'r tad ei hun yn berygl i'r plentyn, efallai oherwydd ei berthynas gynharach â'i fam. Felly, mae'n ei ofni gymaint ag y mae'n dyheu amdano ac yn ei edmygu. Mae arwyddion y ddeuoliaeth hon o ran yr agwedd at y tad a'u hargraff yn ddwfn ym mhob crefydd, fel y dangoswyd yn *Totem and Taboo*. Pan mae'r unigolyn sy'n tyfu yn gweld mai ei dynged yw aros yn blentyn am byth, na fydd byth yn gallu bod heb amddiffyniad yn erbyn pwerau uwch rhyfedd, mae'n rhoi'r nodweddion sy'n perthyn i ffigur ei dad i'r pwerau hynny; mae'n creu iddo ei hun y duwiau y mae'n eu hofni, y mae'n ceisio cymodi â nhw, ac y mae, serch hynny'n ymddiried ynddyn nhw i'w amddiffyn. Felly, mae ei ddyhead am dad yn gymhelliad sy'n unfath â'i angen am amddiffyniad yn erbyn canlyniadau ei wendid dynol. Yr amddiffyniad yn erbyn diymadferthedd plentynnaidd yw beth sy'n rhoi ei nodweddion nodweddiadol i ymateb yr oedolyn i'r diymadferthedd y mae'n rhaid iddo ei gydnabod – a'r union ymateb yw ffurfio crefydd.

SGILIAU GWERTHUSO

Gallwch chi roi mwy o ddyfnder i ateb i gwestiwn gwerthuso am ysgolhaig bob amser, drwy ddangos ymwybyddiaeth o sut mae meddylwyr eraill wedi anghytuno.

Sut mae Freud yn cael ei Feirniadu

Mae crefydd yn rym cadarnhaol. Dechreuodd Freud gyfeillgarwch proffesiynol â Carl Jung, seiciatrydd o'r Swistir o'r un cyfnod. Roedd yn gobeithio y byddai Jung yn etifedd iddo fel prif feddyliwr seicdreiddio. Roedden nhw'n cytuno ar lawer o bethau tra oedd Jung yn datblygu ei seicoleg ddadansoddol ei hun. Fodd bynnag, roedd ganddyn nhw safbwyntiau gwahanol ynghylch pa mor ddefnyddiol ac angenrheidiol oedd crefydd i'r meddwl dynol. Oherwydd y gwahaniaeth safbwynt hwn, tyfodd rhwyg rhyngddyn nhw. Tra oedd Freud yn gweld mai rhith diangen oedd crefydd, credai Jung ei fod yn hanfodol i helpu'r ddynoliaeth i ddod o hyd i gytgord a chydbwysedd. Mae damcaniaeth crefydd Jung yn cael ei thrafod yn fwy manwl ym Mhennod 18, ond ei brif feirniadaeth ar Freud yw bod crefydd yn rym cadarnhaol i unigolion ac yn angenrheidiol i'w twf personol, nid yn rhywbeth y mae angen cael gwared arno er mwyn i'r ddynoliaeth ffynnu'n llawn.

Beirniadaeth ar gymhleth Oedipws. Mae llawer o ddamcaniaethu Freud ym meysydd seicoleg a chrefydd yn seiliedig ar ei ddamcaniaeth cymhleth Oedipws. Ar gyfer y ddamcaniaeth hon, mae'n cynnig un darn o dystiolaeth yn unig, sef astudiaeth achos 'Hans Bach' – damcaniaeth yn unig yw'r gweddill. Hefyd, dim ond i grefyddau sydd â duwdod gwrywaidd yn unig y mae'r ddamcaniaeth hon wir yn berthnasol (er enghraifft, y Duw Iddewig-Gristnogol), felly dydy hi ddim yn berthnasol i bob crefydd. Mae'r cymdeithasegydd Pwylaidd-Brydeinig Bronislaw Malinowski yn beirniadu safbwynt Freud ar gymhleth Oedipws drwy'r dystiolaeth nad yw'r teulu yr un fath ym mhob cymdeithas – er enghraifft, mewn teuluoedd o linach y fam, does gan y tad ddim byd i'w wneud â magu'r plant.

Diffyg tystiolaeth. Oherwydd eu natur yn union, does dim modd gwirio'n empirig ddamcaniaethau Freud am y meddwl, y llu gwreiddiol, cymhleth Oedipws a chrefydd yn gyffredinol. Fel yr ysgrifennodd yr athronydd o Loegr, Michael Palmer: 'Mae bron y cyfan o'r dystiolaeth y mae Freud yn ei chyflwyno wedi cael ei amau mewn rhyw ffordd neu'i gilydd' (*Freud and Jung on Religion*, 1997). Mae damcaniaeth y llu gwreiddiol yn seiliedig ar syniadau Darwin a Freud, a does gennym ni ddim tystiolaeth ffisegol bod hyn yn digwydd, na chwaith mai dyma'r unig fath o gymdeithas gyntefig. Doedd gan bob llwyth ddim anifeiliaid totemaidd, er enghraifft, a phrin iawn yw'r dystiolaeth i gefnogi cymhleth Oedipws.

Gwallau Cyffredin

Dydy pob crediniwr crefyddol ddim yn gwrthod safbwynt Freud. Er bod safbwynt Freud ar grefydd yn ymddangos yn negyddol, dydy pob crediniwr ddim yn ei wrthod. Mae John Hick (gweler Pennod 16) yn croesawu rhai o syniadau Freud, yn enwedig y syniad o Dduw fel ffigur tadol, fel ffordd i ni ddeall mwy am sut mae Duw wedi'i ddatguddio ei hun i'r ddynolryw, yn ogystal â sut mae'r syniad hwnnw yn ein cysuro a'n cynnal. Yn ogystal, byddai'n bosibl gweld bod cysyniadau crefyddol fel cwymp dyn a'r pechod gwreiddiol yn cefnogi'r syniad bod gennym ni wrthdaro mewnol rhwng yr hyn yr ydyn ni eisiau ei wneud, a'r hyn y dylen ni ei wneud, a'n bod ni'n troi at grefydd i'n helpu ni i reoli'r gwrthdaro hwn.

Dydy safbwynt Freud ddim yn cael ei gefnogi'n gyffredinol bellach ym maes seicoleg. Tra na ellir gorbwysleisio'r effaith y cafodd Freud fel tad seicdreiddio ar ddeall y meddwl dynol, mae llawer o'i ddamcaniaethau, yn enwedig y rhai sy'n ymwneud â phlant a chymhleth Oedipws, wedi cael eu gwrthod oherwydd diffyg tystiolaeth empirig.

Peidiwch â chymysgu rhwng syniadau Freud a syniadau Jung. Roedd Freud ac Jung yn gweld mai lluniad y meddwl dynol oedd crefydd. Roedd Jung, fodd bynnag, yn gweld bod crefydd yn rym cadarnhaol i'r gymdeithas ac yn angenrheidiol i dwf personol. I Freud, dylen ni gael gwared ar grefydd er mwyn i'r ddynoliaeth aeddfedu. Roedd y ddau feddyliwr yn gweld bod gan y meddwl nifer o rannau, ond i Freud, mae gennym ni anymwybod personol ynghyd â'r Ego, ond i Jung, mae yna anymwybod cyffredinol y mae'r ddynoliaeth i gyd yn ei rannu.

CRYFHAU EICH GAFAEL

1. Caewch eich llyfrau a lluniwch fap meddwl o'r syniadau canlynol sydd gan Freud am grefydd: crefydd fel rhith; y llu gwreiddiol; cymhleth Oedipws; a chrefydd fel niwrosis cyffredinol. Esboniwch sut mae pob pwynt yn gysylltiedig â'r meddwl ac yn gysylltiedig â chrefydd. Nawr agorwch eich llyfrau a'ch nodiadau i ychwanegu unrhyw wybodaeth ac enghreifftiau ychwanegol mewn lliw gwahanol, i'ch atgoffa i adolygu hyn yn fwy trylwyr. Bydd hyn yn eich helpu chi gyda chwestiynau AA1 sy'n canolbwyntio ar safbwynt Freud ar grefydd.

2. Lluniwch dabl sy'n dangos cryfderau a gwendidau esboniad Freud o gred grefyddol. Defnyddiwch yr adrannau 'Deall Safbwynt Freud' a 'Sut mae Freud yn cael ei Feirniadu' i gael syniadau. Pa ochr o'r tabl sy'n eich argyhoeddi chi fwyaf? Gan ystyried y pwyntiau sydd gennych chi ar bob ochr i'r tabl, ysgrifennwch baragraff sy'n esbonio pa mor ddigonol yw ei esboniad o gred grefyddol i chi. Bydd hyn yn cryfhau eich atebion AA2 sy'n gysylltiedig â beirniadaeth Freud ar grefydd.

> **MEWNWELEDIAD**
>
> Roedd Freud yn credu bod ei safbwyntiau yn fwy dilys yn wyddonol na rhai Jung. Fodd bynnag, mae meddylwyr allweddol fel Richard Dawkins yn amau'r dulliau a ddefnyddiodd Freud i ddod i'w gasgliadau. Er bod Dawkins yn derbyn seicdreiddio fel dull gwyddonol pwysig, mae'n gweld bod damcaniaethau Freud wedi'u seilio'n ormodol ar ddehongliadau goddrychol, iddyn nhw fod yn ddichonadwy yn empirig.

> **CREU EICH CWESTIWN EICH HUN**
>
> Darllenwch y bennod hon a defnyddiwch eiriau gorchymyn fel 'archwiliwch', 'esboniwch' neu 'cymharwch' i greu eich cwestiwn AA1 eich hun. Ar gyfer cwestiwn AA2, gwnewch osodiad unochrog am safbwyntiau Freud, rhowch y gosodiad rhwng dyfynodau, ac yna ysgrifennwch, 'Gwerthuswch y safbwynt hwn.'

Arweiniad ar yr Arholiad AA1

Mae pedwar prif faes y gallai fod gofyn i chi roi sylw iddyn nhw mewn cwestiynau arholiad i ddangos eich gwybodaeth a'ch dealltwriaeth o ddamcaniaeth Freud am grefydd. Mae'r rhain i gyd yn ymwneud â'i safbwynt bod crefydd yn niwrosis sydd yn deillio o anghenion a dyheadau dynol:

1. crefydd fel rhith
2. crefydd fel niwrosis cyffredinol
3. y cysylltiad rhwng y llu gwreiddiol a chrefyddau heddiw
4. y cysylltiad rhwng cymhleth Oedipws a chrefydd.

Defnyddiwch yr adrannau 'Syniadau Allweddol Freud' a 'Deall Safbwynt Freud' yn y bennod hon i wneud nodiadau ar bob un o'r pedair agwedd hon ar ei ddamcaniaeth. Codwch ddyfyniad o adran 'Darllen Freud eich Hun' a dangoswch sut mae hyn yn berthnasol i'r gwahanol agweddau ar ei ddamcaniaeth. Hefyd, gall fod gofyn i chi amlinellu rhai o gryfderau a gwendidau ei ddamcaniaeth, heb ddod i'ch barn bersonol eich hun, yn rhan o gwestiwn AA1. Gall cwestiynau fod yn fwy cyffredinol hefyd, yn ymwneud â'r berthynas rhwng seicoleg a chrefydd, felly bydd gwneud nodiadau cymharol rhwng damcaniaeth Freud a damcaniaeth Jung yn ddefnyddiol.

Arweiniad ar yr Arholiad AA2

Efallai y bydd yna gwestiwn gwerthuso sy'n benodol i Freud a'i ddamcaniaethau, ond efallai y byddwch chi hefyd yn cael cwestiwn ynghylch sut mae safbwyntiau Freud a Jung ar grefydd yn cymharu, neu gwestiwn sydd hyd yn oed yn fwy cyffredinol, am y berthynas rhwng seicoleg a chrefydd. Mae cryfderau damcaniaeth Freud yn cynnwys ei apêl i dystiolaeth empirig a sut mae crefydd yn cynnal y rhai sy'n ofni marwolaeth neu'n teimlo'n ddiymadferth wrth wynebu'r elfennau naturiol. Mae'n adeiladu ar syniadau meddylwyr blaenorol, fel Darwin a damcaniaeth esblygiad. Bydd adran 'Sut mae Freud yn cael ei Feirniadu' yn eich helpu chi gyda gwendidau ei ddamcaniaeth, ac efallai bydd gofyn i chi asesu pa mor llwyddiannus yw'r beirniadaethau hynny.

CARL JUNG

18. CARL JUNG
MYND I FYD JUNG

Trosolwg Roedd Carl Gustav Jung (1875-1961) yn seiciatrydd a seicdreiddiwr o'r Swistir a oedd, fel Freud, yn credu mai creadigaeth ein meddyliau yw crefydd. Fodd bynnag, yn wahanol i Freud, credai fod cred grefyddol yn ddefnyddiol ac yn wir yn angenrheidiol ar gyfer twf personol.

Yn ystod ei fagwraeth, profodd Carl Jung wahanol ddigwyddiadau a fyddai'n ddiweddarach yn llunio ei ddiddordeb mewn seicdreiddio a chrefydd, a bywyd ysbrydol ehangach bodau dynol. Ar ôl ystyried mynd yn offeiriad neu'n archeolegydd, penderfynodd Jung astudio meddygaeth ym Mhrifysgol Basel. Wrth astudio, dechreuodd ymddiddori'n arbennig ym maes newydd seiciatreg a oedd yn datblygu yn Ewrop.

Roedd seiciatreg yn galluogi trafodaethau ynghylch pwysigrwydd cydbwysedd, ysbrydolrwydd a phrofiadau bywyd, tra oedd yn helpu pobl a oedd yn dioddef o gyflyrau iechyd meddwl (fel yr roedd Jung wedi'i weld yn uniongyrchol gyda'i fam ei hun). Yn debyg i'w gyfoeswr, Freud, gwelai Jung fod crefydd ac ysbrydolrwydd yn arwyddocaol i lawer o'i gleifion. Fodd bynnag, yn wahanol i Freud, doedd e ddim yn gweld hwn yn fater i'w ddatrys neu i gael gwared arno, ond yn hytrach yn rhywbeth y byddai'n bosibl ei ddefnyddio i wneud y person yn gyfan ac yn gytbwys unwaith eto.

Roedd Freud yn gweld mai Jung oedd ei etifedd fel tad seicoleg, a buon nhw'n gohebu am gyfnod. Fodd bynnag, yn y pen draw, fe wnaethon nhw wahanu oherwydd eu bod yn anghytuno am eu damcaniaethau am y meddwl: teimlai Jung fod damcaniaeth Freud wedi'i gwreiddio mewn empiriaeth, tra oedd Freud yn meddwl bod Jung yn rhy barod i dderbyn a pharchu'r byd ysbrydol. Gwelai Jung grefydd yn rhan angenrheidiol o'r profiad dynol, tra oedd Freud yn teimlo nad oedd angen y 'rhith' hwn. I Jung, doedd bodolaeth wrthrychol Duw ddim mor bwysig â'r broses o **ymunigoli**, lle rydyn ni'n cael cydbwysedd a chytgord ynom ni ein hunain. Pan bwyswyd arno i roi ateb i'r cwestiwn am fodolaeth Duw, mae Jung yn enwog am ddweud, 'Dydw i ddim yn credu bod yna Dduw – dwi'n gwybod.'

MEWNWELEDIAD

'Credaf fod cyfeillgarwch Jung yn her sy'n llawer mwy difrifol a radical i grefydd fel rydyn ni'n ei hadnabod, nag y bu gelyniaeth Freud erioed' (Y Tad Victor White, offeiriad o Loegr a gydweithiodd â Jung).

MEWNWELEDIAD

Roedd Freud yn gweld mai rhith oedd crefydd a chred grefyddol – rhywbeth rydyn ni'n dyheu gymaint iddo fod yn wir, fel ein bod ni'n ei gredu, heb ystyried y dystiolaeth. I gyferbynnu, roedd Jung yn gweld bod crefydd yn rhan angenrheidiol o fywyd. Er mwyn byw bywyd llawn a chydgordiol, roedd angen i unigolyn gael mynediad at y dimensiwn crefyddol, yn hytrach na'i wrthod.

HANFODOL!

Ymunigoli yw'r broses lle mae person yn cydbwyso ei Ego a'i anymwybod personol â'r anymwybod cyffredinol, ac mae'r Hunan yn cael ei wireddu (mae cydbwysedd a chytgord yn cael eu gwireddu yn y person). Mae hyn yn cynnwys dod yn fwy ymwybodol o'r grymoedd gwrthwynebus yn yr hunan, a dod yn gyfan yn seicolegol.

MEWNWELEDIAD

Disgrifiodd Jung ymunigoli fel 'y busnes blinderus ond anhepgor o ddod i delerau ag elfennau anymwybodol y bersonoliaeth' (*On the Nature of the Psyche*, 1954).

Syniadau Allweddol Jung
Anymwybod Cyffredinol

I Jung, mae'r meddwl yn cynnwys tair rhan:

- yr **Ego** – yr hyn yr ydyn ni'n ymwybodol ohono
- ein meddwl ymwybodol
- yr anymwybod.

I gyferbynnu â safbwynt Freud, fodd bynnag, credai Jung fod yna anymwybod dyfnach a mwy, yn ymwneud â'n hanymwybyddiaeth unigol ein hunain. Yn ei draethawd yn 1916 *The Structure of the Unconscious*, cyflwynodd Jung ei ddamcaniaeth fod yr anymwybod cyffredinol yn cael ei rannu ar draws y ddynoliaeth i gyd. Credai Jung fod modd dangos tystiolaeth o hyn drwy anthropoleg, archaeoleg a phob disgyblaeth sy'n astudio ymddygiad dynol. Fel bodau dynol, mae gennym ni yr un themâu, meddyliau a storïau yn ailadrodd eu hunain ar hyd y blynyddoedd ac, i Jung, roedd hyn yn brawf bod gennym ni ryw fath o enaid wedi'i rannu sy'n rhan o waddol esblygiad. Ei enw ar hyn oedd yr **anymwybod cyffredinol**. Dydy'r anymwybod cyffredinol ddim yn gyfeillgar nac yn anghyfeillgar. Mae'n gallu dychryn yr unigolyn yn ogystal â'i iacháu. I Jung, yr anymwybod cyffredinol yw ffynhonnell pob crefydd.

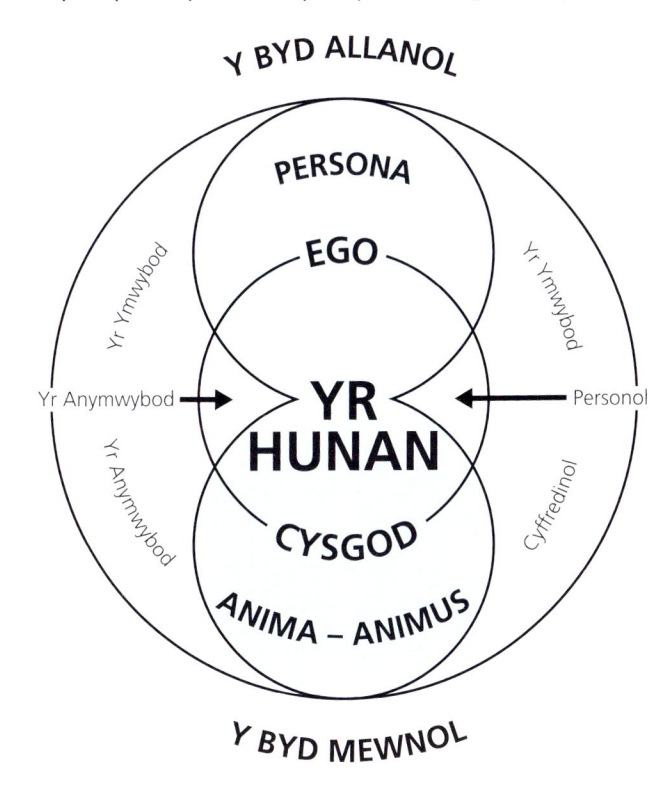

Model Jung o'r seice

> **HANFODOL!**
>
> Yr **Ego** yw'r rhan o'r bersonoliaeth ddynol sy'n cael ei phrofi fel 'fi' – rydyn ni'n ymwybodol ohoni.

> **HANFODOL!**
>
> Mae'r **anymwybod cyffredinol** (y rhan o'r meddwl anymwybodol dwfn sy'n cael ei hetifeddu'n enynnol a heb ei chreu gan brofiadau bywyd) yn argraff sydd wedi'i gadael ar y seice dynol o ganlyniad i'r esblygiad rydyn ni'n ei rannu. Mae'n cynnwys yr archdeipiau, fel y Persona, y Cysgod, yr Anima/Animus, a'r Hunan (gweler tudalen 143 am fwy o enghreifftiau).

> **MEWNWELEDIAD**
>
> Credai Jung fod yr anymwybod personol yn cynnwys 'popeth y mae bywyd personol wedi'i gaffael, popeth sydd wedi'i anghofio, wedi'i adwthio, wedi'i ganfod yn isdrothwyol, wedi'i feddwl, [ac] wedi'i deimlo' (Jung, *Definitions*, 1976).

> **MEWNWELEDIAD**
>
> Jung ar yr anymwybod cyffredinol: 'mae rheswm da dros dybio mai'r archdeipiau yw'r delweddau anymwybodol o'r greddfau eu hunain. Mewn geiriau eraill, maen nhw'n batrymau o ymddygiad greddfol' (*The Archetypes and the Collective Unconscious*, 1969).

Yr Archdeipiau

Yn yr anymwybod cyffredinol y mae'r **archdeipiau**, sy'n batrymau bywyd a meddwl sy'n cael eu hadnabod yn gyffredinol ac sy'n cael eu deall beth bynnag yw cyfnod, diwylliant neu iaith yr unigolyn. O dan ddylanwad dealltwriaeth Kant o fydoedd y *noumena* a'r ffenomena (gweler Pennod 11), mae Jung yn esbonio na allwn ni gael profiad uniongyrchol o'r archdeipiau, ond ein bod yn dod ar eu traws nhw drwy brofiadau yn ein bywydau ein hunain. Mae'r themâu rhwng y cyfarfyddiadau hyn yn ddigon tebyg i ni ddeall ein bod yn cael mynediad at archdeip cyffredinol drwy'r profiadau hyn. Gallwn weld bod archdeipiau'n bodoli fel storïau, cymeriadau a mathau o bersonoliaeth cyffredin, sy'n ymddangos mewn ffyrdd amrywiol ar draws diwylliannau. Mae Jung yn cyfeirio at y rhain fel 'gwasgnodau' ar y meddwl dynol, yn waddol esblygiad sydd y tu hwnt i'r gronoleg ddynol; mae'n lasbrint i'r meddwl yn union fel y mae dethol naturiol yn lasbrint i'r corff.

I esbonio'r pwynt hwn, gallwn ni ystyried y math o storïau y gallai teuluoedd fod wedi eu hadrodd i'w gilydd o gwmpas y tân filoedd o flynyddoedd yn ôl, am ryw arwr a achubodd eu pobl o ddioddefaint ofnadwy. Mae hyn yn wahanol, wrth gwrs, i deuluoedd heddiw yn mynd gyda'i gilydd i weld y ffilm ddiweddaraf am archarwr yn y sinema, ond mewn llawer o ffyrdd, bydd themâu'r stori yr un fath.

Ymunigoli a'r Duw Oddi Mewn

Yn ôl Jung, gallwn gael iechyd meddwl da drwy broses ymunigoli. Mae hyn yn digwydd pan rydyn ni'n cydbwyso ein meddwl ymwybodol (Ego) â'r anymwybod, personol a chyffredinol. Mae syniadau a mynegiadau crefyddol o archdeip y Duw Oddi Mewn yn dangos y cydbwysedd hwn drwy symbolau o gyfanrwydd ac integreiddio, fel **mandalâu**, patrymau rangoli a dyluniadau croesau Celtaidd. Mae ymunigoli yn broses, a thrwyddi rydyn ni'n dod yn ni ein hunain. I Jung, mae crefydd yn rhan hanfodol o'r broses hon.

MEWNWELEDIAD

Mae archdeip yr Hunan yn aml yn cael ei ddangos fel cylch, sgwâr neu fel mandala. Mae'r Hunan yn ymddangos o ganlyniad i broses ymunigoli.

HANFODOL!

Mae **archdeipiau** yn batrymau, storïau ac yn symbolau sy'n cael eu gweld a'u deall gan bobl ar draws cyfnodau a diwylliannau, o ganlyniad i'r anymwybod cyffredinol.

MEWNWELEDIAD

Datblygodd Immanuel Kant (gweler Pennod 11) ddealltwriaeth o realiti a oedd yn gwahaniaethu rhwng yr hyn y gallwn ni ei weld a'i brofi yn y byd o'n cwmpas, y ffenomenau, a'r 'pethau ynddyn nhw eu hunain', y *noumena*. Allwn ni ddim cyrchu'r *noumena* yn uniongyrchol, oherwydd mai dim ond y ffenomenau o'n cwmpas rydyn ni'n gallu eu cyrchu. Dylanwadodd hyn ar safbwynt Jung ar yr archdeipiau. Dydyn ni ddim yn gallu eu cyrchu nhw ynddyn nhw eu hunain, dim ond trwy ein profiadau o'r byd o'n cwmpas.

HANFODOL!

Mandala yw'r gair Sansgrit am 'gylch'. Dyluniadau geometrig yw mandalau sy'n cael eu defnyddio, yn arbennig, mewn diwylliannau Hindŵaidd a Bwdhaidd. Roedd Jung yn gweld bod rhain yn ddefnyddiol ar gyfer gwella emosiynol a phroses ymunigoli.

MEWNWELEDIAD

Jung ar y Duw Oddi Mewn: 'Mae'r ffordd ynom ni, ond nid mewn Duwiau, nac mewn dysgeidiaethau, nac mewn deddfau. Ynom ni y mae'r ffordd, y gwirionedd, a'r bywyd' (*Liber Novus*, a gyhoeddwyd fel *The Red Book*, 2009).

Dyma fynach Bwdhaidd o Tibet yn creu mandala tywod, siâp sy'n cynrychioli'r bydysawd. Mae'r ddelwedd yn un dros dro ac mae ei chreu a'i dinistrio yn ddefod bwysig yn y traddodiad.

Deall Safbwynt Jung

GWELLA EICH DEALLTWRIAETH

Gwnewch yn siŵr eich bod chi'n gwybod pam roedd Jung yn meddwl bod crefydd yn llesol i unigolion ac i'r gymdeithas.

Yr Archdeipiau ac Ymunigoli

Mae'n amhosibl i ni wybod union nifer yr archdeipiau (mae Jung yn rhoi 12 fel enghreifftiau ond mae'n dweud y gall fod yna fwy) neu'r union wahaniaeth rhyngddyn nhw, ond mae archdeipiau cyffredinol y gallwn ni eu gweld drwy'r holl grefyddau, diwylliannau a mynegiannau artistig. Mae rhai enghreifftiau wedi'u rhestru isod:

Yr Archdeip	Esboniad
Y Mwgwd	Y **persona** neu'r person rydyn ni eisiau i'r byd ei weld – yr hyn yr ydyn ni'n meddwl sy'n barchus ac yn dderbyniol mewn sefyllfa benodol.
Y Cysgod	Yr ochr nad ydyn ni eisiau i'r byd ei gweld – y pethau yr ydyn ni'n cywilyddio amdanyn nhw, yr atgofion y byddai'n well gennym ni fod hebddyn nhw, a'r dyheadau yr ydyn ni'n meddwl nad ydyn nhw'n dderbyniol.
Yr Arwr	Y dyhead dwfn i wneud y byd yn lle gwell, mae'n aml yn cael ei ddangos drwy gryfder a goresgyn adfyd.
Yr Anima/Animus	I Jung, mae dau rywedd pendant ond mewn dynion mae ochr fenywaidd (anima), ac mewn benywod mae ochr wrywaidd (animus).
Y Duw Oddi Mewn	Mae hyn yn cael ei fynegi drwy syniadau a bodau crefyddol ac ysbrydol. Mae'n cynrychioli'r dyhead a'r ysfa ynom ni i ddod yn well ac yn fwy cyflawn.
Yr Hunan	Yr hyn y gallwn ni ei gyflawni drwy ymunigoli pan mae ein meddwl ymwybodol ac anymwybodol yn cydbwyso.

Mae Esboniad Seicolegol i Grefydd ac i Dduw

Yn ôl Jung, mae crefydd yn rhan hanfodol o'r seice dynol; mae'n hanfodol i broses ymunigoli ac yn fanteisiol i'r ddynoliaeth. I Jung, mae crefydd yn cynrychioli dyhead y ddynoliaeth am ystyr mewn bywyd, pwrpas, cyfeiriad a help. Mae damcaniaeth Jung yn ystyried unrhyw ddull o fynegi crefydd – mewn gwirionedd, mae'n cydnabod atheïstiaeth fel ffurf ar grefydd. Er mai cynnyrch y meddwl dynol yw crefydd, dydy hyn ddim yn golygu chwaith bod realiti gwrthrychol Duw neu dduwiau neu nad oes y rhain. Doedd Jung ddim yn gweld mai pwrpas seicoleg oedd dangos a oes Duw neu beidio, ac yn wir, os oes Duw, pa fersiwn o Dduw sy'n real. Does dim diddordeb arbennig gan Jung mewn 'profi' hynny y naill ffordd neu'r llall. Yr hyn mae'n ei ddweud yw bod crefydd yn ffynhonnell o gysur, ac yn rym cadarnhaol i'r ddynoliaeth, i gyferbynnu â'i gyfoeswr, Freud.

AWGRYM

Cofiwch fod Jung, yn wahanol i Freud, yn gweld crefydd fel grym cadarnhaol, i unigolion a hefyd i'r gymdeithas gyfan. Ni ddylai gael ei thynnu oddi ar bobl, ond yn hytrach, dylai gael ei hannog.

HANFODOL!

Y Masg, neu'r **persona**, yw'r fersiwn ohonom ni ein hunain yr ydyn ni'n ei gyflwyno i'r byd, 'wedi'i ddylunio … i greu argraff ar eraill ac … i gelu gwir natur yr unigolyn' (Jung, *Two Essays on Analytical Psychology*, 1953).

Mae'r Cysgod yn cynnwys y dyheadau, y gwendidau a'r greddfau rydyn ni'n meddwl eu bod nhw'n annerbyniol i'r gymdeithas – mae'r rhain yn aml yn gysylltiedig â syniadau'n ymwneud â rhyw.

Mae'r Arwr yn archdeip pwysig sy'n achub y gymdeithas yn erbyn y ffactorau, drwy weithredoedd llawn cryfder a hunanaberth eithriadol.

> **MEWNWELEDIAD**
>
> Mae Cam 2 o raglen 12 cam Alcoholigion Anhysbys (*Alcoholics Anonymous*) yn defnyddio syniadau Jung, fod angen 'pŵer mwy na ti dy hun' er mwyn cael cryfder i wella o ymddygiad caethiwus.

Pwysigrwydd Crefydd i Iechyd Meddwl

I Jung, er bod yr Hunan yn gysylltiedig â syniadau crefyddol, nid ei fwriad yw disodli Duw mewn unrhyw ffordd. Roedd cleifion Jung yn dioddef o drallod meddyliol mawr. Yn aml, gwelodd fod syniadau a defodau crefyddol yn fodd o ymdopi â'r ing hwn. Gallai tynnu ar gryfder y tu hwnt i'r unigolyn ddod ag ef neu hi yn ôl yn gytbwys. Enghraifft fodern o hyn yw nifer y bobl sy'n dechrau ar y rhaglen 12 cam ar gyfer caethiwed; maen nhw'n dibynnu ar 'bŵer mwy' i allu gwneud hyn. I Jung, mae'n bwysig cofio bod y cryfder hwn yn dod o integreiddio a rhyngweithio â'r anymwybod cyffredinol, yn hytrach nag oddi wrth yr unigolyn yn unig. Pan oedd ef rhwng 39 a 45 oed, dioddefodd Jung ei hun nifer o argyfyngau dwys, gan gynnwys colli ei dad, colli ei gyfeillgarwch â Freud, a byd a oedd yn ymddangos fel ei fod ar fin chwalu oherwydd rhyfel. Ymddiswyddodd o'i swydd yn addysgu ym Mhrifysgol Zürich ac aeth i deithio'r byd, gan ymchwilio i ffyrdd gwahanol o fynegi crefydd. Gwelodd fod mandalâu sy'n ymddangos ar draws nifer o ddiwylliannau a sawl oes, yn ei helpu i integreiddio â'r anymwybod cyffredinol a chael cydbwysedd unwaith eto.

> **BETH** YW EICH **BARN** CHI?
>
> Ysgrifennwch eich syniadau chi am ddadleuon Jung ac ewch yn ôl atyn nhw ychydig cyn yr arholiad er mwyn gweld a yw eich safbwyntiau wedi newid.

Darllen Jung eich Hun

Mae'r darn hwn yn dod o waith Jung, *Memories, Dreams and Reflections* (1961). Bydd y nodiadau ar ymyl y dudalen yn eich helpu chi i ddeall ei syniadau.

> Lluniad seicolegol yw crefydd; mae'r syniad o Dduw yn cael rhyw effaith arnon ni ond mae'n dod o'r tu mewn i'r seice.
>
> Allwn ni ddim gweld yn wrthrychol a oes Duw ai peidio, ac os felly, pa ddealltwriaeth o Dduw, o ba grefydd.
>
> Mae archdeip yr Hunan ynghlwm wrth y Duw Oddi Mewn. Ddywedodd Jung ddim mai'r un peth yw'r Hunan a'r Duw Oddi Mewn, ond bod yr Hunan yn fynegiant neu'n ddelwedd o'r Duw Oddi Mewn.
>
> Proses ymunigoli yw sut gallwn ni ddod yn gyfan. Mae crefydd yn gallu chwarae rhan fawr yn hyn a dyna pam mae llawer o bobl yn troi ati am help.
>
> I Jung, nid ein hanymwybod unigol ni ein hunain sy'n bwysig, ond anymwybod cyffredinol, dyfnach.

Dim ond drwy'r seice y gallwn ni weld bod Duw yn gweithredu arnon ni, ond dydyn ni ddim yn gallu gwahaniaethu rhwng a yw'r gweithredu hwn yn dod o Dduw neu o'r anymwybod. A bod yn fanwl gywir, dydy'r ddelwedd o Dduw ddim yn cyd-ddigwydd â'r anymwybod fel y cyfryw, ond â rhan arbennig ohono – yr Hunan. Dyma'r archdeip na allwn ni wahaniaethu'r ddelwedd o Dduw yn empirig oddi wrtho … Mae'r angen crefyddol yn dyheu am gyfanrwydd, ac felly mae'n cadw gafael ar y delweddau o gyfanrwydd y mae'r anymwybod yn eu cynnig. Mae'r rhain, yn annibynnol ar ein meddwl ymwybodol, yn codi o ddyfnderoedd ein natur seicig.

Sut mae Jung yn cael ei Feirniadu

Diffyg tystiolaeth. Mae safbwynt Jung yn cael ei herio'n aml oherwydd nad yw wedi'i brofi'n empirig. Dydy hi ddim yn bosibl ei brofi a'i ddilysu drwy arsylwi neu brofiad. Mae ei safbwynt yn aml yn cael ei gyhuddo o fod yn annelwig a heb sail wyddonol. Mae'n amhosibl arsylwi'r archdeipiau a'r anymwybod cyffredinol drwy ddiffiniad, felly mae'n fwy anodd eu profi neu eu gwrthbrofi nhw. Roedd hwn yn bwynt yr oedd Jung a Freud yn anghytuno arno. Nod Freud oedd cyflwyno seicdreiddio i'r byd fel gwyddoniaeth, tra oedd Jung yn mynd â'i seicoleg ddadansoddol ar hyd llwybr mwy cyfriniol. Seiliodd Jung lawer iawn o'i ddamcaniaeth ar ei brofiadau a'i syniadau personol, ynghyd â rhai ei gleifion, ond mae'n bosibl dadlau nad yw hyn yn ddigon i seilio damcaniaeth gyfan am y ddynoliaeth arno.

Esboniadau diwylliannol. Mae'n bosibl esbonio tystiolaeth Jung, sef bod themâu a delweddau'n digwydd ar draws cyfnodau a diwylliannau, oherwydd bod profiadau dynol yn debyg – mae'r storïau, y breuddwydion a'r delweddau yn debyg. Dydy hyn ddim yn golygu bod rhyw anymwybod cyffredinol mwy, ond bod gan unigolion brofiadau bywyd tebyg, sy'n arwain at debygrwydd yn eu hanymwybod unigol eu hunain. Cymerwch, er enghraifft, archdeip yr Arwr: mae rhyfel, gwrthdaro a brwydro rhwng y cywir a'r anghywir wedi bod yn rhan o ddiwylliant a chymdeithasau dynol erioed. Felly, mae i'w ddisgwyl bod storïau tebyg yn cael eu hadrodd am arwyr sy'n achub y dydd. Dydy hyn ddim yn cyfeirio at anymwybod cyffredinol, ond at brofiadau tebyg sy'n arwain at storïau, mythau a chwedlau tebyg.

Pobl anghrefyddol hapus ac iach. Mae llawer o bobl yn byw bywydau hapus ac iach, ac yn teimlo'n fodlon ac yn gyflawn, heb grefydd. Mae hyn yn dangos nad oes arnon ni angen y Duw Oddi Mewn, ymunigoli neu'r anymwybod cyffredinol. Mae'n ymddangos bod Jung wedi ystyried atheïstiaeth yn ffurf ar grefydd a'i fod yn dibrisio honiadau atheïstaidd negyddol yn fawr. Er enghraifft, dywedodd fod atheïstiaid yn dangos gwrthddywediad, oherwydd wrth ddweud nad ydyn nhw'n credu mewn 'Duw', maen nhw'n cydnabod bod rhywbeth o'r enw 'Duw' iddyn nhw beidio â chredu ynddo. Byddai modd gweld hyn fel bod yn nawddoglyd tuag at atheïstiaid a byddai'r rhai ym **mudiad yr Atheïstiaeth Newydd** ddim yn derbyn hyn.

Hefyd, mae llawer yn credu bod profiad Jung gyda chleifion yn seiliedig ar achosion eithafol o anghydbwysedd meddyliol yn unig: er enghraifft, pobl a oedd yn dioddef o seicosis ac anhwylderau personoliaeth. Mae'n ffaith nad yw'r rhan fwyaf o bobl yn y byd yn profi'r materion hyn. Maen nhw'n llwyddo i gynnal cydbwysedd ac iechyd meddwl da heb y syniadau crefyddol y mae Jung yn credu eu bod nhw'n angenrheidiol.

Gwallau Cyffredin

Dydy pob credinwr crefyddol ddim yn cefnogi safbwyntiau Jung. Gan fod safbwynt Jung mor gadarnhaol o ran yr hyn y gall crefydd ei gynnig i fodau dynol ac i'r gymdeithas, mae'n hawdd tybio'n anghywir y bydd credinwyr crefyddol o reidrwydd yn eu cefnogi. Efallai fod safbwyntiau Jung yn caniatáu **plwraliaeth grefyddol**, ond efallai nad dyna sut mae mwyafrif y credinwyr crefyddol yn gweld ac yn deall eu crefydd eu hunain. Mae llawer yn cyhuddo Jung o fod â safbwynt **lleihadol** ar grefydd. Ystyr hyn yw ei fod yn rhoi rhesymau anghrefyddol am ffenomenau crefyddol – mae hyn yn rhywbeth na fydd llawer o gredinwyr crefyddol yn ei dderbyn.

Doedd Jung ddim yn dadlau bod y Duw Oddi Mewn yn profi bodolaeth Duw. Doedd gan Jung ddim diddordeb mewn profi bodolaeth Duw neu unrhyw dduwiau eraill. Pan ofynnwyd iddo yn ddiweddarach yn ei fywyd am y cwestiwn am fodolaeth Duw, dywedodd nad mater o gredu oedd hyn, ond ei fod yn adnabod Duw, a bod ei brofiad ei hun o Dduw yn ddigon ar gyfer gwybodaeth. Doedd Jung ddim o'r farn mai rôl seicoleg oedd ateb y cwestiwn am fodolaeth Duw y naill ffordd neu'r llall. Yn hytrach, roedd ganddo ddiddordeb mewn sut gallai syniadau a symbolau crefyddol helpu pobl i gysylltu ag ystyr ddyfnach i'w bywyd yn y broses ymunigoli.

MEWNWELEDIAD

Oherwydd diffyg tystiolaeth empirig o blaid safbwyntiau Jung, fe wnaeth ysgolheigion fel y positifiaethwyr rhesymegol, wrthod ei ddamcaniaethau am grefydd a'r meddwl. Er enghraifft, roedd Rudolph Carnap, un o feddylwyr blaenllaw Cylch Wien, yn ystyried bod damcaniaethau Jung yn fetaffiseg nad oedd yn gallu gwrthsefyll craffu'r Egwyddor Wirio.

MEWNWELEDIAD

'Rydych chi'n cydnabod bod yna Dduw wrth i chi alw eich hun yn atheist, oherwydd pan rydych chi'n honni rhywbeth neu'n ei wadu, rydych chi'n cydnabod ei fod yn bodoli: allwch chi ddim gwadu rhywbeth heb roi rhywfaint o fodolaeth iddo' (Jung, 'Seminar Zarathustra', 1934)

HANFODOL!

Un o nodweddion **mudiad yr Atheïstiaeth Newydd** yw'r safbwynt y dylai crefydd ac ofergoeliaeth fod yn agored i feirniadaeth a chael ei herio gan ddadleuon rhesymegol.

Mae **plwraliaeth grefyddol** yn diffinio'r sefyllfa lle cydnabyddir bod pob crefydd yr un mor ddilys, a lle mae pob crefydd yn gallu cydfodoli yn y gymdeithas. Mae hyn yn cyferbynnu â neilltuolaeth grefyddol, lle ystyrir bod un grefydd benodol yn meddu ar y gwir a dydy'r lleill ddim.

Safbwynt **lleihadol** ar grefydd yw lle mae profiadau a dysgeidiaethau crefyddol yn cael eu hesbonio â rhesymau anghrefyddol.

> **MEWNWELEDIAD**
>
> Mae Nietzsche yn enwog am ddweud, 'Mae Duw yn farw, a ni sydd wedi'i ladd ef'. Roedd Nietzsche yn ysgrifennu ar ôl yr Ymoleuo, mewn cyfnod pan oedd llawer o heriau arwyddocaol i'r syniad Iddewig-Gristnogol o Dduw wedi'u codi.

Peidiwch ag anghofio bod Jung wedi cynnwys atheïstiaid yn ei ddamcaniaeth.
Darllenodd Jung waith Friedrich Nietzsche, yr athronydd o'r Almaen, a oedd yn enwog am ddweud 'Mae Duw yn farw'. Ymateb Jung i hyn oedd, mai ffurf ei hun ar grefydd yw atheïstiaeth. Roedd yn cynnwys atheïstiaid fel rhai sy'n cadw syniad o Dduw yn eu meddyliau, er mwyn dweud nad yw Duw yn bodoli.

CRYFHAU EICH GAFAEL

1. Ysgrifennwch eich esboniad eich hun o safbwynt Jung ar grefydd fel creadigaeth y meddwl dynol. Cofiwch gynnwys y canlynol: yr anymwybod cyffredinol, archdeipiau, ymunigoli a'r Duw Oddi Mewn. Rhowch ddarn o bapur dros eich nodiadau a cheisiwch weld beth allwch chi ei gofio am y pedwar maes hyn. Bydd hyn yn eich helpu chi i baratoi ar gyfer cwestiwn 'esboniwch' yn yr arholiad.
2. Gwnewch restr o gryfderau a gwendidau safbwynt Jung ar grefydd. Sicrhewch eich bod yn ystyried sut gallai credinwyr crefyddol ystyried ei syniadau, yn enwedig ynghylch a yw Duw yn bodoli ai peidio. Rhowch farc allan o bump i bob un o'r cryfderau a'r gwendidau hyn i'ch helpu chi i ddewis y dystiolaeth a fydd yn rhoi'r pwyntiau cryfaf mewn traethawd, yn eich barn chi. Bydd hyn yn eich helpu chi i baratoi ar gyfer cwestiwn 'gwerthuswch' yn yr arholiad.

Arweiniad ar yr Arholiad AA1

Mae pedwar prif faes yn AA1 sy'n gofyn am eich gwybodaeth a'ch dealltwriaeth o ddamcaniaeth Jung am grefydd. Mae'r rhain i gyd yn gysylltiedig â'i safbwynt bod crefydd yn angenrheidiol er mwyn twf personol: yr anymwybod cyffredinol, ymunigoli, archdeipiau, a'r Duw Oddi Mewn. Defnyddiwch yr adrannau 'Syniadau Allweddol Jung' a 'Deall Safbwynt Jung' yn y bennod hon i wneud nodiadau ar bob un o'r pedair agwedd hyn ar ei ddamcaniaeth. Codwch ddyfyniad o adran 'Darllen Jung eich Hun' a dangoswch sut mae hyn yn berthnasol i'r gwahanol agweddau ar ei ddamcaniaeth. Efallai y bydd gofyn i chi amlinellu rhai o gryfderau a gwendidau ei ddamcaniaeth, heb ddod i'ch barn bersonol eich hun, fel rhan o gwestiwn AA1. Gall cwestiynau fod yn fwy cyffredinol hefyd, yn ymwneud â'r berthynas rhwng seicoleg a chrefydd, felly bydd gwneud nodiadau cymharol rhwng damcaniaeth Freud (gweler Pennod 17) a damcaniaeth Jung yn ddefnyddiol.

Arweiniad ar yr Arholiad AA2

Gallech chi gael cwestiwn gwerthuso sy'n benodol i Jung a'i ddamcaniaethau, ond gallech chi hefyd gael cwestiwn ynghylch sut mae safbwyntiau Jung a Freud ar grefydd yn cymharu, neu hyd yn oed yn fwy cyffredinol, am y berthynas rhwng seicoleg a chrefydd yn ei chyfanrwydd. Mae cryfderau damcaniaeth Jung yn cynnwys y ffaith iddo gydnabod bod crefydd yn ffynhonnell cysur a'i fod yn gwerthfawrogi pwysigrwydd crefydd wrth ddatblygu meddylfryd personol a chymdeithasol cadarnhaol i unigolion a chymunedau. Bydd adran 'Sut mae Jung yn cael ei Feirniadu' yn y bennod hon yn eich helpu chi gyda gwendidau ei ddamcaniaeth, ac efallai bydd gofyn i chi asesu pa mor llwyddiannus yw'r feirniadaeth honno.

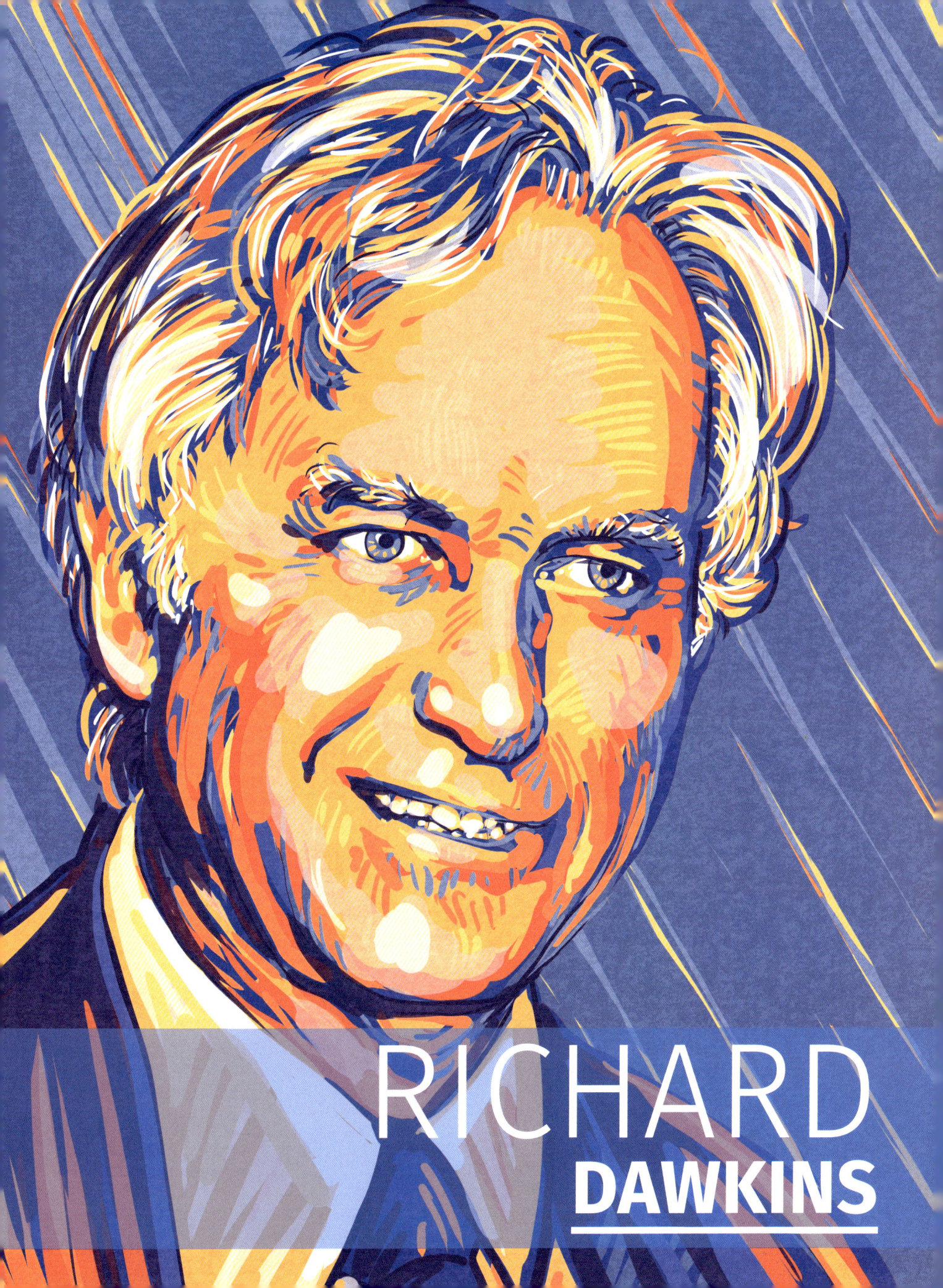

RICHARD
DAWKINS

19. RICHARD DAWKINS
MYND I FYD DAWKINS

Trosolwg Mae Richard Dawkins (ganwyd yn 1941) yn fiolegydd esblygol ac yn adnabyddus am feirniadu cred grefyddol. Mae'n cael ei alw'n un o 'Bedwar Marchog' Atheïstiaeth Newydd ac mae'n ymgysylltu'n rheolaidd â'r apolegydd Richard Swinburne wrth drafod theïstiaeth.

Cafodd Richard Dawkins ei eni i deulu Anglicanaidd a phan oedd yn blentyn, cafodd ei fedyddio a chael bedydd esgob hefyd. Mewn cyfweliadau, mae Dawkins wedi dweud mai dadl deleolegol William Paley o blaid bodolaeth Duw (gweler Pennod 3) oedd yn ei argyhoeddi fwyaf. Fodd bynnag, pan oedd yn berson ifanc yn ei arddegau, daeth Dawkins ar draws damcaniaeth esblygiad Darwin. I Dawkins, roedd hon yn ddadl well a mwy cyflawn o blaid amrywiaeth bywyd ar y ddaear. Yn ystod ail flwyddyn ei astudiaethau israddedig ym Mhrifysgol Rhydychen y dechreuodd Dawkins ddeall arwyddocâd syniadau Darwin, a damcaniaeth esblygiad yn fwy cyffredinol, a hynny'n rhan o'i radd Swoleg.

Drwy gydol ei yrfa academaidd fel biolegydd esblygol, mae Dawkins wedi chwarae rhan weithgar yn y gymdeithas, yn lleisio barn ac yn gweithredu yn erbyn gweithgareddau y mae'n teimlo eu bod yn foesol anghywir. Er enghraifft, cymerodd ran yn y protestiadau yn erbyn Rhyfel Fietnam yn yr 1960au pan oedd yn byw yn California, a chefnogodd achos llys yn erbyn cyn Bab Catholig Rufeinig dros honiadau o gam-drin rhywiol. Roedd ymosodiadau 11 Medi 2001 ar Ganolfan Masnach y Byd yn Efrog Newydd yn sbardun i Dawkins leisio barn yn fwy cyhoeddus ynghylch yr hyn yr oedd ef yn ei ddeall fel peryglon cred grefyddol, nid yn unig y gweithredu terfysgol eithafol yn yr achos hwnnw, ond y syniad o grefydd ei hun.

> **AWGRYM**
>
> Drwy ddweud 'Mae Duw yn bodoli', mae theïstiaid yn gwneud honiad gwyddonol. Mae'r honiad hwn yn ei adael ei hun yn agored i gael ei graffu a'i herio gan ddadleuon rhesymegol.

Mae Dawkins wedi dod yn rhyw fath o lefarydd o blaid atheïstiaeth yn yr oes fodern drwy Sefydliad Richard Dawkins, llyfrau llwyddiannus am grefydd, cyflwyniadau ar raglenni teledu, dadleuon cyhoeddus ag apolegwyr sy'n theïstiaid, a phresenoldeb cryf ar y cyfryngau cymdeithasol. Mae llawer o apolegwyr crefyddol wedi ymateb i'w her i ffydd ac wedi gwrthod ei ddadleuon. Yr un amlycaf yw Alister McGrath, a ymatebodd i un o lyfrau mwyaf llwyddiannus Dawkins am grefydd, *The God Delusion* (2006), gyda'i lyfr ei hun gyda'r teitl *The Dawkins Delusion* (2007).

> **MEWNWELEDIAD**
>
> Mae *The God Delusion* yn nodi llawer o ddadleuon beirniadol Dawkins yn erbyn y syniad Iddewig-Gristnogol o Dduw, y mae'n ei alw'n 'Rhagdybiaeth am Dduw' (*The God Hypothesis*).

Syniadau Allweddol Dawkins

GWELLA EICH DEALLTWRIAETH

Sicrhewch eich bod chi'n gwybod sut mae McGrath yn herio safbwyntiau Dawkins.

Y Rhagdybiaeth am Dduw

Yn *The God Delusion*, mae Dawkins yn nodi ei resymau pam mae'n rhesymegol ac yn synhwyrol i beidio â chredu mewn Duw. I Dawkins, mae ffydd yn afresymegol ('*the great cop-out*'), yn groes i'r dystiolaeth, ac yn un o'r olion diwylliannol o'n taith esblygol nad oes ei angen arnon ni bellach.

Yn *The God Delusion*, mae Dawkins yn ceisio profi bod y '**Rhagdybiaeth am Dduw**' (*The God Hypothesis*) yn anghywir. Mae'n dweud bod y Rhagdybiaeth am Dduw yn osodiad – 'Mae bod deallusol dynol uwch, goruwchnaturiol yn bodoli sydd wedi mynd ati yn fwriadol i ddylunio a chreu'r bydysawd a phopeth ynddo, gan gynnwys ni.'

Credir bod y 'Duw' hwn yn Dduw sy'n ymyrryd. Mae hyn yn golygu ei fod ef (neu hi) yn gallu derbyn miliynau o negeseuon (hynny yw, gweddïau) oddi wrth miliynau o bobl, ac yn anfon atebion ar ryw ffurf atyn nhw i gyd ar yr un pryd. Byddai'n rhaid bod hwn yn 'fod anhygoel o gymhleth'. Gan ein bod ni'n gwybod o ddamcaniaeth esblygiad fod pethau yn y bydysawd hwn yn symud o fod yn llai cymhleth i fod yn fwy cymhleth drwy eu camau esblygol, mae'n fwy tebygol i'r bydysawd ddechrau gyda man cychwyn difywyd a syml, yn hytrach na rhywbeth mor gymhleth â'r hyn y mae'r Rhagdybiaeth am Dduw yn ei gyflwyno.

MEWNWELEDIAD

'Atheïstiaid ydyn ni i gyd o ran y rhan fwyaf o'r duwiau y mae cymdeithasau wedi credu ynddyn nhw. Mae rhai ohonom ni'n mynd un duw yn bellach, dyna i gyd' (Richard Dawkins, *The God Delusion*, 2006).

Y Berthynas rhwng Gwyddoniaeth a Chrefydd

Mae athronwyr a gwyddonwyr wedi ceisio cyflwyno natur y berthynas rhwng crefydd a gwyddoniaeth mewn ffyrdd gwahanol. Mae Dawkins yn gwrthod safbwynt y palaeontolegydd Stephen Jay Gould, sef NOMA (*non-overlapping magisterium*) sef *magisterium* nad yw'n gorgyffwrdd. Fel **empirydd**, dadl Dawkins yw mai gwyddoniaeth yn unig sydd ei hangen arnon ni i gael gwybodaeth am ein bydysawd. Mae McGrath, un o feirniaid allweddol Dawkins, yn gwrthod yr honiad hwn drwy gyflwyno ei ddull POMA (*partially overlapping magisterium*) sef *magisterium* sy'n gorgyffwrdd yn rhannol, ar y berthynas rhwng crefydd a gwyddoniaeth.

Mae'r tabl isod yn rhoi crynodeb o'r safbwyntiau gwahanol hyn.

HANFODOL!

Y **Rhagdybiaeth am Dduw** yw term Dawkins am yr honiad gan theïstiaid am fod deallus, uwchddynol, goruwchnaturiol, a aeth ati'n fwriadol i greu'r byd.

HANFODOL!

Magisterium – term sy'n golygu awdurdod dysgeidiaethau'r Eglwys Gatholig. Yn y cyd-destun hwn, mae'n cyfeirio at faes awdurdod sydd gan grefydd a/neu wyddoniaeth.

Empiriaeth yw'r syniad bod ein gwybodaeth o'r byd wedi'i seilio ar ein profiadau, o'r synhwyrau yn enwedig.

MEWNWELEDIAD

I Dawkins, dydy gwyddoniaeth a chrefydd ddim yn gydnaws. Dydyn nhw ddim yn rhoi atebion gwahanol ond yr un mor ddilys (dull NOMA), nac ychwaith yn rhoi atebion sy'n gorgyffwrdd (dull POMA). Yn hytrach, gwyddoniaeth yw'r unig ddull sydd ei angen i gael gwybodaeth am y byd.

	NOMA: *magisterium* nad yw'n gorgyffwrdd	Gwyddoniaeth yw'r unig *magisterium*	POMA: *magisterium* sy'n gorgyffwrdd yn rhannol
Meddyliwr allweddol	Gould	Dawkins	McGrath
Beth yw'r dull?	Mae crefydd a gwyddoniaeth yn gofyn cwestiynau gwahanol, ac maen nhw'n ddulliau ymholi gwahanol am y byd. Does dim gwrthdaro rhwng y ddwy.	Gwyddoniaeth yw'r unig ddull ymholi sydd ei angen, a all crefydd ddim gwneud honiadau gwyddonol heb gael ei harchwilio fel gwyddoniaeth.	Mae crefydd a gwyddoniaeth yn gallu rhyngweithio a chael manteision y naill a'r llall drwy ymholiadau a darganfyddiadau am y bydysawd.

Does Dim Angen Crefydd i Esbonio Pethau

Wrth i ni gael mwy o wybodaeth wyddonol o'r bydysawd ffisegol, mae llai o angen am esboniadau ysbrydol neu anffisegol, sef 'Duw'r Bylchau'. Mae hyn yn arbennig o bwysig i feirniadaeth Dawkins ar y ddadl 'ddylunio' neu'r ddadl 'deleolegol'. Mae arbenigedd Dawkins, sef bioleg esblygol, yn dangos na chafodd bywyd ar y Ddaear ei greu, neu ei ddylunio'n ddeallus, ond cafodd ei achosi gan broses esblygiad.

> **AWGRYM**
>
> Mae Dawkins yn beirniadu dadl deleolegol neu ddadl ddylunio William Paley, drwy ofyn, 'Pwy ddyluniodd y dylunydd?'

> **MEWNWELEDIAD**
>
> 'Os nad ydych chi'n deall sut mae rhywbeth yn gweithio, peidiwch â phoeni: rhowch y ffidl yn y to a dweud mai Duw wnaeth e. Wyddoch chi ddim sut mae'r ysgogiad nerfol yn gweithio? Da iawn! Dydych chi ddim yn deall sut mae atgofion yn cael eu gosod yn yr ymennydd? Rhagorol! Ydy ffotosynthesis yn broses gymhleth sy'n eich drysu chi? Ardderchog! Os gwelwch yn dda, peidiwch â mynd i weithio ar y broblem, rhowch y ffidl yn y to, ac erfyniwch ar Dduw' (Dawkins, *The God Delusion*).

> **MEWNWELEDIAD**
>
> Mae 'Duw'r Bylchau' yn cyfeirio at gredoau crefyddol yn ateb y cwestiynau nad oes atebion ffisegol ar eu cyfer eto. Wrth i ni ddysgu mwy am y byd ffisegol drwy wyddoniaeth, rydyn ni'n gallu ateb rhagor o'r cwestiynau hyn, ac felly mae llai o angen 'Duw'.

> **HANFODOL!**
>
> Mae **memes** yn debyg i enynnau – maen nhw'n dyblygu drwy'r cenedlaethau, ond syniadau diwylliannol ydyn nhw yn hytrach na nodweddion biolegol.
>
> **Dethol naturiol** – dyma sut mae pob organeb fyw wedi addasu a newid i gyd-fynd â'i hamgylchedd. Wedyn mae'r addasiadau llwyddiannus yn gallu cael eu trosglwyddo drwy atgenhedlu.

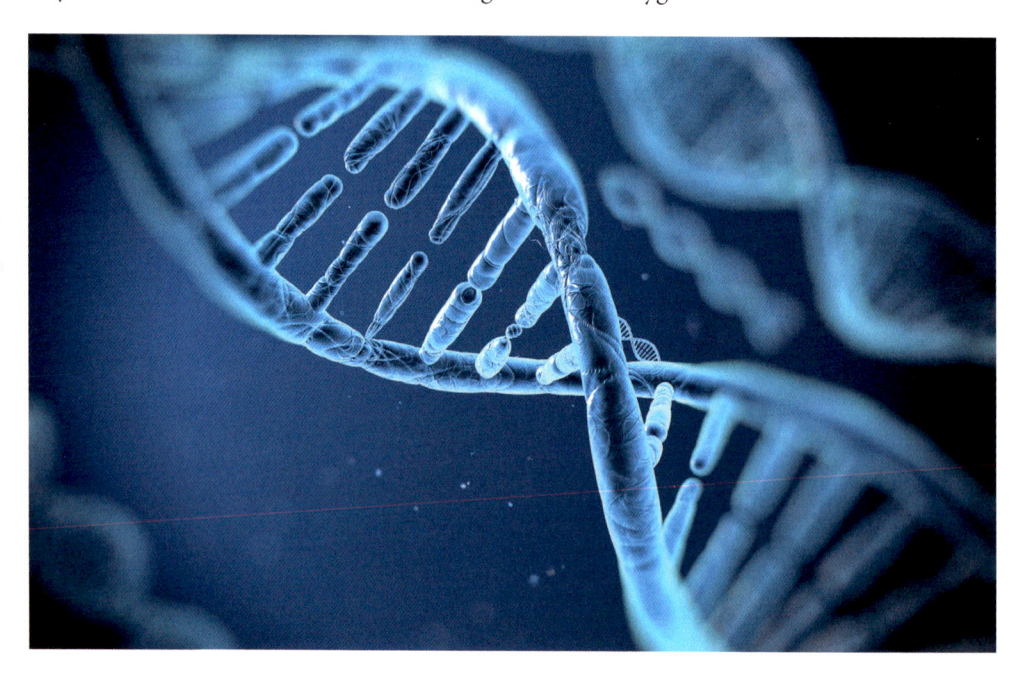

Yn ogystal, bydd achos naturiol i bob profiad neu wyrth grefyddol honedig, yn ôl Dawkins. Hyd yn oed os nad ydyn ni'n gwybod hynny i ddechrau, bydd rhyw reswm naturiol sydd ddim angen cyfrwng goruwchnaturiol. Yn ei raglen ddogfen ar deledu y DU, *The Root of all Evil*, ymchwiliodd Dawkins i'r gwyrthiau y dywedir iddyn nhw ddigwydd yn Lourdes, man pererindod i lawer o Gristnogion. Credir bod y Forwyn Fair wedi ymddangos i Santes Bernadette yno a bod y dyfroedd yn gallu gwella pobl. Daeth Dawkins i'r casgliad bod achosion naturiol yn bosibl i bob un o'r gwyrthiau, yn hytrach na'u bod yn weithred gan Dduw. Does neb wedi tyfu braich neu goes yn ôl, er enghraifft.

Deall Safbwynt Dawkins

Mae crefydd a syniadau crefyddol yn ganlyniad i sut mae ein meddyliau wedi esblygu. Dydy pawb ddim wedi esblygu i fod yn grefyddol, ond mae'r ffyrdd y mae ein meddyliau wedi esblygu wedi arwain at syniadau o grefydd i lawer o bobl. Dydy crefyddau ddim wedi dod o ffynhonnell oruwchnaturiol ond drwy roi mantais esblygol i rai; maen nhw'n **'memes'** (syniadau a ffyrdd o ymddwyn) diwylliannol sydd wedi'u trosglwyddo drwy **ddethol naturiol**. Wrth i'r credoau hyn barhau dros amser, maen nhw i'w gweld yn fwy awdurdodol ac yn fwy credadwy. At hyn, daw pŵer sefydliadau y mae'n fanteisiol iddyn nhw barhau i gael pobl sy'n credu yn eu gosodiadau craidd. Rydyn ni wedi mynd ati yn anghywir i roi esboniadau goruwchnaturiol ac anffisegol am ffenomenau naturiol yr ydyn ni'n gallu eu hesbonio bellach drwy wyddoniaeth.

> **AWGRYM**
>
> Cofiwch fod Dawkins yn derbyn bod credoau crefyddol, ar brydiau, wedi rhoi mantais esblygol i fodau dynol. Dyna pam maen nhw wedi cael eu trosglwyddo fel 'memes' (syniadau a ffyrdd o ymddwyn) mewn diwylliant dynol.

Mae Dawkins yn defnyddio enghraifft gwyfyn yn hedfan i mewn i fflam. Gallen ni edrych ar yr ymddygiad hwn a meddwl bod y gwyfyn eisiau lladd ei hun, ei fod wedi blino ar fywyd. Ond rydyn ni'n gwybod bod yr ymddygiad yn digwydd oherwydd bod y gwyfyn yn hedfan yn reddfol tuag at y goleuni, er y bydd y fflam yn ei ladd.

Mae'r Rhagdybiaeth am Dduw yn honiad gwyddonol a dylai gael ei archwilio felly.
Mae rhai meddylwyr, fel Gould, yn dadlau bod dealltwriaeth NOMA o'r berthynas rhwng gwyddoniaeth a chrefydd yn golygu nad ydyn nhw'n gorgyffwrdd, naill ai o ran eu cwestiynau neu o ran lle maen nhw'n cael eu hatebion. Fodd bynnag, mae Dawkins yn mynnu bod theïstiaid yn gwneud honiad gwyddonol, drwy gyflwyno'r Rhagdybiaeth am Dduw – maen nhw'n honni bod yna Dduw yn bodoli sy'n rhywun goruwchnaturiol â deallusrwydd dynol uwch, sydd wedi dylunio'r bydysawd gyda phwrpas. I Dawkins, dydy hyn ddim yn gweithio fel honiad oherwydd nad oes modd ei wirio'n empirig. Mae Dawkins yn dilyn **positifiaethwyr rhesymegol** fel A. J. Ayer gyda'r Egwyddor Wirio, a Karl Popper ac Antony Flew gyda'r Egwyddor **Anwirio** wrth ddweud hyn. Mae rhywbeth yn wyddonol naill ai pan mae'n bosibl ei wirio'n empirig neu, yn bwysicach, pan mae'n bosibl dangos sut mae'n gallu cael ei anwirio. Yn aml, rydyn ni'n gweld bod damcaniaethau wedi'u hanwirio ac yn hytrach na gwneud newidiadau i'r rhagdybiaeth a gyflwynwyd, bydd y gwyddonydd yn diystyru'r ddamcaniaeth ac yn symud ymlaen. Felly dylai'r Rhagdybiaeth am Dduw gael ei harchwilio fel y byddai unrhyw ddamcaniaeth wyddonol yn cael ei harchwilio, oherwydd ei bod yn datgan ffaith am y bydysawd.

Mae crefydd yn egwyriant (*aberration*) ac yn wrth-ddeallusol o ran natur. I Dawkins, mae crefydd yn 'firws meddyliol', yn ddiffyg wrth feddwl. Mae Dawkins yn tynnu sylw arbennig at **ffwndamentaliaeth grefyddol** fel ffurf ar y salwch hwn. Mae magu plant yn y ffydd a'u cyflwyno fel 'plentyn Cristnogol', er enghraifft, yn anghywir, yn enwedig lle mae disgrifiadau byw o uffern a phoenydio a'r rhain yn cael eu bygwth os nad yw plentyn yn credu. Yn ôl Dawkins, mae hyn yn ffurf ar gam-drin plant.

> **MEWNWELEDIAD**
>
> Mae Dawkins yn gweld crefydd fel rhywbeth anneallusol ac yn egwyriant neu'n salwch meddwl. Yn wahanol i hyn, mae'n credu bod gan atheïstiaid feddyliau iach a rhesymegol. Mae hwn yn safbwynt na fyddai atheïstiaid eraill, fel Owen Jones, yn ei gefnogi. Mae'n cyferbynnu â Carl Jung a John Randall, sy'n gweld bod crefydd yn angenrheidiol i feddyliau iach.

Hefyd, mae Dawkins yn gwrthod y syniad bod magu plant i beidio ag amau eu ffydd yn rhinwedd. Bydd ffug-wyddoniaeth Dyluniad Deallus yn rhwystro cynnydd gwyddonol, gan gadw mwy o bobl yng nghyflwr plentynnaidd cred grefyddol. I Dawkins, dydy crefydd 'ddim mwy na damwain esblygol ddiwerth, sy'n beryglus weithiau'.

> **AWGRYM**
>
> Mae'n bosibl defnyddio Dawkins fel her i'r ddadl o brofiad personol. Mae'n derbyn efallai fod pobl yn credu'n gryf eu bod wedi cael profiad o Dduw – ond mae hynny'n wir hefyd am bobl â chyflyrau iechyd meddwl sy'n credu bod Napoleon wedi siarad â nhw, er enghraifft.

> **BETH YW EICH BARN CHI?**
>
> Ysgrifennwch eich syniadau chi am ddadleuon Dawkins ac ewch yn ôl atyn nhw ychydig cyn yr arholiad er mwyn gweld a yw eich safbwyntiau wedi newid.

HANFODOL!

Positifiaeth resymegol – mudiad athronyddol o ddechrau'r ugeinfed ganrif a oedd yn gweld mai gwybodaeth wyddonol oedd yr unig fath o wybodaeth ffeithiol.

Anwirio – y gallu i brofi bod gosodiad neu ragdybiaeth yn anghywir.

MEWNWELEDIAD

Roedd A. J. Ayer yn bositifiaethydd rhesymegol amlwg yn y DU, er yn ddiweddarach yn ei fywyd, dywedodd fod yr honiadau hynny, ar y cyfan, yn anghywir.

HANFODOL!

Mae **egwyriant** yn y cyd-destun hwn, yn 'firws meddyliol' – sef diffyg neu broblem gyda sut mae pobl yn meddwl ac yn rhesymu.

Un o brif nodweddion **ffwndamentaliaeth grefyddol** yw dehongliad caeth a llythrennol o destunau a dysgeidiaethau crefyddol.

Darllen Dawkins eich Hun

TASG

Darllenwch Dawkins eich hun yn y darnau isod. Bydd y nodiadau ar ymyl y dudalen yn eich helpu chi i ddeall ei safbwyntiau.

Mae'r darn canlynol yn dod o lyfr Dawkins, *The God Delusion* (2006).

> Gan gysylltu â Freud (gweler Pennod 17), mae Dawkins yn dweud bod pobl yn theïstiaid oherwydd bod cred grefyddol yn debyg i angen plentynnaidd am 'Dduw'.
>
> Dydy Dawkins ddim yn cytuno nad oes ystyr i fywyd dynol, ond nad oes angen i ni ddod o hyd i'r ystyr hwnnw o fodolaeth Duw.
>
> Bydd esboniadau ffisegol am y bydysawd hwn bob amser a does dim angen i ni feio neu ddiolch i fod goruwchnaturiol neu 'gyfrwng' sy'n dylanwadu ar ein bywyd.

Mae rhywbeth plentynnaidd yn y dybiaeth bod gan rywun arall (rhieni yn achos plant, Duw yn achos oedolion) gyfrifoldeb dros roi ystyr a phwrpas i'ch bywyd … Mae'n rhaid mai rhywun arall sy'n gyfrifol am fy llesiant, a rhaid mai rhywun arall sydd ar fai os ydw i'n cael fy mrifo. Ai plentyneiddiwch tebyg sydd mewn gwirionedd y tu ôl i'r 'angen' am Dduw?

Mae'r darn hwn o Richard Dawkins.net, sef gwefan Sefydliad Dawkins dros Reswm a Gwyddoniaeth. Yma, mae Dawkins yn cyhoeddi erthyglau a digwyddiadau er mwyn helpu meithrin bydolwg seciwlar, gwyddonol.

> Ar ôl dadlau nad oes angen dylunydd deallus oherwydd ein dealltwriaeth o esblygiad, mae Dawkins yn tybio pa fath o Dduw y mae angen i ni gredu ynddo, os o gwbl.
>
> Mae hyn yn cysylltu â safbwynt Dawkins ei bod hi'n fwy tebygol bod rheswm difywyd am y bydysawd ac mae'n rhaid bod hwnnw'n llawer symlach na'r bydysawd ei hun. Mae esblygiad yn digwydd a fyddai dim angen i'r Duw theïstig gymryd rhan.

Mae temtasiwn i ddadlau bod angen Duw i esbonio tarddiad pob peth, er efallai nad oes angen Duw i esbonio esblygiad trefn gymhleth ar ôl i'r bydysawd gychwyn gyda'i ddeddfau ffiseg sylfaenol. Dydy'r syniad hwn ddim yn gadael llawer o waith i Dduw ei wneud: dim ond cychwyn y glec fawr, yna eistedd yn ôl ac aros i bopeth ddigwydd.

Dyma ddarn arall o *The God Delusion*.

> Dyma'r gosodiad y mae theïstiaid yn ei gyflwyno, am ryw fod deallus a aeth ati'n fwriadol i ddylunio'r bydysawd hwn.
>
> Mae hon yn feirniadaeth enwog gan Dawkins ar y ddadl ddylunio neu'r ddadl deleolegol.
>
> Dydy Dawkins ddim yn dweud yn bendant nad oes Duw, ond bod hynny'n annhebygol iawn yn ystadegol.

Mae'r temtasiwn [i briodoli'r hyn sy'n edrych fel dyluniad i ddyluniad ei hun] yn un ffug, oherwydd bod y rhagdybiaeth dylunydd yn syth yn codi'r broblem fwy, sef pwy ddyluniodd y dylunydd. Y broblem gyfan ar y dechrau oedd problem esbonio annhebygolrwydd ystadegol. Mae'n amlwg nad yw honni rhywbeth sydd hyd yn oed yn fwy annhebygol yn ateb.

MEWNWELEDIAD

Yn ôl Dawkins, mae'r Rhagdybiaeth am Dduw yn annhebygol yn ystadegol, gan ei bod hi'n fwy tebygol i fywyd deallus esblygu o fater difywyd, nag o fod deallus.

Sut mae Dawkins yn cael ei Feirniadu

Mae Alister McGrath (ganwyd 1953) yn un o feirniaid allweddol Richard Dawkins. Mae McGrath yn apolegydd Cristnogol sydd wedi addysgu ym mhrifysgolion Rhydychen a Chaergrawnt. Ei nod yw dangos sut mae theïstiaeth, a Christnogaeth yn benodol, yn gallu gwrthsefyll beirniadaeth **Atheïstiaeth Newydd** yn gyffredinol, a Dawkins yn enwedig. Mae'n cyflwyno ei ddadleuon yn ei lyfr *The Dawkins Delusion* (2007).

Mae Atheïstiaeth Newydd yn cael ei diffinio yn ôl yr hyn nad yw hi, yn hytrach na'r hyn yw hi. Mae McGrath yn beirniadu Atheïstiaeth Newydd yn gyffredinol am ei bod wedi'i diffinio yn ôl yr hyn nad yw hi. Mae'n dweud mai prin yw'r dystiolaeth y mae Dawkins yn ei chyflwyno o blaid yr honiadau y mae'n eu gwneud. Hefyd, mae'n dweud bod Dawkins ei hun yn ffwndamentalydd sy'n cydio'n dynn yn ei ffydd ei hun, sef atheïstiaeth.

MEWNWELEDIAD

'Un o'r agweddau tristaf ar *The God Delusion* yw sut mae ei awdur yn ymddangos fel petai wedi troi o fod yn wyddonydd sydd yn poeni'n angerddol am y gwirionedd, i fod yn bropagandydd gwrthgrefyddol di-chwaeth sy'n diystyru tystiolaeth' (McGrath, *The Dawkins Delusion*).

Gall fod POMA. Yn ogystal, mae McGrath yn beirniadu sut mae Dawkins yn llwyr wrthod dull NOMA Gould ar y berthynas rhwng crefydd a gwyddoniaeth drwy awgrymu trydydd posibilrwydd (POMA). I McGrath, mae hwn yn 'sylweddoliad bod gwyddoniaeth a chrefydd yn cynnig posibiliadau croesffrwythloni oherwydd bod eu testunau a'u dulliau'n treiddio i'w gilydd'. Mae'n adeiladu ar syniadau biolegwyr esblygol eraill fel Francis Collins i gefnogi ei safbwynt. Yn ôl Collins, mae 'cytgord sy'n argyhoeddi'n gryf rhwng y bydolygon gwyddonol ac ysbrydol'.

Mae Owen Jones yn gwrthod agwedd eithafol Dawkins. Mae pobl anghrefyddol eraill, fel Owen Jones, y newyddiadurwr, wedi bod yn feirniadol hefyd. Mae Jones, sydd ddim yn credu yn Nuw, wedi ymbellhau oddi wrth fudiad yr Atheïstiaeth Newydd, a Dawkins yn benodol. Dadleuodd ym mhapur newydd *The Independent* fod safbwyntiau Dawkins, yn enwedig y rhai sy'n cael eu cyflwyno ar y cyfryngau cymdeithasol ynghylch Islam a Mwslimiaid, yn rhagfarnllyd ac yn Islamoffobig. Er ei fod yn dadlau o blaid gwerthoedd **seciwlariaeth**, ac o blaid craffu ar gredoau crefyddol, mae'n teimlo na all gymryd rhan yn y trafodaethau hyn 'oherwydd bod atheïstiaeth mewn bywyd cyhoeddus wedi cael ei dominyddu cymaint gan frîd penodol, sy'n trin rhagfarn fel diffyg ffydd yn y pen draw'. Mae Dawkins, i Jones, yn rhan o'r 'brîd' hwnnw.

Gwallau Cyffredin

Dydy Dawkins ddim yn dweud bod bywyd yn ddiystyr neu'n ddibwrpas. Mae beirniaid Dawkins yn awgrymu nad yw'n gweld unrhyw ystyr neu bwrpas i fywyd, ond mae'n gwrthod hyn: 'Y safbwynt gwirioneddol i oedolyn, i gyferbynnu, yw bod ein bywyd mor ystyrlon, mor llawn ac mor wych ag yr ydyn ni'n dewis gwneud iddo fod. A gallwn wneud iddo fod yn wych iawn' (*The God Delusion*).

Mae Dawkins yn condemnio ymddygiad hunanol. Mae llyfr poblogaidd Dawkins, *The Selfish Gene* (1976), wedi cael ei alw'n un o'r llyfrau gwyddoniaeth mwyaf dylanwadol erioed. Ers hynny, mae Dawkins wedi cyfaddef bod teitl y llyfr hwn yn gallu camarwain pobl i feddwl ei fod yn credu bod rhaid i natur a phob creadur ynddi fod yn hunanol er mwyn goroesi, a'i fod felly'n gweld y byd mewn ffordd besimistaidd. Ond y genyn sy'n 'hunanol': os yw esblygu ymddygiad hunanol yn fantais esblygol, dyma fydd yn digwydd; ond os mai allgaredd (*altruism*) sy'n arwain at oroesi, dyma fydd yn esblygu.

MEWNWELEDIAD

Mae *The Selfish Gene* yn rhoi cyfrif am yr allgaredd a'r caredigrwydd y mae bodau dynol yn eu dangos mewn termau esblygol.

HANFODOL!

Yn ôl **Atheïstiaeth Newydd**, ddylai cred grefyddol ddim cael ei goddef yn unig, ond dylai gael ei beirniadu a'i herio gan ddadl resymegol.

AWGRYM

Mae Dawkins yn enghraifft o feddyliwr o fewn Atheïstiaeth Newydd sy'n credu y dylai crefydd fod yn agored i graffu rhesymegol, yn union fel y dylai pob rhagdybiaeth wyddonol fod.

HANFODOL!

Seciwlariaeth yw'r gred y dylai crefydd fod ar wahân i sefydliadau mewn cymdeithas. Mae pobl yn cael bod yn grefyddol, ond dydy crefyddau ddim yn gallu bod â safleoedd pwerus a dylanwadol dros bob dinesydd yn y gymdeithas honno.

MEWNWELEDIAD

Mae Dawkins yn dilyn y positifiaethwyr rhesymegol gyda'i safbwyntiau ar natur ddiystyr iaith grefyddol. Mae Dawkins a'r positifiaethwyr rhesymegol yn gweld bod honiadau metaffisegol yn 'ffwlbri' oherwydd eu bod nhw'n osodiadau sy'n amhosibl i wyddoniaeth eu hesbonio. Felly, maen nhw'n apelio at emosiwn neu'r byd ysbrydol/ goruwchnaturiol, nad yw'n bosibl eu gwirio.

Peidiwch â chrwydro o'r berthynas rhwng crefydd a gwyddoniaeth. Cofiwch ddod â'ch pwyntiau yn ôl at yr union gwestiwn sydd yn yr arholiad. Er ei bod hi'n bwysig deall safbwyntiau Dawkins ar grefydd a'r syniadau allweddol sydd ganddo ynghylch y Rhagdybiaeth am Dduw, syniadau a ffyrdd o ymddwyn (memes) a chrefydd fel egwyriant, sicrhewch eich bod yn gallu ysgrifennu am safbwynt Dawkins ar y berthynas rhwng crefydd a gwyddoniaeth yn fwy cyffredinol. Sicrhewch eich bod chi'n gwybod sut gall hyn fod yn wahanol i'r meddylwyr eraill sy'n cael sylw yn y bennod hon.

CRYFHAU EICH GAFAEL

1. Ysgrifennwch eich esboniad eich hun o safbwynt Dawkins ar grefydd fel sgil gynnyrch esblygiad. Cofiwch gynnwys y canlynol: y Rhagdybiaeth am Dduw, memes ac un *magisterium*. Rhowch ddarn o bapur dros eich nodiadau a cheisiwch weld beth allwch chi ei gofio am y pedwar maes hyn. Bydd hyn yn eich helpu chi i baratoi ar gyfer cwestiwn 'esboniwch' yn yr arholiad.

2. Gwnewch restr o gryfderau a gwendidau safbwynt Dawkins ar grefydd. Rhowch sylw arbennig i feirniadaeth McGrath a'i wrthbrofion, *The Dawkins Delusion*. Rhowch farc allan o bump i bob un o'r cryfderau a'r gwendidau hyn, i'ch helpu chi i ddewis y dystiolaeth a fydd yn rhoi'r pwyntiau cryfaf mewn traethawd, yn eich barn chi. Bydd hyn yn eich helpu chi i baratoi ar gyfer cwestiwn 'gwerthuswch' yn yr arholiad.

Arweiniad ar yr Arholiad AA1

Yn yr arholiad, efallai bydd gofyn i chi ddangos gwybodaeth a dealltwriaeth o safbwynt Dawkins ar grefydd. Dylech chi fod yn ymwybodol o feirniadaeth Dawkins ar grefydd a hefyd o'r rhai sy'n ei feirniadu yntau. Rhowch sylw arbennig i'w ymagwedd at y berthynas rhwng crefydd a gwyddoniaeth, gan fod hon yn rhan arwyddocaol o'r fanyleb. Byddwch yn ymwybodol o sut mae safbwynt Dawkins yn gwahaniaethu oddi wrth safbwyntiau eraill ar hyn. Hefyd, efallai y byddwch chi'n gallu defnyddio Dawkins mewn atebion ar bynciau eraill lle mae gofyn i chi esbonio heriau i brofiadau crefyddol, gwyrthiau a'r ddadl ddylunio.

Arweiniad ar yr Arholiad AA2

Efallai y bydd gofyn i chi werthuso safbwynt Dawkins ar grefydd a dod i farn amdano. Mae'n arbennig o bwysig i chi wybod am waith McGrath fel un o feirniaid allweddol Dawkins. Efallai bydd angen i chi werthuso pa mor llwyddiannus yw McGrath pan mae'n gwrthod honiadau Dawkins ac felly pan mae'n amddiffyn theïstiaeth. Hefyd, efallai bydd angen i chi werthuso'r safbwyntiau gwahanol sydd ar y berthynas rhwng crefydd a gwyddoniaeth. Felly, mae gwybod beth yw cryfderau a gwendidau'r dulliau hyn yn eich helpu chi gyda chwestiwn AA2 ar y cynnwys hwnnw. I gloi, efallai y byddwch chi'n gallu defnyddio dadleuon Dawkins wrth werthuso profiadau crefyddol, gwyrthiau a'r ddadl ddylunio. Felly, bydd paratoi rhestr o gryfderau a gwendidau ei ymagwedd ef at y pynciau hyn yn eich helpu chi mewn cwestiwn gwerthuso ar hyn.

20. TERESA O AVILA

MYND I FYD TERESA O AVILA

Trosolwg Roedd Teresa o Avila (1515–82) yn lleian yn urdd y Carmeliaid yn Sbaen. Ysgrifennodd mewn ffordd fyw am ei phrofiadau crefyddol. Ysgrifennodd hi hefyd yn fwy cyffredinol am bynciau cyfriniaeth, gweddïo a byw bywyd Cristnogol yn ystod Gwrthddiwygiad yr unfed ganrif ar bymtheg. Ar ôl sefydlu'r Carmeliaid Troednoeth (*Barefoot Carmelites*), ysgrifennodd Teresa *Ffordd Perffeithrwydd* (*The Way of Perfection*) yn yr 1560au. Ddeugain mlynedd ar ôl ei marwolaeth, cafodd ei chanoneiddio (ei gwneud yn santes).

Roedd Teresa o Avila yn byw yn Sbaen yn yr oesoedd canol, mewn ardal o dan ddylanwad canghennau cyfriniol Islam (Sufïaeth) ac Iddewiaeth (Kabbalah). Pan oedd yn blentyn ifanc, collodd ei mam a chafodd ei hanfon i ysgol gwfaint Gatholig a oedd yn perthyn i urdd arbennig o'r enw 'Y Carmeliaid'. Roedd sylfaenwyr yr urdd yn Groesgadwyr (*Crusaders*) a aeth yn feudwyon ac roedden nhw'n byw ar wahân i bawb arall ar Fynydd Carmel, Israel. Roedd yr urdd yn dilyn yr un egwyddorion, sef byw bywyd syml ar wahân i'r gymdeithas. Yn y pen draw, ymledodd yr urdd i'r gorllewin i mewn i Ewrop. Ond, dros gyfnod o amser, aeth ei haelodau i werthfawrogi cyfoeth ac eiddo, yn hytrach na'u gwrthod nhw.

Yn y cyd-destun hwn yr ymunodd Teresa â'r urdd. Yn ei harddegau, roedd hi'n boblogaidd ac, yn ei geiriau ei hun, 'yn fydol'. Ond yn ddiweddarach, datblygodd arfer o weddïo a myfyrio pan ddioddefodd salwch difrifol a mynd yn gaeth i'r gwely. Roedd yr holl gyfoeth a statws a oedd o amgylch Teresa yn ei digalonni, o ystyried bod hyn mewn urdd a oedd wedi'i sefydlu ar egwyddorion a oedd i'r gwrthwyneb. Roedd hi'n dyheu am ffordd symlach o fyw.

Yn llawer diweddarach yn ei bywyd, dechreuodd Teresa gael profiadau crefyddol dwys. Pan oedd hi'n 40 oed, teimlodd yn sydyn bod cariad Duw yn ei llorio mewn ffordd nad oedd hi wedi'i phrofi o'r blaen. Yn ddiweddarach, daeth Teresa yn ffigur canolog mewn trafodaethau ynghylch profiadau crefyddol (er enghraifft, yng ngwaith William James – gweler Pennod 21) oherwydd y ffordd yr oedd hi'n cofnodi'r digwyddiadau hyn yn fanwl.

Drwy ddarllen gweithiau'r seintiau Catholig a oedd yn byw o'i blaen hi, daeth Teresa o hyd i ffydd ddyfnach a mwy ystyrlon. Roedd ysgrifeniadau Awstin Sant am ei dröedigaeth ei hun yn ddylanwad mawr arni, gan ei fod yntau hefyd wedi gadael bywyd o bechod a throi cefn ar bob dyhead bydol. Ysbrydolodd hyn Teresa i ddiwygio urdd y Carmeliaid, a sefydlodd y Carmeliaid Troednoeth yn 1560. Roedd yr urdd hon yn dychwelyd at egwyddorion canolog byw bywyd tlawd a syml.

MEWNWELEDIAD

Daeth y Gwrthddiwygiad i fodolaeth er mwyn ceisio gwrthwynebu'r Diwygiad Protestannaidd, ac fe dyfodd oherwydd y feirniadaeth ynglŷn â llygredd a bydolrwydd (*worldliness*) yr Eglwys Gatholig ar y pryd.

HANFODOL!

'**Sola Scriptura**' yw'r egwyddor bod y Beibl yn ddigon i unrhyw Gristion seilio ei ffydd arno, i gyferbynnu â phwyslais Teresa ar brofiadau crefyddol.

HANFODOL!

Profiadau cyfriniol – pan mae rhywun yn cyfathrebu'n uniongyrchol â Duw neu'n cael profiad uniongyrchol ohono, yn aml mewn cyflwr o ecstasi ysbrydol.

Trawseiriadau (*transverbiations*) yw'r term y mae Teresa yn ei ddefnyddio i ddisgrifio ei phrofiadau dwysaf. Maen nhw'n cael eu profi fel 'saeth' sy'n trywanu'r galon, gydag ymdeimlad llethol o gariad a phresenoldeb Duw.

Roedd Teresa'n ysgrifennu yn ystod cyfnod allweddol i Gatholigiaeth, gan fod her y Diwygiad Protestannaidd wedi achosi 'Gwrthddiwygiad' yn yr Eglwys Gatholig. Un her arwyddocaol gan y Diwygiad Protestannaidd oedd y ddadl mai geiriau'r Ysgrythur yn unig oedd angen ar Gristion er mwyn bod â ffydd. Doedd dim angen cyfryngwr, bellach, i gyfieithu a dehongli'r ysgrythurau, a doedd dim angen ychwaith i neb ddilyn traddodiadau nad oedden nhw yn y Beibl. Cafodd hyn ei alw'n gysyniad '**Sola Scriptura**', a dylid deall pwyslais Teresa ar brofiadau crefyddol uniongyrchol o Dduw yn y cyd-destun diwinyddol hwn.

Fe wnaeth Teresa barhau i gael **profiadau cyfriniol** ac fe'i disgrifiodd hi nhw fel **trawseiriadau** (*transverbiations*) ei chalon. Mae pobl y ffydd Gatholig yn ystyried bod ei disgrifiadau o'i phrofiadau yn ddealladwy ac yn hawdd uniaethu â nhw. Maen nhw'n dangos perthynas agos rhyngddi hi ei hun a'i Harglwydd. Mae enghraifft o hyn yn ei geiriau olaf, 'Fy Arglwydd, mae hi'n bryd symud ymlaen. Wel felly, gwneler dy ewyllys. O fy Arglwydd a'm Cymar, mae'r awr yr wyf wedi dyheu amdani wedi dod. Mae'n bryd i ni gwrdd â'n gilydd.'

AWGRYM

Mae ysgrifeniadau Teresa o Avila yn dangos sut mae profiadau crefyddol yn cael effaith fawr ar gred. Drwy ei thystiolaeth uniongyrchol ei hun o bresenoldeb dwyfol, cafodd ei ffydd ei dyfnhau, gan ddangos pŵer y profiadau hyn i atgyfnerthu cred.

Syniadau Allweddol Teresa o Avila

GWELLA EICH DEALLTWRIAETH

Sicrhewch eich bod chi'n gwybod sut mae camau gweddïo Teresa yn gysylltiedig â phrofiadau cyfriniol.

Profiadau Cyfriniol fel Proses

Fel ysgrifenwyr cyfriniol canoloesol eraill, roedd Teresa yn diffinio ei phrofiadau cyfriniol fel proses, yn hytrach na fel cynnyrch, sydd i'r gwrthwyneb i sut mae ysgolheigion fel William James a Rudolf Otto yn ei gweld hi (gweler Penodau 21 a 22). Tra oedd yr ysgolheigion hyn yn ymdrin ag effaith y profiad ar y credinwyr – er enghraifft, y newid yn ei fywyd a'i safbwynt – roedd Teresa yn ymdrin â sut gall rhywun gael profiad o'r fath, a pha gamau yr oedd yn bosibl eu cymryd er mwyn sicrhau'r undod hwn â Duw. Roedd Teresa yn ymwybodol na fyddai pob credinwyr yn cael profiad o Dduw yn yr un ffordd drwy weddïo. Ond roedd hi'n meddwl ei bod hi'n fuddiol cael strwythur neu arweiniad i'w ddilyn a oedd yn cyd-fynd â diwinyddiaeth ac arferion Cristnogol.

Roedd Teresa'n credu bod y profiadau hyn yn bosibl drwy gariad Duw dros y ddynoliaeth a thrwy ei ras. Roedd hyn yn ganolog i sut roedd hi'n deall profiadau crefyddol. Er nad oedd Teresa'n ymdrin yn benodol â'r ddadl o blaid bodolaeth Duw drwy brofiadau crefyddol, fe wnaeth hi gynnig ffordd o wirio a oedd y profiadau hyn yn wironeddol oddi wrth Dduw ai peidio. Roedd ganddi ddau brawf i'w rhoi i bob profiad:

- A oedd y profiad yn cyd-fynd â dysgeidiaethau Cristnogol?
- Ar ôl y profiad, a oedd yr unigolyn yn teimlo'n heddychlon?

Roedd defnyddio'r profiadau hyn yn gallu dangos a oedd y profiad oddi wrth Dduw, neu oddi wrth rym maleisus (hynny yw, y Diafol).

Camau Gweddïo

Yn y ddau lyfr cyntaf gan Teresa, ei hunangofiant *Bywyd Teresa* (1565) a'i llawlyfr gweddïo *Ffordd Perffeithrwydd* (1583), mae hi'n arwain y darllenydd o fod yn ddechreuwr wrth weddïo, gan ddefnyddio geiriau yn unig, i'r uchafbwynt o undod llwyr â Duw.

Gan ddefnyddio'r trosiad a'r symbolaeth o ddŵr mewn gardd, mae hi'n dangos sut gall naw cam gweddïo helpu'r crediniwr i ymddatod oddi wrth dyheadau a meddyliau bydol, a dod yn fwy disgybledig yn ei ffydd ac yn gallu rheoli temtasiynau'n well. Mae'r dyfroedd yn yr ardd yn dangos sut mae camau gweddïo yn rhoi cynhaliaeth a bywyd i'r crediniwr, ac yn ei helpu i dynnu'n llawnach ar gariad Duw.

Cam dŵr	Trosiad yr ardd	Yn cynrychioli
Y Dŵr Cyntaf	Codi dŵr o ffynnon	Natur weithredol gweddïo
Yr Ail Ddŵr	Defnyddio olwyn ddŵr	Gweddï yn dod â mwy o eglurder
Y Trydydd Dŵr	Mae'r dŵr yn dod o nant neu ffrwd	Mewnbwn Iesu Grist i weddïo
Y Pedwerydd Dŵr	Pan mae glaw trwm yn dyfrhau'r ardd	Does dim angen ymdrech ddynol gan fod Duw mewn rheolaeth lwyr

MEWNWELEDIAD

Roedd Teresa eisiau i bobl gael gwared ar ddyheadau a meddyliau bydol, a phoeni llai am werthoedd materol a bywyd cyffredin. Roedd hi eisiau canolbwyntio'n fwy ar faterion ysbrydol. Roedd cariad yng nghanol pob cam gweddïo, 'oherwydd nid yw gweddïo'n ddim mwy na bod ar delerau cyfeillgar â Duw'.

Mae *Ffordd Perffeithrwydd* yn nodi naw cam gweddïo:

1. **Gweddïo lleisiol:** geiriau wedi'u dweud yn uchel.
2. **Myfyrdod:** er enghraifft, â llaswyr (*a rosary*).
3. **Gweddïo affeithiol:** mae cariad yn dominyddu'r meddwl.
4. **Gweddïo syml:** gweddïo wrth arsylwi rhywbeth sanctaidd.
5. **Myfyrdod wedi'i ysbrydoli:** gyda'r Ysbryd Glân yn dod i mewn drwy ras Duw.
6. **Gweddïo tawel:** does dim angen dim byd ar yr enaid, a'r cyfan y mae eisiau ei wneud yw caru.
7. **Gweddïo'r undod**: mae'r meddwl a'r ewyllys wedi'u hamsugno'n llwyr i mewn i Dduw ac i ewyllys Duw.
8. **Gweddïo'r undod ecstatig:** mae'r holl feddyliau mewnol yn canolbwyntio'n llwyr ar Dduw ac mae'r synhwyrau allanol yn teimlo agosrwydd at Dduw ac ewyllys Duw.
9. **Gweddïo'r undod trawsffurfiol**: mae'r hunan wedi'i anghofio'n llwyr, ac mae Duw yn cael ei adnabod yn llawn ym mhob peth; dyma'r undod agosaf posibl â Duw.

AWGRYM

Mae Teresa'n defnyddio trosiad o ardd sy'n cael ei dyfrhau er mwyn dangos sut mae disgyblaeth wrth weddïo yn gallu arwain at faeth ar lefelau gwahanol. Mae ymdrech y crediniwr yn fawr ar y lefelau isaf, sy'n arwain at Dduw yn cymryd rheolaeth lwyr ar y lefel uchaf.

> **MEWNWELEDIAD**
>
> Ysgrifennodd Teresa *Y Castell Mewnol (The Interior Castle)* yn 1577 a dywedir iddo ddylanwadu ar waith Descartes *Meditations on First Philosophy* (1641) (gweler Pennod 8).

> **MEWNWELEDIAD**
>
> Defnyddiodd Teresa drosiad y Castell Diemwnt i ddangos sut gall disgyblaeth gweddïo arwain y credinwyr i ddarganfod Duw oddi mewn, yn yr 'ystafell ddyfnaf'. 'Does dim angen adenydd arnom ni i chwilio amdano Ef, dim ond edrych arno Ef yn bresennol ynom ni.'

> **HANFODOL!**
>
> **'Nos Dywyll yr Enaid'** yw pan all y crediniwr deimlo ei fod heb ystyr neu bwrpas yn ei fywyd, sy'n arwain at buro ysbrydol. Mae'n galluogi ailenedigaeth ac undod cyfriniol dyfnach â Duw.
>
> Roedd **Sant Ioan y Groes** yn rhywun a gafodd ei fentora gan Teresa. Sefydlodd fersiwn gwrywaidd o Urdd y Carmeliaid. Fe wnaeth brofi 'Nos Dywyll yr Enaid' ac ysgrifennu am hyn yn ei farddoniaeth.

Y Castell Mewnol

Cafodd trydydd llyfr Teresa, *Y Castell Mewnol (The Interior Castle)*, ei ysgrifennu o dan orchymyn y rhai a oedd yn uwch na hi yn urdd y Carmeliaid, pan oedd y ddadl ynghylch ei diwygiadau i'r urdd a'i phrofiadau yn ei hanterth. Ysgrifennodd y llyfr hwn tua diwedd ei bywyd, ar ôl iddi gael gweledigaeth oddi wrth Iesu Grist, lle roedd hi'n gweld 'yr enaid fel petai'n gastell wedi'i wneud o un diemwnt o grisial clir iawn, lle mae llawer o ystafelloedd, yn union fel mae llawer o drigfannau yn y Nefoedd'.

Defnyddiodd Teresa gastell mawr i gynrychioli'r enaid. Mae'r castell yn hardd ac wedi'i wneud ar ddelw Duw. Yn y 'castell' hwn mae llawer o ystafelloedd a 'thrigfannau', a'r un agosaf at Dduw yw'r ddyfnaf ynddo, yn y canol. Mae gweddïau a phrofiadau ysbrydol gwahanol yn gysylltiedig â phob trigfan, y mae pobl yn symud rhyngddyn nhw yn ystod eu bywydau. Roedd Teresa yn annog y darllenydd i ddod o hyd i Dduw ynddo ei hun wrth deithio drwy'r trigfannau: 'Mae'r Arglwydd oddi mewn i ni a dylen ni fod yno gydag Ef.'

Cam y trigfannau	Natur y trigfannau	Arferion cysylltiedig
Trigfannau 1–3	Mae ein hymdrechion ysbrydol o fudd i'n henaid yma.	Gweddïo, darllen y Beibl, dysgu oddi wrth bobl ysbrydol.
Trigfannau 4–5	Yma, mae'r enaid yn cael ei fwydo ac mae'n gwneud ymrwymiad i Dduw, fel cocŵn pryfed sidan yn bwydo'r hyn sydd y tu mewn ac sydd heb ei aileni eto.	Efallai bydd yr enaid yn cael profiadau cyfriniol a bydd yn rhaid gwerthuso'r rhain i weld a yw'r profiadau'n dod oddi wrth Dduw neu'r Diafol.
Trigfannau 6–7	Bydd rhywfaint o ddioddef a threialon yn digwydd, efallai **'Nos Dywyll yr Enaid'** (yn debyg i brofiad **Sant Ioan y Groes**) wrth i'r enaid deithio rhwng y ddwy drigfan olaf.	Efallai bydd profiadau cyfriniol dwys yn digwydd, fel gweledigaethau, teimlo presenoldeb Duw, perlewyg a'r 'Saeth'.

> **MEWNWELEDIAD**
>
> Mae Teresa'n disgrifio saith cam gweddïo yn ei llyfr *Y Castell Mewnol*. Y camau yw: atgof, tawelwch, undod, ecstasi, nos dywyll, dyweddïo i briodi. Fodd bynnag, mae taith pob person yn unigryw ac efallai na fydd hi'n dilyn y drefn hon.

> **BETH YW EICH BARN CHI?**
>
> Ysgrifennwch eich syniadau chi am ddadleuon Avila ac ewch yn ôl atyn nhw ychydig cyn yr arholiad er mwyn gweld a yw eich safbwyntiau wedi newid.

Darllen Teresa o Avila eich Hun

Yn y darn hwn o *Bywyd Teresa* (1565), mae Teresa o Avila yn disgrifio ei theimladau wrth gael profiad crefyddol dwys. Bydd y nodiadau ar ymyl y dudalen yn eich helpu i ddeall ei syniadau.

> Roedd yn ymddangos i mi fel petai'n gwthio'r waywffon i mewn i'm calon ar brydiau ac yn trywanu fy ymysgaroedd. Pan dynnodd y waywffon allan, roedd fel pe bai'n eu tynnu nhw allan gyda hi, gan fy ngadael i ar dân gyda chariad rhyfeddol at Dduw. Roedd y boen cymaint, fel y gwnaeth i mi ochneidio; ac eto i gyd, roedd melystra'r poen eithafol hwn yn rhagori cymaint, fel na allwn eisiau bod hebddo. Nawr dydy'r enaid ddim yn fodlon â dim byd llai na Duw. Dydy'r poen ddim yn gorfforol, ond yn ysbrydol; er bod gan y corff ran ynddo, un fawr hyd yn oed. Mae'n anwes cariad mor felys sydd nawr yn digwydd rhwng yr enaid a Duw.

Mae'r ymadrodd 'yn ymddangos i mi' yn awgrymu nad yw hyn yn 'real' ond yn weledigaeth y mae Teresa yn ei chydnabod. Yn Y Castell Mewnol, mae Teresa yn cyfeirio at y profiad hwn fel 'Y Saeth' y mae'n bosibl ei phrofi wrth fynd i mewn i'r seithfed drigfan, yr un olaf. Cafodd seintiau eraill fel Sant Ioan y Groes brofiad o hyn yn rhan o'u profiadau cyfriniol.

Mewn sawl ffordd, mae'r profiad yn anhraethol (eithafol) a'r tu hwnt i ddisgrifiadau arferol. Gwelir dioddefaint a phoen yn rhan o'r daith drwy weddïo at yr undod â Duw, ac maen nhw'n cael eu croesawu.

Mae hyn yn gysylltiedig â chamau olaf gweddïo i Teresa, lle mae'r enaid yn uno â Duw o ran y meddwl a'r galon.

Yn y darn hwn o *Y Castell Mewnol* (1577), mae Teresa yn trafod gweledigaethau.

> Nawr rydyn ni'n dod i drafod gweledigaethau dychmygol, lle credir bod y diafol yn fwy tueddol o dwyllo pobl na gan y gweledigaethau eraill rydw i wedi'u disgrifio'n barod. Mae hyn yn debygol o fod yn wir. Eto i gyd, pan mae gweledigaethau dychmygol yn ddwyfol, maen nhw'n ymddangos, mewn ffordd arbennig, yn fwy proffidiol i ni na'r lleill, gan eu bod yn gweddu'n well i'n natur ni – ac eithrio'r gweledigaethau a anfonodd ein Harglwydd yn y seithfed drigfan sy'n rhagori'n fawr ar bob un arall.

Nodwch y gwahaniaethu rhwng gweledigaethau deallusol a gweledigaethau dychmygol.

Yma, mae Teresa yn siarad â'i beirniaid, a oedd yn dweud mai'r Diafol oedd yn rhoi'r gweledigaethau hyn iddi, ac yn siarad ag eraill a oedd yn dweud ei bod hi'n eu creu nhw.

Dyma sut mae Teresa yn barnu dilysrwydd y profiadau – a yw er lles y person, h.y. yn cyd-fynd â hollraslonrwydd Duw. Mae hyn yn cysylltu â dull pragmataidd William James (gweler Pennod 21).

Sut mae Teresa o Avila yn cael ei Beirniadu

Breuddwydion neu gyffro rhywiol oedd profiadau Teresa. Ar y pryd, roedd pobl yn beirniadu Teresa am yr hyn y byddai'n bosibl ei ddehongli fel disgrifiadau graffig o garu, ecstasi a'r cyfeiriad rhywiol bod gwaywffon yn mynd i mewn iddi. Roedd hi, fodd bynnag, yn gwrthod hyn, drwy ddweud na fyddai hi wedi teimlo daioni, cariad neu hollraslonrwydd o rywbeth pechadurus, fel roedd pobl yn ei awgrymu. Gan ddefnyddio ei dau faen prawf ar gyfer profi a oedd profiad oddi wrth Dduw ai peidio, fe ddaeth i'r casgliad ei fod oddi wrth Dduw.

Canolbwyntio ar brofiad yn hytrach nag ar yr Ysgrythur. Gan ei bod hi'n ysgrifennu ar adeg y Diwygiad Protestannaidd a'r Gwrthddiwygiad Catholig, roedd pwysigrwydd cymharol profiad a'r Ysgrythur yn elfen arwyddocaol o drafodaethau diwinyddol. Cafodd yr eglwysi Protestannaidd eu ffurfio dan y floedd fod yr ysgrythur yn ddigon. Byddai'r Beibl, a oedd yn cynnwys 'Gair Duw', yn rhoi'r holl ddysgeidiaeth a'r mewnweliad a oedd eu hangen ar Gristion. Roedd hyn yn groes i honiad Teresa ei bod wedi cael profiad o undod uniongyrchol â Duw.

Esboniadau ffisiolegol. Mae darganfyddiadau diweddar ym maes niwroddiwinyddiaeth wedi dangos i ni sut mae rhai cyflyrau'r ymennydd ac anafiadau iddo, yn gallu arwain at deimladau tebyg i'r rhai a gafodd Teresa. Er enghraifft, canfu'r niwrowyddonydd V. S. Ramachandran fod rhai unigolion â llabedi'r arlais wedi'u niweidio, neu sy'n dioddef o **epilepsi llabed yr arlais**, yn cael profiadau pwerus a dwys sy'n debyg i rai crefyddol. Efallai y byddan nhw'n teimlo presenoldeb ynddyn nhw, yn clywed geiriau, yn cael gweledigaethau o fannau nefol neu'n cael teimladau dychrynllyd. Mae gwaith y gwyddonwyr Andrew Newberg a Michael Persinger hefyd wedi archwilio'r cysylltiad rhwng yr ymennydd a phrofiadau crefyddol. Gallai hyn fwrw amheuaeth ar ddilysrwydd profiadau Teresa. Os gallai esboniad corfforol fod yn ddigon, a oedd ei phrofiadau'n dod oddi wrth Dduw mewn gwirionedd? Fodd bynnag, dydy Ramachandran ddim yn dweud bod ei ymchwil yn profi nad oes Duw.

SGILIAU GWERTHUSO

Gallwch chi roi mwy o ddyfnder i ateb i gwestiwn gwerthuso am ysgolhaig bob amser, drwy ddangos ymwybyddiaeth o sut gall meddylwyr eraill anghytuno.

HANFODOL!

Epilepsi llabed yr arlais – clefyd sy'n gwneud i rai pobl gael teimladau tebyg i brofiadau crefyddol.

> **MEWNWELEDIAD**
>
> Mae Ramachandran yn cyflwyno rhywfaint o dystiolaeth i ddangos y gall fod rhesymau materol, corfforol dros brofiadau crefyddol ac y gallai profiadau Teresa fod wedi'u hachosi gan ryw effaith gorfforol ar ei hymennydd.

> **HANFODOL!**
>
> **Heresi** – pan ddywedir bod cred yn groes i gredoau derbyniadwy neu gywir – yng nghyfnod Teresa, byddai wedi cael ei drin fel trosedd yn erbyn Duw.

Yn hytrach, efallai fod Duw yn defnyddio rhai cyflyrau'r ymennydd i raglennu ymennydd rhai pobl i allu cyfathrebu'n haws ag ef na rhai eraill.

Gwallau Cyffredin

Peidiwch â chanolbwyntio ar hanes bywyd a phrofiadau cyfriniol personol Teresa yn unig wrth ysgrifennu amdani. Ystyriwch hefyd ei hymagwedd at weddïo ac at brofiadau cyfriniol yn gyffredinol. Wrth ddefnyddio trosiadau dyfrhau'r ardd, a'r Castell Mewnol, sicrhewch eich bod chi'n gallu esbonio sut maen nhw'n gysylltiedig â gweddïo, natur y gweddïo hwnnw, a phryd gall profiadau cyfriniol o'r fath ddigwydd.

Peidiwch â thybio bod yr Eglwys Gatholig wedi derbyn Teresa yn ystod ei hoes. Roedd rhai pobl yn amheus o'r diwygiadau yr oedd hi'n eu gwneud i urdd y Carmeliaid, a dywedwyd wrthi am ymddeol. Wnaeth y Pab ar y pryd ddim cyfryngu ei hysgrifeniadau (doedd dim ymyriad), a chafodd hyn ei gymharu â **heresi**, a dim ond yn 1970 y cafodd Teresa ei phenodi'n Ddoethur yr Eglwys (y fenyw gyntaf i gael y teitl hwn).

Dydy profiadau Teresa ddim yn perthyn yn dwt i gategorïau profiad crefyddol ysgrifenwyr eraill. Mae William James (gweler Pennod 21) yn cyfeirio at Teresa fel enghraifft o rywun sy'n ysgrifennu am brofiadau crefyddol. Fodd bynnag, dydy hi ddim yn perthyn i'r categori 'goddefol' y mae'n ei roi i brofiadau cyfriniol, oherwydd ei bod hi'n dangos bod y profiadau hyn yn dod gyda disgyblaeth a hyfforddiant ar ran y crediniwr.

CRYFHAU EICH GAFAEL

1. Ysgrifennwch eich esboniad eich hun o safbwyntiau Teresa Avila ar brofiadau crefyddol. Cofiwch gynnwys y canlynol: mathau o weddïo, camau gweddïo, ac effaith profiadau crefyddol ar gred. Rhowch ddarn o bapur dros eich nodiadau a cheisiwch weld beth allwch chi ei gofio am y tri maes hyn. Bydd hyn yn eich helpu chi i baratoi ar gyfer cwestiwn 'esboniwch' yn yr arholiad.

2. Gwnewch restr o gryfderau a gwendidau dealltwriaeth Teresa o Avila o brofiadau crefyddol. Rhowch farc allan o bump i bob un o'r cryfderau a'r gwendidau hyn i'ch helpu chi i ddewis y dystiolaeth a fydd yn rhoi'r pwyntiau cryfaf mewn traethawd, yn eich barn chi. Bydd hyn yn eich helpu chi i baratoi ar gyfer cwestiwn 'gwerthuswch' yn yr arholiad.

Arweiniad ar yr Arholiad AA1

Yn yr arholiad, efallai bydd gofyn i chi ddangos gwybodaeth a dealltwriaeth o beth yw profiadau crefyddol, a byddai Teresa o Avila yn astudiaeth achos ardderchog i'w defnyddio i esbonio eich pwyntiau. Gallech chi drafod profiad ei thröedigaeth a hefyd y profiadau cyfriniol a gafodd am gyfnodau wedyn. Hefyd, efallai bydd cwestiwn am natur profiad cyfriniol. Mae'n bosibl cymharu esboniadau Teresa o Avila o gamau gweddïo â'r ffordd y mae meddylwyr crefyddol eraill, fel William James a Rudolf Otto, yn deall profiadau cyfriniol (gweler Penodau 21 a 22).

Arweiniad ar yr Arholiad AA2

Efallai bydd gofyn i chi werthuso a dod i farn ynghylch i ba raddau y mae'n bosibl defnyddio profiadau crefyddol fel prawf o blaid bodolaeth Duw. Mae'n bosibl y bydd y ffordd yr oedd Teresa'n gwrthod y rhai oedd yn amau ei phrofiadau, yn ddefnyddiol ar gyfer trafodaeth o'r fath. Hefyd, efallai y bydd yn ddefnyddiol i chi archwilio profiadau Teresa (o 500 mlynedd yn ôl) gan ddefnyddio gwyddoniaeth fodern ac esboniadau Atheïstiaeth Newydd o ffenomenau o'r fath. I gloi, gall fod yn ddefnyddiol i chi baratoi eich barn am yr ysgolheigion gwahanol sy'n trafod profiadau crefyddol yn y llyfr hwn, o ran pwy sydd â'r ddealltwriaeth fwyaf defnyddiol a phriodol o brofiadau cyfriniol, a pham.

21. WILLIAM JAMES
MYND I FYD JAMES

Trosolwg Roedd William James (1842–1910) yn seicolegydd o America. Poblogeiddiodd bragmatiaeth fel ymagwedd at drafodaethau ynghylch gwirionedd ym maes athroniaeth, lle mae'r hyn sy'n 'wir' yn cael ei weld yn ddefnyddiol ac yn ymarferol. Ysgrifennodd James y llyfr mwyaf dylanwadol am brofiadau crefyddol, o bosibl. Mae ei nodweddion ar brofiadau cyfriniol wedi bod yn hynod ddylanwadol ym maes athroniaeth.

Cafodd William James ei eni yng nghanol y bedwaredd ganrif ar bymtheg i deulu cyfoethog a oedd yn ymddiddori mewn gwyddoniaeth a chrefydd. Ar yr adeg hon roedd diddordeb cynyddol mewn materoliaeth wyddonol, lle roedd pobl yn chwilio am esboniadau ffisegol a gwyddonol fel modd o ddeall y bydysawd. Roedd hyn yn ddewis amgen i esboniadau crefyddol a mytholegol.

Yn ystod y cyfnod hwn, roedd pobl yn craffu ar yr Ysgrythurau Cristnogol craidd oherwydd y ddisgyblaeth a oedd yn datblygu, sef Beirniadaeth Feiblaidd Uwch. Roedd hon yn amau honiadau am wirionedd allweddol yn y Beibl.

Roedd tad James yn dioddef o gyfnodau o afiechyd meddwl ac yn dod o hyd i gysur mewn Eglwys a oedd yn ceisio croesawu cynnydd gwyddonol, yn ogystal â chynnal ysbrydolrwydd. Dylanwadodd hyn ar ddiddordeb James mewn profiadau crefyddol sy'n digwydd ar draws traddodiadau crefyddol.

Fel ei dad, roedd cyfnodau o afiechyd yn gyfrifol am ddiddordeb awchus James mewn sut mae profiadau crefyddol yn helpu unigolion, yn ogystal â sut mae crefydd yn gallu helpu credinwyr i ymdopi ag ochr dywyllach bodolaeth ddynol. Ei ddealltwriaeth ef oedd mai'r crefyddau mwyaf 'cyflawn' yw'r rhai sy'n rhoi cyfrif am ochr besimistaidd profiadau dynol, yn hytrach na chilio oddi wrthyn nhw, 'yn hytrach na chofleidio'r ochr optimistaidd yn unig'.

Yn wahanol i Realaeth, a oedd yn boblogaidd yn Ewrop ar y pryd, roedd James yn feddyliwr allweddol yn natblygiad *pragmatiaeth*. Roedd y dull hwn yn dadlau mai'r hyn sy'n ymarferol ac yn ddefnyddiol yw'r hyn sy'n dweud y gwir. I James, *effeithiau* profiadau crefyddol ar unigolyn sy'n bwysig wrth ystyried eu gwirionedd, nid a oedd modd profi bod honiadau profiad crefyddol yn wir mewn 'realiti'. Ceisiodd James ddeall y profiadau hyn drwy ddefnyddio'r gwyddorau cymdeithasol, gan hefyd ymgorffori elfen bersonol o sut mae'r profiadau hyn yn effeithio ar fywydau pobl.

> **AWGRYM**
>
> Mae'n amhosibl gorliwio dylanwad James. Mae'n cael ei ystyried fel tad seicoleg Americanaidd, gan iddo ysbrydoli llawer o bobl eraill ym maes athroniaeth crefydd, gan gynnwys Ludwig Wittgenstein (gweler Pennod 33).

> **HANFODOL!**
>
> **Pragmatiaeth** – dull athronyddol sy'n ystyried pa mor ddefnyddiol yw syniadau wrth farnu a ydyn nhw'n gywir ai peidio.

Syniadau Allweddol James

GWELLA EICH DEALLTWRIAETH

Sicrhewch eich bod chi'n gwybod beth yw pedair nodwedd profiadau cyfriniol James, a'ch bod chi'n gallu rhoi enghreifftiau o bob un.

Yr Ewyllys i Gredu a Phragmatiaeth

Nododd darlith James 'Yr Ewyllys i Gredu' (*The Will to Believe*) ei resymau dros pam mae gan bobl hawl i gredu mewn rhywbeth crefyddol neu ysbrydol, hyd yn oed pan nad oes tystiolaeth o blaid hyn, neu pan mae'r dystiolaeth yn amhendant. Mae rhai credoau crefyddol yn gallu cael effeithiau pwerus a thrawsnewidiol, hyd yn oed os nad yw hi'n bosibl eu 'profi' nhw. Cyn belled â bod effaith gadarnhaol yn dod o'r gred honno, yna mae gan bobl yr hawl i ddewis ei chredu.

MEWNWELEDIAD

Mae dull James yn cynnig ffordd i gred grefyddol a disgrifiadau o brofiad crefyddol, wynebu beirniadaeth meddylwyr allweddol yn y gwyddorau cymdeithasol yn ystod ei oes. Yn ôl Sigmund Freud (gweler Pennod 17), roedd crefydd yn 'niwrosis cyffredinol' ac yn 'rhith' y mae'n rhaid cael gwared arni er mwyn i gymdeithas wneud cynnydd. Mewn cyferbyniad â hyn, roedd James yn pwysleisio'r effaith gadarnhaol y gall profiad ac agwedd grefyddol ei chael ar unigolion, ac felly ar y gymdeithas yn ei chyfanrwydd.

HANFODOL!

Y credinwyr **'ag enaid sâl'** yw'r un sy'n ymrafael ag ochr dywyll bodolaeth, fel y gwnaeth James ei hun.

MEWNWELEDIAD

Fe wnaeth James ymhelaethu ar ei syniadau mewn darlithiau fel '*The Will to Believe*'. Roedd e'n gweld mai profiadau crefyddol oedd wrth wraidd crefyddau, gyda dysgeidiaethau a sefydliadau yn dod yn eilaidd.

Roedd James yn darlithio am ei gredoau yn ystod cyfnod pan oedd ymholiad gwyddonol yn cwestiynu llawer o'r honiadau am wirionedd allweddol yn nhraddodiadau crefyddol y byd. I James, nid dim ond o realiti gwrthrychol yr oedd modd ei ddarganfod drwy brofi empirig yr oedd gwirionedd honiad neu gred yn deillio, fel roedd y Realyddion yn ei honni. Yn hytrach, roedd hi'n bosibl darganfod gwirionedd honiad o'r effaith roedd y gred neu'r profiad yn ei chael ar berson.

Mae James yn feddyliwr allweddol yn y dull pragmataidd o ddeall gwirionedd. Roedd hyn yn boblogaidd ymhlith athronwyr yn UDA ar y pryd, ac yn ddiweddarach cafodd gefnogaeth yn Ewrop. Mae'n bosibl ei grynhoi fel 'ffrwythau yn hytrach na gwreiddiau' ('*fruits over roots*') – yr hyn sy'n bwysig pan rydyn ni'n honni bod rhywbeth yn wir yw'r effaith y mae'n ei chael ar y person sy'n ei gredu. Roedd dull James yn dibynnu'n fawr iawn ar yr unigolyn a oedd yn profi neu'n credu rhywbeth. Er bod James yn gweld gwerth mewn astudio'r unigolion hynny gan ddefnyddio'r gwyddorau cymdeithasol, doedd e ddim eisiau i natur bersonol a goddrychol y 'gwirionedd' gael ei cholli.

O fewn crefydd, mae yna bobl sydd ag agweddau optimistaidd, yr oedd James yn eu galw 'y rhai â meddwl iach' – maen nhw'n ymddangos fel petai nhw heb gael eu heffeithio gan syniadau drygioni yn y byd, neu dynged yn eu dyfodol. I'r gwrthwyneb, mae yna rai sydd yn poeni'n fawr am y tywyllwch y maen nhw'n ei brofi neu'n ei weld o'u cwmpas nhw. Mae'r **'eneidiau sâl'** hyn yn fwy tebygol o gael profiadau crefyddol. Mae'r effaith y mae'r profiadau hyn yn ei chael ar gredinwyr yn gadarnhaol ac yn trawsnewid bywydau yn aml. Dyma pam roedd James yn ystyried bod eu hanesion yn wir.

MEWNWELEDIAD

Mae profiadau tröedigaeth yn dangos newid dwfn yn y person. Gall y profiadau fod yn sydyn neu'n raddol, ond hefyd mae elfen o ildio'r hunan yn perthyn iddyn nhw.

Amrywiaeth Profiadau Crefyddol

Fel Rudolf Otto (gweler Pennod 22), roedd James yn gweld bod profiadau crefyddol yn rhan bwysig o fywyd dynol, a'u bod yn cael effeithiau parhaol a phwerus ar y ddynoliaeth. Dosbarthodd nhw fel rhai o 'swyddogaethau biolegol pwysicaf y ddynoliaeth' (*The Varieties of Religious Experience*, 1902). Doedd ei archwiliad o brofiadau crefyddol ddim wedi'i gyfyngu i un traddodiad crefyddol. Defnyddiodd enghreifftiau mewn llenyddiaeth, hanes, adroddiadau uniongyrchol, testunau crefyddol a dadansoddi seicolegol, a hefyd drwy fynychu gwasanaethau crefyddol ei hunan.

Yn gyntaf, mae James yn categoreiddio profiadau crefyddol yn dröedigaethau, gweledigaethau a phrofiadau cyfriniol. Yna, mae'n mynd ati i drafod nodweddion profiadau cyfriniol yn fanylach. Maen nhw wedi'u crynhoi isod:

Tröedigaethau	Gweledigaethau	Profiadau cyfriniol
Mae'r rhain yn digwydd pan mae rhywun yn gwneud newid dwfn a pharhaol i'w fywyd, ei werthoedd, ei gredoau a'i ymddygiad. Yn aml, mae'r rhain yn gysylltiedig ag ymrwymiad crefyddol dyfnach (e.e. cafodd Malcolm X ddwy dröedigaeth, un i Islam pan oedd yn y carchar ac ail dröedigaeth i wrthod hiliaeth yn llawn pan oedd ar Hajj, y bererindod Fwslimaidd i Mecca).	'Golygon' byw o rywbeth dwyfol neu oruwchnaturiol yw'r rhain. Mae'n bosibl mai gweld rhywbeth yn allanol sy'n digwydd (e.e. Bernadette yn gweld y Forwyn Fair yn Lourdes), neu weledigaeth fewnol (e.e. gweledigaeth Teresa o Avila o'r Castell Mewnol).	Mae'r rhain yn gyflyrau meddwl dwfn a phwerus lle mae'r unigolyn yn teimlo cysylltiad â rhywbeth mwy nag ef ei hun, fel Duw, neu rywbeth dwyfol. Maen nhw'n mynd y tu hwnt i ddealltwriaeth ac iaith ddynol, ac maen nhw'n newid sut mae rhywun yn gweld y byd yn llwyr. Dosbarthodd Otto y rhain yn brofiadau 'nwminaidd'.

Nodweddion Profiadau Cyfriniol

MEWNWELEDIAD

Mae profiadau cyfriniol yn brofiadau crefyddol lle mae'r unigolyn yn credu ei fod yn 'ymgolli' mewn undod â Duw neu ffurf arall ar y Dwyfol neu'r realiti eithaf. Mae trawseiriadau (*transverbiations*) Teresa o Avila yn enghreifftiau o brofiadau crefyddol cyfriniol (gweler Pennod 20).

Roedd James yn ymwneud â disgrifiadau o brofiadau crefyddol yn hytrach nag yn gwerthuso'r profiadau hyn. Yn ei lyfr *The Varieties of Religious Experience*, cyflwynodd ei bedwar categori o 'brofiadau cyfriniol'.

AWGRYM

Cofiwch, yn ogystal â chategoreiddio profiadau crefyddol yn dröedigaethau, gweledigaethau a phrofiadau cyfriniol, fod James wedi dweud bod pedair nodwedd i brofiadau cyfriniol: anhraethol, noëtig, byrhoedlog a goddefol.

Nodwedd	Esboniad	Dyfyniad	Enghreifftiau
Goddefol	Does gan y person sy'n cael y profiad ddim rheolaeth arno.	'Mae'r Cyfriniwr yn teimlo fel petai ei ewyllys ei hun wedi peidio [wedi stopio dros dro], ac yn wir weithiau fel petai pŵer uwch yn cydio ynddo ac yn ei ddal.	Mae Jibreel yn dweud wrth y Proffwyd Muhammad am 'adrodd', er ei fod yn anllythrennog.
Anhraethol	Mae'n amhosibl mynegi mewn geiriau ac iaith beth oedd y profiad neu sut roedd yn teimlo.	'All neb ei wneud yn glir i rywun arall sydd erioed wedi cael teimlad penodol, beth yw ei natur neu ei werth.'	Roedd Teresa o Avila yn teimlo ei bod hi'n 'amhosibl' disgrifio ei phrofiadau'n llawn.
Noëtig	Mae'r profiad yn dod â gwybodaeth a dealltwriaeth bersonol a sythweledol newydd.	'Mae cyflyrau cyfriniol yn ymddangos i'r rhai sy'n eu profi i fod yn gyflyrau o wybodaeth hefyd.'	Cafodd Paul wybodaeth am natur wironeddol Iesu Grist trwy ei brofiad o dröedigaeth ar y ffordd i Damascus.
Byrhoedlog	Mae'r profiad yn un dros dro; dydy e ddim yn para.	'Mae'n amhosibl cynnal cyflyrau cyfriniol yn hir. Heblaw am achosion prin, mae'n ymddangos mai hanner awr neu awr neu ddwy ar y mwyaf yw'r terfyn, ac ar ôl hynny maen nhw'n pylu'n ôl i olau dydd arferol.'	Doedd y Bwdha ddim yn gallu aros yn ei gyflwr Goleuedig; roedd yn rhaid iddo ddychwelyd i'r byd 'normal' er mwyn trosglwyddo dysgeidiaethau.

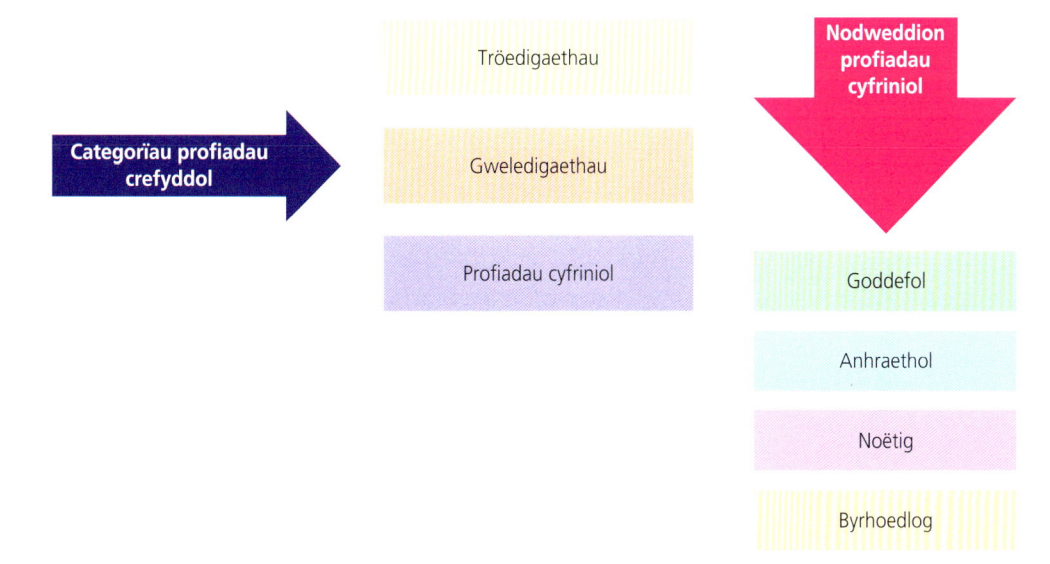

Map meddwl sy'n dangos categorïau a nodweddion profiadau cyfriniol

BETH YW EICH BARN CHI?

Ysgrifennwch eich syniadau chi am ddadleuon James ac ewch yn ôl atyn nhw ychydig cyn yr arholiad er mwyn gweld a yw eich safbwyntiau wedi newid.

TASG

Darllenwch James eich hun yn y darnau isod. Bydd y nodiadau ar ymyl y dudalen yn eich helpu i ddeall ei safbwyntiau.

Darllen James eich Hun

Yn y darnau hyn o *The Varieties of Religious Experience* (1902), mae James yn trafod profiadau crefyddol a chyfriniol. Bydd y nodiadau ar ymyl y dudalen yn eich helpu i ddeall ei syniadau.

Y dull pragmataidd: rydyn ni'n barnu yn ôl yr effeithiau a gaiff y profiad ar y person sy'n ei brofi.	>
Dylanwad profiad crefyddol ar hanes dynol.	>
Y pethau da sydd wedi dod o'r profiadau crefyddol hyn; i James, mae hyn yn golygu'r profiad yn gyntaf, a'r sefydliad yn ail.	>
Mae profiadau cyfriniol yn noëtig: maen nhw'n datgelu rhyw wirionedd dyfnach i'r person sy'n eu profi nhw.	>
Mae'n amhosibl deall neu esbonio profiadau cyfriniol yn llawn drwy feddwl rhesymegol neu ymresymu.	>
Mae'n amhosibl mynegi neu esbonio profiadau cyfriniol i'r rhai sydd heb gael un.	>
Mae profiadau cyfriniol yn fyrhoedlog: dydyn nhw ddim yn para, ond mae eu heffeithiau'n para.	>

'Rhaid i ni farnu'r goeden wrth ei ffrwythau. Ffrwythau gorau'r profiad crefyddol yw'r pethau gorau sydd gan hanes i'w cynnig. Mae hediadau uchaf rhoi elusen, ymroddiad, ymddiriedaeth, amynedd, a dewrder y mae adenydd y natur ddynol wedi ymestyn iddyn nhw, wedi eu hedfan er mwyn delfrydau crefyddol bob un.

[…]

Maen nhw'n gyflyrau o fewnwelediad i ddyfnderoedd gwirionedd nad yw'r deall ymresymiadol yn gallu eu cyrraedd. Maen nhw'n goleuo, yn datguddio, yn llawn arwyddocâd a phwysigrwydd, er eu bod nhw'n dal yn aneglur; ac fel arfer maen nhw'n cario gyda nhw ymdeimlad rhyfedd o awdurdod ar gyfer yr amser sydd i ddod.'

MEWNWELEDIAD

Oherwydd dull pragmataidd James, mae'n dod i farn am wirionedd yr honiadau am brofiad cyfriniol yn ôl y canlyniad i'r sawl sy'n ei gael – ffrwythau yn hytrach na gwreiddiau.

Sut mae James yn cael ei Feirniadu

Gallai fod esboniadau eraill am brofiadau crefyddol, yn enwedig profiadau cyfriniol, yn hytrach na Duw neu fod dwyfol. Mae heriau penodol yn cael eu cyflwyno gan ddulliau seicolegol a materyddol hefyd. Yn ôl Freud, gan ddefnyddio'r esboniadau seicolegol am brofiadau crefyddol, maen nhw wedi'u cymell gan y person sy'n eu cael fel ffurf o gyflawni dymuniadau, ac maen nhw'n symptom o grefydd fel niwrosis cyffredinol. Mae'r unigolyn yn dyheu am rhyw fod hollalluog a hollgariadus sydd yn bodoli ac yn cyfathrebu ag ef, ac felly mae'r profiad yn digwydd.

Mae'n bosibl rhoi esboniadau materyddol hefyd, sef bod profiadau crefyddol o ganlyniad i weithgarwch yn yr ymennydd. Mae hyn yn egluro pam mae gan bobl ymdeimlad mor gryf eu bod wedi cael profiad o rywbeth mwy na nhw eu hunain – 'Duw' neu rywbeth 'dwyfol'. Mae'n bosibl defnyddio offer fel Helmed Persinger i ddangos bod modd cymell 'profiadau crefyddol' drwy ysgogi rhannau penodol o'r ymennydd. Mae hyn yn codi cwestiynau am ddealltwriaeth James, sef bod profiadau crefyddol yn dod oddi wrth Dduw.

MEWNWELEDIAD

Roedd Michael Persinger (1945–2018) yn niwrolegydd a wnaeth arbrofion i ddangos ei bod hi'n bosibl teimlo profiadau crefyddol drwy ysgogi llabedau arlais yr ymennydd (*temporal lobes of the brain*). Mae hyn wedi ei gefnogi gan waith V. S. Ramachandran ynghylch epilepsi llabed yr arlais a phrofiadau crefyddol (gweler Pennod 20).

Dydy pob profiad ddim yn ffitio'n dwt yn y categorïau y mae James yn eu cyflwyno. Byddai'n bosibl gweld bod Teresa o Avila (gweler Pennod 20), y mae James yn cyfeirio ati yn *The Varieties of Religious Experience*, yn credu mewn profiadau crefyddol gweithredol yn hytrach na rhai goddefol. Credai hi fod y profiad yn dod gyda disgyblaeth fawr a hyfforddiant, yn hytrach na'i fod yn rhywbeth sy'n 'digwydd' i'r person goddefol sy'n cael y profiad.

Amrywiaeth enfawr profiadau crefyddol. Un o'r prif feirniadaethau ar brofiadau crefyddol fel prawf o fodolaeth Duw, neu fod dwyfol, yw eu hamrywiaeth enfawr. Yn aml, maen nhw'n honni pethau sy'n gwrthdaro am y Duw neu'r bod hwnnw. Efallai bydd Cristion Carismataidd yn profi'r Ysbryd Glân fel rhan o Dduw wedi'i ddeall fel Trindod. Ond efallai bydd Mwslim Sufi yn profi'r Tawhid neu unoliaeth anrhanedig Allah drwy ei addoliad. Sut gallwn ni wybod pa un sy'n gywir, gan eu bod nhw'n ymddangos fel petaen nhw'n gwrthdaro? Byddai dull pragmataidd James yn ein hannog i edrych ar effeithiau'r profiadau hynny ar yr unigolion, yn hytrach na 'gwirionedd' gwrthrychol.

Dadl Antony Flew (gweler Pennod 27) oedd bod profiadau crefyddol yn ymddangos fel petaen nhw'n 'dibynnu ar ddiddordebau, cefndir a disgwyliad y rhai sy'n eu cael nhw, yn hytrach nag ar unrhyw beth ar wahân ac ymreolaethol'. Os oes realiti gwrthrychol o Dduw mewn gwirionedd, pam mae cymaint o amrywiaeth o brofiadau crefyddol, gyda rhai ohonyn nhw'n gwrth-ddweud ei gilydd?

MEWNWELEDIAD

Roedd Antony Flew yn athronydd o Brydain a gymhwysodd yr Egwyddor Anwirio at y trafodaethau ynghylch ystyr iaith grefyddol. Byddai honiadau am brofiadau crefyddol yn cael eu gweld fel enghraifft o iaith grefyddol.

MEWNWELEDIAD

Mae esboniadau seicolegol a materyddol o brofiadau crefyddol yn cynnwys beirniadaeth Freud ar brofiadau crefyddol.

Heriodd Freud (Pennod 17) brofiadau crefyddol fel rhan o rith crefydd a dymuniad y meddwl am ffigur tadol hollalluog, hollgariadus.

Mae Dawkins (Pennod 19) yn herio profiadau crefyddol drwy ddweud y bydd gan bob profiad crefyddol achos materyddol, nid un goruwchnaturiol.

AWGRYM

Mae C. F. Davis (gweler Pennod 23) yn cynnig ffordd o wrthbrofi'r feirniadaeth hon.

Gwallau Cyffredin

Mae ymgeiswyr yn gwneud dau wall cyffredin wrth ysgrifennu traethodau am ddealltwriaeth James o brofiadau crefyddol. Dyma nhw: yn gyntaf, rhestru nifer o brofiadau heb ddangos sut mae James yn eu disgrifio nhw a sut maen nhw'n enghreifftiau o'i nodweddion goddefol, anhraethol, noëtig a byrhoedlog; ac yn ail, rhestru ei bedair nodwedd heb roi enghreifftiau. Sicrhewch eich bod yn cysylltu'r nodweddion ag enghreifftiau wrth ysgrifennu traethawd ar James a phrofiad crefyddol.

Y camsyniad nad yw profiad crefyddol yn ddilys, am nad yw hi'n bosibl ei ddisgrifio. Er ei bod hi'n ganolog i ddealltwriaeth James o brofiad crefyddol (ac un Otto hefyd) nad yw hi'n bosibl esbonio'r profiadau hyn, wnaeth e fyth defnyddio hynny i farnu a oedden nhw'n gywir. Oherwydd ymagwedd bragmataidd James at athroniaeth a'i ymagwedd 'ffrwythau yn hytrach na gwreiddiau', iddo ef, y newid yn y person sy'n cael y profiad sy'n dangos gwirionedd honiad am brofiad.

Nid dim ond i brofiadau crefyddol Cristnogol neu brofiadau o'r Duw Cristnogol y mae nodweddion James yn gymwys. Er bod mwyafrif helaeth y profiadau y mae'n eu trafod yn *The Varieties of Religious Experience* wedi'u tynnu o draddodiadau Cristnogol (er enghraifft, Teresa o Avila), doedd James ddim eisiau i'w nodweddion fod yn gyfyngedig i un traddodiad crefyddol.

Defnyddiodd James syniadau Cristnogol (megis Duw fel 'y Tad') a chyfeirio at ddyfyniad Iesu, 'Yn nhŷ fy Nhad y mae llawer o drigfannau' (Ioan 14:2–3). Fodd bynnag, roedd ganddo ymagwedd blwralistaidd at grefyddau eraill ac felly roedd yn barod i dderbyn dilysrwydd honiadau am brofiadau crefyddol ganddyn nhw.

CRYFHAU EICH GAFAEL

1. Ysgrifennwch eich esboniad eich hun o nodweddion James ar brofiadau cyfriniol. Cofiwch gynnwys y canlynol: goddefol, noëtig, anhraethol a byrhoedlog. Paratowch enghreifftiau ar gyfer pob un o'r nodweddion hyn a sicrhewch eich bod yn eu cysylltu â syniadau James. Rhowch ddarn o bapur dros eich nodiadau a cheisiwch weld beth allwch chi ei gofio am y pedwar maes hyn. Bydd hyn yn eich helpu chi i baratoi ar gyfer cwestiwn 'esboniwch' yn yr arholiad.

2. Ysgrifennwch restr o gryfderau a gwendidau nodweddion James ar brofiadau cyfriniol. Sicrhewch eich bod yn ystyried sut gallai athronwyr eraill weld ei nodweddion. Sut mae ei nodweddion yn cymharu ac yn cyferbynnu â rhai Otto a Teresa o Avila? Rhowch farc allan o bump i bob un o'r cryfderau a'r gwendidau hyn i'ch helpu chi i ddewis y dystiolaeth a fydd yn rhoi'r pwyntiau cryfaf mewn traethawd, yn eich barn chi. Bydd hyn yn eich helpu i baratoi ar gyfer gwestiwn 'gwerthuswch' yn yr arholiad.

CREU EICH CWESTIWN EICH HUN

Darllenwch y bennod hon a defnyddiwch eiriau gorchymyn fel 'archwiliwch', 'esboniwch' neu 'cymharwch' i greu eich cwestiwn AA1 eich hun. Ar gyfer cwestiwn AA2, gwnewch osodiad unochrog am safbwyntiau James, rhowch y gosodiad rhwng dyfynodau, ac yna ysgrifennwch, 'Gwerthuswch y safbwynt hwn.'

MEWNWELEDIAD

'Mae'r person sy'n ei brofi yn dweud yn syth nad oes modd ei fynegi, ac na ellir disgrifio ei gynnwys yn ddigonol mewn geiriau. Mae'n dilyn o hyn fod yn rhaid i'w natur gael ei phrofi'n uniongyrchol; mae'n amhosibl ei chyfleu neu ei throsglwyddo i eraill' (James, *The Varieties of Religious Experience*).

MEWNWELEDIAD

'Yn nhŷ ein Tad y mae llawer o drigfannau, ac mae'n rhaid i bob un ohonom ni ddarganfod dros ein hunain y math o grefydd a maint y seintiolaeth, sy'n cyd-fynd â'r hyn y mae'n ei gredu yw ei bwerau, a'r hyn y mae'n teimlo yw ei genhadaeth a'i alwedigaeth gywiraf' (James, *The Varieties of Religious Experience*).

Arweiniad ar yr Arholiad AA1

Sicrhewch eich bod chi'n gallu esbonio ymagwedd bragmataidd James at honiadau am wirionedd profiad crefyddol. Gwnewch nodiadau am yr ymadrodd 'ffrwythau yn hytrach na gwreiddiau' a chymhwyswch hynny at drafodaethau am ddilysrwydd honiadau am brofiadau crefyddol.

Dylech chi fod yn deall beth yw profiadau cyfriniol, a sut mae safbwynt James yn gysylltiedig â barn ysgolheigion eraill fel Rudolf Otto (gweler Pennod 22). Efallai y bydd hi'n ddefnyddiol i chi ddeall sut mae profiadau cyfriniol yn gysylltiedig â phrofiadau eraill, fel gweledigaethau, breuddwydion a thröedigaethau. Mae'n hanfodol eich bod yn gwybod beth yw nodweddion James ar brofiadau cyfriniol fel rhai goddefol, anhraethol, noëtig a byrhoedlog. Byddwch yn barod i esbonio pob un o'r nodweddion hyn a rhoi enghraifft o bob un. Gallai cwestiwn 'esboniwch' ofyn i chi am bwysigrwydd a dilysrwydd profiadau crefyddol yn gyffredinol, ond hefyd am nodweddion a dealltwriaeth James yn fwy penodol.

Arweiniad ar yr Arholiad AA2

Ystyriwch gryfderau a gwendidau ymagwedd James at brofiadau crefyddol. Efallai y bydd gofyn i chi werthuso pa mor ddigonol yw ei nodweddion ar brofiadau cyfriniol. Ar y naill law, mae'n cynnig system y mae'n bosibl ei chymhwyso at bob profiad cyfriniol ac sy'n ein galluogi i'w hastudio nhw fel ffenomen ddynol, heb boeni gormod am ystyr dweud a yw'r profiad yn 'wir' ai peidio. Ar y llaw arall, efallai fod ffyrdd eraill o ddeall profiadau yn fwy digonol, fel Teresa o Avila a'i hymagwedd o weddïo disgybledig, neu sut mae Otto yn nodweddu'r nwminaidd fel profiad o rywbeth hollol wahanol, sy'n frawychus ac yn bwerus ar yr un pryd. Sut mae James yn cymharu â'r dehongliadau hyn? Efallai fod hyn yn dibynnu ar beth rydych chi'n defnyddio'r nodweddion ar eu cyfer, o ran pa mor ddigonol fyddan nhw.

Ffordd arall o werthuso James yw ystyried esboniadau amgen am y profiad, heblaw am 'Dduw'. A yw'r heriau gan seicoleg neu gan fateroliaeth wyddonol yn profi nad yw'r profiadau hyn yn real? Drwy ymddangos fel petai'n derbyn gonestrwydd honiad am 'Dduw', a yw James yn rhy naïf o ran ei nodweddion? Efallai mai dyma oedd terfyn y nodweddion hyn yn ystod y cyfnod yr oedd James yn gweithio, a bod datblygiadau modern mewn niwrowyddoniaeth a dulliau eraill yn cynnig dewisiadau amgen erbyn hyn.

22. RUDOLF OTTO
MYND I FYD OTTO

Trosolwg Roedd Rudolf Otto (1869–1937) yn ddiwinydd ac yn athronydd Protestannaidd o'r Almaen a oedd yn categoreiddio profiadau crefyddol fel rhai 'niwminaidd' (hynny yw, maen nhw wedi'u llenwi â phresenoldeb sanctaidd). Roedd ef yn credu bod y rhain wrth wraidd pob crefydd a'u bod yn galluogi'r crediniwr i gael profiad uniongyrchol o Dduw, heb fod angen cyfrwng fel sefydliad yr Eglwys.

Tua diwedd y bedwaredd ganrif ar bymtheg a dechrau'r ugeinfed ganrif, roedd llawer o waith ysgrifennu Cristnogol yn canolbwyntio ar amddiffyn Cristnogaeth yn erbyn yr hyn oedd yn cael ei weld fel ymosodiad o heriau gwyddonol i'r ffydd grefyddol. Roedd hyn yn golygu bod rhan fawr o'r drafodaeth yn canolbwyntio ar sut roedd modd gweld y ffydd Gristnogol o hyd fel rhywbeth rhesymegol, rhesymol a 'gwir'. Yr enw ar hyn yw 'apologiaeth Gristnogol'. Ar yr adeg hon, roedd Rudolf Otto, Protestant Cristnogol, yn gweld y bwlch yn ehangu rhwng crefydd a gwyddoniaeth. Ei nod ef oedd creu math o 'wyddoniaeth crefydd'. Roedd hyn yn adeiladu ar syniadau Immanuel Kant (gweler Pennod 11) ar resymoledd a sut rydyn ni'n dehongli'r byd rydyn ni'n ei brofi. Hefyd, roedd yn edmygu syniadau Friedrich Schleiermacher, a oedd yn gweld bod 'y crefyddol' yn ymwybyddiaeth wahanol o ddealltwriaethau rhesymegol a moesegol yn unig.

Yn ystod y cyfnod hwn, roedd natur trafodaethau academaidd ynghylch crefydd yn newid. Canolbwyntio ar yr honiadau diwiynddol o fewn crefydd oedd y brif ddull o'r blaen, gan eu bod nhw'n tybio, efallai, bod eu honiadau am wirionedd yn wir, neu o leiaf yn bwysig. Ond roedd dull newydd yn datblygu, lle roedd crefyddau yn cael eu cymharu â'i gilydd, a'u hastudio mewn ffordd fwy cymdeithasegol a diwylliannol. Mae ysgolheigion wedi nodi bod Otto yn ysgrifennu'n union cyn y newid hwn. Efallai fod hyn yn esbonio pam mae ei syniadau'n dal i ddylanwadu ar astudiaeth crefyddau.

> **HANFODOL!**
>
> Y **nwminaidd** yw term Otto am y teimladau y mae'r rhai sy'n cael profiad crefyddol yn eu teimlo; mae'r profiad ei hun y tu hwnt i drafodaeth resymegol.

Mae Otto yn sôn am brofiad crefyddol amlwg – y **nwminaidd** – y mae'n bosibl i bob bod dynol ei gael, ond dim ond rhai sy'n cael profiad ohono. Yn ystod y Rhyfel Byd Cyntaf, ysgrifennodd *The Idea of the Holy* (1917), lle bathodd y term 'nwminaidd' i helpu i esbonio'r profiadau cyfriniol hyn. Roedd y llyfr yn llwyddiant ysgubol, ac ymhen 12 mlynedd, roedd wedi cael ei gyfieithu i saith iaith wahanol, gan gynnwys Japanaeg ac Iseldireg.

Yn ddiweddarach, cymhwysodd ei syniadau am 'Y Sanctaidd' yn y cyd-destun Iddewig-Gristnogol at y profiadau ehangach wrth wraidd crefyddau eraill y byd. Roedd hyn yn adlewyrchu'r newid pwyslais ehangach yn astudiaeth academaidd crefydd o'r diwinyddol i astudiaethau crefyddol cymharol. Cafodd syniad Otto am y nwminaidd ddylanwad parhaol nid yn unig ar feddylwyr allweddol yr ugeinfed ganrif, fel Karl Jung (Pennod 18), Paul Tillich (Pennod 32) a C. S. Lewis, ond hefyd ar ddiwylliant poblogaidd drwy'r nofelydd Aldous Huxley a'r band roc Pink Floyd, ac, yn fwyaf diweddar, yn ysgrifeniadau'r academydd a'r darlledwr Reza Aslan a'r niwroddiwinydd Andrew Newburg.

Syniadau Allweddol Otto

GWELLA EICH **DEALLTWRIAETH**

Sicrhewch eich bod chi'n deall sut roedd Otto yn diffinio profiadau crefyddol nwminaidd.

Profiadau Crefyddol fel rhai Nwminaidd

Ystyr llythrennol 'nwminaidd' yw 'dynodi nwmin neu'n ymwneud â nwmin' sy'n ddisgrifiad o brofiad mawr, pŵer mawr neu ymwybyddiaeth o'r Dwyfol. Bathodd Otto y term hwn wrth ddisgrifio'r teimladau y mae profiad crefyddol yn eu cymell. Gan dynnu ar waith yr athronydd a'r diwinydd Friedrich Schleiermacher, mae Otto yn dweud nad yw profiadau crefyddol fel unrhyw brofiadau eraill y mae'n bosibl eu rhesymoli, neu eu deall drwy reswm yn unig. Er, efallai fod rhai pethau tebyg i brofiadau dynol eraill – er enghraifft, ofn rhyfedd mewn coedwig yn y tywyllwch bod rhywbeth yna gyda chi – maen nhw'n brofiadau hollol wahanol, yn ôl Otto. Maen nhw'n haeddu eu categori eu hunain ar wahân i unrhyw ddealltwriaeth seicolegol neu gymdeithasol. Gan fod y profiadau hyn yn anhraethol (yn rhy eithafol a dwys i'w disgrifio drwy iaith), mae'n anodd iawn esbonio i rywun arall beth ydyn nhw a sut maen nhw'n teimlo.

Mae profiad nwminaidd yn 'brofiad neu'n deimlad afresymegol, ansynhwyraidd y mae ei brif wrthrych neu ei wrthrych uniongyrchol y tu hwnt i'r hunan'. Er ei bod hi'n hynod anodd rhoi profiadau crefyddol mewn geiriau ac er eu bod nhw y tu hwnt i feddwl rhesymegol yn y pen draw, rydyn ni'n gallu gweld sut maen nhw'n gwneud i bobl deimlo, ac felly mae Otto yn canolbwyntio ar y *teimladau* hyn wrth drafod profiadau crefyddol.

Dirgelwch Brawychus a Hudol

Mae Otto yn egluro bod profiadau nwminaidd yn cynnwys tair rhan, neu elfennau, wedi'u cwmpasu yn yr ymadrodd Lladin *Mysterium tremendum et fascinans*. Drwy edrych ar bob term yn yr ymadrodd hwn, gallwn ni ddadansoddi elfennau profiad nwminaidd Otto.

Mysterium: mawrhydi	*Tremendum*: cyfarfod llawn parchedig ofn	*Fascinans*: cyfaredd (*fascination*)
Mae'r cyfarfod gyda rhywbeth hollol 'wahanol'. Mae teitl Almaeneg llyfr Otto (*Das Heilige*) wedi'i gyfieithu yn golygu *Y Sanctaidd*, nid, fel mae'n aml yn ymddangos mewn cyfieithiadau Saesneg, *The Idea of the Holy*, neu *Syniad y Sanctaidd*. I Otto, mae pobl yn cyfarfod â realiti gwrthrychol, nid â syniad yn unig. Mae hyn yn pwysleisio 'natur wahanol', drosgynnol Duw.	Mae'r person sy'n cael y profiad yn llawn parchedig ofn, arswyd a braw bod Duw neu'r Dwyfol yn amhosibl mynd ato, ac mae yma ymdeimlad o 'ddicter' Duw. Mae'r person sy'n cael y profiad yn cael ei atgoffa am ei ddiddymdra a'i analluogrwydd o'i gymharu â Duw. Efallai y bydd yn cael ymdeimlad o daerineb, bywiogrwydd ac ewyllys, oherwydd cryfder y pŵer ar yr eiliad honno.	Er bod y person wedi cael braw, mae'n cael ei dynnu at y presenoldeb a'r cyfarfod hwn; mae'n chwilfrydig ac yn cael ei ddenu tuag ato, er gwaethaf y pŵer y mae'n teimlo parchedig ofn ato. Hefyd, mae'n teimlo cariad mawr oddi wrth a thuag at Dduw neu'r Dwyfol.

AWGRYM

Cofiwch fod profiadau nwminaidd yn frawychus ac yn bwerus, gan fod y person sy'n eu cael yn teimlo cyfuniad o ofn, cariad, parchedig ofn a thosturi ym mhresenoldeb 'Duw' neu'r Dwyfol.

MEWNWELEDIAD

Yn ôl Otto, yn ei lyfr, *The Idea of The Holy*: 'Mae'r darllenydd yn cael ei wahodd i gyfeirio ei feddwl at eiliad o brofiad crefyddol a gafodd ei deimlo'n ddwfn ... Gofynnir i'r rhai sy'n methu gwneud hyn, y rhai sydd heb brofi eiliadau tebyg i hyn, i beidio â darllen ymhellach.'

Mae Otto yn credu bod yna dueddiad dynol at brofiad crefyddol, er na fydd pob bod dynol yn cael un.

MEWNWELEDIAD

Yn ôl Otto, mae profiadau nwminaidd wrth wraidd pob crefydd, a rhywbeth eilaidd yw ei dysgeidiaethau, ei sefydliadau a'i chredoau. Mae profiadau nwminaidd yn rhoi ymdeimlad aruthrol i'r person sy'n eu profi o fod ym mhresenoldeb rhywbeth hollol wahanol iddo ef ei hun. Wedyn mae'n teimlo'n ddi-rym ac wedi'i ddarostwng (*humbled*) gan bŵer y Dwyfol.

HANFODOL!

Mysterium tremendum et fascinans – ymadrodd Lladin sy'n golygu 'dirgelwch brawychus a hudol'.

Profiadau Nwminaidd a'r Crefyddau Abrahamaidd

Yn 1911, roedd Otto yn Moroco Fwslimaidd mewn synagog Iddewig ar Yom Kippur (Dydd yr Iawn). Yma, roedd yn dyst i lafarganu mesmerig y geiriau o Eseia, 'Sanctaidd, Sanctaidd, Sanctaidd yw Arglwydd y Lluoedd', a'r cyfarfod pwerus a gafodd y bobl yn ystod y profiad gyda rhywbeth hollol wahanol iddyn nhw eu hunain. Dyma'r ysbrydoliaeth iddo ysgrifennu Das Heilige (The Idea of the Holy). Mae dealltwriaeth Otto o brofiadau crefyddol yn cyd-fynd yn arbennig o dda â dehongliadau Abrahamaidd o'r Dwyfol, lle mae braw a pharchedig ofn (teimlad grymus i fynd yn nes, a chrynu wrth feddwl am wneud) yn aml yn cael eu cyfosod yn yr Ysgrythur.

Ystyriwch brofiad Moses a'r berth ar dân, fel mae Exodus 3 yn ei ddisgrifio:

> ¹Yr oedd Moses yn bugeilio defaid ei dad-yng-nghyfraith Jethro, offeiriad Midian, ac wrth iddo arwain y praidd ar hyd cyrion yr anialwch, daeth i Horeb, mynydd Duw. ²Yno ymddangosodd angel yr Arglwydd iddo mewn fflam dân o ganol perth. Edrychodd yntau a gweld y berth ar dân ond heb ei difa. ³Dywedodd Moses, "Yr wyf am droi i edrych ar yr olygfa ryfedd hon, pam nad yw'r berth wedi llosgi."
>
> ⁴Pan welodd yr Arglwydd ei fod wedi troi i edrych, galwodd Duw arno o ganol y berth, "Moses, Moses." Atebodd yntau, "Dyma fi."
>
> ⁵Yna dywedodd Duw, "Paid â dod ddim nes; tyn dy esgidiau oddi am dy draed, oherwydd y mae'r llecyn yr wyt yn sefyll arno yn dir sanctaidd." ⁶Dywedodd hefyd, "Duw dy dadau wyf fi, Duw Abraham, Duw Isaac a Duw Jacob." Cuddiodd Moses ei wyneb, oherwydd yr oedd arno ofn edrych ar Dduw.
>
> (Y Beibl Cymraeg Newydd Diwygiedig)

Yma, mae Moses yn cael ei ddenu at y berth, ac eto i gyd mae'n ofni edrych ar Dduw.

Felly hefyd, profodd y Proffwyd Muhammad deimladau parchedig ofn a dychryn yn ystod datguddiadau cyntaf y Qur'an:

> Daeth yr angel a dweud, 'Darllen!' Dywedodd negesydd Allah SAWS (heddwch a bendithion Allah a fyddo arno), 'Dydw i ddim yn ddarllenwr.' Dywedodd, Yna gafaelodd ynof i a'm gwasgu hyd nes nad oeddwn i'n gallu ei ddioddef mwyach, yna rhyddhaodd fi a dweud, 'Darllen!' Dywedais, 'Dydw i ddim yn ddarllenwr.' Gafaelodd ynof i a'm gwasgu yr ail dro hyd nes nad oeddwn i'n gallu ei ddioddef mwyach, yna rhyddhaodd fi a dweud, 'Darllen!' Dywedais, 'Dydw i ddim yn ddarllenwr.' Gafaelodd ynof i a'm gwasgu y trydydd tro hyd nes nad oeddwn i'n gallu ei ddioddef mwyach, yna rhyddhaodd fi a dweud, 'Darllen!'
>
> 'Darllen! Yn Enw dy Arglwydd a greodd (bopeth sy'n bodoli).
>
> Mae wedi creu dyn o dolchen (darn o waed wedi ceulo'n drwchus).
>
> Darllen! A'th Arglwydd yw'r Mwyaf Hael.
>
> Mae wedi addysgu (ysgrifennu) wrth yr ysgrifbin.
>
> Mae wedi addysgu i ddyn yr hyn nad oedd yn ei wybod.'
>
> Yna aeth Negesydd Allah yn ôl gyda'i galon yn curo'n wyllt, tan iddo ddod at Khadeejah a dweud, 'Gorchuddiwch fi! Gorchuddiwch fi!' Gorchuddion nhw ef tan i'w ofn fynd ymaith. Yna dywedodd wrth Khadeejah, 'O Khadeejah, rwy'n ofni ynghylch fy hunan.'
>
> (Hadith – Bukhari ac Islam)

I Otto, mae'r profiadau hyn wrth wraidd pob crefydd a'r rhain sy'n dod yn gyntaf, cyn athrawiaethau a thraddodiadau crefyddol. Mae ysgrythurau pob un o'r crefyddau Abrahamaidd yn cynnwys cyfarwyddiadau fel 'Ofn yr Arglwydd yw dechrau doethineb' (Diarhebion 9:10), 'Ofna Allah … mae Allah yn dy wylio bob amser' (Surah 4:1) a San Paul 'Gweithredwch, mewn ofn a dychryn, yr iachawdwriaeth sy'n eiddo ichwi' (Philipiaid 2:12). Mae hyn yn cyd-fynd yn dda â phrofiadau Teresa o Avila (gweler Pennod 20) ac addoli Sufi cyfoes mewn Islam. I Otto, mae'r profiadau hyn wrth wraidd pob crefydd ac yn cwmpasu diwylliannau a chyfnodau. Mae gan bob bod dynol ragduedd i allu profi'r teimlad hwn – er nad yw pob un yn gwneud hyn.

BETH YW EICH BARN CHI?

Ysgrifennwch eich syniadau chi am ddadleuon Otto ac ewch yn ôl atyn nhw ychydig cyn yr arholiad er mwyn gweld a yw eich safbwyntiau wedi newid.

> **MEWNWELEDIAD**
>
> I Otto, profiadau nwminaidd sydd wrth wraidd pob crefydd, a phethau eilaidd yw'r dysgeidiaethau a'r traddodiadau. Mae'n amhosibl deall profiadau crefyddol yn rhesymegol, felly mae Otto yn canolbwyntio ar deimladau pobl wrth eu cael nhw.

Darllen Otto eich Hun

Yn y darn hwn o *Das Heilige (The Idea of the Holy)* (1917), mae Otto yn esbonio'r hyn y mae'n ei feddwl wrth y *mysterium tremendum*. Bydd y nodiadau ar ymyl y dudalen yn eich helpu i ddeall ei syniadau.

Rydyn ni'n ymdrin â rhywbeth sydd ag un ymadrodd priodol yn unig i'w ddisgrifio, '*mysterium tremendum*'. Gall y teimlad ohono ysgubo i mewn fel llanw tyner, yn llenwi'r meddwl ag ymdeimlad heddychlon o'r addoliad dyfnaf. Gall symud ymlaen i agwedd fwy sefydlog a pharhaus o'r enaid, yn parhau, fel petai, yn gynhyrfus o deimladwy a soniarus nes, yn y diwedd, mae'n diflannu ac mae'r enaid **yn dychwelyd i'w ymdeimlad 'bydol', anghrefyddol** o brofiad pob dydd. Gall ffrwydro'n sydyn o ddyfnderoedd yr enaid gyda gwewyr a chonfylsiynau, neu **arwain at y cyffroadau rhyfeddaf**, at berlesmair meddw, at orawen, ac at ecstasi. Mae iddo ffurfiau gwyllt a diafolaidd a gall suddo i ddychryn ac arswyd brawychus. Mae iddo ragflaenyddion amrwd, barbaraidd a ffurfiau cynnar, ac eto i gyd, mae'n bosibl ei ddatblygu'n rhywbeth prydferth a phur a godidog. Gall ddod yn ostyngeiddrwydd tawel, crynedig a mud y creadur ym mhresenoldeb – pwy neu beth? Ym mhresenoldeb yr hyn sy'n **ddirgelwch amhosibl ei fynegi** ac uwchlaw pob creadur.

< Term Otto am brofiad dirgel sy'n ein gadael ni'n bryderus ond hefyd yn llawn parchedig ofn a rhyfeddod.

< Mae'n wahanol i fywyd arferol; rydyn ni'n gwybod ein bod wedi dod ar draws rhywbeth sanctaidd sy'n perthyn i'r Dwyfol.

< Efallai nad yw'r arsylwr yn deall beth sy'n digwydd. Mae hyn yn debyg iawn i sut tybiodd y rhai a dystiodd i'r Pentecost fod yr Apostolion yn feddw.

< Mae Otto yn dangos bod y profiadau hyn yn anraethol ac nad yw'n bosibl eu mynegi mewn geiriau.

Sut mae Otto yn cael ei Feirniadu

Plwraliaeth profiadau crefyddol. Drwy dderbyn bod pob profiad nwminaidd ar draws diwylliannau a chyfnodau yr un mor ddilys, ac o'r un ffynhonnell, mae Otto yn mynd yn groes i lawer o syniadau Cristnogol, a hefyd yn groes i safbwyntiau yng nghrefyddau eraill y byd y mae'n sôn amdanyn nhw. Os yw'r crefyddau eu hunain yn dysgu mai un realiti gwrthrychol o Dduw sydd, yna sut rydyn ni'n gwybod pa un sy'n gywir os yw pob un yr un mor ddilys? Roedd llawer o gyfoeswyr Cristnogol Otto yn gweld bod ei safbwyntiau'n rhy agored i grefyddau eraill y tu allan i'r byd Cristnogol. Ond roedd eraill, fel Ninian Smart, yr athronydd o'r Alban yn gweld eu bod nhw'n rhy annelwig ac amhendant, a heb fod yn ddigon manwl.

> **HANFODOL!**
>
> **Plwraliaeth grefyddol** yw'r syniad bod gan bob crefydd wirionedd cyfartal ynddyn nhw.

171

OTTO

> **MEWNWELEDIAD**
>
> Roedd Ninian Smart yn athronydd o'r Alban a arloesodd wrth astudio crefyddau yn seciwlar, sef bod crefyddau'n cael eu hastudio o safbwynt anghrefyddol.

Esboniadau eraill am deimladau nwminaidd. Mae'n bosibl dadlau mai teimlad yn unig yw dealltwriaeth Otto o'r nwminaidd a'i bod hi'n bosibl ei esbonio drwy ddulliau eraill. Mae'n hawdd esbonio'r teimlad rhyfedd bod rhywbeth yn eich dilyn yn nhywyllwch y goedwig drwy esblygiad: mae cadw llygad am ysglyfaethwyr sy'n cuddio yn llesol. Felly hefyd, efallai fod esboniadau esblygol am bob teimlad nwminaidd, a byddai biolegwyr esblygol fel Richard Dawkins (gweler Pennod 19) yn cytuno â hyn. Hefyd, mae'n bosibl bod esboniadau corfforol am y teimladau: er enghraifft, effeithiau epilepsi llabed yr arlais y mae V. S. Ramachandran a Michael Persinger wedi'u dangos.

> **MEWNWELEDIAD**
>
> Mae Dawkins yn fiolegydd esblygol a fyddai'n dadlau bod achos corfforol i bob profiad crefyddol a'u bod yn un o olion ein hesblygiad.
>
> Mae'r niwrowyddonydd V. S. Ramachandran yn dadlau nad yw 'achos' niwrolegol profiad crefyddol yn profi nad Duw sydd yno. Efallai mai ffordd gan Dduw yw hon i'n galluogi ni i gysylltu ag ef.
>
> Mae Michael Persinger, yr athro seicoleg o America wedi cymell profiadau crefyddol drwy ei arbrawf '*The God Helmet*'.

Cyffredinoli pob profiad crefyddol o enghreifftiau Cristnogol. Mae rhai o feirniaid Otto yn dadlau ei fod wedi cymryd y syniad am brofiadau crefyddol sydd fwyaf addas i Gristnogaeth, ac wedi'i osod ar bob ffydd arall, drwy honni bod profiad nwminaidd wrth wraidd pob crefydd. Er efallai fod enghreifftiau yn y crefyddau Iddewig-Gristnogol, fel tystiodd Otto ei hun yn Moroco, dydy crefyddau eraill fel Bwdhaeth ddim yn pwysleisio ofni'r Dwyfol. Yn hytrach, mae Bwdhyddion yn profi teimladau o lonyddwch a thawelwch pan maen nhw'n cyrraedd yr Ymoleuo. Yn yr un modd, mae'n bosibl dweud hyn am brofiadau yn ystod myfyrdod yn nhraddodiadau Dharmig, er enghraifft, Hindŵaeth, Bwdhaeth a Sikhiaeth.

Gwallau Cyffredin

Dydy Otto ddim yn disgwyl i bob crediniwr crefyddol gael profiad nwminaidd. Dydy e ddim yn dweud y bydd pob crediniwr crefyddol yn cyfarfod â 'Duw' neu'r Dwyfol. Yn hytrach, mae'n dadlau bod gan bob bod dynol y potensial i hyn, ond na fydd, o reidrwydd, yn gweld y potensial yn cael ei wireddu. Mae'n cydnabod y ffaith hon ar ddechrau ei lyfr *Das Heilige, (Syniad) y Sanctaidd (The Idea of the Holy)*.

Mae cyfieithiad Saesneg teitl llyfr Otto yn gamarweiniol. Mae'r teitl *The Idea of the Holy* rywfaint yn gamarweiniol oherwydd ei fod yn ysgrifennu, nid yn unig am syniad 'y Sanctaidd', ond hefyd am gyfarfod go iawn â rhyw hanfod gwrthrychol sy'n hollol wahanol i ni ein hunain. Oherwydd nad ydyn ni'n gallu mynegi hyn y tu allan i'n sgema (ein cynllun neu ein damcaniaeth) a'n dealltwriaeth ein hunain o'r byd, dydy hyn ddim yn golygu nad oes 'Duw' gwrthrychol yr ydyn ni'n cyfarfod ag ef.

Dydy Otto ddim yn golygu bod syniadau cymdeithasol a diwylliannol yn gallu esbonio profiadau crefyddol. Mae hyn yn gallu rhoi cyfrif am pam mae Mwslim yn llai tebygol o weld wyneb Iesu na Christion, a pham mae Cristion Catholig yn fwy tebygol nag Iddew o weld Mair mewn gweledigaeth. I Otto, nid beirniadaeth oedd hon, gan mai ein syniadau a'n sgema cymdeithasol a diwylliannol yn union sy'n ein helpu ni i brosesu'r cyfarfod â 'Duw' ac i wneud synnwyr ohono. Gan adeiladu ar syniadau Kant, roedd Otto yn credu mai drwy ein safbwynt ein hunain ar y byd yn unig y gallwn ni wneud synnwyr o gyfarfod o'r fath.

CRYFHAU EICH GAFAEL

1. Ysgrifennwch eich esboniad eich hun o safbwynt Otto ar y nwminaidd, gan ganolbwyntio ar ei ddisgrifiad o'r profiad hwn fel *mysterium tremendum*. Ar ôl i chi ddarllen y penodau am Teresa o Avila, William James a Caroline Franks Davis (Penodau 20, 21 a 23), cymharwch nhw. Beth sy'n debyg amdanyn nhw? Beth sy'n wahanol? Rhowch ddarn o bapur dros eich nodiadau a cheisiwch weld beth allwch chi ei gofio am safbwyntiau Otto a sut mae'r rhain yn cymharu ac yn cyferbynnu â'r ysgolheigion eraill. Bydd hyn yn eich helpu chi i baratoi ar gyfer cwestiwn 'esboniwch' yn yr arholiad.

2. Ysgrifennwch restr o gryfderau a gwendidau safbwynt Otto ar brofiadau grefyddol. Sicrhewch eich bod yn ystyried sut gall cwestiynau gwahanol godi gwerthusiadau gwahanol. Ystyriwch pa mor ddefnyddiol fyddai ei safbwynt er mwyn amddiffyn bodolaeth Duw, o'i gymharu â pha mor ddefnyddiol yw ei safbwynt fel modd o ddeall profiadau crefyddol heb drafodaeth ynghylch bodolaeth Duw. Rhowch farc allan o bump i bob un o'r cryfderau a'r gwendidau yr ydych chi wedi'u rhestru, i'ch helpu i ddewis y dystiolaeth a fydd yn rhoi'r pwyntiau cryfaf mewn traethawd, yn eich barn chi. Bydd hyn yn eich helpu chi i baratoi ar gyfer cwestiwn 'gwerthuswch' yn yr arholiad.

Arweiniad ar yr Arholiad AA1

Efallai bydd cwestiwn ynghylch sut mae Otto yn deall profiadau crefyddol, a sut mae hyn yn cymharu ac yn cyferbynnu â dealltwriaeth William James a Teresa o Avila. Efallai bydd cwestiwn penodol am ei syniadau ynghylch profiadau crefyddol nwminaidd. Bydd angen i chi wybod beth yw ystyr y term 'nwminaidd' a gallu rhoi enghreifftiau o hyn gydag arferion a ffigyrau crefyddol. Hefyd, bydd angen i chi wybod y tair rhan i syniad Otto: *mysterium*, *tremendum* a *fascinans*. Efallai bydd cwestiwn mwy cyffredinol am y ddadl o blaid bodolaeth Duw o brofiad crefyddol. Os felly, bydd amddiffyniad Otto o 'Dduw' realiti gwrthrychol yn ddefnyddiol.

Arweiniad ar yr Arholiad AA2

Gallai cwestiwn gwerthuso ofyn i chi bwyso a mesur cryfderau a gwendidau dealltwriaeth Otto o'r nwminaidd, neu gryfderau a gwendidau'r ddadl o blaid bodolaeth Duw o brofiad crefyddol yn fwy cyffredinol. Cryfder posibl safbwynt Otto yw ei fod yn gategoreiddiad defnyddiol sy'n gwahaniaethu profiadau crefyddol oddi wrth profiadau eraill mewn bywyd. Gyda'i ganolbwynt ar deimladau, mae'n canolbwyntio ar yr hyn sy'n bwysig i'r credinwyr, a gallwn ni gymryd yr ymagwedd grefyddol gymharol o ystyried y pethau tebyg ar draws traddodiadau gwahanol, heb fod angen dadlau o blaid bodolaeth Duw o reidrwydd. Bydd adran 'Sut mae Otto yn cael ei Feirniadu' y bennod hon yn eich helpu i ystyried y gwendidau. Dylech chi benderfynu ar eich gwerthusiad eich hun o ran pa mor ddefnyddiol neu ddigonol yw ei safbwynt.

23. CAROLINE FRANKS DAVIS

MYND I FYD DAVIS

Trosolwg Mae Caroline Franks Davis yn gyfrannwr allweddol i drafodaethau ynghylch y ddadl o blaid bodolaeth Duw ar sail profiad crefyddol. Ysgrifennodd y testun allweddol *The Evidential Force of Religious Experience* fel ei thraethawd doethuriaeth, a'i gyhoeddi fel llyfr yn 1987 tra oedd hi ym Mhrifysgol Rhydychen. Erbyn hyn mae hi'n gweithio fel ymchwilydd ym Mhrifysgol Saskatchewa, Canada.

Ysgrifennodd Caroline Franks Davis *The Evidential Force of Religious Experience* wrth iddi gwblhau ei doethuriaeth o dan gyfarwyddyd Basil Mitchell (gweler Pennod 29) ym Mhrifysgol Rhydychen. Roedd hi'n ysgrifennu mewn cyfnod pan oedd craffu ar drafodaethau ynghylch natur iaith grefyddol a honiadau am wirionedd crefyddau, ac roedden nhw'n wynebu'r heriau penodol a godwyd gan Atheïstiaeth Newydd.

■ MEWNWELEDIAD

Mudiad yw Atheïstiaeth Newydd sydd yn annog craffu ar syniadau crefyddol a'u beirniadu, yn hytrach na'u goddef yn unig. Edrychwch ar Bennod 19 am Richard Dawkins i gael mwy o wybodaeth.

Tra yr oedd yn Rhydychen, astudiodd Davis o dan gyfarwyddyd meddylwyr allweddol fel Richard Swinburne (gweler Pennod 25) ac, wrth gwrs, Basil Mitchell. Roedd y ddau feddyliwr yn allweddol wrth helpu Cristnogion yn y trafodaethau ynghylch rheswm, ffydd a chred mewn cyfnod pan oedd 'Pedwar Marchog Atheïstiaeth Newydd' a phobl eraill yn pwyso am fwy o graffu ar honiadau ffydd a chrefyddau. Elfen allweddol o waith Swinburne a ddylanwadodd ar Davis, yw ei egwyddorion tystiolaeth a hygoeledd wrth eu cymhwyso at rywun sy'n honni iddo gael profiad crefyddol.

> **MEWNWELEDIAD**

Yn *The Existence of God* (2004), ysgrifennodd Swinburne: 'Mae'n un o egwyddorion rhesymoledd (heblaw bod ystyriaethau arbennig), os yw'n ymddangos (yn epistemig) i berson fod χ yn bresennol, yna mae'n debyg bod χ yn bresennol; mae'r hyn y mae rhywun fel petai'n ei dybio, yn debygol o fod yn wir.'

Mae Davis yn cyfeirio at hyn yn ei llyfr *The Evidential Force of Religious Experience*: 'Mae'r egwyddorion hyn, hygoeledd a thystiolaeth, yn egwyddorion eithaf o ran rhesymoli, sy'n cyfuno â phob math o brofiadau canfyddiad.'

Yn y cyd-destun hwn y mae Davis yn cyflwyno ei llyfr dylanwadol ar ddehongli bod profiadau crefyddol yn dod oddi wrth Dduw. Yn ei llyfr, mae'n sôn am sut mae profiadau crefyddol fel prawf o blaid bodolaeth Duw yn cael eu beirniadu'n gyffredinol, ac mae'n mynd ati i'w gwrthod drwy ddangos sut gallan nhw, mewn gwirionedd, ychwanegu at ddadleuon o blaid pam, yn wir, y mae Duw yn bodoli.

> **MEWNWELEDIAD**

Yn *The Evidential Force of Religious Experience*, mae Davis yn amlinellu'r beirniadaethau allweddol ar ddadl profiad crefyddol ac yn esbonio sut mae'n bosibl ateb pob un. Ei hymagwedd hi yw, o'u cymryd gyda thystiolaeth arall, eu bod nhw'n cyfrannu at ddadl gronnus o blaid bodolaeth Duw (gweler isod).

Drwy gydol ei gwaith, mae Davis yn tynnu ar syniadau ysgrifenwyr cyfoes eraill am ddiwinyddiaeth athronyddol:

- Janet Martin Soskice a'i hymagwedd o **realaeth feirniadol**, cangen o athroniaeth a geisiodd gymryd y tir canol rhwng empiriaeth a lluniad cymdeithasol (*social constructionism*). Mae Soskice yn dylanwadu ar bwyslais Davis ar bwysigrwydd ein dehongliadau o ddigwyddiadau fel profiadau crefyddol.
- Gwaith Margaret Yees ar ddilysrwydd diwinyddiaeth, yn enwedig sut mae hi'n amddiffyn yr honiadau bod gan ddiwinyddiaeth ystyr a'r gallu i oresgyn craffu empirig-feirniadol. Yn ganolog i waith Davis, y mae ymgysylltu â'r gwyddorau ffisegol a chymdeithasol, a dangos sut gall profiadau crefyddol fod yn ddilys o hyd wrth wynebu craffu o'r fath.

> **HANFODOL!**
>
> **Realaeth feirniadol** – cangen o athroniaeth sy'n gweld gwahaniaeth amlwg rhwng y byd 'real' ac 'arsylladwy'.

Syniadau Allweddol Davis

> **GWELLA EICH DEALLTWRIAETH**

Sicrhewch eich bod chi'n gwybod beth yw'r heriau sy'n ymwneud â disgrifiadau, sy'n ymwneud â'r goddrych, ac sy'n ymwneud â'r gwrthrych, i brofiadau crefyddol a sut llwyddodd Davis i'w goresgyn.

Dull Realaidd Feirniadol

Mae Davis yn ysgrifennu yn nhraddodiad Richard Swinburne, a oedd yn gyfarwyddwr wrth iddi orffen ysgrifennu ei doethuriaeth. Mae hi'n ceisio amddiffyn safbwynt realaidd ar grefydd a phrofiadau crefyddol rhag ymosodiadau realaeth resymegol. Hefyd, mae hi'n cynnig safbwynt amgen yn lle dealltwriaeth hollol symbolaidd ysgolheigion fel John Randall (gweler Pennod 31).

> **MEWNWELEDIAD**

Roedd Randall, yn wahanol i Davis, yn gweld bod iaith grefyddol yn symbolaidd ac yn fytholegol.

Mae dull Davis yn un realaidd feirniadol, ac mae'n bosibl gweld hyn fel man canol rhwng dehongliad positifiaethwyr rhesymegol o brofiadau crefyddol, a dehongliad hollol symbolaidd a deongliadol.

Positifiaeth resymegol	Realaeth feirniadol	Symbolaidd/deongliadol
Mae pob sôn am brofiadau crefyddol yn ddiystyr oherwydd dydy hi ddim yn bosibl eu dilysu'n empirig. Dydy hi ddim yn bosibl dangos bod 'cael profiad o Dduw' yn wir drwy ein synhwyrau, gan fod Duw 'y tu hwnt' i'n synhwyrau. Felly, all profiadau crefyddol ddim bod ag unrhyw rym tystiolaethol. Dydy profiadau crefyddol a'r sôn amdanyn nhw ddim yn wybyddol. Mae hyn yn golygu nad oes ganddyn nhw gynnwys ystyrlon.	Dylai sôn am brofiadau crefyddol fod yn agored i ymchwilio beirniadol, ond ddylen nhw ddim cael eu diystyru fel rhywbeth diystyr. Efallai fod rhywun sy'n sôn am 'gael profiad o Dduw' wedi cael profiad gwirioneddol drawsnewidiol gydag arwyddocâd mawr iddyn nhw ac i'w cymuned. Ond, dydy hyn ddim yn cael ei dderbyn fel ffaith ac mae cyd-destunau cymdeithasol, seicolegol a diwylliannol y profiad yn cael eu hystyried hefyd.	Mae pob sôn am brofiadau crefyddol yn symbolaidd. Mae'n amhosibl eu deall mewn unrhyw ffordd arall. Mae rhywun sy'n sôn am 'gael profiad o Dduw' yn defnyddio'r term 'Duw' fel symbol am rywbeth nad yw'n bosibl ei fynegi'n llawn mewn geiriau. All hyn ddim bod ag unrhyw rym tystiolaethol y tu hwnt i ddehongliad unigol a goddrychol.

> **HANFODOL!**
>
> Mae dehongli iaith grefyddol fel rhywbeth **gwybyddol** yn golygu y dylai gael ei chymryd yn llythrennol wir neu'n anwir. Mae dehongli iaith grefyddol fel rhywbeth anwybyddol yn golygu nad yw hi'n wir nac yn anwir ond efallai fod iddi ystyr arall.

MEWNWELEDIAD

'Er mwyn dechrau ymchwilio i brofiad crefyddol fel tystiolaeth o rywbeth y tu hwnt i honiadau hollol hunanfywgraffyddol, mae angen i ni amddiffyn y gosodiad y gall ac y dylai profiad crefyddol a datganiadau crefyddol gael eu trin fel rhai sy'n gallu bod â chynnwys gwybyddol ' (Davis, *The Evidential Force of Religious Experience*).

CAROLINE FRANKS DAVIS

Tri Math o Her i Honiad am Brofiad Crefyddol

Yn rhan o'i dadl, mae Davis yn nodi tri math o her i'r honiad bod rhywun wedi cael profiad crefyddol.

Math o her	Esboniad
Heriau'n ymwneud â disgrifiadau	Mae'r beirniadaethau hyn yn canolbwyntio ar sut gallai'r disgrifiad o'r digwyddiad crefyddol gael ei amau: er enghraifft, pan nad yw'r disgrifiad yn gydlynol neu'n rhesymegol gyson. Gall fod anghysonderau rhwng yr hyn y mae'r person sy'n cael y profiad yn dweud iddo ei brofi, a sut mae'n mynd ati i ymddwyn wedyn. Efallai bydd hyn yn wahanol i sut bydden ni'n disgwyl i rywun ymddwyn ar ôl profiad o'r fath. Hefyd, efallai fod y person sy'n cael y profiad yn adnabyddus am ddweud celwydd ac felly mae'n amhosibl ymddiried ynddo i roi disgrifiad dilys. Efallai na fydd y person wedi cofio'r profiad yn gywir, neu efallai y bydd wedi camddeall y profiad.
Heriau'n ymwneud â'r goddrych	Mae'r beirniadaethau hyn yn canolbwyntio ar sut mae'n bosibl amau'r person sy'n honni iddo gael y profiad crefyddol fel ffynhonnell ddibynadwy. Er enghraifft, dydy breuddwydion, gweledigaethau a rhithweledigaethau ddim yn cael eu hystyried yn ddibynadwy fel arfer. Hefyd, mae profiadau crefyddol gwahanol yn gwneud honiadau gwahanol am Dduw, y Realiti Eithaf neu'r Dwyfol, sy'n aml yn gwrth-ddweud ei gilydd. Mae hyn yn arwain at y cwestiwn, sut gallan nhw i gyd fod yn ddilys? Yn olaf, mae heriau ynghylch cyflwr y person pan gawson nhw'r profiad – oedden nhw wedi bod heb gwsg neu ar gyffuriau rhithbair (*hallucinogenic*)? Yma, mae heriau seicolegol Freud i brofiadau crefyddol yn amlwg – a oedd gan y person a gafodd y profiad, ddyhead neu ddymuniad cryf a oedd yn cael ei wireddu?
Heriau'n ymwneud â'r gwrthrych	Mae'r beirniadaethau hyn yn canolbwyntio ar honni profiad crefyddol yn gyffredinol a sut mae'n bosibl amau hyn. Yn gyntaf, y ddadl yw bod Duw, y Realiti Eithaf neu'r Dwyfol yn annhebygol o fodoli a'i fod yn annhebygol. Gall hyn fod yn her i'r math o Dduw yn y profiad – er enghraifft, Duw sy'n gorchymyn rhywun i niweidio rhywun arall – neu feirniadaeth fwy cyffredinol nad yw Duw yn bodoli, ac felly nad yw hi'n bosibl cael profiad ohono. Yn ail, mae'r ddadl efallai nad yw pobl eraill yn y digwyddiad wedi gweld neu ganfod unrhyw beth, felly mae'r digwyddiad ei hun yn cael ei amau.

MEWNWELEDIAD

Roedd Freud yn deall crefydd fel ffurf ar gyflawni dymuniadau, lle mae bodau dynol yn dyheu am ffigur tadol i ofalu amdanyn nhw, ffigur sy'n rheoli grymoedd natur ac yn gallu helpu i reoli'r grymoedd ynom ni (gweler Pennod 17).

CAROLINE
FRANKS DAVIS

Ymatebion Davis

Mae Davis yn defnyddio tri dull gwahanol i ymateb i'r heriau hyn i ddilysrwydd profiadau crefyddol.

	Heriau'n ymwneud â disgrifiadau	**Heriau'n ymwneud â'r goddrych**	**Heriau'n ymwneud â'r gwrthrych**
Sut mae'n bosibl goresgyn yr her	Mae llawer o gredoau am Dduw yn ymddangos yn anghydlynol ac yn afresymegol. Felly, mae'r profiad crefyddol yn ymddangos yn afresymegol hefyd. Weithiau, mae newid yn cymryd amser hir. Mewn gwirionedd, efallai na fydd arsyllwr byth yn gweld newid yn y person sy'n cael y profiad. Dydy hyn ddim yn tynnu oddi ar yr honiad bod profiad yn digwydd. Mae atgofion am eiliadau pwysig a byw fel profiad crefyddol, yn llai tebygol o gael eu hanghofio.	Mae craidd cyffredin o ddatguddio natur Duw ym mhob profiad crefyddol; mae honiadau am brofiadau yn aml yn canolbwyntio ar 'fod' hollalluog, hollgariadus yn cysylltu â'r ddynoliaeth. Mae'n bosibl deall y gwahaniaethau rhyngddyn nhw drwy fagwraeth a lleoliad diwylliannol y person sy'n cael y profiad. Ond yn y bôn, mae rhywbeth sy'n eu huno nhw i gyd.	Efallai y bydd rhai yn cael profiad o Dduw ond fydd eraill ddim. Ond dydy hyn ddim yn anghyson â natur Duw a chred. Os yw ffydd a meddwl agored i dderbyn profiad yn cael eu hystyried, gallwn ni weld sut mae rhai pobl efallai'n cael profiad, tra bod rhai eraill ddim. Efallai nad yw profiadau crefyddol yn profi bodolaeth Duw o un digwyddiad ar wahân, ond o'u hystyried gyda digwyddiadau eraill a dadleuon eraill o blaid bodolaeth Duw, gallan nhw adeiladu achos pwerus.
Geiriau Caroline Franks Davis	'Dydy heriau'n ymwneud â disgrifiadau ddim yn llwyddiannus ar y cyfan.'	'Mae'n rhaid i rywun beidio â thybio bod rhyfaint o batholeg heb ei chanfod (ac amhosibl ei chanfod, mae'n debygol) mewn unigolyn sy'n iach fel arall.'	'Ond mewn dadl gronnus y bydd lle pwysicaf [profiadau crefyddol].'

AWGRYM

Cofiwch fod Davis yn cyflwyno'r heriau i brofiadau crefyddol er mwyn eu gwrthod nhw. Mae'n dod i'r casgliad eu bod nhw'n dystiolaeth sy'n dangos bod Duw yn bodoli.

Tystiolaeth a Hygoeledd

Mae Richard Swinburne (gweler Pennod 25) yn ddylanwad pwysig ar syniadau Davis ynghylch profiadau crefyddol. Mae Davis yn adeiladu ar ei egwyddorion **tystiolaeth** a **hygoeledd**, a'r syniad o ddadl gronnus o blaid bodolaeth Duw.

MEWNWELEDIAD

Mae Richard Swinburne yn athronydd ac yn ddiwinydd Cristnogol sy'n amddiffyn theïstiaeth a Christnogaeth yn erbyn yr heriau gan empiriaeth ac, yn fwy diweddar, mudiad yr Atheïstiaeth Newydd.

HANFODOL!

Yn ôl egwyddor **hygoeledd**, dylen ni gredu bod pethau fel maen nhw'n ymddangos, oni bai bod rhyfaint o dystiolaeth i ddangos ein bod ni'n anghywir. Rydyn ni'n gwneud hyn ar gyfer pethau eraill rydyn ni'n eu profi yn ein bywydau, felly pam nad ydyn ni'n gwneud hyn ar gyfer profiadau crefyddol?

Yn ôl egwyddor **tystiolaeth**, dylen ni gredu pobl eraill os ydyn nhw'n honni iddyn nhw gael profiad crefyddol – oni bai bod rheswm pam ddylen ni beidio â gwneud hynny.

Roedd C. S. Lewis yn un ysgrifennwr ac apolegydd Cristnogol a ddylanwadodd ar Swinburne. Roedd ei waith ffeithiol yn amddiffyn Cristnogaeth, fel *Mere Christianity* (1952), yn ddylanwad ar waith Swinburne ei hun, *The Existence of God* (2004). Hefyd, defnyddiodd Lewis storïau ffuglen i amddiffyn y ffydd Gristnogol. Y rhai mwyaf nodedig oedd *Chronicles of Narnia* (a gyhoeddwyd rhwng 1950 ac 1956), sy'n cynnwys llawer o ddysgeidiaethau Cristnogol allweddol.

MEWNWELEDIAD

Esboniodd Lewis yn gynnil sut roedd Swinburne a Davis yn amddiffyn profiadau crefyddol yn ei lyfr i blant *The Lion, The Witch and The Wardrobe* (1950), lle mae'r plentyn ieuengaf yn nheulu Pevensie yn darganfod byd newydd y tu hwnt i gefn y wardrob. Mae ei brodyr a'i chwiorydd hŷn yn mynd at yr Athro, sy'n berchen tŷ lle maen nhw'n byw, i ofyn iddo beth i'w wneud â hi, gan ei bod hi'n amlwg yn dweud celwydd neu yn camgymryd. Mae e'n ymateb drwy ddweud y dylen nhw ei chredu hi, drwy ddefnyddio rhesymeg.

"'Rhesymeg!' meddai'r Athro, hanner wrtho'i hun. "Pam nad ydyn nhw'n dysgu rhesymeg yn yr ysgolion hyn? Dim ond tri pheth sy'n bosibl. Naill ai mae eich chwaer yn dweud celwyddau, neu mae hi'n wallgof, neu mae hi'n dweud y gwir. Rydych chi'n gwybod nad yw hi'n dweud celwyddau ac mae'n amlwg nad yw hi'n wallgof ar hyn o bryd felly, ac oni bai bod yna dystiolaeth arall, mae'n rhaid i ni dybio ei bod hi'n dweud y gwir"' (Lewis, *The Lion, the Witch and the Wardrobe*).

Deall Safbwynt Davis
Her yr Honiadau Lluosog

Un her allweddol i ddilysrwydd honiadau am brofiadau crefyddol yw bod gormod o brofiadau sy'n gwrth-ddweud ei gilydd o draddodiadau crefyddol gwahanol (ac weithiau o fewn yr un traddodiad) er mwyn bod unrhyw wirionedd i'r honiadau am Dduw neu'r Dwyfol y mae cyfarfyddiad â nhw. Yn *The Evidential Force of Religious Experience*, mae Davis yn disgrifio hyn fel 'yr her, oherwydd gan nad yw goddrychau'n gallu cytuno ar ddisgrifiad o'r canfyddiad honedig, mae'n rhaid bod eu profiadau, ar y gwaethaf, yn rhai gau, neu, ar y gorau, yn gamsyniadau difrifol. Beth bynnag, maen nhw'n annibynadwy yn gyffredinol'.

Mae Davis yn goresgyn hyn drwy ddangos bod 'craidd cyffredin' i bob profiad crefyddol. Mae William James a Rudolf Otto (gweler Penodau 21 a 22) yn cefnogi hyn. Tynnon nhw sylw at yr elfennau cyffredin rhwng profiadau crefyddol, a rhai cyfriniol, yn enwedig ar draws traddodiadau crefyddol gwahanol. Er efallai fod y manylion yn gwahaniaethu ar draws profiadau, mae'n bosibl rhoi cyfrif am y rhain drwy wahaniaethau diwylliannol. Bydd magwraeth yr unigolyn, er enghraifft, yn ei arwain i ddehongli profiad mewn ffordd benodol, neu bydd yn fwy abl i brofi rhywbeth mewn un ffordd nag un arall. Wrth eu craidd bydd tebygrwydd, ac i Davis mae hyn yn awgrymu bod Duw theïstig.

Goresgyn yr Her Leihadol

Mae heriau lleihadol i brofiadau crefyddol yn honni bod modd deall profiadau crefyddol drwy achosion naturiol neu 'wedi'u lleihau' iddyn nhw. Karl Marx, Émile Durkheim a Sigmund Freud a gyflwynodd hyn yn fwyaf nodedig. Roedd pob un yn dadlau bod profiadau crefyddol, mewn rhyw ffordd, wedi'u cymell gan y gymdeithas neu gan y meddwl.

MEWNWELEDIAD

Bathodd Otto y term 'nwminaidd' i ddisgrifio profiadau cyfriniol lle mae'r person sy'n eu cael nhw wedi'i lethu gan fraw a pharchedig ofn grymus wrth fod ym mhresenoldeb rhywbeth 'hollol wahanol'.

Roedd James yn categoreiddio profiadau crefyddol cyfriniol yn rhai goddefol, anhraethol, noëtig neu fyrhoedlog.

MEWNWELEDIAD

'Efallai mai'r her gyfredol fwyaf poblogaidd i brofiad crefyddol yw'r her "leihadol"' (Davis, *The Evidential Force of Religious Experience*).

Safbwynt Marx	Mae'r rhai sydd â phŵer yn y gymdeithas yn defnyddio crefydd. Maen nhw'n defnyddio crefydd i ddylanwadu ar y rhai heb bŵer ac mae profiadau crefyddol yn rhan o'r dylanwad hwn. Efallai bydd yr unigolyn yn teimlo profiadau'n bwerus, ond maen nhw'n cynnig cysur a gobaith am fywyd ar ôl marwolaeth lle nad oes dim. Mae ganddyn nhw rinweddau fel cysglynnau (*opiates*), gan nad ydyn nhw'n cael gwared ar achos y poen ond maen nhw'n creu apathi.
Safbwynt Durkheim	Mae crefydd yn offeryn gan y gymdeithas i helpu pobl i deimlo cysylltiad â'i gilydd ac i gytuno ar werthoedd a normau eu cymdeithas. Mae gan brofiadau crefyddol ran i'w chwarae, gan eu bod nhw'n helpu pobl i deimlo cysylltiad â'i gilydd ac yn rhannu ymrwymiad pobl i'w syniad o 'Dduw'. Mae profiadau crefyddol yn digwydd, nid oherwydd bod rhywun yn cael profiad o Dduw, ond oherwydd eu bod nhw'n profi ymdeimlad cryf o ystyr a chadarnhad o'r negeseuon pwysig hyn yn eu cymdeithas. Enw Durkheim ar hyn oedd 'eferwad cyffredinol' (*collective effervescence*) ac mae'n debyg i'r effaith blasebo.
Safbwynt Freud	Creadigaeth y meddwl dynol yw crefydd. Mae'n symptom o'r afiechyd y mae pob bod dynol yn dioddef ohono – yr euogrwydd a'r ffieidd-dod sydd gennym ni, sy'n isgynnyrch o gymhleth Oedipws. Mae'n niwrosis cyffredinol (yn hytrach nag unigol), ac mae crefydd yn un mecanwaith sy'n cael ei ddefnyddio i ni gael gwared arno. Mae crefydd yn ffurf ar gyflawni dymuniadau ac felly ein meddyliau ni ein hunain sy'n cymell profiadau crefyddol, er mwyn rhoi gobaith bod y dymuniadau hyn yn cael eu cyflawni.

Mae Davis yn gwrthod safbwyntiau'r meddylwyr hyn gan ddweud mai damcaniaethau am grefydd yn unig ydyn nhw. Maen nhw naill ai'n anempirig neu ddim yn cael eu hystyried yn empirig mwyach (er enghraifft, safbwynt Freud mai niwrosis cyffredinol yw crefydd). Hefyd, mae hi'n dadlau nad ydyn nhw'n esbonio cyfoeth ac amrywiaeth y profiadau crefyddol y mae bodau dynol wedi'u cael – mae hyn yn cysylltu â'r ddadl gronnus isod.

Y Ddadl Gronnus

Mae Davis yn cynnwys syniadau Swinburne yn ei damcaniaethau drwy ddadlau bod profiadau crefyddol yn cyfrannu at **ddadl gronnus** a rhesymu anwythol o blaid bodolaeth Duw. Yn ôl y ddadl hon, mae cyfoeth y profiadau crefyddol sydd wedi digwydd ar draws cyfnodau a diwylliannau yn awgrymu bod rhyw ffynhonnell ddwyfol iddyn nhw i gyd. Mae hi'n dadlau hefyd, o'u cymryd gyda dadleuon eraill o blaid bodolaeth Duw, fod profiadau crefyddol yn helpu i adeiladu'r achos bod Duw yn bodoli mewn gwirionedd. 'Yn aml, mae'n bosibl rhoi achos da dros gredoau crefyddol hynod gymhleth nad ydyn nhw'n dibynnu ar dystiolaeth profiadau crefyddol yn unig', mae hi'n dadlau.

> **BETH** YW EICH **BARN** CHI?
>
> Ysgrifennwch eich syniadau chi am ddadleuon Davis ac ewch yn ôl atyn nhw ychydig cyn yr arholiad er mwyn gweld a yw eich safbwyntiau wedi newid.

Darllen Davis eich Hun

Yn y darn hwn o *The Evidential Force of Religious Experience* (1987), mae Davis yn sôn am bwysigrwydd astudio profiadau crefyddol er mwyn cael dealltwriaeth o athrawiaethau crefyddol allweddol. Bydd y nodiadau ar ymyl y dudalen yn eich helpu i ddeall ei syniadau.

MEWNWELEDIAD

'Dydy profiadau crefyddol ddim y math o beth y mae'n hawdd eu cynhyrchu i'w harsylwi mewn lleoliad rheoledig' (Davis, *The Evidential Force of Religious Experience*).

HANFODOL!

Mae'r **ddadl gronnus** yn dweud efallai nad yw digwyddiadau neu ddadleuon unigol yn profi bodolaeth Duw, ond o'u cymryd gyda'i gilydd, eu bod nhw'n gwneud achos cryf.

TASG

Darllenwch Davis eich hun yn y darn isod. Bydd y nodiadau ar ymyl y dudalen yn eich helpu chi i ddeall ei safbwyntiau.

CAROLINE FRANKS DAVIS

Yn gymharol ddiweddar yn unig yn hanes gwareiddiad y mae sgeptigaeth gyffredinol wedi bod ynghylch profiadau crefyddol. Mae dadleuon yn erbyn hygrededd athrawiaethau crefyddol ac adroddiadau lleihadol o brofiadau crefyddol, yn cael eu derbyn yn gyffredinol erbyn hyn. Mae llawer o bobl yn byw bywydau atheïstig sy'n ymddangos yn hollol ddigonol. Felly, dydy unigolion crefyddol ddim yn gallu tybio mwyach fod profiadau y mae cyd-gredinwyr yn eu barnu'n rhai 'dilys', yn saff rhag ymosodiad pellach. Maen nhw'n cael eu herio ar bob ochr, gan athronwyr, seicolegwyr, cymdeithasegwyr, anthropolegwyr, aelodau o draddodiadau crefyddol eraill, a hyd yn oed gan aelodau o'u traddodiad eu hunain sydd â safbwyntiau gwahanol iawn. Mae [*The Evidential Force of Religious Experience*] yn edrych ar werth profiadau crefyddol fel tystiolaeth o blaid honiadau crefyddol. Ei nod yw darganfod y rôl y gall profiad crefyddol ei chwarae'n deg, wrth amddiffyn athrawiaethau crefyddol.

> Mae Davis eisiau mynd i'r afael â'r ffordd y mae profiadau crefyddol yn cael eu harchwilio'n ddiweddar, a dangos eu bod nhw'n gallu wynebu hyn a chael eu cymryd fel honiadau dilys o hyd.
>
> Mae hyn yn ein hatgoffa am y cysylltiad pwysig rhwng honiadau o brofiad crefyddol, a dysgeidiaethau a chredoau'r crefyddau hyn o ganlyniad.
>
> Mae'r rhain yn ffyrdd y mae modd herio profiadau crefyddol, drwy eu 'lleihau' nhw yn achos ffisegol neu naturiol.
>
> Mae Davis yn ymwybodol o ddulliau gwrthrealaidd at grefydd. Byddai'r rhain yn lleihau profiadau crefyddol yn symbolau a dehongliadau goddrychol, yn hytrach na'u bod nhw'n profi bod yna Dduw realaidd, gwrthrychol.
>
> Mae profiadau crefyddol yn rhan o'r amddiffyniad cyffredinol o blaid bodolaeth Duw pan maen nhw'n cael eu cymryd gyda dadleuon eraill.

Sut mae Davis yn cael ei Beirniadu

Heriau i'r honiad bod 'craidd cyffredin'. Rhan ganolog o gefnogaeth Davis i brofiadau crefyddol yw ei bod hi'n mynnu bod digon o 'graidd cyffredin' o bethau tebyg rhwng profiadau ar draws diwylliannau ac amser, i awgrymu bodolaeth Duw theïstig. Fe wnaeth H. P. Owen, yr athronydd o Gymru, herio hyn. Mewn adolygiad o lyfr Davis, dywedodd ei bod hi'n dethol ei henghreifftiau'n fwriadol: 'Mae fy mhrif ymholiad yn ymwneud â'i hapêl at "graidd cyffredin" wrth ateb her "honiadau sy'n gwrth-ddweud ei gilydd".

Mae hon yn her y mae David Hume yn ei rhoi i ddisgrifiadau o wyrthiau – bod honiad un wyrth yn gallu gwrthdaro â honiad un arall, fel bod y sgeptig yn cwestiynu pa un all fod yn wir (os yw'r naill neu'r llall yn wir). I lawer o gredinwyr crefyddol, mae gwyrthiau a phrofiadau crefyddol yn ganolog i ddysgeidiaethau eu ffydd, sy'n gwrth-ddweud dysgeidiaethau ffydd arall yn uniongyrchol. Un enghraifft yw bod marwolaeth Iesu ar y groes a'i atgyfodiad wedyn yn ganolog i ddysgeidiaethau Cristnogol. Ond mae'n allweddol bwysig mewn Islam na chafodd Isa ei groeshoelio, ond ei fod wedi cael ei achub yn wyrthiol rhag hyn, a'i fod wedi codi i'r nefoedd heb farw.

Mae ysgolheigion eraill wedi beirniadu Davis am beidio â rhoi digon o gyfrif am yr heriau sydd i'r ddadl o brofiad crefyddol. Er enghraifft, dywedodd yr Athro Pamela Sue Anderson, yr athronydd o America: 'Beth am her – gan fod Davis yn ymwneud â heriau – Ludwig Feuerbach?'

Roedd Feuerbach yn athronydd o'r Almaen. Dylanwadodd ei feirniadaeth ar grefydd ar ysgrifenwyr atheïstig eraill fel Freud a Marx. Dadleuodd fod crefydd (ac felly profiadau crefyddol) yn alldaflu ein chwantau a'n dyheadau dynol: er enghraifft, mae'r dyhead am dad cariadus yn cael ei fodloni drwy gredu mewn ffigur tadol fel Duw. Mae hyn yn debyg i Freud (a dylanwadodd ar ei syniadau) (gweler Pennod 17).

Heriau naturiolaidd. Byddai ysgolheigion fel Richard Dawkins a Sam Harris yn dadlau bod gan bob profiad crefyddol ryw achos naturiol, yn hytrach nag achos goruwchnaturiol. Mae tystiolaeth o hyn drwy ddatblygiadau mewn niwrowyddoniaeth, lle mae'n bosibl achosi profiadau crefyddol drwy ysgogi llabedau arlais yr ymennydd (er enghraifft, arbrawf '*The God Helmet*' – gweler Pennod 19). Efallai fod rhai meddylwyr, fel Ramachandran a'r Esgob Stephen Sykes, yn gweld mai dyma sut mae Duw wedi llunio'r ymennydd, fel bod bodau dynol yn gallu cael profiad â'r Dwyfol. Ond, i Dawkins, mae tystiolaeth o achos naturiolaidd yn golygu nad oes angen rhywbeth goruwchnaturiol.

SGILIAU GWERTHUSO

Gallwch chi roi mwy o ddyfnder i ateb i gwestiwn gwerthuso am ysgolhaig bob amser drwy ddangos ymwybyddiaeth o sut mae meddylwyr eraill wedi anghytuno.

MEWNWELEDIAD

'Mae dyheu yn dweud: Mae'n rhaid bod Duw personol, h.y. mae'n amhosibl nad oes un; mae teimlad bodlon yn dweud bod un' (Ludwig Feuerbach, *The Essence of Christianity*, 1841).

MEWNWELEDIAD

'Y ddadl o brofiad personol yw'r un sy'n argyhoeddi fwyaf i'r rhai sy'n honni iddyn nhw gael profiad fel hwn. Ond dyma'r ddadl sy'n argyhoeddi leiaf i unrhyw un arall, yn enwedig unrhyw un sy'n wybodus am seicoleg' (Dawkins, *The God Delusion* (2006).

Gwallau Cyffredin

Mae Davis yn gwneud mwy na chyflwyno'r heriau i brofiadau crefyddol yn unig. Er bod y ffordd y mae Davis wedi categoreiddio'r heriau i honiadau am brofiadau crefyddol yn ddefnyddiol wrth gyflwyno'r achos yn erbyn profiadau crefyddol fel prawf bod yna Dduw, mae hi'n dadlau yn erbyn hyn yn ei llyfr. Mae hi'n credu bod profiadau crefyddol yn dal i gyflwyno achos grymus o blaid bodolaeth Duw mewn dadl gronnus, anwythol.

Dydy Davis ddim yn honni bod pob profiad crefyddol yn ddilys. Mae Davis yn cydnabod y bydd yna bobl sy'n dweud celwydd, sydd o dan ddylanwad cyffuriau, pobl a all fod ag afiechyd meddwl, neu sydd efallai wedi camddeall profiad pan maen nhw'n honni eu bod nhw wedi cael cyfarfyddiad â Duw. **Heriau'n ymwneud â'r goddrych** yw'r enw ar y rhain. I Davis, fodd bynnag, dydy hyn ddim yn ddigon i wneud i ni fethu coelio *pob* honiad am brofiadau crefyddol.

Dydy Davis ddim yn dadlau bod profiadau crefyddol yn profi bod yna Dduw. Fel Swinburne o'i blaen hi, mae Davis yn defnyddio profiad crefyddol yn rhan o ddadl anwythol o blaid bodolaeth Duw. I Davis, mae'r dystiolaeth o brofiadau crefyddol yn awgrymu ei bod hi'n debygol bod yna Dduw theïstig, a phan mae hyn yn cael ei roi gyda dadleuon eraill o blaid bodolaeth y Duw hwnnw, mae'r achos yn cryfhau'n fwy eto.

> **HANFODOL!**
>
> **Heriau'n ymwneud â'r goddrych** – mae'r rhain yn canolbwyntio ar y person sy'n cael y profiad crefyddol ac efallai y byddan nhw'n amau ei gyflwr meddwl.

CRYFHAU EICH GAFAEL

1. Ysgrifennwch eich esboniad eich hun o sut mae Davis yn amddiffyn profiadau crefyddol. Cofiwch gynnwys y canlynol: heriau sy'n ymwneud â disgrifiadau, sy'n ymwneud â'r goddrych ac sy'n ymwneud â'r gwrthrych. Paratowch enghreifftiau o bob un o'r rhain a sicrhewch eich bod chi'n dangos sut mae Davis yn eu gwrthod. Rhowch ddarn o bapur dros eich nodiadau a cheisiwch weld beth allwch chi ei gofio am y meysydd hyn. Bydd hyn yn eich helpu chi i baratoi ar gyfer cwestiwn 'esboniwch' yn yr arholiad.

2. Ysgrifennwch restr o gryfderau a gwendidau amddiffyniad Davis o brofiadau crefyddol. Sut mae ei dealltwriaeth yn cymharu ac yn cyferbynnu ag eraill – er enghraifft, Otto, James a Teresa o Avila? Rhowch farc allan o bump i bob un o'r cryfderau a'r gwendidau hyn i'ch helpu chi i ddewis y dystiolaeth a fydd yn rhoi'r pwyntiau cryfaf mewn traethawd, yn eich barn chi. Bydd hyn yn eich helpu chi i baratoi ar gyfer cwestiwn 'gwerthuswch' yn yr arholiad.

Arweiniad ar yr Arholiad AA1

Efallai y bydd angen i chi roi cyfrif am sut mae Davis yn deall ac yn amddiffyn profiadau crefyddol. Hefyd, efallai byddwch chi'n gallu defnyddio ei dealltwriaeth mewn cwestiwn mwy cyffredinol ar brofiad crefyddol. Dylech chi fod yn gallu esbonio'r heriau i brofiad crefyddol y mae Davis yn eu cyflwyno, a hefyd sut mae hi'n eu hateb nhw wedyn. Byddwch yn ymwybodol o sut mae hyn yn cysylltu, nid yn unig ag ysgolheigion eraill sy'n ymwneud â phrofiadau crefyddol, ond hefyd â thrafodaeth am iaith grefyddol ac empiriaeth.

Arweiniad ar yr Arholiad AA2

Drwy ystyried cryfderau a gwendidau sut mae Davis yn amddiffyn profiadau crefyddol, gallwch chi werthuso pa mor llwyddiannus yw hi wrth gyflawni ei nod o'u hamddiffyn nhw yn erbyn y craffu a'r heriau y mae hi'n eu disgrifio.

24. R. F. HOLLAND

MYND I FYD HOLLAND

> **Trosolwg** Roedd R. F. Holland (1923–2013) yn rhan o 'Ysgol Abertawe', a oedd yn grŵp o athronwyr dadansoddol ym Mhrifysgol Abertawe ar ddiwedd yr ugeinfed ganrif. Roedd yn adnabyddus am ei ymagwedd ddiysgog (*unflinshing*) at gwestiynau athronyddol – arweiniodd yr enwocaf ohonyn nhw at ei ddealltwriaeth o'r 'gwyrthiol'.

Astudiodd R. F. Holland y Clasuron ym Mhrifysgol Rhydychen, er i'r Ail Ryfel Byd dorri ar draws hyn pan ymrestrodd i wneud gwasanaeth milwrol a theithio i Affrica a de-ddwyrain Asia. Ar ôl dychwelyd i'r byd academaidd, roedd yn ymddiddori yn arbennig mewn seicoleg athronyddol. Ar ôl clywed Ludwig Wittgenstein ym Mhrifysgol Abertawe, penderfynodd ffurfio 'Wittgensteiniaid Abertawe' (*the Swansea Wittgensteinians*).

Roedd cyfnod diweddaraf gwaith Wittgenstein yn ddylanwad arbennig ar Holland. Roedd hwn yn canolbwyntio ar y defnydd o iaith a phwysigrwydd y cyd-destun ar gyfer ei ystyr. Gallwn weld y dylanwad hwn yn safbwynt Holland ar wyrth, fel digwyddiad sy'n cael ei ystyried yn wyrthiol gan y person sy'n ei brofi neu sy'n dyst iddo. Ei ddehongliad goddrychol o'r digwyddiad sy'n penderfynu a oedd hi'n wyrth ai peidio, a dydy hi ddim yn briodol i berson arall ddatgan fel arall. Yn yr un ffordd, pan rydyn ni'n defnyddio iaith grefyddol ymysg cymuned o gredinwyr, mae gennym ni ein dealltwriaeth oddrychol ein hunain o'r derminoleg. Fydd pobl y tu allan, nad ydyn nhw'n rhan o'n cymuned ni, ddim yn gallu ei deall na rhoi sylwadau arni.

Cafodd Holland lawer o swyddi academaidd dylanwadol ar draws gogledd Lloegr drwy ei yrfa mewn athroniaeth. Ysgrifennodd nifer o erthyglau mewn cyfnodolion ond dim ond un llyfr, *Against Empiricism* (1980). Ei draethawd enwocaf, efallai, yw 'The Miraculous' (1965), lle mae'n cyflwyno ei ddealltwriaeth o wyrthiau amodoldeb (gweler isod), a hwn yw ein canolbwynt ar gyfer y bennod hon.

Syniadau Allweddol Holland

Dehongli Gwyrthiau

I gyferbynnu â dealltwriaeth o wyrthiau fel digwyddiadau sy'n torri deddfau natur, mae Holland yn gweld bod gan wyrthiau achosion naturiol. Yr hyn sy'n gwneud digwyddiad yn wyrth yw nid achos y digwyddiad, o reidrwydd, ond sut mae'r digwyddiadau hyn yn cael eu dehongli gan y bobl sy'n cael profiad ohonyn nhw, neu sy'n dyst iddyn nhw. Mae'n bosibl bod rhai pobl yn gweld mai gwaith Duw yw cyd-ddigwyddiad anghyffredin, yn enwedig os yw hyn yn dod â daioni i'r person, neu oddi mewn iddo. Mae'n bosibl gweld y digwyddiad naturiol hwn fel arwydd o ragluniaeth Duw ac amddiffyniad i greadigaeth Duw. Mae'r digwyddiad yn fuddiol i'r person mewn rhyw ffordd, yn hytrach na'i fod yn ddigwyddiad naturiol a all niweidio a dinistrio. Fydd digwyddiadau sy'n achosi canlyniad gwael i'r person ddim yn cael eu dehongli fel gwyrth, neu fel gweithred gan Dduw cyfeillgar.

MEWNWELEDIAD

Roedd damcaniaeth Wittgenstein o iaith grefyddol fel Gêm Ieithyddol (gweler Pennod 33) yn ddylanwad mawr ar Holland. Roedd yn gweld mai'r person sy'n cael profiad o 'wyrth' ddylai ei ddiffinio, yn hytrach na'r rhai sydd y tu allan i'r profiad.

HANFODOL!

Empiriaeth yw'r gred ein bod yn cael gwybodaeth o'r byd drwy ddefnyddio ein synhwyrau a thrwy arbrofi.

MEWNWELEDIAD

Ym marn Holland, bydd credinwyr crefyddol yn dehongli digwyddiad neu gyd-ddigwyddiad rhyfeddol fel gwyrth – prawf bod Duw yn ymwneud â'u bywydau. Mae'r profiad personol o wyrth yn allweddol i ddiffiniad Holland.

Er y byddwn ni'n gweld yn yr adran 'Sut mae Holland yn Cael ei Feirniadu' na fyddai llawer o bobl grefyddol yn derbyn dealltwriaeth Holland o wyrthiau, mae'n bosibl dweud bod ei ddehongliad yn cyd-fynd â rhai dysgeidiaethau crefyddol.

- Mae'r Qur'an yn dweud wrth Fwslimiaid bod 'Arwyddion' neu Ayah sy'n dangos i ni fod y Qur'an yn wir: 'Mae wedi gwneud popeth sydd yn y nefoedd a'r ddaear yn ddarostyngedig i chi, a'r cyfan oddi wrtho Ef. Yn wir, mae Arwyddion yn hyn i'r rhai sy'n adfyfyrio' (Surah Al-Jathiyah Ayat 45:13).
- Yn Nhestament Newydd y Beibl, mae'r term Groeg *semeiois* yn cael ei gyfieithu fel 'arwyddion', sydd hefyd yn cael eu gweld fel gwyrthiau: 'Bobl Israel, clywch hyn: sôn yr wyf am Iesu o Nasareth, gŵr y mae ei benodi gan Dduw wedi ei amlygu i chwi trwy wyrthiau a rhyfeddodau ac arwyddion [*semeiois*] a gyflawnodd Duw trwyddo ef yn eich mysg chwi, fel y gwyddoch chwi eich hunain' (Actau 2:22).

Mae William Lane Craig (gweler Pennod 2) yn ei ddehongli fel hyn: mae digwyddiad naturiol yn cael ei weld fel gwyrth gan Dduw oherwydd ei fod yn gweithio er lles y carcharorion a oedd wedi'u dal ar gam. Mae hyn yn gysylltiedig hefyd â dealltwriaeth Paul Tillich o iaith grefyddol (gweler Pennod 32).

Deall Safbwynt Holland

GWELLA EICH DEALLTWRIAETH

Sicrhewch eich bod chi'n gwybod beth yw enghraifft Holland o blentyn sy'n sownd ar y rheilffordd a sut mae hyn yn rhoi enghraifft o'i ddiffiniad o wyrth.

Gwyrthiau Amodoldeb

Mae safbwynt Holland ar wyrthiau yn wahanol i rai David Hume (Pennod 5), Richard Swinburne (Pennod 25) ac Aquinas (Pennod 1). Roedden nhw'n gweld bod gwyrthiau'n **torri** deddfau natur. I gyferbynnu, roedd Holland yn eu diffinio nhw fel dehongliad o ddigwyddiad hynod. Wrth wneud hyn, gosododd arwyddocâd crefyddol y digwyddiad yn llwyr ar y person sy'n cael y profiad, yn hytrach nag ar achos y digwyddiad ei hun.

AWGRYM

Mae'n bosibl cyferbynnu safbwynt Holland ar wyrthiau â'r dull realaidd a oedd gan Thomas Aquinas.

Mae Holland yn rhoi enghraifft o hyn drwy stori fer am blentyn yn mynd yn sownd ar y reilffordd tra ei fod allan gyda'i fam. Mae trên yn rhuthro at y man lle mae'r plentyn yn sownd. Dydy gyrrwr y trên ddim yn gweld y bachgen a'r bachgen ddim yn gweld y trên. Mae'r fam yn gweiddi ar ei mab i symud ond mae'n methu gwneud. Yn sydyn, mae'r trên yn stopio cyn taro'r plentyn. Mae'r fam yn gweld mai gwyrth yw'r digwyddiad hwn. Fodd bynnag, mewn gwirionedd, roedd gyrrwr y trên wedi llewygu ac roedd y trên wedi stopio'n awtomatig.

Dyma enghraifft o **wyrth amodoldeb neu wyrth cyd-ddigwyddiad**. Mae'n aneglur o waith Holland a oedd yn credu bod Duw wedi ymyrryd ai peidio. Yr hyn sy'n bwysig yw'r *dehongliad* o arwyddocâd crefyddol gan y person a oedd yn dyst i'r digwyddiad neu sy'n cael profiad ohono. Gallwn weld dylanwad damcaniaeth Gemau Ieithyddol ar y cysyniad hwn. Mae'r wyrth yn gwneud synnwyr ac mae iddi ystyr i bob un o'r rheini sy'n ei dehongli yn yr un ffordd, oherwydd y ffaith eu bod nhw'n chwarae'r un 'gêm'. Yn yr ystyr hwn, does dim gwahaniaeth am brawf empirig gwyrth, ond mae gwahaniaeth am y dehongliad o'r digwyddiad.

HANFODOL!

Gwyrthiau sy'n torri deddfau – dealltwriaeth realaidd bod gwyrthiau'n digwydd pan mae Duw yn torri deddfau natur.

HANFODOL!

Gwyrth amodoldeb neu gyd-ddigwyddiad – mae'r person sy'n cael profiad o ddigwyddiad rhyfeddol neu sy'n dyst iddo yn ei ddeall neu'n ei ddehongli fel gweithred gan Dduw.

BETH YW EICH **BARN** CHI?

Ysgrifennwch eich syniadau chi am ddadleuon Holland ac ewch yn ôl atyn nhw ychydig cyn yr arholiad er mwyn gweld a yw eich safbwyntiau wedi newid.

Darllen Holland eich Hun

Yn y darn hwn o 'The Miraculous' (1965), mae Holland yn esbonio ei enghraifft o'r plentyn a aeth yn sownd ar y rheilffordd. Bydd y nodiadau ar ymyl y dudalen yn eich helpu chi i ddeall ei syniadau.

Mae'r fam yn diolch i Dduw am y wyrth, nad yw hi byth yn peidio â meddwl amdani fel gwyrth, er ei bod hi'n dod i wybod ymhen amser nad oedd dim byd goruwchnaturiol am y ffordd y cafodd breciau'r trên eu gwasgu. Roedd y gyrrwr wedi llewygu, am reswm nad oedd yn gysylltiedig â phresenoldeb y plentyn ar y rheilffordd. Cafodd y breciau eu gwasgu'n awtomatig wrth i'w law beidio â rhoi pwysau ar y lifer rheoli.

> Mae'r fam yn gweld mai gwyrth yw'r digwyddiad. Efallai nad yw pobl eraill yn cytuno, ond dyma sut mae hi'n gweld y digwyddiad.
>
> Yn ôl Holland, nid pethau croes i natur yw gwyrthiau, ond digwyddiadau naturiol drwy gyd-ddigwyddiad. Mae ganddyn nhw effaith lesol sydd wedi'i hachosi gan Dduw neu'r Dwyfol, yn ôl y dehongliad.

Sut mae Holland yn cael ei Feirniadu

Mae gan gredinwyr crefyddol safbwynt realaidd ar wyrthiau. Gan fod hyn yn rhan bwysig o'i ffydd, efallai bydd dulliau realaidd Swinburne ac Aquinas yn fwy deniadol iddyn nhw. Mae dealltwriaeth Holland o wyrthiau yn dibynnu llawer ar ddehongliadau unigolion o ddigwyddiadau. Yn ôl ei ddealltwriaeth, y cwestiwn o hyd yw, ai Duw achosodd y digwyddiad o gwbl? I gyferbynnu â gwyrthiau sy'n torri deddfau, y mae'n bosibl i lawer o bobl fod yn dyst iddyn nhw ac sy'n torri deddfau natur, mae gwyrthiau amodoldeb Holland yn oddrychol. I Holland, mater i'r crediniwr unigol yw penderfynu a oedd rhywbeth yn wyrth ai peidio.

Trilema C. S. Lewis. Cynigiodd Lewis feirniadaeth ar ei safbwynt wrth-realaidd ar wyrthiau gyda'i 'drilema': os oedd Iesu ei hun yn honni iddo wneud gwyrthiau, a oedd e'n dweud celwydd, yn wallgof neu'n dweud gwirionedd gwrthrychol?

Her 'Duw Drwg' Stephen Law. Mae beirniaid yn defnyddio her 'Duw Drwg' Stephen Law i ofyn pam mai dim ond digwyddiadau anghyffredin sydd yn rhoi canlyniad cadarnhaol i'r unigolyn, sy'n cael eu gweld fel gwaith Duw cyfeillgar. Onid yw hi'n bosibl bod modd gweld y digwyddiadau anghyffredin sy'n rhoi canlyniad negyddol i'r unigolyn fel gwaith Duw maleisus?

Gwallau Cyffredin

Dydy Holland ddim yn dweud nad yw'r crediniwr crefyddol yn ymwybodol bod achos naturiol i'w wyrth. I Holland, mae'r crediniwr yn ymwybodol o achosion naturiol digwyddiadau anghyffredin. Ei ddehongliad ohono sydd o bwys, fel yn yr enghraifft y mae'n ei rhoi o'r bachgen ar y rheilffordd. Credir mai arwydd o gariad a phŵer Duw yw'r digwyddiad, sy'n rhoi canlyniad cadarnhaol i'r plentyn. Mae'n bosibl iawn mai achosion naturiol sydd i'r digwyddiad, ond mae'r crediniwr yn gweld Duw fel pensaer amseru'r digwyddiad naturiol.

HANFODOL!

Y safbwynt **realaidd** ar wyrthiau yw mai digwyddiadau gwrthrychol yw gwyrthiau, yn annibynnol ar y meddwl sy'n eu hystyried nhw, ac felly mai Duw sy'n eu hachosi.

MEWNWELEDIAD

Mae athronwyr fel Law yn codi her y 'Duw Drwg' i holi theistiaid ynghylch pam mae'r Duw y maen nhw'n credu ynddo yn 'dda' neu'n 'hollgariadus' o angenrheidrwydd. Gallai'r holl dystiolaeth o blaid y Duw hwn gael ei defnyddio hefyd i ddangos Duw 'drwg' neu 'ddrygionus' yn lle hynny.

AWGRYM

Ystyriwch pa mor ddigonol yw diffiniad Holland er mwyn deall beth yw ystyr gwyrth i grediniwr crefyddol.

CRYFHAU EICH GAFAEL

1. Ysgrifennwch eich esboniad eich hun o ddiffiniad Holland o wyrthiau fel pethau sy'n dibynnu ar ddehongliad y person sy'n dyst i'r digwyddiad, neu sy'n cael profiad ohono. Cofiwch gynnwys y canlynol: arwydd, gwyrth, amodoldeb, cadarnhaol. Rhowch ddarn o bapur dros eich nodiadau a cheisiwch weld beth allwch chi ei gofio am y pedwar maes hyn. Bydd hyn yn eich helpu chi i baratoi ar gyfer cwestiwn 'esboniwch' yn yr arholiad.

2. Cymharwch sut mae Aquinas, Hume, Holland a Swinburne yn deall 'gwyrthiau'. Beth yw cryfderau a gwendidau pob un? Rhowch farc allan o bump am bob ffordd o ddeall 'gwyrthiau' ac ysgrifennwch esboniad o pam dewisoch chi roi mwy o farciau i un yn hytrach na'r lleill. Beth fyddai dadl pob un o'r ysgolheigion i'r lleill am ei ddealltwriaeth? A fyddai rhai yn cytuno mwy ag eraill?

Arweiniad ar yr Arholiad AA1

Ar gyfer cwestiwn 'esboniwch', bydd angen i chi wybod beth yw diffiniad Holland o wyrth a sut mae hyn yn wahanol i'r diffiniadau a roddodd Hume, Aquinas a Swinburne. Hefyd, dylech chi wybod am ei enghraifft am y bachgen a aeth yn sownd ar y rheilffordd a dylech chi allu dangos sut mae hyn yn esbonio ei ddiffiniad. Byddai'n ddefnyddiol i chi wybod am enghreifftiau eraill o wyrthiau ar gyfer cwestiwn 'esboniwch', efallai enghraifft y daeargryn yn llyfr yr Actau yn Nhestament Newydd y Beibl.

Arweiniad ar yr Arholiad AA2

Ar gyfer cwestiwn 'gwerthuswch', penderfynwch pa mor ddigonol a defnyddiol yw diffiniad Holland o wyrthiau. Ystyriwch hyn o safbwynt crediniwr yn ogystal â safbwynt anthëist: ydy hyn yn gwneud gwahaniaeth i ddefnyddioldeb ei ddiffiniad? Bydd adran 'Sut mae Holland yn cael ei Feirniadu' yn eich helpu chi i ystyried y gwendidau ac i ymestyn eich syniadau. Rhowch gynnig ar ysgrifennu ymatebion i'r beirniadaethau o safbwynt Holland.

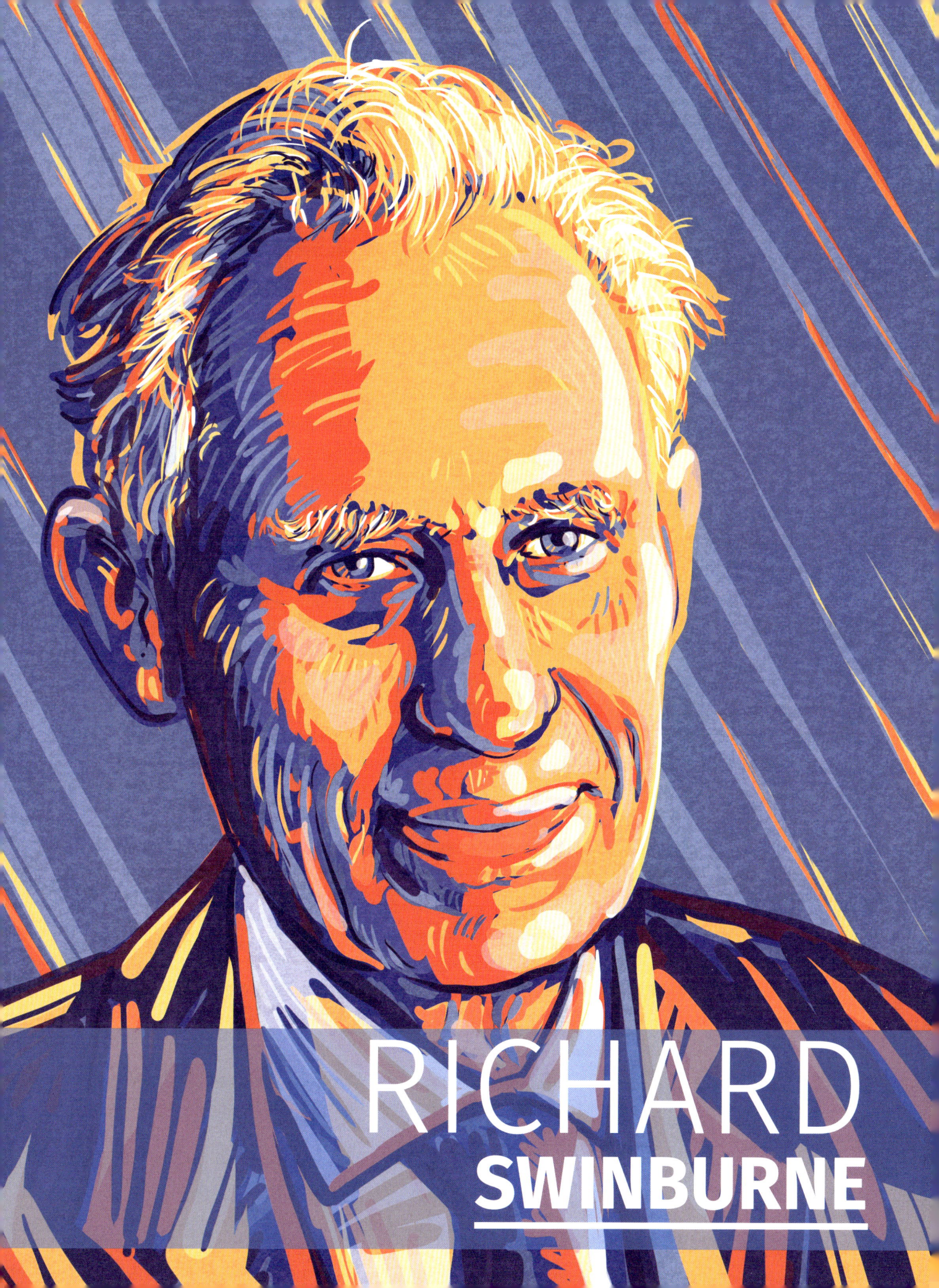

RICHARD SWINBURNE

25. RICHARD SWINBURNE
MYND I FYD SWINBURNE

> **Trosolwg** Mae Richard Swinburne (ganwyd 1934) yn ysgolhaig apolegydd Cristnogol allweddol, ac yn Athro Emeritws Athroniaeth ym Mhrifysgol Rhydychen. Mae wedi wynebu llawer o'r feirniadaeth draddodiadol ar ffydd theïstig ac wedi cynnig ffyrdd gwahanol o ddeall llawer o broblemau athronyddol.

Cafodd Richard Swinburne ei fagu mewn cartref anghrefyddol a'i gyflwyno i Anglicaniaeth yn yr ysgol. Ymddiddorodd mewn Cristnogaeth a chafodd ysgoloriaeth i astudio'r Clasuron yng Ngholeg Exeter, Rhydychen, ond yn lle hynny, graddiodd gyda gradd dosbarth cyntaf mewn Athroniaeth, Gwleidyddiaeth ac Economeg. Cafodd dröedigaeth i Gristnogaeth Uniongred yn 1995. Wrth astudio ar gyfer ei radd israddedig, dechreuodd ymddiddori ym materion creiddiol athroniaeth, gan gynnwys a oes rhesymau digonol i gredu yn Nuw, ac ym mhrif ddysgeidiaethau Cristnogaeth, yn enwedig.

Fodd bynnag, canolbwyntiodd Swinburne yn fwy ar athroniaeth gwyddoniaeth ar ddechrau ei yrfa academaidd. Cafodd ei lyfr cyntaf, *Space and Time*, ei gyhoeddi yn 1968, a dilynodd hynny gan sawl llyfr arall lle'r oedd yn archwilio damcaniaeth perthnasedd a chosmoleg. Mae'r canolbwynt cynnar hwn ar ddamcaniaethau gwyddonol yn dylanwadu ar waith diweddarach Swinburne. Yma, mae'n cynnig ymagwedd at ffydd i lawer o theïstiaid a oedd yn ceisio herio craffu gwyddonol, yn hytrach na'i osgoi.

Yn ddiweddarach, newidiodd Swinburne i ganolbwyntio ar broblemau o fewn athroniaeth crefydd. Ysgrifennodd am wyrthiau (1971) ac yna daeth trioleg am athroniaeth theïstiaeth; *The Coherence of Theism* (1977), *The Existence of God* (2004) a *Faith and Reason* (1981). Drwy'r cyhoeddiadau hyn, yr oedd eisiau dangos diwinyddiaeth naturiol, gan gynnwys dadleuon naturiolaidd o'r byd o'n cwmpas ni o blaid bodolaeth Duw. Mae hyn yn debyg iawn i sut mae meddylwyr allweddol eraill ym maes athroniaeth wedi gwneud hyn o'r blaen, fel Thomas Aquinas (gweler Pennod 1). Yn y llyfrau hyn, mae Swinburne yn cyflwyno llawer o'r damcaniaethau sydd i'w trafod yn y bennod hon. Yn ddiweddarach, ysgrifennodd Swinburne yn benodol am athrawiaethau Cristnogol allweddol yr Iawn, atgyfodiad Iesu a phroblem drygioni, gan ddangos y cysylltiadau rhwng athroniaeth a diwinyddiaeth.

Canolbwyntiodd gwaith diweddarach Swinburne hefyd ar y broblem rhwng y meddwl a'r corff mewn athroniaeth. Aeth ati i gynnwys syniadau o athroniaeth y gorffennol am y berthynas rhwng y meddwl a'r corff, ynghyd â ffyrdd mwy diweddar o ddeall sut mae'r ymennydd yn gweithio. Mae'n dadlau o blaid 'deuoliaeth sylweddau', lle mae'r meddwl a'r corff ar wahân, ond yn dylanwadu ar ei gilydd drwy sut mae'r ymennydd yn gweithio. Mae hyn yn dangos eto y rhyngweithio rhwng athroniaeth a gwyddoniaeth, sy'n rhan o ysgrifeniadau Swinburne ers tro.

Mae ymrwymiad Swinburne i wyddoniaeth ac athroniaeth fel dulliau ymholi teg am ffydd, yn helpu i sicrhau theïstiaid modern bod eu credoau'n gydlynol a'u bod yn gallu gwrthsefyll cael beirniaid yn craffu arnyn nhw.

> **MEWNWELEDIAD**
>
> Mae Richard Dawkins yn un o gyfoeswyr Swinburne, ac maen nhw wedi dadlau â'i gilydd drwy gyhoeddiadau, a hefyd wyneb yn wyneb. Mae Dawkins yn cydnabod, er eu bod nhw'n dod i gasgliadau gwahanol iawn, fod Swinburne wedi ymrwymo i drafodaethau go iawn am fodolaeth Duw, yn hytrach na defnyddio 'dulliau osgoi amheus' a 'gwrtholeuaeth'.

Syniadau Allweddol Swinburne

Y Duw y mae Swinburne yn Credu Ynddo

Yn *The Coherence of Theism*, cyflwynodd Swinburne ei resymeg ynghylch pam mae cred mewn Duw theïstig yn gydlynol, yn rhesymegol, a bod modd ei thrafod drwy iaith ystyrlon. Oherwydd y cyfraniad arwyddocaol hwn at drafodaethau athronyddol, daeth Swinburne i fod yn llais theïstiaeth resymegol, gan gynnig atebion ac ymatebion i'r problemau sy'n cael eu codi i gred theïstig o'r tu mewn i faes athroniaeth. Dydy teitl y llyfr ddim yn awgrymu ei bod hi'n wir, o angenrheidrwydd, bod Duw theïstig, ond y gall fod yn gred resymegol i'w chael ac i'w thrafod.

> **MEWNWELEDIAD**
>
> *The Coherence of Theism* oedd amddiffyniad Swinburne yn 1977 ynghylch sut mae cred yn Nuw yn gallu bod yn rhesymegol ac yn gydlynol. Mae hyn yn cynnwys sut mae e'n amddiffyn gwyrthiau ac yn amddiffyn bod iaith grefyddol yn ystyrlon.

Mae 'egwyddor wyddonol' yn elfen allweddol o amddiffyniad Swinburne o blaid bodolaeth Duw theïstig. Pan rydyn ni'n chwilio am achos neu reswm y tu ôl i ddigwyddiad penodol, yn aml, bydd yr un symlaf yn ddigonol. Mae Swinburne yn defnyddio enghreifftiau fel ditectif sy'n chwilio drwy dystiolaeth i ddod o hyd i'r troseddwr tebygol. Dydy'r ditectif ddim yn chwilio am ateb gorgymhleth ac astrus, mae'n dilyn y dystiolaeth yn unig. Mae hyn yn debyg i egwyddor rasel Occam – bod esboniadau symlach yn gofyn am lai o wirio ac felly eu bod nhw'n fwy tebygol o fod yn wir. I Swinburne, wrth wynebu'r broblem athronyddol ynghylch pam mae bydysawd yn y lle cyntaf, a beth achosodd i fywyd ddatblygu a bodoli, Duw hollalluog a hollgariadus yw'r ateb symlaf a mwyaf cyflawn. Mae hyn wedi cael ei herio gan ysgolheigion, fel y biolegydd esblygol Richard Dawkins (gweler Pennod 19).

Er bod gwendidau yn y dadleuon o blaid bodolaeth Duw, gan gynnwys y dulliau cosmolegol a theleolegol, profiadau crefyddol a gwyrthiau (dydy Swinburne ddim o'r farn bod y ddadl ontolegol yn argyhoeddi o blaid bodolaeth Duw), gyda'i gilydd, maen nhw'n gwneud achos hyfyw (*viable*) o blaid bodolaeth Duw. Yr enw ar hyn yw **dadl gronnus** o blaid bodolaeth Duw, ac mae wedi dylanwadu ar lawer o ysgolheigion eraill fel Caroline Franks Davis (gweler Pennod 23). Mae Swinburne yn cyfeirio at drefnusrwydd sy'n rhedeg drwy'r bydysawd drwyddi draw. Mae'n dweud mai oherwydd bodolaeth bod hollalluog a hollgariadus yn unig y mae'r trefnusrwydd hwn yn gallu bodoli. Yn ddiddorol, cafodd Antony Flew (gweler Pennod 27) dröedigaeth yn ddiweddarach yn ei fywyd o atheïstiaeth i ddeïstiaeth. Dywedodd fod dadleuon Swinburne ynghylch trefnusrwydd y bydysawd yn ffactor a gyfrannodd at hyn.

Mae'r gred bod Duw hollalluog, hollgariadus a hollwybodus yn golygu bod problemau athronyddol yn codi o ran sut gall Duw fod â'r priodoleddau hyn i gyd ar yr un pryd. Mae ysgolheigion fel J. L. Mackie (gweler Pennod 13) yn awgrymu nad yw hi'n bosibl cael ateb i'r gwrthdaro hwn. Os yw Duw yn hollalluog, er enghraifft, ydy hynny'n golygu bod Duw yn gallu pechu? A yw Duw yn gallu gwneud pethau sy'n amhosibl yn rhesymegol, hefyd? Os yw Duw yn hollwybodus, ac yn gwybod y dyfodol, beth mae hynny'n ei olygu i ewyllys rydd ddynol? Beth yw diben gweddïo? Yn olaf, os yw Duw yn hollgariadus, pam mae cymaint o ddioddefaint yn y byd?

Yn ôl Swinburne, mae edrych ar amrywiaeth o dystiolaeth yn gallu dangos ei bod hi'n fwy tebygol nag yn llai tebygol bod yna Dduw – a dyma'r ateb symlaf a mwyaf cyflawn.

> **HANFODOL!**
>
> Mae'r **ddadl gronnus** o blaid bodolaeth Duw yn dweud mai 'Mae Duw yn bodoli' yw'r esboniad gorau am y bydysawd, gwerthoedd moesol a phrofiadau crefyddol. Mae'n defnyddio cyfuniad o ddadleuon amrywiol, yn hytrach na dadl unigol i brofi bodolaeth Duw.

Mae Swinburne yn cynnig ateb i'r syniadau hyn sy'n ymddangos fel ei bod yn gwrth-ddweud ei gilydd gan ddefnyddio ei ddisgrifiad o Dduw fel bod sy'n 'cyfyngu arno ef ei hunan'. Mae hyn yn mynd y tu hwnt i gyfyngiad i wneud yr hyn sy'n bosibl yn rhesymegol yn unig, sef yr hyn yr oedd athronwyr Cristnogol eraill wedi'i gynnig. I Swinburne, os yw bodau dynol yn gallu cael perthynas gariadus â Duw, mae ei wybodaeth, ei bŵer a'i ddatguddiadau wedi'u cyfyngu'n fwriadol. Mae gan Dduw wybodaeth, pŵer a chariad diderfyn, ond er lles y ddynoliaeth mae'n cyfyngu arno ef ei hunan, fel mae'r tabl isod yn manylu.

Gwybodaeth gyfyngedig am y dyfodol	Ymyrraeth gyfyngedig yn y byd	Datguddiad cyfyngedig
Mae Duw yn cyfyngu ar ei natur hollwybodus fel nad yw'n gwybod pob digwyddiad a gweithred yn y dyfodol. Mae hyn yn gadael i fodau dynol fod yn foesol rydd, yn hytrach na gweithredu cynlluniau wedi'u rhagarfaethu y mae gan Dduw wybodaeth ohonyn nhw'n barod. Mae hyn yn golygu na fyddai dewis rhydd mwyach.	Gallai Duw ymyrryd unrhyw eiliad, ond dydy e ddim yn gwneud hynny. Felly, rydyn ni'n gallu cael deddfau naturiol y mae'n bosibl eu gwybod ac rydyn ni'n gallu gweithredu fel bodau dynol wrth wneud penderfyniadau am ein bywydau. Mae Duw yn gallu ymyrryd weithiau ac mae'n gwneud hynny, dim ond mewn amgylchiadau anghyffredin.	Dydy Duw ddim yn rhoi tystiolaeth aruthrol i fodau dynol o blaid ei fodolaeth. Felly, mae bodau dynol yn dal i wneud dewisiadau personol o ran ffydd, sy'n golygu bod hyn yn rhywbeth sy'n gallu cael ei ddewis mewn gwirionedd. Mae hyn yn cysylltu â dadl gronnus Swinburne o blaid bodolaeth Duw (gweler hefyd Caroline Franks Davis ym Mhennod 23).

Gyda'r cefndir hwn, neu'r 'wybodaeth ehangach' o'r byd a'i berthynas â Duw, y mae Swinburne yn cyflwyno ei amddiffyniad o gred theïstig wrth amddiffyn gwyrthiau yn erbyn beirniadaeth David Hume (gweler Pennod 5) ac yn erbyn yr heriau y mae mudiad y positifiaethwyr rhesymegol yn eu codi.

Diffinio ac Amddiffyn Gwyrthiau

Mae'r gair Saesneg 'miracle' yn dod o'r Lladin *mirus*, sy'n golygu 'syfrdanol, rhyfeddol a rhagorol'. Fodd bynnag, mae iddo ystyron crefyddol ym mhob ffydd. Mae sawl un ym maes athroniaeth wedi ceisio diffinio ystyr 'gwyrth'. Gan ystyried y broblem hon, cyn amddiffyn gwyrthiau yn erbyn beirniadaeth Hume (gweler Pennod 5), cyflwynodd Swinburne ei ddiffiniad ei hun.

Ystyriwch y diffiniadau amrywiol o wyrthiau isod.

Aquinas	Hume	Swinburne	Holland
'Yr hyn y mae iddo achos dwyfol, nid yr hyn y mae person dynol yn methu deall ei achos'	'Deddf natur yn cael ei thorri oherwydd bod y Duwdod eisiau hynny'n benodol, neu oherwydd bod rhyw gyfrwng anweledig yn ymyrryd'	'Digwyddiad sy'n wrth-achos i ddeddf natur sy'n an-ailadroddadwy'	'Cyd-ddigwyddiad hynod a manteisiol sy'n cael ei ddehongli mewn ffordd grefyddol'

I Swinburne, mae diffiniad Aquinas o wyrth (gweler Pennod 1) yn annigonol. Amlygwyd hyn gan ddamcaniaeth 'Duw'r Bylchau' – y syniad ein bod ni'n defnyddio 'Duw' fel esboniad am bethau nad ydyn ni'n gwybod yr achosion gwyddonol amdanyn nhw eto. Yn y gorffennol, roedd pobl yn deall bod llawer o bethau'n wyrthiol yn oruwchnaturiol, ond nid felly y mae hi erbyn hyn.

MEWNWELEDIAD

Mae Swinburne yn dadlau bod Duw, fel arwydd o barch at ryddid a dewis dynol, yn cyfyngu ar ei ragwybodaeth, ei ymyriadau a'i ddatguddiadau yn y byd.

MEWNWELEDIAD

Mae Swinburne yn gwrthod diffiniad Hume o wyrth fel torri deddf natur, ac yn cyflwyno diffiniad bod gwyrthiau yn 'wrth-achosion an-ailadroddadwy i ddeddfau natur' gyda chanlyniad da i'r crediniwr.

Byddai diffiniad Holland o wyrth (gweler Pennod 24) yn annigonol i Swinburne hefyd. Drwy fabwysiadu safbwynt gwrth-realaidd, mae Holland yn gadael i fodau dynol ddehongli ystyr y wyrth yn llwyr. Dydy hyn ddim fel petai'n dilyn sut mae pobl grefyddol yn gweld pethau gwyrthiol.

Yn olaf, mae Swinburne yn anghytuno â diffiniad Hume o wyrth (gweler Pennod 5). Mae Hume yn deall mai torri deddf natur yn unig yw gwyrth – rhywbeth a allai rwystro cynnydd gwyddonol. Roedd Swinburne yn pwysleisio'r berthynas agos rhwng crefydd a gwyddoniaeth bob amser. Gwelai fod y ddwy yn cydweithio â'i gilydd i'n helpu i ddeall Duw a'r byd, yn hytrach na gweithio yn erbyn ei gilydd.

MEWNWELEDIAD

Mae Swinburne yn cyflwyno ffydd grefyddol fel rhywbeth rhesymegol a synhwyrol ar y cyd â'n dealltwriaeth wyddonol o'r byd, yn hytrach nag er gwaethaf gwyddoniaeth a'i dulliau.

Mae'r tabl isod yn amlinellu rhai o'r beirniadaethau allweddol y mae Swinburne yn eu cyflwyno ar ddiffiniad Hume o 'wyrth'.

Atal ymholi	Atal ymchwilio	Tanseilio cysondeb	Annog meddylfryd 'Duw'r Bylchau'
Os yw digwyddiadau anghyffredin ac anarferol yn cael eu gweld fel rhai 'gwyrthiol', yna bydd gennym ni lai o gymhelliad i ymholi iddyn nhw drwy ddulliau empirig, ar sail tystiolaeth.	Ar ôl i ddigwyddiad gael ei weld fel gwyrth, wedyn fydd dim rhagor o ymchwiliadau – efallai bydd darganfyddiadau gwyddonol gwerthfawr yn cael eu colli.	Mae gwyddoniaeth yn dibynnu ar dybiaeth bod gennym ni ddeddfau natur cyson a rhagweladwy. Os yw gwyrthiau'n cael eu gweld fel eithriadau sy'n torri'r deddfau hyn, yna mae'n gwneud i'r byd ymddangos yn anghyson ac yn anodd rhagweld.	Drwy ddiffinio gwyrthiau fel torri deddfau naturiol, gallen ni fod yn rhoi 'Duw' fel rheswm dros rywbeth nad ydyn ni'n ei ddeall eto, a dyna i gyd. Dylen ni fod â'r nod o archwilio ac esbonio'r digwyddiadau hyn, yn hytrach na neidio'n gyntaf at 'Dduw' fel achos.

Mae Swinburne yn dadlau ei bod hi'n well gweld gwyrthiau fel digwyddiadau unigryw sy'n mynd yn groes i'r hyn yr ydyn ni'n ei arsylwi fel arfer ym myd natur. Mae'n galw'r rhain yn 'wrth-achosion an-ailadroddadwy' i ddeddf natur.

Pan mae rhywbeth yn digwydd sy'n groes i'n dealltwriaeth arferol ni o ddeddfau naturiol, gallwn ni geisio gwneud i'r digwyddiad gael ei ailadrodd. Os yw'n ailadroddadwy, gall hyn ein hysgogi i ddeall deddfau natur mewn ffordd newydd (oherwydd efallai nad anomaledd oedd hyn). Os yw'n an-ailadroddadwy, pan oedd yr amodau i gyd yr un fath ag yr oedden nhw ar gyfer y digwyddiad cyntaf, efallai'n wir mai gwyrth oedd hi.

Drwy bwysleisio'r agwedd an-ailadroddadwy hon, yn hytrach na dim ond 'torri deddf', mae Swinburne eto yn dod â ni yn ôl at ymchwiliad gwyddonol o'r digwyddiad, yn hytrach na neidio i'r dybiaeth mai gweithred gan Dduw yw digwyddiad.

AWGRYM

Mae'n bwysig cofio, er efallai fod Swinburne yn Gristion ei hun, nad yw'n ceisio amddiffyn gwyrthiau penodol drwy ei ddiffiniad. Yn hytrach, mae'n agor y drafodaeth athronyddol ynghylch gwyrthiau, i ddangos y gall fod yn rhesymegol a synhwyrol i fod yn agored i'r posibilrwydd bod gwyrthiau'n digwydd. Fodd bynnag, mae ei egwyddorion tystiolaeth a hygoeledd yn cael eu cymhwyso at yr honiadau am wyrthiau mewn Cristnogaeth.

MEWNWELEDIAD

Mae Swinburne eisiau dangos bod credu mewn gwyrthiau yn gallu bod yn safbwynt rhesymegol a synhwyrol. Dydy e ddim yn ceisio profi bod gwyrthiau wedi digwydd neu y byddan nhw'n digwydd, ond y gall hi fod yn rhesymegol credu iddyn nhw wneud.

Mae Swinburne yn credu bod gwyrthiau yn rhan o berthynas Duw â'r ddynoliaeth. Mae Duw yn hollgariadus ac mae wedi creu'r ddynoliaeth fel gweithred gariadus. Felly, mae'n rhesymegol credu y byddai Duw (a) yn gallu atal deddfau natur dros dro petai angen drwy ei hollalluogrwydd, a (b) eisiau ymyrryd yn y byd i roi canlyniadau da i'w greadigaeth. Mae hyn, i Swinburne, yn gyfan gwbl o fewn natur Duw. Eto, mae'n amlygu bod Swinburne yn awyddus i ddangos bod ffydd yn Nuw yn gallu bod yn safbwynt cydlynol a rhesymegol.

Yn ôl Swinburne, gall gwyrthiau ddigwydd am ddau reswm:

- fel ateb i weddi
- i 'lofnodi' dysgeidiaethau a bywydau proffwydi a ffigurau allweddol, i ddangos ei bod hi'n wir eu bod nhw'n dod â neges oddi wrth Dduw i'r ddynoliaeth.

Mae'n amlwg, i Swinburne, nad gwyrth yn unig yw lle mae deddf natur wedi cael ei thorri, ond bod iddi ryw arwyddocâd a diben crefyddol. 'Pe bai duw yn ymyrryd yn y drefn naturiol i wneud i bluen lanio yma yn hytrach nag yno, heb ddim rheswm dwfn terfynol, neu droi blwch teganau plentyn drosodd dim ond allan o falais, ni fyddai'r digwyddiadau hyn yn cael eu disgrifio'n naturiol fel gwyrthiau' (*The Concept of Miracle*, 1970).

Amddiffyn y Ddadl sy'n codi o Wyrthiau

Ar ôl amddiffyn gwyrthiau, aeth Swinburne ati i amddiffyn y ddadl o blaid bodolaeth Duw rhag beirniadaeth David Hume, y meddyliwr allweddol, y sgeptig dylanwadol a'r empirydd (gweler Pennod 5). Roedd Hume wedi gwneud pum beirniadaeth ar yr honiadau bod gwyrth yn digwydd:

- Mae hi mor annhebygol bod gwyrth yn digwydd fel ei bod hi'n afresymegol ac afresymol i gredu bod un wedi digwydd.
- Does dim 'nifer digonol' o dystion addysgedig i dystio bod gwyrth wedi digwydd.
- Ar y cyfan, mae cred mewn gwyrthiau i'w chael mewn cenhedloedd anwybodus a barbaraidd.
- Mae gwyrthiau'n gyffrous i feddwl amdanyn nhw, a gall credu mewn honiad am wyrth fod yn ffurf ar gyflawni dymuniadau.
- Mae honiadau niferus am wyrthiau o draddodiadau crefyddol gwahanol yn gwrthbrofi dilysrwydd ei gilydd.

Mae Swinburne yn cymryd beirniadaeth gyntaf Hume ac yn cymhwyso'r rhesymu sydd ganddo dros gredu mewn Duw yn y lle cyntaf. I Swinburne, mae hyn yn 'symud' pwysoliad cydbwysedd tebygolrwydd yn sylweddol. Os oes gan rywun gred mewn Duw hollalluog a hollgariadus yn barod, yna fyddai hi ddim mor annhebygol y byddai'r Duw hwn yn ymyrryd yn y byd. Byddai gan y Duw hwn bŵer i ymyrryd, yn ogystal â'r ewyllys.

Yn ôl Hume, naill ai mae'r dystiolaeth o blaid gwyrthiau yn ffug ac yn dwyllodrus, neu does dim tystiolaeth ddilys o blaid digwyddiad o'r fath. Mae Swinburne, fodd bynnag, yn ymestyn yr hyn sy'n gallu cyfrif tuag at wyrthiau i gynnwys y canlynol:

- ein hatgofion ni ein hunain o brofiad
- datganiadau a thystiolaeth tystion o'r hyn a welwyd neu a brofwyd
- tystiolaeth gorfforol o'r digwyddiad, yn lleoliad y digwyddiad, neu brawf meddygol
- dealltwriaeth wyddonol o'r hyn y credir ei fod yn bosibl ac yn amhosibl.

Mae Swinburne yn defnyddio egwyddorion hygoeledd a thystiolaeth (gweler isod) i gefnogi'r dystiolaeth sy'n cael ei rhoi gan dystion. Wedyn, mae'n ymdrin â'r feirniadaeth olaf gan Hume, y bydd gwyrthiau o un traddodiad crefyddol yn gwrthbrofi rhai o draddodiad arall oherwydd honiadau sy'n gwrth-ddweud ei gilydd.

MEWNWELEDIAD

Mae geiriau Hume (wedi'u dyfynnu gan Swinburne) fel a ganlyn: 'Wrth ddinistrio system elyniaethus, y mae yn yr un modd yn dinistrio hygoeledd y gwyrthiau hynny yr oedd y system wedi'i sefydlu arnyn nhw.

Mae Swinburne yn amddiffyn yn erbyn y safbwynt hwn, gan ddweud nad yw gwyrthiau'n gwrthbrofi ei gilydd mewn gwirionedd ond bod ganddyn nhw thema gyffredin yn aml, sef hollraslonrwydd a chymorth i gredinwyr. Dydy hyn ddim yn annhebyg i sut mae Caroline Franks Davis yn amddiffyn profiadau crefyddol yn erbyn y feirniadaeth honiadau lluosog.

Ymateb i Bositifiaeth Resymegol

Yn ôl mudiad y positifiaethwyr rhesymegol, roedd pob honiad metaffisegol, neu 'sôn am Dduw' yn ddisynnwyr ac yn ddiystyr. Penderfynwyd ar hyn gan ddefnyddio'r **Egwyddor Wirio**. Yn ôl yr Egwyddor Wirio, er mwyn i osodiad fod yn ystyrlon, mae'n rhaid ei wirio naill ai'n ddadansoddol – hynny yw, mae gwirionedd y gosodiad yn rhesymegol eglur yn y gosodiad – neu'n synthetig – hynny yw, mae'n bosibl gwirio neu ddilysu gwirionedd y gosodiad yn empirig.

Yn ddiweddarach, gwahaniaethodd A. J. Ayer (gweler Pennod 26) rhwng yr Egwyddor Wirio gryf, lle mae'n bosibl profi gosodiadau synthetig yn uniongyrchol, a'r Egwyddor Wirio wan, lle mae'n bosibl profi'n ddamcaniaethol bod gosodiadau yn wir yn empirig. Mireiniodd Antony Flew (gweler Pennod 27) y syniad hwn, gan ddefnyddio terminoleg o athroniaeth gwyddoniaeth. Pwysleisiodd fod ystyr gosodiad neu gynnig yn dod o'r potensial iddo gael ei anwirio, yn hytrach nag o'r gallu i wirio hyn. Yr enw ar hyn yw'r **Egwyddor Anwirio**. Roedd gan y ddau safbwynt oblygiadau i bob trafodaeth ynghylch diwinyddiaeth, athroniaeth a metaffiseg, gan fod llawer o honiadau yn y maes hwn yn ddisynnwyr ac yn cael eu gweld fel rhai diystyr.

Mae'r safbwyntiau hyn yn cael eu beirniadu hefyd, a dydy Swinburne ddim yn derbyn bod yr heriau hyn yn *profi* bod iaith grefyddol yn ddiystyr. Mae Swinburne yn cynnig ei feirniadaeth ei hun ar yr Egwyddorion Gwirio ac Anwirio (yn ei erthygl 'God-talk Is Not Evidently Nonsense') er mwyn dangos bod ystyr i iaith grefyddol, a bod cred mewn Duw hollalluog a hollgariadus yn safbwynt rhesymegol.

Yn *The Coherence of Theism*, heriodd Swinburne yr Egwyddor Wirio drwy ddweud nad yw'n bodloni ei meini prawf ei hun o ran beth sy'n ystyrlon. Mae'n amhosibl gwirio'r egwyddor yn empirig a dydy hi ddim yn wir yn ddadansoddol (neu'n wir drwy ddiffiniad). Mae hon yn feirniadaeth fawr ac mae Pennod 26 ar Ayer yn rhoi mwy o sylw iddi. Daeth Swinburne i'r casgliad bod yr Egwyddor Wirio yn rhy anhyblyg a chaeth o ran ei diffiniad o osodiadau 'ystyrlon'. Drwy gymhwyso'r egwyddor, mae gosodiadau hanesyddol, artistig ac emosiynol yn cael eu gwneud yn 'ddiystyr', felly hefyd honiadau crefyddol, moesegol a metaffisegol.

MEWNWELEDIAD

Mae'r ddadl honiadau sy'n gwrthdaro yn erbyn gwyrthiau yn cael ei gwneud hefyd yn erbyn profiadau crefyddol, oherwydd gall profiad mewn un grefydd fod yn groes i brofiad crefydd arall. Mae Davis yn defnyddio ymateb tebyg i Swinburne wrth ddadlau bod craidd cyffredin o negeseuon wrth wraidd y profiadau hynny.

HANFODOL!

Yr **Egwyddor Wirio** yw'r syniad bod gosodiad ddim ond yn ystyrlon os yw'n bosibl ei wirio'n empirig neu os yw'n wir o ran diffiniad.

Yr **Egwyddor Anwirio** yw'r syniad bod gosodiad ddim ond yn ystyrlon os oes posibilrwydd y gallai tystiolaeth empirig brofi ei fod yn anwir.

MEWNWELEDIAD

Mae Swinburne yn gwrthod prif honiad y positifiaethwyr rhesymegol, sef bod honiadau metaffisegol, moesegol a chrefyddol yn ddiystyr. Mae'n beirniadu'r Egwyddor Wirio sydd wrth wraidd eu dull nhw, yn ogystal â chyflwyno ei enghraifft ei hun – y Teganau sy'n Dawnsio yn y Cwpwrdd – i ddangos ei bod hi'n bosibl i iaith fod yn ystyrlon, hyd yn oed os nad yw'n bosibl ei gwirio.

Yn 'God-talk is Not Evidently Nonsense', mae Swinburne yn rhoi enghreifftiau o honiadau y mae'n bosibl eu gwneud sy'n methu cael eu gwirio'n empirig, ond sy'n dal i allu bod ag ystyr.

Enghraifft 1	Enghraifft 2
Yr honiad bod yna rhyw fod tebyg i ddyn heb feddyliau neu deimladau.	Yr honiad bod yna deganau sy'n codi ac yn symud o gwmpas ystafell pan mae pawb yn cysgu.
'Mae rhyw fod tebyg i ddynion o ran ei ymddygiad, ei ffisioleg, a'i hanes sydd, serch hynny, heb feddyliau neu deimladau.'	'Mae rhai o'r teganau sy'n edrych fel pe baen nhw'n aros yn y cwpwrdd teganau wrth i bobl gysgu heb neb yn gwylio, yn codi ac yn dawnsio yng nghanol y nos, ac yna'n mynd yn ôl i'r cwpwrdd, heb adael unrhyw olion o'u gweithgarwch.'
Does dim modd profi'r honiad hwn yn empirig, oherwydd na allwn ni weld neu synhwyro meddyliau/teimladau ym meddwl rhywun arall.	Does dim modd profi'r honiad hwn yn empirig, gan nad oes neb yn tystio i'r teganau'n symud o gwmpas, a dydyn nhw ddim yn gadael unrhyw olion chwaith.

Does dim un o'r honiadau hyn, y mae Swinburne yn dadlau, yn bodloni'r meini prawf ar gyfer ystyr, o'r Egwyddor Wirio na'r Egwyddor Anwirio chwaith, ac eto'i gyd mae'n bosibl eu deall nhw ac mae ystyr iddyn nhw. Drwy hyn, mae Swinburne yn dangos bod iaith yn gallu bod yn ystyrlon, hyd yn oed os nad yw hi'n bosibl ei gwirio neu ei hanwirio.

Deall Safbwynt Swinburne

GWELLA EICH **DEALLTWRIAETH**

Sicrhewch eich bod chi'n deall sut mae Swinburne yn amddiffyn gwyrthiau rhag beirniadaeth Hume, ac iaith grefyddol rhag beirniadaeth mudiad y positifiaethwyr rhesymegol.

Sut mae Swinburne yn Amddiffyn Gwyrthiau yn erbyn Hume

HANFODOL!

Rhesymu anwythol – math o feddwl rhesymegol lle defnyddir enghreifftiau neu arsylwadau penodol i greu casgliadau a rhagfynegiadau cyffredinol.

Pam gall gwyrth fod wedi digwydd. Beirniadaeth gyntaf Hume ar y ddadl am wyrthiau yw'r hyn y gallwn ni ei alw'n 'glorian tebygolrwydd'. Mae'n dadlau ei bod hi'n llawer mwy tebygol bod digwyddiad gwyrthiol heb ddigwydd na bod un wedi digwydd. Fel empirydd, defnyddiodd Hume **resymu anwythol** i ddweud, oherwydd ein bod ni wedi gweld gweithred benodol ym myd natur yn digwydd ddigon o weithiau, ein bod ni'n derbyn hyn fel rheol. Y mwyaf rydyn ni'n arsylwi'r rheol hon, y mwyaf tebygol yw hi bod hyn yn digwydd ac y bydd yn digwydd.

Mae rhesymu anwythol yn golygu y gallwn ni wneud rhagfynegiadau am y dyfodol ar sail bod byd natur yn dilyn rheolau penodol yr ydyn ni wedi'u harsylwi. Mae'n dibynnu ar fod byd natur yn dilyn rheolau penodol y gallwn ni eu harsylwi'n empirig. Mae'n fwy tebygol bod y deddfau heb eu torri na'u bod nhw wedi'u torri.

Er enghraifft, efallai bydd Cristnogion yn credu bod Iesu wedi codi o farw'n fyw, yn wyrthiol, ond mae biliynau ar filiynau o bobl wedi marw a heb godi o farw'n fyw. Felly, mae hyn yn hynod annhebygol. Dydy Hume ddim yn dadlau bod gwyrthiau fel hyn yn methu digwydd, dim ond eu bod nhw'n hynod annhebygol a'i bod yn afresymegol i gredu ynddyn nhw.

Mae Swinburne yn ceisio gwrthbrofi beirniadaeth Hume fel hyn.

Empiriaeth Hume	Problem rhesymu anwythol	Deddfau naturiol
Cyflwynodd Hume ei ddadl fel empirydd, bod pob gwybodaeth yn cael ei chaffael o brofiad. Fodd bynnag, doedd e ddim yn dilyn y disgrifiadau o wyrthiau'n ddigon manwl.	Gwnaeth Hume dybiaeth, ar ôl arsylwi sut mae pethau'n ymddwyn yn y presennol neu wedi ymddwyn yn y gorffennol, a sut byddan nhw'n parhau i ymddwyn yn y dyfodol (gweler Pennod 5).	Mae safbwynt Hume ar ddeddfau naturiol wedi dyddio o'i gymharu â gwybodaeth wyddonol gyfoes. Doedd e ddim yn caniatáu ymchwiliad gwyddonol dynamig, a sut mae'r ddealltwriaeth o ddeddfau naturiol yn newid neu'n ehangu dros amser.

I Swinburne, mae bodolaeth Duw hollalluog a hollgariadus yn hynod debygol, o ganlyniad i'w ddadl gronnus ei hun o blaid bodolaeth Duw.

Os felly, mae'n hynod debygol bod Duw yn bodoli, a bod y Duw hwn yn hollalluog. Mae'n gwneud synnwyr y gallai Duw atal deddfau natur dros dro petai'n dymuno gwneud hynny. Fodd bynnag, dydy Duw ddim yn gallu gwneud hyn yn rhy aml gan y byddai'n ymyrryd ag ewyllys rydd. Mae'r rhesymeg hon yn cyd-fynd â safbwynt Swinburne bod pwerau Duw yn **cyfyngu arnyn nhw eu hunain**. Petai Duw eisiau gwneud, gallai ymyrryd â phob gweithred, ond er lles perthynas â'r ddynoliaeth a'n hewyllys rydd ni, dydy e ddim yn gwneud hyn.

Os oes rheswm da i gredu (fel Swinburne) bod Duw sy'n ymyrryd yn bodoli, yna mae rheswm da i gredu y bydd y Duw hwn yn gallu atal deddfau natur er mwyn i wyrth ddigwydd, a'i fod eisiau gwneud hyn. Does dim angen cymaint â hynny o bwysau i gydbwyso'r tebygolrwydd bod gwyrth wedi digwydd, gan nad yw'n dibynnu'n drwm ar dystiolaeth y rhai sy'n dyst i'r wyrth.

MEWNWELEDIAD

'Os oes gennych chi reswm i gredu'n barod ei bod hi'n eithaf tebygol bod Duw yn bodoli, yna mae'n bosibilrwydd mawr bod deddfau natur dim ond yn gweithredu cyn belled ag y mae e'n dymuno y dylen nhw. Wedyn, os gallwch chi ddangos mai dyma'r math o ddigwyddiad y bydd Duw yn ei achosi, yna dim ond rhyfaint penodol o dystiolaeth sydd ei angen arnoch chi' (Swinburne, https://youtu.be/dmButXMCrZ4 mewn cyfweliad ar y rhaglen *Closer To Truth*).

Pam gallwn ni dderbyn disgrifiadau tystion o wyrthiau. Mae ail ran beirniadaeth Hume ar wyrthiau yn canolbwyntio ar y dystiolaeth a roddodd y rhai sydd wedi tystio i wyrth neu wedi cael profiad o wyrth. Honnodd Hume yn hyderus 'Does dim tystiolaeth o unrhyw fath yn ddigonol i brofi gwyrth.' Roedd yn amau'r rhai sy'n credu iddyn nhw weld gwyrth, gan awgrymu eu bod nhw'n eu twyllo eu hunain neu iddyn nhw gael eu twyllo. Hefyd roedd yn amau deallusrwydd y rhai sy'n credu ynddyn nhw, a dywedodd mai'r rhai sydd â lefelau is o addysg yn y boblogaeth sydd fwyaf tebygol o gredu mewn gwyrthiau.

Roedd Swinburne yn amau 'tystiolaeth ddigonol' Hume, lle roedd Hume yn diystyru enghreifftiau o wyrthiau lle bu cannoedd o dystion. Yn ei erthygl 'Miracles' (1968), heriodd Swinburne werthoedd empirig Hume: 'Mae rhywun yn rhyfeddu yma at faint tystiolaeth Hume … onid yw Hume ddim ond yn bod yn rhagfarnllyd, wrth wrthod wynebu ffeithiau?'

Hefyd roedd Swinburne yn amau'r math o dystiolaeth yr awgrymodd Hume a allai brofi gwyrth o bosibl: hynny yw, dim ond tystiolaeth ysgrifenedig neu eiriol rhywun a oedd wedi bod yn dyst iddi. Gwnaeth Swinburne gymariaethau rhwng tystiolaeth mor gul â'r dystiolaeth a fyddai gan dditectif fel Sherlock Holmes ac y byddai'n gallu ei dadansoddi cyn dod i farn.

AWGRYM

Cofiwch fod dadl gronnus Swinburne o blaid bodolaeth Duw yn dweud ei bod hi'n fwy tebygol bod Duw yn bodoli os ydych chi'n 'adio' yr holl ddadleuon o blaid bodolaeth Duw. Er enghraifft, fyddai'r ddadl gosmolegol yn unig, ddim yn ddigon o brawf o blaid bodolaeth Duw. Fodd bynnag, mae'r achos yn cael ei gryfhau pan mae hyn yn cael ei ychwanegu at brofiadau crefyddol.

HANFODOL!

Mae Swinburne yn datrys problemau ymddangosiadol gyda disgrifiadau o Dduw fel bod hollalluog, hollwybodus a hollgariadus drwy ddadlau bod Duw yn **cyfyngu arno ef ei hun**. Mae Duw yn cyfyngu ar ei bŵer, ei ragwybodaeth a'i ymyriad ei hun yn y byd er mwyn cael perthynas â bodau dynol moesol, rhydd.

Ystyriodd Swinburne y wyrth Gristnogol adnabyddus – atgyfodiad Iesu.

> ³Oherwydd, yn y lle cyntaf, traddodais i chwi yr hyn a dderbyniais: i Grist farw dros ein pechodau ni, yn ôl yr Ysgrythurau; ⁴iddo gael ei gladdu, a'i gyfodi y trydydd dydd, yn ôl yr Ysgrythurau; ⁵ac iddo ymddangos i Ceffas, ac yna i'r Deuddeg.
>
> ⁶Yna, ymddangosodd i fwy na phum cant o'i ddilynwyr ar unwaith—ac y mae'r mwyafrif ohonynt yn fyw hyd heddiw, er bod rhai wedi huno.
>
> ⁷Yna, ymddangosodd i Iago, yna i'r holl apostolion. ⁸Yn ddiwethaf oll, fe ymddangosodd i minnau hefyd, fel i ryw erthyl o apostol.
>
> (1 Corinthiaid 15:3–8, Y Beibl Cymraeg Newydd Diwygiedig)

Yma, mae Paul yn rhestru'r tystion i'r Iesu atgyfodedig, mae dros 500 i gyd. Oni fyddai'r dystiolaeth gronnus ar gyfer pob un o'r tystion hyn yn cyfrif tuag at fod gwyrth debygol wedi digwydd? Cofiwch, fodd bynnag, fod hyn yn dibynnu ar dderbyn disgrifiadau'r Beibl a'r Efengylau fel ffynhonnell hanesyddol, ac mae Swinburne yn gwneud hyn ar ôl rhywfaint o ymchwilio.

Yn ganolog i amddiffyniad gwyrthiau Swinburne yn erbyn beirniadaeth Hume, y mae ei egwyddorion, sef **tystiolaeth** a **hygoeledd**. Mae'r rhain yn cael eu defnyddio hefyd mewn trafodaethau ynghylch honiadau am brofiadau crefyddol (gweler Caroline Franks Davis, Pennod 23). Mae'n dadlau ein bod ni'n defnyddio'r egwyddorion hyn drwy'r amser yn ein bywydau; rydyn ni'n credu'r hyn y mae pobl yn ei ddweud wrthon ni a bod pethau fel rydyn ni'n eu profi nhw. Felly pam dylen ni wneud unrhyw beth yn wahanol ar gyfer profiadau crefyddol neu, yn yr achos hwn, disgrifiadau o wyrth?

Yn gyffredinol, dydy Swinburne ddim yn meddwl bod gwyrthiau'n unig yn gallu profi bodolaeth Duw, ond maen nhw'n gallu bod yn ddadl o'i phlaid, yn ogystal â rhesymau eraill. Mae hyn yn ffurfio dadl gronnus Swinburne o blaid bodolaeth Duw. Efallai fod gwendidau gan bob dadl, ond o'u cymryd gyda'i gilydd, maen nhw'n cyflwyno achos grymus o blaid bodolaeth Duw – yn yr un ffordd ag y mae deg bwced sy'n gollwng, serch hynny'n gallu dal tipyn go lew o ddŵr.

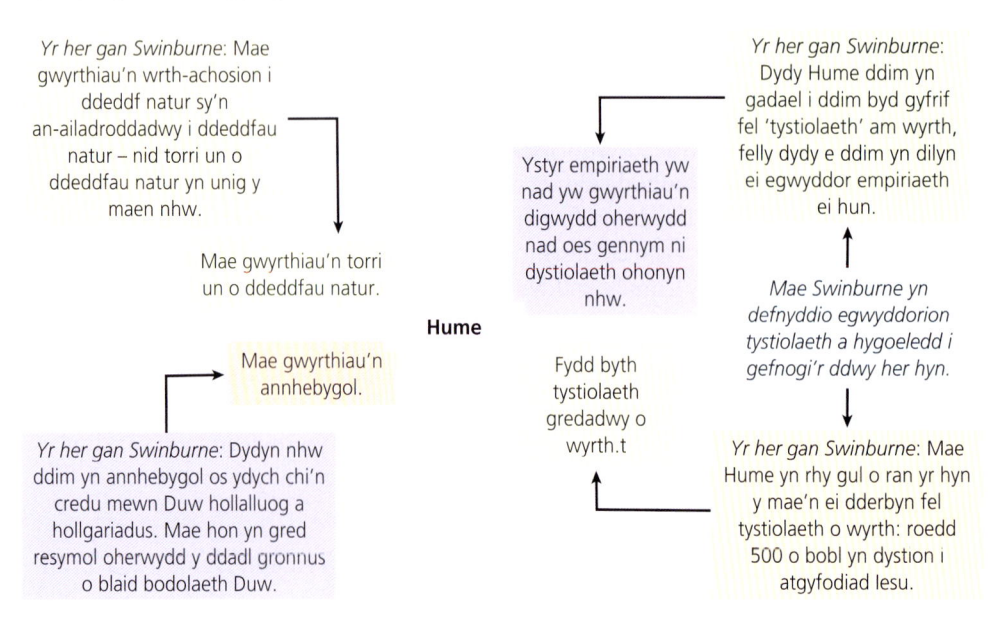

HANFODOL!

Mae egwyddor **tystiolaeth** yn dweud y dylen ni gredu pobl sy'n honni bod gwyrth wedi digwydd iddyn nhw, oni bai bod gennym ni resymau eraill i amau eu stori am y digwyddiad.

Yn ôl egwyddor **hygoeledd**, os yw hi'n ymddangos fel bod rhywbeth wedi digwydd i ni, yna mae hynny'n debygol, oni bai bod gennym ni ryw reswm arall i amau'r digwyddiad.

AWGRYM

Mae egwyddor Swinburne o dystiolaeth yn gymhwysiad o ddamcaniaeth rasel Occam – bod yr esboniad symlaf am ddigwyddiad yn debygol o fod yn wir.

MEWNWELEDIAD

Mae Caroline Franks Davis (gweler Pennod 23) yn defnyddio dadl gronnus ac egwyddorion hygoeledd a thystiolaeth Swinburne, i gefnogi'r ddadl bod profiadau crefyddol yn profi bodolaeth Duw.

Hume

Yr her gan Swinburne: Mae gwyrthiau'n wrth-achosion i ddeddf natur sy'n an-ailadroddadwy i ddeddfau natur – nid torri un o ddeddfau natur yn unig y maen nhw.

→ Mae gwyrthiau'n torri un o ddeddfau natur.

→ Mae gwyrthiau'n annhebygol.

Yr her gan Swinburne: Dydyn nhw ddim yn annhebygol os ydych chi'n credu mewn Duw hollalluog a hollgariadus. Mae hon yn gred resymol oherwydd y ddadl gronnus o blaid bodolaeth Duw.

Ystyr empiriaeth yw nad yw gwyrthiau'n digwydd oherwydd nad oes gennym ni dystiolaeth ohonyn nhw.

Fydd byth tystiolaeth gredadwy o wyrth.

Yr her gan Swinburne: Dydy Hume ddim yn gadael i ddim byd gyfrif fel 'tystiolaeth' am wyrth, felly dydy e ddim yn dilyn ei egwyddor empiriaeth ei hun.

Mae Swinburne yn defnyddio egwyddorion tystiolaeth a hygoeledd i gefnogi'r ddwy her hyn.

Yr her gan Swinburne: Mae Hume yn rhy gul o ran yr hyn y mae'n ei dderbyn fel tystiolaeth o wyrth: roedd 500 o bobl yn dystion i atgyfodiad Iesu.

Ymateb Swinburne i Hume wrth drafod gwyrthiau

Sut mae Swinburne yn Amddiffyn Iaith Grefyddol yn Erbyn Positifiaeth Resymegol

Roedd mudiad y positifiaethwyr rhesymegol ac yn ddiweddarach y **Symposiwm Anwirio**, yn amau ystyr iaith grefyddol mewn dwy ffordd:

- drwy'r Egwyddor Wirio, sy'n dweud, er mwyn bod yn ystyrlon, fod yn rhaid bod modd gwirio gosodiadau yn empirig
- drwy'r Egwyddor Anwirio, sy'n dweud, er mwyn bod yn ystyrlon, fod yn rhaid bod modd anwirio gosodiadau.

Roedd yr egwyddorion hyn, yn ôl y positifiaethwyr rhesymegol yn gwneud pob 'sôn am Dduw' yn ddiystyr. Hon yw'r ddadl y mae Swinburne yn ei gwrthbrofi.

Mae Swinburne yn pwysleisio bod llawer o wahanol fathau o osodiadau'n cael eu gwneud bob dydd a'u bod nhw'n cael eu cymryd i fod yn ystyrlon pan mae'n amhosibl eu gwirio nhw. Mae hyn yn berthnasol i osodiadau hanesyddol nad ydyn ni'n gallu eu gwirio, yn ogystal â rhai gwyddonol. Hefyd, mae'r Egwyddor Wirio yn agored i feirniadaeth ar resymu anwythol.

> **AWGRYM**
>
> Cofiwch mai problem rhesymu anwythol, fel y cyflwynodd Hume hi gyntaf, yw na ddylai tybiaethau am y dyfodol gael eu gwneud o'r hyn sydd wedi cael ei arsylwi yn y gorffennol. Pa faint bynnag rydyn ni'n arsylwi rhywbeth penodol, dydy hi ddim yn dilyn yn rhesymegol – yn ôl rhesymu anwythol – y bydd hyn yn digwydd yn sicr yn y dyfodol.

Yn ôl Swinburne, mae'r Egwyddor Wirio gryf 'yn cael ei hystyried yn gyffredinol yn anghywir ... Byddai hi'n dangos nad oes ystyr ffeithiol i bob gosodiad hollgyffredinol; a gan ei bod hi'n amlwg fod gan rai gosodiadau o'r fath ystyr ffeithiol, mae'n rhaid bod y ddamcaniaeth yn anghywir.'

Yn *The Coherence of Theism*, mae Swinburne yn rhoi enghraifft o osodiad hollgyffredinol: 'Mae pob cigfran yn ddu (bob amser).' Mae'n dadlau nad yw gosodiadau o'r fath yn gallu cael eu gwirio'n derfynol: 'Pa faint bynnag o gigfrain rydych chi wedi gweld eu bod nhw'n ddu, gall fod un arall bob amser ac efallai bydd honno'n wyn.' Felly, 'Dydy gwirio ddim yn cynnig egwyddorion sy'n ddefnyddiol er mwyn pennu natur brawddegau diwinyddol'.

Mae Swinburne yn dadlau ei bod hi'n hollol bosibl i bobl fod â dealltwriaeth o dermau a geiriau sy'n amhosibl eu gwirio neu eu hanwirio. Felly dydy iaith grefyddol neu 'sôn am Dduw' ddim yn ddiystyr. Mae pobl yn gallu defnyddio geiriau a honiadau i ddisgrifio 'amgylchiadau presennol' y mae'n amhosibl eu gwirio neu eu hanwirio. Ond serch hynny, mae yna ddealltwriaeth o'r hyn y mae'r frawddeg neu'r honiad yn ei gyfleu, sydd felly'n rhoi ystyr iddo. Fel hyn, i Swinburne, mae brawddegau'n gallu bod yn arwyddocaol ac yn ystyrlon, hyd yn oed pan na fyddan nhw'n bodloni meini prawf y positifiaethwyr rhesymegol sydd yn yr Egwyddor Wirio a'r Egwyddor Anwirio.

Y Teganau sy'n Dawnsio yn y Cwpwrdd

Dyma'r enghraifft sy'n cael ei dyfynnu amlaf o rai Swinburne sy'n esbonio pam mae iaith grefyddol yn gallu bod yn ystyrlon, pa un a yw hi'n gallu cael ei gwirio neu ei hanwirio neu beidio. Rydyn ni i gyd yn gallu deall beth yw 'teganau', beth yw 'cwpwrdd', beth yw 'dawnsio' a beth fyddai'n ei olygu i hyn ddigwydd 'pan rydyn ni'n cysgu'. Felly, mae ystyr yn y gosodiad 'Mae teganau sy'n dod allan o'r cwpwrdd gyda'r nos pan rydyn ni'n cysgu a dydyn ni ddim yn gwybod eu bod nhw'n dawnsio o'n cwmpas ni.'

Rydyn ni'n deall sut gallai'r teganau hynny edrych, a sut gallen nhw symud o gwmpas, ond does gennym ni ddim tystiolaeth o blaid neu yn erbyn hyn. Felly, dydy ystyr yr iaith ddim ynghlwm wrth y posibilrwydd o'i gwirio neu ei hanwirio. Mae iaith grefyddol – 'sôn am Dduw' – yn gallu bod yn ystyrlon oherwydd ein bod ni'n deall y termau a'r cysyniadau sy'n cael eu cyfleu, hyd yn oed os na allwn ni wirio neu anwirio'r gosodiadau.

> **HANFODOL!**
>
> Sgwrs academaidd oedd y **Symposiwm Anwirio**, a ddechreuodd yn 1955, rhwng Antony Flew, Basil Mitchell a Richard Hare ar ystyr iaith grefyddol. Byddwn ni'n edrych ar hyn mewn penodau diweddarach yn y llyfr hwn.

Yr her gan Swinburne: Problem diddwytho – mae'n amhosibl gwirio 'mae pob brân yn ddu' oherwydd efallai y gwelwn ni frân wen ryw ddiwrnod.

Yr her gan Swinburne: Mae'r Egwyddorion Gwirio ac Anwirio yn rhy gul o ran yr hyn y maen nhw'n ei dderbyn fel honiad ystyrlon – mae honiadau hanesyddol, gwyddonol a moesol i gyd yn gallu bod yn ystyrlon, ond dydyn nhw ddim yn bodloni'r meini prawf sydd eu hangen.

Mae'r Egwyddorion Gwirio ac Anwirio yn dangos bod iaith grefyddol yn ddiystyr (safbwynt y positifiaethwyr rhesymegol)

Yr her gan Swinburne: Mae'n amhosibl gwirio'r Egwyddor Wirio – mae'n amhosibl gwirio'n empirig yr honiad 'er mwyn i honiadau fod yn ystyrlon, mae'n rhaid eu gwirio'n empirig neu eu bod yn wir drwy ddiffiniad', a dydy e ddim yn wir drwy ddiffiniad chwaith, felly yn ôl ei safonau ei hun, mae'n ddiystyr.

Yr her gan Swinburne: Gallwn ni ddeall 'amgylchiadau presennol' heb allu eu gwirio neu eu hanwirio, e.e. y Teganau sy'n Dawnsio yn y Cwpwrdd.

Ymateb Swinburne i ddadl y positifiaethwyr rhesymegol bod iaith grefyddol yn ddiystyr

BETH YW EICH BARN CHI?

Ysgrifennwch eich syniadau chi am ddadleuon Swinburne ac ewch yn ôl atyn nhw ychydig cyn yr arholiad er mwyn gweld a yw eich safbwyntiau wedi newid.

Darllen Swinburne eich Hun
Ar Wyrthiau

Yn y darn hwn o'i erthygl 'Miracles' (1968), mae Swinburne yn ymdrin â heriau Hume i wyrthiau. Bydd y nodiadau ar ymyl y dudalen yn eich helpu chi i ddeall ei syniadau.

> Mae Swinburne yn beirniadu sut mae John Hick yn deall gwyrthiau.

Mae gennym, i ryw raddau, dystiolaeth dda am beth yw deddfau natur, ac mae rhai ohonyn nhw mor hirsefydlog ac yn cyfrif am gymaint o ddata, fel y byddai unrhyw newid iddyn nhw y gallen ni ei awgrymu **er mwyn cyfrif am ambell wrth-achos, mor lletchwith ac ad hoc fel y byddai'n tarfu ar holl strwythur gwyddoniaeth**. Mewn achosion fel hyn lle mae'r dystiolaeth mor gryf, petai'r gwrth-achos honedig yn digwydd, roedd yn torri deddfau natur … Ond er mwyn i dorri deddf natur fod yn wyrth, mae'n rhaid mai rhyw dduw sy'n ei achosi, hynny yw, **rhyw fod rhesymegol pwerus iawn** nad yw'n wrthrych materol …

> Yma, mae Swinburne yn cyfeirio at Dduw.

> Mae Hume yn beirniadu gwyrthiau drwy ddweud y bydd gwyrthiau o grefyddau gwahanol yn gwrthbrofi ei gilydd. Yn ôl Swinburne, dydyn nhw ddim.

Os oedd Hume yn gywir wrth honni bod tystiolaeth o blaid gwyrthiau un grefydd yn dystiolaeth yn erbyn gwyrthiau unrhyw grefydd arall, yna yn wir byddai'r dystiolaeth o blaid gwyrthiau ym mhob crefydd yn wan. Ond mewn gwirionedd mae tystiolaeth o blaid gwyrth 'a luniwyd mewn un grefydd' dim ond yn dystiolaeth yn erbyn digwyddiad gwyrth 'a luniwyd mewn crefydd arall' petai'r ddwy wyrth, petaen nhw'n digwydd, yn dystiolaeth o blaid gosodiadau'r ddwy system grefyddol sy'n anghydnaws â'i gilydd. **Mae'n anodd meddwl am barau o wyrthiau honedig o'r math hwn.**

> I Swinburne, mae gwyrthiau'n rhan o bŵer a natur hollgariadus Duw. Byddan nhw bob amser yn dod â chanlyniad da i'r unigolyn. Mae Swinburne yn cyflwyno'r ddadl resymegol y gall fod gwyrthiau posibl gyda thystiolaeth hanesyddol gref yn cyd-fynd â nhw – rhywbeth nad yw Hume yn ei dderbyn. Dydy Swinburne ddim yn dweud ar gyfer pa wyrthiau y buodd tystiolaeth hanesyddol gref.

… dydy'r rhan fwyaf o wyrthiau honedig ddim yn achosi gwrthdaro o'r math hwn. Byddai'r rhan fwyaf o wyrthiau honedig, petaen nhw'n digwydd, ddim ond yn dangos **pŵer duw neu dduwiau a'u gofid dros anghenion dynion**, a dim llawer mwy … Fy mhrif gasgliad, i'w ailadrodd, yw nad oes anawsterau rhesymegol wrth dybio y gallai fod **tystiolaeth hanesyddol gref** dros wyrthiau'n digwydd. Mater arall, wrth gwrs, yw a oes tystiolaeth o'r fath.

RICHARD SWINBURNE

Ar Iaith Grefyddol

Yn y darn hwn o *The Coherence of Theism* (1977), mae Swinburne yn ymdrin â'r her i iaith grefyddol gan yr Egwyddor Wirio a'r Egwyddor Anwirio.

Y ffordd gyntaf yw'r ddadl o enghreifftiau; os ydyn ni'n ystyried unrhyw osodiad yr ydyn ni'n barnu ei fod yn ffeithiol, byddwn ni'n gweld ei fod yn bosibl ei gadarnhau neu ei ddad-gadarnhau drwy arsylwi (neu brofi mewn ystyr eang). Y broblem, fodd bynnag, yw bod digon o enghreifftiau o osodiadau y mae rhai pobl yn barnu eu bod yn ffeithiol nad yw hi'n bosibl, yn ôl pob golwg, eu cadarnhau neu eu dad-gadarnhau drwy arsylwi.

[…]

Mae rhai o'r teganau sy'n edrych fel pe baen nhw'n aros yn y cwpwrdd teganau wrth i bobl gysgu heb neb yn gwylio, yn codi ac yn dawnsio yng nghanol y nos ac yna'n mynd yn ôl i'r cwpwrdd, heb adael unrhyw olion o'u gweithgarwch. Nawr mae gosodiadau o'r fath, yn ôl pob golwg, yn amhosibl eu cadarnhau – mae'n ymddangos nad oes unrhyw dystiolaeth bosibl o arsylwi a fyddai'n cyfrif o'u plaid neu yn eu herbyn.

Mae dyn yn gallu deall y gosodiad 'unwaith, cyn bod yna ddynion neu unrhyw greaduriaid rhesymegol eraill, roedd môr yn gorchuddio'r ddaear', heb fod ganddo unrhyw syniad o ba dystiolaeth ddaearegol a fyddai'n cyfrif o blaid neu yn erbyn y gosodiad hwn, neu unrhyw syniad o sut i benderfynu pa dystiolaeth ddaearegol a fyddai'n cyfrif o blaid neu yn erbyn y gosodiad. Does bosibl ein bod ni'n deall honiad ffeithiol os ydyn ni'n deall y geiriau sy'n digwydd yn y frawddeg sy'n ei fynegi, ac os ydyn nhw'n cael eu cyfuno mewn patrwm gramadegol yr ydyn ni'n deall ei arwyddocâd.

< Profi drwy'r synhwyrau, yn hysbys yn empirig.

< Dyma enghraifft enwocaf Swinburne o osodiad y mae'n bosibl ei wneud nad yw'n bosibl ei wirio ond sy'n ddealladwy ac felly gall fod ystyr iddo.

< Mae Swinburne yn cyfeirio at yr Egwyddor Wirio a'r Egwyddor Anwirio.

< Gallwn ni ddeall y syniad bod cyfnod pan oedd y byd cyfan o dan ddŵr, heb wybod o reidrwydd sut byddai'n bosibl dangos neu wrthbrofi hyn.

< Gallwn ni ddeall y geiriau a'r ymadroddion sy'n cael eu defnyddio mewn brawddeg, felly gallwn ni ddweud bod ystyr iddyn nhw – hyd yn oed os nad yw hi'n bosibl eu profi neu eu gwrthbrofi.

Sut mae Swinburne yn cael ei Feirniadu

Problemau gyda sut mae Swinburne yn deall gwyrthiau. Mae rhai ysgolheigion yn beirniadu addasiad Swinburne i ddiffiniad Hume o wyrthiau. Yn ôl Swinburne, mae gwyrthiau'n an-ailadroddadwy. Felly, y cwestiwn yw, sut rydyn ni'n dosbarthu rhywbeth sy'n digwydd fwy nag unwaith? Efallai bydd Swinburne yn gweld mai gwyrth yw gwellhad gwyrthiol i glefyd fel ateb i weddi. Ond beth os yw'n digwydd eto i rywun arall? A yw hyn yn atal y weithred rhag bod yn wyrth oherwydd ei bod hi wedi cael ei 'hailadrodd'?

Pa fath o Dduw sy'n ateb rhai gweddïau'n unig? Os ydyn ni'n mynd i dderbyn diffiniad ac amddiffyniad Swinburne o wyrthiau, yna efallai y byddwn ni hefyd yn amau natur bod sy'n dewis a dethol pwy sy'n cael gwyrth a phwy sydd ddim. Gallai hyn hefyd fwydo i feirniadaeth allweddol ar y dadleuon o blaid bodolaeth Duw gan her 'Duw Drwg'. Yn ôl yr her hon, os ydyn ni'n derbyn y gwahanol ddadleuon clasurol o blaid bodolaeth Duw (er enghraifft, o ddylunio neu achos), pam rydyn ni'n tybio wedyn mai Duw cariadus a chyfeillgar yw hwn? Does bosibl y gallai hwn fod yn fod hollalluog a hollwybodus, ond yn ddrwg a maleisus? Mewn gwirionedd, gallai hyn fod yn ateb mwy rhesymegol i 'broblem' drygioni a dioddefaint. Byddai Duw drwg yn caniatáu ac yn dymuno'r dioddefaint y mae pobl yn eu profi yn rhan o greadigaeth y Duw hwnnw.

> **MEWNWELEDIAD**
>
> Mae her y 'Duw Drwg' yn arbrawf meddwl sy'n gofyn pam nad ydyn ni'n credu mewn duwdod hollalluog, hollddrygionus gyda'r un argyhoeddiad ag rydyn ni'n credu mewn Duw hollalluog, hollddaionus. Mae'n bosibl defnyddio'r un dystiolaeth i ddangos nad yw Duw yn hollgariadus: er enghraifft, gyda gwyrthiau'n digwydd i rai pobl ac nid i eraill.

Mae Swinburne yn mireinio ei ddiffiniad o wyrthiau (ymysg eraill) drwy ddweud bod rhain yn 'ddigwyddiad sy'n wrth-achos i ddeddf natur sy'n an-ailadroddadwy' (*The Concept of Miracle*, 1970). Maen nhw'n rhoi canlyniad da i'r unigolyn neu'r gymuned sy'n gysylltiedig – maen nhw wedi'u gwneud gyda bwriadau da am reswm da. Fodd bynnag, oherwydd y ffordd ymddangosiadol fympwyol neu bleidiol y mae'r gwyrthiau hyn yn cael eu dosbarthu, gallai hyn awgrymu Duw sydd â bwriad drwg. Wedi'r cyfan, mae llawer mwy o bobl sy'n gofyn, yn gweddïo ac yn ymbil am wyrth na'r rhai sy'n cael profiad o un.

Problemau gydag ymateb Swinburne i'r positifiaethwyr rhesymegol a'r Egwyddor Anwirio. Mae ysgolheigion wedi codi nifer o broblemau gydag amddiffyniad 'Teganau sy'n Dawnsio yn y Cwpwrdd' Swinburne o ystyr iaith grefyddol.

Yn gyntaf, pan mae'n cael ei ddefnyddio fel enghraifft o osodiadau anwiriadwy, byddai'n bosibl dadlau y gallen ni, mewn gwirionedd, baratoi profion er mwyn gweld yn empirig a oedd y teganau'n symud o gwmpas yn ystod y nos. Gallai'r teganau gael eu 'dal' yn symud yn y nos gyda chamerâu sy'n ymateb i symudiadau neu 'faglau' eraill, ond mae'n amhosibl gwirio profiadau crefyddol a honiadau crefyddol eraill fel hyn. Nid ein bod ni heb y camera cywir i dynnu eu lluniau nhw, ond allai dim un camera wneud hynny byth. Felly, i lawer o athronwyr, dydy hwn ddim yn amddiffyniad credadwy. Dydy termau fel 'Duw' a 'nefoedd', nad yw'n bosibl eu profi'n empirig, ddim yr un peth â 'teganau' a 'chwpwrdd', y mae'n bosibl eu profi'n empirig.

Yn ail, mae enghraifft Swinburne yn dangos efallai y gallwn ni ddeall pob un o'r elfennau mewn gosodiad, fel 'teganau' a 'dawnsio', hyd yn oed os nad oes gennym ni dystiolaeth ohonyn nhw. Felly mae ystyr i'r gosodiad 'Mae'r teganau'n dawnsio pan nad oes neb yn edrych'. Fyddai positifiaethwyr rhesymegol, fodd bynnag, ddim yn derbyn hyn, oherwydd er efallai fod rhannau unigol brawddeg yn gwneud synnwyr, mae'n bosibl mai nonsens yw'r frawddeg yn ei chyfanrwydd.

Er enghraifft, ystyriwch y gwahaniaeth rhwng:

Mae'r ci yn yr ardd.

a

Mae'r ardd yn y ci.

Mae'r ddwy frawddeg yn cynnwys 'ci', 'gardd' ac 'yn', ond mae gan un ystyr, ond does gan y llall ddim.

Pan mae'r positifiaethwyr rhesymegol yn dweud bod iaith grefyddol yn ddiystyr, nid y termau 'Duw', 'nefoedd' ac 'enaid' sy'n cael eu camddeall neu sydd heb ystyr, ond y brawddegau *yn eu cyfanrwydd* sy'n cynnig eu bodolaeth sy'n ddiystyr.

Gwallau Cyffredin

Dydy Swinburne ddim yn dweud y dylen ni gredu unrhyw dystiolaeth neu ddisgrifiad o wyrth yn yr Ysgrythur. Mae Swinburne yn dadlau ei bod yn rhesymegol ac yn gydlynol i fod yn agored i'r posibilrwydd o wyrth yn digwydd drwy egwyddorion tystiolaeth a hygoeledd, yn ogystal â bod yn rhan o ddadl gronnus o blaid bodolaeth Duw. Dydy e ddim yn dadlau y dylen ni gredu'n awtomatig bod disgrifiadau gwyrthiol yn wir, dim ond y dylen ni fod yn agored i'r syniad y gallen nhw fod, ac yna y dylen ni farnu'r dystiolaeth yn ôl hynny. Fel mae Swinburne yn ei deall hi, mae Hume yn dechrau o safbwynt sy'n rhy afresymegol i gredu byth y gallai gwyrth fod wedi digwydd, beth bynnag y mae'r amgylchiadau neu'r dystiolaeth yn ei awgrymu.

Peidiwch â chymysgu rhwng syniadau Holland a Swinburne am wyrthiau. Mae R. F. Holland (gweler Pennod 24) a Richard Swinburne yn ysgolheigion pwysig sy'n cwestiynu gwyrthiau. Mae dealltwriaeth Swinburne o wyrthiau yn ffitio i ddiffiniad 'torri deddfau' o wyrthiau, o safbwynt realaidd. Mae yna bŵer gwrthrychol, real, hollalluog sydd yn achosi'r wyrth, drwy atal, torri neu wyrdroi deddf natur sydd fel arfer wedi'i deall. Mae dealltwriaeth Holland yn ffitio i ddiffiniad 'amodoldeb' o wyrthiau, o safbwynt gwrthrealaidd. Mae ystyr y 'wyrth' yn dod o sut mae'r person sy'n ei phrofi neu sy'n dyst iddi yn dehongli'r digwyddiad.

Doedd Swinburne ddim yn rhan o'r Symposiwm Anwirio. Er i Swinburne gyfrannu at drafodaethau ynghylch anwirio ac ystyr iaith grefyddol, doedd e ddim yn rhan swyddogol o'r symposiwm. Sicrhewch eich bod chi'n gwybod pa ysgolheigion sy'n defnyddio pa enghreifftiau a storïau yn rhan o'r ddadl hon.

Antony Flew (rhan o'r symposiwm)	Richard Hare (rhan o'r symposiwm)	Basil Mitchell (rhan o'r symposiwm)	Richard Swinburne (ddim yn rhan o'r symposiwm)	John Hick (ddim yn rhan o'r symposiwm)
Egwyddor Anwirio: Y Garddwr Anweledig	'Bliciau': Y Myfyriwr Gorffwyll a'r Darlithydd	Natur ffydd: Y Partisan neu'r Dieithryn Dirgel	Mae iaith amhosibl ei hanwirio yn gallu bod yn ystyrlon o hyd: Y Teganau sy'n Dawnsio yn y Cwpwrdd	Bydd iaith grefyddol yn cael ei gwirio'n eschatolegol: Y Ddinas Nefol

CRYFHAU EICH GAFAEL

1. Lluniwch fap meddwl o syniadau Swinburne ynghylch: y diffiniad o wyrthiau, beirniadaeth Hume ar wyrthiau, yr Egwyddor Wirio a'r Egwyddor Anwirio. Esboniwch sut mae pob pwynt yn gysylltiedig â chred yn Nuw. Cyfeiriwch yn ôl at eich nodiadau ac ychwanegwch unrhyw wybodaeth ac enghreifftiau ychwanegol mewn lliw gwahanol i'ch atgoffa chi i adolygu hyn yn fwy trylwyr. Bydd hyn yn eich helpu chi i ateb cwestiynau AA1 sy'n canolbwyntio ar safbwynt Swinburne.

2. Lluniwch dabl sy'n dangos cryfderau a gwendidau diffiniad Swinburne a sut mae'n amddiffyn gwyrthiau a'i ymateb i Egwyddorion Gwirio ac Anwirio mudiad y positifiaethwyr rhesymegol. Pa ochr o'r tabl sy'n eich argyhoeddi fwyaf? Gan ystyried y pwyntiau sydd gennych chi ar bob ochr i'r tabl, ysgrifennwch baragraff sy'n esbonio pa mor ddigonol yw esboniad Swinburne o gred grefyddol i chi. Bydd hyn yn cryfhau eich atebion AA2 sy'n gysylltiedig â beirniadaeth Swinburne ar grefydd.

Arweiniad ar yr Arholiad AA1

Bydd diffiniad Swinburne o wyrthiau yn ddefnyddiol i unrhyw un sy'n ysgrifennu ateb AA1 ynghylch diffiniadau o wyrthiau, yn enwedig o ran sut mae'n gysylltiedig â rhai Aquinas, Hume a Holland a sut mae'n wahanol i'w rhai nhw. Gwnewch yn siŵr eich bod chi'n gwybod sut mae diffiniad Swinburne yn adeiladu ar ddiffiniadau Aquinas a Hume ac yn eu haddasu, a sut mae gan ddiffiniad Holland ddull hollol wahanol, wrthrealaidd.

Bydd amddiffyniad Swinburne o'r ddadl sy'n dod o wyrthiau yn ddefnyddiol i unrhyw un sy'n ysgrifennu ateb AA1 am resymoledd credu mewn gwyrthiau crefyddol, nid yn unig wrth amddiffyn beirniadaeth Hume, ond hefyd o ran trafodaethau ynghylch profiad crefyddol, a'r dadleuon o blaid bodolaeth Duw yn fwy cyffredinol. Sicrhewch eich bod chi'n gwybod y rhesymau y mae Hume yn eu rhoi am ei safbwynt, sef y bydd unrhyw gred mewn gwyrthiau yn afresymegol. Cofiwch sut mae Swinburne yn gwrthbrofi'r safbwynt hwn.

O ran iaith grefyddol, bydd beirniadaeth Swinburne ar yr Egwyddor Wirio a'r Egwyddor Anwirio yn cyfrannu at drafodaethau ynghylch ystyr iaith grefyddol, yn ogystal â llwyddiant mudiad y positifiaethwyr rhesymegol yn fwy cyffredinol. Sicrhewch eich bod chi'n gwybod sut mae Swinburne yn defnyddio problem rhesymu anwythol fel beirniadaeth, yn ogystal â'i enghraifft o'r Teganau sy'n Dawnsio yn y Cwpwrdd.

Arweiniad ar yr Arholiad AA2

Wrth werthuso diffiniad Swinburne o wyrthiau, sicrhewch eich bod yn gwybod am yr ysgolheigion a'i heriodd. Hefyd, cymharwch ei ddiffiniad yn feirniadol â dulliau realaidd eraill Aquinas a Hume. Ym mha ffyrdd, os o gwbl, y mae diffiniad Swinburne yn well, yn fwy eglur neu'n fwy cydlynol?

Mae'n bosibl asesu dadleuon Swinburne i amddiffyn gwyrthiau drwy ddefnyddio'r heriau iddyn nhw a her y 'Duw Drwg' fel estyniad. Yn y pen draw, efallai y dewch chi i'r casgliad ei bod hi'n dibynnu ar fan cychwyn rhywun o ran pa mor argyhoeddiadol, neu beidio, mae ei ddadleuon i chi.

Yn olaf, efallai bydd traethodau sy'n gwerthuso cyfraniad Swinburne at drafodaethau ynghylch iaith grefyddol yn tynnu sylw at bethau tebyg i Hare a Mitchell (gweler Penodau 28 a 29). Maen nhw hefyd yn pwysleisio arwyddocâd iaith grefyddol, er efallai nad yw hi'n bosibl ei gwirio neu ei hanwirio. Mae'n bosibl dod i'r casgliad bod Swinburne yn ddefnyddiol o ran ei feirniadaeth ar yr Egwyddor Wirio yn fwy cyffredinol, a bod Ayer, prif gefnogwr mudiad y positifiaethwyr rhesymegol yn y DU (gweler Pennod 26), wedi newid ei safbwyntiau yn ddiweddarach yn ei fywyd.

Gwerthuso Swinburne Heddiw

Mewn arholiad, gallai fod gofyn i chi werthuso pa mor ddigonol neu lwyddiannus yw unrhyw un o syniadau Swinburne fel maen nhw wedi'u henwi yn y fanyleb. Gallwch chi dynnu ar yr adran hon i gael syniadau wrth i chi baratoi, ond nodwch na allwch chi roi sylw manwl i ddamcaniaethau Swinburne yma. Bydd gofyn i chi ddod i farn ar y safbwyntiau rydych chi'n eu cyflwyno, ond does dim angen i chi ddod i'r un casgliad â'r myfyrdod hwn.

Dydy Richard Swinburne erioed wedi osgoi'r cwestiynau a'r heriau anodd sy'n cael eu codi am gred grefyddol. Un o gryfderau ei ymagwedd at wyrthiau ac iaith grefyddol yw ei fod yn wynebu'r heriau hynny'n uniongyrchol. Hefyd, mae'n ceisio rhoi atebion rhesymegol sydd wedi'u hystyried yn dda i pam mae cred mewn gwyrthiau'n gallu bod yn rhesymegol, a pham mae iaith grefyddol yn ystyrlon mewn gwirionedd.

Fel hyn, mae Swinburne yn rhoi'r modd i'r credyniwr crefyddol ddal ffydd a rheswm gyda'i gilydd, fel mae llawer o gredinwyr yn dymuno ei wneud yn y byd modern. Yn y gorffennol, mae athronwyr crefyddol eraill wedi dilyn ffydd yn hytrach na rheswm, gyda ffyddiaeth. Yma, oherwydd bod gosodiadau wedi'u gwirio drwy ffydd, does dim rhaid iddyn nhw fod yn destun archwilio rhesymegol. Nid dyma yw dull Swinburne: mae'n rhoi rhesymoledd a rheswm yn gadarn wrth wraidd ei ymagwedd at ffydd. Mae hyn yn rhywbeth y mae ei wrthwynebwyr deallusol yn ei gydnabod, hyd yn oed. Fel gwelwn ni yng ngeiriau Richard Dawkins, 'Ym maes diwinyddiaeth, gwrtholeuaeth yw'r llwybr arferol i lwyddiant ... Mae Richard Swinburne yn ymwrthod â'r dulliau osgoi amheus hyn.'

Yn ychwanegol, mae safbwyntiau Swinburne yn bont rhwng yr athronyddol a'r diwinyddol o ran ei fod yn cymryd dadleuon athronyddol, fel y rhai sy'n ymwneud â gwyrthiau ac iaith grefyddol, ac yn eu cymhwyso at osodiadau a chredoau diwinyddol. Mae athroniaeth wedi cael ei beirniadu neu ei chamddeall yn aml am beidio ag ymwneud digon â'r byd go iawn. Drwy waith ac enghreifftiau Swinburne, rydyn ni'n gweld cysylltiad eglur rhwng trafodaethau athronyddol allweddol o'r gorffennol (Hume) a'r presennol (yr Egwyddorion Gwirio ac Anwirio), a chredoau a gweithredu cymunedau crefyddol heddiw.

Gallwn ni ddadlau bod Swinburne yn gywir wrth asesu'r Egwyddorion Gwirio ac Anwirio, er bod ei enghraifft o deganau yn y cwpwrdd yn cael ei beirniadu. Erbyn hyn, mae'r byd athronyddol yn derbyn safbwynt Swinburne yn gyffredinol, sef nad yw'r Egwyddor Wirio yn ein helpu ni i ddidoli gosodiadau ystyrlon a rhai diystyr. Dywedodd A. J. Ayer ei hun yn ddiweddarach yn ei fywyd mai sbwriel yn bennaf oedd yr hyn a ysgrifennodd yn ei lyfr *Language, Truth and Logic* (1936).

Rhan allweddol o athroniaeth Swinburne yw dadl gronnus o blaid bodolaeth Duw. Dydy e ddim yn dadlau'n ddiddwythol bod Duw yn bodoli'n bendant, ac y gallai un ddadl yn unig ein hargyhoeddi ni o hyn. Yn hytrach, mae'n dweud bod llawer o ddadleuon sydd, o'u hystyried gyda'i gilydd, yn dangos yn anwythol ei bod hi'n fwy tebygol nag yw hi'n annhebygol fod Duw yn bodoli. Mae'n bosibl ei bod hi'n well gan lawer o bobl y rhesymu hwn, gan fod Swinburne yn cydnabod namau a beiau pob un o'r prif ddadleuon a ddefnyddir. Ond mae'n dod i'r casgliad eu bod nhw, gyda'i gilydd, yn gwneud achos grymus o blaid bodolaeth Duw.

Mae hyn yn cael ei gymharu â bod â nifer o bwcedi sy'n gollwng; ar eu pen eu hunain, efallai nad ydyn nhw'n dal llawer o ddŵr, ond gyda'i gilydd, byddan nhw'n dal llawer mwy. Mae'r cefndir hwn i'w drafodaeth ar wyrthiau yn cynnig dadl sydd dipyn yn fwy deniadol na dull Hume, sy'n ymddangos yn ddogmataidd. Fodd bynnag, mae'r dull hwn wedi cael ei feirniadu: dadl Antony Flew, un o feirniaid theistiaeth, oedd nad yw deg bwced sy'n gollwng yn fwy dymunol nag un mewn gwirionedd: 'Os na fydd un bwced sy'n gollwng yn dal dŵr, does dim rheswm i gredu y gall deg bwced wneud hynny.'

Fel y dywedwyd uchod, mae Swinburne yn defnyddio iaith rheswm a rhesymoledd i wneud ei bwyntiau. Ei ddadl ef yw mai Duw cariadus a phwerus yw'r ddadl symlaf o blaid y bydysawd a bywyd i gyd a'r digwyddiadau ynddo. Dydy Dawkins ddim yn cytuno:

> *Dydy Duw sy'n gallu monitro a rheoli statws unigol pob gronyn yn y bydysawd ar yr un pryd ddim yn mynd i fod yn syml. Felly mae angen esbonio ei fodolaeth o'i rhan ei hun (mae'n aml yn cael ei ystyried yn ddi-chwaeth i godi hynny, ond mae Swinburne yn gofyn amdani braidd drwy hoelio ei obeithion ar rinweddau symlrwydd). Yn waeth (o safbwynt symlrwydd), mae corneli eraill o ymwybod enfawr Duw yn ymwneud ar yr un pryd â gweithredoedd ac emosiynau a gweddïau pob bod dynol.*
>
> (Dawkins, *The God Delusion*)

Elfen allweddol o amddiffyniad Swinburne o'r ddadl sy'n dod o wyrthiau, yw egwyddorion tystiolaeth a hygoeledd, sy'n seiliedig ar empiriaeth. Mae'r honiadau hyn yn cael eu gwneud oherwydd yr hyn y mae'r unigolyn neu'r gymuned wedi'i brofi. Fodd bynnag, mae'n bosibl beirniadu hyn, gan ein bod ni'n gwybod na allwn ni ymddiried bob amser yn ein synhwyrau i ddweud wrthon ni beth sy'n digwydd mewn gwirionedd. Felly, gallen ni farnu bod dull Hume, sy'n ystyried breuddwydion gwrach a chyffro bodau dynol wrth feddwl am y gwyrthiol, yn gryfach.

Hefyd, mae Swinburne yn gwrthbrofi honiad Hume y bydd gwyrthiau o nifer o grefyddau yn diddymu ei gilydd. Heb wybod pa wyrth sy'n ddilys, sut gallwn ni dderbyn y rhai sy'n gwrthdaro â'i gilydd? Pwynt Swinburne, y mae Caroline Franks Davis yn ei wneud yn gysylltiedig â'r un feirniadaeth ar brofiadau crefyddol, yw bod thema gyffredin sy'n rhedeg drwy'r gwyrthiol, thema sy'n cyfateb â'r syniad am Dduw cariadus a hollalluog.

Nid yn unig y mae'n bosibl beirniadu hyn drwy her y 'Duw Drwg', fel uchod, ond mae hyn fel petai'n gweithio fel cyfiawnhad dros wyrthiau personol fel ateb i weddi. Ond mae'n anodd ei gysoni â'r ail reswm y mae Swinburne yn ei roi dros wyrthiau'n digwydd. Yn ôl Swinburne, efallai fod gwyrthiau'n digwydd er mwyn i Dduw 'lofnodi' y proffwydi a'r negeseuon a anfonwyd at y ddynoliaeth. Mae'r gwyrthiau sy'n gysylltiedig ag arloeswyr crefyddol a phroffwydi crefyddau'r byd, fodd bynnag, yn dangos nad oes craidd neu thema gyffredin, o reidrwydd, oni bai bod ein safbwynt yn fwy goddrychol a phlwralaidd.

Er enghraifft, mewn Cristnogaeth, un wyrth allweddol yw bod Iesu wedi cael ei groeshoelio ac yna wedi atgyfodi. Ond mewn Islam, un wyrth sy'n cael ei derbyn yw fod Isa wedi cael ei achub yn wyrthiol rhag cael ei groeshoelio a'i fod wedi codi i'r nefoedd heb farw erioed. Hefyd, gallwn ni gymryd enghraifft parodrwydd Abraham/Ibrahim i aberthu ei fab, gydag anifail yn ymddangos yn wyrthiol yn lle'r plentyn. Ai Isaac neu Ishmael oedd hyn? Yn dibynnu ar y grefydd, bydd gennych chi ateb gwahanol.

Mae Swinburne yn cynnig ymagwedd resymegol at ffydd y bydd llawer yn y ffydd yn ei chroesawu. Fodd bynnag, amser a ddengys a yw hyn yn ddigon i argyhoeddi'r rhai sydd heb ffydd, fod credu mewn gwyrthiau yn gallu bod yn rhesymegol a bod iaith grefyddol yn gallu bod yn ystyrlon.

26. A. J. AYER

MYND I FYD AYER

Trosolwg Bu'r empirydd o Brydain, Syr Alfred Jules Ayer (1910–89) yn poblogeiddio syniadau Cylch Wien ynghylch positifiaeth resymegol a'r Egwyddor Wirio. Ef oedd ail lywydd Cymdeithas Dyneiddwyr Prydain ac roedd yn un o feirniaid llywodraethau'r DU rhwng y ddau ryfel byd. Doedd e ddim yn credu eu bod nhw'n gwneud digon i gefnogi'r tlawd a'r bregus yn y gymdeithas, er iddo gefnogi'r llywodraeth fel swyddog cudd-wybodaeth yn ystod yr Ail Ryfel Byd.

Syr Alfred Jules Ayer oedd yr athronydd o'r ugeinfed ganrif a oedd fel petai'n torri cwys wahanol i'w ragflaenwyr. Efallai mai ef oedd 'athronydd y cyfryngau' cyntaf go iawn – daeth yn enwog drwy ymddangos ar raglen deledu, *The Brains Trust*, ac roedd yn dweud yn onest ei fod yn mwynhau'r eiliadau pan fyddai cefnogwyr yn ei stopio yn y stryd ac yn gofyn am ei lofnod.

Roedd Ayer yn unig blentyn a soniodd am gysylltiad cryf â'i dad-cu ar ochr ei fam. Gan mai ef oedd yr ŵyr hynaf, roedd yn edmygu ei dad-cu fel model rôl, ac o ganlyniad, roedd ganddo ysfa i 'gyflawni'. Roedd llawer o bobl a wnaeth gwrdd ag Ayer yn ei ddisgrifio fel rhywun 'clyfar' oherwydd ei fod yn gallu deall a dadansoddi beth bynnag yr oedd yn dod ar ei draws yn gyflym.

Ar ôl astudio ym Mhrifysgol Rhydychen, roedd wedi bwriadu treulio peth amser yng Nghaergrawnt, yn dysgu gan Ludwig Wittgenstein a oedd yn darlithio yno. Ond cafodd ei annog gan ei athro, Gilbert Ryle, i ymchwilio i rywbeth diddorol a oedd yn digwydd yn Awstria – Cylch Wien. Mudiad oedd hwn a oedd wedi'i ysbrydoli rywfaint gan syniadau Wittgenstein, er nad oedd yntau'n rhan o'u trafodaethau. Roedd y cylch yn cynnwys gwyddonwyr â syniadau athronyddol ac athronwyr wedi'u hyfforddi'n wyddonol. Buon nhw'n cwrdd o dan arweinyddiaeth Moritz Shlick yn ystod y blynyddoedd rhwng 1924 ac 1936. Trafodon nhw **empiriaeth** a sut roedd hyn yn gysylltiedig â mudiadau newydd yn meysydd gwyddoniaeth ac athroniaeth. Cymerodd Ayer ran yn y trafodaethau tua diwedd oes y cylch, yn 1933. Er iddo gyfaddef nad oedd yn medru siarad Almaeneg yn dda iawn, roedd yn ddysgwr cyflym ac yn gallu dilyn y drafodaeth yn eithaf da.

Cafodd y mudiad argraff fawr ar Ayer a chyn hir wedyn, ysgrifennodd *Language, Truth and Logic* (1936), a boblogeiddiodd syniadau Cylch Wien yn y DU. Ysgrifennodd y llyfr pan oedd yn 24 oed a'i gyhoeddi pan oedd yn 25 oed. Eto i gyd, roedd y syniadau yn y llyfr mor ddylanwadol, nes iddyn nhw gael eu barnu'n rhai delwddrylliol o ran yr her yr oedden nhw'n ei chynnig i iaith grefyddol, a phob 'sôn am Dduw'.

Yn ystod ei flynyddoedd diwethaf, dywedodd Ayer fod 'llawer o'r llyfr yn llawn sbwriel'. Fodd bynnag, roedd y bositifiaeth resymegol a'r Egwyddor Wirio yn y llyfr yn ddulliau hynod boblogaidd yn ystod yr 1920au a'r 1930au, ac maen nhw'n dal i ddylanwadu ar drafodaethau ynghylch athroniaeth ac iaith heddiw.

> **HANFODOL!**
>
> **Empiriaeth** yw'r syniad bod ein gwybodaeth o'r byd yn dod o'n synhwyrau ac o brofi gwyddonol.

AWGRYM

Roedd Cylch Wien yn cynnwys Moritz Shlick, Hans Hahn ac Otto Neurath, ond nid Wittgenstein – fe wnaeth ef ddylanwadu ar Gylch Wien a phositifiaeth resymegol, ond doedd e ddim yn rhan o'r mudiad.

Syniadau Allweddol Ayer

GWELLA EICH DEALLTWRIAETH

Sicrhewch eich bod chi'n gallu esbonio beth yw'r Egwyddor Wirio a sut mae'n bosibl ei chymhwyso at iaith grefyddol, neu 'sôn am Dduw'.

Empiriaeth a Fforc Hume

Empirydd oedd Ayer; ystyr hyn yw ei fod yn credu bod pob gwybodaeth am y byd yn gallu cael ei deillio o'n synhwyrau. Dylanwadodd gwaith David Hume (gweler Pennod 5) yn fawr ar Ayer – yn benodol, 'fforc Hume'. Defnyddiodd Hume hon i wahanu syniadau yn gydberthnasoedd syniadau, a materion ffaith.

- Mae gan gydberthnasoedd syniadau honiadau am wirionedd hunanamlwg – maen nhw'n wir drwy ddiffiniad. Enghraifft enwog yw 'mae hen lanc yn ddyn dibriod'; mae'n amhosibl i hyn fod yn anghywir, gan mai dyn dibriod, mewn gwirionedd, yw'r diffiniad o hen lanc. Mae cydberthnasoedd syniadau yn **osodiadau dadansoddol** ac mae'n bosibl eu gwybod *a priori*.

- Dydy materion ffaith ddim yn wir drwy ddiffiniad, ond oherwydd sut maen nhw'n gysylltiedig â'r byd. Mae'n bosibl eu gwirio neu eu profi nhw drwy brofi empirig. **Gosodiadau synthetig** ydyn nhw ac mae'n bosibl eu gwybod *a posteriori*.

Ceisiodd fforc Hume ddangos bod yn rhaid i wybodaeth sy'n werth ei chael ffitio i mewn i un o'r ddau grŵp hyn.

HANFODOL!

Gosodiadau dadansoddol – gosodiadau sy'n wir yn ôl diffiniad, drwy resymu *a priori*.

Gosodiadau synthetig – gosodiadau sy'n wir drwy dystiolaeth empirig, drwy resymu *a posteriori*.

HANFODOL!

Positifiaeth resymegol – mudiad athronyddol a wnaeth godi o drafodaethau Cylch Wien, ac roedd A. J. Ayer yn gyfrifol am boblogeiddio syniadau'r mudiad yn y DU. Roedd y positifiaethwyr rhesymegol yn dadlau bod iaith grefyddol yn ddiystyr.

Damcaniaeth Darluniau Wittgenstein – y syniad bod gosodiadau yn ystyrlon pan maen nhw'n ymwneud â rhywbeth yn y byd go iawn.

MEWNWELEDIAD

'Os ydyn ni'n cymryd yn ein llaw unrhyw gyfrol; o ddiwinyddiaeth neu fetaffiseg ysgol, er enghraifft; gadewch i ni ofyn, A yw'n cynnwys unrhyw resymu haniaethol am swm neu nifer? Nac ydy. A yw'n cynnwys unrhyw resymu arbrofol ynghylch mater o ffaith a bodolaeth? Nac ydy. Taflwch hi i'r tân felly: gan na all gynnwys dim ond twyllresymeg a rhith' (Hume, *An Enquiry Concerning Human Understanding*, 1748).

Cylch Wien a Phositifiaeth Resymegol

Dau gan mlynedd ar ôl i Hume fod yn gweithio, dyma grŵp o athronwyr a gwyddonwyr a oedd yn cwrdd yn Wien i drafod athroniaeth a gwyddoniaeth, yn mynd ati i gynnwys fforc Hume wrth ddatblygu **positifiaeth resymegol**. Roedden nhw'n adleisio trafodaethau am wyddoniaeth a oedd yn digwydd ar draws Ewrop ar yr un pryd. Gan adeiladu ar syniad fforc Hume a '**Damcaniaeth Darluniau**' Wittgenstein (gweler Pennod 33), roedden nhw'n rhannu safbwynt ar athroniaeth a oedd yn cymhwyso positifiaeth resymegol.

MEWNWELEDIAD

Yn ôl Wittgenstein yn *The Tractatus* (1921): 'Gallwn lefaru'r hyn y mae'n bosibl ei lefaru o gwbl yn eglur, ac os na allwn ni ei lefaru, mae'n rhaid bod yn dawel amdano.' Roedd hyn yn taro tant gyda mudiad y positifiaethwyr rhesymegol ac yn ysbrydoli eu casgliadau ynghylch iaith grefyddol. Ond er i syniadau Wittgenstein helpu i ysbrydoli Cylch Wien, doedd Wittgenstein ddim yn rhannu nac yn cymeradwyo eu casgliadau.

Defnyddiodd Ayer yr hyn yr oedd yn ei ddeall am bositifiaeth resymegol er mwyn cyflwyno ei safbwynt ar ystyr gosodiadau yn *Language, Truth and Logic*. I Ayer, yr unig honiadau sy'n gallu bod ag ystyr yw'r rhai y mae'n bosibl dangos eu bod nhw'n wir neu'n anwir gan ddefnyddio dull gwyddonol (gosodiadau synthetig) neu resymeg (gosodiadau dadansoddol). Yn ôl Brian Magee, athronydd pwysig o Brydain a gyfwelodd ag Ayer ar gyfer ei sioe deledu boblogaidd *Men of Ideas*, 'Roedd gan bositifiaeth resymegol apêl ddeniadol ac felly roedd yn ffasiynol iawn oherwydd ei bod yn eglur, yn hawdd ei deall, ac yn cynnig yr atebion i gyd' (*Confessions of a Philosopher*, 1997).

Yr Egwyddor Wirio

Fe wnaeth Ayer adeiladu ar syniadau Cylch Wien a phositifiaeth resymegol wrth lunio'r Egwyddor Wirio. Yn ôl yr egwyddor hon, mae gosodiad yn gallu bod yn ystyrlon dim ond os yw'n bosibl ei wirio. Mae gosodiadau dadansoddol yn wir drwy ddiffiniad, ond mae'n bosibl gwirio gosodiadau synthetig yn empirig.

Ystyriwch yr enghreifftiau hyn:

- Mae gan driongl dair ochr – mae hyn yn wir drwy ddiffiniad (dadansoddol).
- Mae hi'n bwrw glaw y tu allan – gallaf edrych y tu allan a gweld hyn (synthetig).

Mae goblygiadau i hyn o ran trafodaethau crefyddol. Dydyn nhw ddim yn wir drwy ddiffiniad ac maen nhw ynghylch pethau metaffisegol nad yw hi'n bosibl eu gwirio neu eu profi gan ddefnyddio ein synhwyrau. O ganlyniad, yn ôl Ayer, gan nad yw hi'n bosibl gwirio gosodiadau crefyddol, does ganddyn nhw ddim ystyr.

Ystyriwch yr enghreifftiau hyn:

- Mae Duw yn bodoli.
- Mae bywyd ar ôl marwolaeth.
- Mae angylion yn yr ystafell hon o'n cwmpas ni.

I Ayer, does gan ddim un o'r gosodiadau hyn ystyr, oherwydd nad yw hi'n bosibl eu profi'n empirig, ac felly eu gwirio.

Gwahaniaethodd Ayer rhwng Egwyddorion Gwirio 'cryf' a 'gwan':

- Yr Egwyddor Wirio gryf yw'r syniad mai dim ond os yw hi'n bosibl profi gosodiadau'n empirig, y maen nhw'n gallu bod yn ystyrlon.
- Mae'r Egwyddor Wirio wan yn ddatblygiad o'r Egwyddor Wirio, sy'n galluogi gosodiadau i fod yn ystyrlon os, yn ddamcaniaethol, y mae'n bosibl eu profi nhw'n empirig.

Ystyriwch enghraifft Ayer ei hun – y gosodiad: 'Mae mynyddoedd ar ochr dywyll y Lleuad.' Roedd Ayer yn ysgrifennu mewn cyfnod pan nad oedd neb wedi gweld beth oedd ar ochr dywyll y Lleuad. Fodd bynnag, yn ddamcaniaethol, gallai rhywun fynd i'w gweld a gwirio'r gosodiad.

Gan nad yw hi'n bosibl gwirio gosodiadau am Dduw, ac felly llawer o iaith grefyddol, yn gryf neu'n wan, dadleuodd Ayer eu bod nhw'n ddiystyr: 'Mae'n amlwg bod sôn am Dduw yn ffwlbri' (Ayer, *Language, Truth and Logic*).

BETH YW EICH BARN CHI?

Ysgrifennwch eich syniadau chi am ddadleuon Ayer ac ewch yn ôl atyn nhw ychydig cyn yr arholiad er mwyn gweld a yw eich safbwyntiau wedi newid.

AWGRYM

Mae gan yr Egwyddor Anwirio oblygiadau nid yn unig i iaith grefyddol, ond i bob gosodiad nad ydyn ni'n gallu ei wirio.

MEWNWELEDIAD

Yn ôl yr Egwyddor Wirio, mae gosodiad yn ystyrlon os yw hi'n bosibl ei wirio'n empirig drwy arsylwadau empirig. Yn ôl Ayer, does dim unrhyw ffordd y gallen ni wirio a yw gosodiadau fel 'mae Duw yn dda' neu 'mae llofruddio yn anghywir' yn gywir neu'n anghywir. Mae gosodiad o natur fetaffisegol yn methu bod yn ystyrlon.

Darllen Ayer eich Hun

Yn y darn hwn o'i lyfr *The Central Questions of Philosophy* (1976), mae Ayer yn cyflwyno'r Egwyddor Wirio a sut y byddai'n bosibl ei chymhwyso at iaith grefyddol. Bydd y nodiadau ar ymyl y dudalen yn eich helpu chi i ddeall ei syniadau.

Mae gan y gosodiad ryw ystyr neu synnwyr.	>
Byddai rhyw ffordd o ddefnyddio ein synhwyrau, i brofi a yw'n wir ai peidio (h.y. prawf empirig).	>
Mae gan y gosodiad ystyr os yw'n bosibl gwirio ei fod yn wir ai peidio. Yma, dydy Ayer ddim yn dweud bod pob gosodiad gwir yn ystyrlon, ond mai'r hyn sy'n bwysig yw a yw hi'n bosibl gwirio'r gosodiad fel un gwir neu anwir.	>
Mae unrhyw osodiad nad yw'n bosibl ei wirio, naill ai'n gryf neu'n wan, yn ddiystyr a does dim synnwyr yn perthyn iddo.	>

Rydyn ni'n dweud bod brawddeg yn ffeithiol arwyddocaol i unrhyw berson penodol os, a dim ond os, yw'n gwybod sut i wirio'r gosodiad y mae'n honni ei fynegi – hynny yw, os yw'n gwybod pa arsylwadau fyddai'n ei arwain, o dan amodau arbennig, i dderbyn y gosodiad fel un gwir, neu ei wrthod fel un anwir. Roedd ystyr yn cael ei roi hefyd i frawddegau a oedd yn mynegi gosodiadau fel rhai rhesymeg neu fathemateg bur, a oedd yn wir neu'n anwir drwy rinwedd eu ffurf yn unig. Ond gyda'r eithriad hwn, roedd popeth â chymeriad a fyddai'n dymuno bod yn ddangosol a oedd yn methu bodoli'r egwyddor wirio yn cael ei ddiystyru fel rhywbeth llythrennol ddiystyr.

Yn y darn hwn o *Language, Truth and Logic* (1936), mae Ayer yn cymhwyso'r Egwyddor Wirio at osodiadau crefyddol.

Mae hwn yn osodiad am rywbeth y tu hwnt i'r bydysawd ffisegol, rhywbeth sy'n ymwneud â byd na allwn ei ddeall yn empirig. Dyma'r hyn y mae Ayer yn cyfeirio ato fel 'sôn am Dduw'.	>
Mae Duw trosgynnol y tu hwnt a'r tu allan i'r bydysawd ac felly mae'n amhosibl ei wirio'n empirig. O ganlyniad, mae unrhyw osodiadau am natur y Duw hwnnw yn ddiystyr.	>
Bod â synnwyr, ystyr neu berthynas i rywbeth y mae'n bosibl ei brofi yn y byd.	>

Oherwydd wrth ddweud 'mae Duw'n bodoli', mae rhywun yn gwneud gosodiad metaffisegol nad yw'n bosibl iddo fod yn wir nac yn anwir. Ac yn ôl yr un maen prawf, mae'n amhosibl i unrhyw frawddeg sy'n honni ei bod hi'n disgrifio natur Duw trosgynnol fod ag unrhyw arwyddocâd llythrennol.

SGILIAU GWERTHUSO

Gallwch chi roi mwy o ddyfnder i ateb i gwestiwn gwerthuso am ysgolhaig bob amser drwy ddangos ymwybyddiaeth o sut mae meddylwyr eraill wedi anghytuno.

MEWNWELEDIAD

'Doedd yr Egwyddor Wirio ddim yn ddadansoddol nac yn bosibl ei gwirio'n empirig. Felly, yn ôl ei diffiniad ei hun, roedd hi'n ddiystyr' (Magee, *Confessions of a Philosopher*).

Sut mae Ayer yn cael ei Feirniadu

Mae'r Egwyddor Wirio'n methu ei phrawf ei hun am ystyr. Mae ysgolheigion fel Willard Quines, yr athronydd o America a phrif feirniad mudiad y positifiaethwyr rhesymegol, wedi nodi lle mae'r Egwyddor Wirio'n methu. Mewn gwirionedd, dywedodd Ayer ei hun yn ddiweddarach yn ei fywyd bod 'ffasiwn' positifiaeth resymegol wedi hen fynd heibio ym maes athroniaeth.

Mae'n amhosibl gwirio'r gosodiad 'Dylai hi fod yn bosibl gwirio gosodiadau er mwyn iddyn nhw fod ag ystyr', felly, yn ôl ei safonau ei hun, mae'n ddiystyr. Mae hyn yn dangos anghysondeb a diffyg cydlyniad yn yr Egwyddor Wirio, sy'n awgrymu bod iaith grefyddol yn ddiystyr. Os ydyn ni'n beirniadu gosodiadau yn ôl y gallu i'w gwirio nhw, does dim angen i ni dderbyn yr Egwyddor Wirio ei hun.

Yn ogystal, mae beirniaid yr Egwyddor Wirio, fel Vincent Brümmer, y diwinydd o Dde Affrica, yn dweud mai gwall yw ystyried bod gosodiadau crefyddol yr un peth â gosodiadau ffaith gwyddonol neu hanesyddol. Efallai fod pobl yn gweld bod gan ffeithiau gwyddonol fwy o ystyr, ond dydy hynny ddim yn golygu bod ganddyn nhw fwy o ystyr. Byddai'n bosibl i'r mathau o ystyr a'u pwysigrwydd i'r person sy'n eu defnyddio nhw amrywio. Mae ystyr mewn gosodiadau sy'n gysylltiedig â gweithiau celf mawr, er enghraifft; efallai eu bod nhw'n ystyrlon, ond dydy hi ddim yn bosibl eu gwirio nhw'n empirig. Byddai hi'n bosibl dweud yr un peth am iaith grefyddol hefyd.

Gwirio eschatolegol. Mae'r athronydd John Hick (gweler Pennod 16) yn cymryd syniad gwirio gwan Ayer ac yn awgrymu ei bod hi'n bosibl gwirio 'sôn am Dduw' pan rydyn ni'n marw. Mae'n defnyddio'r enghraifft o ddau berson yn cerdded tuag at ddinas nefol i esbonio hyn. Dydyn nhw ddim yn gwybod a oes dinas ym mhen draw'r daith – mae un yn credu bod, mae'r llall yn credu nad oes. Pan maen nhw'n marw, byddan nhw'n gwybod i sicrwydd. Felly, i Hick, mae hyn yn dangos bod yr Egwyddor Wirio yn gallu bod yn berthnasol i 'sôn am Dduw' – byddwn ni'n gallu gwirio hyn un diwrnod, pan rydyn ni'n marw – ac felly mae'n ystyrlon.

Efallai bydd dealltwriaeth amgen o iaith grefyddol yn gryfach nag un Ayer. Nid dealltwriaeth Ayer a'r positifiaethwyr rhesymegol o iaith grefyddol yw'r unig ffordd o edrych ar ystyr iaith grefyddol. Yr union drafodaeth hon oedd wrth wraidd y Symposiwm Anwirio. Trwy'r drafodaeth hon, mae Richard Hare yn cynnig ffordd o weld iaith grefyddol fel rhywbeth anwybyddol ac amhosibl ei wirio, ond gydag ystyr (gweler Pennod 28).

Mae Hare yn cyflwyno'r syniad o 'flic', sy'n fydolwg neu'n 'lens' amhosibl ei wirio yr ydyn ni'n ei ddefnyddio i ddeall ac asesu'r holl wybodaeth a gawn ni am y byd o'n cwmpas. Mae hyn yn llunio ein dealltwriaeth o'r hyn sy'n digwydd i ni ac yn dylanwadu arni, ond eto i gyd, allwn ni ddim gweld y 'blic' ei hun. Mae crefydd yn un 'blic' o'r fath, felly mae ganddi ystyr ac arwyddocâd, er nad yw hi'n bosibl ei gwirio'n empirig.

Gwallau Cyffredin

Doedd yr Egwyddor Wirio ddim yn profi nad oes Duw. Yn ôl Egwyddor Wirio Ayer, dydy'r gosodiad 'dydy Duw ddim yn bodoli' ddim yn fwy ystyrlon na 'mae Duw yn bodoli'. I Ayer (a'r positifiaethwyr rhesymegol), mae pob gosodiad nad yw'n bosibl ei wirio yn ddiystyr. Felly, mae gosodiadau am yr hyn yw Duw a bywyd ar ôl marwolaeth yr un mor ddiystyr â gosodiadau ynghylch yr hyn nad ydyn nhw. Mae'r syniad bod pob 'sôn am Dduw' yn ffwlbri yn cynnwys trafodaethau ynghylch yr hyn yw Duw, yn ogystal â thrafodaethau ynghylch yr hyn nad yw Duw.

Doedd Ayer ddim yn credu bod iaith grefyddol yn ystyrlon oherwydd ei bod hi'n emosiynol i gredinwyr. Datblygodd Ayer ddamcaniaeth feta-foesegol emosiynaeth (sy'n cael sylw yn adran Moeseg eich cwrs). Ei ddadl ef oedd, hyd yn oed os yw'r crediniwr yn teimlo emosiwn mawr yn gysylltiedig â gosodiadau sy'n ymwneud â'i ffydd grefyddol, dydy hyn ddim yn gwneud gosodiadau fel hyn yn ystyrlon oherwydd nad yw hi'n bosibl eu gwirio nhw mewn realiti neu mewn egwyddor. Mae'r bennod ar Ayer yn y llyfr *Meddylwyr Allweddol: Moeseg* o'r gyfres hon, yn rhoi mwy o sylw i emosiynaeth Ayer.

Doedd Ayer ddim yn dadlau mai gosodiadau gwir yn unig sy'n ystyrlon. Er bod athroniaeth yn aml yn ymwneud â chywirdeb gosodiadau, dydy Ayer ddim yn dadlau mai dim ond gosodiadau gwir sy'n ystyrlon. Byddai'n bosibl gwirio gosodiad mewn realiti neu mewn egwyddor, er enghraifft, a'i chanfod yn anwir o hyd. Byddai ystyr neu synnwyr i'r gosodiad hwnnw, hyd yn oed pe na bai'n wir. I Ayer, dydy gosodiad ystyrlon ddim yn cyfateb i osodiad gwir; yn hytrach, mae'n rhywbeth y mae'n bosibl ei wirio.

Ystyriwch y gosodiad hwn: 'Mae gen i wallt du.' Gallwn i ddweud hyn wrthoch chi, ond petawn ni'n cwrdd yn y cnawd, byddech chi'n gallu gweld drosoch eich hun nad du yw lliw fy ngwallt. Wedyn byddech chi wedi gwirio fy ngosodiad. Felly mae gan y gosodiad ystyr, er ei fod yn anwir.

> **AWGRYM**
>
> Y brif feirniadaeth ar yr Egwyddor Wirio yw ei bod hi'n amhosibl gwirio nifer o osodiadau rydyn ni'n eu hystyried yn ystyrlon – er enghraifft, ffeithiau hanesyddol. Dydy hyn ddim yn berthnasol i osodiadau crefyddol yn unig.

CRYFHAU EICH GAFAEL

1. Ysgrifennwch eich esboniad eich hun o safbwynt Ayer ar iaith grefyddol fel rhywbeth diystyr. Cofiwch gynnwys y canlynol: positifiaeth resymegol, yr Egwyddor Wirio gref a'r Egwyddor Wirio wan. Rhowch ddarn o bapur dros eich nodiadau a cheisiwch weld beth allwch chi ei gofio am y meysydd hyn. Bydd hyn yn eich helpu chi i baratoi ar gyfer cwestiwn 'esboniwch' yn yr arholiad.

2. Gwnewch restr o gryfderau a gwendidau safbwynt Ayer ar iaith grefyddol fel rhywbeth diystyr. Sicrhewch fod gennych chi nodiadau am wahanol feirniaid Ayer a mudiad y positifiaethwyr rhesymegol. Rhowch farc allan o bump i bob un o'r cryfderau a'r gwendidau hyn i'ch helpu chi i ddewis y dystiolaeth a fydd yn rhoi'r pwyntiau cryfaf mewn traethawd, yn eich barn chi. Bydd hyn yn eich helpu chi i baratoi ar gyfer cwestiwn 'gwerthuswch' yn yr arholiad.

CREU EICH CWESTIWN EICH HUN

Darllenwch y bennod hon a defnyddiwch eiriau gorchymyn fel 'archwiliwch', 'esboniwch' neu 'cymharwch' i greu eich cwestiwn AA1 eich hun. Ar gyfer cwestiwn AA2, gwnewch osodiad unochrog am safbwyntiau Ayer, rhowch y gosodiad rhwng dyfynodau, ac yna ysgrifennwch, 'Gwerthuswch y safbwynt hwn.'

Arweiniad ar yr Arholiad AA1

Er y bydd llawer o fyfyrwyr yn dysgu Egwyddor Wirio Ayer ac yn ei chymhwyso at y cyrsiau Iaith Grefyddol a Metafoeseg, mae'n bwysig gwybod nid yn unig beth yw'r cysylltiad rhyngddyn nhw, ond hefyd sut maen nhw'n wahanol. Lluniwch nodiadau ar bositifiaeth resymegol a'r Egwyddorion Gwirio cryf a gwan. Dylech chi fod yn gallu esbonio'r rhain gydag enghreifftiau o iaith grefyddol benodol. Dysgwch am feirniadaethau allweddol ar yr Egwyddor Wirio a sut maen nhw'n cyd-fynd â gwaith diweddarach ar yr Egwyddor Anwirio (sy'n cael sylw ym mhenodau olaf y llyfr hwn). Mae'n rhaid sôn am y goblygiadau i iaith grefyddol – peidiwch â gwneud dim ond ailadrodd y diffiniad o'r Egwyddor Wirio.

Arweiniad ar yr Arholiad AA2

Efallai y bydd gofyn i chi werthuso safbwyntiau Ayer yn benodol, neu efallai y cewch chi gwestiwn mwy cyffredinol am ystyr iaith grefyddol. Dysgwch am gryfderau a gwendidau'r Egwyddorion Gwirio cryf a gwan, a dewch i'ch casgliad eich hun o ran i ba raddau y mae'r ddamcaniaeth yn eich argyhoeddi chi. Efallai yr hoffech chi gadw mewn cof bod Ayer ei hun wedi honni'n ddiweddarach yn ei fywyd, fod ei lyfr *Language, Truth and Logic* yn 'anwir gan fwyaf'.

Er mwyn dadansoddi a gwerthuso safbwynt Ayer yn fwy trylwyr, cymharwch a chyferbynnwch yr Egwyddor Wirio ag ymagweddau eraill at iaith grefyddol yn y llyfr hwn. Er enghraifft, syniadau'r cyfranwyr at y Symposiwm Anwirio (Flew, Mitchell a Hare) yn ogystal â dinas nefol Hick. Efallai y bydd dulliau amgen at iaith grefyddol, er enghraifft cydweddiad (Aquinas a Ramsey), iaith grefyddol fel rhywbeth symbolaidd (Tillich a Randall) ac iaith grefyddol fel ffurf ar Gêm Ieithyddol (Wittgenstein, gweler Pennod 33) yn ddulliau mwy defnyddiol a digonol nag Egwyddor Wirio Ayer a syniadau mudiad y positifiaethwyr rhesymegol yn gyffredinol.

27. ANTONY FLEW

MYND I FYD FLEW

Trosolwg Roedd Antony Flew (1923–2010) yn athronydd dadansoddol o Loegr ac yn ffigur canolog yn y Symposiwm Anwirio, ac fe wnaeth ddyrchafu syniadau Karl Popper o fyd gwyddoniaeth, i'r byd crefyddol. Roedd yn eiriol dros atheïstiaeth negyddol cyn newid ei safbwynt a dilyn dëistiaeth yn ddiweddarach yn ei fywyd.

Fel mab i weinidog a phregethwr Methodistaidd, cafodd Antony Flew ei fagu yn y ffydd Gristnogol ac aeth i ysgol yr Eglwys pan oedd yn blentyn. Erbyn iddo fod yn 15 oed, roedd wedi penderfynu nad oedd yna Dduw, ac am y rhan fwyaf o weddill ei fywyd, roedd yn atheist negyddol – roedd e'n mynnu bod y baich i brofi bodolaeth Duw ar y thëist a oedd yn credu yn hyn, nid y ffordd arall. Credai y dylai trafodaethau ddechrau drwy dybio nad oedd yna Dduw, oni bai bod prawf i'r gwrthwyneb.

> **MEWNWELEDIAD**
>
> 'Mae'n rhaid mai'r thëist sy'n gorfod dangos prawf' (Flew, *The Presumption of Atheism*, 1972).

Fe wnaeth yr Ail Ryfel Byd dorri ar draws astudiaethau academaidd Flew. Yn ystod y cyfnod hwn, dysgodd Japaneg ac roedd yn swyddog cudd-wybodaeth gyda'r Llu Awyr Brenhinol. Cafodd ei anfon i wasanaethu yn Bletchley Park tua diwedd y rhyfel.

Ar ôl y rhyfel, fel myfyriwr israddedig ym Mhrifysgol Rhydychen, roedd Flew yn mynd yn rheolaidd i gyfarfodydd y Clwb Socratig. Dywedodd mewn cyfweliad yn ddiweddarach mai dim ond digwydd mynd a wnaeth, gan fod y cyfarfod mewn tafarn ger ei lety prifysgol. Y nofelydd C. S. Lewis oedd yn cyflwyno'r dadleuon diffyniadol Cristnogol a oedd yn argyhoeddi fwyaf yn ystod y cyfarfodydd hyn, ond chafodd Flew ddim o'i berswadio i ddychwelyd at y ffydd.

> **MEWNWELEDIAD**
>
> Roedd y Clwb Socratig (*The Socratic Club*) yn glwb i fyfyrwyr a fu'n cwrdd rhwng 1942 ac 1954 i drafod Cristnogaeth a'r heriau deallusol i ffydd. Roedd C. S. Lewis yn awdur Cristnogol ac yn aelod o'r Clwb Socratig ar yr un pryd â Flew.

Yn ystod y cyfnod hwn yr ysgrifennodd Flew yr erthygl 'Theology and Falsification' yn rhan o'r Symposiwm Anwirio. Yma, adeiladodd ar syniadau Karl Popper, yr athronydd Awstriaidd-Brydeinig a'r sylwebydd cymdeithasol ynghylch anwirio a'r dull gwyddonol. Beirniadodd osodiadau am fodolaeth Duw fel ffwlbri oherwydd na fyddai'r crediniwr crefyddol byth yn eu hanwirio nhw. Ar y pryd, roedd hefyd yn beirniadu'r syniad o fywyd ar ôl marwolaeth a'r amddiffyniad ewyllys rydd i broblem drygioni.

> **MEWNWELEDIAD**
>
> Mae theïstiaid yn cynnig yr amddiffyniad ewyllys rydd i esbonio pam byddai Duw hollgariadus a hollalluog yn gadael i ddioddefaint ddigwydd yn y byd. Er mwyn i fodau dynol gael ewyllys rydd, mae'n rhaid iddyn nhw gael y rhyddid i ddewis rhwng gweithredoedd drwg a da. Petawn ni ddim ond yn cael dewis gweithredoedd nad ydyn nhw'n achosi dioddefaint, fyddai gennym ni ddim ewyllys rydd. Mae hyn yn golygu y bydd rhai gweithredoedd yn achosi dioddefaint. Mae Duw yn caniatáu hyn er mwyn cael perthynas â ni, ac fel y gallwn ni gael ein barnu'n deg ar gyfer bywyd ar ôl marwolaeth.

> **HANFODOL!**
>
> **Dëistiaeth** yw'r gred mai bod goruchaf neu bŵer uwch a greodd y bydysawd, ond nad yw'n datgelu ei hun i'w greadigaeth, nac yn ymyrryd yn y byd chwaith.

Fel un o feddylwyr atheïstaidd mwyaf nodedig y DU, cymerodd Flew ran mewn dadl brifysgol am fodolaeth duw gyda'r apolegydd Cristnogol William Lane Craig yn 1998, ac roedd yn llofnodwr i *The Human Manifesto* yn 2003. Yn 2004, fodd bynnag, newidiodd Flew ei safbwynt ar fodolaeth Duw i **ddëistiaeth**, ac yn enwedig syniad Aristotle am Dduw. Er bod hyn yn sioc i lawer ac yn bwnc llosg, i Flew roedd hyn yn gyson â'i ymrwymiad i ddilyn lle roedd y dystiolaeth yn mynd ag ef. Roedd darganfyddiadau ym myd gwyddoniaeth wedi dangos iddo fod rhyw drefn ac achos y tu ôl i gymhlethdod natur.

Syniadau Allweddol Flew

GWELLA EICH **DEALLTWRIAETH**

Gwnewch yn siŵr eich bod chi'n gwybod sut mae Dameg y Garddwr Anweledig yn gysylltiedig â'r Egwyddor Anwirio.

Yr Egwyddor Anwirio

Datblygodd Karl Popper (1902–94) yr **Egwyddor Anwirio** yn y dull gwyddonol fel ffordd i'r gwyddonydd ddangos bod ystyr gan ei ragdybiaeth (syniad neu esboniad am ddigwyddiad). Datblygodd yr egwyddor i helpu i wahaniaethu rhwng gwyddoniaeth a ffug-wyddoniaeth. Wrth 'ffug-wyddoniaeth', roedd Popper yn golygu cyfeirio at honiadau a syniadau sy'n cael eu cyflwyno i ymddangos fel gwyddoniaeth, ond nad ydyn nhw'n wyddoniaeth mewn gwirionedd. Mae Popper yn cyflwyno astroleg, paraseicoleg ac alcemi yn enghreifftiau o feysydd sy'n ymddangos fel petaen nhw'n cyflwyno 'gwirioneddau gwyddonol', ond nad ydyn nhw'n pasio prawf yr Egwyddor Anwirio.

> **HANFODOL!**
>
> Yn ôl yr **Egwyddor Anwirio**, er mwyn i ddamcaniaeth gael ei hystyried yn wyddonol, mae'n rhaid, yn ddamcaniaethol, fod modd profi ei bod hi'n anghywir.

> **MEWNWELEDIAD**
>
> Mae Karl Popper yn defnyddio'r Egwyddor Anwirio i wahanu gwyddoniaeth oddi wrth ffug-wyddoniaeth. Mae'n rhan bwysig o'r dull gwyddonol, ond nid dyna'r dull gwyddonol yn ei gyfanrwydd.

Pwysleisiodd Popper bwysigrwydd anwirio rhagdybiaeth yn hytrach na'i chadarnhau yn unig, am nifer o resymau:

- Mae'n helpu i fynd yn groes i 'duedd i gytuno', lle rydyn ni'n chwilio am dystiolaeth sy'n cefnogi syniadau sydd gennym ni'n barod.
- Mae'n annog gwrthrychedd, fel bod gwyddonwyr yn agored i feirniadaeth a ffyrdd gwahanol o ymdrin â'u rhagdybiaeth.
- Mae'n gallu ysgogi syniadau gwyddonol newydd, gan fod damcaniaethau'n agored i gael eu hanwirio ac mae damcaniaethau newydd yn cael eu darganfod.

Yn bwysicach, mae'n gallu helpu gyda phroblem rhesymu anwythol. Gan ddefnyddio enghraifft Popper, wrth ystyried gosodiadau fel 'Mae pob alarch yn wyn', gallech chi chwilio am alarch gwyn ar ôl alarch gwyn er mwyn ceisio profi'r rhagdybiaeth. Fodd bynnag, dim ond un alarch du byddai ei angen i anwirio'r gosodiad. Felly, mae hyn yn dangos pa mor bwerus yw anwirio yn y dull gwyddonol.

Aeth Flew, cyfoeswr i Popper, ati i gymhwyso'r egwyddor hon at honiadau crefyddol. Ei ddadl ef oedd bod gosodiadau crefyddol yn aml yn cael eu gwneud yn y fath fodd, fel ei bod hi'n amhosibl eu hanwirio drwy dystiolaeth empirig. Wrth ystyried problem drygioni, er enghraifft, fel rhywbeth sy'n dangos i lawer o atheïstiaid nad oes Duw, bydd theïstiaid yn aml yn honni bod Duw yn gweithio mewn ffyrdd dirgel neu ei fod y tu hwnt i'n dealltwriaeth ni. Mae enghreifftiau eraill yn y tabl isod.

'Mae Duw yn gariadus ac yn nerthol'	'Mae gweddïo yn effeithiol'	'Rydw i wedi cael profiad crefyddol'	'Mae natur Duw y tu hwnt i ddealltwriaeth ddynol'
Er bod dioddefaint a drygioni yn y byd, mae theïstiaid yn aml yn dadlau bod Duw y tu hwnt i ddealltwriaeth ddynol. Felly mae'n amhosibl anwirio'r honiad.	Allwn ni ddim profi'n empirig pa mor effeithiol yw gweddïo. Yn aml, mae esboniadau eraill ac achosion naturiol. Felly, mae'n amhosibl anwirio'r honiad.	Mae cymaint o resymau a dehongliadau posibl eraill am y profiad, fel nad yw'n bosibl ei anwirio.	Mae'r gosodiad hwn yn dangos ei bod hi'n amhosibl anwirio'r credoau a'r gosodiadau am Dduw, gan eu bod nhw y tu hwnt i allu bodau dynol i ymchwilio iddyn nhw.

Yn y pen draw, yn ôl Flew, dydy credinwyr crefyddol ddim yn agored i unrhyw dystiolaeth a allai wrthbrofi bodolaeth y Duw y maen nhw'n credu ynddo – felly mae gosodiadau am y credoau hynny yn ddiystyr.

Dameg y Garddwr Anweledig

John Wisdom a ysgrifennodd Ddameg y Garddwr Anweledig yn wreiddiol, yn 1944. Datblygodd Flew y ddameg er mwyn cymhwyso'r Egwyddor Anwirio at osodiadau am ffydd grefyddol. Gallwch chi ddarllen y ddameg yn llawn yn nes ymlaen yn y bennod hon, ond i grynhoi, mae dau fforiwr yn dod o hyd i lannerch yn y jyngl ac yn trafod tybed a oes garddwr yn gofalu amdani. Ar ôl gosod maglau i gasglu rhywfaint o dystiolaeth o'r garddwr, mae'r fforiwr sgeptigol yn dweud nad yw'r garddwr yn bodoli, oherwydd y diffyg tystiolaeth. Mae'r fforiwr arall yn dal i gredu bod garddwr, ond mae'n addasu natur y garddwr hwnnw fel bod pob prawf sy'n cael ei fethu yn dal i alluogi'r garddwr i fodoli. Mae'r sgwrs yn dod i ben gyda'r sgeptig rhwystredig yn gofyn mewn anobaith, 'Beth sy'n weddill o'th honiad gwreiddiol?'

Mae Flew yn honni gyda'r ddameg hon bod credinwyr crefyddol yn newid eu credoau am Dduw i alluogi Duw i fodoli, beth bynnag yw'r cwestiwn neu'r her sy'n eu hwynebu. Felly, maen nhw'n dangos ei bod hi'n amhosibl anwirio eu credoau ac nad ydyn nhw'n honiadau am realiti o gwbl. Pan ddywedir bod y garddwr yn anweledig ac yn anghyffwrdd, does dim profion neu arsylwadau empirig yn gallu profi bod y garddwr yn bodoli.

Marwolaeth oherwydd Mil o Amodau

Mae'r ymadrodd 'marwolaeth oherwydd mil o amodau' yn gysylltiedig â ffurf ar arteithio lle mae rhywun yn cael ei ddienyddio drwy fil o archollion (*cuts*). Mae Flew yn defnyddio'r ymadrodd i ddangos sut mae rhywbeth sy'n dechrau fel honiad, honiad o wirionedd neu osodiad ffeithiol am fodolaeth Duw yn cael ei leihau fesul tipyn, drwy'r addasiadau a'r goddefiadau y mae credinwyr yn eu rhoi i natur Duw, hyd nes nad yw'n osodiad ffeithiol o gwbl mwyach, dim ond yn gred sy'n amhosibl ei hanwirio.

MEWNWELEDIAD

'Beth fyddai'n gorfod digwydd, neu fod wedi digwydd i wrthbrofi cariad, neu fodolaeth Duw i chi?' (Flew, 'Theology and Falsification', 1950).

MEWNWELEDIAD

Mae'r maglau y mae'r fforwyr yn eu gosod yn y ddameg yn enghreifftiau o brofi empirig.

MEWNWELEDIAD

'Felly gall rhagdybiaeth hyf, wych gael ei lladd felly fesul modfedd, marwolaeth oherwydd mil o amodau' (Flew, 'Theology and Falsification', 1950).

MEWNWELEDIAD

Cafodd Flew ei herio gan Richard Hare a Basil Mitchell drwy'r Symposiwm Anwirio. Trafodaeth oedd y Symposiwm Anwirio rhwng Flew, Mitchell a Hare ynghylch ystyr iaith grefyddol.

Ystyriwch drafodaeth rhwng thëist ac atheist am broblem drygioni. Er efallai bydd y thëist yn dechrau drwy honni bod yna Dduw hollalluog a hollgariadus, dydy hi ddim yn bosibl anwirio'r honiad hwn drwy ddangos bod drygioni a dioddefaint yn bodoli'n y byd. Mae hyn oherwydd bod y thëist yn newid y diffiniad o hollalluogrwydd neu hollraslonrwydd i fod yn addas i fodolaeth dioddefaint mawr. Mae'n bosibl esbonio unrhyw her i fodolaeth Duw y mae'r atheist yn ei chyflwyno i'r thëist fel hyn, fel petai pyst y gôl yn cael eu symud wrth i ni chwarae'r gêm.

BETH YW EICH BARN CHI?

Ysgrifennwch eich syniadau chi am ddadleuon Flew ac ewch yn ôl atyn nhw ychydig cyn yr arholiad er mwyn gweld a yw eich safbwyntiau wedi newid.

Darllen Flew eich Hun

Yn y darn hwn o'i lyfr *Theology and Falsification* (1968), mae Flew yn cyflwyno ei fersiwn ef o Ddameg y Garddwr Anweledig. Bydd y nodiadau ar ymyl y dudalen yn eich helpu chi i ddeall ei syniadau.

> Mae hyn yn cynrychioli'r byd.

> Mae hyn yn dangos bod prydferthwch ac anhrefn yn y byd. Efallai fod modd cyflwyno dadleuon o fyd dylunio ar gyfer y blodau, ond pa ddadleuon sy'n gallu rhoi rheswm dros y chwyn?

> Mae'r maglau a osodwyd i brofi bodolaeth y garddwr yn cynrychioli profi empirig a chwilio am dystiolaeth o Dduw yn y byd.

> Mae'r credinwyr wedi newid ei syniad am y garddwr (Duw) i fod yn addas i'r dystiolaeth sydd wedi dod iddyn nhw, felly nawr fyddai'r maglau ddim gwerth i brofi bodolaeth y garddwr hwnnw.

> Yma, mae'r sgeptig yn dangos bod syniad y garddwr wedi newid. Doedd dim sôn am y posibilrwydd bod y garddwr yn anweledig ac yn anghyffwrdd cyn gosod y maglau, dim ond ar ôl i'r maglau fethu ei ddal.

Unwaith, daeth dau fforiwr ar draws llannerch yn y jyngl. Yn y llannerch roedd llawer o flodau a llawer o chwyn yn tyfu. Meddai un fforiwr, 'Mae'n rhaid bod garddwr yn gofalu am y llain hon.' Mae'r llall yn anghytuno, 'Does dim garddwr.' Felly maen nhw'n gosod eu pebyll ac yn dechrau gwylio. Dydyn nhw byth yn gweld garddwr. 'Ond efallai mai garddwr anweledig ydyw.' Felly dyma nhw'n codi ffens o weiren bigog. Maen nhw'n ei thrydaneiddio. Maen nhw'n patrolio gyda chŵn ffyrnig. (Oherwydd maen nhw'n cofio sut roedd cymeriad H. G. Wells, *Y Dyn Anweledig* yn gallu cael ei arogleuo a'i gyffwrdd er na allai gael ei weld.) Ond does dim sgrechiadau byth i awgrymu bod rhyw dresmaswr wedi cael sioc. Dydy'r weiren byth yn symud i fradychu dringwr anweledig. Dydy'r cŵn byth yn udo. Eto mae'r Crediniwr yn dal heb ei argyhoeddi. 'Ond mae garddwr, anweledig, anghyffwrdd, disyniol i siociau trydan, garddwr heb arogl a heb sŵn, garddwr sy'n dod yn y dirgel i ofalu am yr ardd y mae'n ei charu.' Yn y pen draw mae'r Sgeptig yn anobeithio, 'Ond beth sy'n weddill o'th honiad gwreiddiol? Sut mae'r hyn rwyt ti'n ei alw'n arddwr anweledig, anghyffwrdd, byth yn cael ei ddal, yn wahanol i arddwr dychmygol, neu i ddim garddwr o gwbl hyd yn oed?'

Sut mae Flew yn cael ei Feirniadu

Fel rhan o'r Symposiwm Anwirio, cyflwynodd cyd-athronwyr Flew, Richard Hare (gweler Pennod 28) a Basil Mitchell (gweler Pennod 29) eu beirniadaeth eu hunain ar sut mae Flew yn cymhwyso'r Egwyddor Anwirio at iaith grefyddol. Beirniadodd y ddau Flew am gamddeall ystyr ffydd grefyddol i unigolion.

Dameg y Dieithryn Dirgel gan Mitchell. Mae dameg Mitchell (a amlinellwyd ym Mhennod 29) yn dangos bod credinwyr crefyddol yn ystyried ac yn caniatáu tystiolaeth yn erbyn eu credoau. Ond, maen nhw'n pwyso a mesur hyn yn erbyn rhesymau dros eu ffydd ac yn dod i'r casgliad ar y cyfan y dylen nhw aros yn ffyddlon. Gwahaniaethodd Mitchell rhwng arsylwr diduedd (fel sydd yn nameg Flew) a chrediniwr (fel sydd yn ei ddameg ei hun). Dangosodd Mitchell fod credinwyr yn wir yn ymwybodol o'r dystiolaeth a all fod yn erbyn eu credoau, problem drygioni yw'r un fwyaf nodedig.

Fodd bynnag, ar ôl pwyso a mesur y dystiolaeth i gyd, maen nhw'n penderfynu, drwy ymrwymiad ffydd, fod y Duw y maen nhw'n credu ynddo yn bodoli. Tynnodd Richard Hare, cyfrannwr arall i'r symposiwm, sylw hefyd at yr honiad bod Flew yn camgynrychioli ffydd.

Cysyniad 'bliciau' Hare. Defnyddiodd Hare gysyniad 'bliciau' i dynnu sylw at y ffaith bod Flew wedi camddeall sut roedd iaith grefyddol yn gweithio. Gan nad yw iaith grefyddol yn rhoi gosodiad 'gwyddonol', dim ond gosodiad sy'n ymwneud â 'blic' (neu fydolwg) diysgog rhywun, mae'n amhosibl ei gwirio neu ei hanwirio. Dywedodd Hare nad arsylwyr diduedd (fel fforwyr Flew) yw credinwyr crefyddol, ond bod ganddyn nhw ryw gysylltiad â'r hyn sy'n digwydd yn yr ardd honno, a buddsoddiad ynddo.

Beirniadaeth ar y ffordd y mae Flew yn cynrychioli ffydd. Roedd William Lane Craig, athronydd arall y bu Flew yn dadlau ag ef ynghylch bodolaeth Duw yn 1998, yn beirniadu'r ffordd yr oedd Flew yn cynrychioli ffydd grefyddol. Roedd y feirniadaeth hon yn dod yn benodol o safbwynt Craig ei hun fel apolegydd Cristnogol. Dywedodd Flew nad yw credinwyr crefyddol yn agored i'r posibilrwydd bod unrhyw dystiolaeth yn gallu anwirio eu credoau. Atebodd Craig drwy gyfeirio at Paul yn Nhestament Newydd y Beibl, sy'n dweud petai corff Iesu yn cael ei ddarganfod, y byddai hyn yn gwrthbrofi honiadau Cristnogaeth am yr atgyfodiad. Felly, byddai hyn yn cynnig ffordd o anwirio'r honiad canolog mewn Cristnogaeth, sef bod Iesu wedi codi o'r meirw.

Gwallau Cyffredin

Peidiwch â honni mai Flew feddyliodd am Ddameg y Garddwr Anweledig. John Wisdom, yr athronydd Prydeinig blaenllaw a gyflwynodd y ddameg yn gyntaf yn 1944. Gwnaeth Flew rai newidiadau i'r ddameg, a ddangosir isod:

	Wisdom 1944	**Flew 1968**
Ble mae'r ddameg yn digwydd?	Gardd	Jyngl
Beth mae'r fforwyr yn ei ddarganfod?	Gardd heb ei thrin	Llannerch
Pa un yw'r fforiwr rhesymol?	Mae'r ddau ddyn yn rhesymol	Mae'r sgeptig yn cael ei ddisgrifio fel person rhesymol

Nid gosodiadau a honiadau unigol oedd yn bwysig i Flew. Er i Flew roi enghreifftiau o honiadau a gosodiadau'n ymwneud â chred grefyddol, y meddylfryd yn ei gyfanrwydd yr oedd yn ei feirniadu â'r Egwyddor Anwirio, nid y gosodiadau unigol. Oherwydd y cyndynrwydd i gyfaddef rhywbeth a allai anwirio'r gred, mae'n methu honni unrhyw beth am realiti.

Nid credoau crefyddol rhyddfrydig yn unig yr oedd Flew yn eu beirniadu. Er bod tebygrwydd amlwg i 'oleddfu' rhyddfrydig i'r syniad am Dduw, mae dameg Flew yn berthnasol hefyd i gredoau traddodiadol a ffwndamentalaidd. Er enghraifft, mae'n rhaid bod gan unrhyw grefydd sy'n honni Duw hollalluog, hollgariadus ryw ateb i broblem drygioni – y 'chwyn' y mae'r garddwr yn gadael iddyn nhw dyfu. Bydd y theodiciaethau a gyflwynir i esbonio pam mae Duw penodol yn caniatáu dioddefaint yn ffurf ar addasu neu newid paramedrau'r drafodaeth ynghylch pwy neu beth yw Duw.

MEWNWELEDIAD

Mae Cristnogaeth ryddfrydig yn ymagwedd at y ffydd Gristnogol lle nad yw gwirioneddau llythrennol y Beibl mor bwysig â'r negeseuon symbolaidd neu drosiadol. Roedd Paul Tillich yn feddyliwr Cristnogol rhyddfrydig pwysig a oedd yn gweld bod iaith grefyddol fel rhywbeth symbolaidd (gweler Pennod 32).

AWGRYM

Mae disgrifiad manwl ym Mhennod 28 o sut mae Hare yn defnyddio'r term 'blic' i ddisgrifio'r bydolwg neu'r sgema y mae person crefyddol yn defnyddio ei iaith ynddo.

MEWNWELEDIAD

'Oherwydd fy mod i'n poeni'n fawr ynghylch yr hyn sy'n digwydd yn yr ardd, rwy'n gweld nad ydw i'n gallu rhannu diffyg ymlyniad y fforiwr' (Richard Hare yn Flew a MacIntyre, *New Essays in Philosophical Theology*, 1955).

MEWNWELEDIAD

Mae William Lane Craig yn apolegydd Cristnogol sy'n amddiffyn Cristnogaeth gan ddefnyddio rheswm a dadl athronyddol (gweler Pennod 2).

CRYFHAU EICH GAFAEL

1. Ysgrifennwch eich esboniad chi eich hun o her Flew i iaith grefyddol drwy'r Egwyddor Anwirio. Cofiwch gynnwys y canlynol: yr Egwyddor Anwirio, Dameg y Garddwr Anweledig, problem drygioni, a marwolaeth oherwydd mil o amodau. Bydd hyn yn eich helpu chi i baratoi ar gyfer cwestiwn 'esboniwch' yn yr arholiad.

2. Ysgrifennwch restr o gryfderau a gwendidau safbwynt Flew ar iaith grefyddol. Sicrhewch eich bod yn ystyried yr heriau gan aelodau eraill y Symposiwm Anwirio a gan gredinwyr crefyddol eraill fel Craig. Rhowch farc allan o bump i bob un o'r cryfderau a'r gwendidau hyn i'ch helpu chi i ddewis y dystiolaeth a fydd yn rhoi'r pwyntiau cryfaf mewn traethawd, yn eich barn chi. Bydd hyn yn eich helpu chi i baratoi ar gyfer cwestiwn 'gwerthuswch' yn yr arholiad.

Arweiniad ar yr Arholiad AA1

Ar gyfer cwestiwn 'esboniwch', dylech chi fod yn deall fersiwn Flew o Ddameg y Garddwr Anweledig, sut mae'n gysylltiedig â chred grefyddol, a sut mae'n bosibl ei chymhwyso at drafodaethau ynghylch ystyr iaith grefyddol. Dylech chi ddeall beth yw ystyr yr ymadrodd 'marwolaeth oherwydd mil o amodau' ac yn gallu ei esbonio gydag enghreifftiau o drafodaethau'n ymwneud ag iaith grefyddol. Yn ogystal, dylech chi wybod am yr Egwyddor Anwirio a'i deall, a sut mae hyn yn gysylltiedig â'r Egwyddor Wirio, ond yn wahanol iddi. Gall hyn fod yn ddefnyddiol ar gyfer cwestiwn penodol ar anwirio neu'n fwy cyffredinol ar gyfer cwestiwn ar ystyr iaith grefyddol.

Arweiniad ar yr Arholiad AA2

Ar gyfer cwestiwn 'gwerthuswch', mae angen i chi ddod i gasgliad o ran i ba raddau rydych chi'n cytuno ag ymagwedd Flew at iaith grefyddol, sef ei feirniadaeth nad yw honiadau crefyddol yn gallu bod yn ystyrlon gan nad yw hi'n bosibl eu hanwirio. Ystyriwch bob beirniadaeth ar ei safbwynt – i ba raddau maen nhw'n eich argyhoeddi chi a sut byddai Flew yn cyfiawnhau ei safbwynt wrth ymateb? Pa mor llwyddiannus mae credinwyr crefyddol yn gallu amddiffyn eu honiadau rhag y ddamcaniaeth hon, yn eich barn chi? Yn ogystal, dylech chi ystyried sut mae'r Egwyddor Anwirio yn cymharu ac yn cyferbynnu â heriau positifiaeth resymegol ac Egwyddor Wirio Ayer. Yn olaf, sut mae'r ddamcaniaeth hon yn berthnasol i'r amrywiadau o ran ffydd a mynegiant crefyddol yn y byd? Ydy hi'n condemnio ffydd ryddfrydig yn fwy, lle mae Duw yn cael ei 'oleddfu' allan o fodolaeth?

28. RICHARD HARE

MYND I FYD HARE

Trosolwg Roedd Richard Hare (1919–2002) yn gyfrannwr allweddol i'r Symposiwm Anwirio ac roedd hefyd yn adnabyddus am drafod syniadau moesegol. Fe wnaeth gyflwyno safbwynt gwrthrealaidd ar grefydd, ac amddiffyn ystyr iaith grefyddol drwy ei ddamcaniaeth 'bliciau'.

Fel meddyliwr Cristnogol, astudiodd Richard Hare y Clasuron ym Mhrifysgol Rhydychen. Pan ddechreuodd yr Ail Ryfel Byd, gwirfoddolodd i ymuno â'r Magnelwyr Brenhinol. Fel heddychwr, roedd mewn cyfyng-gyngor, oherwydd ei fod yn gweld bod angen ymladd yn erbyn cyfundrefn a oedd yn achosi dioddefaint enfawr yn y byd.

Cafodd ei ddal yn garcharor rhyfel adeg cwymp Singapore. Cafodd y profiad hwn effaith barhaol ar ei athroniaeth foesol, athroniaeth yr oedd ef yn credu ddylai fod yn gallu arwain pobl drwy'r sefyllfaoedd anoddaf. Mae Hare yn nodedig fel ysgrifennwr moesegol, yn benodol am ei ysgrifeniadau ar iwtilitariaeth ffafriaeth (*preference utalitarianism*) a damcaniaeth feta-foesegol rhagysgrifiadaeth (*meta-ethical theory of prescriptivism*).

Wrth addysgu ym Mhrifysgol Rhydychen, bu Hare yn ymwneud â'r Symposiwm Anwirio. Er iddo amddiffyn ystyr iaith grefyddol i'r rhai sy'n ei defnyddio hi, roedd syniadau A. J. Ayer yn ddylanwad mawr arno. Roedd yn awyddus i ddangos nad ffwlbri oedd pob 'sôn am Dduw'.

Syniadau Allweddol Hare

'Bliciau' – y Ffordd Rydyn Ni'n Gweld y Byd

Heriodd Ayer (gweler Pennod 26) a Flew (gweler Pennod 27) ystyr iaith grefyddol drwy ddadlau bod 'sôn am Dduw' yn amhosibl ei wirio a'i anwirio. Roedden nhw'n cefnogi'r safbwynt bod iaith grefyddol, er ei bod hi'n wybyddol, yn ddiystyr. Cyflwynodd Hare ffordd wahanol o feddwl am iaith grefyddol – sef, er ei bod hi'n amhosibl ei gwirio a'i hanwirio, ei bod hi'n ystyrlon i'r rhai sy'n ei defnyddio hi.

Cyflwynodd Hare y term **'blic'**, sef y gair Iseldireg 'blik', sy'n golygu 'golwg' neu 'gipolwg'. Mae 'bliciau' gan bob un ohonom ni. Maen nhw'n hidlo ac yn categoreiddio'r hyn rydyn ni'n ei weld ac yn ei brofi o'r byd o'n cwmpas. Y 'bliciau' sydd gennych chi sy'n pennu eich bydolwg; rydych chi'n dechrau gyda hyn cyn dechrau dadansoddi'r byd o'ch cwmpas. Rydyn ni'n derbyn y pethau sy'n cyd-fynd â'n 'bliciau' ac yn eu cadarnhau, ond rydyn ni'n gwrthod y pethau nad ydyn nhw'n cyd-fynd, neu'n rhoi esboniad pam. Felly, mae gan iaith grefyddol ystyr ac arwyddocâd mawr i'r credinwr, dim ond iddi gyd-fynd â'i 'fliciau', neu ei fydolwg.

MEWNWELEDIAD

Mae 'bliciau' yn gallu llunio sut rydyn ni'n dehongli pob darn o ddata neu wybodaeth yr ydyn ni'n eu harsylwi. Mae 'bliciau' yn gallu bod yn synhwyrol yn ogystal ag yn wallgof, yn grefyddol ac yn anghrefyddol.

MEWNWELEDIAD

Ymatebodd Hare i her Antony Flew yn y Symposiwm Anwirio gyda'i ddamcaniaeth ei hun o 'fliciau', neu'r ffordd yr ydyn ni'n gweld y byd i fod yn amhosibl ei hanwirio a hefyd yn ystyrlon.

HANFODOL!

'Bliciau' – credoau amhosibl eu hanwirio sy'n llunio ein bydolwg. Mae 'bliciau' person, neu ei ffyrdd o weld y byd, yn rhoi ystyr iddo – hyd yn oed pan nad yw pobl eraill yn rhannu'r un safbwynt.

Deall Safbwynt Hare

GWELLA EICH DEALLTWRIAETH

Gwnewch yn siŵr eich bod chi'n gwybod sut mae stori Hare, 'Y Darlithwyr sy'n Llofruddwyr' yn esbonio ei ddamcaniaeth 'bliciau'.

Dameg y Darlithwyr sy'n Llofruddwyr

Defnyddiodd Hare ei ddameg ei hun am fyfyriwr sy'n dioddef o rithdybiau paranoid. Mae'n argyhoeddedig bod ei ddarlithwyr prifysgol yn ceisio ei ladd. Fydd dim unrhyw dystiolaeth a gyflwynir iddo yn ei berswadio fel arall. Mae ei osodiadau am y gred eu bod nhw eisiau ei lofruddio yn ystyrlon iddo. Maen nhw'n dylanwadu'n fawr ar ei fywyd a'i weithredoedd hyd nes ei fod yn gwrthod mynychu darlithiau. Ond mae'n amhosibl i wirio neu i anwirio ei osodiadau.

Cyfeiriodd Hare at enghraifft o un o'i 'fliciau' ei hun – bod gyrru car yn ddiogel. Roedd yn ymddiried yn niogelwch ei gar bob tro yr oedd yn ei yrru, er bod digon o dystiolaeth am y niwed a allai ei gael petai'n cael damwain. Roedd Hare yn cytuno i raddau â damcaniaeth Flew (gweler Pennod 27) nad yw iaith grefyddol yn honni dim byd am y byd. Fodd bynnag, roedd yn anghytuno bod hyn yn gwneud iaith grefyddol yn ddiystyr. Mae'r iaith hon yn ystyrlon fel mynegiant o fydolwg (er nad yw hi'n bosibl ei hanwirio hi).

BETH YW EICH BARN CHI?

Ysgrifennwch eich syniadau chi am ddadleuon Hare ac ewch yn ôl atyn nhw ychydig cyn yr arholiad er mwyn gweld a yw eich safbwyntiau wedi newid.

MEWNWELEDIAD

Gwahaniaethodd Hare rhwng 'bliciau' synhwyrol, fel ei ymddiriedaeth ei hun fod y car yr oedd yn ei yrru'n ddiogel, a 'bliciau' gwallgof, fel rhithdyb y myfyriwr bod ei ddarlithwyr yn ceisio ei lofruddio, ond heb esbonio'r gwahaniaeth rhwng y ddau.

Darllen Hare eich Hun

Yn y darn hwn o'r erthygl 'Theology and Falsification: A Symposium' (1971), mae Hare yn esbonio 'blic' myfyriwr sy'n dioddef o rithdybiau paranoid. Mae'n argyhoeddedig bod ei ddarlithwyr prifysgol eisiau ei lofruddio.

> Dyma'r 'blic' y mae'r myfyriwr yn gweld pob tystiolaeth drwyddo.

> Darlithwyr prifysgol yw'r rhain, yn wreiddiol mewn prifysgolion colegol (fel prifysgolion Rhydychen, Caergrawnt a Durham), ond gallai gyfeirio at ddarlithwyr yn unrhyw le.

> Mae'r myfyriwr yn credu mor gryf bod y darlithwyr eisiau ei lofruddio, fel na fydd unrhyw dystiolaeth a gyflwynir iddo yn ei berswadio fel arall. Mewn gwirionedd, mae'n ailddehongli unrhyw dystiolaeth i'r gwrthwyneb i gyd-fynd â'i 'flic'.

Mae [myfyriwr arbennig] yn argyhoeddedig bod pob darlithydd eisiau ei lofruddio. Mae ei ffrindiau yn ei gyflwyno i'r darlithwyr mwyaf addfwyn a pharchus y mae'n bosibl dod o hyd iddyn nhw, ac ar ôl i bob un fynd, maen nhw'n dweud, 'Ti'n gweld, dydy e ddim wir eisiau dy lofruddio di; roedd yn siarad â ti mewn ffordd gynnes iawn; rhaid dy fod yn sylweddoli hynny nawr?' Ond mae'r gwallgofddyn yn ateb, 'Oedd, ond dim ond am ei fod yn gyfrwys fel y diafol; mewn gwirionedd mae'n cynllwynio yn fy erbyn i drwy'r amser, fel y gweddill ohonyn nhw; dw i'n gwybod, dw i'n dweud wrthoch chi'. Dim ots faint o ddarlithwyr cyfeillgar maen nhw'n dod o hyd iddyn nhw, mae'r ymateb yn dal yr un peth.

Sut mae Hare yn cael ei Feirniadu

Afiechyd meddwl yw crefydd? Mae enghraifft Hare yn anaddas gan ei bod hi'n cymharu'r myfyriwr sydd ag afiechyd meddwl â'r credinwyr crefyddol. Fyddai llawer o gredinwyr crefyddol (roedd Hare yn Gristion ei hun) ddim yn derbyn bod cred grefyddol yn debyg i afiechyd meddwl. Dydy llawer o gredinwyr crefyddol ddim yn gweld mai 'bydolwg' yn unig yw eu ffydd. Mae ganddyn nhw ddull realaidd, sy'n golygu eu bod nhw'n credu bod yna Dduw, neu rhyw fod eithaf sydd yn bodoli ac sy'n wrthrychol real. Drwy roi ystyr i iaith grefyddol drwy leihau crefyddau yn 'fliciau', roedd Hare mewn perygl o golli llawer o'r ystyr yr oedd credinwyr crefyddol yn ei roi i'r iaith yn y lle cyntaf.

Gwallau Cyffredin

Peidiwch â honni bod 'bliciau' yn grefyddol bob amser. Er bod damcaniaeth 'bliciau' yn cael ei defnyddio yma i amddiffyn ystyr iaith grefyddol, mae gan bob un ohonom ni 'fliciau' am amrywiaeth o bethau, crefyddol ac anghrefyddol. Er enghraifft, efallai na fydd rhywun yn deall yn iawn sut mae awyren yn hedfan mewn gwirionedd, ond bydd ganddo 'flic' ei bod hi'n ddiogel teithio mewn awyren, gan roi esboniad am bob tystiolaeth o ddamweiniau yn hytrach na newid ei safbwynt. Gallai 'bliciau' Hare fod yr un mor berthnasol i safbwyntiau atheïstiaid am y byd â safbwyntiau theïstiaid. Mewn gwirionedd, defnyddiodd Hare yr enghraifft o sut bydd rhai yn gweld trefn yn y bydysawd, tra bydd pobl eraill yn gweld yr un drefn ac yn meddwl mai hap a damwain yw hi.

CRYFHAU EICH GAFAEL

1. Ysgrifennwch eich esboniad eich hun o sut mae Hare yn amddiffyn iaith grefyddol drwy ddamcaniaeth 'bliciau'. Cofiwch gynnwys y canlynol: 'bliciau', bydolwg, y Symposiwm Anwirio ac argyhoeddiadau. Rhowch ddarn o bapur dros eich nodiadau a cheisiwch weld beth allwch chi ei gofio am y pedwar maes hyn. Bydd hyn yn eich helpu chi i baratoi ar gyfer cwestiwn 'esboniwch' yn yr arholiad.

2. Ysgrifennwch restr o gryfderau a gwendidau dealltwriaeth Hare o iaith grefyddol. Rhowch sylw arbennig i sut mae'n ceisio amddiffyn ystyr iaith grefyddol wrth wynebu beirniadaeth yr Egwyddorion Gwirio ac Anwirio. Rhowch farc cyffredinol allan o bump i'w safbwynt, o ran pa mor llwyddiannus yw ei amddiffyniad, a chymharwch hyn â Flew a Mitchell pan rydych chi wedi cwblhau eich gwaith ar eu safbwyntiau.

Arweiniad ar yr Arholiad AA1

Dylech chi fod yn ymwybodol o ddealltwriaeth Hare o 'fliciau' a sut roedd yn eu hesbonio nhw gyda'i enghreifftiau o'r myfyriwr prifysgol yn dioddef o afiechyd meddwl a pheryglon gyrru car. Hefyd, dylech chi allu rhoi enghreifftiau eraill sy'n dangos sut mae'r cysyniad hwn yn gallu bod yn berthnasol i fydolygon synhwyrol a gwallgof ac i fydolygon crefyddol. Sicrhewch eich bod yn gwybod sut mae hyn yn amddiffyn ystyr iaith grefyddol, er ei fod yn amhosibl ei ddilysu a'i anwirio. Sicrhewch eich bod yn gwybod pa enghreifftiau a damhegion y mae pob un o aelodau'r Symposiwm Anwirio yn eu rhoi.

Arweiniad ar yr Arholiad AA2

Ystyriwch i ba raddau mae damcaniaeth 'bliciau' Hare yn amddiffyn iaith grefyddol rhag heriau gwirio ac anwirio. A yw Hare yn dangos bod iaith grefyddol yn gallu bod yn ystyrlon, fel mae'n ei wneud i rai sydd â 'blic' penodol, neu a yw iaith grefyddol yn dal i fod yn agored i feirniadaeth Ayer a Flew o ran gwirio ac anwirio? Ystyriwch pa mor llwyddiannus fyddai'r esboniad i gredinwr crefyddol a pha mor ddilys yw dealltwriaeth Hare o osodiadau crefyddol gwirioneddol.

29. BASIL MITCHELL

MYND I FYD MITCHELL

Trosolwg Yr athronydd o Brydain, Basil Mitchell (1917–2011), oedd yr olaf i gyfrannu i'r Symposiwm Anwirio. Roedd yn Gristion Anglicanaidd ymroddedig a oedd yn gymrodor ac yn diwtor ym Mhrifysgol Rhydychen. Hefyd, bu'n aelod o weithgor Eglwys Loegr ar gwestiynau moesegol.

Cafodd Basil Mitchell ei fedyddio i'r ffydd Gristnogol ond roedd hefyd yn ymwybodol o grefyddau eraill o oedran cynnar, gan gynnwys Sufiaeth, gan fod ei dad yn ddisgybl Sufi. Pan oedd yn blentyn, mynychodd Mitchell sesiynau addoli Sufi (ymagwedd gyfriniol at Islam, lle mae'n bosibl i unigolion gael profiadau crefyddol drwy addoli), oedd ag ymagwedd **hollgyffredinol** ac oedd yn defnyddio testunau a dysgeidiaethau o amryw o draddodiadau crefyddol. Pan oedd yn astudio'r clasuron yn Rhydychen, cafodd Mitchell ysgoloriaeth i astudio athroniaeth Indiaidd a dechreuodd ddysgu Sansgrit. Gwasanaethodd Mitchell yn y Llynges Frenhinol yn ystod yr Ail Ryfel Byd, a dylanwadodd y drygioni a'r dioddefaint a welodd yn ystod amser rhyfel ar ei athroniaeth pan ddychwelodd i addysgu yn Rhydychen.

> **HANFODOL!**
>
> Mae **hollgyffredinolwyr** yn credu y bydd y ddynoliaeth i gyd yn cael ei hachub, nid y rhai sydd o grefydd benodol yn unig.

Syniadau Allweddol Mitchell

GWELLA EICH DEALLTWRIAETH

Gwnewch yn siŵr eich bod chi'n gwybod sut mae Dameg y Partisan yn esbonio sut mae Mitchell yn amddiffyn ystyr iaith grefyddol.

Dameg y Partisan

Wrth ymateb i Antony Flew (Pennod 27) a Richard Hare (Pennod 28) yn y Symposiwm Anwirio, amddiffynnodd Mitchell ystyr iaith grefyddol drwy ei Ddameg y Partisan (sydd hefyd yn cael ei galw'n Ddameg y Dieithryn Dirgel). Roedd ei amddiffyniad yn dangos bod y rhai a oedd yn credu bod credoau crefyddol yn wir, yn ymwybodol o sut byddai'n bosibl anwirio'r gred hon neu'r honiad hwn. Fodd bynnag, roedd eu hymrwymiad i'r gred (hynny yw, eu cred yn Nuw), yn eu helpu i gadw eu ffydd er bod yna dystiolaeth y gellir dweud iddo fynd yn erbyn y gred honno.

Mae'r ddameg yn sôn am ymladdwr dros ryddid yn yr Ail Ryfel Byd sy'n cwrdd â dieithryn dirgel. Mae'r dieithryn yn dweud wrth yr ymladdwr mai ef yw arweinydd ei ochr ef yn y rhyfel (y Gwrthryfel). Er efallai fod ei weithredoedd yn rhoi'r argraff weithiau ei fod ar ochr y gelyn, dywedodd fod y gweithredoedd hynny'n rhan o gynllun mwy, ac y bydd bob amser ar ochr yr ymladdwyr dros ryddid mewn gwirionedd.

> **MEWNWELEDIAD**
>
> Mae'n amlwg bod y ddameg hon yn gysylltiedig â phroblem drygioni, sef yr her i fodolaeth Duw drwy fodolaeth drygioni a dioddefaint yn y byd.

Mae ystyron cudd y ddameg wedi'u hesbonio isod.

Elfen y ddameg	Sut gallai hyn fod yn berthnasol i gred grefyddol
Arweinydd y Gwrthryfel	Duw neu gyfarfyddiad dwyfol o ryw fath
Y partisan (neu'r ymladdwr dros ryddid)	Y crediniwr crefyddol
Yr ymladdwyr eraill na chawson nhw gyfarfyddiad ag arweinydd y Gwrthryfel	Y rhai nad ydyn nhw'n credu, na chawson nhw gyfarfyddiad â Duw, neu ryw ffurf ar y Dwyfol
Yr arweinydd yn cwrdd â'r partisan	Tröedigaeth neu brofiad crefyddol o ryw fath
Pan mae arweinydd y Gwrthryfel fel petai'n ymladd dros yr ochr arall	Pan mae pobl yn dioddef ar y ddaear ac yn holi pam mae Duw naill ai wedi caniatáu neu wedi achosi dioddefaint o'r fath
Pan mae'r partisan yn dweud, 'Y dieithryn sy'n gwybod orau'	Pan mae credinwyr crefyddol yn dweud, 'Mae Duw'n gweithio mewn ffyrdd dirgel'

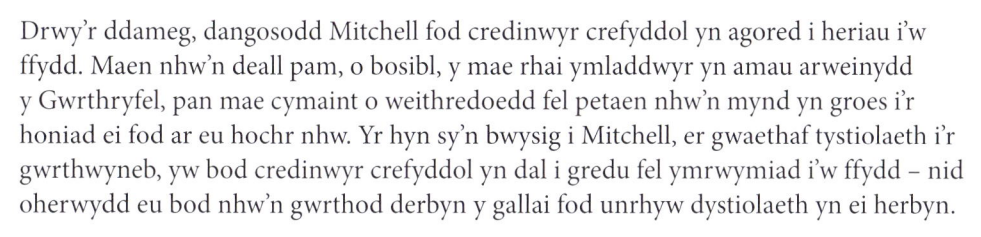

Drwy'r ddameg, dangosodd Mitchell fod credinwyr crefyddol yn agored i heriau i'w ffydd. Maen nhw'n deall pam, o bosibl, y mae rhai ymladdwyr yn amau arweinydd y Gwrthryfel, pan mae cymaint o weithredoedd fel petaen nhw'n mynd yn groes i'r honiad ei fod ar eu hochr nhw. Yr hyn sy'n bwysig i Mitchell, er gwaethaf tystiolaeth i'r gwrthwyneb, yw bod credinwyr crefyddol yn dal i gredu fel ymrwymiad i'w ffydd – nid oherwydd eu bod nhw'n gwrthod derbyn y gallai fod unrhyw dystiolaeth yn ei herbyn.

Deall Safbwynt Mitchell

Roedd Mitchell yn ysgrifennu ar ôl ei brofiadau yn yr Ail Ryfel Byd. Roedd ei gyfoeswyr – A. J. Ayer, Flew a Hare – yn rhan o ymdrech y rhyfel hefyd. Yn rhannol, roedd Dameg y Partisan yn ymateb i hen broblem drygioni, a byddai wedi bod yn adnabyddus i'w gynulleidfa.

Ymateb i heriau'r Symposiwm Anwirio. Mae rhai pobl yn beirniadu Hare oherwydd ei fod yn methu esbonio pam a sut gall pobl newid rhwng 'bliciau' (gweler Pennod 28). Felly hefyd, un feirniadaeth ar Flew yw ei fod yn ymddangos fel petai'n methu gwerthfawrogi pŵer y cyfarfyddiad cyntaf â'r 'garddwr anweledig' a all fod wedi achosi'r fforiwr i gadw ei ffydd, er bod tystiolaeth i'r gwrthwyneb (gweler Pennod 27). Mae dameg Mitchell yn cydnabod profiadau neu gyfarfyddiadau crefyddol fel rhesymau pwerus dros pam bydd credinwyr yn dal gafael ar 'erthyglau ffydd' arwyddocaol er bod tystiolaeth i'r gwrthwyneb. Defnyddiodd broblem drygioni fel enghraifft o'r math o faterion y mae'n rhaid i grediniwr ymdrin â nhw er mwyn dal gafael yn ei ffydd.

Mae storïau fel 'prawf ffydd' y proffwyd Job/Eyyub yn dangos bod y cwestiynau hyn ac anwiriadau posibl yn rhan o ffydd grefyddol ers miloedd o flynyddoedd. Er y gallen nhw fod yn dystiolaeth yn erbyn bodolaeth Duw, mae'r crediniwr yn dewis cadw ei ffydd oherwydd ei ymrwymiad a phŵer y cyfarfyddiad cyntaf. Mae hyn yn dangos sut mae honiadau sy'n gysylltiedig â 'sôn am Dduw' yn gallu bod yn ystyrlon, gan fod y crediniwr yn ymwybodol o sut gallen nhw gael eu hanwirio ond mae'n dewis cadw ei ffydd o hyd.

> **MEWNWELEDIAD**
>
> 'Er bod temtasiwn i golli ffydd yn y dieithryn, gan ei fod yn ei weld weithiau fel petai'n helpu'r gelyn ac weithiau ddim, mae'r ymladdwr yn dweud wrtho ei hun bob amser, "Y dieithryn sy'n gwybod orau"' (Mitchell, 'Theology and Falsification: A Symposium', 1971).

MEWNWELEDIAD

Mae stori Job/Eyyub i'w weld mewn Iddewiaeth, Islam a Christnogaeth. Mae Duw yn canmol y proffwyd am fod yn was ffyddlon, ac yna mae Satan/Shaytan yn herio Duw drwy ddweud mai dim ond oherwydd iddo ei fendithio â bywyd da y mae wedi aros yn ffyddlon. Wedyn mae Duw yn gadael i Satan/Shaytan dynnu'r bendithion hyn oddi wrth Job/Eyyub, gan achosi dioddefaint mawr. Mae Job/Eyyub yn aros yn ffyddlon i Dduw, fodd bynnag, gan ddangos bod ei ffydd yn gryf. Mae'r bywyd wedi'i fendithio yn cael ei adfer a dangosir ei fod yn ddyn â ffydd fawr yn union oherwydd yr heriau a wynebodd i'w ffydd.

BETH YW EICH BARN CHI?

Ysgrifennwch eich syniadau chi am ddadleuon Mitchell ac ewch yn ôl atyn nhw ychydig cyn yr arholiad er mwyn gweld a yw eich safbwyntiau wedi newid.

TASG

Darllenwch Mitchell eich hun yn y darn isod. Bydd y nodiadau ar ymyl y dudalen yn eich helpu chi i ddeall ei safbwyntiau.

Darllen Mitchell eich Hun

Yn y darn hwn o 'Theology and Falsification: A Symposium' (1971), mae Mitchell yn esbonio sut mae ffydd y credinwyr yn Nameg y Partisan yn wahanol i'r fforwyr yn Nameg y Garddwr Anweledig gan Flew.

> Siawns na fyddai'r diwinydd yn gwadu bod bodolaeth poen yn cyfrif yn erbyn yr honiad bod Duw yn caru dynion. Mae'r union anghysondeb hwn yn creu'r broblem ddiwinyddol fwyaf anodd o'r cyfan – problem drygioni. Felly mae'r diwinydd yn cydnabod y ffaith bod poen yn cyfrif yn erbyn athrawiaeth Gristnogol. Ond mae'n wir na fydd yn caniatáu i'r broblem – nac unrhyw beth – gyfrif yn bendant yn ei herbyn; gan ei fod wedi ymrwymo gan ei ffydd i ymddiried yn Nuw. Nid agwedd yr arsylwr diduedd sydd ganddo, ond agwedd y crediniwr.

Yma, mae Mitchell yn dangos bod credoau crefyddol yn agored i gael eu hanwirio. Mae credinwyr yn barod i dderbyn bod tystiolaeth yn groes i'w honiadau crefyddol, ond yn gyffredinol, maen nhw'n dal i gredu oherwydd eu buddsoddiad a'u hymrwymiad iddyn nhw.

Mae Mitchell yn dangos sut mae ei bartisan yn wahanol i'r fforiwr yn Nameg y Garddwr Anweledig gan Flew. Mae gan y partisan ymrwymiad, ond mae'r fforiwr yn gweld yr ardd heb wneud buddsoddiad i gredu ym modolaeth garddwr anweledig.

SGILIAU GWERTHUSO

Gallwch chi roi mwy o ddyfnder i ateb i gwestiwn gwerthuso am ysgolhaig bob amser drwy ddangos ymwybyddiaeth o sut mae meddylwyr eraill wedi anghytuno.

Sut mae Mitchell yn cael ei Feirniadu

Mae Dameg y Partisan yn dibynnu ar gyfarfyddiad cychwynnol â Duw neu'r Dwyfol. Mae dameg Mitchell yn ymddangos yn ddichonadwy os yw cyfarfyddiad crefyddol neu brofiad crefyddol pwerus yn cael ei ystyried yn sail i ffydd grefyddol, yn wyneb tystiolaeth i'r gwrthwyneb. Ond sut mae'r rhai sydd efallai heb gael y cyfarfyddiadau hyn yn ymateb iddyn nhw? Mae hyn hefyd yn gadael safbwynt Mitchell yn agored i'r feirniadaeth ar ddilysrwydd profiadau crefyddol yn y lle cyntaf.

Mae 'marwolaeth drwy oleddfu fil o weithiau' Flew yn dal i sefyll. Dadl Flew oedd bod credinwyr crefyddol yn gallu rhoi esboniad am unrhyw dystiolaeth sy'n gwrth-ddweud bod eu Duw yn bodoli (gweler Pennod 27). Er gwaetha'r heriau sydd a'r cwestiynau sy'n cael eu codi am fodolaeth Duw, mae'r crediniwr yn gallu newid natur y Duw hwnnw fel nad yw'r her yn berthnasol mwyach.

Gwallau Cyffredin

Wnaeth Mitchell ddim amddiffyn pob gosodiad crefyddol. Wnaeth Mitchell ddim amddiffyn ffydd ddi-gwestiwn neu osodiadau crefyddol wedi'u gwneud heb ymwybyddiaeth o dystiolaeth i'r gwrthwyneb neu heb ei derbyn. Yn wahanol i fyfyriwr Hare sydd ag afiechyd meddwl (gweler Pennod 28), sy'n amharod i dderbyn tystiolaeth yn erbyn ei honiadau oherwydd ei 'flic', mae ymladdwr dros ryddid Mitchell yn hollol ymwybodol bod gweithredoedd y dieithryn yn groes i'w honiad ar y dechrau mai ef yw arweinydd y Gwrthryfel. Roedd Mitchell yn amddiffyn honiadau crefyddol o safbwynt y rhai sy'n agored am frwydrau ffydd, ac sydd eto'n dal ag ymrwymiad iddi.

CRYFHAU EICH GAFAEL

1. Ysgrifennwch eich esboniad eich hun o sut mae Mitchell yn amddiffyn ystyr iaith grefyddol. Cofiwch gynnwys y canlynol: y Symposiwm Anwirio, Dihareb y Partisan, a phroblem drygioni. Rhowch ddarn o bapur dros eich nodiadau a cheisiwch weld beth allwch chi ei gofio am y tri maes hyn. Bydd hyn yn eich helpu chi i baratoi ar gyfer cwestiwn 'esboniwch' yn yr arholiad.

2. Gwnewch restr o gryfderau a gwendidau ymagwedd Mitchell at iaith grefyddol. Pa un o'r meddylwyr allweddol eraill yn y llyfr hwn a fyddai'n cefnogi neu'n beirniadu ei safbwynt? Bydd hyn yn eich helpu chi gyda chwestiwn 'gwerthuso' yn yr arholiad.

Arweiniad ar yr Arholiad AA1

Ar gyfer atebion AA1, gallech chi ddefnyddio Mitchell a'i Ddameg y Partisan wrth drafod ystyr iaith grefyddol yn benodol fel her i'r positifiaethwyr rhesymegol a'r Egwyddor Anwirio. Dylech chi wybod cynnwys y ddameg a sut mae'n berthnasol i iaith grefyddol, yn enwedig i drafodaethau ynghylch problem drygioni a'r honiad bod 'Duw yn ein caru ni'. Hefyd, gallech chi ei defnyddio mewn cwestiwn sy'n ymwneud â phrofiad crefyddol a phroblem drygioni yn fwy cyffredinol.

Arweiniad ar yr Arholiad AA2

Ar gyfer atebion AA2, bydd angen i chi ystyried cryfderau a gwendidau ymagwedd Mitchell at iaith grefyddol a sut mae hon yn cymharu ac yn cyferbynnu â safbwyntiau aelodau eraill y Symposiwm Anwirio. Bydd angen i chi ddod i'ch casgliad eich hun o ran pa mor llwyddiannus yw Mitchell wrth amddiffyn ystyr iaith grefyddol drwy ddangos efallai y bydd credinwyr crefyddol sy'n barod i dderbyn tystiolaeth yn anwirio eu honiadau, ond ar y cyfan, byddan nhw'n dewis aros yn ymroddedig i'w ffydd.

30. IAN RAMSEY

MYND I FYD RAMSEY

Trosolwg Cyfrannodd yr Esgob Ian Ramsey (1915-72) at drafodaethau yn yr ugeinfed ganrif ynghylch ystyr a dehongliadau iaith grefyddol drwy ei ddamcaniaeth o fodelau, goleddfwyr a datgeliadau. Fe wnaeth ddatblygu cydweddiad drwy gyfrannedd Aquinas, ac roedd syniadau Ludwig Wittgenstein yn ddylanwad mawr arno.

Cafodd Ian Ramsey ei eni yn Sir Gaerhirfryn i deulu Cristnogol dosbarth gweithiol. Enillodd ysgoloriaeth i fynd i Brifysgol Caergrawnt, lle datblygodd ei ddiddordeb mewn metaffiseg a'r berthynas rhwng crefydd a gwyddoniaeth. Roedd Ramsey yn astudio yng Nghaergrawnt ar yr un pryd â Ludwig Wittgenstein, ac mae'n amlwg i Wittgenstein ddylanwadu ar syniadau Ramsey am iaith grefyddol. Yn ddiweddarach, cafodd Ramsey swyddi amrywiol fel offeiriad yn Eglwys Loegr, a chafodd ei wneud yn esgob Durham yn 1966.

Drwy ei waith, prif nod Ramsey oedd cynnig gwrthddadl i bositifiaeth resymegol a thwf atheïstiaeth o ganlyniad, a hynny drwy roi rhesymau athronyddol dros fod iaith grefyddol yn dal yn ystyrlon er gwaethaf y feirniadaeth roedd hi'n ei hwynebu. Yn ôl Ramsey, mae dealltwriaeth am fodolaeth 'fi', er bod yr hunan yn gysyniad anodd ei ddiffinio'n empirig. Felly, pam gwrthod y gosodiad 'mae Duw yn bodoli' oherwydd ei fod yn anodd ei ddiffinio'n empirig? Credai Ramsey fod gwyddoniaeth a chrefydd yn debyg. Felly, gallai fod yn hollol resymegol i rywun fod â chred grefyddol a thrafod y credoau hyn yn ystyrlon.

Ar ôl ei farwolaeth, gwireddwyd breuddwyd Ramsey am ganolfan barhaol fel lle i archwilio meysydd rhyngddisgyblaethol yn 1985 gyda Chanolfan Ian Ramsey ar gyfer Gwyddoniaeth a Chrefydd ym Mhrifysgol Rhydychen. Mae'r ganolfan yn cynnig fforwm i drafodaethau'n ymwneud â diwinyddiaeth a moeseg, yn gysylltiedig â darganfyddiadau parhaus mewn meddygaeth, technoleg a gwyddoniaeth. Mae'n parhau nod Ramsey, sef dangos nad oes angen i wyddoniaeth a chrefydd wrthdaro.

Syniadau Allweddol Ramsey

GWELLA EICH DEALLTWRIAETH

Sicrhewch eich bod chi'n gwybod sut mae Ramsey yn gweld iaith grefyddol yn anwybyddol ac yn gydweddiadol, a sut mae'n defnyddio syniadau modelau, goleddfwyr (*qualifiers*) a datgeliadau i esbonio'r safbwynt hwn.

Dau Fath o Iaith

Yn ei lyfr *Religious Language: An Empirical Placing of Theological Phrases* (1957), roedd Ramsey'n gwahaniaethu rhwng dau fath o iaith – iaith gyffredin ac iaith grefyddol. Mae iaith gyffredin yn uniongyrchol, yn arsylwadol ac yn gwneud synnwyr. Bydd iaith grefyddol, oherwydd ei bod hi'n ymwneud â honiadau metaffisegol, yn ymddangos yn 'rhesymegol ryfedd' gan ei bod hi'n ymwneud â Duw, sydd y tu allan i brofiad cyffredin, arsylladwy. Er ei bod hi'n 'rhesymegol ryfedd', dydy hyn ddim yn ei gwneud hi'n ddiystyr, gan ei bod hi'n cyfeirio at rywfaint o natur Duw fel 'ymdrech i fod yn benodol am y dirgelwch dwyfol'. Os ydyn ni'n barnu iaith grefyddol yn yr un ffordd ag iaith gyffredin, rydyn ni'n gwneud gwall.

Mae'n bosibl gweld dylanwad Wittgenstein (gweler Pennod 33) ar Ramsey yma gyda'i honiad y bydd cwestiynau'n ymwneud â metaffiseg yn dal yn 'ddirgelwch dwyfol', yn wahanol i ddirgelwch neu gwestiynau arferol am y byd y gallwn ni ymchwilio iddyn nhw'n empirig (yn wyddonol). Mae'r 'dirgelwch dwyfol' mawr yn golygu na allwn ni wneud unrhyw osodiadau gwybyddol neu ffeithiol am natur Duw. Dydy hyn ddim yn golygu na allwn ni ddweud unrhyw beth am natur Duw, fodd bynnag, gan y gallwn ni gyfeirio ato drwy gydweddiad, a thrwy gael profiad o ddatgeliadau personol, gallwn ni gael cysylltiad dyfnach â natur Duw gyda'r iaith grefyddol rydyn ni'n ei defnyddio. Er nad yw iaith grefyddol yn gwneud gosodiadau ffeithiol yn yr un ffordd ag iaith gyffredin, mae hi'n ystyrlon o hyd. I Ramsey roedd hi'n ystyrlon, oherwydd bod modd deall Duw drwy gydweddiad.

Modelau a Goleddfwyr

Roedd y tebygrwydd rhwng gwyddoniaeth a chrefydd, a'r berthynas rhyngddyn nhw yn bwysig i Ramsey. Esboniodd fod y ddwy yn defnyddio modelau i ddangos cysyniadau anodd. Er enghraifft, mae model ffisegol o'r helics dwbl yn gallu dangos sut mae strwythur DNA yn edrych. Mae gwyddoniaeth hefyd yn defnyddio geiriau mewn ffordd debyg i fodelau: er enghraifft, y term 'tonnau' wrth drafod 'tonnau goleuni' neu 'donnau sain'. Efallai nad ydyn ni'n gweld ton oleuni gyda'n llygaid, ond gallwn ni ddeall rhywfaint am sut mae'n gweithio drwy wybod am siâp y tonnau ar y môr.

Felly hefyd, mae iaith grefyddol yn defnyddio modelau – termau yr ydyn ni'n gallu eu deall o'n profiadau ein hunain sy'n ymwneud â sut un yw Duw. Rydyn ni'n ymwybodol nad yw'r term rydyn ni'n ei ddefnyddio yn ddisgrifiad union o Dduw, ond gallwn ni angori ein syniad o Dduw yn y profiadau sydd gennym ni o'r byd. Mae Ramsey yn datblygu defnydd Aquinas o gydweddiad (gweler Pennod 1) drwy ddefnyddio modelau a **goleddfwyr**. Rydyn ni'n defnyddio gair mewn iaith gyffredin fel y model ac yn ei oleddfu ag adferf neu ansoddair i ddangos ei fod yn cael ei olygu mewn ffordd wahanol. Er enghraifft, yn yr ymadrodd 'Nefol Dad', 'Nefol' yw'r goleddfydd a 'Tad' yw'r model (iaith gyffredin). Mae 'holl', 'anfeidrol' a 'tragwyddol' yn enghreifftiau o oleddfwyr eraill (gweler y tabl isod).

Term am natur Duw	Model (sut mae'n ymwneud â phrofiad dynol)	Goleddfydd (sut dangosir ei fod yn wahanol i'r profiad dynol)
Hollraslon (hollgariadus)	Graslondeb – tiriondeb, cariad	Holl – i gyd
Hollalluog	Gallu – pŵer	Holl – i gyd
Nefol Dad	Tad – yn gwarchod ac yn caru ei blant	Nefol – nid o'r byd hwn, yn yr un ystyr â thad corfforol
Bugail Da	Bugail – yn gofalu am y praidd o ddefaid	Da – yn gofalu am y ddynoliaeth i gyd ac yn ei charu fel aelod o'r 'praidd'

AWGRYM

Cofiwch fod Ramsey yn defnyddio syniad modelau a goleddfwyr i ddangos sut mae iaith grefyddol, yr oedd ef yn cyfaddef ei bod hi'n 'rhesymegol ryfedd', yn cyfleu ystyr am y metaffisegol.

MEWNWELEDIAD

Yn ôl Ramsey, mae iaith grefyddol yn 'rhesymegol ryfedd', ond dydy hynny ddim yn golygu ei bod hi'n ddiystyr. Bydd cwestiynau'n ymwneud â metaffiseg (ac felly honiadau iaith grefyddol) yn dal yn 'ddirgelwch dirgel' bob amser.

AWGRYM

Mae safbwynt Ramsey ar iaith grefyddol fel rhywbeth dadansoddol yn debyg iawn i ddull Thomas Aquinas (gweler Pennod 1).

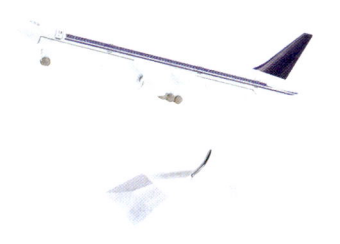

HANFODOL!

Goleddfwyr – adferfau neu ansoddeiriau sy'n cael ei rhoi wrth fodelau er mwyn dangos sut mae'r model yn wahanol i brofiad dynol, gan na allwn ni gael profiad uniongyrchol o'r metaffisegol. Er enghraifft, mae 'holl' yn oleddfwr sy'n cael ei ddefnyddio'n aml gyda model cariad, pŵer neu wybodaeth, fel yn 'hollalluog'.

> **HANFODOL!**
>
> Mae **datgeliad** yn 'eiliad torri drwodd' pan mae iaith grefyddol yn helpu'r crediniwr i fod â rhywfaint o ddealltwriaeth o Dduw, er y bydd yn parhau'n 'ddirgelwch dwyfol' bob amser i ryw raddau.

■ **MEWNWELEDIAD**

Byddwn ni'n trafod sut mae ysgrifeniadau Ramsey yn gwneud tybiaeth am gred yn yr adran 'Sut mae Ramsey yn cael ei Feirniadu' yn ddiweddarach yn y bennod.

Datgeliadau

I Ramsey, mae iaith grefyddol yn gallu cyfeirio at ddealltwriaeth o Dduw, y tu hwnt i'r geiriau sy'n cael eu defnyddio. Mae'r modelau sydd wedi'u goleddfu yn gallu ein helpu i ddeall rhywfaint o natur Duw, er na fyddwn ni byth yn adnabod natur Duw yn llawn. Mae'r eiliadau hyn, pan rydyn ni'n dod i ddeall Duw drwy iaith grefyddol, yn debyg i eiliad 'bwlb goleuni' neu'r haul yn torri drwy'r cymylau. Eiliadau **datgeliadau** oedd enw Ramsey arnyn nhw. Drwy'r datgeliadau hyn, gallwn ni amgyffred rhywbeth y tu hwnt i'n profiad dynol.

Un enghraifft y mae Ramsey yn ei defnyddio yw athro'n gwneud lluniad o bolygon â phedair ochr ar y bwrdd. Wedyn mae'r athro'n cynyddu nifer yr ochrau i 16, 50 ac yn y blaen nes bod y polygon, ar ryw bwynt, yn ymddangos fel cylch i'r myfyriwr sy'n gwylio. O'i weld yn agos, byddai'n dal yn bosibl gweld y llinellau syth unigol, ond i bob pwrpas, mae'r lluniad yn edrych fel cylch. Fodd bynnag, credai Ramsey nad yw'r eiliadau hyn yn rhoi cyfrif llawn a llwyr o natur Duw, oherwydd bod ei natur, ac y bydd ei natur yn parhau i fod yn ddirgelwch tra rydyn ni ar y ddaear, ac mae'n dweud: 'Maen nhw'n datgelu dirgelwch ond heb ei esbonio' (*Models and Mystery*, 1964). Mewn geiriau eraill, fydd ein hiaith ni ddim yn gallu esbonio neu fynegi pwy neu beth yw Duw, ond gall ein cyfeirio ni tuag ato a'n helpu ni i gael rhyw fewnwelediad drwy gydweddiad.

■ **MEWNWELEDIAD**

Mae enghraifft Ramsey o bolygon gyda nifer cynyddol o ochrau sy'n edrych fel cylch yn y pen draw, yn cyfateb i eiliad datgeliad, oherwydd bod y person sy'n gwylio yn gweld ystyr dyfnach neu fwy na'r profiad llythrennol sydd o'i flaen.

■ **BETH** YW EICH **BARN** CHI?

Ysgrifennwch eich syniadau chi am ddadleuon Ramsey ac ewch yn ôl atyn nhw ychydig cyn yr arholiad er mwyn gweld a yw eich safbwyntiau wedi newid.

Darllen Ramsey eich Hun

Yn y darn hwn o'i lyfr *Religious Language: An Empirical Placing of Theological Phrases* (1957), mae Ramsey yn esbonio'r cysylltiadau rhwng modelau, goleddfwyr a datgeliadau. Bydd y nodiadau ar ymyl y dudalen yn eich helpu chi i ddeall ei syniadau.

> Mae Ramsey yn defnyddio ymadroddion fel y 'wawr yn torri' neu 'y geiniog yn syrthio' i ddisgrifio eiliadau pan mae rhywbeth yn cael ei ddatgelu i grediniwr am natur Duw, ac mae'r crediniwr yn gallu deall rhywfaint o'r dirgelwch dwyfol.
>
> Modelau priodol yw'r termau a'r delweddau yr ydyn ni'n eu defnyddio o iaith ddynol a phrofiadau dynol arferol sy'n ymwneud â Duw, y mae'n rhaid defnyddio goleddfwyr gyda nhw.
>
> Goleddfwyr addas yw'r adferfau a'r ansoddeiriau rydyn ni'n eu hychwanegu at y termau hynny i ddangos bod Duw y tu hwnt a'r tu allan i'n profiad dynol, er bod y modelau'n ein harwain i'r cyfeiriad hwnnw.
>
> 'Datgeliad' yw term Ramsey am pan mae iaith grefyddol yn gallu dangos cipolwg ar natur Duw, darn o'r dirgelwch dwyfol, i'r person sy'n cael y profiad. Mae'n amhosibl dangos Duw yn ei gyfanrwydd, oherwydd ein natur feidraidd, ond mae'n ddealltwriaeth serch hynny.

Dydyn ni ein hunain ddim yn gallu rheoli'n llwyr a yw'r **wawr yn torri** ai peidio. Rydyn ni'n sicr yn dewis yr hyn sy'n ymddangos i ni fel y **modelau mwyaf priodol**, rydyn ni'n gweithredu'r hyn sy'n ymddangos i ni fel y **goleddfwyr mwyaf addas**; rydyn ni'n gallu datblygu'r hyn sy'n ymddangos i ni fel y storïau gorau, ond allwn ni byth sicrhau y bydd **y wawr yn torri** i berson penodol ar adeg benodol, neu o ran hynny, ar unrhyw adeg mewn unrhyw stori. Oes angen i hyn ein poeni ni? Onid hyn y mae pobl grefyddol wedi'i olygu wrth honni bod rhaid bod yr 'ysgogiad' mewn unrhyw '**ddatgeliad**' neu 'ddatguddiad' wedi dod oddi wrth Dduw.

Yn y darn hwn, mae Ramsey yn ein hatgoffa o gyfyngiadau iaith wrth drafod 'Duw'.

> Gadewch i ni bob amser fod yn ofalus wrth siarad am Dduw mewn iaith syml. Peidiwn byth â siarad fel pe bai gennym fynediad breintiedig i ddyddiaduron bywyd preifat Duw, na mewnwelediad arbenigol i'w seicoleg ddisgrifiadol, fel y gallwn ddweud yn eithaf hapus pam y gwnaeth Duw beth, pryd a ble.'

< Pryd bynnag rydyn ni'n defnyddio iaith i ddisgrifio 'Duw', mae'n rhaid cofio na all hi fyth fod yn ddisgrifiad llawn o Dduw, gan fod Duw gymaint y tu hwnt i ffiniau iaith a mynegiant dynol.

< Allwn ni ddim tybio bod ein meddyliau daearol ni, gyda phrofiad o'r byd hwn yn unig, yn gallu deall Duw, sydd y tu hwnt i'r byd hwn. Felly mae'n rhaid i osodiadau am Dduw fod yn fetaffisegol. Er efallai fod rhywfaint o ystyr iddyn nhw, dydyn nhw ddim yn gallu cyfleu Duw yn ei gyfanrwydd.

Yma, mae Ramsey yn rhoi esboniad pellach am arwyddocâd y term 'Duw' i'r crediniwr crefyddol a sut mae'n cael ei ddeall drwy oleddfu.

> I'r dyn crefyddol, mae 'Duw' yn air allweddol, yn dybosodiad anostyngadwy, yn esboniad eithaf sy'n mynegi'r math o ymrwymiad y mae'n ei arddel. Dylid siarad amdano yn nhermau'r iaith-wrthrych y mae'n llywyddu drosti, ond dim ond pan gaiff yr iaith-wrthrych hon ei goleddfu; os felly, mae'r iaith-wrthrych wedi'i goleddfu hon yn dod yn offeryn hefyd am yr amgyffred hynod y caiff ymrwymiad crefyddol, pan nad yw'n rhagfarn na ffanaticiaeth, ei gysylltu yn anorfod ag ef. Yn y cyfamser, fel canlyneb, gallwn nodi, er mwyn deall iaith grefyddol neu ddiwinyddiaeth, bod yn rhaid i ni yn gyntaf alw i gof y math hynod o sefyllfa y rhoddais gyffelybiaethau amrywiol iddi.

< Man cychwyn sylfaenol nad yw'n bosibl ei dorri i lawr yn ddarnau llai. Mae'n amhosibl ei leihau ac mae'n cael ei gymryd fel tybiaeth sylfaenol.

< Mae Ramsey yn dangos pwysigrwydd y term 'Duw' i grediniwr crefyddol. Mae'n rhywbeth y tu hwnt i'n hiaith arferol ni. Mae Ramsey yn cydnabod y bydd yr iaith hon yn 'rhesymegol ryfedd', ond dydy hyn ddim yn golygu ei bod heb ystyr.

< Yr iaith rydyn ni'n ei defnyddio i siarad am bethau, digwyddiadau a phobl yn y byd o'n cwmpas ni. Mae'n rhaid i iaith am Dduw fod yn wahanol i hon. Er efallai ein bod ni'n defnyddio'r un termau a disgrifiadau mewn iaith bob dydd, mae'r geiriau wedi'u goleddfu wrth siarad am Dduw er mwyn gwneud y gwahaniaeth hwnnw.

< Mae'r 'modelau' rydyn ni'n eu defnyddio yn iaith y gallwn ei chysylltu â'n profiadau ein hunain. Ond mae'n rhaid iddi gael ei 'goleddfu' wrth siarad am Dduw a honiadau metaffisegol eraill, oherwydd bod Duw y tu hwnt i'n profiad arferol ni.

< Mae Ramsey o blaid math o ffydd grefyddol sydd wedi'i gyrru'n ddeallusol. Mae'n gweld bod y gwrthdaro honedig rhwng crefydd a gwyddoniaeth wedi'i orliwio rywfaint. Mae Canolfan Ian Ramsey ar gyfer Gwyddoniaeth a Chrefydd a sefydlwyd ar ôl ei farwolaeth, yn dal i geisio annog ymgysylltu rhyngddyn nhw.

< I Ramsey, mae iaith grefyddol yn gydweddol, a fydd hi byth yn gallu datgelu'r 'dirgelwch dwyfol' yn llawn. Ond, drwy ddefnyddio modelau a goleddfwyr rydyn ni'n gallu cael rhai 'datgeliadau' am natur Duw.

Sut mae Ramsey yn cael ei Feirniadu

Beirniadaeth ar gydweddiad. Un feirniadaeth fawr ar safbwynt Ramsey yw nad oes gennym ni ffordd o wybod ai defnyddio iaith yn gydweddiadol yw'r ffordd orau o sôn am Dduw. Rhan allweddol o'i safbwynt yw y bydd Duw yn dal yn 'ddirgelwch dwyfol' yn y pen draw ac na allwn ni ei adnabod yn llawn. Felly allwn ni ddim gwybod ai'r cydweddiadau yr ydyn ni'n eu defnyddio yw'r rhai cywir.

Byddai Richard Swinburne (gweler Pennod 25), yr athronydd Cristnogol amlwg a'r amddiffynnydd theïstiaeth yn dadlau nad oes angen cydweddiad, ond ein bod ni'n defnyddio termau fel 'da' am Dduw yn ddiamwys – felly rydyn ni'n gwybod ei fod yn golygu'r un peth, ond mewn cyd-destun gwahanol. Yn *The Coherence of Theism* (1977), ysgrifennodd Swinburne: 'Does bosibl bod gair yn cael ei ddefnyddio'n ddiamwys os yw'n dynodi'r un nodwedd, hyd yn oed os yw'r nodwedd honno'n rhywbeth gwahanol iawn mewn pethau gwahanol yn y pen draw.'

MEWNWELEDIAD

Beirniadodd Swinburne ddefnydd Ramsey o fodelau a goleddfwyr yn agored yn *The Coherence of Theism*: 'Mae'r disgrifiad hwn o iaith grefyddol yn un gweddol amhendant, a dydy e ddim yn rhoi ateb manwl i gwestiynau mor allweddol â phryd mae hi'n deg defnyddio modelau a goleddfwyr, a phryd nad yw hi.'

HANFODOL!

Mae **her y 'Duw Drwg'** yn cael ei rhoi i theïstiaid sy'n tybio bod y Duw sy'n cael ei amddiffyn gan y dadleuon clasurol o blaid bodolaeth Duw yn 'dda', yn hytrach nag yn 'ddrwg'.

MEWNWELEDIAD

'Mae Duw yn ei ddatgelu ei Hun. Mae'n ei ddatgelu ei Hun drwyddo'i Hun. Mae'n ei ddatgelu ei Hun. Os ydyn ni wir eisiau deall datguddiad o ran ei oddrych, h.y., Duw, yna'r peth cyntaf y mae angen i ni ei sylweddoli yw bod y goddrych hwn, Duw, y Datguddiwr, yn unfath â'i weithred wrth ddatguddio, a hefyd yn unfath ag effaith y weithred' (Barth, *Church Dogmatics*, 1932).

HANFODOL!

Ystyr defnyddio term yn **gydweddiadol** yw ein bod ni'n deall y gair fel cymhariaeth â rhywbeth tebyg, ond gwahanol. Er enghraifft, ystyr 'Mae Duw yn dda' yw fy mod i'n gwybod beth yw 'da' i mi fel bod dynol, a bydd daioni Duw yn debyg i ddaioni dynol, ond yn wahanol iddo.

Drwy ddefnyddio term yn **ddiamwys**, rydyn ni'n deall bod gan y term yr un ystyr mewn cyd-destunau gwahanol. Er enghraifft, yn yr ymadroddion 'beiro glas' a 'car glas', mae glas yn cael ei ddefnyddio yn yr un ffordd, ar gyfer yr un ystyr, er bod y gwrthrych yn wahanol.

O safbwynt atheïstaidd, beirniadodd David Hume (gweler Pennod 5) y defnydd o gydweddiadau i sôn am Dduw. Credai fod cryfder cydweddiad yn nhebygrwydd y ddau beth rydych chi'n eu cymharu. Dydy cymharu'r profiad dynol â rhyw fod metaffisegol ddim yn briodol, yn ôl Hume, oherwydd na allwn ni wybod yn empirig beth yw 'Duw' neu 'ddirgelwch dwyfol'. Mae defnydd Ramsey o oleddfwyr yn dangos pa mor wahanol yw'r honiadau metaffisegol oddi wrth y profiad dynol, gan ei adael yn agored i feirniadaeth Hume.

Beirniadodd Hume y ddadl ddylunio, neu deleolegol yn benodol wrth herio'r syniad bod iaith grefyddol yn gydweddiadol. Er enghraifft, gyda chydweddiad Paley (gweler Pennod 3), rydyn ni'n tybio bod y bydysawd fel watsh, pan nad oes gennym ni unrhyw syniad a yw fel watsh o gwbl. Fel empirydd, mae Hume o'r farn y dylai fod gennym ni dystiolaeth o blaid yr honiadau rydyn ni'n eu gwneud. Oherwydd na allwn ni fod â thystiolaeth am ddechrau'r bydysawd, mae'n anghywir tybio ei fod unrhyw beth yn debyg i greu watsh boced: 'Mae'r gwahaniaeth mor drawiadol, fel mai'r peth mwyaf y gallwch chi ei honni yma yw dyfalu, dychmygu, tybio am achos tebyg' (Hume, 1935).

Tybiaeth am fodolaeth a natur Duw. Gwnaeth Ramsey ac Aquinas dybiaeth am fodolaeth a natur Duw drwy weld iaith grefyddol fel rhywbeth cydweddiadol. Efallai fod hyn o ddefnydd i'r rhai o fewn crefydd sy'n honni eu bod yn adnabod Duw a bod ganddyn nhw berthynas gydag ef, ond mae'n llai defnyddiol i'r rhai sydd ddim yn honni hyn. Mae damcaniaeth Gemau Ieithyddol Wittgenstein yn cyd-fynd â hyn, oherwydd bod gan iaith grefyddol ystyr, dim ond i'r rhai sy'n cytuno â'i thybiaethau yn rhan o'u gêm ieithyddol. Bydd Pennod 33 yn edrych ar y ddamcaniaeth hon.

Yn ogystal, nid tybiaeth bod Duw yn bodoli yn unig yw hon, ond hefyd sut un yw'r Duw hwnnw. Mae'r arbrawf meddwl athronyddol, **her y 'Duw Drwg'**, yn pwysleisio bod tybiaethau yn cael eu gwneud am natur Duw pan mae'r dadleuon clasurol o blaid bodolaeth Duw yn cael eu defnyddio. Roedd Aquinas a Ramsey yn tybio bod Duw yn 'dda' ac yn 'hollgariadus', pan allai fod llawn cymaint o dystiolaeth sy'n dangos nad yw Duw felly.

Datguddiad uniongyrchol yw'r ffordd orau o ddeall Duw. Mae ysgolheigion Cristnogol eraill, fel Karl Barth, y diwinydd o'r Swistir, yn beirniadu unrhyw ddefnydd o gydweddiadau gan eu bod nhw'n credu mai o ddatguddiad yn unig y gall gwybodaeth o Dduw ddod. Mae hyn yn sicrhau nad yw Duw yn chwalu i mewn i gategorïau dynol, ac i'n dealltwriaeth ddynol gyfyngedig. Yn ôl Barth, o hunanddatguddiad Duw i'r ddynoliaeth yn unig y gall sôn synhwyrol am Dduw ddod, nid o'n hymdrechion diffygiol i'w ddeall o'n profiadau ein hunain.

Gwallau Cyffredin

Dydy pob iaith grefyddol ddim yn arwain at ddatgeliadau. I Ramsey, mae iaith grefyddol yn gallu arwain at ddatgeliadau ynghylch natur Duw a'r dirgelwch dwyfol, ond does dim sicrwydd o hyn. Fodd bynnag, bydd credinwyr crefyddol yn aml yn dweud mai gweithred gan Dduw yw'r datgeliadau hynny mewn gwirionedd, gan achosi datblygiad mawr yn eu dealltwriaeth.

Dydy hi ddim yn bosibl gwirio iaith grefyddol yn empirig. Roedd Ramsey yn cydnabod na allwn ni gael profiad o Dduw yn yr un ffordd ag y cawn brofiad o'r byd – mae hwn y tu hwnt i'n hymchwiliadau ni – dyma pam bydd cwestiynau metaffisegol yn dal yn 'ddirgelwch dwyfol'. Mae Ramsey yn cytuno â'r positifiaethwyr rhesymegol bod iaith grefyddol yn anwybyddol felly; fodd bynnag, dydy e ddim yn cytuno ei bod hi felly yn ddiystyr.

Dydy iaith grefyddol ddim yn ddiystyr. Dywedodd Ramsey fod sôn am Dduw a metaffiseg yn 'rhesymegol ryfedd' ond dydy hynny ddim yn golygu bod hyn yn ddiystyr. Mae'r ystyr yn yr hyn y mae'r geiriau a'r termau'n cyfeirio ato, yn hytrach nag yn yr hyn y mae'n bosibl profi'n empirig y maen nhw'n ei gynrychioli.

CRYFHAU EICH GAFAEL

1. Ysgrifennwch eich esboniad eich hun o ymagwedd gydweddiadol Ramsey at iaith grefyddol. Cofiwch gynnwys y canlynol: modelau, goleddfwyr a datgeliadau. Paratowch enghreifftiau ar gyfer pob un o'r tri maes hyn a sicrhewch eich bod yn gallu eu cysylltu â syniadau Ramsey. Rhowch ddarn o bapur dros eich nodiadau a cheisiwch weld beth allwch chi ei gofio amdanyn nhw. Bydd hyn yn eich helpu chi i baratoi ar gyfer cwestiwn 'esboniwch' yn yr arholiad.

2. Gwnewch restr o gryfderau a gwendidau dealltwriaeth Ramsey o iaith grefyddol fel rhywbeth cydweddiadol. Sicrhewch eich bod chi'n ystyried safbwynt athronwyr eraill ar ei ddealltwriaeth. Er enghraifft, sut mae damcaniaeth modelau a goleddfwyr Ramsey yn cymharu a chyferbynnu â damcaniaeth Aquinas? Sut mae athronwyr Cristnogol eraill wedi ei herio a sut byddai'r positifiaethwyr rhesymegol yn ymateb? Rhowch farc allan o bump i bob un o'r cryfderau a'r gwendidau hyn i'ch helpu chi i ddewis y dystiolaeth a fydd yn rhoi'r pwyntiau cryfaf mewn traethawd, yn eich barn chi. Bydd hyn yn eich helpu chi i baratoi ar gyfer cwestiwn 'gwerthuswch' yn yr arholiad.

Arweiniad ar yr Arholiad AA1

Bydd angen i chi allu disgrifio dealltwriaeth Ramsey o iaith grefyddol gyda modelau a goleddfwyr, sut mae'n gysylltiedig â dealltwriaeth Aquinas am gydweddiad, a sut mae'n ymdrech i amddiffyn ystyr iaith grefyddol yn erbyn beirniadaeth mudiad y positifiaethwyr rhesymegol. Dylech chi fod yn gallu rhoi enghreifftiau o iaith grefyddol sy'n esbonio'r modelau a'r goleddfwyr sydd wrth wraidd damcaniaeth Ramsey. Hefyd, dylech chi gymharu a chyferbynnu ei safbwyntiau â ffyrdd eraill o ddeall iaith grefyddol – mae'r *via negativa* ac iaith grefyddol fel rhywbeth symbolaidd yn wahanol i safbwynt Ramsey, ac mae angen i chi ddeall hyn.

Arweiniad ar yr Arholiad AA2

Drwy ystyried cryfderau a gwendidau ymagwedd Ramsey at iaith grefyddol, gallwch chi werthuso i ba raddau y mae'n llwyddo i gyflawni ei nod o amddiffyn ystyr iaith grefyddol, yn wyneb heriau'r positifiaethwyr rhesymegol a'r atheïstiaid. Ystyriwch pa mor llwyddiannus yw dull Ramsey o'i chymharu â ffyrdd eraill o ddeall iaith grefyddol sydd wedi'u cyflwyno gan athronwyr yn y llyfr hwn. Her bwysig i ddamcaniaeth Ramsey yw nad yw hi wir yn ychwanegu unrhyw beth at drafodaeth Aquinas ar iaith grefyddol.

31. JOHN HERMAN RANDALL JR
MYND I FYD RANDALL

Trosolwg Roedd John Herman Randall Jr (1889–1980) yn athronydd o UDA ac yn gyfoeswr i'r cyd-feddyliwr Cristnogol rhyddfrydig, Paul Tillich. Fel Tillich, roedd yn credu bod iaith grefyddol yn symbolaidd, ond yn wahanol i Tillich, doedd e ddim yn meddwl bod symbolau'n cyfeirio at realiti eithaf allanol neu 'Dduw'. Yn hytrach, roedd yn credu y dylen nhw gael eu deall yn unig drwy'r swyddogaethau y maen nhw'n eu gwneud, i'r rhai sy'n eu defnyddio nhw.

Cafodd John Herman Randall Jr ei fagu yn Ninas Efrog Newydd ar ddechrau'r ugeinfed ganrif, ar adeg pan oedd y ddinas yn fwrlwm o ddyfeisiadau a syniadau newydd. Roedd cartref y teulu gerllaw Prifysgol Columbia, sy'n brifysgol o fri, a dyma lle bu'n astudio. Roedd Randall yn byw gartref pan oedd yn mynychu Columbia. Drwy fod gartref fel myfyriwr gyda sgyrsiau deallusol o'i gwmpas, roedd yn gallu trafod athroniaeth a diwinyddiaeth gyda'i dad annwyl. Roedd ei dad, gweinidog yn yr Eglwys, yn agored am ei safbwynt rhyddfrydig ar grefydd. Gwelai fod hyn yn barhad o ffydd tadau'r Eglwys fore, gan gyferbynnu â ffwndamentaliaeth a oedd yn bendant yn rhywbeth modern. Llofnododd Randall Faniffesto Dyneiddiol 1933, felly byddai'n bosibl ystyried bod Randall yn gwrthwynebu cred grefyddol. Yn sicr, mae llawer o bobl sydd â ffydd yn gweld bod problemau gyda'i safbwynt ar grefydd. Fodd bynnag, roedd yn nodweddiadol annelwig pan wnaeth ei fyfyrwyr ei holi beth yn union roedd yn ei gredu. Ei ateb oedd 'Mae'n dibynnu beth rydych chi'n ei olygu wrth Dduw.'

Roedd Aristotle yn ddylanwad mawr ar Randall. Oddi wrtho cafodd ryw optimistiaeth am ddefnyddioldeb iaith a'r gwyddorau cymdeithasol, sy'n ein galluogi ni i wneud synnwyr o'r byd o'n cwmpas. Mae Randall yn mynd ati i danseilio'r gwrthdaro tybiedig rhwng crefydd a gwyddoniaeth yn ei ysgrifeniadau. Gwnaeth hyn ei annog i astudio'r athronwyr cynnar yn fwy, ac yn 1960 cyhoeddodd ei lyfr *Aristotle* a gafodd dderbyniad da.

Roedd Friedrich Schleiermacher, tad Cristnogaeth Brotestannaidd ryddfrydig yn ddylanwad arall ar Randall. Roedd Schleiermacher yn gweld bod crefydd yn ymwneud yn bennaf â phrofiad dynol, gyda'r dysgeidiaethau, y credau a'r athrawiaethau cysylltiedig yn llai pwysig. Soniodd am 'Anfeidredd yng nghanol ein natur feidraidd', a ddylanwadodd ar ddamcaniaeth Randall am iaith grefyddol fel rhywbeth symbolaidd.

Yn ystod yr 1930au, roedd Randall yn allweddol wrth helpu ffoaduriaid o'r Almaen Natsïaidd i gael swyddi addysgu ym Mhrifysgol Columbia, a daeth rhai o'r bobl hyn yn ffrindiau agos iddo, fel y cyd-athronydd Paul Tillich. Ar ôl ymddeol yn swyddogol, bu Randall yn addysgu ar y cyd â Tillich yn y brifysgol.

Syniadau Allweddol Randall

Symbolau'n Wirionedd?

Yn ganolog i ddamcaniaeth Randall mae'r ddealltwriaeth o iaith grefyddol fel rhywbeth anwybyddol (anffeithiol ac emosiynol). Mae hyn, i Randall, yn datrys y gwrthdaro ymddangosiadol rhwng crefydd a gwyddoniaeth, gan eu bod nhw'n ffyrdd hollol wahanol o drafod y byd. Doedd Randall ddim yn gweld iaith grefyddol yn ffordd o roi gwirioneddau ffeithiol i'r crediniwr. Roedd yn wrth-realaidd am drafodaethau diwinyddol. Roedd hyn yn golygu nad oedd yn credu bod 'y Dwyfol' yn bodoli'n annibynnol ar y meddwl dynol. Yn hytrach, mae'n symbol y deall (y meddwl) am ddimensiwn crefyddol. Fodd bynnag, er bod Randall yn gweld iaith grefyddol fel rhywbeth anwybyddol, roedd yn dal i gredu ei bod hi'n ystyrlon.

Mae safbwyntiau Randall yn ymddangos i ddechrau fel petaen nhw'n debyg i rai Sigmund Freud, a oedd yn gweld mai cynnyrch y meddwl dynol oedd crefydd (gweler Pennod 17). Ond, mae gwahaniaeth arwyddocaol rhwng y ddau. I Randall, roedd crefydd yn angenrheidiol ac yn rym er daioni, yn hytrach na dim ond 'rhith' y dylen ni gael gwared arni wrth i'r gymdeithas wneud cynnydd. Yn debyg i'w gyfoeswr a'i ffrind Tillich (gweler Pennod 32), roedd Randall yn gwahaniaethu rhwng *arwyddion* a *symbolau*. Mae arwyddion yn cynrychioli rhywbeth gwahanol iddyn nhw eu hunain. Er enghraifft, mae arwydd stopio coch bob amser yn cynrychioli'r gorchymyn i chi stopio eich cerbyd. Fodd bynnag, nid cynrychioli rhywbeth yn unig mae symbolau – maen nhw'n datgelu rhywbeth am fodolaeth.

Roedd Randall hefyd yn gwahaniaethu rhwng symbolau gwybyddol a symbolau anwybyddol. Mae symbolau gwybyddol yn symbolau ffeithiol sy'n datgelu gwirionedd ffeithiol am y byd, fel damcaniaethau neu hafaliadau gwyddonol. Dydy symbolau anwybyddol, ar y llaw arall, ddim yn rhoi unrhyw wybodaeth empirig neu ffeithiol; maen nhw'n datgelu math gwahanol o wirionedd i'r crediniwr. Dyma pam roedd Randall yn gweld bod iaith grefyddol yn anwybyddol. I Randall, dim ond mecanwaith oedd symbolau er mwyn i fodau dynol allu mynegi a deall agwedd ddwyfol ar y profiad dynol. Mae ei safbwynt ar symbolau gwybyddol ac anwybyddol wedi'i grynhoi yn y tabl isod.

Arwyddion	Symbolau gwybyddol	Symbolau anwybyddol
Yn cynrychioli rhywbeth arall, sy'n gallu 'disodli' y peth neu gyfnewid ag ef	Yn datgelu gwirionedd ffeithiol am y byd, yn cael eu defnyddio yn y gwyddorau naturiol	Yn datgelu rhywbeth am fodolaeth, yn ein helpu ni i weld rhywbeth neu ddeall rhywbeth am fywyd
Ystyr bawd i fyny yw 'Rwy'n iawn'	$F = m \times a$	Mae 'Duw, cariad yw' yn datgelu rhagor am bwysigrwydd cariad i ni
Mae golau coch yn arwydd bod angen stopio	Deddfau mudiant Newton	
'Mae'r gath ar y mat', felly rwy'n gallu gweld cath ar y mat	Mae cyfanswm y sgwariau ar ochrau triongl ongl sgwâr yn cyfateb i'r sgwâr ar yr hypotenws	Mae symbol Khalsa mewn Sikhiaeth yn dwyn i gof bwysigrwydd cyfiawnder a chydraddoldeb
	Theorem Pythagoras	

MEWNWELEDIAD

Roedd Randall yn gweld iaith grefyddol fel rhywbeth symbolaidd – anwybyddol, ond ystyrlon. Credai mai myth oedd crefydd ac iaith grefyddol i gyd. Naratifau yw symbolau crefyddol ac ysgrifeniadau fel yr Ysgrythurau sanctaidd. Maen nhw'n cael eu defnyddio i esbonio neu gefnogi system cred.

MEWNWELEDIAD

'Does gan gredoau crefyddol, er eu bod nhw'n bell iawn o fod yn "ddiystyr", ddim o'r hyn sy'n cael ei olygu fel arfer yn werth gwybyddol' (Randall, *The Role of Knowledge in Western Religion*, 1958).

HANFODOL!

Arwyddion – maen nhw'n cael eu defnyddio pan mae un peth yn cynrychioli rhywbeth arall yn uniongyrchol (e.e. coch = stopiwch, gwyrdd = ewch). Mae'n bosibl gweld arwyddion fel pwyntyddion i ddangos rhywbeth i chi neu i ddweud rhywbeth wrthoch chi.

Mae symbolau'n cymryd rhan yn y realiti y maen nhw'n cyfeirio atyn nhw, fel bod modd gwneud cysylltiad. Mae'n bosibl eu gweld nhw fel pontydd rhwng y person sy'n gweld neu'n defnyddio'r symbol a'r hyn y mae'n ei gynrychioli.

AWGRYM

Mae'n bosibl cyferbynnu safbwynt Randall ag un Freud, a oedd yn gweld mai rhith yw crefydd a symptom o niwrosis cyffredinol y mae bodau dynol yn ei ddioddef.

JOHN HERMAN
RANDALL JR

> **MEWNWELEDIAD**
>
> 'Gallwn ni dybio mai "mytholeg" yw pob cred grefyddol yn ddieithriad. Hynny yw, "symbolau" crefyddol yw pob un. Os yw hi'n bosibl dweud bod gan symbolau fel hyn unrhyw fath o "wirionedd", yn sicr does ganddyn nhw ddim gwirionedd llythrennol gosodiadau ffeithiol y gwyddorau disgrifiadol neu synnwyr cyffredin' (Randall, *The Role of Knowledge in Western Religion*).

Beth yw Crefydd?

Mae crefydd ac ysbrydolrwydd wedi'u gwau i ddiwylliannau a chymdeithasau mewn ffyrdd sy'n gallu gwneud i ni gredu bod crefydd yn rhan greiddiol o'n natur fel bodau dynol. Pwysleisiodd Randall weithgaredd crefydd, sy'n benodol i fodau dynol, a'r swyddogaethau hanfodol sydd ganddi yn y gymdeithas. Wnaeth e ddim canolbwyntio ar ddysgeidiaethau a datguddiadau crefydd, ond ar y rôl a'r swyddogaeth sydd gan grefydd i weithgareddau ac emosiynau dynol bob dydd.

Er enghraifft, mae rhai gwyliau crefyddol yn cael eu dathlu ar adegau allweddol o'r flwyddyn, fel adeg cynaeafu cnydau neu wrth i'r dyddiau ddechrau ymestyn ganol gaeaf. Mae'r rhain yn symbol o eiliadau pwysig yng nghylchred bywyd y rhai sy'n dathlu. Does dim 'pŵer uwch' wedi rhoi cyfarwyddyd i gynnal gwyliau o reidrwydd, ond maen nhw'n codi o emosiynau a gweithgareddau dynol eu hunain.

Mae cerddoriaeth, celf a barddoniaeth yn gallu bod â'r un swyddogaeth. Mae bodau dynol yn troi atyn nhw adeg llawenydd, tristwch ac angen mawr. Maen nhw'n bwerus, nid o ran bod yn gynrychioliad llythrennol neu ffeithiol, ond o ran yr emosiwn a'r ymateb y maen nhw'n eu hennyn ynon ni fel bodau dynol. I Randall, mae pŵer y myth hefyd yn yr hyn y mae'n ei ennyn mewn bodau dynol.

> **MEWNWELEDIAD**
>
> 'Mae crefydd yn rhoi mwy i ddynion, a dim ond y cyfranogwr sy'n gallu sylweddoli faint yn fwy. Yn hyn o beth mae fel celf. Dydy celf, yn yr un modd, ddim yn cynnig unrhyw wirionedd atodol, ond mae'n agor bydoedd cyfan newydd i'w harchwilio, nefoedd gyfan i'w mwynhau' (Randall, *The Role of Knowledge in Western Religion*).

Deall Safbwynt Randall

GWELLA EICH DEALLTWRIAETH

Gwnewch yn siŵr eich bod chi'n gwybod beth yw symbolau, trefn gogoniant a safbwynt gwrthrealaidd ar Dduw, a sut maen nhw'n berthnasol i drafodaethau ynghylch ystyr iaith grefyddol.

> **MEWNWELEDIAD**
>
> - I Randall, does dim realiti allanol, gwrthrychol 'Duw' neu 'y Dwyfol': maen nhw'n symbol o ddyheadau, dymuniadau ac emosiynau dynol.
>
> - Mae crefydd a mythau yn gadarnhaol i'r ddynoliaeth gan eu bod yn ein helpu ni i edrych ar fodolaeth mewn ffordd newydd a goleuedig. Maen nhw'n gadael i ni adfyfyrio ar 'drefn gogoniant' yn llawn parchedig ofn.
>
> - Mae iaith grefyddol yn ystyrlon, ond mewn ffordd wahanol i osodiadau ffeithiol, empirig.

Swyddogaeth Symbolau

Mae'n bwysig cofio, i Randall (yn wahanol i Tillich), dydy symbolau crefyddol anwybyddol ddim yn datgelu rhywbeth am hanfod neu fod y tu hwnt i fodau dynol (Duw neu fod dwyfol), ond lluniad hollol ddynol ydyn nhw. Roedd gan Randall ymagwedd wrthrealaidd at osodiadau sy'n ymwneud â Duw a metaffiseg. Iddo ef, mae gan symbolau bedair swyddogaeth bwysig i'r unigolyn ac, efallai'n bwysicach, i'r cymunedau o bobl sy'n eu defnyddio nhw.

MEWNWELEDIAD

Yn ôl Randall, roedd iaith grefyddol yn symbolaidd ac mae'n cyflawni pedair swyddogaeth: ennyn emosiwn, dod â chymunedau at ei gilydd, mynegi'r anllythrennol a dod â'r dimensiwn crefyddol i'r profiad dynol.

1. Mae symbolau'n ennyn emosiynau yn y rhai sy'n eu defnyddio nhw.

2. Mae'r symbolau'n gweithredu fel dull o ddod â chymunedau at ei gilydd. Defnyddiodd Randall yr enghraifft o sut mae iaith grefyddol wedi uno pobl i gymunedau mwy nag y maen nhw wedi bod ynddyn nhw o'r blaen, efallai. Er enghraifft, efallai bydd pobl yn teimlo cysylltiad yn gyntaf â'r gymuned lle maen nhw'n byw, gan eu bod nhw'n byw yn agos at bobl eraill ac yn rhannu gweithgareddau yn eu bywyd. Drwy symbolau crefyddol, mae'r gymuned yn cael ei hehangu i gynnwys pawb yn y grefydd honno, nid yn unig drwy ystyr y symbolau ond hefyd drwy'r gweithredoedd sy'n cyd-fynd â nhw. Enghraifft yw syniad Mwslimaidd yr Ummah, sef dod â llawer o grwpiau o bobl a oedd ynghlwm yn wreiddiol wrth lwythau a thylwythau ar wahân at ei gilydd. Drwy weddïo symbolaidd tuag at un pwynt, Y Ka'ba, does dim gwahaniaeth lle mae Mwslim yn y byd, mae'n gallu teimlo cysylltiad â phobl eraill.

3. Mae symbolau'n cyfathrebu mewn ffordd nad yw iaith lythrennol ar ei phen ei hun yn gallu. Roedd ysgolheigion fel William James a Rudolf Otto (gweler Penodau 21 a 22) yn credu ei bod hi'n amhosibl rhoi profiadau crefyddol mewn geiriau. Felly, mae'r rhai sy'n cael profiadau crefyddol yn gallu defnyddio iaith grefyddol yn symbolaidd i gyfleu'r hyn sydd wedi digwydd iddyn nhw. Mae iaith grefyddol yn gallu mynegi gwirioneddau am realiti sy'n amhosibl eu rhoi'n uniongyrchol mewn geiriau. Yn yr ystyr hwn, mae crefydd fel symbol yn mynd ymhellach na'r symbolaeth sydd mewn celf, gan ei bod hi 'yn gwneud i ni weld rhywbeth am ein profiad a'r byd rydyn ni'n ei brofi'.

4. Yn olaf, mae symbolau crefyddol yn helpu'r crediniwr i ddeall rhywbeth am fywyd sydd y tu hwnt i'r hyn y mae'n bosibl ei ddatgelu drwy gelf, cerddoriaeth neu lenyddiaeth yn unig. Mae Randall yn defnyddio'r ymadrodd **'trefn gogoniant'** y byd. Mae'r symbolau'n dysgu'r crediniwr sut i ddod o hyd i 'Dduw', sydd, yn ôl Randall, yn egluro ei fywyd ei hun, neu sy'n cael mynediad at y dimensiwn dwyfol ynddo.

BETH YW EICH BARN CHI?

Ysgrifennwch eich syniadau chi am safbwyntiau Randall ac ewch yn ôl atyn nhw ychydig cyn yr arholiad er mwyn gweld a yw eich safbwyntiau wedi newid.

HANFODOL!

Ystyr ymadrodd Randall **'trefn gogoniant'** yw bod iaith symbolaidd yn gallu gwneud i ni weld ein bodolaeth a'n realiti mewn goleuni newydd, gan ennyn ymdeimlad o barchedig ofn a rhyfeddod ynon ni.

JOHN HERMAN
RANDALL JR

Darllen Randall eich Hun

Yn y darn hwn o *The Meaning of Religion for Man* (1968), mae Randall yn trafod arferion crefyddol. Bydd y nodiadau ar ymyl y dudalen yn eich helpu chi i ddeall ei syniadau.

> Prif ddiddordeb Randall oedd sut roedd pobl yn byw profiad crefydd. Iddo ef, roedd dysgeidiaethau ac athrawiaethau crefyddau gwahanol yn eilaidd.
>
> Mae iaith grefyddol yn symbolaidd. Yn hytrach na datgelu ffeithiau am y byd, mae gan y symbolau crefyddol swyddogaethau penodol i'r rhai sy'n eu defnyddio nhw, fel ennyn emosiynau.
>
> Lluniad y meddwl dynol yw crefydd – does dim rhaid i hyn fod yn gasgliad negyddol, fel mae i Freud. Ond, serch hynny mae credinwyr crefyddol yn beirniadu hyn (gweler 'Sut mae Randall yn cael ei Feirniadu' isod).
>
> Yma, mae Randall yn ein hatgoffa bod iaith, credoau ac arferion crefyddol i gyd yn dod o ddyheadau, dymuniadau ac emosiynau dynol.

Mae arferion crefyddol yn rhoi'r modd o fynegi unrhyw emosiwn sy'n cael ei deimlo'n ddwfn – nid gobeithion a theyrngarwch ond hefyd eu hangerdd, rhagfarnau a chas bethau mwy cywilyddus ... Mewn un ystyr, dydy crefyddau fawr gwell na'r byd dynol cythryblus y maen nhw'n ei fynegi; nhw yw'r gweithgareddau dwysaf yn ddynol o bopeth y mae pobl yn ymwneud ag ef. Go brin ei bod hi'n ddeallus i ni roi'r bai ar y drych am yr hyn y mae'n ei adlewyrchu neu feddwl y bydden ni'n trawsnewid yr olygfa drwy ei dorri.

Yn y darn hwn o *The Role of Knowledge in Western Religion* (1958), mae Randall yn trafod y berthynas rhwng crefydd a chelf:

> Dydy symbolau ddim yn dod â rhywbeth newydd i'r byd ond mae'n dangos i ni beth sydd yno'n barod, rhywbeth efallai nad ydyn ni wedi'i weld neu ei wybod o'r blaen.
>
> Yma, mae Randall yn cymharu iaith grefyddol â chelf, cerddoriaeth a phaentiadau, ond mae'n mynd ymlaen i ddweud sut mae'n wahanol.
>
> I Randall, mae symbolau'n ennyn emosiwn, a gweithredu hefyd. Maen nhw'n annog y ddynoliaeth i fod yn well ac i ymroi i fyw'n well.
>
> Swyddogaeth bwysig symbolau i Randall yw'r ymateb emosiynol dynol y maen nhw'n ei ennyn.
>
> Term Randall am y dimensiwn dwyfol y mae bodau dynol yn gallu adfyfyrio arno. Mae'n bosibl cael profiad o hyn fel 'parchedig ofn' a rhyfeddod. Mae'n bwysig cofio nad yw Randall yn dweud bod 'Duw' sy'n bodoli'n wrthrychol, ond bod y term 'Duw' yn symbol sy'n cael ei ddefnyddio'n aml o ganlyniad i brofiadau dynol.

Mae gwaith yr arlunydd, y cerddor, y bardd, yn ein dysgu ni sut i ddefnyddio ein llygaid, ein clustiau, ein meddyliau, a'n teimladau gyda mwy o bŵer a sgìl ... Mae'n dangos i ni sut i ddirnad rhinweddau annisgwyl yn y byd rydyn ni'n dod ar ei draws, pwerau cudd a'r posibiliadau sydd ynddyn nhw. Eto fyth, mae'n gwneud i ni weld y rhinweddau newydd y mae'r byd, wrth gydweithio ag ysbryd dyn, yn gallu eu gwisgo ... A yw'n wahanol gyda'r proffwyd a'r sant? Maen nhw hefyd yn gallu gwneud rhywbeth i ni, maen nhw hefyd yn gallu achosi newidiadau ynon ni ac yn ein byd ... Maen nhw yn ein dysgu ni sut i weld beth yw bywyd dyn yn y byd, a'r hyn y gallai fod. Maen nhw'n ein dysgu ni sut i ddirnad yr hyn y gall y natur ddynol ei wneud o'i amodau a'i ddeunyddiau naturiol ... Maen nhw'n ein gwneud ni'n agored i rinweddau'r byd yr ydyn ni'n dod ar ei draws; ac maen nhw'n agor ein calonnau i'r rhinweddau newydd y mae'r byd hwnnw, wrth gydweithio ag ysbryd dyn, yn gallu eu gwisgo. Maen nhw'n ein galluogi ni i weld ac i deimlo dimensiwn crefyddol ein byd yn well, 'trefn gogoniant', a phrofiad dyn ynddi a gyda hi. Maen nhw'n ein dysgu ni sut i ganfod y Dwyfol; maen nhw'n dangos 'gweledigaethau o Dduw' i ni.

Sut mae Randall yn cael ei Feirniadu

Her positifiaeth resymegol a materoliaeth. Yn ôl Randall, mae iaith symbolau yn gynhenid anwybyddol a dydy hi ddim yn rhoi gwybodaeth ffeithiol y mae'n bosibl ei chael drwy ein synhwyrau'n unig. Mae hyn yn gwrthdaro â'r **positifiaethwyr rhesymegol**, oherwydd bod hyn yn golygu ei bod hi'n amhosibl ei gwirio neu ei hanwirio. I bositifiaethwyr rhesymegol fel A. J. Ayer (gweler Pennod 26), mae hyn yn gwneud i'r iaith fod yn ddiystyr. Mae enghreifftiau mwy modern o'r dull hwn yn cynnwys materoliaeth Atheïstiaid Newydd fel Richard Dawkins (gweler Pennod 19), a fyddai'n dadlau nad yw symbolau amhosibl eu profi yn angenrheidiol i roi ystyr i'n bywyd, neu i ddangos gwirioneddau am realiti i ni. Mae'n bosibl cyflawni hyn drwy'r celfyddydau yn ogystal â'r gwyddorau naturiol.

HANFODOL!

Positifiaeth resymegol – mudiad yn nechrau'r ugeinfed ganrif a oedd yn ystyried bod pob gosodiad, nad oedd hi'n bosibl ei wirio, yn ddiystyr.

> **MEWNWELEDIAD**
>
> 'Mae'r teimlad o ryfeddod â pharchedig ofn y mae gwyddoniaeth yn gallu ei roi i ni yn un o'r profiadau uchaf posibl i'r seice dynol. Mae'n angerdd esthetig dwfn sydd gyda'r gorau y mae cerddoriaeth a barddoniaeth yn gallu ei roi. Mae wirioneddol yn un o'r pethau sy'n gwneud bywyd yn werth ei fyw' (Dawkins, *Unweaving the Rainbow*, 1998).

Nid dyma sut mae llawer o gredinwyr crefyddol yn gweld crefydd. Mae gan lawer o gredinwyr crefyddol safbwynt **realaidd** a fydden nhw ddim yn cytuno ag ymagwedd anrealaidd Randall at eu hargyhoeddiadau cryf bod 'Duw' neu Fod Eithaf sy'n bodoli'n wrthrychol. Er bod llawer o ddarnau o'r ysgrythurau, fel yn y Beibl, y mae'n bosibl eu darllen yn symbolaidd, mae eraill nad ydyn nhw'n ymddangos fel petaen nhw i fod i gael eu deall fel hynny. Er enghraifft, Iesu'n dweud 'Myfi yw'r ffordd a'r gwirionedd a'r bywyd. Nid yw neb yn dod at y Tad ond trwof fi' (Ioan 14:6). Yn ôl John Hick (gweler Pennod 16): 'Mae'r Dwyfol, yn ôl diffiniad Randall, yn lluniad neu'n daflunniad meddyliol dros dro gan anifail sydd newydd ymddangos sy'n byw ar un o loerenni seren ddi-nod. Yn ôl y safbwynt hwn, nid Duw yw creawdwr a rheolwr eithaf y bydysawd; crych dros dro ar ddychymyg mewn cornel bitw o ofod-amser yw Duw' (*Philosophy of Religion*, 1970).

Mae ysgolheigion eraill yn gweld bod iaith grefyddol yn wybyddol yn hytrach nag yn anwybyddol. Er enghraifft, yn ôl Caroline Franks Davis (gweler Pennod 23): 'Mae'n rhaid i ni amddiffyn y gosodiad bod profiadau crefyddol a geiriau crefyddol yn gallu cael eu trin ac y dylen nhw gael eu trin fel rhai sy'n gallu bod â chynnwys gwybyddol.'

Mae ystyr symbolau yn newid yn syfrdanol dros amser. Beirniadaeth ar syniadau Tillich a Randall yw bod symbolau yn gallu newid yn syfrdanol dros amser, ac yn gwneud hynny, yn dibynnu ar y cyd-destun a'r diwylliannau lle maen nhw i'w cael ac yn cael eu defnyddio. Os yw'n bosibl newid ystyr mor arwyddocaol, sut mae'n gallu parhau i fod yn ystyrlon? Enghraifft adnabyddus yw'r Swastika, symbol hynafol sy'n gysylltiedig â thraddodiadau crefyddol Dharmig, sy'n golygu cytgord a heddwch cyffredinol. Mabwysiadodd y Blaid Natsïaidd y symbol (y Swastica) yn ystod yr ugeinfed ganrif a datblygodd gysylltiadau hollol wahanol a negyddol.

Gwallau Cyffredin

Iaith grefyddol fel rhywbeth symbolaidd. Un camsyniad cyffredin am y damcaniaethau sy'n gweld iaith grefyddol fel rhywbeth symbolaidd yw eu bod nhw'n cyfeirio at ddarluniau'n unig fel symbolau. Er bod darluniau'n gallu bod yn symbolau pwerus (er enghraifft, y Groes a Seren Dafydd), mae ystyried iaith grefyddol fel rhywbeth symbolaidd yn cynnwys yr holl iaith fetaffisegol, gan gynnwys gosodiadau am Dduw neu Fod Eithaf, proffwydi, profiadau crefyddol a bywyd ar ôl marwolaeth. I Randall, mae'r iaith hon i gyd yn symbolaidd gan ei bod hi'n datgelu rhywbeth am natur a phrofiad dynol, yn hytrach na rhyw realiti gwrthrychol, 'Duw'.

Crefydd fel rhywbeth negyddol. Camsyniad arall yw bod Randall, fel Freud, yn gweld crefydd fel rhywbeth negyddol i'r ddynoliaeth. Roedd Randall yn gweld crefydd fel myth, rhywbeth hollol oddrychol ac yn greadigaeth meddyliau dynol, ond ei bod yn rhan hanfodol o'r hyn y mae'n ei olygu i fod yn ddynol. Mae hyn oherwydd bod crefydd yn helpu bodau dynol i gael mynediad at 'ddimensiwn crefyddol' i esbonio ein bodolaeth ac i weld ein bywydau o safbwynt gwahanol.

Drysu rhwng Randall a Tillich. Gofalwch nad ydych chi'n drysu rhwng syniadau Randall a Tillich. Er bod y ddau'n gweld iaith grefyddol fel rhywbeth symbolaidd, mae gwahaniaethau arwyddocaol o ran eu hymagweddau. Gall y tabl isod eich helpu chi i wahaniaethu rhyngddyn nhw.

> **HANFODOL!**
>
> Mae safbwynt **realaidd** ar Dduw yn cyferbynnu â safbwyntiau Randall ac yn gweld Duw fel realiti gwrthychol, y tu allan i syniadau ac emosiynau dynol.

> **MEWNWELEDIAD**
>
> Heriodd Hick y positifiaethwyr rhesymegol drwy ddadlau y bydd credinwyr yn cael 'gwiriad eschatolegol' o fodolaeth Duw wrth farw. Yn y bôn, dim ond wrth farw y byddan nhw'n gwybod a yw'r nefoedd yn bodoli. Felly, mae'n bosibl i fodolaeth Duw gael ei gwirio'n wan.

	Randall	**Tillich**
Syniad o Dduw	Safbwynt gwrthrealaidd ar Dduw: lluniad dynol yw 'Duw' sy'n ein tynnu ni at ddimensiwn crefyddol o'n meddyliau.	Safbwynt realaidd ar Dduw: Mae Duw neu'r Realiti Eithaf yn bodoli y tu hwnt i ymwybyddiaeth ddynol.
Pa derm sy'n cynrychioli 'Duw'?	Trefn gogoniant	Sylfaen bodolaeth
Iaith grefyddol	Mae iaith grefyddol yn hollol oddrychol.	Dydy iaith grefyddol ddim yn hollol oddrychol.
	Mae iaith grefyddol yn hollol anwybyddol.	Mae iaith grefyddol yn rhannol wybyddol ac yn rhannol anwybyddol.
Faint o swyddogaethau sydd gan symbolau?	Pedair	Chwech

GWELLA EICH DEALLTWRIAETH

1. Ysgrifennwch eich esboniad eich hun o ymagwedd gydweddiadol Randall at iaith grefyddol. Cofiwch gynnwys y canlynol: symbol, anwybyddol, swyddogaethau a dimensiwn crefyddol. Paratowch enghreifftiau o bob un o'r rhain a gwnewch yn siŵr eich bod chi'n eu cysylltu â syniadau Randall. Rhowch ddarn o bapur dros eich nodiadau a cheisiwch weld beth gallwch chi ei gofio am y pedwar maes hyn. Bydd hyn yn eich helpu chi i baratoi ar gyfer cwestiwn 'esboniwch' yn yr arholiad.

2. Gwnewch restr o gryfderau a gwendidau dealltwriaeth Randall o iaith grefyddol fel rhywbeth symbolaidd. Sicrhewch eich bod chi'n ystyried safbwynt athronwyr eraill ar ei ddealltwriaeth. Sut mae iaith symbolaidd Randall yn cymharu ac yn cyferbynnu ag un Tillich, er enghraifft? Sut mae athronwyr Cristnogol eraill wedi ei herio a sut byddai'r positifiaethwyr rhesymegol yn ymateb? Rhowch farc allan o bump i bob un o'r cryfderau a gwendidau hyn i'ch helpu chi i ddewis y dystiolaeth a fydd yn rhoi'r pwyntiau cryfaf mewn traethawd, yn eich barn chi. Bydd hyn yn eich helpu chi i baratoi ar gyfer cwestiwn 'gwerthuswch' yn yr arholiad.

Arweiniad ar yr Arholiad AA1

Bydd angen i chi allu disgrifio safbwynt Randall ar iaith grefyddol fel rhywbeth symbolaidd ac ystyrlon. Dylech chi fod yn gallu esbonio sut mae safbwynt Randall yn wrthrealaidd a hefyd y pedair swyddogaeth y mae'n eu nodi sydd gan symbolau: ennyn emosiwn, dod â chymunedau at ei gilydd, cyfathrebu y tu hwnt i'r llythrennol, a galluogi bodau dynol i gael mynediad at y dimensiwn crefyddol. Dylech chi fod yn gallu rhoi enghreifftiau sy'n esbonio safbwynt Randall ar iaith grefyddol fel rhywbeth symbolaidd. Hefyd, dylech chi fod yn gallu cymharu a chyferbynnu safbwyntiau Randall â rhai meddylwyr eraill o ran sut maen nhw'n deall iaith grefyddol: er enghraifft, safbwynt Tillich ar symbolau, Aquinas a Ramsey ar gydweddiad, ac ymagwedd mudiad y positifiaethwyr rhesymegol.

Arweiniad ar yr Arholiad AA2

Drwy ystyried cryfderau a gwendidau ymagwedd Randall at iaith grefyddol, gallwch chi werthuso i ba raddau mae'n llwyddo i gyflawni ei nod o amddiffyn ystyr iaith grefyddol yn wyneb heriau'r positifiaethwyr rhesymegol a'r Atheïstiaid Newydd. Ystyriwch pa mor llwyddiannus yw ymagwedd Randall o'i chymharu â ffyrdd eraill o ddeall iaith grefyddol sydd wedi'u cyflwyno gan athronwyr eraill a drafodwyd yn y llyfr hwn.

32. PAUL TILLICH

MYND I FYD TILLICH

Trosolwg Roedd Paul Tillich (1886-1965) yn athronydd o'r Almaen ac yn feirniadol o'r Blaid Natsïaidd yno yn ystod y Drydedd Reich. Bu'n addysgu ym Mhrifysgol Chicago pan oedd yn alltud. Cafodd ei ysgrifeniadau ddylanwad mawr ar syniadau Cristnogol yn rhan olaf yr ugeinfed ganrif, a bu'n ddylanwad ar y gweinidog a'r ymgyrchydd Martin Luther King Jr.

Cafodd Paul Tillich ei eni i deulu Protestannaidd yn yr Almaen. Roedd Beirniadaeth Feiblaidd Uwch diwedd y bedwaredd ganrif ar bymtheg wedi amau'r honiad mai'r Beibl oedd gair uniongyrchol Duw. Roedd hi wedi gwneud i lawer o ddiwinyddion ailystyried sut roedd y testunau hyn i fod i gael eu dehongli. Roedd hyn yn ddylanwad mawr ar safbwyntiau Tillich ar grefydd. Dylanwadau eraill oedd dehongliadau Cristnogol rhyddfrydig eraill gan ysgolheigion fel Friedrich Schleiermacher, a oedd yn credu y dylai crefydd gael ei deall fel 'yr anfeidraidd o fewn ein profiad meidraidd'.

Fel caplan y fyddin yn ystod y Rhyfel Byd Cyntaf, gwelodd Tillich ddioddefaint mawr a gwnaeth hyn iddo ofyn llawer o gwestiynau am natur bodolaeth a ffydd. Fyddai dehongliadau dogmataidd a llythrennol o grefydd ddim yn cynnig yr atebion mwyach mewn byd a oedd yn gallu achosi cymaint o ddioddefaint.

Pwysleisiodd Tillich ryddid yn fawr drwy ei ysgrifeniadau. Tra oedd yn addysgu ym Mhrifysgol Frankfurt, ysgrifennodd bamffled ar bwysigrwydd rhyddid yn wyneb bygythiad y Blaid Sosialaidd Genedlaethol (Natsïaidd) a oedd ar gynnydd. Fodd bynnag, cafodd y pamffled ei sensro'n syth a Tillich oedd yr academydd cyntaf nad oedd yn Iddew i gael ei wahardd rhag addysgu mewn prifysgolion yn yr Almaen. Yn y pen draw, symudodd i UDA a daeth yn ffrind i John Herman Randall Jr. Datblygodd y ddau ddamcaniaethau am iaith grefyddol fel rhywbeth symbolaidd.

MEWNWELEDIAD

'Mae dyn yn ddyn oherwydd bod ganddo ryddid, ond mae ganddo ryddid yn unig mewn rhyngddibyniaeth begynol â thynged' (Tillich, *Systematic Theology*, 1951).

Roedd llawer o feddylwyr Cristnogol dylanwadol eraill yn cydnabod Tillich fel un a oedd yn pontio ffydd a rheswm yn y cyfnod modern. Fel y dywedodd Martin Luther King: 'Helpodd ni i sôn am weithredoedd Duw mewn hanes mewn ffordd a oedd yn mynegi'n ddigonol ffydd a deallusrwydd y dyn modern.'

Syniadau Allweddol Tillich
Dirfodaeth Gristnogol a Sylfaen Bodolaeth

Derbyniodd Tillich label y dirfodwr a'i wrthod hefyd. Serch hynny, cafodd **dirfodaeth** effaith ar ei ddamcaniaeth. Gwelodd 'y gwirionedd' nid fel rhywbeth ar wahân, y mae bodau dynol yn dysgu amdano yn allanol, ond fel rhywbeth sy'n cael ei ddysgu drwy brofiad unigol. Gallai pobl wahanol ar adegau gwahanol ei brofi'n wahanol.

Meddai Martin Luther King am Tillich (ym mis Hydref 1965, yn ystod y frwydr dros hawliau sifil): 'Rhoddodd ei ddirfodaeth Gristnogol i ni system ystyr a phwrpas i'n bywydau mewn oes pan oedd rhyfel ac amheuaeth yn fygythiad difrifol i bopeth yr oedden ni wedi dod i'w garu.' Canolbwyntiodd Tillich ar y syniad bod gwahanu yn bechod, sy'n golygu bod arwahanu ac ymddieithrio yn ddrwg.

Yn ei lyfr *Systemic Theology*, mae Tillich yn sôn am 'Dduw' fel rhywbeth trosgynnol a'r rheswm a'r sylfaen i bob bodolaeth. Mae'n dadlau nad yw iaith ddynol yn ddigonol i'w esbonio neu hyd yn oed i'w enwi neu i'w henwi. Mae hyn yn cyd-fynd â damcaniaethau William James a Rudolf Otto (gweler Penodau 21 a 22) ynghylch profiadau crefyddol fel rhywbeth anhraethol, a dod ar draws rhywbeth 'hollol wahanol'. Dydy iaith byth yn gallu cael ei chymhwyso at honiadau metaffisegol (goruwchnaturiol). Mae'n rhaid eu gweld nhw bob amser fel rhywbeth symbolaidd, hyd yn oed os nad felly maen nhw'n cael eu cyflwyno.

Roedd y diwinydd a'r ysgolhaig Beibladdd o'r Almaen, Friedrich Schleiermacher (a oedd yn ddylanwad pwysig ar Tillich) yn gweld bodau dynol fel bodau meidraidd a oedd yn cael profiad o'r anfeidraidd. Term Tillich am yr hanfod anfeidraidd hwn yw **'Sylfaen Bodolaeth'**. Byddai'n bosibl deall hyn o ran rheswm ac achos popeth sy'n bodoli, yn ogystal â pharhau i gynnal y rhai sy'n bodoli. Y 'materion eithaf' yw'r hyn rydyn ni'n ymddiried ynddo ac rydyn ni'n ymrwymo iddo. Roedd Tillich yn gweld bod gan bob bod dynol 'fater eithaf'. Fodd bynnag, mae'r ymwneud hwn yn gallu bod yn eilunaddolgar pan nad yw'n cyd-fynd â 'Sylfaen Bodolaeth' mewn rhyw ffordd. Rhoddodd Tillich enghreifftiau, gan gynnwys cenedl neu bennaeth gwladwriaeth yn dod yn 'fater eithaf'. Roedd hyn yn arbennig o berthnasol, gan ei fod yn un o feirniaid y Blaid Natsïaidd. Gallai weld peryglon gwneud lluniadau dynol, meidraidd yn ganolbwynt addoli neu'r 'mater eithaf'.

Arwyddion a Symbolau

Ystyriwch unrhyw wasanaeth neu ddefod grefyddol. Bydd llawer o symbolau i'w gweld ym mhob man, gan gynnwys siâp yr adeilad, y cerfluniau ynddo, a'r darluniau a'r caligraffi ar y wal. Mae dŵr, golau, aroglau a seiniau yn cael eu cynnwys ac mae gweithredoedd corfforol yn cynrychioli prosesau ysbrydol. Efallai bydd gan fosg do siâp cromen yn symbol o'r Tawhid neu undod Allah. Efallai bydd eiconograffeg mewn Eglwys Uniongred Roegaidd yn symbol o storïau seintiau pwysig. Efallai bydd Seren Dafydd i'w gweld wrth y fynedfa i synagog, yn cynrychioli cyfamod Duw â'r ddynoliaeth.

Yn debyg iawn i'r symbolau ffisegol hyn o Dduw, mae iaith grefyddol yn cynnwys digon o iaith symbolaidd, gan ei bod yn trafod y byd metaffisegol sydd y tu hwnt i'n profiad dynol arferol ni. Felly, mae'n rhaid i ni gydnabod terfynau ein hiaith ddynol wrth ei deall a'i chyfleu hi. Byddai Tillich, fel Randall (gweler Pennod 31), yn dadlau y dylai iaith grefyddol i gyd gael ei deall fel rhywbeth symbolaidd.

Roedd Tillich yn gwahaniaethu rhwng symbolau ac arwyddion. Er bod y ddau yn gallu cyfeirio at rywbeth y tu hwnt iddyn nhw eu hunain, dim ond symbolau sy'n 'cymryd rhan' yn yr hyn y maen nhw'n cyfeirio ato. Defnyddiodd enghraifft goleuadau traffig coch, sy'n cyfeirio at y cyfarwyddyd i gerbyd stopio. 'Dim ond arwydd' yw'r golau traffig. Mae baner gwlad, ar y llaw arall, yn symbol oherwydd ei bod hi'n cynrychioli pŵer y genedl honno neu'r brenin hwnnw/y frenhines honno ac yn cymryd rhan ynddi/ynddo.

HANFODOL!

Dirfodaeth yw'r gred athronyddol bod modd deall y byd drwy brofiad personol ac unigol.

HANFODOL!

'Sylfaen Bodolaeth' yw'r enw a roddodd Tillich i 'Dduw'. Roedd yn ystyried bod y term dynol 'Duw' yn annigonol i gwmpasu ei realiti.

MEWNWELEDIAD

Dyma ddyfyniad allweddol gan Tillich: 'Mae'n rhaid mynegi mater eithaf dyn yn symbolaidd, oherwydd iaith symbolaidd yn unig sy'n gallu mynegi'r eithaf' (*Dynamics of Faith*, 1957). Y 'mater eithaf' oedd terminoleg Tillich ar gyfer yr hyn sydd gan bob bod dynol fel canolbwynt ei ffydd, ei ymrwymiad a'i obeithion – gall hyn fod yn grefyddol neu'n seciwlar. I Tillich, dylai hyn gyd-fynd â 'Sylfaen Bodolaeth'.

AWGRYM

Mae'n aneglur sut yn union mae symbolau'n 'cymryd rhan' yn yr hyn y maen nhw'n cyfeirio ato, fel mae Tillich yn ei honni. Mae rhai ysgolheigion yn beirniadu'r ddamcaniaeth (gweler 'Sut mae Tillich yn cael ei Feirniadu' yn y bennod hon).

Er bod symbol crefyddol yn cymryd rhan yn 'Nuw' neu fod ganddo berthynas â 'Duw' neu Sylfaen Bodolaeth y mae'n ein cyfeirio ni ati, roedd Tillich yn poeni y gallai pobl ddechrau eilunaddoli a drysu'r symbol â'r bod eithaf. Ddylai pobl ddim addoli eicon o sant sanctaidd, cerflun duwies, ffigur hanesyddol proffwyd a hyd yn oed traddodiadau'r eglwys eu hunain yn lle Sylfaen Bodolaeth.

Deall Safbwynt Tillich

GWELLA EICH **DEALLTWRIAETH**

Sicrhewch eich bod chi'n deall y syniadau canlynol: beth yw iaith symbolaidd, ystyr Sylfaen Bodolaeth, beth yw ystyr dweud bod symbol yn 'cymryd rhan', a sut mae hyn yn berthnasol i drafodaethau ynghylch ystyr iaith grefyddol.

Damcaniaeth Hollgyffredinol

Mae elfennau hanfodol Cristnogaeth yn canolbwyntio ar symbolaeth. Er enghraifft, ers cyfnod Cristnogaeth gynnar, mae aelodau newydd i'r ffydd wedi cael eu croesawu drwy gael eu bedyddio. Does dim pechod llythrennol (gwirioneddol) ar y person (aelod newydd o'r ffydd) sy'n cael ei olchi ymaith drwy'r ddefod â dŵr. Eto i gyd, mae'n gynrychioliad symbolaidd o lanhau. Roedd Tillich yn deall pob iaith grefyddol drwy'r cynrychioliad anllythrennol hwn.

Mae enghreifftiau Tillich o iaith grefyddol fel rhywbeth symbolaidd wedi'u codi o Gristnogaeth yn bennaf, er y credai fod ei ddamcaniaeth yn berthnasol i bob mynegiant crefyddol. Roedd Tillich yn realaidd ynghylch bodolaeth Sylfaen Bodolaeth. Ond, mae'n bosibl deall ei ddamcaniaeth fel un hollgyffredinol, o ran bod Tillich yn derbyn pob mynegiant o symbolaeth grefyddol ac unrhyw fynegiant ohoni yn hytrach na mabwysiadu safbwynt neilltuolaidd lle gwelir Cristnogaeth Brotestannaidd yn unig fel y ffordd gywir o ddeall 'Duw'.

MEWNWELEDIAD

I Tillich, mae 'Duw' yn derm sy'n cael ei ddefnyddio fel symbol ar gyfer 'Sylfaen Bodolaeth' – sail pob bod, yn hytrach na 'phresenoldeb'. Mae pob iaith grefyddol yn symbolaidd ac yn ein cyfeirio ni tuag at Sylfaen Bodolaeth. Mae symbolau'n fwy arwyddocaol nag arwyddion oherwydd eu bod nhw'n cymryd rhan yn yr hyn y maen nhw'n cyfeirio ato.

> **HANFODOL!**
>
> Ystyr safbwynt **gwybyddol** ar iaith grefyddol yw cred ffeithiol neu lythrennol yn y geiriau, y mae'n bosibl dangos eu bod nhw'n gywir neu'n anghywir. Byddai credinwyr yn dweud bod iaith neu destunau crefyddol yn rhai cywir, neu byddai anghredinwyr yn eu cyhuddo o fod yn anghywir.
>
> Ystyr safbwynt **anwybyddol** ar iaith grefyddol yw dealltwriaeth 'anffeithiol' o'r geiriau crefyddol sy'n cael eu defnyddio. Yma, mae gan yr iaith grefyddol ystyr o natur wahanol, fwy emosiynol.

Gwybyddol neu Anwybyddol?

Mae ysgolheigion wedi trafod a yw dealltwriaeth Tillich o iaith grefyddol fel rhywbeth symbolaidd yn **wybyddol** (iaith ffeithiol) neu'n **anwybyddol** (iaith anffeithiol sy'n ymwneud â theimladau ac emosiynau). Ar yr wyneb, efallai ei bod yn ymddangos yn anwybyddol, gan nad yw'n bosibl gwybod beth yw'r ffordd gywir neu ffeithiol o ddehongli symbolau. Fodd bynnag, yn wahanol i Randall, dywedodd Tillich mewn ystyr realaidd fod Sylfaen Bodolaeth y dylen ni ymwneud i'r eithaf â hi. Mae hwn yn honiad crefyddol o natur wybyddol.

Y Chwe Maen Prawf ar gyfer Symbolau

Rydyn ni wedi gweld bod Tillich yn gweld iaith grefyddol fel rhywbeth symbolaidd, fel math o brofiad crefyddol a oedd yn cysylltu'r ddynoliaeth â 'Duw', neu Sylfaen Bodolaeth heb derfyn ein dealltwriaeth ddynol, sy'n feidrol yn unig.

> **MEWNWELEDIAD**
>
> Yn ôl Tillich, mae symbolau yn wahanol i arwyddion gan eu bod nhw'n cymryd rhan yn yr hyn y maen nhw'n cyfeirio ato. Nododd chwe maen prawf i helpu i ddatblygu'r gwahaniaeth hwn.

I Tillich, roedd hi'n bosibl deall symbolau drwy'r chwe maen prawf y maen nhw'n eu bodloni. Maen nhw wedi'u hesbonio isod:

Maen prawf symbol	Enghraifft Tillich	Yng ngeiriau Tillich (o *The Dynamics of Faith*)
1. Maen nhw'n pwyntio at rywbeth y tu hwnt i'w hunain.	Nid symbol yw arwydd stopio coch, dim ond arwydd.	'Yr hyn sy'n allweddol yw'r ffaith nad yw arwyddion yn cymryd rhan yn realiti'r hyn y maen nhw'n cyfeirio ato, tra mae symbolau yn gwneud hynny. Felly, mae arwyddion yn gallu cael eu newid er hwylustod neu gonfensiwn, ond nid felly symbolau.'
2. Maen nhw'n cymryd rhan yn yr hyn y maen nhw'n pwyntio ato.	Mae baner yn cymryd rhan yng ngrym ac urddas y genedl.	'Mae hyn yn arwain at ail nodwedd y symbol: Mae'n cymryd rhan yn yr hyn y mae'n cyfeirio ato: mae'r faner yn cymryd rhan yng ngrym ac urddas y genedl y mae'n ei chynrychioli … Mae ymosodiad ar y faner yn cael ei deimlo fel ymosodiad ar fawredd y grŵp lle mae'n cael ei chydnabod. Ystyrir ymosodiad fel hyn yn gabledd.'
3. Maen nhw'n agor lefelau o realiti sydd ar gau i ni fel arall.	Llun neu gerdd.	'Trydedd nodwedd symbol yw ei fod yn agor lefelau o realiti sydd ar gau i ni fel arall. Mae pob celfyddyd yn creu symbolau ar gyfer lefel o realiti nad yw'n bosibl ei chyrraedd mewn unrhyw ffordd arall.'
4. Maen nhw'n agor agweddau ar yr enaid sy'n cyfateb i'r agweddau hynny ar realiti.	Drama.	'Mae pedwaredd nodwedd y symbol nid yn unig yn agor dimensiynau ac elfennau realiti a fyddai'n dal i fod yn amhosibl eu cyrraedd fel arall, ond hefyd mae'n datgloi dimensiynau ac elfennau ein henaid sy'n cyfateb i ddimensiynau ac elfennau realiti.'
5 a 6. Yn wahanol i arwyddion, dydy symbolau ddim wedi'u cynllunio ac maen nhw'n tyfu ac yn marw ymhen amser.	Brenin.	'Maen nhw'n tyfu allan o'r anymwybod unigol neu gyffredinol a dydyn nhw ddim yn gallu gweithredu heb gael eu derbyn gan ddimensiwn anymwybodol ein bod. Mae gan symbolau … swyddogaeth gymdeithasol yn enwedig … Fel bodau dynol, maen nhw'n tyfu ac maen nhw'n marw. Byddan nhw'n tyfu pan fydd y sefyllfa'n barod iddyn nhw, a byddan nhw'n marw pan fydd y sefyllfa'n newid.'

> **AWGRYM**
>
> Er mwyn deall Tillich, mae'n hanfodol deall bod symbolau yn cymryd rhan yn yr hyn y maen nhw'n cyfeirio ato: er enghraifft, mae Seren Dafydd yn rhan o Iddewiaeth, nid yn dynodi'r grefydd yn unig.

MEWNWELEDIAD

Roedd Tillich yn cydnabod bod yr ystyron sy'n gysylltiedig â symbolau yn gallu newid dros amser. Mae hyn hefyd yn gallu bod yn feirniadaeth allweddol ar ei ddamcaniaeth, sy'n cael sylw yn yr adran 'Sut mae Tillich yn cael ei Feirniadu' yn nes ymlaen yn y bennod hon.

BETH YW EICH BARN CHI?

Ysgrifennwch eich syniadau chi am ddadleuon Tillich ac ewch yn ôl atyn nhw ychydig cyn yr arholiad er mwyn gweld a yw eich safbwyntiau wedi newid.

Darllen Tillich eich Hun

TASG

Darllenwch Tillich eich hun yn y darn isod. Bydd y nodiadau ar ymyl y dudalen yn eich helpu chi i ddeall ei safbwyntiau.

Yn y darn hwn o *Dynamics of Faith* (1957), mae Tillich yn trafod natur ffydd.

Y rheswm am y trosglwyddo hwn o gysyniadau i symbolau yw cymeriad eithafrwydd a natur ffydd. Mae'r hyn sydd y gwir eithaf yn mynd y tu hwnt i fyd realiti meidraidd yn anfeidraidd. Felly, does dim unrhyw realiti meidraidd yn gallu ei fynegi yn uniongyrchol a phriodol. A siarad yn grefyddol, mae Duw yn mynd y tu hwnt i'w enw ei hun. Dyma pam mae defnyddio ei enw'n mynd yn sarhad neu'n gabledd. Mae ystyr symbolaidd gan beth bynnag rydyn ni'n ei ddweud am yr hyn sy'n bwysig i ni yn y pen draw, p'un ai ein bod ni'n ei alw'n Dduw neu beidio. Mae'n pwyntio y tu hwnt iddo'i hun ac ar yr un pryd mae'n cymryd rhan yn yr hyn y mae'n pwyntio ato. All ffydd ddim mynegi ei hun yn ddigonol mewn unrhyw ffordd arall. Iaith symbolau yw iaith ffydd. Petai ffydd yr hyn rydyn ni wedi dangos nad yw hi, fyddai hi ddim yn bosibl gwneud gosodiad o'r fath. Ond does gan ffydd, wedi'i deall fel y cyflwr o fod â'r mater eithaf, ddim iaith heblaw am symbolau. Wrth ddweud hyn rwyf bob amser yn disgwyl y cwestiwn: Symbol yn unig? Mae'r sawl sy'n gofyn y cwestiwn hwn yn dangos nad yw wedi deall y gwahaniaeth rhwng arwyddion a symbolau na phŵer iaith symbolaidd, sy'n rhagori o ran ansawdd a chryfder pŵer ar unrhyw iaith ansymbolaidd. Ddylai rhywun byth ddweud 'symbol yn unig', ond dylai rhywun ddweud 'dim llai na symbol'.

> Mae pob ffydd yn ymwneud ag iaith symbolaidd. Allwn ni ddim mynegi'r anfeidraidd yn ein termau a'n profiadau meidraidd (cyfyngedig) ni.
>
> Mae'r term 'Duw' yn cael ei ystyried yn iaith annigonol i'r bod trosgynnol, ond dyma'r term y mae pobl yn ei ddefnyddio'n fwyaf cyffredin. Gair 'dynol' yn unig yw e, ac mae angen iaith symbolaidd i'n helpu ni i fynegi sut un yw 'Duw'.
>
> Drwy gydol damcaniaeth Tillich, rydyn ni'n gweld ei bryder na ddylai pobl eilunaddoli'r symbol neu hyd yn oed enw Duw yn hytrach na Sylfaen Bodolaeth. Mae Tillich yn defnyddio'r 'Egwyddor Brotestannaidd' i esbonio bod bodau dynol wedi'u cyfyngu o ran yr hyn y maen nhw'n gallu ei fynegi am 'Dduw' ac y dylen nhw gydnabod y cyfyngiad hwnnw.
>
> Dyna sy'n gwneud symbol yn fwy nag arwydd. Mae rhyw gysylltiad a pherthynas rhwng yr hyn y mae'r symbol yn cyfeirio ato. Bydd y rhai yn y gymuned o gredinwyr yn adnabod arwyddocâd hyn, ond ni fydd y rhai y tu allan.
>
> Er y byddai pob person crefyddol yn derbyn bod rhywfaint o iaith symbolaidd yn ei ffydd, i Tillich, iaith symbolau yw iaith ffydd i gyd.
>
> Os yw credinwyr yn credu bod ei ffydd yn cael ei lleihau drwy gael ei labelu'n symbolaidd, mae Tillich yn dadlau nad ydyn nhw'n deall yn llawn beth yw iaith symbolaidd. Mae gwahaniaethau allweddol rhwng arwyddion a symbolau. Mae Tillich yn eu nodi yn ei chwe maen prawf.

Sut mae Tillich yn cael ei Feirniadu

Mae dealltwriaeth Tillich o iaith grefyddol fel rhywbeth symbolaidd yn gylchol ac yn ddryslyd yn athronyddol. Ysgrifennodd Paul Edwards, athronydd Awstriaidd-Americanaidd ac un o gyfoeswyr Tillich, feirniadaeth ar safbwyntiau Tillich mewn erthygl o'r enw 'Professor Tillich's Confusions' (1965). Yma, derbyniodd Edwards fod trosiadau a symbolau yn cael eu defnyddio drwyddi draw mewn iaith grefyddol. Ond ei ddadl oedd bod rhaid iddyn nhw gael eu lleihau yn rhywbeth heblaw trosiad neu symbol er mwyn iddyn nhw fod ag unrhyw ystyr. Mae'n rhaid bod rhyw 'beth' eglur a gwrthrychol y maen nhw'n cyfeirio ato, neu fel arall maen nhw'n 'gylchol' a dydyn nhw ddim yn mynd â ni i unman. Wrth hyn, mae Edwards yn golygu nad yw'r symbol yn pwyntio at unrhyw 'beth' o gwbl – er gwaethaf dadl Tillich. Ato ei hun yn unig mae'r symbol yn pwyntio mewn gwirionedd. Dydy hi ddim yn bosibl anwirio neu wirio symbolau oherwydd eu natur oddrychol. Felly dydyn nhw ddim yn 'cyfleu unrhyw ffeithiau'.

> **MEWNWELEDIAD**
>
> 'Mae Tillich yn atheist llwyr a gollodd ei gred wrth gwblhau ei addysg uwch. Yn ddeallusol, mae'n casáu Cristnogaeth ... Eto i gyd, ac yntau'n fab i glerigwr a ganddo hoffter o'r byd crefyddol, mae Tillich eisiau ei chael hi bob ffordd. Mae'n mynd i aros gyda'r Eglwys er mwyn tanseilio Cristnogaeth o'r tu mewn iddi' (Leonard F. Wheat).

Mae athrawiaethau pwysig mewn crefydd yn cael eu gweld fel pethau ffeithiol, nid symbolaidd, gywir. Roedd William Alston, yr athronydd o UDA, hefyd yn beirniadu damcaniaeth Tillich am iaith grefyddol fel rhywbeth symbolaidd. Ei ddadl oedd, os ydyn ni'n derbyn y dehongliad symbolaidd, yna mae gosodiadau fel 'Mae Iesu wedi talu am ein pechodau ni' ac 'Mae bywyd ar ôl marwolaeth' yn colli eu harwyddocâd i gredinwyr. Efallai bydd credinwyr crefyddol yn gweld bod rhai o'r ysgrythurau a'r arferion yn symbolaidd, ond mae athrawiaethau canolog, allweddol y maen nhw'n credu eu bod nhw'n wir yn wrthrychol, a dydy damcaniaeth Tillich ddim fel petai'n caniatáu ar gyfer hyn. Dydy damcaniaeth Tillich ddim yn cynnig ffordd o wybod ai'r symbol o dan sylw yw'r un cywir hyd yn oed, neu a yw'n cynrychioli 'Duw' yn y ffordd gywir. Felly, mae'n ddiystyr.

Ai atheist yw Tillich? Mae safbwynt Tillich ar 'Dduw' fel 'Sylfaen Bodolaeth' a bod pob gosodiad Beiblaidd yn symbolaidd, wedi arwain at gyhuddiadau gan rai yn y gymuned Brotestannaidd Efengylaidd nad yw'n Gristion neu hyd yn oed yn thëist, ond efallai'n bantheist (un sy'n credu mai Duw yw'r bydysawd, a'r bydysawd yw Duw) neu'n atheist hyd yn oed.

Gwallau Cyffredin

Camsyniadau am symbolau crefyddol. Camsyniad cyffredin am ddamcaniaethau sy'n gweld iaith grefyddol fel rhywbeth symbolaidd yw eu bod nhw, wrth sôn am symbolau, yn cyfeirio at luniau'n unig. Er bod lluniau yn gallu bod yn symbolau pwerus (fel y Groes a Seren Dafydd), mae deall iaith grefyddol fel rhywbeth symbolaidd yn cwmpasu pob iaith fetaffisegol. Mae hyn yn cynnwys gosodiadau am Dduw neu Fod Eithaf, proffwydi, profiadau crefyddol a bywyd ar ôl marwolaeth. I Tillich, mae'r iaith hon i gyd yn symbolaidd ac mae'n datgelu rhywbeth am Sylfaen Bodolaeth, wrth i bobl osod eu 'mater eithaf' i gyd-fynd â hi.

Dydy Tillich ddim yn dadlau nad oes Duw. Er efallai fod safbwyntiau Tillich ar 'Dduw' yn anuniongred ac yn wahanol iawn i ddehongliadau llythrennol o'r Ysgrythur, mae'n credu bod rhyw-beth neu ryw-un yn bodoli, er bod y cysyniad hwn y tu hwnt i'n gallu dynol i'w fynegi'n llawn. Yn yr ystyr hwn, mae'n realydd am fodolaeth Duw, ac mae rhai ysgolheigion yn dadlau mai hyn yn y pen draw sy'n gwneud ei ddamcaniaeth iaith grefyddol fel rhywbeth symbolaidd yn un wybyddol.

Drysu rhwng Randall a Tillich. Gofalwch nad ydych chi'n cyfuno syniadau Randall a Tillich. Er bod y ddau yn gweld iaith grefyddol fel rhywbeth symbolaidd, mae gwahaniaethau pwysig o ran eu hymagweddau. Gweithgaredd defnyddiol fyddai i chi wneud rhestr o'r pethau sy'n debyg ac yn wahanol rhwng eu hymagweddau.

GWELLA EICH DEALLTWRIAETH

1. Ysgrifennwch eich esboniad eich hun o ymagwedd symbolaidd Tillich at iaith grefyddol gan gynnwys: symbolau, y mater eithaf, Sylfaen Bodolaeth a 'cymryd rhan mewn'. Paratowch enghreifftiau o bob un o'r rhain a chysylltwch nhw â syniadau Tillich. Rhowch ddarn o bapur dros eich nodiadau a cheisiwch weld beth gallwch chi ei gofio am y pedwar maes hyn. Bydd hyn yn eich helpu chi i baratoi ar gyfer cwestiwn 'esboniwch' yn yr arholiad.

2. Gwnewch restr o gryfderau a gwendidau dealltwriaeth Tillich o iaith grefyddol fel rhywbeth symbolaidd. Ystyriwch safbwynt athronwyr eraill ar ei ddealltwriaeth. Sut mae safbwynt Tillich ar iaith symbolaidd yn cymharu ac yn cyferbynnu ag un Randall? Sut mae athronwyr Cristnogol eraill wedi ei herio a sut byddai'r positifiaethwyr rhesymegol yn ymateb? Bydd hyn yn eich helpu wrth baratoi ar gyfer cwestiwn 'gwerthuswch' yn yr arholiad.

Arweiniad ar yr Arholiad AA1

Bydd angen i chi allu disgrifio safbwynt Tillich ar iaith grefyddol fel rhywbeth symbolaidd ac ystyrlon. Dylech chi fod yn gallu esbonio ei safbwyntiau realaidd ynghylch bodolaeth 'Duw' a sut roedd yn gweld bod symbolau yn wahanol i arwyddion. Byddwch yn barod i roi enghreifftiau sy'n esbonio ei safbwynt ar iaith grefyddol fel rhywbeth symbolaidd. Efallai bydd angen i chi gymharu a chyferbynnu safbwyntiau Tillich ar iaith grefyddol â safbwyntiau eraill (er enghraifft, safbwynt Randall ar symbolaeth, syniadau Aquinas a Ramsey am gydweddiad, ac ymagwedd mudiad y positifiaethwyr rhesymegol).

Arweiniad ar yr Arholiad AA2

Drwy ystyried cryfderau a gwendidau ymagwedd Tillich at iaith grefyddol, dylech chi fod yn gallu gwerthuso i ba raddau mae'n llwyddo i gyflawni ei nod o amddiffyn ystyr iaith grefyddol yn wyneb heriau'r positifiaethwyr rhesymegol a'r atheïstiaid. Ystyriwch pa mor llwyddiannus yw ymagwedd Tillich o'i chymharu â ffyrdd eraill o ddeall iaith grefyddol sydd wedi'u cyflwyno gan athronwyr eraill a drafodwyd yn y llyfr hwn.

LUDWIG
WITTGENSTEIN

33. LUDWIG WITTGENSTEIN

MYND I FYD WITTGENSTEIN

Trosolwg Mae llawer o bobl yn ystyried mai Ludwig Wittgenstein (1889-1951) yw'r athronydd mwyaf erioed. Bu'n addysgu ym Mhrifysgol Caergrawnt ac mae ei waith, fel arfer, yn cael ei rannu'n gyfnodau cynnar a diweddar, sydd â gwahaniaethau mawr rhyngddyn nhw. Mae hyn yn arbennig o wir o ran eu dylanwad ar eraill. Mae ei ddamcaniaeth Gemau Ieithyddol wedi'i chyflwyno yn ei lyfr a gyhoeddwyd ar ôl ei farwolaeth, *Philosophical Investigations* (1953).

Cafodd Ludwig Wittgenstein ei eni i deulu cefnog yn Awstria, a chafodd ei addysgu gartref tan ei fod yn 14 oed. Roedd atal dweud arno ac roedd yn ei chael hi'n anodd ymwneud â phobl eraill. Roedd yn ymddiddori'n fawr mewn peirianneg ac roedd ganddo feddwl mathemategol gwych. Mynychodd Brifysgol Caergrawnt i ddysgu iaith mathemateg gan Bertrand Russell (yr oedd yn ei ystyried yn binacl rhesymeg ar y pryd). Roedd Russell o'r farn bod Wittgenstein naill ai'n 'athrylith o ddyn neu'n ecsentrig' ac anogodd ef i ddilyn athroniaeth. Bu'r ddau ddyn yn gohebu â'i gilydd ac yn ffrindiau am nifer o flynyddoedd, tan i Wittgenstein grwydro i'r hyn roedd Russell yn ei ystyried yn ddamcaniaethau diangen.

Bu Wittgenstein yn ymladd yn ystod y Rhyfel Byd Cyntaf a chafodd ei gymryd yn garcharor rhyfel. Pan oedd yn y carchar, ysgrifennodd *The Tractatus Logico-Philosophicus* (sy'n cael ei alw'n '*The Tractatus*'). Roedd yn ymwneud â swyddogaethau iaith a'i pherthynas â'r byd o'i chwmpas. Cyflwynodd Wittgenstein ei Ddamcaniaeth Darluniau iaith yn *The Tractatus*. Adeiladodd ar waith yr empirydd David Hume (gweler Pennod 5) pan ddywedodd 'Mae'r hyn sy'n gallu cael ei lefaru o gwbl yn gallu cael ei lefaru'n eglur, ac mae'n rhaid i'r hyn nad yw'n bosibl ei lefaru gael ei anwybyddu mewn tawelwch.' Aeth y ddamcaniaeth hon ymlaen i ddylanwadu ar Gylch Wien a mudiad y positifiaethwyr rhesymegol.

AWGRYM

Roedd syniadau David Hume (gweler Pennod 5) ac Immanuel Kant (gweler Pennod 11) yn ddylanwad ar gyfnod cynnar gwaith Wittgenstein.

Ar ôl y rhyfel, cafodd Wittgenstein nifer o swyddi – garddwr mewn mynachlog, athro ysgol a phorthor mewn ysbyty – ond treuliodd y rhan fwyaf o'i amser yn darlithio ym Mhrifysgol Caergrawnt. Dywedodd ei fod fwyaf defnyddiol i'r rhai a oedd â rhyw fath o gramp meddyliol, ac y byddai'n 'dylinwr corff' iddyn nhw. Os nad oedd cramp arnyn nhw, fyddai e ddim yn ddefnyddiol.

Pan ddechreuodd ffasgaeth a gwrth-semitiaeth y Blaid Sosialaidd Genedlaethol (Natsïaidd) gynyddu yn yr Almaen, daeth Wittgenstein yn ddinesydd Prydeinig. Yn ei ail lyfr, *Philosophical Investigations*, symudodd Wittgenstein i ffwrdd o nifer o'r syniadau yn *The Tractatus* a chyflwyno ffordd newydd o ddeall iaith grefyddol, fel gêm ieithyddol.

Syniadau Allweddol Wittgenstein
Rôl Iaith

Yn y cyflwyniad i *The Tractatus* (1921), dywedodd Bertrand Russell, athro a ffrind Wittgenstein 'Gwaith hanfodol iaith yw cadarnhau neu wrthod ffeithiau' ac mae hyn wrth wraidd ymagwedd gynnar Wittgenstein at ystyr iaith. Yn y gwaith cynharach hwn, cyflwynodd Wittgenstein ei Ddamcaniaeth Darluniau ystyr. Dylai geiriau gyfateb i'r hyn rydyn ni'n ei wybod am realiti. Adeiladodd Wittgenstein ar syniadau athronydd arall o'r Almaen, Gottlob Frege. Roedd e'n dadlau bod geiriau unigol heb ystyr; dim ond pan maen nhw wedi'u grwpio mewn brawddegau y maen nhw'n gwneud synnwyr.

■ **MEWNWELEDIAD**

Yn ôl Wittgenstein, 'Gallwn lefaru'r hyn y mae'n bosibl ei lefaru o gwbl yn eglur, ac os na allwn ni ei lefaru, mae'n rhaid bod yn dawel amdano' (*The Tractatus*). Wrth ddweud hyn, doedd e ddim yn credu bod trafodaethau'n ymwneud ag athroniaeth, moeseg ac estheteg yn ddibwys – dim ond nad oedd hi'n bosibl siarad amdanyn nhw gydag unrhyw ystyr.

Damcaniaeth Darluniau iaith: mae'r geiriau rydyn ni'n eu defnyddio yn cyfateb i rywbeth go iawn.

Yn y Ddamcaniaeth Darluniau, yr unig iaith sy'n gwneud synnwyr yw honno sy'n gysylltiedig â rhywbeth yn y 'byd go iawn'. Mae hyn yn golygu bod llawer o osodiadau metaffisegol a chrefyddol a fyddai'n ddisynnwyr. Mae'n diystyru llawer o drafodaethau am athroniaeth, moeseg ac estheteg. Cydiodd mudiad y positifiaethwyr rhesymegol yn y ddamcaniaeth hon.

Yn ei waith diweddarach, symudodd Wittgenstein i ffwrdd o Ddamcaniaeth Darluniau geiriau i edrych ar iaith fel offeryn. Credai fod ystyr iaith yn deillio o sut mae'n cael ei defnyddio gan y rhai sy'n ei siarad ac yn ei defnyddio, yn hytrach na'r hyn y mae hi'n cyfateb iddo yn y byd. Mae'n bosibl defnyddio gair fel 'offeryn'. Mae'n bosibl iddo fod â nifer o ystyron, yn dibynnu ar gyd-destun pryd a ble mae'n cael ei ddefnyddio. Er mwyn deall yr ystyr, mae'n rhaid i ni ddeall cyd-destun llawn y gymuned o siaradwyr, felly.

■ **MEWNWELEDIAD**

Yn y blynyddoedd diweddarach, lluniodd Wittgenstein ddealltwriaeth newydd o iaith grefyddol – mae pwysigrwydd yr iaith sy'n cael ei defnyddio yn ei defnydd a'i chyd-destun.

Esboniodd Wittgenstein fod gan eiriau sawl (nid un) ystyr, a bod y rhain yn gorgyffwrdd â'i gilydd yn ôl y sefyllfa. 'Tebygrwydd teuluol' yw ei derm am hyn. Er enghraifft, efallai bydd hi'n ymddangos bod gan y gair 'gêm' ystyr syml, sef chwarae rhywbeth ag eraill mewn ffordd gystadleuol. Fodd bynnag, wrth graffu ar fathau gwahanol o gemau (gemau fideo, cystadlaethau pêl-droed proffesiynol, gwyddbwyll neu hopsgots ar iard chwarae) gallwch chi weld llawer o wahaniaethau rhyngddyn nhw. Mae dod at un ystyr pendant 'gêm' yn amhosibl, er bod gan y gweithgareddau ddigon yn gyffredin â'i gilydd i rannu'r gair.

Gemau Ieithyddol

Yn ôl Wittgenstein, er mwyn deall beth yw ystyr iaith, mae'n rhaid edrych ar sut mae'n cael ei defnyddio. Bydd y termau a'r ymadroddion rydyn ni'n eu defnyddio yn dibynnu ar sut a ble rydyn ni'n eu defnyddio nhw. Term Wittgenstein am y lleoliadau a'r sefyllfaoedd gwahanol hyn yw '*Lebensformen*', a'r cyfieithiad yw 'ffurfiau ar fywyd'. Bydd yr iaith rydyn ni'n ei defnyddio yn gwneud synnwyr i rai sydd yn yr un *Lebensform*, a fydd hi ddim yn gwneud synnwyr i'r rhai sydd y tu allan iddi.

Yn *Philosophical Investigations* (1953), mae Wittgenstein yn cymharu hyn â bod dynol yn methu deall llew – 'petai llew yn gallu siarad, fydden ni ddim yn gallu ei ddeall'. Efallai fod hyn yn ymddangos yn sythweledol i lawer, ond roedd yn chwyldroadol o'i gymharu, nid yn unig â gwaith cynharach Wittgenstein ond hefyd â gwaith athronwyr o'i flaen.

Y ddealltwriaeth yw mai'r ffordd orau i ddysgu iaith newydd yw ei defnyddio mewn cyd-destun, gyda siaradwyr eraill. Dydy idiomau, bratiaith a throadau ymadrodd ddim yn gwneud synnwyr oni bai eu bod nhw'n cael eu defnyddio mewn cyd-destun. Ystyriwch y term 'esgob'. Mewn Cristnogaeth, mae'n cyfeirio at rywun sydd ag awdurdod penodol yn strwythur arweinyddiaeth Eglwys Loegr. Ond, mewn gêm o wyddbwyll, mae'r esgob yn ddarn sy'n symud ar draws y bwrdd yn lletraws. Felly, mae'n rhaid i bob gêm ieithyddol gael ei deall o'r tu mewn. Fydd un 'ffurf ar fywyd' ddim yn gallu deall defnydd iaith rhywun arall.

> **MEWNWELEDIAD**
>
> Mae'n aneglur o'i ysgrifeniadau a oedd Wittgenstein yn gweld pob crefydd fel 'ffurf ar fywyd' wahanol i atheïstiaeth. Fodd bynnag, mae ei ymagwedd serch hynny wedi cael ei chymhwyso'n aml at drafodaethau ynghylch 'iaith' grefyddol.

Yn debyg iawn i sut mae 'esgob' yn gallu golygu rhywbeth mewn gêm o wyddbwyll, a rhywbeth arall yn Eglwys Loegr, felly mae gan bob gêm ieithyddol ei rheolau a'i dealltwriaeth ei hun o ran ei defnydd.

Mae gan y ddamcaniaeth hon oblygiadau eglur i bwysigrwydd cyd-destun a chyfieithiadau wrth ystyried llyfrau ac ysgrythurau sanctaidd. Fodd bynnag, mae'r cysylltiadau ag iaith grefyddol yn mynd hyd yn oed ymhellach.

Gemau Ieithyddol wedi'u Cymhwyso at Iaith Grefyddol

Tra oedd mudiad y positifiaethwyr rhesymegol yn dadlau bod iaith grefyddol yn ddiystyr ac yn ddisynnwyr, doedd Wittgenstein ddim yn gweld mai gwaith athronwyr oedd dod i'r farn honno. Eu tasg nhw oedd gweld sut mae'r iaith yn cael ei defnyddio. Mae dod i farn am yr iaith sy'n cael ei defnyddio mewn 'ffurf ar fywyd' grefyddol yn ôl safonau a chraffu 'ffurf ar fywyd' wyddonol yn camddeall yn llwyr sut mae'r iaith yn gweithredu. Dylai athronwyr edrych ar rôl y termau fel maen nhw'n cael eu defnyddio gan bobl yn y gêm ieithyddol honno er mwyn deall eu hystyr.

Deall Safbwynt Wittgenstein

GWELLA EICH DEALLTWRIAETH

Gwnewch yn siŵr eich bod chi'n gwybod beth yw damcaniaeth Gemau Ieithyddol, beth yw 'ffurfiau ar fywyd' a pha enghreifftiau y gallech chi eu rhoi i ddangos bod iaith grefyddol yn rhan o gêm ieithyddol.

Mae gemau ieithyddol yn caniatáu ystyried cyd-destun a defnydd o iaith grefyddol. Byddai'n bosibl beirniadu mudiad y positifiaethwyr rhesymegol am fod yn rhy wyddonol a chlinigol wrth drafod iaith grefyddol. Yn aml, mae gan bobl sy'n defnyddio iaith grefyddol emosiynau ynghlwm wrthi, a theimladau o gymuned, gobaith a chefnogaeth. Mae defnyddio damcaniaeth Gemau Ieithyddol i ddeall yr iaith grefyddol hon yn gallu ymddangos yn fwy defnyddiol, gan ei bod yn ystyried cyd-destun y geiriau, a'u hystyr i'r rhai sy'n eu defnyddio nhw.

Roedd Wittgenstein yn credu mai gweithred gyhoeddus oedd iaith. Fyddai iaith breifat ddim yn bosibl, gan fod iaith yn cael ei siarad rhwng pobl sy'n rhoi ystyr i'r termau maen nhw'n eu defnyddio. Yr ystyr hwn, yn hytrach na'r geiriau unigol, sydd bwysicaf yng ngêm iaith crefydd.

MEWNWELEDIAD

I Wittgenstein, mae iaith grefyddol yn anwybyddol ac yn ystyrlon fel rhan o gêm ieithyddol.

MEWNWELEDIAD

Roedd cefnogwr allweddol i Wittgenstein, yr athronydd o Gymro, D. Z. Phillips, yn dadlau bod yn rhaid i athronwyr ystyried cyd-destun iaith grefyddol a'r hyn y mae'r crediniwr yn ei ddweud a'i wneud yn gysylltiedig â'i osodiadau a'i gredoau.

Roedd Wittgenstein yn credu mai gweithred gyhoeddus yw iaith ac nad oes iaith breifat.

Mae problemau'n codi mewn athroniaeth pan rydyn ni'n camddeall 'rheolau'r gêm'. Cymerwch, er enghraifft, y frawddeg 'Mae Duw yn bodoli'. Er nad yw hwn yn osodiad ffeithiol, gwybyddol i Wittgenstein, mae'n ystyrlon o hyd. Mae'n golygu llawer mwy na 'Mae rhyw Dduw yn bodoli' yn unig. I'r crediniwr crefyddol, mae'n dod â chynodiadau camu i mewn i fyd cyfan o ffydd. Fydd yr anghrediniwr ddim yn deall hyn yn union, oherwydd nad ydyn nhw yn yr un gêm.

MEWNWELEDIAD

Mae damcaniaeth Gemau Ieithyddol Wittgenstein yn wrthrealaidd o ran ei hymagwedd at honiadau metaffisegol. Mae ystyr termau ac ymadroddion mewn iaith grefyddol yn dod o'u defnydd, yn hytrach na'u bod yn cyfateb i ryw wrthrych allanol mewn gwirionedd.

Yn ôl Wittgenstein, does dim angen bod ynghlwm wrth ddadleuon a thrafodaethau am wirionedd gosodiad fel 'Mae Duw yn bodoli'. Does dim 'Duw' neu fod gwrthrychol y gallwn ni brofi naill ai ei fod yn bodoli neu beidio – dydy hynny ddim o bwys o gwbl. Mae hyn yn gwneud i wirionedd fod yn berthnasol i'r grwpiau o bobl sy'n siarad o fewn eu gêm. Yr hyn sy'n ystyrlon yw'r hyn sy'n 'wir i mi', a fydd hyn ddim yn wir i chi os nad ydych chi yn yr un gêm â mi.

MEWNWELEDIAD

Mae damcaniaeth Gemau Ieithyddol Wittgenstein yn cyflwyno gwirionedd fel rhywbeth perthynolaidd – mae'n dibynnu ar gyd-destun, diwylliant neu safbwynt y rhai sy'n gysylltiedig. Hefyd mae iddi ddamcaniaeth cydlyniad gwirionedd lle mae'r gwirionedd yn dod wrth i'r grŵp o 'chwaraewyr' yn y gêm gytuno â'i gilydd.

Mae iaith grefyddol yn aml ynghlwm wrth ymrwymiad a gweithred. Datblygodd yr athronydd o Sais, R. B. Braithwaite (un o gyfoeswyr Wittgenstein) egwyddor 'ystyr ar waith' gemau ieithyddol i bwysleisio bod pobl yn cymryd rhan mewn gêm ieithyddol grefyddol o ganlyniad i ymrwymiad, a bod hyn yn gallu cael effaith fawr ar eu bywyd. Drwy ddweud 'Duw, cariad yw', mae crediniwr Cristnogol yn ymrwymo i fyw bywyd agapeistig (bywyd gyda'r math o gariad a ddangosodd Iesu i'r ddynoliaeth – diamod ac eisiau'r gorau i bawb). Yn ôl Braithwaite, mae iaith grefyddol yn gasgliad o storïau nad ydyn nhw wedi'u golygu mewn ystyr llythrennol, gwybyddol, ond maen nhw'n ysbrydoliaeth ac yn anogaeth i fyw'r ymrwymiad sydd wedi'i wneud. Mae'r storïau hyn er mwyn 'diddanu' yn hytrach na chael eu credu.

MEWNWELEDIAD

'Bwriad yw cred grefyddol i ymddwyn mewn ffordd benodol (cred foesol) ynghyd â diddanwch storïau penodol sy'n gysylltiedig â'r bwriad ym meddwl y crediniwr' (Braithwaite, 'An Empiricist's View of the Nature of Religious Belief', 1955).

BETH YW EICH BARN CHI?

Ysgrifennwch eich syniadau chi am ddadleuon Wittgenstein ac ewch yn ôl atyn nhw ychydig cyn yr arholiad er mwyn gweld a yw eich safbwyntiau wedi newid.

Darllen Wittgenstein eich Hun

Yn y darnau hyn o *Philosophical Investigations* (1953), mae Wittgenstein yn esbonio'r tebygrwydd teuluol rhwng 'gemau'. Bydd y nodiadau ar ymyl y dudalen yn eich helpu chi i ddeall ei syniadau.

> Rhwng gemau gwahanol, bydd rhywfaint o iaith sy'n cael ei defnyddio yn yr un ffordd, ond iaith arall sy'n cael ei defnyddio'n wahanol. Dim ond y chwaraewyr yn y gêm fydd yn deall hyn yn llawn.

Edrychwch er enghraifft ar gemau bwrdd, gyda'u perthnasoedd amryfal. Nawr trowch at gemau cardiau; yma fe welwch rai cyfatebiaethau â'r grŵp cyntaf, ond mae llawer o nodweddion cyffredin yn mynd, ac mae eraill yn ymddangos. Pan awn ymlaen i gemau pêl, mae llawer o'r hyn sy'n gyffredin yn cael ei gadw, ond mae llawer yn cael ei golli. Ydy pob un yn 'ddifyr'? Cymharwch wyddbwyll â gêm OXO. Neu a oes bob amser ennill a cholli, neu gystadleuaeth rhwng chwaraewyr? Meddyliwch am y gêm gardiau amynedd. Mewn gemau pêl mae ennill a cholli; ond pan fydd plentyn yn taflu ei bêl at y wal ac yn ei dal eto, mae'r nodwedd hon wedi diflannu. Edrychwch ar y rhannau y mae sgìl a lwc yn eu chwarae; ac ar y gwahaniaeth rhwng sgìl mewn gwyddbwyll a sgìl mewn tennis. Allaf i ddim meddwl am ymadrodd gwell i ddisgrifio'r elfennau tebyg hyn na 'thebygrwydd teuluol'; oherwydd bod yr elfennau tebyg amrywiol rhwng aelodau teulu: maint corff, pryd a gwedd, lliw'r llygaid, cerddediad, natur ac ati yn gorgyffwrdd ac yn cris-croesi yn yr un ffordd. A byddaf yn dweud: mae 'gemau' yn ffurfio teulu.

> Mae Wittgenstein yn dangos nad yw termau'n unfath o ran ystyr pan maen nhw'n cael eu defnyddio mewn gemau gwahanol neu ffurfiau gwahanol ar fywyd, ond eu bod nhw'n ddigon tebyg i ymebygu i'w gilydd.

[…]

Meddyliwch am yr offer mewn blwch offer: mae morthwyl, pleiars, llif, tyrnsgriw, riwl, pot glud, glud, hoelion a sgriwiau. Mae swyddogaethau geiriau yr un mor amrywiol â swyddogaethau'r gwrthrychau hyn. (Ac yn y ddau achos mae elfennau tebyg.) Wrth gwrs, yr hyn sy'n ein drysu ni yw sut mae geiriau'n ymddangos yn unffurf wrth i ni eu clywed nhw'n cael eu dweud neu wrth eu gweld nhw wedi'u hysgrifennu ac mewn print. Oherwydd dydy eu defnydd ddim yn cael ei gyflwyno i ni mor eglur. Yn enwedig wrth i ni wneud athroniaeth! Mae fel edrych i mewn i gaban locomotif. Rydyn ni'n gweld dolennau sydd i gyd yn edrych fwy neu lai yr un peth. (Yn naturiol, gan fod pob un i fod i gael ei drin.) Ond dolen gamdro (*cranked handle*) yw un sy'n gallu cael ei symud yn barhaus (mae'n rheoli pryd mae falf yn agor); dolen switsh yw un arall, sydd â dau safle effeithiol yn unig, mae naill ai arno neu wedi'i diffodd; dolen lifer brêc yw'r drydedd, po galetaf y mae rhywun yn tynnu arni, galetaf y mae hi'n brecio; dolen pwmp yw'r bedwaredd: mae'n effeithiol dim ond os yw'n cael ei symud yn ôl ac ymlaen.

> Efallai bydd geiriau'n union yr un fath wrth eu dweud mewn cyd-destunau neu gemau ieithyddol gwahanol ond gallan nhw olygu (a byddan nhw'n golygu) pethau gwahanol iawn, yn dibynnu ar bwy sy'n eu defnyddio nhw ac at ba bwrpas. Er enghraifft, efallai bydd gennych chi lygoden gyda'ch cyfrifiadur yn ogystal â llygoden yng nghwpwrdd y gegin; y lleoliad sy'n pennu'r ystyr.

> Mae defnydd geiriau wrth wraidd damcaniaeth Gemau Ieithyddol Wittgenstein. Defnydd y geiriau mewn sefyllfa sy'n pennu eu hystyr.

> Drwy ddefnyddio enghraifft y locomotif (trên), gallwn ni ddychmygu ein bod ni'n sydyn mewn gêm ieithyddol wahanol. Byddwn ni'n gweld yr offer (yn clywed ac yn cael profiad o'r iaith sy'n cael ei defnyddio) ond heb wybod go iawn sut i'w defnyddio nhw tan i ni ddysgu'r defnydd penodol sydd iddyn nhw. Dyma pam mae pobl ar draws gemau ieithyddol gwahanol yn methu deall ei gilydd yn llawn.

Sut mae Wittgenstein yn cael ei Feirniadu

Mae deialog rhwng crefyddau yn bosibl. Yn ôl damcaniaeth Gemau Ieithyddol, lle mae gan ddefnyddwyr yr iaith wybodaeth o'r termau a'r ymadroddion sy'n cael eu defnyddio, a lle maen nhw'n derbyn eu hystyron, ddylai'r rhai nad ydyn nhw'n chwarae'r gêm ddim bod yn gallu cynnal sgyrsiau ystyrlon â'r rhai yn y gêm honno. O ran iaith grefyddol, dylai hyn olygu na ddylai pobl anghrefyddol, neu bobl nad ydyn nhw mewn traddodiad crefyddol penodol, allu cael sgyrsiau ystyrlon ar draws y rhaniad, ac na ddylen nhw allu dod o hyd i dir cyffredin rhyngddyn nhw. Ond dyma fel mae hi, gan fod deialog rhwng crefyddau yn llwyddiannus mewn llawer o sefyllfaoedd yn y byd ac yn dangos bod modd dod o hyd i dir cyffredin. Mae'r wefan 'A Common Word' gan Dr Timothy Winter, academydd a diwinydd o Loegr ym Mhrifysgol Caergrawnt, yn enghraifft o ddeialog rhwng crefyddau – rhwng Mwslimiaid, Cristnogion ac Iddewon. Drwy'r wefan, mae Winter yn ceisio meithrin 'Lletygarwch Abrahamaidd' rhwng y traddodiadau.

Bydd damcaniaeth Gemau Ieithyddol yn arwain at ffydd ddigwestiwn beryglus. Mae rhai o feirniaid damcaniaeth Gemau Ieithyddol, fel Kai Nielsen, yr athro prifysgol a'r athronydd o UDA, yn dadlau, wrth gadw gemau ieithyddol crefyddol ar wahân i unrhyw ddadansoddi a chraffu allanol, fod rhyw fath o **ffyddiaeth** Wittgensteinaidd yn cael ei ffurfio. Yn ei erthygl, 'Wittgenstein and Wittgensteinians on Religion' (2000), mae Nielsen yn dadlau, yn ôl Wittgenstein 'does dim unrhyw feirniadaeth athronyddol neu fath arall o feirniadaeth resymol, neu amddiffyniad o ran hynny, yn bosibl ar ffurfiau ar fywyd, yn wir, neu ar unrhyw ffurf ar fywyd, gan gynnwys Hindŵaeth, Cristnogaeth a'u tebyg'. Mae beirniaid fel Nielsen yn dadlau bod angen craffu ar honiadau crefyddol, yn union fel sy'n digwydd i honiadau anghrefyddol eraill. Gallai arwain at ofergoelion, ffug-grefydd, eithafiaeth a ffanatigiaeth niweidiol os nad oes pwynt cyfeirio gwrthrychol er mwyn beirniadu'r ffurfiau ar fywyd a'r iaith a ddefnyddir yn y 'gêm'. Mae cefnogwyr Wittgenstein, Phillips yn enwedig, yn ateb drwy ddweud bod hyn yn wawdlun annheg o'i safbwynt.

Mae damcaniaeth Wittgenstein yn wrth-athronyddol. Roedd Karl Popper yn beirniadu Wittgenstein am fod yn wrth-athronyddol. Cynigiodd Popper fod trafodaethau Wittgenstein yn gylchol ac yn hunanlesol. Unwaith yn unig y cafodd gyfarfod â Wittgenstein – cawson nhw drafodaeth ddeg munud mewn ystafell seminar ôl-raddedig ym Mhrifysgol Caergrawnt, lle roedd Popper yn bendant bod athroniaeth yn ymdrech bwysig a'i bod yn cynnig sylfaen i godau moesol a moesegol. Mae'n debyg i Wittgenstein chwifio pocer poeth yn yr awyr wrth ystumio, a gofynnodd i Popper roi un enghraifft iddo. 'Peidio â chwifio pocer poeth yn wyneb academydd,' atebodd.

MEWNWELEDIAD

I Popper, roedd chwarae Wittgenstein â geiriau a semanteg yn gwastraffu amser ac egni, ac yn atal athroniaeth rhag cyflawni ei phwrpas: 'Yn addas iawn, mae Wittgenstein yn cymharu math arbennig o athronydd â phryfyn mewn potel, yn swnian yn ddiddiwedd, wrth suo o gwmpas. Ac mae'n dweud mai tasg ei athroniaeth yw dangos y ffordd allan o'r botel i'r pryfyn. Ond rwy'n credu mai Wittgenstein ei hun sydd yn y botel ac sy'n dod o hyd i'w ffordd allan ohoni. Yn sicr, dydw i ddim yn meddwl iddo ddangos y ffordd allan i unrhyw un arall' (dyfynnwyd yn Magee, *Modern British Philosophy*, 1971).

Felly hefyd, roedd Alain Badiou, yr athronydd o Ffrainc, yn cyhuddo Wittgenstein o fod yn wrth-athronydd. Mae'n codi'r llinell enwocaf o *The Tractatus* ac yn ei beirniadu: 'Mae'n hollol anghywir bod rhaid i rywun fod yn dawel am yr hyn na all rhywun ei lefaru. I'r gwrthwyneb, mae'n rhaid ei enwi' (*Manifesto for Philosophy*, 1999).

Awgrymodd Bertrand Russell hyd yn oed, ysbrydoliaeth athronyddol gyntaf Wittgenstein, bod Wittgenstein eisiau gwneud i athroniaeth fod yn weithgaredd diangen oherwydd ei fod wedi blino ar feddwl yn galed: 'Mae'n ymddangos fel petai'r Wittgenstein diweddarach wedi blino ar feddwl o ddifrif a'i fod wedi dyfeisio athrawiaeth a fyddai'n gwneud gweithgaredd o'r fath yn ddiangen' (*My Philosophical Development*, 1959).

Gwallau Cyffredin

Dyw dweud bod iaith grefyddol yn anwybyddol ddim yn meddwl nad yw'n gywir. Camsyniad cyffredin yw bod iaith 'wybyddol' yn gywir, ac nad yw iaith 'anwybyddol'. Drwy alw iaith grefyddol yn **anwybyddol**, dywedodd Wittgenstein nad oedd hi'n bosibl dangos neu brofi ei bod hi'n gywir neu'n anghywir. Dydy dweud bod gosodiad yn 'wybyddol' ddim yn gwarantu ei fod yn gywir, ond mae'n dweud y byddai'n bosibl dangos ei fod yn gywir yn ddamcaniaethol. I Wittgenstein, allwn ni ddim adnabod 'gwirionedd' gosodiad crefyddol heblaw am ddefnydd y gosodiad i'r rhai sy'n ei ddefnyddio. Mae hon yn feirniadaeth gan gredinwyr crefyddol ar ddamcaniaeth Gemau Ieithyddol. I grediniwr crefyddol, mae gwirionedd ei honiadau yn aml o bwys, ac o bosibl bydd o bwys canolog.

MEWNWELEDIAD

Mae Caroline Franks Davis (gweler Pennod 23) yn tynnu sylw at y feirniadaeth hon: 'O ran safbwynt y gêm ieithyddol, ddylai fod nid un gêm ieithyddol yn unig o'r enw "crefydd" ond un i bob traddodiad crefyddol. Dylai'r berthynoliaeth ddiwylliannol radical a ddarluniwyd drwy wneud hyn fod yn gallu dileu unrhyw ddeialog rhwng y traddodiadau. Fodd bynnag, mae deialog o'r fath wedi bod yn bosibl. Mae rhai mewnwelediadau crefyddol yn cael eu hystyried yn well nag eraill ar sail meini prawf yr ydyn ni'n eu cymhwyso at fewnwelediadau anghrefyddol hefyd' (Davis, *The Evidential Force of Religious Experience*, 1987).

HANFODOL!

Ffyddiaeth yw'r gred bod ffydd yn fwy pwysig na rheswm wrth chwilio am wirioneddau crefyddol.

HANFODOL!

Mae ystyried iaith grefyddol fel rhywbeth **anwybyddol** yn golygu nad yw hi'n gywir neu'n anghywir yn llythrennol. Mewn gwirionedd, dydyn ni ddim yn gallu dod i'r farn honno amdani.

> **MEWNWELEDIAD**
>
> 'Pan, os yw pob cwestiwn gwyddonol posibl wedi'i ateb, nad yw problemau bywyd wedi'u cyffwrdd o gwbl ... Mae'r hyn sydd y tu hwnt i eiriau, mewn gwirionedd. Mae hyn yn ei ddangos ei hun; mae'n ymwneud â'r cyfriniol' (Wittgenstein, *The Tractatus*).

Dydy gêm ieithyddol ddim yn golygu gemau neu driciau geiriau. Mae gemau geiriau yn driciau ac yn ddifyrrwch y gall pobl eu defnyddio fel geiriau mwys (*puns*), jôcs a storïau doniol. Nid dyma'r hyn roedd Wittgenstein yn ei awgrymu gyda'i ddamcaniaeth Gemau Ieithyddol. Defnyddiodd y term 'gêm' i gyfeirio at set o reolau, cytundeb rhwng chwaraewyr, fel bod y termau ynddi ag ystyr i'r rhai sy'n deall y rheolau hynny ac yn cytuno iddyn nhw, yn debyg iawn i gêm o wyddbwyll neu griced.

Peidiwch â dadlau bod Wittgenstein yn cytuno â'r positifiaethwyr rhesymegol. Roedd gwaith cynnar Wittgenstein yn ddylanwad enfawr ar fudiad y positifiaethwyr rhesymegol. Roedd gan feddylwyr allweddol, gan gynnwys A. J. Ayer feddwl mawr ohono, er i Ayer ddweud, 'Dydy fy edmygedd ohono ddim yn cyrraedd eilunaddoliaeth.' Fodd bynnag, mae gwaith diweddarach Wittgenstein yn dynodi symudiad oddi wrth ddaliadau canolog mudiad y positifiaethwyr rhesymegol. Hyd yn oed yng nghyfnod cynnar *The Tractatus* (y mae'r dyfyniad drwg-enwog 'aros yn dawel' wedi'i godi ohono), rydyn ni'n gweld Wittgenstein yn cydnabod mai at ryw fan yn unig y mae gwyddoniaeth ac felly'r Egwyddor Wirio yn gallu mynd â ni.

GWELLA EICH DEALLTWRIAETH

1. Ysgrifennwch eich esboniad eich hun o ddamcaniaeth Gemau Ieithyddol Wittgenstein. Cofiwch gynnwys y canlynol: gwrthrealaidd, anwybyddol, ffurfiau bywyd, a gemau ieithyddol. Paratowch enghreifftiau o bob un o'r rhain a gwnewch yn siŵr eich bod chi'n eu cysylltu â'i syniadau. Rhowch ddarn o bapur dros eich nodiadau a cheisiwch weld beth gallwch chi ei gofio am y pedwar maes hyn. Bydd hyn yn eich helpu chi i baratoi ar gyfer cwestiwn 'esboniwch' yn yr arholiad.

2. Gwnewch restr o gryfderau a gwendidau dealltwriaeth Wittgenstein o iaith grefyddol fel rhan o gêm ieithyddol. Sicrhewch eich bod chi'n ystyried safbwynt athronwyr eraill ar ei ddealltwriaeth. Sut mae damcaniaeth Gemau Ieithyddol Wittgenstein yn cymharu ac yn cyferbynnu â ffyrdd eraill o ddeall iaith grefyddol fel rhywbeth cydweddiadol, symbolaidd a diystyr? Rhowch farc allan o bump i bob un o'r cryfderau a gwendidau hyn i'ch helpu chi i ddewis y dystiolaeth a fydd yn rhoi'r pwyntiau cryfaf mewn traethawd, yn eich barn chi. Bydd hyn yn eich helpu chi i baratoi ar gyfer cwestiwn 'gwerthuswch' yn yr arholiad.

Arweiniad ar yr Arholiad AA1

Dylech chi fod yn gallu disgrifio safbwynt Wittgenstein ar iaith grefyddol fel rhan o gêm ieithyddol. Dylech chi fod yn gallu esbonio sut mae'n gweld iaith grefyddol fel rhywbeth anwybyddol ond ystyrlon i'r rhai sy'n chwarae'r gêm. Dylech chi fod yn gallu rhoi enghreifftiau o iaith grefyddol sy'n esbonio ei safbwynt ar iaith grefyddol fel gêm ieithyddol. Dylech chi hefyd fod yn gallu cymharu a chyferbynnu ei safbwyntiau â ffyrdd eraill o ddeall iaith grefyddol, fel safbwynt Tillich ar symbolau, Aquinas a Ramsey ar gydweddiad, ac ymagwedd mudiad y positifiaethwyr rhesymegol.

Arweiniad ar yr Arholiad AA2

Drwy ystyried cryfderau a gwendidau ymagwedd Wittgenstein at iaith grefyddol, gallwch chi werthuso i ba raddau mae'n llwyddo i gyflawni ei nod o amddiffyn ystyr iaith grefyddol yn wyneb heriau'r positifiaethwyr rhesymegol a'r atheïstiaid. Ystyriwch pa mor llwyddiannus yw hyn o'i gymharu â'r ffyrdd eraill o ddeall iaith grefyddol sydd wedi'u cyflwyno gan athronwyr yn y llyfr hwn.

Cydnabyddiaeth

Cydnabyddiaeth ffotograffau

Darluniau maint tudalen lawn wedi'u cynhyrchu gan Chantelle a Burgen.

Ffotograffau wedi'u hatgynhyrchu drwy ganiatâd **t.11** © Isabell/stock.adobe.com; **t.13** © Savcoco/stock.adobe.com; **t.15** © The Picture Art Collection/Alamy Stock Photo; **t.31** © Vipman4/stock.adobe.com; **t.35** © Andrii/stock.adobe.com; **t.38** © Mark Garlick/Science Photo Library; **t.45** © Photocreo Bednarek/stock.adobe.com; **t.48** © GIS/stock.adobe.com; **t.60** Classic Image/Alamy Stock Photo; **t.67** © Gorodenkoff/stock.adobe.com; **t.74** © Gareth Southwell/Cartoonstock.com; **t.75** © Tomasz Zajda/stock.adobe.com; **t.80** © D. Geraint Lewis/trwy ganiatâd Y Lolfa; **t.87** © Fotopogledi/stock.adobe.com; **t.91** © Lukasz Janyst/stock.adobe.com; **t.93** © Digital Storm/stock.adobe.com; **t.98** © PRISMA ARCHIVO/Alamy Stock Photo; **t.106** © byrdyak/stock.adobe.com; **t.110** Atgynhyrchwyd gyda chaniatâd Our World In Data; **t.116** Avalon Fund a Patrons' Permanent Fund; **t.118** © WavebreakMediaMicro/stock.adobe.com; **t.132** © Panitan/stock.adobe.com; **t.133** © T and Z/Shutterstock.com; **t.134** © Nicholas Felix/peopleimages.com/stock.adobe.com; **t.142** © Godong/Robertharding/Alamy Stock Photo; **t.144** © Lorenza Ochoa/Shutterstock.com; **t.150** © Vitstudio/stock.adobe.com; **t.151** © Oleksii/stock.adobe.com; **t.157** © Creatikon Studio/stock.adobe.com; **t.164** © M-Production/stock.adobe.com; **t.170** © Mashosh/Shutterstock.com; **t.172** © Mojo_cp/stock.adobe.com; **t.174** © Andrei Nekrassov/stock.adobe.com; **t.176** © Choat/stock.adobe.com; **t.179** © WALT DISNEY PICTURES/Album/Alamy Stock Photo; **t.184** © Dragan Boskovic/stock.adobe.com; **t.189** © Snaptitude/stock.adobe.com; **t.206** © SASITHORN/stock.adobe.com; **t.212** © Gorodenkoff/stock.adobe.com; **t.221** © Serhii/stock.adobe.com; **t.225** © Dezign56/stock.adobe.com; **t.226** © Chris/stock.adobe.com; **t.231** © Martialred/stock.adobe.com; **t.239** © Nadia Koval/stock.adobe.com; **t.246** © KBL Studio/Shutterstock.com; **t.247** © PhotoBank/stock.adobe.com; **t.248** © Drobot Dean/stock.adobe.com.

Cydnabyddiaeth testunau

t.32 Craig, William Lane. (1979). *The Existence of God and the Beginning of the Universe*. Here's Life. **t.82** Malcolm, Norman. (1960). 'Anselm's Ontological Arguments' yn *The Philosophical Review* 69 (1) tt.41–62. **t.104** Mackie, J. L. (1955). 'Evil and Omnipotence'. Gwasg Prifysgol Rhydychen. Atgynhyrchwyd gyda chaniatâd y Trwyddedydd drwy PLSclear. **t.107** Rowe, William. (1979). 'The Problem of Evil and Some Varieties of Atheism' yn *American Philosophical Quarterly* 16 (4) tt.335–341. **t.111** Paul, Gregory S. (2007). 'Theodicy's Problem: A Statistical Look at the Holocaust of the Children and the Implications of Natural Evil for the Free Will and Best of All Worlds Hypothesis' yn *Philosophy & Theology* 19 (1–2) tt.125–149. **t.121** Hick, John. (2010). *Evil and the God of Love*. Palgrave Macmillan. Atgynhyrchwyd gyda chaniatâd y Trwyddedydd drwy PLSclear. **t.198** Swinburne, Richard. (1968). 'Miracles' yn *Philosophical Quarterly* 18. **t.214** Flew, Anthony. (1968) 'Theology and Falsification' yn *University Discussion*. **t.234** Randall Jr, J. Herman. (1958). *The Role of Knowledge in Western Religion*. Starr King Press. **t.241** Tillich, Paul. (1957). *Dynamics of Faith*. Harper & Row.

Mynegai

achosiaeth 21, 49
Adams, Douglas 40
anghydweddiad 44, 88
Al-Ghazali 29–30
amheuaeth 73–4
amodoldeb 11, 18, 80
anfeidredd gweithredol 31
anfeidredd potensial 31
Anselm *gweler* Sant Anselm
anthropomorffaeth 12
anymwybod cyffredinol 141, 144
apolegydd Cristnogol 29
Aquinas, Sant Thomas 9–25
    arweiniad ar yr arholiad 26–8
    beirniadaeth ar 20–4
    bodolaeth Duw 10–12, 16–19
    cyd-destun cymdeithasol a hanesyddol 9
    gwyrthiau 14, 20, 23, 190
    iaith fel cydweddiad 12–13, 19, 22–4
    natur Duw 12–13, 15, 23
archdeipiau 142–3
Aristotle 10, 12, 14–15, 18, 20, 73
arwyddion a symbolau 231–5, 238–42
asedod 67
atchwel anfeidraidd 10, 18
atheïstiaeth 43–4, 72, 99, 101, 105, 145–6, 148, 153, 174
Awstin *gweler* Awstin Sant
Awstin Sant 114–17, 122
    arweiniad ar yr arholiad 127–8
    beirniadaeth ar 124
Ayer, A. J. 193, 205–10
    arweiniad ar yr arholiad 210
    beirniadaeth ar 208
    cyd-destun cymdeithasol a hanesyddol 205
    Egwyddor Wirio 206–8
Berkeley, George 43
bliciau 215, 217–18
bod angenrheidiol 11, 18, 21, 23, 25, 46

bodolaeth 11, 25
    angenrheidiol 67, 69, 75, 79–83
    dulliau 81
    gweler hefyd bod angenrheidiol; Duw: bodolaeth
bodolaeth angenrheidiol 67, 69, 75, 79–83
Bwdhaeth 100, 142
bydysawd, achosion
    Craig, William Lane 30–3
    Hume, David 44–6
bydysawd anfeidraidd 30–1
celf, a chrefydd 234
Copernicus 91
Craig, William Lane 29–34, 215
    arweiniad ar yr arholiad 34
    beirniadaeth ar 32–3
    bodolaeth Duw 31–2
    cyd-destun cymdeithasol a hanesyddol 29
    dadl Kalam 29–31
creatio ex nihilo 29
crefydd, diffinio 232
cwymp, y 116
cydweddiad 12–13, 19, 23–4, 44, 86, 227
cyfiawnhad eschatolegol 119, 121
cyflwr gweithredoledd 10
cyflwr potensialedd 10
Cylch Cartesaidd 77
cymhleth Oedipws 135, 136
Chwyldro Diwydiannol 35
dadl ddylunio 35–7, 99, 150
dadl ddysteleolegol 22
dadl gronnus 180, 189
dadl Kalam 29–31
dadleuon achosol 10
dadleuon anwythol 10, 16–17, 22, 36, 39, 44, 48, 53, 194–5
dadleuon cosmolegol 10–11, 17, 21, 44, 45–6, 54–5
dadleuon diddwythol 16, 30, 65
dadleuon ontolegol 64–8, 75, 77, 79–82, 92–3
dadleuon teleolegol 12, 17, 19, 22, 35, 44–5, 53

gweler hefyd dadl ddylunio
damcaniaeth Cyflwr Sefydlog 29
damcaniaeth Epicuraidd 19, 45, 51
Darwin, Charles 37, 38, 60–2
    arweiniad ar yr arholiad 62
    beirniadaeth ar 61–2
    cyd-destun cymdeithasol a hanesyddol 60
    damcaniaeth esblygiad 37, 60–1
datguddiad 9, 64, 228
Davis, Caroline Franks 174–82
    ar brofiadau crefyddol 174–81
    arweiniad ar yr arholiad 182
    beirniadaeth ar 181
Dawkins, Richard 37, 148–54
    arweiniad ar yr arholiad 154
    beirniadaeth ar 153
    cyd-destun cymdeithasol a hanesyddol 148
    Rhagdybiaeth am Dduw 149–51
dëistiaeth 212
Descartes, René 43, 72–8, 92–3
    arweiniad ar yr arholiad 78
    beirniadaeth ar 76
    bodolaeth Duw 74–6
    cyd-destun cymdeithasol a hanesyddol 72
dethol naturiol 60, 150
dioddefaint 100, 105–7, 109, 118–26
    gweler hefyd drygioni
diwinyddiaeth naturiol 35
Diwygiad Protestannaidd, y 156, 159
drygioni
    ac ewyllys rydd 115–18
    cyfiawnhad eschatolegol 119, 121
    cynradd/eilaidd 119
    moesol 100, 116, 121
    naturiol 100, 109, 116, 121
    gweler hefyd dioddefaint
dull apoffatig 12
dull cataffatig 12–13, 19
dull gwyddonol 207, 211
Duw
    bodolaeth
        Aquinas, Sant Thomas 10–12, 16–19
        Craig, William Lane 31–2

Descartes, René 74–6
Hume, David 44, 48
Malcolm, Norman 79–82
Paley, William 36
Sant Anselm 65–8
Swinburne, Richard 189–96
Tennant, F. R. 39
natur
   Aquinas, Sant Thomas 12–13, 15, 23
   Hume, David 48–9
   Swinburne, Richard 190, 192
effeithiau amseryddol 31
egwyddor anthropig 38–40
Egwyddor Anwirio 193–7, 211–14
egwyddor esthetig 39–40
Egwyddor Wirio 52, 193–7, 205–8
empiriaeth 43, 47, 54, 87, 92, 98, 140, 149, 206
Epicurus 98
   arweiniad ar yr arholiad 100
   beirniadaeth ar 99–100
   cyd-destun cymdeithasol a hanesyddol 98
   problem drygioni 98–100
esblygiad 150
   damcaniaeth Darwin 37, 60–1, 148
   dethol naturiol 60, 150
   theïstig 38–40
esblygiad theïstig 38–40
ewyllys rydd 102–3, 110, 115–18, 120, 211
ex nihilo nihil fit 11, 18, 25
felix culpa 117
Flew, Antony 211–16
   arweiniad ar yr arholiad 216
   beirniadaeth ar 214–15
   cyd-destun cymdeithasol a hanesyddol 211
   Egwyddor Anwirio 213–14
Freud, Sigmund 132–8, 145, 180
   arweiniad ar yr arholiad 138
   beirniadaeth ar 136–7
   crefydd fel cyflawni dymuniadau 134–6
   crefydd fel niwrosis 135
   cyd-destun cymdeithasol a hanesyddol 132
   meddwl tridarn 133
ffenomenau 91, 142
ffwndamentaliaeth 151
ffyddiaeth 251
Gaunilo 66, 86–9
   arweiniad ar yr arholiad 89
   beirniadaeth ar 88
   cyd-destun cymdeithasol a hanesyddol 86
   Parodi'r Ynys Goll 86–9
Gould, Stephen Jay 149
gweddïo 157
gweledigaethau *gweler* profiadau cyfriniol
gwirionedd *gweler* gwybodaeth; Egwyddor Wirio; rhesymoliaeth
gwrthddywediad 9, 25, 33, 47–8, 80, 93, 102, 106
gwrth-realaeth 14
gwybodaeth
   dosbarthu 48, 92
   gweler hefyd gwybodaeth *a posteriori*; gwybodaeth *a priori*
gwybodaeth *a posteriori* 10–11, 16–17, 22, 30, 36, 39, 48, 80, 92, 206
gwybodaeth *a priori* 10, 16, 30, 48–9, 65, 68–9, 74, 80, 92, 206
gwybodaeth ddiamheuol 73
gwybodaeth synthetig 92
gwyddoniaeth, a chrefydd 149–54, 161–2, 225
gwyrthiau 14, 20, 23, 46–7, 51–2, 53–4, 150, 183–5, 190–8
Hare, Richard 217–19
   arweiniad ar yr arholiad 219
   beirniadaeth ar 218
   bliciau 217–18
   cyd-destun cymdeithasol a hanesyddol 217
her y 'Duw Drwg' 228
heresi 72
Hick, John 13, 29, 114, 119–24, 130, 209
   cyd-destun cymdeithasol a hanesyddol 114
   problem drygioni 119–22, 127
hierarchaeth eneidiau 15
hollalluog *gweler* hollalluogrwydd
hollalluogrwydd 77, 99, 101–3, 109, 118, 121, 124, 128, 192, 214
Holland, R. F. 183–6
   arweiniad ar yr arholiad 186
   beirniadaeth ar 185
   cyd-destun cymdeithasol a hanesyddol 183
   gwyrthiau 183–5, 190
hollgariadus *gweler* hollraslonrwydd
hollgyffredinolwyr 220
hollraslonrwydd 77, 99, 101, 109, 117, 118, 121, 124, 214
hollwybodaeth 26, 77, 102, 104, 117–18, 124, 190
hollwybodus *gweler* hollwybodaeth
Howard-Snyder, Daniel 107
Hume, David 21–2, 24, 32, 43–59, 228
   achosiaeth 49
   arweiniad ar yr arholiad 56–8
   beirniadaeth ar 52–3
   bodolaeth Duw 44, 48
   cyd-destun cymdeithasol a hanesyddol 43
   fforc Hume 48, 206
   gwyrthiau 46–7, 51–2, 53–4, 190–6
   natur Duw 49
   problem drygioni 98–9
Huxley, Thomas 61
iaith amwys 12
iaith ddiamwys 12
iaith grefyddol 12–13, 19, 22–4, 197–9, 207, 209, 217, 220, 225–7, 230–5, 238–42, 246–51
iaith *gweler* iaith grefyddol
imago Dei 15, 118
Irenaeus *gweler* Sant Irenaeus
James, William 156, 161–7, 179
   ar brofiadau crefyddol 161–4
   arweiniad ar yr arholiad 167
   beirniadaeth ar 165
   cyd-destun cymdeithasol a hanesyddol 161
Jung, Carl 140–6
   arweiniad ar yr arholiad 146
   beirniadaeth ar 145
   cyd-destun cymdeithasol a hanesyddol 140
   rôl Duw a chrefydd 142–4
Kant, Immanuel 23, 49, 80, 91–7, 142
   arweiniad ar yr arholiad 97
   beirniadaeth ar 95
   cyd-destun cymdeithasol a hanesyddol 91
   dulliau gwybodaeth 92–4
Leibniz, Gottfried Wilhelm 53, 77, 110
Lewis, C. S. 185
Locke, John 43
llu gwreiddiol 135
Mackie, J. L. 100, 101–4
   arweiniad ar yr arholiad 104
   beirniadaeth ar 103–4
   cyd-destun cymdeithasol a hanesyddol 101

problem drygioni 101–3
magisterium 149
Malcolm, Norman 79–85
    arweiniad ar yr arholiad 84–5
    beirniadaeth ar 82–3
    bodolaeth Duw 79–82
    cyd-destun cymdeithasol a hanesyddol 79
mandalau 142, 144
marwolaethau plant 109–11
Marx, Karl 180
mater achosiaeth 21
McGrath, Alister 148
Mitchell, Basil 220–3
    arweiniad ar yr arholiad 223
    beirniadaeth ar 222
    iaith grefyddol 220–2
naid anwythol 20, 37, 44, 46, 47
Nietzsche, Friedrich 146
noumena 91, 142
Otto, Rudolf 156, 168–73, 179
    ar brofiadau crefyddol 168–71
    arweiniad ar yr arholiad 173
    beirniadaeth ar 171–2
    cyd-destun cymdeithasol a hanesyddol 168
Paley, William 35–7, 44
    arweiniad ar yr arholiad 37
    beirniadaeth ar 37
    bodolaeth Duw 36
    cyd-destun cymdeithasol a hanesyddol 35
    dadl ddylunio 35–7, 150
paradocs 93
parth Elen Benfelen 38–9
Paul, Gregory 109–12
    arweiniad ar yr arholiad 112
    beirniadaeth ar 111
    cyd-destun cymdeithasol a hanesyddol 109
    dioddefaint y diniwed 109–11
pechod gwreiddiol 116
pellter epistemig 17
Plantinga, Alvin 88, 103, 110
Platon 115
Popper, Karl 48, 151, 211, 251
positifiaeth resymegol 151, 193, 197, 205–8, 234
pragmatiaeth 161

profiadau crefyddol *gweler* profiadau cyfriniol
profiadau cyfriniol 9, 156–9, 162–4, 168–71, 174–81
Ramsey, Ian 224–9
    arweiniad ar yr arholiad 229
    beirniadaeth ar 227–8
    cyd-destun cymdeithasol a hanesyddol 224
    iaith grefyddol 225–7
Randall, John Herman Jr 230–6
    arweiniad ar yr arholiad 236
    arwyddion a symbolau crefyddol 230–5
    beirniadaeth ar 234–5
    cyd-destun cymdeithasol a hanesyddol 230
rascl Occam 21, 22, 33, 46, 50, 189
realaeth 14, 20, 161, 175
realaeth feirniadol 175
reductio ad absurdum 10, 17–18, 81, 87
Rowe, William 105–8
    arweiniad ar yr arholiad 108
    beirniadaeth ar 107
    bodolaeth Duw 105
    cyd-destun cymdeithasol a hanesyddol 105
    problem drygioni 106–7
Russell, Bertrand 21, 33, 48, 93, 246
Rhagdybiaeth am Dduw 149
rhagdybiaeth y byd gorau posibl 110
rheswm 9–10, 15, 43, 64
rhesymeg foddol 81
rhesymeg gosodiadau dadansoddol 206–7
rhesymeg gylchol 22, 69
rhesymoliaeth 43, 74, 92
rhith 133–4
Sant Anselm 25, 64–71, 79–80, 87
    arweiniad ar yr arholiad 70–1
    beirniadaeth ar 68–9
    bodolaeth Duw 65–8
    cyd-destun cymdeithasol a hanesyddol 64
Sant Irenaeus 110, 115, 118–20, 123–4
    arweiniad ar yr arholiad 128–9
    beirniadaeth ar 125
seciwlariaeth 153
sgeptigaeth 47, 54, 59, 73, 101
sgolastigiaeth 29
solipsiaeth 54

Swinburne, Richard 188–204, 227
    arweiniad ar yr arholiad 202
    beirniadaeth ar 199–200
    bodolaeth Duw 189–96
    cyd-destun cymdeithasol a hanesyddol 188
    gwyrthiau 190–8
    natur Duw 190, 192
symbolau 231–5, 238–42
Symposiwm Anwirio 197, 211, 214, 217, 220–1
syniadau cynhenid 73
Tennant, F. R. 38–41
    arweiniad ar yr arholiad 41
    beirniadaeth ar 40
    bodolaeth Duw 39
    cyd-destun cymdeithasol a hanesyddol 38
    esblygiad theïstig 38–40
Teresa o Avila 155–60
    arweiniad ar yr arholiad 160
    beirniadaeth ar 159
    cyd-destun cymdeithasol a hanesyddol 155
    profiadau cyfriniol 156–9
Tillich, Paul 237–43
    arweiniad ar yr arholiad 243
    arwyddion a symbolau crefyddol 238–42
    beirniadaeth ar 242
    cyd-destun cymdeithasol a hanesyddol 237
    dirfodaeth 238
trawseiriadau 156
triawd anghyson 101–3
trosgynoldeb 31
twyllresymeg 48
twyllresymeg cyfansoddiad 21
twyllresymeg dilema ffug 102
theïstiaeth sgeptigol 107
theodiciaeth 110, 114
Wittgenstein, Ludwig 106, 183, 245–52
    arweiniad ar yr arholiad 252
    beirniadaeth ar 250–1
    cyd-destun cymdeithasol a hanesyddol 245
    iaith grefyddol 246–51
ymagwedd wybyddol 13–14
Ymoleuo, yr 35
ymunigoli 140, 142–3